böhlau

Carlo Moos

HABSBURG POST MORTEM

Betrachtungen zum Weiterleben der Habsburgermonarchie

2016

BÖHLAU VERLAG WIEN KÖLN WEIMAR

Bibliografische Information der Deutschen Nationalbibliothek:
Die Deutsche Nationalbibliothek verzeichnet diese Publikation in der
Deutschen Nationalbibliografie; detaillierte bibliografische Daten sind
im Internet über http://dnb.d-nb.de abrufbar.

Umschlagabbildung: Entwurf Dolores Renk

© 2016 by Böhlau Verlag GmbH & Co. KG, Wien Köln Weimar
Wiesingerstraße 1, A-1010 Wien, www.boehlau-verlag.com

Alle Rechte vorbehalten. Dieses Werk ist urheberrechtlich geschützt.
Jede Verwertung außerhalb der engen Grenzen des Urheberrechtsgesetzes ist unzulässig.

Lektorat: Ernst Grabovszki, Wien
Umschlaggestaltung: Michael Haderer, Wien
Satz: Bettina Waringer, Wien
Druck und Bindung: General Druckerei, Szeged
Gedruckt auf chlor- und säurefreiem Papier
Printed in the EU

ISBN 978-3-205-20393-3

Das Ende davon ist ein solches Ende,
dass wir nicht nur bis zum Ende,
sondern noch darüber hinaus durchhalten müssen.
Karl Kraus, Nachruf, in: Die Fackel Nr. 501–507, 25. Januar 1919.

Bis Vieradreißg war i Sozialist. [...] Das sind Dinge, da wolln ma net dran rührn, da erinnert man sich nicht gern daran ... niemand in Österreich ...
Später bin i demonstrieren gangen für de Schwarzen ... für die Heimwehr ... net? Hab i fünf Schilling kriagt ... Dann bin i ummi zum ... zu de Nazi ... da hab i aa fünf Schilling kriagt ... naja, Österreich war immer unpolitisch ... i maan, mir san ja kane politischen Menschen ... aber a bissel Geld is z'sammkummen, net?
Der Herr Karl (1961), in: Helmut Qualtinger, Werkausgabe, Band 1, Wien 1995, S. 169.

Inhalt

Einleitung 9
   Zitierte Bestände des Österreichischen Staatsarchivs............................. 16
   Dank 17

1. Teil: Die politische Schiene 19
   1. Deutschösterreichs Anfänge 22
      1.1 Die deutschösterreichische Friedensdelegation und
      der Staatsvertrag von St. Germain... 23
      1.2 Otto Bauer und das Argument „Habsburgermonarchie" 44
   2. Kontinuitäten im Alltag und in den Rechtsverhältnissen..................... 77
      2.1 Weiterwirkende k.u.k. und k.k. Pragmatismen............................... 77
      2.2 Das Nachleben der Staatsgrundgesetze von 1867 97
   3. Mental Maps und ihre Umsetzung... 120
      3.1 Konkretisierung 123
      3.2 Lebensräume und Mechanismen von Exklusion und Inklusion..... 132
      3.3 Revisionismen und Sprachenpolitik 145

**2. Teil: Habsburg-Nostalgie
als soziopolitisches und soziokulturelles Phänomen** 159
   4. Das Kaiserhaus... 159
      4.1 Der alte Kaiser, der junge Kaiser und Thronprätendent Otto 160
      4.2 Kronprinzen- und Thronfolgertragödien....................................... 175
      4.3 ‚Alte' Kaiserin und ‚junge' Kaiserin 184
   5. Vertreibung der Habsburger und Umtriebe von Monarchisten........... 189
      5.1 Das Habsburgergesetz und seine Folgen für Mitglieder und
      Besitztümer des Kaiserhauses 189
      5.2 Habsburg, Legitimisten und Parteien in Polizei-Berichten
      der Ersten Republik 207
   6. Erinnerung, Nostalgie, Vermarktung.. 241
      6.1 Totenkult- und Gedenkstätten.. 242
      6.2 Nostalgie im einstigen habsburgischen Machtbereich 248
      6.3 Zur touristischen Ausschlachtung des Habsburger Erbes 262

3. Teil: Varianten eines Kultur-Wegs 281
   7. „Wien um 1900" 282
      7.1 Panorama einiger Probleme 282
      7.2 „Bilder einer Ausstellung" 289
      7.3 Das „Rote Wien" als Kontrapunkt 304
   8. Literarische Erinnerung 309
      8.1 Zeitzeugen 309
      8.2 Mythisierer und Desillusionierer 319
      8.3. „Der Mann ohne Eigenschaften" 341
   9. Zum musikalischen Nachleben der Monarchie 348
      9.1 Gedenkfeiern 349
      9.2 Die Strahlkraft der Musik der Habsburgerzeit 358
      9.3 Arnold Schönberg und „A Survivor from Warsaw" 371

Schlussbetrachtung 391

Personenregister 397

Einleitung

In einem Artikel zum 70. Jahrestag des „großdeutschen" Überfalls vom 1. September 1939 auf Polen äußerten sich 2009 der Pole Adam Krzeminski und der Österreicher Martin Pollack über das auffallende Schweigen des offiziellen Österreich zum Problem der Beteiligung von Österreichern an der Mordmaschinerie des ‚Dritten Reiches', worin sie überproportional vertreten gewesen seien, sowie zum Fehlen eines übergreifenden Zugangs zur eigenen Geschichte, die sich mehr am Hunger und Elend der Zeit nach 1945 orientiere als an der Beteiligung der Väter und Großväter am Eroberungskrieg. Doch sei gerade Österreich ein Land, das von der Geschichte im 20. Jahrhundert verglichen mit seinen Nachbarn bevorzugt behandelt wurde. Es habe lange auf seinen Status als erstes Opfer Hitlers pochen können, und die Russen seien 1955 abgezogen, während sie in den anderen besetzten Ländern geblieben seien und genehme Regimes installiert hätten.[1] In der Tat lässt sich nicht übersehen, dass der Umgang des Landes mit der Phase seiner Zugehörigkeit zum ‚Dritten Reich' zumindest bis zur Waldheim-Affäre mehr als beschönigend war.[2] Dagegen dürfte es leicht schief sein, seine Geschichte im 20. Jahrhundert als eine bevorzugte zu beurteilen. Nach der Mitte des Jahrhunderts und im Vergleich mit den Staaten Ostmitteleuropas, die fast vier Jahrzehnte länger unter der sowjetischen Fuchtel blieben, mag dies zutreffen, für die erste Hälfte des Jahrhunderts, den Ersten Weltkrieg und die Erste Republik, aber kaum.

In der vorliegenden Studie geht es schwergewichtig um die Jahre zwischen den beiden Kriegen, jeweils mit Rückblenden in die Zeit vor dem Ersten und mit Ausblicken in die Zeit nach dem Zweiten Weltkrieg. Im Zentrum steht die Suche nach Spuren, welche die Habsburgermonarchie „post mortem" nach ihrem lange vorbereiteten und dann abrupten Ende hinterließ, also die Suche nach einem Weiterleben nach dem Tod. Dieses war – verkürzt gesagt – in den ersten Jahrzehnten nach dem Untergang konfliktreich, während es nach dem Zweiten Weltkrieg mehr und mehr nostalgisiert wurde. Insofern ließe sich sagen, dass sich das vergleichsweise glückliche Schicksal der Zwei-

---

[1] Adam Krzeminski, Martin Pollack, Schweigen statt gedenken, Der Standard, 29. August 2009, Album S. 1f.

[2] Vgl. Cornelius Lehnguth, Waldheim und die Folgen. Der parteipolitische Ungang mit dem Nationalsozialismus in Österreich, Frankfurt a. M. 2013 (Studien zur historischen Sozialwissenschaft, 35), S. 92–152.

ten Republik in Habsburg-Nostalgismen spiegelt. Allerdings sind solche auch düster konnotierbar, denn das „Kakanische" kann als Klammer für vielerlei und durchaus für Negatives herhalten, ganz abgesehen von der angesichts der Mehrdeutigkeit von Gedächtnis und Erinnerung immer spielenden, aber seit den Verbrechen des Nationalsozialismus und Stalinismus und den global wirkenden Transformationen von 1989/1990 zunehmenden Brisanz des Umgangs mit jeder Vergangenheit.³

Meine Suche nach dem Weiterleben der Habsburger Monarchie erfolgte primär aus einem persönlichen Antrieb und leitete sich davon her, dass ich das Verschwinden dieses Reiches – für einen Schweizer vielleicht ungewöhnlich – immer als ausgesprochen bedauerlich empfand, schon als Gymnasiast beim Blättern in meinem ersten Geschichts-Atlas, einer Putzger-Ausgabe der ausgehenden 1950er Jahre, die das Reich in seinen sagenhaften Dimensionen präsentierte, dessen Länder und Völker zur Zeit des Kalten Kriegs aber großenteils nicht oder nur schwer besucht werden konnten. Mit einem solchen Grundgefühl war und blieb ich beileibe nicht allein. So äußern sich Schriftsteller in Feuilletons nach mittlerweile problemlosen Reisen in die Nachfolgestaaten gern mit Anflügen von Trauer über die „erloschene" Welt, wie der Berliner Tom Schulz, der sich im Frühjahr 2013 als Stipendiat in Paul Celans Czernowitz aufhielt. Das Zentrum der Stadt sei „ein bisschen wie Italien [...], wäre nicht überall die kyrillische Schrift an den Werbebannern", schrieb er, und dann unvermittelt, beim Durchstreifen der Innenstadt: „noch immer" seien „die alten Habsburger Häuser berückend schön. Ihre Reliefs und Balkone, ihre Bögen und Fassaden".⁴

Einem Historiker fällt es schwer, das abrupte Ende einer fast siebenhundertjährigen Geschichte seit Beginn der habsburgischen Hausmachtpolitik im letzten Viertel des 13. Jahrhunderts nicht zu bedauern. Trotzdem hat mich meine Karriere aus biographischen Gründen zunächst nach Mailand auf die ‚Gegenseite' des Habsburger Reiches geführt: zur Geschichte des italienischen Risorgimento, das bekanntlich gegen den „Erbfeind" Habsburg betrieben werden musste. Nicht zufällig war der aus dem Einigungsprozess hervorgegangene italienische Nationalstaat der Hauptbeteiligte am militärischen Zusammenbruch des Vielvölkerreiches, auch wenn dessen miserabler Gesamtzustand zum Zeitpunkt des Endes weder schöngeredet noch dieses als unausweichlich gesehen werden darf. In der Folge bin ich in Zürich auf die ‚andere' Seite geraten, habe seit den ausgehenden 1980er Jahren Lehrveranstaltungen zum Ende der

---

3 Vgl. Moritz Csáky, Die Mehrdeutigkeit von Gedächtnis und Erinnerung, in: Erinnern und Verarbeiten. Zur Schweiz in den Jahren 1933–1945, Itinera 25, 2004, hg. v. Georg Kreis, Basel 2004, S. 7–30, sowie Aleida Assmann, Auf dem Weg zu einer europäischen Gedächtniskultur? Wien 2012 (Wiener Vorlesungen im Rathaus, 161).

4 Tom Schulz, Celans Kastanienbaum. In den Augen liegt eine Welt, die erloschen ist. Impressionen aus Czernowitz, NZZ Nr. 131 (internationale Ausgabe), 10. Juni 2013.

Habsburger Monarchie durchgeführt und zunehmend realisiert, wie faszinierend diese Welt war; dies indessen keineswegs aus konservativer Gegensetzung gegen tendenziell habsburgfeindliche Einstellungen der politischen Linken, für die „die habsburgisch-katholisch-barocke Tradition zum dunklen, fortschrittsfeindlichen Erbe Österreichs" gehörte.[5] Eher war es die Wirkung eines starken Interesses an den ‚Besiegten' der Geschichte, wie es sich in meinen Arbeiten zum Schweizer Bürgerkrieg von 1847, dem sogenannten Sonderbundskrieg, oder zu den im Verlauf des Einigungsprozesses unterlegenen Demokraten des italienischen Risorgimento äußerte.[6] Ganz klar gehörte das Habsburgerreich 1859, 1866 und insbesondere 1918 zu ihnen. Fast noch mehr interessierte aber alles, was alternative Szenarien hätten gewesen sein können, die angesichts ‚falscher' Weichenstellungen nicht zum Tragen kamen. Gerade der erstaunliche Zusammenhalt des Reiches über den mehr als vier Jahre wütenden ‚Grossen Krieg' muss als Zeichen einer durchaus vorhandenen inneren Stärke des Vielvölkerkonglomerats gesehen werden, auch wenn das Zusammenleben seiner Völker alles andere als modellhaft war. Insofern ließe sich eine gleichsam umgekehrte Frage stellen, nämlich „warum die Habsburgermonarchie überhaupt so lange existieren konnte".[7] Von da ergibt sich in halbwegs folgerichtiger Weiterentwicklung eine zentrale Frage der vorliegenden Studie, nämlich inwiefern die Monarchie über ihr Ende hinaus weiter zu wirken vermochte. Gerade das vor dem Abschluss stehende monumentale Werk zur Habsburgermonarchie 1848–1918 ist vielleicht einer der tangibelsten Beweise für ihr Nachwirken.

Um ein mögliches Missverständnis auszuräumen, muss betont werden, dass ich keinem multikulturellen Kitschbild der Habsburger Monarchie anhänge, sondern sie im Sinne von „Kakanien revisited" und „Habsburg postcolonial" als quasi-kolonialen Herrschaftskomplex und imperiale Großmacht mit kulturmissionarischem Anspruch verstehe.[8] In dieser Optik kam die Monarchie als zivilisierender Faktor mit den Ausgleichsversuchen ihrer regionalen West-Ost- und Nord-Süd-Gefälle entweder zu spät, oder die Versuche waren zu wenig nachhaltig; dies nicht zuletzt wegen des Umstands,

---

5   Matthias Stickler, „Die Habsburgermonarchie 1848–1918" – Ein Jahrhundertwerk auf der Zielgeraden, Historische Zeitschrift, 295/3, Dezember 2012, S. 694.

6   Vgl. Carlo Moos, L'„altro" Risorgimento. L'ultimo Cattaneo tra Italia e Svizzera, Milano 1992, sowie Ders., Dimensionen eines Bürgerkriegs. Für eine Neubewertung des Geschehens um den Sonderbund, in: Brigitte Studer (Hg.), Etappen des Bundesstaates. Staats- und Nationsbildung der Schweiz, 1848–1998, Zürich 1998, S. 21–44.

7   Stickler, Ein Jahrhundertwerk auf der Zielgeraden, S. 698.

8   Vgl. Wolfgang Müller-Funk, Kakanien revisited. Über das Verhältnis von Herrschaft und Kultur, in: Wolfgang Müller-Funk, Peter Plener, Clemens Ruthner (Hrsg.), Kakanien revisited. Das Eigene und das Fremde (in) der österreichisch-ungarischen Monarchie, Tübingen 2002, S. 19 u. 23, sowie Ursula Prutsch, Habsburg postcolonial, in: Johannes Feichtinger, Ursula Prutsch, Moritz Csáky (Hrsg.), Habsburg postcolonial. Machtstrukturen und kollektives Gedächtnis, Innsbruck etc. 2003, S. 36.

dass das Reich gerade angesichts seiner unausgeglichenen Regionalstrukturen sowie der verzögerten Industrialisierung und einer geringen Integration in die Weltwirtschaft im Wesentlichen bis zum Ende ein Entwicklungsland blieb. Dennoch bleibt eine wichtige Prämisse des vorliegenden Buches, dass das Ende dieser Monarchie durchaus vermeidbar gewesen wäre. Allerdings hätte dafür eine ‚andere' Politik betrieben werden müssen, denn es erscheint noch immer rätselhaft, dass ausgerechnet ein in vielem anachronistisch gewordenes Groß-Reich von sukzessive abnehmender militärischer Bedeutung 1914 einen Weltkrieg auslösen konnte, der sich von seiner Seite hätte verhindern lassen … wenn das Verhalten gegenüber den Südslawen im eigenen Reich und gegenüber dem Königreich Serbien (nicht nur in der Julikrise 1914) ein anderes gewesen wäre. Hinter all dem steckt von meiner Seite weder ein verkappter Legitimismus noch der Wunsch nach einer Neuauflage der Monarchie. Dafür scheint mir schon der Leistungsausweis ihrer letzten Träger allzu dürftig.

Die vorliegende Studie hat einen anderen Fokus. Zentral ist, wie gesagt, das Weiterleben der Monarchie „post mortem", und im Zusammenhang damit sind es die vielen Kontinuitäten, die sich auf allen möglichen Feldern aufspüren lassen. Die Studie ist insofern breit (und vielleicht zu breit) angelegt, als sie nicht allein den auf das Ende folgenden politischen Auseinandersetzungen nachgeht, sondern das ungewöhnlich vielseitige Kulturerbe einbezieht. So gruppieren sich um die verschiedenen Stationen meiner Beschäftigung mit einer vielschichtigen Erbschaft Reflexionen und Betrachtungen unterschiedlicher Art, die teils streng ‚wissenschaftlich', teils in einem weiten Sinn vornehmlich ‚kulturell' sind. Im ersten Teil des Buches geht es mehr um das traditionell Politische, im Mittelteil um eine Art Schnittfläche der zwei hauptsächlichen Interpretationsschienen und im letzten Teil – in manchem der Weiterentwicklung der Geschichte als Wissenschaft entsprechend – vornehmlich um Kulturalistisches. In dieser Gliederung spiegelt sich eine langjährige Auseinandersetzung mit der Habsburger Monarchie, die zum einen in einer Vielzahl von Lehrveranstaltungen an der Universität Zürich über das Ende dieses Reiches (und darüber hinaus) bestand, zum anderen in einem in den frühen 1990er Jahren um ein Schloss im niederösterreichischen Waldviertel erwogenes Projekt zur Gründung eines Instituts für Grenzlandfragen (das nach zweijähriger Planung aus finanziellen Gründen leider scheiterte) und damit zusammenhängend in häufigen Reisen nach Wien. Wien stand auch im Zentrum eines Forschungssemesters im Herbst 2008 und zahlloser weiterer Aufenthalte in den Jahren nachher bis zur Fertigstellung des vorliegenden Buches in den ersten Monaten 2016, die ich in der Nationalbibliothek sowie im Archiv der Republik und nicht zuletzt in einem sehr angenehmen Hotel mit Blick auf das Schottentor und die Votivkirche verbracht habe.

Was das eingesetzte Material anbelangt, sind verschiedene Archivbestände des Österreichischen Staatsarchivs im Archiv der Republik und im Kriegsarchiv verwertet worden, und natürlich wurde die angesichts der Breite des Zugriffs nahezu endlose Fachliteratur so gut wie möglich zugezogen, wobei die Bestände der Nationalbibliothek in Wien und der Zentralbibliothek in Zürich ausreichend hilfreich waren. Weiter erwiesen sich im Sinne des Monarchie-Nachlebens immer wieder Zeitungsartikel als Indikatoren zu Problemen, Fragen oder Ereignissen, denen nachgegangen werden sollte, mit dem Ergebnis, dass ich die Tageszeitungen, die ich regelmäßig lese (Neue Zürcher Zeitung, Le Monde, Der Standard, Corriere della Sera) jeweils mit Argusaugen musterte, ob sich nicht ein Hinweis auf mein Thema finden könnte. Dies erklärt, weshalb in der Studie sehr oft Zeitungsartikel nachgewiesen werden. Im gleichen Kontext sind viele Ausstellungen vornehmlich in Wiener Museen zu sehen, die ich anlässlich meiner Aufenthalte fleißig besucht habe, und noch fleißiger zahlreiche Konzerte, bei welchen angesichts des riesigen Angebots (nicht nur in Wien, sondern auch in Zürich und zum Teil in Dijon) die Qual der Wahl groß war. Wenn das Nachleben der Habsburgermonarchie auf diese Weise in Zeitungsartikeln, Kunstausstellungen oder Konzertprogrammen aufgesucht und präsentiert wird, so hat dies unstreitig eine gewisse Beliebigkeit zur Folge, denn der Besuch eines Konzerts oder einer Ausstellung entspringt meist persönlichen Präferenzen. Andererseits ist Beliebigkeit in einer derart breit angelegten Studie ohnehin nicht zu vermeiden, vielmehr gerade ihre Essenz und in manchem auch der Reiz des Prozedere. Selbstverständlich wird alles eingesetzte Material in den Anmerkungen nachgewiesen. Diese enthalten vornehmlich Nachweise und nur selten weiterführende Überlegungen. Dagegen wurde wegen der ungleichen Qualität und vor allem der Überzahl von zugezogenen Kleindrucken auf ein abschließendes Literaturverzeichnis verzichtet. Die Autorinnen und Autoren sind jedoch alle über das Personenregister problemlos greifbar.

Wie bei disparaten Zugängen wie dem meinen nicht anders möglich, konnte keine systematische Darstellung angestrebt werden. Es ließ sich lediglich ein Netz von Impressionen unterschiedlicher Art präsentieren, das weiter ausgedehnt, aber ebenso auch reduziert hätte werden können. Wenn im Wesentlichen zwei Haupt,schienen' und ihre Kreuzungszonen bzw. Schnittmengen verfolgt werden, so ist dies allerdings nicht nur kompositorisch bedingt, denn inhaltlich unterscheiden sich die Schienen insofern markant, als im politischen Bereich mehr die Probleme der Habsburg-Erbschaft und somit eher negative Wahrnehmungen und Beurteilungen dominieren, während sich auf der Kulturschiene sehr früh die verschiedenartigsten Mythisierungen des Phänomens Habsburg eingestellt haben. Und wenn die Zielsetzung der vorliegenden Arbeit war, Schneisen durch das Trümmerfeld zu legen, das nach dem Ende der Monarchie von ihr blieb, und die Wege zu verfolgen, auf welchen eine (vermeintlich) neue Welt entstand, die sich mittlerweile ihrerseits weitgehend aufgelöst hat, so legt schon der Umstand, dass die vermeintlich neue Welt keine bessere wurde, die Vermutung nahe, dass Kontinuitäten letztlich wirkmächtiger gewesen sein könnten als Neuanfänge. So oder so dürfte aber klar sein, dass es hier nicht einfach um ein weiteres Habsburg-Buch geht, denn es setzt erst mit dem Ende des Reiches ein und untersucht ‚nur' sein Nachleben nach verschiedenen Richtungen.

Im Folgenden sollen die wichtigsten Stoßrichtungen des vorliegenden Buches kurz thesenhaft skizziert werden. Was die entthronte Dynastie anbelangt, scheint mir klar, dass die beiden letzten regierenden Vertreter ihrer (riesigen) Aufgabe nicht gewachsen waren. Schon die Titulatur „von Gottes Gnaden" verweist auf das Unzeitgemäße ihrer Position. Der alte Kaiser war alt und verknöchert und der junge Kaiser zu jung und unerfahren. So wenig der alte Kaiser den Weg in den Krieg zu verhindern wusste, und dies – wie es scheint – auch nicht wollte, so wenig fand sein junger Nachfolger einen Ausweg daraus, obwohl er es gewollt hätte. Wenig erstaunlich folgten dem Ende (primär) hoffnungslose Aussichten für Revisionisten und Legitimisten aller Art, die dennoch unter der Ersten Republik permanent observiert wurden. Dass Ex-Kaiserin Zita am Gottesgnadentum zur Rechtfertigung ihres und – nach seiner Volljährigkeit – von Ottos Herrschaftsanspruch festhielt, unterstreicht das Überlebte der Dynastie. Dass „Kaiser" Otto aus diesem Sendungsbewusstsein heraus Österreich vor Hitler retten wollte, ehrt ihn, bezeugt aber auch bei ihm einen fehlenden Realitätssinn.

Der Weg von US-Präsident Wilson von der Autonomieforderung für die Völker Österreich-Ungarns in seiner 14-Punkte-Erklärung vom 8. Januar 1918 zur Forderung nach Anerkennung der Selbständigkeits-Wünsche dieser Völker vom 20. Oktober 1918 ist emblematisch für die Entwicklung der Entente-Vorstellungen zum Schicksal der Monarchie. Es waren die Fehler Wiens und Budapests gegenüber den Nationalitäten und bezüglich möglicher Ausstiegsszenarien aus dem Krieg, die das Umschwenken dieser Mächte auf die Linie der Nationalräte möglich machten. Damit begann der Prozess der Konkretisierung von „in Köpfen" bestehenden Grenzen in einer sperrigen politisch-topographischen Realität, deren Linien anlässlich der Friedenskonferenzen von St. Germain und Trianon kartographisch fixiert wurden, aber keines der anstehenden Probleme zu lösen vermochten: nicht die Frage einer deutschösterreichischen Identität, nicht jene der deutschsprachigen Minderheit in Böhmen und Mähren oder der ungarischen Minderheiten in Serbien und Rumänien, auch nicht die italienischen Irredenta-Fragen und nicht den Serben-Kroaten-Gegensatz, noch weniger das Problem der Muslime in Bosnien und anderes mehr.

Im End-Kontext der Monarchie setzten sich – im Einklang mit dem nationalistischen Zeitgeist – letztlich die ‚falschen' Protagonisten durch, die auf verhängnisvoll konnotierte nationalstaatliche Karten setzten. Ihre Politik führte im Fall der Tschechoslowakei zur Sudetenkrise der 1930er Jahre und – als unselige Antwort auf die noch unseligere Hitler-Barbarei – zur Vertreibung der Deutschen nach dem Zweiten Weltkrieg sowie, nach Ende des Sowjetimperiums, zur Abspaltung der Slowakei. Im Südslawenstaat führten die großserbischen Ambitionen zu kroatischen Gegenbewegungen, die in den Metzeleien im Umfeld von Ante Pavelićs Unabhängigem Staat Kroatien gipfelten, und nach Ende der Tito-Zeit zu den Auflösungskriegen der 1990er Jahre, als die Politik der ethnischen Säuberungen der Hitler-Mussolini-Jahre wieder auflebte, aber in gewisser Weise auch die altösterreichische und jetzt ebenso unlösbare Frage, welches die unterste Ebene einer Aufteilung wäre, die Konfliktfreiheit gewährt.

Im Rechts-Bereich scheint es angesichts der vielen Wechselfälle der österreichisch-ungarischen und österreichischen Geschichte von 1867 über 1914, 1918, 1938 und 1945 nicht leicht, von Kontinuitäten zu reden. Dennoch führen solche etwa von den Notrechtsregelungen Alt-Österreichs zur Dollfuß-Schuschnigg-Diktatur, deren Basis das Kriegswirtschaftliche Ermächtigungsgesetz von 1917 war. Hier rächte sich der Umstand, dass mangels Weiterdauerns der Gründungskoalition der Ersten Republik zahlreiche repressive Regelungen aus der Monarchie weiter Bestand haben konnten. In diesem Kontext muss die Leistung Otto Bauers in den wenigen Monaten seiner Zeit als Staatssekretär für Äußeres 1918/19 m. E. neu beurteilt werden, womit ein Licht auf die Möglichkeiten fällt, die sich geboten hätten, wenn es gelungen wäre, die Nachkriegs-Koalition weiter zu führen.

Das kulturelle und insbesondere das architektonische Erbe der Monarchie ist eine erstklassige Geschäftsquelle und lässt sich gut vermarkten. Heerscharen werden durch Schönbrunn und die Hofburg geschleust und machen (weniger zahlreich) vor den Gedenkstätten in der Kapuzinergruft und auf Madeira sowie in Artstetten oder im Schweizer Kloster Muri Halt. Geschichtstourismus als prägendes Element der ‚Postmoderne' kann dank einem überbordenden Freizeit- und Reisebetrieb nahezu jeden Zielort und jedes Objekt zum „Erinnerungsort" hochstilisieren. Indessen ist der Grat zwischen Nostalgie und Kitsch schmal. Dies zeigt sich in ‚gehobenerer' Form am Wiener Opernball oder an den Neujahrskonzerten im Wiener Musikverein, die vom Philharmoniker Classicmusicshop effizient vertrieben werden, in seiner nur noch marktorientierten Seichtigkeit dagegen am Sisi-Sissi-Kult. Der *impact* der Dynastie auf die Nachwelt ist bescheiden, aber ihre *memoria* und die diesbezügliche Erinnerungspolitik wirken enorm.

Wenn die imperiale Großmacht mit ihren zivilisatorischen und kulturmissionarischen Versuchen zu spät oder zu wenig weit kam, konnte man sich nach ihrem Ende wenigstens auf die kulturellen Leistungen berufen und setzte etwa den Topos der Musikstadt Wien besonders gern ein. Aus der Flut literarischer Erinnerungszeugnisse, die das Ende der Monarchie oder den Weg dahin zum Thema machen, ragen der „Radetzkymarsch" von Joseph Roth und der „Mann ohne Eigenschaften" von Robert Musil besonders heraus. Sie sind emblematisch dafür, wie die Habsburgermonarchie im Nachhinein gesehen wird, von Roth in eher mythisierter Form, bei Musil mit analytischer Schärfe. Dank ihm ist „Kakanien" weltweit zu einem Schlüsselwort geworden.

Das musikalische Erbe der Monarchie ist unschätzbar, lässt sich aber nur gebrochen weiterführen wie in Ravels „La Valse" von 1919. Von der Wiener Klassik und ihren Nachfahren Bruckner und Mahler führt der Weg über die Zweite Wiener Schule zu späteren Generationen Neuer Musik. Eine Schlüsselrolle spielt auf diesem Entwicklungsweg Arnold Schönberg, der vor dem Nationalsozialismus nach Kalifornien auswich. Besonders repräsentativ ist seine Rückwendung zum Judentum; sie gipfelt in der 1947 geschriebenen Kantate „A Survivor from Warsaw", die trotz ihrer Kürze eines der großen musikalischen Zeugnisse des Auschwitz-Zeitalters ist.

Dass sich neben etlichen Namen anderer Ehrengräber-Träger im Wiener Zentralfriedhof vor allem Schönbergs Grabstein auf dem Cover dieses Buches findet, ist kein Zufall. Vielmehr schließt seine Survivor-Kantate es emblematisch ab und illustriert die ihm zugrundeliegende These, wonach das ‚wahre' Ende der Habsburger Monarchie mit dem „Anschluss" kam.

Zitierte Bestände des Österreichischen Staatsarchivs

Archiv der Republik

AdR Staatsratsprotokolle 1918/19, Kartons 1-4
AdR Kabinettsratsprotokolle 1919/20, Kartons 5, 6
AdR BKA/allgem., Kartons 1a, 1b, 2
AdR BKA/allgem. Inneres Sig. 10, Kartons 2248-2251
AdR BKA/allgem. Inneres Sig. 10/1-10/5, Kartons 2252, 2253
AdR BKA/allgem. Inneres Sig. 15/3, Kartons 2435-2451
AdR BKA/allgem. Inneres Sig. 20/1, Karton 4611
AdR BKA/allgem. Sig. 22/1 (genere), Kartons 5284-5286
AdR BKA/allgem. Sig. 22/1, Kartons 5287, 5288
AdR NPA Präsidium, Kartons 4, 5
AdR NPA Präsidium ("Nachlass Bauer"), Kartons 233, 234
AdR NPA, Kartons 208, 232, 299, 312, 313, 319, 335, 374, 376, 396, 456

Kriegsarchiv

KA Nachlässe, B/874 Depot Eichhoff, Mappen 1-144 (Der letzte Karton mit den Mappen 145-151 war „wegen Ausstellung nicht bestellbar".)

Dank

Ein schöner Zufall wollte es, dass zur Zeit meines ersten Wiener Archivaufenthalts das 90-jährige Jubiläum der Republikgründung gefeiert wurde, wozu nicht nur eine große Ausstellung im Parlament gehörte, sondern mehrere Publikationen erschienen, die für meine Studie von Bedeutung waren, so das zweibändige Werk über das Werden der Ersten Republik,[9] auf das mich Matthias Marschik aufmerksam machte, dem ich wie seiner Frau Johanna Dorer für viele interessante Gespräche zu danken habe. Dass der erste Band der Staatsratsprotokolle damals herauskam,[10] erfuhr ich von Dr. Rudolf Jeřábek erst, nachdem ich den Bearbeitern die zugehörige Archivschachtel mit Hilfe von Heinz Placz entwendet und durchgesehen hatte. So ist mancher Dank auf verschiedenen Ebenen im Archiv der Republik angebracht. Dasselbe gilt für die Österreichische Nationalbibliothek, die trotz permanent großem Andrang stets ein angenehmer Arbeitsort war.

Erhard Busek danke ich für sehr erhellende Gespräche in der Anfangszeit meiner Untersuchung und für den Kontakt zu Gerald Stourzh, den er anbahnte. Gerald Stourzh ist in der Folge zu meinem wichtigsten Ansprechpartner geworden; ohne ihn wäre diese Arbeit kaum entstanden, und ich habe ihm für zahllose Tipps und wertvollen Rat zu danken. Trotzdem liegt die Verantwortung für das, was daraus wurde, allein bei mir. Ebenso dankbar bin ich meinem guten Freund Thomas Fröschl, den ich regelmäßig in Wien und zu Hause in Pagny la Ville treffen und mit ihm austauschen kann. Zahlreiche Anregungen und Hilfestellungen verdanke ich auch Oliver Rathkolb und vielen spannenden Gesprächen mit ihm.

Zu danken habe ich weiter Fritz Trümpi für nützliche Ratschläge anlässlich einer großen Zahl schöner Abendessen sowie den Doktorandinnen Marion Wullschleger (Bern), die mir Texte überlassen hat, und Sara Bernasconi (Zürich) für die Kontrolle verschiedener Manuskriptseiten im Sarajewo-Kontext. Zoran Zekanovic, meinem Zürcher Rückentherapeuten, verdanke ich wertvolle Kroatien-Erläuterungen und ein emblematisches Foto des Gedenksteins im Stadtpark von Zadar, der fast zum Cover dieses Buches geworden wäre.

Ganz großen Dank schulde ich Eva Reinhold-Weisz vom Böhlau Verlag für das Interesse an meiner Arbeit und die sympathische Art, wie mit mir umgegangen wurde;

---

9   Helmut Konrad, Wolfgang Maderthaner (Hg.), Das Werden der Ersten Republik. ... der Rest ist Österreich, 2 Bände, Wien 2008

10 Der österreichische Staatsrat. Protokolle des Vollzugsausschusses, des Staatsrates und des Geschäftsführenden Staatsratsdirektoriums, hg. v. Gertrude Enderle-Burcel, Hanns Haas, Peter Mähner, Band 1, 21. Oktober 1918 bis 14. November 1918, Wien 2008.

mein herzlicher Dank erstreckt sich auch auf ihre Kolleginnen Stefanie Kovacic und Bettina Waringer. Ebenfalls dankbar bin ich dem Team des Hotels Regina für die Gastfreundschaft, die ich während vieler Jahre dort gefunden habe. Schließlich danke ich der Stiftung für wissenschaftliche Forschung an der Universität Zürich für ihren Beitrag an meine letzten Wien-Reisen von 2015.

Vor allen anderen zu danken habe ich aber meiner Frau Regula und unseren Kindern Giancarlo und Leonora, die mich immer gern auf meinen Wegen (nicht nur nach Wien) begleitet haben. Meiner Schwiegertochter Dolores Renk verdanke ich den Entwurf zum repräsentativen Cover.

Pagny la Ville, 2. Mai 2016

I. Teil: Die politische Schiene

Im ersten Teil der vorliegenden Studie geht es um die „hardware", das heißt um konkrete Auseinandersetzungen etwa um Grenzen, mit allen Konflikten, die mit solchen Fragen verknüpft waren und weiter sein können. Insofern geht es um Realitäten und ihre gegebene oder nicht gegebene Veränderbarkeit. Nirgends wie hier mag das von Wallenstein vor seiner Ermordung zu Max Piccolomini im letzten Teil von Schillers Trilogie gesprochene Wort zutreffen:

> Eng ist die Welt und das Gehirn ist weit.
> Leicht bei einander wohnen die Gedanken,
> Doch hart im Raume stoßen sich die Sachen.[11]

Und selten wie beim Verschwinden der Habsburgermonarchie stellt sich der Eindruck ein, dass sich – jedenfalls in einer imperialen Optik – die ‚falschen' Leute mit den ‚falschen' Gedanken durchgesetzt haben, weil sie gerade ‚richtig' standen: die Trumbićs und Supilos, die Masaryks und Beneschs und alle, die auf eine nationalstaatliche Karte setzten, was sich – wie sich ex post problemlos konstatieren lässt – längerfristig als verhängnisvoll erwies. Thomas G. Masaryk, erster Präsident der tschechoslowakischen Republik bis 1935, hatte freilich bis zum Kriegsausbruch noch an der österreichischen Reichsidee festgehalten und sich erst danach von der Monarchie losgesagt und auf die Seite der Westalliierten begeben.[12] Anders der Kroate Frano Supilo (1870–1917) und der Dalmatiner Ante Trumbić (1864–1938), die früh und verstärkt nach der Annexionskrise von 1908 das Fernziel eines selbständigen südslawischen Staates verfolgten, dessen erster Außenminister (bis Ende November 1920) Trumbić wurde.[13] Insofern als sich die Probleme, an welchen die Monarchie zerbrach, nach ihrem Ende fortsetzten oder gar verschärften, man denke an die alt-neuen Konflikte in den Nachfolge-

---

11   Friedrich Schiller. Wallensteins Tod, 2. Aufzug, 2. Auftritt.
12   H.[olm] Sundhaussen, Masaryk, in: Biographisches Lexikon zur Geschichte Südosteuropas, Band III, München 1979, S. 112ff.
13   A.[ndreas] Moritsch, Supilo, in: Biographisches Lexikon zur Geschichte Südosteuropas, Band IV, München 1981, S. 234–237; H.[olm] Sundhaussen, Trumbić, ebd., S. 353–356. Vgl. auch das weiter nützliche Buch von Leo Valiani, La dissoluzione dell'Austria-Ungheria, nuova edizione aggiornata, Milano 1985 (Erstausgabe 1966).

staaten oder an den Wiener Antisemitismus, der mit Hitler, einem „österreichischen Gewächs" (wie Karl Renner im Januar 1932 schrieb),[14] einen Quantensprung erlebte, lassen sie sich nicht auf Personalismen reduzieren. Renner stellte zehn Jahre nach dem Zusammenbruch der Monarchie denn auch fest, es sei falsch anzunehmen, dass Otto Bauer oder irgendeiner der Parteifreunde den Untergang gewollt habe; vielmehr sei er „auf den Schlachtfeldern bewirkt und von der Entente vollzogen worden".[15] Dennoch wüsste man gern mehr über jene, die wie Renner für eine weiterführende (über-)nationale Linie innerhalb der Monarchie eingetreten waren, aber – anders als Renner – nach ihrem Ende in der politischen Versenkung verschwanden. Als Beispiel sei der Staats- und Völkerrechtler Heinrich Lammasch genannt, der in der Untergangsphase vom 28. Oktober bis zum 11. November 1918 amtierende letzte cisleithanische Ministerpräsident. Er vermochte in diesen zwei Wochen den Übergang in die Folgezeit halbwegs kontrolliert zu bewerkstelligen, auch wenn – angesichts der komplexen Gemengelange nicht erstaunlich – etwa die Abwicklung der alten k.u.k. Diplomatie durch den Freiherrn von Flotow, der am 2. November 1918 den letzten Minister des k.u.k. Hauses und des Äußern, den ungarischen Grafen Andrassy, ablöste, noch rund zwei Jahre dauern sollte.[16] Dies auch wenn der kurz vorher ernannte deutschösterreichische Staatsekretär Otto Bauer am 13. November 1918 US-Präsident Wilson mitteilte, das Mandat des bisherigen österreichisch-ungarischen Ministeriums des Äußern sei erloschen und die österreichisch-ungarischen Missionen im Ausland seien nur noch provisorisch bis zur Schaffung eigener Vertretungsbehörden der deutschösterreichischen Republik bevollmächtigt, den Staatsrat zu vertreten.[17] Lammasch selber konnte in der Folge immerhin konstatieren, dass man ihn in den Entente-Staaten als Spezialisten für Fragen des Völkerrechts hoch schätzte, was nichts daran ändert, dass er als Sachverständiger in der österreichischen Friedensdelegation in St. Germain keinen prägenden Einfluss auf die Ereignisse nehmen konnte, nicht zuletzt weil ihn die „neuen" Männer Renner und Bauer zwar menschlich schätzten, aber keine hohe Meinung von seinen politischen Fähigkeiten hatten. So schrieb Renner am 30. Juni 1919 aus St. Germain an Bauer, er

---

14 Karl Renner in Dokumenten und Erinnerungen, hg. v. Siegfried Nasko, Wien 1982, S. 112. Die Genese von Hitlers Antisemitismus in Wien zeigt eindrücklich Brigitte Hamann, Hitlers Wien. Lehrjahre eines Diktators, Wien 1996.
15 Renner an Wodosch Peter Waller, 5. Januar 1928, in: Renner in Dokumenten und Erinnerungen, S. 96.
16 Vgl. Walter Rauscher, Struktur und Organisation des österreichischen Auswärtigen Dienstes 1918 bis 1938, in: Außenpolitische Dokumente der Republik Österreich 1918–1938 (ADÖ), Band 1: Selbstbestimmung der Republik. 21. Oktober 1918 bis 14. März 1919, hg. v. Klaus Koch, Walter Rauscher, Arnold Suppan, Wien – München 1993, S. 17.
17 ADÖ, Band 1, Dok. 16, S. 143.

habe noch nie einen so absolut unpolitischen Menschen gesehen, der imstande sei „in naivster Weise den größten Schaden zu stiften".[18] Wie Josef Redlichs Erinnerungstext an Lammasch zeigt, scheint dieser Mühe gehabt zu haben, Verantwortung zu übernehmen, so im Frühjahr 1917, als ihn Kaiser Karl ein erstes Mal aufforderte, eine neue Regierung zu bilden, welche die Neugestaltung Österreichs und die Vorbereitung von Friedensverhandlungen vornehmen sollte, woran ihn seine „edle Bescheidenheit und strenge Selbstkritik" hinderten.[19] Dass er im Angesicht des Zusammenbruchs doch noch Ministerpräsident wurde, kann seitens des Kaisers nur als Verzweiflungsschritt und seitens Lammaschs als dramatische Selbstaufopferung vor der unaufhaltsamen Katastrophe gesehen werden. Immerhin gelang es ihm, den Ausstieg aus der Monarchie ohne Blutvergießen zu pilotieren: Während auf Karls Verzichterklärung vom 11. November das Ende seiner Regierung folgte, wurde am Tag darauf die Republik proklamiert. Zwar versuchte Bauer Anfang März 1919 über die deutschösterreichische Vertretung in Bern den an einer Völkerbundkonferenz teilnehmenden Lammasch, zu dem er „trotz der Gegensätze unserer politischen Überzeugungen [...] das vollste Vertrauen" hatte, um Unterstützung gegenüber amerikanischen und englischen Diplomaten in den Fragen Deutschböhmens, des Sudetenlandes, Südtirols und der bedrohten Grenzgebiete in Kärnten und in der Untersteiermark sowie in der Anschlussfrage an Deutschland und wegen der herrschenden wirtschaftlichen Not zu bitten, ohne dass er etwas hätte bewirken können.[20] Sein guter, im Kontext der Friedenskonferenz aber wirkungsloser Ruf gründete bei den Entente-Mächten auf seiner Teilnahme an den Haager Konferenzen von 1899 und 1907 und der Mitgliedschaft im ständigen Schiedshof in Den Haag sowie in den im Herrenhaus des österreichischen Reichsrats 1917 und 1918 gehaltenen Friedensreden.[21]

Der wegen seines Zivilgesetz-Entwurfs von 1893 und der 1898 in Kraft getretenen neuen Zivilprozessordnung sowie als gewesener k.k. Justizminister seinerseits fast legendäre Franz Klein, der bis zum Sommer 1919 im Staatsamt für Äußeres in einzelnen Dossiers und in der Friedensdelegation als Bauers Stellvertreter wirkte, äußerte sich bissig über Lammaschs dortige Tätigkeit. Er sei – wie er am 25. Mai 1919 Ottilie Friedländer schrieb – „einer von den Christen geworden, die sich jede Demütigung gefallen

---

18   Österreichisches Staatsarchiv (= ÖStA), Archiv der Republik (= AdR), Neues Politisches Archiv (= NPA) Präsidium (= Präs.) (Nachlass Bauer), Karton 233, Umschlag II d, N. 637.
19   Josef Redlich, Heinrich Lammasch als Ministerpräsident, in: Heinrich Lammasch. Seine Aufzeichnungen, sein Wirken und seine Politik, hg. v. Marga Lammasch und Hans Sperl, Wien – Leipzig 1922, S. 154–185, hier S. 160.
20   ADÖ, Band 1, Dok. 183, S. 503ff.
21   Zu denken ist an die Reden vom 28. Juni 1917, 27. Oktober 1917 und 28. Februar 1918, in: Heinrich Lammasch, Europas elfte Stunde, München 1919, S. 135-172.

lassen", was zwar „sehr edel, aber nicht immer auszuhalten" sei.[22] Lammasch schied schon am 10. Juni aus der Delegation aus, wo er wenig geleistet habe, wie Klein meinte,[23] und starb anfangs Januar 1920. Seinem Sarg folgten ganze sechs Personen, unter ihnen der Friedensnobelpreisträger Alfred Herrmann Fried, wie um zu demonstrieren, wie überlebt der Vorkriegs-Pazifismus inzwischen war.[24] Wie noch gezeigt wird, gehört aber auch Klein zu jenen, über die die Zeit hinwegschritt und deren Gedanken, für die er zwischen 1899 und 1903 in der „Fackel" von Karl Kraus mehrmals gelobt wurde, sich allzu hart im Raume stießen.[25]

Spuren der untergegangenen Habsburger Monarchie und Zeichen ihres Fortlebens finden sich in allen Lebensbereichen und zu allen Zeiten, und unmittelbar nach ihrem Ende – trotz manifesten Abgrenzungsbemühungen – bereits mit Untertönen des Bedauerns. In diesem ersten Teil der Studie wird auf einer komplexen Spurensuche zunächst auf die Probleme des neuen deutschösterreichischen Staates rund um den Staatsvertrag von St. Germain und die Rolle des Sozialdemokraten Otto Bauer in diesem Kontext näher eingegangen (1. Kapitel). Daran schließen sich im 2. Kapitel Überlegungen zu Kontinuitäten in den Bereichen von Verfassung und Recht an, während im 3. Kapitel verschiedene Grenzfragen und einige diesbezügliche Entwicklungen untersucht werden.

1. Deutschösterreichs Anfänge

In diesem Kapitel wird zuerst der Weg zum Staatsvertrag von St. Germain analysiert und anschließend näher auf Otto Bauer, Staatssekretär für Äußeres in diesem für das Schicksal Deutschösterreichs entscheidenden Zeitabschnitt, fokussiert. Vorweg ist festzuhalten, dass – worauf Fritz Fellner vor über drei Jahrzehnten zu Recht hingewiesen hat – die Friedensordnung von 1919/20 nicht nur als Machtfriede abgetan werden darf, sondern als Versuch gesehen werden muss, ein auf Rechtsgrundsätzen aufgebau-

---

22 „Saint-Germain, im Sommer 1919". Die Briefe Franz Kleins aus der Zeit seiner Mitwirkung in der österreichischen Friedensdelegation. Mai – August 1919, hg. v. Fritz Fellner und Heidrun Maschl, Salzburg 1977 (Quellen zur Geschichte des 19. und 20. Jahrhunderts, 1), S. 84f. Klein war 1906–1908 im Kabinett Beck und Ende 1916 knapp zwei Monate im Kabinett Koerber II Justizminister gewesen; vgl. Fellner/Maschl, Briefe Franz Kleins, S. 16-18.
23 11. Juni 1919 an Ottilie Friedländer, Briefe Franz Kleins, S. 147.
24 Vgl. Manfried Rauchensteiner, L'Autriche entre confiance et résignation 1918–1920, in: Stéphane Audoin-Rouzeau et al. (Hg.), Sortir de la Grande Guerre. Le monde et l'après-1918, Paris 2008, S. 165–185, hier S. 183.
25 Vgl. Forschungsband Franz Klein (1854–1926). Leben und Wirken. Beiträge des Symposiums „Franz Klein zum 60. Todestag", hg. v. Herbert Hofmeister, Wien 1998, S. 173.

tes System zu errichten, das heißt Recht an die Stelle von Krieg zu setzen. Dies wird dadurch unterstrichen, dass in sämtliche Vorortsverträge als erster Teil die Satzung des Völkerbunds und als letzter Teil die Satzung der Internationalen Arbeitsorganisation gesetzt wurde.[26] Im Hinblick darauf erscheint vieles, was an der deutschösterreichischen Friedensdelegation und insbesondere an Otto Bauer allenfalls kritisierbar sein könnte, in einem anderen Licht.

1.1 Die deutschösterreichische Friedensdelegation und der Staatsvertrag von St. Germain

Im Kontext der Suche nach einem den Weltkrieg abschließenden Frieden erscheinen im Wiener Archiv der Republik jene Materialien von besonderem Interesse, welche die vorbereitenden und begleitenden Aktivitäten der deutschösterreichischen Friedensdelegation in St. Germain dokumentieren.[27] Gegenüber den wenig mehr als ein halbes Jahr vor der endgültigen Niederlage abgeschlossenen Friedensverträgen mit der Ukraine (9. Februar 1918), mit der Sowjetunion (3. März 1918) und mit Rumänien (7. Mai 1918) hatte sich die Ausgangslage für die nunmehr Besiegten in ihr Gegenteil verkehrt, auch wenn sich schon in den Verhandlungen zu den erwähnten Friedensschlüssen klar gezeigt hatte, dass nicht die österreichisch-ungarischen, sondern die deutschen Vertreter das Sagen hatten, und bei letzteren nicht die Politiker, sondern die Militärs.[28]

Dies illustriert den verhängnisvollen Umstand, dass der Schatten der untergegangenen Doppelmonarchie von Beginn weg schwer auf dem bei Kriegsende entstandenen Deutschösterreich lasten musste, das insofern nur bedingt eine Neugründung war, als von einer starken deutschösterreichischen Identität schon zu Zeiten der Monarchie ge-

---

26 Vgl. Fritz Fellner, Die Friedensordnung von Paris 1919/20 – Machtdiktat oder Rechtsfriede? Versuch einer Interpretation, in: Politik und Gesellschaft im alten und neuen Österreich. Festschrift für Rudolf Neck zum 60. Geburtstag, hg. v. Isabella Ackerl, Walter Hummelberger und Hans Mommsen, Band II, Wien 1981, S. 39–54.

27 Im Folgenden werden Materialien aus zahlreichen Kartons des NPA im AdR eingesetzt. Verschiedene Entwürfe im Nachlass des damaligen Sektionschefs und späteren Gesandten Johann Andreas Eichhoff (ÖStA: Kriegsarchiv (= KA) B/874 Depot Eichhoff, Mappe 58) zeigen darüber hinaus die intensive Beschäftigung mit Wilsons Kongressbotschaft vom 8. Januar 1918 und den Folgen seiner 14 Punkte für die Monarchie im Hinblick auf eine Beendigung des Kriegs.

28 Einige Briefe von Sektionschef Schüller an das k.u.k. Ministerium des Äußern und ans k.k. Handelsministerium illustrieren dies vor allem aus Bukarest und zeigen, so am 8. und 12. März 1918, das Maßlose der deutschen Forderungen; vgl. Unterhändler des Vertrauens. Aus den nachgelassenen Schriften von Sektionschef Dr. Richard Schüller, hg. v. Jürgen Nautz, Wien – München 1990 (Studien und Quellen zur österreichischen Zeitgeschichte, 9), S. 280f.

sprochen werden konnte. Gerade hier wirkte die Last der Vergangenheit aber besonders stark nach mit den mehrheitlich deutschösterreichischen Offizieren der geschlagenen k.u.k. Armee, die mit Vorliebe nach Wien zurückströmten,[29] aber auch in vielen anderen Problemen, die sich weit über ihr Ende hinaus aus der besonderen Beschaffenheit der Monarchie ergaben. Zwar waren jetzt die Sozialdemokraten im Rahmen einer Koalition (zunächst mit den Christlichsozialen und den Deutschnationalen, nach den Wahlen zur Konstituierenden Nationalversammlung noch mit den Christlichsozialen) für rund zwei Jahre in die Regierung gelangt, konnten sich aber mit ihren Vorstellungen nur bedingt oder gar nicht durchsetzen, obwohl sich der christlichsoziale Vizekanzler Jodok Fink im Gegensatz zum polarisierenden Ignaz Seipel ihnen gegenüber loyal verhielt.[30]

Auch wenn die deutschösterreichische Friedensdelegation in St. Germain den mit der Ausrufung der Republik vollzogenen Bruch betonen wollte, sah sie sich gezwungen darzulegen, dass die verschiedenen Völker die Monarchie zu deren Lebzeiten nicht abgelehnt hätten, selbst die Tschechen nicht. Hier mag neben teilweise echter Überzeugung einiges an beschönigender Selbstrechtfertigung und vor allem an Taktizismen im Hinblick auf den Umgang mit den einstigen Gegnern mitgespielt haben. Aber dass der Zustand der Monarchie nicht über Gebühr ins Positive verzeichnet werden sollte (von einem grundsätzlichen Gegner dieses „naturwidrigen Gebildes"[31] wie Otto Bauer wird in Kapitel 1.2 die Rede sein), darf als sicher angenommen werden, nicht zuletzt weil ein solches Vorgehen in der ohnehin schwierigen Lage kontraproduktiv gewesen wäre. Immerhin wurde alles getan, um Materialien beizubringen, die – wie ein dickes Faszikel im Archiv der Republik belegt – die Austrophilie der Tschechen, Südslawen und Polen während des Krieges illustrieren sollten. Dazu gehörten nebst einer Auflistung von zwölf nichtdeutschen Ministern in Cisleithanien, deren prominentester der Tscheche Graf Clam-Martinic war (Ministerpräsident vom 20. Dezember 1916 bis 22. Juni 1917),[32] ein Verzeichnis von Loyalitätskundgebungen, mit welchen nachgewiesen werden sollte, dass die slawischen Nationalitäten nicht nur an der Regierung beteiligt waren, sondern die überwiegende Mehrheit der Südslawen und Polen und selbst ein bedeutender Teil der Tschechen in keinem Gegensatz zur Regierung gestanden sei.[33]

---

29 Vgl. Peter Melichar, Die Kämpfe merkwürdig Untoter. K.u.k. Offiziere in der Ersten Republik, in: Österreichische Zeitschrift für Geschichtswissenschaften, 1 (1998), S. 51–84.
30 Vgl. Georg Schmitz, Karl Renners Briefe aus Saint Germain und ihre rechtspolitischen Folgen, Wien 1991 (Schriftenreihe des Hans Kelsen-Instituts, 16), S. 65–74.
31 Vgl. Otto Bauers Vortrag „Die Offiziere und die Republik" vom 13. April 1921, in: Otto Bauer, Werkausgabe. Band 2, Wien 1976, S. 380.
32 NPA, Karton 313, Liasse Österreich 15/9, N. 187.
33 NPA, Karton 313, 15/9, N. 190.

Der gleiche Archivumschlag enthält eine große Zahl Abschriften österreichfreundlicher Stellungnahmen sowie Auszüge aus nichtdeutschen Voten im Abgeordneten- und im Herrenhaus und die Ergebnisse einer Recherche von Staats-Archivdirektor Dr. Neisser über das Verhalten der nichtdeutschen Mitglieder im Reichsrat. Neisser wies nach, dass bei elf namentlichen Abstimmungen die Tschechen und Südslawen immer gegen, die Polen aber meist für die Regierung gestimmt hätten. Die gehaltenen Reden zeigten, dass sich die Slawen jeweils um Umbau und Beseitigung des Dualismus und um Umwandlung des Reiches in einen Bundesstaat bemüht hätten, nicht aber um die Zertrümmerung Österreichs. Ergebenheit gegenüber Kaiser und Dynastie habe auch bei der Opposition gegen die Regierung vorgeherrscht.[34]

Auch das Staatsamt für Heerwesen steuerte das seine zu einer nachträglich als Erfolg interpretierten Integration bei, indem es dem Staatsamt für Äußeres am 8. Juni 1919 eine Aufstellung zukommen ließ, aus der sich für die letzten Jahre vor dem Krieg geradezu eine „tschechische Überflutung der Militär-Erziehungs- und Bildungsanstalten" und eine „Anbahnung der Tschechisierung des Offizierkorps" ergab, ein Trend, der erst mit Kriegsbeginn endete, zum einen wegen des „riesigen Andrangs des deutschen Elementes" (bei dem die Kriegsbegeisterung größer gewesen zu sein scheint), zum anderen durch die „Abneigung der Tschechen zum Dienen im Soldatenstande und bei den Kampftruppen" – was das Staatsamt für Äußeres dazu bewogen haben muss, das Material, da „vollkommen unverwendbar", ad acta zu legen.[35] Dies hinderte das Staatsamt für Heerwesen indessen nicht, das Thema weiter und grundsätzlicher zu vertiefen, indem es dem Staatsamt für Äußeres am 27. Juni 1919 eine statistische Arbeit mit dem Titel „Der Anteil der nichtdeutschen Volksstämme an der österreichisch-ungarischen Wehrmacht" zukommen und in der Folge selber drucken ließ.[36] Darin wurde einleitend gesagt, die Armee habe „seit jeher" allen Volksstämmen der Monarchie als „gemeinsame Sache" gegolten, und das Dichterwort von 1848 an Radetzky (Grillparzers „In deinem Lager ist Österreich") hätte bis zum Zusammenbruch volle Geltung behalten. Alle Stämme hätten zu den Kosten der Kriege beigetragen, ihre Söhne zur Verfügung gestellt und an den Blutopfern teilgehabt. Dabei sei die gemeinsame Armee trotz allen auseinanderlaufenden Bestrebungen Ausdruck des Zusammenlebens der Völker und ihrem Geist und ihrer Zusammensetzung nach neutral gewesen. Es habe weder bei den Mannschaften noch bei den Offizieren noch bei den Beamtengraden eine Zurücksetzung der „nichtdeutschen Volksstämme" gegeben.[37] Im

---

34   NPA, Karton 313, 15/9, N. 411 u. 412.
35   NPA, Karton 313, 15/9, N. 580 u. 581.
36   Vgl. NPA, Karton 313, 15/9, N. 704 u. 705.
37   NPA, Karton 313, 15/9, N. 659 u. 660.

Einzelnen besonders interessant ist an der Schrift die Auflistung der Provenienzen der am 1. November 1918 aktiven Generalität, von den Feldmarschällen über die Generalobersten, die Generale der Infanterie, der Kavallerie und der Feldzeugmeister zu den Feldmarschall-Leutnants und den Generalmajoren. Von letzteren waren beispielsweise 60 Deutsche, 49 Ungarn, 59 Tschechen (von ihnen aber rund die Hälfte deutschsprachig), 12 Südslawen, 16 Polen, 1 Rumäne und 5 Italiener. Besonders bemerkenswert sind die Schlussfolgerungen des Verfassers (Ministerialrat Dr. Wilhelm Winkler), der wohl den Zeitumständen Rechnung tragen (und vielleicht auf seinen Chef, den Sozialdemokraten Julius Deutsch, Rücksicht nehmen) wollte und betonte, dass die Armee ein Volksheer gewesen sei, mit einer „fügsamen internationalen (österreichisch-ungarischen) Generalität", aber auch ein „Instrument der anationalen habsburgischen Dynastie gegen alle Völker der Monarchie, auch gegen die Deutschen", und somit ein „Schild der dynastischen Hausmachtinteressen" in einem „nicht gewollten und gehassten System", für das aber kein einzelner Volksstamm gesondert verantwortlich gemacht werden könne.[38] Hier zeigt sich sehr schön, zu welchen Pirouetten man gezwungen war, um eine (funktionierende) Multikulturalität der Monarchie hervorzuheben und ihr falsches (dynastisches) politisches System anzuprangern, wofür keines der Völker und schon gar nicht das deutsche eine Verantwortung trug. Da der Kaiser mittlerweile ‚abserviert' war – ohne brutal mit ihm zu verfahren, wie an anderer Stelle betont wurde[39] – konnte man sich einigermaßen elegant, wie man meinte, von jeder Verantwortung für das frühere System frei fühlen. Mehr noch, es musste in der Optik des zuständigen Unterstaatssekretärs (Julius Deutsch) geradezu ein scharfer Schnitt zwischen der alten österreichischen Armee und der revolutionären Volkswehr, die man zu errichten bestrebt war, gezogen werden, denn das Ende der alten Armee bedeutete „das Ende jener blinden Unterordnung [...], die den Soldaten des Kaisers mit brutaler Gewalt aufgezwungen war".[40]

An dieser Stelle ist – um einen übergeordneten Zusammenhang herzustellen – darauf hinzuweisen, dass die österreichische „Revolution von 1918–1920", wie sie Klemens von Klemperer eingrenzte, vornehmlich durch Kontinuität und Konsens charakterisiert war und sich auf diese Weise wesentlich von der deutschen Revolution von 1918 unterschied.[41] Zwar erweist sich Österreichs Revolution in Otto Bauers eindrückli-

---

38   Ebd. (NPA, 313, 15/9, N. 659 und 660). Vgl. vom gleichen Wilhelm Winkler die Schrift Die Totenverluste der österreichisch-ungarischen Monarchie nach Nationalitäten, Wien 1919, zit. Melichar, Die Kämpfe merkwürdig Untoter, S. 80.
39   Antwort des Staatsamtes für Äußeres an den Gesandten im Haag vom 25. März 1919, NPA, Karton 208, Liasse Österreich 1/2, N. 560. S. dazu unten Kap. 1.2.
40   Julius Deutsch, Aus Österreichs Revolution. Militärpolitische Erinnerungen, Wien [1921], S. 30.
41   Klemens von Klemperer, Die Revolution von 1918–1920 und der österreichische Konsens. Oder:

cher Gesamtschau, aber auch etwa in der Illustrierung ihrer Abläufe von revolutionärer Gärung über Fieberschübe und Putschismus bis zur Erläuterung ihrer Grenzen in einem wichtigen Aufsatz von Wolfgang Maderthaner als erheblich komplexer,[42] was indessen nichts daran ändert, dass Klemperers Formel von Kontinuität und Konsens für meine Betrachtung recht gut geeignet erscheint. Kontinuität zwischen alten und neuen Kräften beispielsweise in der Kooperation zwischen der k.k. Lammasch-Redlich-Seipel-Regierung und dem Revolutionskanzler Renner, indem in allen zentralen Ämtern neue Staatssekretäre und alte kaiserliche Minister nebeneinander tätig waren, und (allerdings weitgehend krisenbedingter) Konsens, weil die drei erwähnten Parteien (noch) zusammenarbeiteten.[43] Allerdings zeigte die erste Unterredung des neu ernannten Unterstaatssekretärs für Heerwesen Julius Deutsch mit dem bisherigen k.u.k. Kriegsminister Generaloberst Stöger-Steiner am Abend des 1. November 1918, dass die Vertreter des alten Systems doch erhebliche Mühe bekundeten, sich mit den völlig veränderten Verhältnissen abzufinden. Jedenfalls soll Generaloberst Stöger-Steiner Deutsch „allen Ernstes" versichert haben, „dass *er* die deutschösterreichische Regierung ganz gewiss ebenso unterstützen werde, wie die Regierungen der anderen Nationalstaaten". Offenbar glaubte er, das Kriegsministerium könne noch eine Art gemeinsame Einrichtung über den Regierungen der einzelnen Staaten bleiben.[44] Gleichzeitig ist aber daran zu erinnern, dass Stöger-Steiner anlässlich eines der letzten Ministerräte für gemeinsame Angelegenheiten der k.u.k. Monarchie als einer von wenigen Einsicht in die Dramatizität der Lage bewies. Gemäß Protokoll des Ministerrats vom 2. Oktober 1918 soll er „vor kleinlichen Eifersüchteleien zwischen Österreich und Ungarn" gewarnt haben, „denn es gehe heute um die Existenz der Monarchie".[45]

Der pragmatische Stil in der österreichischen Politik, in: Österreichische Forschungsgemeinschaft (Hg.), Studien zur Zeitgeschichte der österreichischen Länder, Band 1: Demokratisierung und Verfassung in den Ländern 1918–1920, St. Pölten – Wien 1983, S. 9–17. Zur Terminologie ist im gleichen Sammelband der Beitrag von Erika Weinzierl beizuziehen, die für die Ereignisse von 1918/19 die Qualifizierung als „partielle Revolution" vorzieht, welche das Hauptziel einer wirklichen Demokratisierung nicht erreicht habe; Erika Weinzierl, Revolution und Demokratisierung in Österreich, in: ebd., S. 18–28, hier S. 18f. u. 26.

42   Vgl. Otto Bauer, Die österreichische Revolution, Wien 1923, sowie Wolfgang Maderthaner, Die eigenartige Größe der Beschränkung. Österreichs Revolution im mitteleuropäischen Spannungsfeld, in: Helmut Konrad, Wolfgang Maderthaner (Hg.), Das Werden der Ersten Republik. ... der Rest ist Österreich, Band I, Wien 2008, S. 187–206.

43   Klemperer, Revolution, S. 11. Vgl. auch schon Klemens von Klemperer, Ignaz Seipel. Staatsmann einer Krisenzeit, Graz – Wien – Köln 1976, S. 84.

44   Deutsch, Aus Österreichs Revolution, S. 16.

45   Miklós Komjáthy, Protokolle des Gemeinsamen Ministerrates der Österreichisch-Ungarischen Monarchie (1914-1918), Budapest 1966 (Publikationen des ungarischen Staatsarchivs, II.10), S. 694.

Auch in den Ländern verlief der Übergang von den Statthaltern bzw. Landespräsidenten zu den neuen politischen Kräften einigermaßen problemlos, zum Teil auf Weisung der k.k. Regierung Lammasch; und auch in den Ländern verteilten die Parteien die Macht untereinander proportional (und blieben sogar dabei, als der Konsens auf Bundesebene im Juni 1920 abhandenkam).[46] Offensichtlich war in der Übergangsphase die Einsicht in die Notwendigkeit von Konsens und Kompromiss angesichts der überwältigenden Schwierigkeiten des Moments (neben dem Ernährungsproblem, der Arbeitslosigkeit und der zurückflutenden Armee drohte die Gefahr der Bolschewisierung wie in Bayern oder in Ungarn und die territoriale Amputation des neuen Staates) auf allen Seiten vorhanden, anders als in Deutschland. Und es konnte in Österreich auch nicht zu einem Ebert-Groener-Pakt kommen, weil die Armee in Auflösung begriffen war und die militärische Schwäche deshalb zur politischen Stärke wurde, was seinerseits zur Folge hatte, dass die Republik im Konsens der Parteien und sogar mit dem Segen der Kirche (jedenfalls des Wiener Erzbischofs Kardinal Piffl) ausgerufen werden konnte.[47] Dabei scheint Klemperer allerdings den Anteil Seipels am gewaltlosen Übergang von der Monarchie zur Republik und seinen Beitrag zum Konsens in den kritischen Wintermonaten 1918/19 zu positiv zu gewichten.[48] Das ändert indessen nichts daran, dass auch die Friedensdelegation für St. Germain überparteilich zusammengesetzt war.[49] Und weil die sozialistisch-christlichsoziale Mehrheit in der konstituierenden Nationalversammlung zu guter Letzt dem Staatsvertrag von St. Germain zustimmte, konnte keine Dolchstoßlegende aufkommen, weshalb Klemperer zu Recht urteilen kann, wenn Weimar seine Legitimierung durch Versailles verloren habe, so Wien die seine nicht durch St. Germain.[50] Zieht man allerdings die vom Justizminister a.D. Franz Klein im Zeitraum zwischen dem 13. Mai und dem 6. August 1919 aus St. Germain an Ottilie Friedländer geschriebenen Briefe bei, so zeigt sich, dass innerhalb der Friedensdelegation alles andere als Harmonie herrschte, selbst wenn man Kleins Bitterkeit auf vornehmlich persönliche Gründe zurückführen muss.[51] Nicht zuletzt war sie die Folge seiner in den Wahlen zur Konstituierenden Nationalversammlung vom

---

46   Vgl. Alfred Ableitinger, Demokratisierung und Landesverfassung 1918–1920. Versuch einer Bilanz, in: Studien zur Zeitgeschichte der österreichischen Länder, Band 1, Demokratisierung und Verfassung in den Ländern 1918–1920, St. Pölten – Wien 1983, S. 184–197, hier S. 192f. u. 196.
47   Klemperer, Revolution, S. 12f. Kardinal Piffl betonte in einer Weisung an den Seelsorgeklerus die demokratische Komponente der neuen Staatsform, welche rechtmäßig zustande gekommen und daher auch von den Katholiken anzuerkennen sei; vgl. Weinzierl, Revolution und Demokratisierung, S. 25.
48   Vgl. Klemperer, Ignaz Seipel, S. 92f.
49   Vgl. die Auflistung ihrer Mitglieder in Fellner/Maschl, Briefe Franz Kleins, S. 24f.
50   Klemperer, Revolution, S. 14.
51   Vgl. Fellner/Maschl, Briefe Franz Kleins, passim, u.a. S. 16 u. 21–24.

14. Februar 1919 äußerst knapp gescheiterten Kandidatur als Vertreter des Wahlkreisen Wien Innen-West[52] sowie des Nichtzustandekommens seiner Ernennung zum Leiter der Friedensdelegation, weil ihn die Christlichsozialen für zu anschlussfreundlich hielten.[53]

So oder so: Der Gründungskonsens, „ein Konsens der Krise – aber doch eben Konsens", zerbrach (allzu früh, wie einem scheint) mit der Auflösung der zweiten Koalition im Juni 1920. Dann seien – gemäß Klemperer – die Weichen falsch gestellt worden, und der Weg habe über verschiedene Etappen in „Richtung des Bürgerkriegs" geführt, dem die Republik schließlich zum Opfer fiel.[54] In ihren Anfängen seien indessen Männer am Werk gewesen, die ihre Wurzeln in einem multinationalen Reich hatten und „imperiale Typen" waren, auf Koexistenz und Reform bedacht, zu denen Lammasch und Renner, aber auch Bauer und Seipel gezählt werden könnten: Pragmatiker als – was leicht beschönigend erscheint – Träger eines österreichischen Politikstils, der sich erst in der Zweiten Republik durchsetzen sollte.[55] Seipel betrachtete allerdings – wie Richard Schüller, der die Außenhandelspolitik der Ersten Republik wie kein anderer prägte, in seinen Aufzeichnungen bemerkt – innenpolitisch „die Sozi als Gegner", was sie auch gewesen seien, „und persönlich gegen ihn". Doch Seipel habe mit ihnen gearbeitet, Kompromisse gemacht und durch ihn, Schüller, oft mit Bauer verhandelt.[56] Klemperer spitzt in seiner Seipel-Biografie den Gegensatz (allzu) personalistisch zu, indem mit dem Ende der 2. Koalition „ein gigantischer Kampf zwischen Bauer und Seipel" angehoben habe, zwischen einer „ungemein doktrinären Form des Austromarxismus" auf der einen und einem „defensiv starren Festhalten an Grundsätzen" auf der andern Seite.[57] Hier müsste zusätzlich bedacht werden, dass im Hintergrund des Koalitionsbruchs vom 10. Juni 1920 die Umsetzung des Wehrgesetzes[58] nur als Auslöser diente und in erster Linie nicht die Fragen von Verfassung und Sozialgesetzgebung standen, bei welchen man kompromissfähig sein konnte, sondern Fundamentalpro-

---

52   Vgl. Fritz Fellner, Franz Klein als Politiker, in: Forschungsband Franz Klein, S. 185f.
53   Vgl. die Diskussion anlässlich der Klubsitzung der Großdeutschen Vereinigung vom 8. Mai 1919, in: Außenpolitische Dokumente der Republik Österreich 1918–1938 (ADÖ), Band 2: Im Schatten von Saint-Germain, 15. März bis 10. September 1919, hg. v. Klaus Koch, Walter Rauscher, Arnold Suppan, München 1994, Dok. 231, S. 155–157.
54   Klemperer, Revolution, S. 15.
55   Klemperer, Revolution, S. 16f.
56   Schüller, Nachgelassene Schriften, S. 134. Im Englisch geschriebenen „Finis Austriae" beurteilt Schüller Seipel als „the most capable and imposing [statesman] of the Austrian Republic", unter dem er gern gearbeitet habe; ebd., S. 226. Zu Schüller vgl. Rauscher, ADÖ, Band 1, S. 25.
57   Klemperer, Seipel, S. 112.
58   Vgl. dazu Ludwig Jedlicka, Ein Heer im Schatten der Parteien. Die militärpolitische Lage Österreichs 1918–1938, Graz 1955, S. 29ff.

bleme wie die Reform des Eherechts, die Schulreform und die Abtreibungsdebatte,[59] denen gegenüber man sich in einem nahezu säkularen Kulturkampf befand.

Aus den Materialien im Archiv der Republik wird allerdings, um zu den Schwierigkeiten der Umsetzung einer (primär) auf Kontinuität und Konsens bedachten Revolution im erwähnten Sinn zurückzukehren, nicht ersichtlich, wie weit die Friedensdelegation von den ihr zur Verfügung gestellten Unterlagen Gebrauch gemacht hat oder – zutreffender – machen bzw. nicht machen konnte. Doch allein schon das Bemühen, sich dokumentieren zu wollen, erweist (indirekt) die Tendenz der anderen Nachfolgestaaten, nachträglich alles, was die Monarchie betraf oder an sie erinnern konnte, abzulehnen, aber zugleich den Willen der neuen Machthaber in Wien, das Prozedere der Nichtdeutschen, die Monarchie und den Nachfolgestaat Deutschösterreich als ihren potentiellen Nachlassverwalter für alles verantwortlich machen zu wollen, konterkarieren zu können. Selbst wenn die erarbeiteten Materialien hätten eingesetzt werden können, wären sie indessen kaum von Nutzen gewesen, denn die Absichten der Siegermächte zielten in Richtung einer Zukunft, der eine neue Machtverteilung in Europa zugrundeliegen sollte, was sich von dem Moment an abzeichnete, als die Friedensbedingungen durchzusickern begannen.

Nachdem diese am 2. Juni 1919 im vom französischen Ministerpräsidenten Georges Clemenceau als Vorsitzender der Friedenskonferenz übergebenen Entwurf zum ersten Teil, worin die territorialen Bestimmungen zentral waren, in ihrer ganzen Härte bekannt geworden waren, teilte ein (aus einer Vielzahl möglicher Beispiele ausgewähltes) Telegramm des Abgeordneten Prof. Dr. Alfred Gürtler, Vertreter der Christlichsozialen in St. Germain, an den Landeshauptmann von Oberösterreich, Prälat Johann Nepomuk Hauser, eine markante Persönlichkeit des Übergangs von der Monarchie zur Republik[60] und einer der drei gewesenen Präsidenten der Provisorischen Nationalversammlung und jetzt (kurzfristiger) Parteiobmann der Christlichsozialen, am 5. Juni 1919 mit, der Friedensvertrag bewirke die Balkanisierung Österreichs und damit die Ausbreitung mazedonischer Verhältnisse ins Herz Europas. Ein Volk, dem jede Möglichkeit wirtschaftlicher Betätigung genommen werde, gerate in eine „Desperadostimmung" und bilde „einen Tummelplatz politischer Abenteurer", die leicht Gehör fänden. Wenn die Entente ein „ruhiges Mitteleuropa" wolle, müsse sie Deutschösterreich jene Grenzen geben, „deren es bedarf, um leben zu können".[61] Hier ist fast leitmotivisch verknappt, was in zahlreichen anderen Texten im Umfeld des Staatsamtes für Äußeres und der

---

59 Vgl. Dieter A. Binder, Fresko in Schwarz? Das christlichsoziale Lager, in: Das Werden der Ersten Republik, Band I, S. 241–260, hier S. 247.
60 Vgl. Binder, Fresko in Schwarz?, S. 253.
61 NPA, Karton 312, Liasse Österreich 15/8, N. 446.

Friedensdelegation in St. Germain an Befürchtungen und manifesten Gefahren aufschien: das drohende Hinabdrücken Österreichs auf das Niveau eines unruhigen kleinen Balkanstaates, die vor allem wirtschaftlich begründete vermeintlich fehlende Lebensfähigkeit des Landes,[62] schließlich die lange Reihe sehr konkreter Grenzprobleme, welche gegenüber allen Nachbarn (Italien, Jugoslawien, Ungarn, Tschechoslowakei) noch offen waren oder offen zu sein schienen, weil die Meinungen der Siegermächte im Wesentlichen schon gemacht waren, als die deutschösterreichische Delegation mit ihnen konfrontiert wurde. Gemäß Entscheid der provisorischen Nationalversammlung vom 12. November 1918 sollte sie alle Gebiete vertreten, in denen mehrheitlich deutsch gesprochen wurde, also auch Deutsch-Südböhmen, Deutsch-Südmähren, den Böhmerwaldgau, Deutschböhmen, Westschlesien, Nordmähren, Nordostböhmen, die Steiermark und Kärnten. Nicht zufällig zeigen zahlreiche Dokumente im Kontext der Friedensdelegation denn auch das Insistieren aller Gebiete, deren territoriale Zugehörigkeit gefährdet war, in der Delegation vertreten sein zu wollen, was von den Repräsentanten der Republik in St. Germain abgelehnt werden musste, weil die Delegation zu groß geworden wäre (Frankreich ging von einer Maximalzahl von 30 Vertretern aus).[63] Komplementär dazu zeigte sich der Protest des tschechischen Nationalausschusses für Niederösterreich vom 11. Mai 1919 gegen die Nichtzulassung von Vertretern der Tschechen zur Delegation, demgemäß sich das jahrzehntelange Verschleierungs- und Unterdrückungssystem des alten Österreich „evident" auch in der deutschösterreichischen Republik nicht überlebt zu haben scheine. Bezeichnenderweise wurde dieser (im Übrigen nicht beantwortete Protest) aus Wien an die Friedensdelegation für den Fall überstellt, dass „dessen Inhalt von gegnerischer Seite zur Sprache gebracht werden sollte".[64] Ebenso wurde später, als die Forderungen der Sieger nunmehr in ihrer Gänze bekannt waren (am 20. Juli wurde der Friedensdelegation neben dem zweiten Teil auch der überarbeitete erste Teil und damit der vollständige Textentwurf der Friedensbedingungen übergeben),[65] man sich aber noch Hoffnungen auf substantielle Änderungen

---

62 Vgl. dazu sehr differenziert Norbert Schausberger, Österreich und die Friedenskonferenz. Zum Problem der Lebensfähigkeit Österreichs nach 1918, in: Saint-Germain 1919. Protokoll des Symposiums am 29. und 30. Mai 1979 in Wien, Wien 1989, S. 229–263. Schausberger spricht S. 252, 259 und v. a. 262ff. sehr prägnant von einer „Legende von der Lebensunfähigkeit", die am Anfang der Tragödie der Ersten Republik gestanden habe, woran er in der Diskussion zu seinem Beitrag gegen sporadische Kritik (S. 440f. und 443) m. E. zu Recht festhielt (S. 447). S. auch Vera Henggeler, Die wirtschaftliche Situation in Österreich 1919-1922 und ihr Einfluss auf die Nationale Identität, ungedruckte Lizentiatsarbeit, Universität Zürich, 2007.
63 NPA, Karton 312, 15/2, passim.
64 NPA, Karton 312, 15/2, N. 255. Vgl. auch N. 312.
65 Vgl. Telegramm der Friedensdelegation an Staatsamt für Äußeres vom 20. Juli 1919, ADÖ, Band 2, Dok. 316, S. 366, sowie Protokoll zur 25. Sitzung der Nationalversammlung vom 26. Juli 1919,

machte, von Staatskanzler Renner mit Telegramm vom 20. Juli im Hinblick auf die auszuarbeitenden Stellungnahmen zu den territorialen Bestimmungen verlangt, es sollten nunmehr doch sofort Experten für Westungarn, Steiermark, Kärnten und Tirol nach St. Germain einberufen werden.⁶⁶

Jetzt jagten sich die Protestnoten zahlreicher Institutionen und Gemeinden und insbesondere der Länder gegen die Friedensbedingungen und gegen den „Gewaltfrieden", wie man ihn *tout court* apostrophierte (nicht zu Unrecht, doch angesichts der erheblichen Rolle, die das Habsburgerreich bei der Auslösung des Kriegs gespielt hatte, nicht ganz zu Recht), aber vor allem gegen die Abtretung Süd-Tirols und Süd-Böhmens und selbst jener Gebiete wie Deutschböhmen und das Sudetenland, deren Zuteilung man schon aus geographischen Gründen nicht ernsthaft erwarten konnte. Interessanterweise kamen Proteste auch aus Ländern, die ihrerseits mit der Idee einer Abtrennung spielten wie Vorarlberg, das 1919 an die Schweiz angeschlossen werden wollte;⁶⁷ dessen Landtag schrieb am 27. Juli 1919 dem Staatsamt für Äußeres, das Selbstbestimmungsrecht der deutschen Völkerschaften Europas sei aus rein imperialistischen Gesichtspunkten der Sieger missachtet worden. So seien auf dem Boden der alten Monarchie slawische Staaten errichtet worden, die weit davon entfernt seien, national einheitlich zu sein, sondern Millionen von Deutschen enthielten, während sich Italien, das seinen Vergrößerungsdrang in die Formel der Erlösung unerlöster „Volksgenossen" gekleidet habe, am „kerndeutschen" Südtirol vergreife.⁶⁸

Ein grundsätzlicher argumentierendes direkt an Präsident Wilson gerichtetes Telegramm war schon am 15. Juni 1919 aus Graz zur Friedensdelegation gelangt (die es verständlicherweise nicht weiterleitete), wonach sich die auf dem Freiheitsplatz versammelten Bewohner gegen die Friedensbedingungen verwahrten; der Vertrag behandle Deutschösterreich, wie wenn es der alleinige Nachfolger der Donaumonarchie wäre, während es in Wahrheit für das Habsburgerreich am wenigsten verantwortlich sei, da „der slawische Einfluss im alten Staat" weit größer gewesen sei als der deutsche. Bei Deutschösterreich handle es sich um einen neuen Staat, der nicht stärker belastet werden dürfe als die übrigen Teile des ehemaligen Österreich-Ungarn. Anschließend wurde eine Reihe von Forderungen erhoben: nach freier Verhandlungsmöglichkeit,

---

ADÖ, Band 2, Dok. 327, S. 381. Vgl. auch Bericht über die Tätigkeit der deutschösterreichischen Friedensdelegation in St. Germain-en-Laye, II. Band, Wien 1919, S. 3.

66 NPA, Karton 312, 15/2, N. 363.
67 Vgl. u.a. ADÖ, Band 2, Dokk. 295, 295A, 295B, S. 332-335, und Dok. 315, S. 365f. S. auch Christian Koller, „... der Wiener Judenstaat, von dem wir uns unter allen Umständen trennen wollen." Die Vorarlberger Anschlussbewegung an die Schweiz, in: Das Werden der Ersten Republik, Band I, S. 83–102.
68 NPA, Karton 319, Liasse 15/13 (Proteste gegen einen Gewaltfrieden), N. 121.

nach freier Abstimmung im von Jugoslawien besetzten Gebiet der Steiermark, nach freier Abstimmung in Westungarn, nach dem Anschluss ans Deutsche Reich, nach Minderheitenschutz in den anderen Nationalstaaten und nach einer Änderung der „himmelschreienden wirtschaftlichen Verpflichtungen".[69]

Kein beliebiger Kleinstaat, sondern ein rückständiges Gebilde, Erbe eines seinerseits rückständigen Großreiches: Dies sei die Optik der Sieger auf Österreich, wie sie sich im Entwurf der Friedensbedingungen etwa bezüglich der konfessionellen Verhältnisse niederschlage. So äußerte sich der christlichsoziale Unterstaatssekretär für Kultur und spätere Bundespräsident Wilhelm Miklas gegenüber dem Staatsamt für Äußeres am 18. Juni 1919, während in Wirklichkeit das, was die Siegermächte mit ihren Friedensbedingungen wollten, nicht nur „bei uns längst durchgeführt", sondern vom alten Österreich geradezu „beispielgebend" vorgelebt worden sei. Gemeint waren die freiheitliche Regelung der Rechte aller Bekenntnisse und das „kaum eingeschränkte Recht der Religionsübung", wie es durch das Staatsgrundgesetz über die allgemeinen Rechte der Staatsbürger vom 21. Dezember 1867 festgestellt worden sei, auf das sich „die Diktion" von der „liberté comme en Autriche" damals bezogen habe.[70]

Im gleichen Kontext übermittelte der Sozialdemokrat Otto Glöckel, seit dem 15. März 1919 Unterstaatssekretär für das Unterrichtswesen im Staatsamt für Inneres und Unterricht, am 19. Juni 1919 eine Denkschrift der deutschösterreichischen Unterrichtsverwaltung, worin unter anderem festgestellt wurde, die Entente scheine nicht zu wissen, dass es ein Staatsgrundgesetz und darin den „Schutz der Minoritäten" gegeben habe. Offensichtlich hätten die Tschechen, die in den österreichischen St. Germain-Materialien als Drahtzieher alles Negativen erscheinen, es verstanden, in den Entente-Ländern und vor allem in den USA irrige und falsche Vorstellungen über Österreich zu wecken. Auch Nordamerika glaube, Österreich-Ungarn sei „eine Art Balkanstaat" gewesen, mit „geringer Kultur" und mit Unterdrückung bestimmter „Rassen", wobei in der Fortsetzung des Textes ersichtlich wird, was wirklich gemeint war, denn es wurde ausgeführt, gerade die Tschechen hätten die „semitische Rasse" wiederholt verfolgt, „während etwas ähnliches im deutschösterreichischen Gebiete nicht zu verzeichnen" sei. Insofern wird klar, dass in dieser Optik alles, was an der Habsburgermonarchie positiv erscheinen konnte, im deutschösterreichischen Nachfolgestaat weitergeführt wurde, während alles, was negativ war, in der neuen tschechoslowakischen Republik weiterlebte. So gelangte der Verfasser zur Konklusion, dass die Bestimmungen der Siegermächte zum Minoritätenschutz unannehmbar seien, weil sie das österreichische Schulwesen „tsche-

---

69   NPA, Karton 319, 15/13, N. 173.
70   NPA, Karton 312, 15/10, N. 506. Mehr dazu unten Kap. 2.2.

chisieren" beziehungsweise „slavisieren" würden.[71] Ähnliche Überlegungen finden sich nicht zufällig in der ausführlichen Stellungnahme der Staatskanzlei zu den Bestimmungen zum Schutz der Minderheiten, die am 21. Juni 1919 vom Staatsamt für Äußeres an die Friedensdelegation überstellt wurde. Auch hier wurde gesagt, die diesbezüglichen Bestimmungen des Friedensvertrags würden auf „Unvertrautheit mit den verfassungsrechtlichen Einrichtungen unseres Staates" beruhen, und es wurde darauf hingewiesen, dass in Deutschösterreich „trotz seiner – von einer verschwindenden Minderheit abgesehen – rein deutschen Bevölkerung, die Deutschösterreich als einen ausgesprochenen Nationalstaat erscheinen lässt", die deutsche Sprache nicht zur Staatssprache erklärt worden sei.[72] Besonders interessant ist nicht nur in diesem Kontext die wiederholte Bezugnahme auf das „Staatsgrundgesetz über die allgemeinen Rechte der Staatsbürger" von 1867, das mangels Zustandekommen eines neuen Bürgerrechtskatalogs nicht nur in die Verfassung von 1920 übernommen wurde, sondern noch heute in Geltung steht und ein äußerst ‚starkes' Kontinuitätselement darstellt.[73] Daneben wurde auch auf andere Gesetze der Monarchie zurückgegriffen, so für die Wahlen zur konstituierenden Nationalversammlung bezüglich der strafrechtlichen Bestimmungen zum Schutz der Wahl- und Versammlungsfreiheit auf das Gesetz vom 26. Januar 1907 betreffend die Wahlen zum Abgeordnetenhaus des Reichsrats.[74] Hier muss allerdings bedacht werden, dass es neben Kontinuitäten immer wieder scharfe Abgrenzungsversuche gab, so – um im Rechtsbereich zu bleiben – als die Vorlage der Bundesregierung zur Novellierung des Verwaltungsstrafverfahrens vom Justizausschuss des Nationalrats am 17. März 1921 mit der Begründung zurückgewiesen wurde, dass die geltenden Vorschriften auf eine Reihe von Verordnungen aus der „Zeit des sogenannten Absolutismus" und insbeson-

---

71 NPA, Karton 312, 15/10, N. 520. Der sozialdemokratische Pädagoge Otto Glöckel spielte zu Beginn der Republik mit einer Lawine von Verordnungen eine bedeutende Rolle bei der Demokratisierung der österreichischen Schule; vgl. u.a. Weinzierl, Revolution und Demokratisierung, S. 24f., sowie unten Kap. 7.3.
72 NPA, Karton 374, Liasse 22, N. 76–80. Gerald Stourzh äußert die Meinung, der Minderheiten-Rechtsschutz im öffentlichen Recht Cisleithaniens könne „als eines der am weitesten entwickelten Rechtsschutzsysteme im Bereich von Verfassung und Verwaltung in Europa in den Jahrzehnten vor 1918 angesehen werden"; Gerald Stourzh, Die Idee der nationalen Gleichberechtigung im alten Österreich, in: Erhard Busek, Gerald Stourzh (Hg.), Nationale Vielfalt und gemeinsames Erbe in Mitteleuropa, Wien – München 1990, S. 43, zit. Heidemarie Uhl, Zwischen „Habsburgischem Mythos" und (Post-)Kolonialismus. Zentraleuropa als Paradigma für Identitätskonstruktionen in der (Post-)Moderne, in: Johannes Feichtinger, Ursula Prutsch, Moritz Csáky (Hrsg.), Habsburg postcolonial. Machtstrukturen und kollektives Gedächtnis, Innsbruck 2003, S. 53.
73 Gerald Stourzh in einer Mail vom 20. 12. 2008. Mehr dazu unten Kap. 2.2.
74 Protokoll der 60. Sitzung des Staatsrats vom 8. Januar 1919, AdR, Staatsratsprotokolle der 1. Republik (= StRP), Karton 3.

dere auf die „vielfach Prügelpatent genannte" kaiserliche Verordnung vom 20. April 1854 zurückgingen, weshalb sie „derart veraltet" seien, „dass sie mit dem Geiste eines modernen Rechtsstaates in schärfstem Gegensatze" stünden. Nach Anschauung des Berichterstatters und späteren Bundeskanzlers Dr. Karl Buresch, welcher der Justizausschuss einstimmig beipflichtete, sollte „der Komplex des politischen Strafverfahrens als Ganzes den neuzeitigen Rechtsanschauungen entsprechend kodifiziert werden".[75] In der Folge wurde in der Tat eine Reform des Verwaltungsstrafrechts in Angriff genommen, wozu sich im Archiv der Republik zahlreiches Material findet.[76]

Wenn es darum geht, Spuren des Fortlebens der Habsburgermonarchie im St. Germain-Kontext ausfindig und einsichtig zu machen, dürfte klar sein, dass sie zwar vielfältig, aber im höchsten Grad ambivalent sind. Anders als für Otto Bauer war das alte Österreich etwa für Karl Renner nach wie vor ein Bezugspunkt, dem er mit positiven Gefühlen gegenüberstand.[77] So oder so wurde die Monarchie in der Regel im Zusammenhang mit der Friedenskonferenz nicht explizit verurteilt, sondern oft besser hingestellt, als sie in Wahrheit war, um zu unterstreichen, dass sie nicht negativ in Deutschösterreich wieder auferstanden sei, welches im Sinne eines Neuanfangs vielmehr ihre positiven Qualitäten übernommen habe, während die negativen von den slawischen Nachfolgestaaten, die für ihr Scheitern die größte Verantwortung trügen, weitergeführt würden. Bauer unterschied dagegen am 7. Juni 1919 in der Nationalversammlung in einer großen Rede über den ersten Teil der Friedensbedingungen klar zwischen dem alten Österreich-Ungarn mit seinem „aus der Vergangenheit fortlebenden Nationalitätenstaat", der durch seine bloße Existenz dem Freiheitsdrang der Völker entgegenstand, und den „jungen, aufsteigenden Völkern", die gegen den Nationalitätenstaat das Nationalitätenprinzip gestellt hätten, woraus ein Konflikt resultierte, der die ganze Welt in einen „Trümmerhaufen" verwandelt habe. Im Fortgang seiner Überlegungen sah er in der Tschechoslowakei einen neuen Nationalitätenstaat mit Tschechen, Deutschen, Slowaken, Magyaren, Polen und Ukrainern und fragte sich, ob dieser, wenn der Freiheitsdrang der Völker ihn sprengen werde, zerfallen könne „ohne dass abermals der ganze Erdteil in Flammen" gerate.[78] In der anschließenden Debatte

---

75 BKA/allgemein, Signatur 22/1, Karton 5285, Umschlag 136630/21, N. 2: Bericht des Justizausschusses über die Vorlage der Bundesregierung [...]betreffend ein Bundesgesetz, mit welchem einige Bestimmungen zur Beschleunigung und Vereinfachung des Strafverfahrens der politischen Behörden und Bundespolizeibehörden erlassen werden (Verwaltungsstrafverfahrensnovelle, V.S.V.N), gedruckt.
76 Vgl. BKA/allgem., Signatur 22/1, Kartons 5285, 5286, 5287.
77 Vgl. Norbert Leser, Otto Bauer und Karl Renner, in: Erich Fröschl, Helge Zoitl (Hg.), Otto Bauer (1881-1938). Theorie und Praxis. Beiträge zum wissenschaftlichen Symposion des Dr.-Karl-Renner-Instituts abgehalten vom 20. bis 22. Oktober 1981 in Wien, Wien 1985, S. 25–38, hier S. 26.
78 ADÖ, Band 2, Dok. 268, S. 205–218, hier S. 206f.

prangerte der sozialdemokratische Sprecher Friedrich Adler um einiges brutaler die „Blutschuld der Habsburger" an, „in deren Diensten Graf Berchtold planmäßig und skrupellos [...] seinen unerschütterlichen Kriegswillen durchsetzte", sowie den „imperialistischen Siegesrausch" in den „annexionistischen Orgien" der Ludendorff und Czernin in Brest-Litowks und Bukarest. „Alle schmachvollen Traditionen der habsburgischen Donaumonarchie" seien jetzt bei den Siegern „zu neuem Leben" erwacht, aber der „unerträgbare Friede" von St. Germain werde „eine ebenso vorübergehende Erscheinung wie der Friede von Brest-Litowsk und Bukarest" sein.[79] Mit letzterem täuschte er sich, was nichts daran ändert, dass – wie Christopher Read zu recht folgert – Brest-Litowsk „one of the most devastating treaties of the modern era" war, der für sich allein schon zeigte „that, far from being badly treated at Versailles, Germany was handled less harshly than it had treated its defeated opponent".[80] Dies müsste, gebührend abgewandelt, auch für den noch deplatzierteren österreichisch-ungarischen „Siegesrausch" gelten. Vom allgemeinen Lamento, das anlässlich dieser Debatte die Vertreter der betroffenen Länder und Gebiete Tirol, Deutschböhmen und Sudetenland, Steiermark, Kärnten, Wien und Niederösterreich in der Folge anstimmten, unterschied sich nur der Abgeordnete Dvořák, der sich mutig für das tschechische Volk in Österreich wehrte, welches gegen den Krieg der „Kamarilla" und „Soldateska" gewesen sei und jetzt die Folgen doppelt trage, indem man es als Feind „hier und ebenso außerhalb der Grenzen" behandle. Mit dem Schutz der Minoritäten, den der Friedensvertrag bringe, sei „das Prinzip der Knechtung" aber durchbrochen, weshalb der Entente „für unsere Befreiung" zu danken sei: „Hätte das alte Österreich wenigstens dieses Minimum an Recht den Minoritäten gewährt, so hätte es eine Weltmacht sein können, der die Balkanstaaten freiwillig gefolgt wären und der Welt hätte dieser schreckliche Krieg erspart werden können."[81] Es dürfte bezeichnend sein, dass sich nach Ende dieser Rede kein Hinweis auf Beifall und Händeklatschen findet. Interessanterweise erklärten nur ein gutes halbes Jahr später Staatskanzler Renner und Außenminister Benesch in ihren am 12. Januar 1920 in Prag geführten politischen Verhandlungen übereinstimmend, die „Frage der nationalen Minoritäten" sei „für jeden der beiden Staaten eine rein interne Frage", womit sich erweist, wie rasch sich das zwischenstaatliche Klima nach der Unterzeichnung des Staatsvertrags trotz allen vorangegangenen Gehässigkeiten – allerdings leider nur vorübergehend – halbwegs normalisieren konnte. Dass sich beide Seiten Mitarbeit und Hilfe gegen alle Versuche

---

79 ADÖ, Band 2, Dok. 268, S. 224–227, hier S. 224, 226.
80 Christopher Read, War and Revolution in Russia, 1914–22. The Collaps of Tsarism and the Establishment of Soviet Power, Basingstoke 2013, S. 129.
81 ADÖ, Band 2, Dok. 268, S. 233–236, hier S. 234, 235.

einer „Restauration des alten Régimes" zusagten, dürfte doch ein Beleg für das Weiterwirken früherer Gemeinsamkeiten sein.[82]

Nach der am 20. Juli 1919 erfolgten Überreichung des vollständigen Entwurfs der Friedensbedingungen (jetzt auch mit den finanziellen Bestimmungen) berichtete – anstelle des als Staatssekretär für Äußeres zurückgetretenen Otto Bauer – Vizekanzler Jodok Fink am 26. Juli der konstituierenden Nationalversammlung insbesondere über die katastrophalen finanziellen Forderungen, die unter anderem zwischen Vorkriegsschulden und Kriegsschulden unterschieden, wobei die (anderen) Nachfolgestaaten an den ersten partizipieren mussten, nicht aber an den zweiten. Letzteres sollte auch bei der Wiedergutmachung der Kriegsschäden in Serbien, Rumänien und Venetien gelten, die so gewaltig seien, dass selbst die alte Monarchie kaum zur vollen Wiedergutmachung fähig gewesen wäre. Alle Nachfolgestaaten zusammen würden einen großen Teil dessen wieder aufbauen können, „was die Heere der Monarchie und ihrer Verbündeten zerstört haben", das kleine Deutschösterreich sei dazu aber „schlechthin unfähig".[83] Präsident Seitz drückte im Anschluss an diesen Bericht die Hoffnung aus, dass es der Friedensdelegation gelinge, bei den Gegnern Aufklärung zu schaffen über das, was die Folgen dieses Friedens wären, der „kein Friede der Versöhnung", sondern ein „Vernichtungsfriede" sei.[84]

Auch der Hauptausschuss der Nationalversammlung wies in der Sitzung vom 8. August 1919 auf die Unrealisierbarkeit der politischen, wirtschaftlichen und finanziellen Friedensbedingungen hin und verwahrte sich vor allem gegen den in der Tat absurden Versuch, einen „wechselseitigen Kriegszustand" zwischen den Völkern der Donaumonarchie zu fingieren, der niemals bestanden habe, und auf diese Weise „das klare Rechtsverhältnis gemeinsamer Nachfolge aller Nationen durch ein Diktat aus der Welt zu schaffen". Schon gar nicht könne diese Auffassung auf Ungarn Anwendung finden, denn „das völkerrechtliche Subjekt des Krieges" sei die österreichisch-ungarische Monarchie gewesen.[85]

Die Hoffnung auf Revision der Friedensbedingungen, um Österreich im „dauernden Interesse ganz Europas" lebensfähig zu gestalten,[86] sollte sich allerdings nur sehr beschränkt erfüllen. Zwar gelang es, die unsinnigsten finanziellen Bestimmungen zu korrigieren, aber in Bezug auf die territorialen Fragen ließ sich nicht viel retten. Damit

---

82 Vgl. Außenpolitische Dokumente der Republik Österreich 1918–1938 (ADÖ), Band 3: Österreich im System der Nachfolgestaaten. 11. September 1919 bis 10. Juni 1921, hg. v. Klaus Koch, Walter Rauscher und Arnold Suppan, Wien – München 1996, Dok. 410, S. 208.
83 ADÖ, Band 2, Dok. 327, S. 381–391, hier S. 382, 387
84 Ebd., Dok. 327, S. 390f.
85 ADÖ, Band 2, Dok. 333, S. 397–399, hier S.398.
86 Ebd., Dok. 333, S. 398.

Staatskanzler Renner zur Unterzeichnung der am 2. September 1919 übergebenen endgültigen Friedensbedingungen ermächtigt werden konnte, fand am 6. September 1919 in der konstituierenden Nationalversammlung eine neue intensive Auseinandersetzung mit der – wie Präsident Seitz bei Eröffnung der Sitzung sagte – jetzt „letzten Formulierung des Diktats der alliierten Mächte" statt.[87] In seiner telegraphischen Mitteilung an Karl Seitz, worin er ihn bat, den Hauptausschuss und darauf die Vollversammlung der Nationalversammlung unverzüglich einberufen zu wollen, hatte Renner das Dilemma, vor dem er sich sah, sehr plastisch formuliert, als er schrieb, er sei „einerseits auf Ehre und Gewissen außerstande, die Bedingungen des Friedensvertrags durchzuführen und unser Volk gleichwohl zu erhalten", während er andererseits auch nicht in der Lage sei, „die Verweigerung der Unterschrift zu beantragen"; daraus ergebe sich als einziger Ausweg, den Friedensvertrag zu unterfertigen, aber die Unmöglichkeit seiner Durchführung zu betonen.[88] Im einleitenden Bericht, worin er um die Ermächtigung zur Vertragsunterzeichnung bat, wies Staatskanzler Renner dann die Nationalversammlung darauf hin, dass – als die Friedensdelegation nach St. Germain gekommen sei – die Bestimmungen des deutschen Friedensvertrags mit geringen Änderungen „einfach auf den Frieden mit Deutschösterreich übertragen" worden seien und die Fiktion festgehalten wurde, dass die Nachfolgestaaten „gegen uns im Kriege gestanden und uns besiegt hätten"; daraus sei die absurde juristische Formel abgeleitet worden, dass Deutschösterreich „der Rechtsnachfolger des früheren ganzen Österreich, ja, womöglich der früheren österreichisch-ungarischen Monarchie" sei.[89] Zwar sei diese Rechts-Fiktion geblieben, aber die praktischen Folgen seien zum Teil beseitigt, zum Teil durchbrochen und zum Teil gemildert worden. Dagegen sei der Kampf um „unser Volk" und „unser Gebiet" wegen der zwischen den alliierten Mächten vorher geschlossenen Verträge in der Hauptsache erfolglos gewesen.[90] Nur im südlichen Kärnten habe man sich mit der Volksabstimmung dem Selbstbestimmungsrecht genähert und an einem einzigen Punkt (gemeint Deutschwestungarn) habe man „dem nationalen Selbstbestimmungsrecht ernstlich Rechnung getragen". So bleibe angesichts der „uns [auferlegten] bittersten nationalen Opfer", deretwegen jedes Herz „von Trauer und Bitternis" erfüllt sei, allein der Völkerbund, der „das Unrecht" von St. Germain „wieder aus der Welt schaffen" möge. Ebenso solle der Völkerbund in der Frage der „Vereinigung mit dem deutschen Mutterlande", in der „uns die Freiheit [der] Entschließung" genommen sei, entscheiden.[91]

87 ADÖ, Band 2, Dok. 355, S. 435–488, hier S. 435.
88 Entwurf in KA B/874 Depot Eichhoff, Mappe 48. Hier findet sich auch der Entwurf zu einem Schreiben an Clemenceau mit den gegenüber Seitz angestellten Überlegungen.
89 ADÖ, Band 2, Dok. 355, S. 437.
90 Ebd., Dok. 355, S. 438f.
91 Ebd., Dok. 355, S. 440.

Die auf Renners Ausführungen folgende engagierte, hochinteressante, bisweilen sehr lebhafte und streckenweise – nicht überraschend – extrem polemische Debatte drehte sich in der Quintessenz um das Problem der fehlenden Alternativen, weil Deutschösterreich wegen der andauernden Hungerkrise und dem dramatischen Rohstoffmangel dringend auf eine Normalisierung der Beziehungen zu den Siegermächten angewiesen war. Zu den besonders polemischen Voten gehörte dasjenige des Abgeordneten Franz Dinghofer, der namens der Großdeutschen Vereinigung vehement gegen eine Unterzeichnung plädierte, aber streckenweise auch dasjenige des Sozialdemokraten Karl Leuthner mit seinen Hieben gegen das deutsche Bürgertum und die Wiener Presse vor und nach dem Krieg.[92] Sodann sticht vor allem der christlichsoziale Leopold Kunschak durch eine Globalabrechnung mit Clemenceaus Begleitnote vom 2. September zum endgültigen Vertragstext heraus, worin nebst ihrer Kriegsschuld die Zwangsherrschaft der alten Monarchie angeprangert wurde, unter der die nicht deutschsprachigen Völker schlecht gehalten worden seien.[93] Hätte man in Paris – so Kunschak – „die geschichtliche, kulturelle und parlamentarische Entwicklung des alten Österreich" untersucht, „so wäre man nicht zu dem Urteil gekommen, dass wir Deutsche eine Barbarenherrschaft über die anderen Nationen in Österreich" ausgeübt hätten.[94]

Am Ende der Debatte wurde der Unterzeichnung des Vertrags (die vier Tage später, am 10. September, in St. Germain erfolgte) seitens der Sozialdemokraten und der Christlichsozialen gegen die Stimmen der Großdeutschen zugestimmt, nachdem Renner nochmals versichert hatte, dass in den Verhandlungen „nicht mehr zu erreichen war" und die Entscheidung nicht verschoben werden könne.[95] Gleichzeitig erhob die Nationalversammlung aber „vor aller Welt" einen feierlichen Protest gegen das Losreißen der Sudetendeutschen und die Abtrennung Südtirols und erwartete, „dass der Völkerbund das unfassbare Unrecht, das an den Sudetendeutschen, an Deutschsüdtirol sowie an wichtigen Teilen Kärntens, Steiermarks und Niederösterreichs verübt werden soll, ehebaldigst wieder gutmachen wird".[96]

Die maßlose Bitterkeit, mit welcher der Staatsvertrag von St. Germain[97] in der

---

92 Vgl. ebd., Dok. 355, S. 466–471.
93 Vgl. ebd., Dok. 355, S. 476, 478. Clemenceaus Begleitnote vom 2. September 1919 findet sich in: Bericht über die Tätigkeit der deutschösterreichischen Friedensdelegation in St. Germain-en-Laye, II. Band, Wien 1919, Beilage 73, S. 310–317.
94 ADÖ, Band 2, Dok. 355, S. 480.
95 Ebd., Dok. 355, S. 487.
96 Bericht über die Tätigkeit der deutschösterreichischen Friedensdelegation, II. Band, Beilage 81, S. 628f.
97 Zur Denomination ist zu sagen, dass aus österreichischer Optik in Saint-Germain-en-Laye kein Friedensvertrag, sondern ein Staatsvertrag geschlossen wurde, weil Österreich kein kriegführender Staat war. Der Vertrag wurde am 17. Oktober 1919 von der Konstituierenden Nationalversammlung rati-

Öffentlichkeit aufgenommen wurde, zeigen die kartonweise im Archiv der Republik dokumentierten herben Klagen aller jener Orte und Gebiete, die nach der Übergabe der endgültigen Friedensbedingungen für Deutschösterreich (seit dem 21. Oktober 1919 in Durchführung des Staatsvertrags dann offiziell „Republik Österreich") definitiv verloren waren. Als Beispiel diene neben einem geradezu im Namen der gesamten Menschheit gegen den Gewaltfrieden von St. Germain formulierten Protest des Tiroler Landtags vom 23. September 1919[98] ein harsches Schreiben an Staatskanzler Renner persönlich, datiert Graz, 26. November 1919, über den Verlust des 20 Kilometer von der heutigen Staatsgrenze entfernten Marburg (Maribor), das mit einer Apologie des alten Reiches und dem Ruf nach einem starken Mann endete: „Zustände herrschen heute, wie sie früher unter dem vielangefeindeten Kaiserreich nicht geherrscht haben. [...] Möge doch endlich ein Mann an die Spitze der Regierung berufen werden, ein Diktator, wenn es sein muss, mit eisernem Willen, Energie und Tatkraft, der endlich Ordnung in unserem armen Land machen würde!"[99] Hier zeigt sich neben der Realität der harten Fakten im Werk von St. Germain eine sehr früh artikulierte Hoffnung auf ein künftiges politisches System, das sich als weit verhängnisvoller als das damals bestehende erweisen sollte.

Staatskanzler Renner hatte Anfang 1919, ein knappes Jahr vorher, in seiner Eröffnung der zweiten Länderkonferenz, das heißt der Konferenz von Staatsrat und Kabinettsrat mit den Vertretern aller Landesregierungen, in beschwörenden und fast visionären Worten eine Vorstellung der Ziele des neuen, noch nicht einmal zwei Monate alten deutschösterreichischen Staates zu entwerfen versucht, an der sich ermessen lässt, wie schön die Ziele waren und wie unschön das, was in der Folgezeit der Republik herauskommen sollte. In diesen Konferenzen schlug sich – Wilhelm Brauneder folgend – nicht zuletzt der Umstand nieder, dass Deutschösterreich sowohl durch die Zentralgewalt als auch seitens der Länder als dezentralisierter Einheitsstaat nach dem Muster der Dezemberverfassung von 1867 entstand und sich somit bezüglich des Problems der Beziehungen zwischen Gesamtstaat und Ländern gegenüber Cisleithanien auf einer Linie der Kontinuität bewegte (womit über die späteren Entwicklungen der Republikgeschichte nichts gesagt sein soll).[100] Im Sinne der trotzdem unerlässlichen Veränderungen gegenüber dem monarchischen Staat führte Renner auf der zweiten

---

fiziert, trat aber erst am 16. Juli 1920 in Kraft; vgl. Walter Rauscher, Die österreichische Außenpolitik unter Karl Renner und Michael Mayr, in ADÖ, Band 3, S. 9.
98 NPA, Karton 335, Faszikel 17/26, N. 465.
99 Die Unterschrift lautet auf Theo Klarissen. NPA, Karton 335, Faszikel 17/25, N. 398.
100 Vgl. Wilhelm Brauneder, Das Verhältnis Gesamtstaat-Länder und die Entstehung der Republik Deutschösterreich (Ein Forschungsbericht), in: Studien zur Zeitgeschichte der österreichischen Länder, Band 1, S. 29–40, hier S. 35 und 37f.

Länderkonferenz unter anderem aus, eine der Pflichten der Staatsverwaltung sei, „wieder Zucht in unser Volk zu bringen", aber keineswegs „in dem alten Sinne des blinden Gehorsams, einer bedingungslosen Unterordnung unter die staatliche Gewalt, sondern in einer gesunden Art der freiwilligen Einordnung der Massen in eine Ordnung, die sie verstehen und zu schätzen wissen" (also fast in der Art eines Kant'schen kategorischen Imperativs, wonach man gern tun soll, was man tun muss), und dass es jetzt darum gehe, „die soziale Gemeinschaft aufrecht zu halten und uns vor der Anarchie zu schützen". Ausgeschlossen sei die „am nächsten liegende Vorstellung der Herrschaft mit der starken Faust". Die Möglichkeit der „Diktatur von oben" sei nicht mehr gegeben; niemand denke innerhalb der Regierung daran; alle hätten „umlernen müssen vom früheren § 14 [dem Notstandsparagraphen] auf ein Staatswesen, das auf der Selbstregierung aufgebaut sei", welche aber „nur von unten hinauf aufgerichtet werden" könne. Selbstregierung setze voraus, „dass alle Glieder des Ganzen sich freiwillig in die gegebenen Notwendigkeiten fügen, was nur durch fortwährende gegenseitige Verständigung und Beratung möglich erscheine". Letzteres sollte in Renners Augen denn auch der Sinn der Konferenz mit den Vertretern der Landesregierungen sein, der darin bestand, „dass eben alles reformbedürftig sei und dass man sich nur durch eine gemeinsame Aussprache Klarheit über den künftig einzuschlagenden Weg schaffen könne".[101]

Dass dieser Weg statt zu einem echten Neubeginn in eine andere als die gewünschte Richtung führte und zuletzt beim Gegenteil der angestrebten Selbstregierung endete, war zum einen die Folge einer alles andere als zukunftsgerichteten Friedensordnung (wofür die Erste Republik nichts konnte), zum andern aber der letztlich fehlenden Kooperationsbereitschaft der Länder, die angesichts der gewaltigen allgemeinen und vor allem im Ernährungsbereich auch besonderen Probleme zu wenig Sinn für das Gesamtinteresse aufzubringen vermochten und stattdessen auf ihrem Selbstbestimmungsanspruch als Deutschösterreich „selbständig" beigetretene Länder beharrten.[102]

Was die Friedensordnung als solche anbelangt, sollten sich die Hoffnungen auf den Völkerbund, wie sie Renner in der Nationalversammlung anlässlich der Debatte vom 6. September 1919 in territorialer Hinsicht geäußert und die Versammlung in ihren feierlichen Protest übernommen hatte, in keiner Weise erfüllen. Selbst die Aufnahme der Alpenrepublik in den Bund verlief nicht ganz problemlos, weil in Frankreich zunächst die Meinung vorherrschte, eine Aufnahme Österreichs würde „dem Aufmachen der Türe für Deutschland gleichkommen", wie der Bevollmächtigte Eichhoff am 26.

---

101 Kabinettsprotokoll Nr. 28 vom 4. und 5. Jänner 1919, S. 2 u. 3 (die unterstrichenen Wörter sind in der Vorlage gesperrt); AdR, Kabinettsratsprotokolle 1. Republik (= KPR), Karton 5.
102 Vgl. zu letzterem Ableitinger, Demokratisierung und Landesverfassung, S. 194.

Juli 1920 aus Paris nach Wien meldete.[103] Das am 9. November 1920 vom Staatssekretär für Äußeres Mayr an den Generalsekretär des Völkerbunds Drummond gerichtete Beitrittsgesuch wurde am 15. Dezember 1920 dann aber ohne jede Gegenstimme und bei nur einer Enthaltung (Australien) angenommen, fast sechs Jahre vor Deutschland.[104] Zu diesem Zeitpunkt war Renner fast zwei Monate nicht mehr in der Regierung. Die von seiner Seite Sektionschef Eichhoff anlässlich von dessen Ernennung zum Bevollmächtigen beim Obersten Rat der in Paris vertretenen Mächte sowie bei der französischen Regierung am 30. September 1919 übergebene Instruktion hatte als ersten zentralen Punkt („unser ganzes Streben und Wollen auf internationalem Gebiet") die Aufnahme in den Völkerbund als „Hochburg und berufene Vertretung" der internationalen Gerechtigkeit vorgesehen und konnte trotz allem überraschend schnell verwirklicht werden.[105]

***

Trotz der in Bezug auf Konsens und inneren Ausgleich rasch erfolgten Wendung ins Negative bleibt festzuhalten, dass der 1870 in Südmähren als Sohn einer verarmten Weinbauernfamilie geborene und 1950 als Bundespräsident der Republik Österreich verstorbene Karl Renner eine wohl (fast) ideale Übergangsfigur war, als welche er sowohl 1918/19 bei der Gründung der Ersten wie 1945 beim Entstehen der Zweiten Republik eine zentrale Rolle zu spielen vermochte.[106] Damit war er tatsächlich einer jener Pragmatiker, die Klemens von Klemperer als stilbildend für die österreichische Politik sah.[107] In seiner Vergangenheit als sozialdemokratischer Abgeordneter im Reichsrat seit 1907 wie als Staats- und Rechtsgelehrter hatte er sich schon vor dem Ende der Monarchie mit Fragen der staatlichen Neukonstruktion und der Organisation der Länder befasst, wie nicht zuletzt seine in drei Bänden 1916 erschienene Aufsatzreihe „Österreichs Erneuerung" zeigt.[108] Seine Überlegungen konnte er in die provisorische Verfassung von Ende Oktober 1918 und – als einer neben anderen und insbesondere neben

---

103 ADÖ, Band 3, Dok. 455, S. 393.
104 Vgl. ADÖ, Band 3, Dok. 481, S. 452f., und Dok. 488, S. 472ff.
105 KA, B/874, Depot Eichhoff, Mappe 2. Vgl. auch ADÖ, Band 3, Dok. 363, S. 62.
106 Vgl. als Einführung Karl Renner – Ein österreichisches Phänomen. Wiedergabe des Symposiums aus Anlass des 125. Geburtstages von Karl Renner. Hg. Österreichisches Gesellschafts- und Wirtschaftsmuseum, Wien 1996.
107 Vgl. Klemperer, Revolution, S. 16f.
108 Österreichs Erneuerung. Politisch-programmatische Aufsätze von Dr. Karl Renner, Reichsratsabgeordneter, 3 Bände, Wien 1916.

Hans Kelsen – in die Bundesverfassung von 1920 einbringen.[109] Es kann bei allem Unglück in manchem wohl als Glücksfall der jungen Republik angesehen werden, dass ein Mann wie Renner sie an der Friedenskonferenz von St. Germain vertrat. Freilich sah dies die Nummer zwei der Friedensdelegation, der ehemalige k.k. Justizminister Franz Klein, in seinen 1919 aus St. Germain an Ottilie Friedländer gerichteten Briefen nicht ganz so. Seine Stimmungsbilder von der Delegation sind von beispielloser Bitterkeit: „trostlos ist alles", schrieb er am 21. Mai, und von einem „Interniertenlager" am 26. Mai, „alles ist Ekel […], ein Drehen im Käfig" am 11. Juni, und „wie viel verlorene Zeit, wie viel ungekannte Bitterkeit und wie unfruchtbar" schließlich im letzten Brief am 6. August.[110] Vor dieser Bitterkeit konnte sich auch Renner nicht retten, der von Klein anfänglich positiv, aber mit der Zeit immer skeptischer beurteilt wurde. Hieß es am 15. Mai noch, er unterscheide sich in Bezug auf Jovialität und Manieren „sehr vorteilhaft" von seinem Kollegen Bauer,[111] schrieb Klein dann am 30. Mai, Renner sei die Aufgabe über den Kopf gewachsen, während Bauer „als eine viel stärkere Intelligenz doch viel besser für die Friedensmission gewesen" wäre, freilich nicht ohne zu versäumen, auf den „Judenpunkt" bei ihm hinzuweisen.[112] Einen halben Monat später meinte er, Renner beginne strammer zu werden, offenbar habe Bauer ihn aufgereizt; seine Abhängigkeit von diesem scheine sehr groß zu sein.[113] Deutlich stellte er dann am 17. Juni fest, Bauer wäre in St. Germain besser als Renner, und es wäre „vielleicht auch ein etwas kräftigerer Zug in die Arbeit hier gekommen".[114] Ähnliche Bemerkungen finden sich im Fortgang der Korrespondenz weiter; insbesondere war wiederholt die Rede von Renners Trägheit und Bequemlichkeit und gipfelte in der Klage, das „alte Österreich" habe sich „unter uns unversehrt erhalten".[115] Freilich: als Bauer am 28. Juni die von Klein ausgearbeitete Denkschrift über die ökonomischen Klauseln ebenso wie Renner als zu juristisch taxierte und ihre Umarbeitung durch Richard Schüller, den Leiter der handelspolitischen Sektion im Staatsamt für Äußeres, verlangte,[116] änderte der überaus empfindliche Klein seine Meinung und schrieb Ottilie Friedländer am 2. Juli, er bezweifle, ob es mit Bauer besser gewesen wäre. Die „gesellschaftliche Ethik, der Takt oder richtiger: die Taktlosigkeit, die Unmanierlichkeit der Parteihäupter" sei überall gleich, und Renner sei „vermutlich sogar noch der weichere, liebenswürdigere

---

109 Vgl. Schmitz, Renners Briefe aus Saint Germain, passim.
110 An Ottilie Friedländer, Fellner/Maschl, Briefe Franz Kleins S. 72, 88, 146, 314.
111 An Ottilie Friedländer, Fellner/Maschl, Briefe Franz Kleins, S. 52.
112 An Ottilie Friedländer, Fellner/Maschl, Briefe Franz Kleins, S. 100.
113 13. Juni 1919 an Ottilie Friedländer, Fellner/Maschl, Briefe Franz Kleins, S. 155.
114 An Ottilie Friedländer, Fellner/Maschl, Briefe Franz Kleins, S. 166f.
115 26. Juni 1919 an Ottilie Friedländer, Fellner/Maschl, Briefe Franz Kleins, S. 195.
116 Vgl. Fellner/Maschl, Briefe Franz Kleins, S. 23.

Charakter".[117] In diesen Tagen und wohl im Kontext der erwähnten Denkschrift hatte Renner seinerseits Bauer am 30. Juni geschrieben, dass die „Maschine des Auswärtigen" nichts tauge, nur gerade Schüller sei „erstklassig", während Klein „die meisten Schwierigkeiten" verursache; wäre er der Leiter, „so wäre die Delegation unmöglich"; er sei „nur Jurist und sonst nichts".[118] Von Klein folgte demgegenüber am 17. Juli das von seiner Seite wohl entscheidende (und vernichtende) Urteil über Renner, diesen „Leiter eines in Nöten befindlichen und vom Fieber geschüttelten Staates", der durch mehrere Monate ruhig aus der Vogelperspektive St. Germains zusehe, nur an Ausflüge, Kartenspiel und politische Kannegießerei denke und im Stillen „noch immer Freund des alten Österreich" sei.[119] Allerdings schrieb Renner genau in jenen Tagen (18. Juli) seiner Frau, es sei in St. Germain „beinah nicht mehr auszuhalten", das Zuwarten sei „unerträglich" und man bekomme „allmählich die Stimmung absoluter Hilflosigkeit".[120] Was dagegen Bauers Schicksal anbelangte, das sich einer Entscheidung näherte, schrieb Klein ihm am 23. Juli im Zusammenhang mit den „politischen Stürmen", die ihn umbrausten, er hoffe, dass er standhalte, denn sein „Rücktritt würde die Katastrophe, in der wir uns befinden, nur noch verschärfen".[121] Als sich Bauers Rücktritt trotzdem nicht vermeiden ließ, kommentierte Klein eine Woche später bissig-ironisch, Wien befinde sich jetzt „in einem Hochgefühl der Schmähung des gewesenen Staatssekretärs des Äußeren", und die Zeitungen wüssten gar nicht, was sie ihm alles anlasten könnten; die Welt sehe nun ganz anders aus und niemand halte die Entente-Regierungen mehr auf, „ihre wohlwollenden Gesinnungen für uns zu betätigen".[122]

I.2 Otto Bauer und das Argument „Habsburgermonarchie"

Bei Otto Bauer, der im Hochsommer 1919 als Sündenbock für das sich anbahnende und dann sich in der Tat einstellende Debakel von St. Germain fungierte, geht es um eine in jeder Hinsicht eindrückliche, wenngleich ausgesprochen schwierige Persönlichkeit, die

---

117 An Ottilie Friedländer, Fellner/Maschl, Briefe Franz Kleins, S. 213.
118 Zit. in der Einführung zu Schüller, Nachgelassene Schriften, S. 34.
119 An Ottilie Friedländer, Fellner/Maschl, Briefe Franz Kleins, S. 250f. Rauscher macht es sich zu einfach, wenn er Kleins Kritik an Renners Delegationsführung als „neidvoll und wehleidig" oder als „eifersüchtig" apostrophiert und darauf zurückführt, dass er „aufgrund seiner Zurücksetzung tief beleidigt" gewesen sei; Walter Rauscher, Karl Renner. Ein österreichischer Mythos, Wien 1995, S. 164 u. 177.
120 Renner an seine Frau Luise, 18. Juli 1919, in: Renner in Dokumenten und Erinnerungen, S. 64.
121 Klein an Otto Bauer, 23. Juli 1919, Fellner/Maschl, Briefe Franz Kleins, S. 273.
122 An Ottilie Friedländer, 29. Juli 1919, Fellner/Maschl, Briefe Franz Kleins, S. 288.

während der Ersten Republik eine zentrale, aber nicht immer glückliche Rolle spielte. Zentral war Bauer zweifellos beim Übergang von der Monarchie zur Republik[123] und in der achtmonatigen Amtszeit als ‚Außenminister' im Kontext der Friedensvorbereitungen Ende 1918 und in der ersten Hälfte 1919, auch wenn Staatskanzler Karl Renner dann die Friedensdelegation leitete. Letztlich erreichte Bauer indessen in der Republik nicht und in der Sozialdemokratischen Arbeiterpartei nur bedingt eine Stellung, die seinen überragenden Fähigkeiten wirklich entsprochen hätte. Der gut zehn Jahre ältere und ihn um zwölf Jahre überlebende Renner (dem er 1918/1919 entgegen früheren Divergenzen loyal diente, obwohl er ihn an intellektueller Schärfe klar überragte), der „bekannt wandlungsfähige Pragmatiker",[124] der 1938 dem „Anschluss" zustimmte, in einer Schrift über die Sudetendeutschen das Münchner Abkommen lobte[125] und nach dem Zweiten Weltkrieg „kraft intellektueller Behendigkeit" Österreichs Überleben wie kein anderer repräsentierte,[126] stand ihm jeweils im Weg, obwohl die beiden in ihren gesellschaftspolitischen Ansichten komplementäre Spielarten des Austromarxismus verkörperten, jedenfalls wenn man ihre Grundpositionen herausarbeitet.[127] 1945 wurde Renner zur Spielfigur Stalins, der von den selbstbewussten Briefen des „ersten Kanzlers der Republik Österreich" angetan gewesen sein muss,[128] und mutierte im Kontext des beginnenden Kalten Kriegs zum Mann des Westens. Seine Wendigkeit, die sich für die Zweite Republik als segensreich erwies, wäre nie Bauers Sache gewesen, der am 4. Juli 1938 an einem Herzversagen in Paris verstarb, nachdem er Österreich nach der Nieder-

---

123 Vgl. zur ersten Sitzung der deutschen Abgeordneten vom 21. Oktober 1918 und zur bedeutenden Rolle Bauers in jenen Tagen Deutsch, Aus Österreichs Revolution, S. 9f.
124 Rauscher, ADÖ, Band 3, S. 19.
125 Karl Renner, Die Gründung der Republik Deutschösterreich und der Anschluss der Sudetendeutschen, Wien 1990 (Erstdruck Wien 1938). Vgl. Gerald Stourzh, Vom Reich zur Republik, in: Gerhard Botz, Gerald Sprengnagel (Hg.), Kontroversen um Österreichs Zeitgeschichte. Verdrängte Vergangenheit, Österreich-Identität, Waldheim und die Historiker, 2. erweiterte Auflage, Frankfurt/Main 2008, S. 287–324, hier S. 299f. S. auch Walter Rauscher, Die Republikgründungen 1918 und 1945, in: Von Saint-Germain zum Belvedere. Österreich und Europa 1919–1955, Wien 2007 (ADÖ, Sonderband), S. 18.
126 Anton Pelinka, zit. NZZ Nr. 126, 2. Juni 2005.
127 Vgl. Norbert Leser, Gesellschaftspolitische Grundpositionen im Austromarxismus. Grundlagen von Theorie und Praxis bei Otto Bauer und Karl Renner, in: Politik und Gesellschaft im alten und neuen Österreich. Festschrift für Rudolf Neck zum 60. Geburtstag, hg. v. Isabella Ackerl, Walter Hummelberger und Hans Mommsen, Band II, Wien 1981, S. 83–89. Zum Austromarxismus ist zu beachten: Ernst Hanisch, Sozialismus als Ziel; Sozialdemokratie der Weg: Otto Bauer als Politiker-Intellektueller, in: Pavlina Amon et al. (Hg.), Otto Bauer. Zur Aktualität des Austromarxismus. Konferenzband 9. Juli 2008, Frankfurt a. M. 2010, v. a. S. 134–139.
128 Renner an Stalin, 15. April 1945, in: Renner in Dokumenten und Erinnerungen, S. 148ff. S. auch Renners Brief an Stalin vom 26. Mai 1945, ebd., S. 151ff.

lage im Februar 1934 hatte verlassen müssen. Demgegenüber arrangierte sich Renner mit dem „Ständestaat", obwohl dieser ihn im Frühling 1934 einige Monate im Wiener Landesgericht einsperrte, und sogar mit Hitlers Großdeutschland und wurde erst durch den katastrophalen Verlauf der Zweiten Weltkriegs (wieder) zum Österreicher. Allerdings empfindet man bei der Lektüre seines berühmt gewordenen Interviews mit dem „Neuen Wiener Tagblatt" vom 3. April 1938 ein gewisses Verständnis für sein Verhalten, war er doch 1919 in der Tat der Architekt der Formel von Deutschösterreich als „Bestandteil der Deutschen Republik" gewesen und empfand jetzt, 1938, den nunmehr vollzogenen Anschluss als „wahrhafte Genugtuung für die Demütigungen von 1918 und 1919, für St.-Germain und Versailles".[129] Demgegenüber war für Bauer nach Hitlers Machtergreifung jede Vorstellung eines Anschlusses Österreichs unmöglich geworden, und nach dem 11. März 1938 schrieb er im Gegensatz zu Renner, dies sei „nicht der Anschluss, um den das österreichische Volk in den Jahren 1918 und 1919 gekämpft hat, [...] sondern die gewaltsame Annexion des österreichischen Landes und Volkes durch die bewaffnete Gewalt des Dritten Reiches".[130] Interessant ist in diesem Zusammenhang die Aussage von Feldmarschallleutnant a. D. Jansa, Chef des Generalstabs des österreichischen Bundesheeres von Mai 1935 bis Januar 1938, im Hochverrats-Prozess gegen Guido Schmidt vor dem Volksgericht 1947, wonach es gerade die militärischen Klauseln des Vertrags von St. Germain waren, die Österreich am 11. März 1938 der Möglichkeit beraubten, bewaffneten Widerstand gegen die einmarschierende Deutsche Wehrmacht zu leisten.[131]

Wie geradlinig Bauer war, bezeugen schon die Akten im Archiv der Republik aus seiner Zeit als Leiter des Staatsamtes für Äußeres vom 21. November 1918[132] bis zum 27. Juli 1919, von denen zwei Kartons informell als sein Nachlass bezeichnet werden. Hier zeigt sich nicht zuletzt, dass Renner eine sehr hohe Meinung von seinem Außenminister hatte. So schrieb er ihm beispielsweise am 1. Juli 1919 aus St. Germain voller Lob über seine „weltpolitischen Aufsätze" (womit die zahlreichen Situationsberichte mit umfassenden Analysen der aktuellen Lage gemeint waren) und dass die „Folgerichtigkeit und Unentrinnbar-

---

129 Interview vom 3. April 1938, in: Renner in Dokumenten und Erinnerungen, S. 131f. In einem ausführlichen weiteren Interview mit der britischen Zeitschrift World Review bestätigte und erläuterte Renner im Mai 1938 seine Äußerungen von Anfang April; Renner in Dokumenten und Erinnerungen, S. 133–137.
130 Otto Bauer, Österreichs Ende (aus: Der Kampf 1938/4), in: Otto Bauer, Werkausgabe. Band 9, Wien 1980, S. 843.
131 Vgl. Der Hochverratsprozess gegen Dr. Guido Schmidt vor dem Wiener Volksgericht, Wien 1947, S. 683f.
132 An diesem Tag erfolgte seine Ernennung durch den Staatsrat; vgl. StRP, 41. Sitzung vom 21. November 1919, S. 23.

keit" ihres logischen Aufbaus jeden in ihren Bann zwinge.¹³³ Tatsächlich erscheinen Bauers Analysen der Zeitlage auch heute noch meisterhaft, weil es ihm immer wieder gelang, die tagespolitischen Fragen in größere Zusammenhänge einzuordnen. Wenn Renner viele Jahre später von Bauer schrieb, dieser habe eine Entsendung nach St. Germain abgelehnt, weil er nicht mit dem Odium des schmählichen Friedens belastet werden wollte, „wie er überhaupt in der Übernahme von Verantwortungen, die für seinen geschichtlichen Namen bedenklich schienen", sehr zurückhaltend gewesen sei, so wirkt dieses Urteil gehässig und ungerecht; dagegen traf er mit den Bemerkungen zu den Gründen von Bauers Rücktritt als Staatssekretär, der „keineswegs erzwungen, sondern freiwillig" erfolgte, und dass Bauer vor allem in den Wirtschaftsfragen seine im Westen „besonders angefeindete" Person „eher als Belastung denn als Hilfe" gesehen habe, einen Kern des Problems.¹³⁴ In der Tat hatte der Umstand, dass Bauer bereits im Sommer 1919 als Außenminister zurücktrat, noch bevor das Drama in St. Germain abgeschlossen war, persönlich überaus achtenswerte Gründe und war dennoch – wie mir scheint – ein Fehler. Als vielleicht noch verhängnisvoller sollte sich die Kopplung seines bisherigen Amtes mit demjenigen von Staatskanzler Renner erweisen, denn die in der Folge fast ständige Unterordnung der Außenpolitik unter das Bundeskanzleramt, zu dem sie seit den 1920er Jahren bis 1938 gehörte, nahm von hier ihren Ausgang und entpuppte sich immer mehr als Fehlentscheidung, die zum unglücklichen Verlauf der Geschichte der Ersten Republik beitrug. Jedenfalls ist bezeichnend, dass mit Bauers Rücktritt der Dauerdialog zwischen Staatsamt für Äußeres und Friedensdelegation abbrach, was bedeutete, dass eine wichtige Dimension des Kräftefelds entfiel und sich die Herren in St. Germain nunmehr selber kontrollierten. Dies konnte zu Pannen führen wie in der Frage der Besetzung Westungarns, als Renner vorprellte und vom Kabinettsrat am 17. August (sinnigerweise auf Antrag Bauers) korrigiert werden musste.¹³⁵ Es war im

---

133 NPA Präsidium (Nachlass Bauer), Karton 233, Umschlag II d, N. 641. Zwei Beispiele solcher Berichte vom 8. Juni 1919 und 29. Juni 1919 finden sich in Otto Bauer, Werkausgabe. Band 9, S. 1052–1056 u. 1062–1066.
134 Renner an Hans Loewenfeld-Russ, 8. November 1941, in: Renner in Dokumenten und Erinnerungen, S. 140f. Loewenfeld-Russ hatte in seinem nach dem Anschluss entstandenen und damals unveröffentlichten Erinnerungswerk selber die Meinung geäußert, Bauer habe die deutschösterreichische Delegation nicht leiten wollen, weil er sich „anscheinend mit dem Odium eines offenbar schmählichen Friedens nicht belasten" wollte; Hans Loewenfeld-Russ, Im Kampf gegen den Hunger. Aus den Erinnerungen des Staatssekretärs für Volksernährung 1918–1920, hg. v. Isabella Ackerl, München 1986 (Studien und Quellen zur österreichischen Zeitgeschichte, 6), S. 181. Vgl. auch Ernst Hanisch, Im Zeichen von Otto Bauer. Deutschösterreichs Aussenpolitik in den Jahren 1918 bis 1919, in: Konrad/Maderthaner, Das Werden der Ersten Republik, Band I, S. 207–222, hier S. 221.
135 Vgl. Protokoll des Kabinettsrats vom 17. August 1919, ADÖ, Band 2, Dok. 339, S. 409f. Über die nach Mitte August 1919 erwogene Besetzung Westungarns ist ADÖ, Band 2, Dokk. 337–345, S. 404–422, zu vergleichen.

Übrigen Bauer, der in jenem Monat namens der Nationalversammlung den flammenden Appell an die Deutschen Westungarns verfasste, sich für Deutschösterreich zu entscheiden. In Ungarn habe man ihnen die magyarische Sprache aufzuzwingen versucht, die Kinder in magyarische Schulen gezwungen, vor Amt und Gericht ihnen magyarisch diktiert und kommandiert und bei den Wahlen habe man sie magyarisch vergewaltigt. In Ungarn seien sie immer der Diktatur einer Oligarchie preisgegeben gewesen, gestern der bolschewistischen Oligarchie von links, heute wieder der „alten fluchbeladenen Oligarchie magyarischer Aristokraten und Budapester Finanzmagnaten" von rechts. Dagegen würden sie in Deutschösterreich „wirkliche Demokratie" finden.[136]

Nur schlecht nachvollziehbar scheint mir die Mitteilung des Gesandten Otto Franz vom 14. September 1919 aus Den Haag an das Staatsamt für Äußeres, wonach der holländische Außenminister ihm gegenüber geäußert habe, die „sachlichen und sehr geschickt vorgebrachten Argumente" der Friedensdelegation hätten zu größeren Erfolgen geführt, wenn nicht neben ihrer Politik „noch eine andere Wiener Regierungs-Politik zu constatieren gewesen wäre", habe doch Staatssekretär Bauer noch am 21. Juli eine Rede gehalten, „in der er an die Internationale appellierte" und damit jene, „die über Österreichs Schicksal tatsächlich zu entscheiden hatten, vor den Kopf gestoßen".[137] Abgesehen davon, dass die Politik der Friedensdelegation wesentlich in Wien vorbereitet wurde, solange Bauer im Staatsamt für Äußeres tätig war, ist er wenige Tage nach der von Franz erwähnten Rede am 27. Juli 1919 aus dem Amt geschieden, um jede Instrumentalisierung zu verunmöglichen. Dass der Insider Franz darüber hinaus von einer durch „Wiener Faktoren paralysierten Arbeit unserer Friedensdelegation" sprach, die „an und für sich sonst keinen ganz ungünstigen Boden in Paris vorgefunden" hätte,[138] kann man nur als Illoyalität seinem einstigen Chef gegenüber interpretieren, der ihn bei seinem Rücktritt sogar als Nachfolger in Betracht hätte ziehen wollen, wenn er nicht so „weit rechts" stünde, dass sich „das Kräfteverhältnis innerhalb des Kabinetts [...] bedenklich verschieben" würde.[139] Dass die Diplomaten alter Schule kaum in der Lage waren, Bauers Überlegungen nachvollziehen zu können, zeigt sich fast noch deut-

---

136 ADÖ, Band 2, Dok. 342A, S. 413–416, hier S. 415f.
137 ADÖ, Band 3, Dok. 357, S. 50.
138 Ebd., Dok. 357, S. 50.
139 Bauer an Renner, 13. Juli 1919, zit. in der Einführung von Jürgen Nautz zu Schüller, Nachgelassene Schriften, S. 14, hier allerdings fälschlicherweise bezogen auf Franz Klein, der schon darum nicht gemeint sein konnte, weil er nicht zu den Diplomaten gehörte. Richtig ist der Bezug dagegen bei Schmitz, Renners Briefe aus Saint Germain, S. 10. Bauer teilte Renner nach dessen Betrauung mit der Leitung des Staatsamtes für Äußeres am 26. Juli 1919 nach St. Germain noch mit, „mit der Leitung des Amtes hier [d. h. in Wien]" sei der Gesandte Franz zu betrauen; ADÖ, Band 2, Dok. 328, S. 392. Franz lehnte dies aber ab, weil er mit der Politik der Sozialdemokraten nicht einverstanden war; vgl. Schmitz, Renners Briefe aus Saint Germain, S. 13.

licher in den an seine Berner Zentrale gerichteten Berichten des Schweizer Gesandten Bourcart.[140]

Die Illoyalität des Gesandten Franz wird nicht besser, wenn Renner im nachgelassenen Buch über „Österreich von der Ersten zur Zweiten Republik" suggeriert, die Übernahme des Außenministeriums durch ihn habe den Fortgang der Friedensverhandlungen günstig beeinflusst und sämtliche Verbesserungen, die gegenüber den Entwürfen vom Juni 1919 in St. Germain noch erreicht werden konnten, sich selber zuschreibt.[141] Renner war – wie Georg Schmitz zu Recht urteilt – „ein ausgezeichneter Propagandist seiner selbst", auch wenn er – nicht zu Unrecht – neben Jodok Fink als „Typ der in der 1. Republik weniger gefragten Konsenspolitiker" gerückt wird, der allerdings, anders als Fink, zunehmend bestrebt gewesen sei, die eigene Person in den Vordergrund zu schieben.[142] Nein: alles, was nach Bauers Rücktritt an Verbesserungen erreicht werden konnte, so in den territorialen Bestimmungen (Burgenland, Volksabstimmung in Kärnten, kleinere Änderungen in der Südsteiermark mit Radkersburg oder gegenüber Böhmen und Mähren), aber auch in den wirtschaftlichen Zugeständnissen, von denen Hanns Haas etwas übertreibend sagt, Österreich sei de facto wie alle anderen Nachfolgestaaten behandelt worden, sind noch unter Bauer vorbereitet worden; dasselbe gilt von der Abwendung von der Anschlusspolitik und der Ausrichtung nach Westen, die wegen der Notlage des Landes unvermeidlich wurden.[143] An anderer Stelle sagt Haas aber zu Recht, Bauer habe sich von Anfang an nach Westen ausgerichtet, wofür der politische Preis allerdings der sukzessive Verzicht auf den Anschluss wurde. In der Tat war Bauers große außenpolitische Leistung (Haas qualifiziert sie als brillant) die Versorgung Österreichs mit Hilfsgütern, insbesondere Lebensmitteln und Kohle, sowie die Beschaffung diesbezüglicher Kredite, was alles das Deutsche Reich nicht erbringen wollte oder konnte.[144] Demgegenüber stuft Ernst Hanisch Bauers Außenpolitik ambivalenter ein. Zum einen führt er aus, 1918 und 1919 habe die Bevölkerung gehungert, sei aber nicht verhungert, sie habe gefroren, sei aber nicht erfroren, sie sei in soziales Chaos geschlittert, aber die österreichische Revolution habe die linksradikalen

---

140 Judit Garamvölgyi stützt sich zu sehr auf diesen eher fragwürdigen Diplomaten, weshalb Bauer m. E. unverdient ins Zwielicht rückt; Judit Garamvölgyi, Otto Bauer zwischen Innen- und Außenpolitik, in: Politik und Gesellschaft im alten und neuen Österreich. Festschrift für Rudolf Neck zum 60. Geburtstag, Band II, S. 23–38.
141 Nachgelassene Werke von Karl Renner, II. Band, Wien 1953, S. 30.
142 Schmitz, Renners Briefe aus Saint Germain, S. 135.
143 Vgl. Hanns Haas, Österreich und die Alliierten 1918–1919, in: Saint-Germain 1919, S. 11–40, hier S. 39, sowie Haas' Einleitung der Diskussion, ebd. S. 357 ff.
144 Hanns Haas, Otto Bauer als Außenpolitiker, in: Fröschl/Zoitl, Otto Bauer. Theorie und Praxis. S. 127–144, hier S. 140.

Putschversuche gezähmt und die Republik als liberale Demokratie stabilisiert; dies sei die große Leistung der damaligen Regierung und die persönliche Leistung Otto Bauers gewesen. Zum andern hält er aber fest, in Kenntnis der Folgen und aus Sicht der Jahre 1938 und 1945 scheine die Anschlusspolitik, für die er die Hauptverantwortung trage, „der erste große Fehler Otto Bauers als aktiver Spitzenpolitiker" gewesen zu sein.[145]

Im Rückblick gesehen ist schon in den Anfängen und erst recht im Verlauf der Ersten Republik sehr viel ‚falsch' gelaufen. Das nach den Nationalratswahlen vom 17. Oktober 1920 von Bauer am 22. Oktober betriebene Ausscheiden der sozialdemokratischen Minister aus dem erst am 7. Juli gebildeten Kabinett Mayr (worin Renner Staatssekretär für Äußeres blieb) kam wohl zum falschen Zeitpunkt und zweifellos zu früh. Sektionschef Schüller bedauerte in diesem Zusammenhang insbesondere das Abtreten Renners: „I was sorry as he was an able, warm hearted and broad minded man with a good sense of humor. [...] he steered the Austrian Republic through the first two stormy years and succeeded in maintaining the coalition under difficult circumstances."[146] Ohne Bauer kritisieren zu wollen, dem er sich immer verbunden fühlte, scheint auch der damalige „Heeresminister" Julius Deutsch (seit Anfang November 1918 Unterstaatssekretär, seit 15. März 1919 Staatssekretär für Heerwesen) der Meinung gewesen zu sein, die Nichtbeteiligung an der künftigen Regierung sei „für die weitere Entwicklung von folgenschwerster Bedeutung" gewesen, auch wenn im damaligen Moment niemand in der Parteiführung ahnte, auch Bauer und Renner nicht, dass aus dem „als zeitweilig gedachten Rücktritt aus den Regierungsämtern die endgültige Überlassung der Staatsmacht an die bürgerlichen Parteien hervorgehen" würde.[147] Damit war jedenfalls Renners schönes Wort, das er ein Jahr vorher nach der Ratifizierung des Staatvertrags von St. Germain am 17. Oktober 1919 angesichts der „Existenzfrage", die sich dem Land um sein „nacktes Dasein" stelle, gesprochen hatte, nämlich dass die sonst gegensätzlichen Parteien wie zwei von einem Schneesturm überraschte Touristen vereint – um nicht zu erfrieren – eine Schneegrube grabend in den selben Mantel gehüllt Leib an Leib auf die Wiederkehr der Sonne warten würden,[148] obsolet geworden, obwohl die Sonne noch lange nicht zurück war. Selber machte er in der nachgelassenen Schrift „Von der Ersten zur Zweiten Republik" zwei Männer für das Nichtmehrweiterführen der Koalition verantwortlich, „Ignaz Seipel auf der einen und Otto Bauer auf der anderen Seite", wobei Bauer – den er ansonsten in dem Buch kaum erwähnt – dem „gleichen Dogmatismus

---

145 Hanisch, Im Zeichen von Otto Bauer, S. 214 und 218f. Vgl. auch Ernst Hanisch, Der große Illusionist. Otto Bauer (1881–1938), Wien – Köln – Weimar 2011, S. 155 und 160f.
146 Schüller, Nachgelassene Schriften, S. 252.
147 Julius Deutsch, Ein weiter Weg. Lebenserinnerungen, Zürich – Leipzig – Wien 1960, S. 139 u. 142.
148 ADÖ, Band 3, Dok. 376, S. 90.

als linker Sozialist [erlag] wie Seipel als katholischer Priester" und „durch seine starre Haltung" und „das Gewicht seiner Persönlichkeit" der Sozialdemokratie den Eintritt in die Koalition „außer um den Preis einer Parteispaltung" unmöglich gemacht habe.[149]

Auch wenn sich die Sozialdemokraten gegen Ende August 1922 angesichts der schweren finanziellen und politischen Krise jenes Sommers (vergeblich) bereit erklärten, in eine Konzentrationsregierung einzutreten,[150] verpassten sie in der Folge vornehmlich unter Bauers Einfluss, der (wie Renner 1929 feststellte) „dank seiner Kriegsgefangenschaft" in einer „verhängnisvollen Revolutionsromantik befangen" sei,[151] die 1931 mit Seipel und 1932 mit Dollfuß sich bietenden Möglichkeiten, wieder in die Regierung zurückzukehren,[152] bis der sogenannte Ständestaat, gegen dessen Etablierung nach der „Selbstausschaltung des Parlaments" (Dollfuß) vom 4. März 1933 der Generalstreik, entgegen dem expliziten Antrag von Wilhelm Ellenbogen im Parteivorstand, nicht proklamiert wurde (was später auch Bauer als Fehler taxierte),[153] und erst recht der „Anschluss" ans ‚Dritte Reich' endgültig jede Partizipation verunmöglichten. Allerdings sei für Bauer – wie Norbert Leser feststellt – die Koalition eine Ausnahmesituation gewesen, irregulär, abnorm und temporär, weshalb der Rückzug in die Opposition für ihn die Herstellung von Normalität bedeutet habe; dagegen sei ihr Ende für Renner eher ein Unglück gewesen.[154] 1930 sprach Bauer in der sozialdemokratischen Monatsschrift „Der Kampf" in einer polemischen Entgegnung an Renner denn auch von „unser[em] alte[n] Gegensatz in der Bewertung der Koalitionspolitik".[155] 1931 war aber auch Renner der Meinung, es sei „jetzt absolut kein Moment" zum Eintritt in die Regierung; man habe 1918 bis 1920 „mit den Gegnern loyal und redlich zusammengearbeitet", diese aber hätten „uns draußen agitatorisch für alle Folgen des Krieges verantwortlich gemacht [...], als wäre das alles Erbe der Republik".[156] Dass Bauer indessen nicht grundsätzlich gegen Koalitionen war, zeigt das Schlusskapitel seines Revolutionsbuches deutlich, wo er allerdings die Bedingung stellt, dass „uns die

---

149 Nachgelassene Werke von Karl Renner, II. Band, S. 42f.
150 Vgl. Otto Bauer, Die österreichische Revolution, Wien 1923, S. 260f. u. 264
151 Renner an Karl Kautsky, 3. September 1929, in: Renner in Dokumenten und Erinnerungen, S. 98.
152 Deutsch wäre seinen Erinnerungen gemäß 1931 für eine Regierung Seipel-Bauer gewesen, während Bauer selber, Seitz, Danneberg und (überraschend) Renner dagegen waren; Deutsch, Lebenserinnerungen, S. 179f.
153 Vgl. Wilhelm Ellenbogen, Menschen und Prinzipien. Erinnerungen, Urteile und Reflexionen eines kritischen Sozialdemokraten, bearbeitet und eingeleitet von Friedrich Weissensteiner, Wien etc. 1981 (Veröffentlichungen der Kommission für Neuere Geschichte Österreichs, 71), S. 82 u. 147ff.
154 Leser, Bauer und Renner, S. 27ff.
155 Otto Bauer, Ein Brief an Karl Renner, in: Otto Bauer, Werkausgabe. Band 9, Wien 1980, S. 263.
156 Parteitagsrede, Arbeiter-Zeitung vom 17. November 1931, in: Renner in Dokumenten und Erinnerungen, S. 110. Vgl. Leser, Bauer und Renner, S. 32f.

Teilnahme an der Regierung nicht bloßen Schein der Macht, sondern wirkliche Macht bringt"; dies könne erst dann der Fall sein, wenn „die Bourgeoisie unsere Teilnahme an der Regierung mit wesentlichen Zugeständnissen, mit Einräumung wirklicher Macht erkaufen" müsse, was „der Ausdruck des wiederhergestellten Gleichgewichts zwischen den Klassenkräften" sei.[157] Renner würde sich mit weniger zufrieden gegeben haben.

Vielleicht ebenso falsch, mit ihren Folgen im St. Germain-Kontext aber nicht unbedingt verhängnisvoll, weil sie die Siegermächte von anderem abzulenken vermochte, war die bei und nach Ende des Großen Kriegs verbreitete Überzeugung, alles Heil müsse für Deutschösterreich vom Anschluss an das Deutsche Reich kommen. Otto Bauer reiste aus dieser Überzeugung Ende Februar/Anfang März 1919 zu Verhandlungen mit der Reichsregierung nach Berlin und Weimar.[158] Obwohl die Verhandlungen, wie die Sitzungsprotokolle zeigen,[159] wegen der Komplexität der anstehenden Fragen insbesondere in den Bereichen Handelspolitik, Währungspolitik und Finanzpolitik schwierig waren und in vielem durchaus konträr verliefen, weshalb der Anschluss so oder so nicht sofort hätte vollzogen werden können (obwohl für Bauer in der Währungsfrage „gewisse Eile geboten, weil schwebender Zustand gefährlich"),[160] erklärte die neugewählte Nationalversammlung am 12. März 1919, gestützt auf das Abschlussprotokoll der Verhandlungen, Deutschösterreich sei ein Teil der Deutschen Republik, womit sie den schon am 12. November 1918 gefällten Beschluss der provisorischen Nationalversammlung bekräftigte. Dies in der irrtümlichen Hoffnung, dass die Siegermächte den Zusammenschluss zulassen würden. Nahezu logische Konsequenz ihrer keineswegs überraschenden Ablehnung des Beschlusses sollte am 26. Juli 1919 Bauers Rücktritt als Außenminister werden (was als Bauernopfer zu interpretieren ist) sowie die nach der Unterzeichnung des Staatsvertrags von St. Germain vom 10. September 1919 am 21. Oktober im Gesetz über die Staatsform durch die Nationalver-

---

157 Otto Bauer, Die österreichische Revolution, Wien 1923, S. 286.
158 Das Kabinettsratsprotokoll Nr. 38 vom 11. Februar 1919 erwähnt Bauers Mitteilung, dass er den Zeitpunkt für die Einleitung von Verhandlungen in der Anschlussfrage für gekommen erachte, wozu er vom Kabinettsrat ermächtigt wurde; KRP Karton 6. Dem Protokoll Nr. 44 vom 22. Februar 1919 liegt als streng vertraulicher Anhang die Dienstanweisung für die Abordnung nach Weimar für die handelspolitischen Belange und die verkehrs- und schifffahrtspolitischen Angelegenheiten bei; KRP Karton 6. Über den im Protokoll Nr. 48 vom 6. März 1919 als „streng geheim" deklarierten Bericht von Staatssekretär Bauer und Unterstaatssekretär Riedl „über das Ergebnis der in Weimar und Berlin in der Anschlussfrage gepflogenen Verhandlungen", den der Kabinettsrat „zur Kenntnis" nahm, findet sich nichts Näheres; KRP Karton 6.
159 Vgl. die Protokolle der Berliner Verhandlungen vom 27./28. Februar und 1./2. März 1919 sowie das Abschlussprotokoll vom 2. März 1919 in ADÖ, Band 1, Dokk. 171, 172, 173, 175, 176, 177, S. 472–484 und 487–496.
160 Sitzung vom 28. 2. 1919, ADÖ, Band 1, Dok. 173, S. 480.

sammlung vorgenommene Umbenennung des Staates von „Deutschösterreich" in „Republik Österreich". Erklären lässt sich die vorher fast unbeirrbare Anschluss-Fixation neben der katastrophalen Ernährungs- und Wirtschaftslage[161] vornehmlich dadurch, dass mit dem Verschwinden der Dynastien Habsburg und Hohenzollern der Grund zur Trennung von 1866 beseitigt[162] und mit und nach Kriegsende in beiden Ländern die ‚Linke' ans Ruder gekommen oder in Österreich wenigstens an der Regierung beteiligt war, was man auf beiden Seiten als Garantie für eine nicht mehr imperialistische, sondern in erster Linie sozial ausgerichtete Politik interpretierte, und schließlich damit, dass schon seitens der Reichsregierung des Prinzen Max von Baden unmittelbar nach der Abdankung Kaiser Wilhelms eine Art Einladung an Deutschösterreich ergangen war, sich an der Wahl zur verfassunggebenden deutschen Nationalversammlung zu beteiligen,[163] während die Deutschbürgerliche Partei und ihre zwei Vertreter im deutschösterreichischen Staatsrat Oskar Teufel und Karl Hermann Wolf ohnehin vehement für den Anschluss waren. Wie radikal sich politische Großkonstellationen und Mehrheitsverhältnisse ändern können, ließ sich in der anderthalb Jahrzehnte später und vor allem 1938 massiv eingetretenen Form nicht voraussehen. Indessen ist doch bezeichnend für die in den 1930er Jahren gegenüber den 1920ern abgelaufenen politischen Veränderungen, dass der „Bauernstand" zur Stütze des „Ständestaates" werden sollte, während die „Arbeiterklasse", die in den Anfängen der Republik stark präsent und recht eigentlich maßgebend war, politisch immer mehr marginalisiert wurde. Damit war von den drei Stützen der „Koalition des Bürgertums, des Bauernstandes und der Arbeiterschaft",[164] die 1918/19 den Übergang von der Monarchie zur Ersten Republik erstaunlich kooperativ bewerkstelligt hatte, die Arbeiterschaft weggebrochen.

Aus seiner austromarxistischen Position ergibt sich, dass Bauers Überzeugung von der Notwendigkeit des Anschlusses nur so lange vorhalten konnte, als die Sozialdemokraten auch in Deutschland tonangebend waren. Dasselbe gilt für den assimilierten Juden und seine Vorstellung einer idealen deutschen Kultur, eines „idealisierten, imaginierten Deutschtums",[165] die durch den Vormarsch des Nationalsozialismus zerbre-

---

161   Keineswegs zufällig gingen gerade die Währungs- und Finanzverhandlungen zur Vorbereitung des Anschlusses Mitte April 1919 – diesmal in Wien – weiter; vgl. ADÖ, Band 2, Dokk. 216, 216A, 216B, 216C, S. 95–112. Dass man bei Bauer von Anschluss-Fixation reden kann, zeigt der erste Teil seiner unmittelbar nach dem Rücktritt als Staatssekretär des Äußeren am 29. Juli 1919 gehaltenen Rede „Acht Monate auswärtiger Politik"; jetzt in Otto Bauer, Werkausgabe. Band 2, Wien 1976, S. 187–192.
162   Vgl. Bauers Denkschrift vom 25. Dezember 1918, ADÖ, Band 1, Dok. 104, S. 324.
163   Vgl. die Erklärung Viktor Adlers anlässlich der 28. Sitzung des Staatsrats vom 9. November 1918, StRP, Karton 1.
164   Staatskanzler Renner in der 29. Sitzung des Staatsrats vom 11. November 1918, StRP, Karton 1.
165   Vgl. Wolfgang Maderthaner, Otto Bauer und die Problematik der jüdischen Identität, in: Amon, Otto Bauer. Zur Aktualität des Austromarxismus, S. 57.

chen musste. Ebenso zeigt sich aber, dass Bauers Abneigung gegen die verschwundene Monarchie, trotz der verbreiteten jüdischen Loyalität der Dynastie gegenüber, echt gewesen sein muss. Nach fast dreijähriger Kriegsgefangenschaft von November 1914 bis Ende August 1917 in Russland war er als (gesunder!) Angehöriger eines Invalidenaustauschs nach der Februarrevolution dank seinen politischen Verbindungen vorzeitig freigekommen und erschien gegen Ende September 1917 wieder in Wien. Wegen dieser Ereignisse war er in gewisser Weise ein Opfer der Monarchie geworden; vor allem verfolgte ihn ihretwegen aber ein starker, jedoch keineswegs gerechtfertigter Bolschewismus-Vorwurf und der Verdacht, den „Bazillus des Bolschewismus" verbreiten zu wollen.[166] Eine Woche nach dem Eintreffen in Wien schrieb er Karl Kautsky, die Bolschewiki hätten eine Politik der gefährlichsten Abenteuer betrieben, und der „Aberglaube der Jakobiner an die Allmacht der Guillotine" sei in Petersburg „als Aberglaube an die Allmacht der Maschinengewehre" wieder erstanden; den Ausgang der Sache könne aber niemand voraussagen.[167] Insofern war jede Ehrenrettung der Habsburger Monarchie für ihn lediglich Taktik; ihr Schicksal war – wie er im Revolutionsbuch schrieb – besiegelt: Sie hatte den Krieg gegen die Jugoslawen begonnen, war durch den Krieg in den heftigsten Gegensatz gegen die Tschechen geraten, hatte in seinem Verlauf die Polen verloren und die Ukrainer nicht gewonnen, kurz: Sie „führte den Krieg nicht nur gegen äußere Feinde ringsum, sondern auch gegen zwei Drittel seiner eigenen Bürger".[168] Dasselbe gilt umgekehrt für das von ihm betriebene Herausstreichen der Feindschaften unter den Nachfolgestaaten, denn er war ohne jeden Zweifel Internationalist.

Eine Frage ist in diesem Kontext ohnehin, wie weit die Feindschaften der Nachfolgestaaten unter- und gegeneinander ‚echt' oder nicht vielleicht bis zu einem gewissen Grad ‚gespielt' gewesen sein könnten, um aus den Siegermächten mehr herauszuschlagen. Viele der wichtigeren Protagonisten der unmittelbaren Nachkriegszeit müssen sich aus der Monarchiezeit mehr oder weniger gut gekannt haben, denn die meisten von ihnen hatten in irgendeiner Weise zur österreichischen oder ungarischen oder österreichisch-ungarischen Elite gehört und saßen beispielsweise im österreichischen Reichsrat, der am 30. Mai 1917 nach über dreijährigem Unterbruch wieder einberufen worden war. Oder sie waren Offiziere gewesen und hatten gegen einen noch gemeinsamen Feind gekämpft,[169] oder Beamte und waren als solche in nationalitätenmäßig breit

---

166 Vgl. Verena Moritz, Hannes Leidinger, Otto Bauer 1914–1919. Kriegsgefangenschaft und Heimkehr als Problem einer Biographie, in: Wiener Geschichtsblätter, 1/1999, S. 1–21, u. a. S. 13.
167 28. September 1917, in: Otto Bauer, Werkausgabe. Band 9, Wien 1980, S. 1039.
168 Bauer, Die österreichische Revolution, S. 48.
169 Ein schönes Beispiel findet sich im Zusammenhang mit den Waffenstillstandsverhandlungen vom Mai 1919 mit Jugoslawien in Klagenfurt in den Lebenserinnerungen des damaligen Staatssekretärs Julius Deutsch, S. 130f.

abgestützten Netzwerken verankert, wie Richard Schüller in einem Ende der 1940er Jahre im amerikanischen Exil geschriebenen Erinnerungstext „Finis Austriae" festhielt, wonach er im Handelsministerium (von wo er im November 1918 ins Staatsamt des Äußeren wechselte) während 20 Jahren „with people of all nationalities" zusammengearbeitet habe; dann hätten seine tschechischen Mitarbeiter nach dem Krieg zur siegreichen Tschechoslowakei gehört, er dagegen zum besiegten Österreich, obwohl seine Mutter ebenfalls Tschechin gewesen und er dort zur Welt gekommen sei.[170] Sein St. Germain-Kollege aus dem gleichen Staatsamt für Äußeres, Johann Andreas Eichhoff, schrieb in einem hektographierten Nachlass-Text von der Unterzeichnungszeremonie des 10. September 1919, sein „langjähriger Kollege und Carriére-Rivale" im Staatsdienst des alten Österreich Dr. Ivan Zolger habe an diesem Tag als jugoslawischer Sieger den Vertrag unterschrieben, der Österreichs Zertrümmerung besiegelte.[171]

Neben aller Konkurrenz müssen ähnliche Mentalitätsverwandtschaften auch in den Handelsbeziehungen gespielt haben. So schrieb der prominente Ökonom Gustav Stolper in einem kurzen Aufsatz von 1921 über die überaus düsteren wirtschaftlichen Wirkungen des Vertrags von St. Germain, dass zwar Wiens Stellung als Handels- und Kreditzentrum auf dem Gebiet der früheren Monarchie wenig erschüttert sei, aber nur wegen der unerlässlichen Anpassung an die „Hemmnisse einer vollen Freizügigkeit", weswegen „jeder Kaufmann zunächst seine alten Geschäftbeziehungen" aufnehme, bevor er neue anknüpfe. Der jugoslawische, polnische, rumänische und ungarische Kaufmann wende sich „immer wieder zunächst an seinen früheren Wiener Lieferanten, den er persönlich kennt, geschäftlich erprobt hat, und der ihm die Risiken des heutigen Geschäftsverkehrs mildern hilft".[172] So blieb Wien weiterhin in einem überregionalen Beziehungsnetz als Handelsplatz und Kreditzentrum, auch wenn es erst viele Jahrzehnte später, nach dem Zusammenbruch des Sowjetimperiums, seine ursprüngliche Drehscheibenfunktion

---

170 Schüller, Nachgelassene Schriften, S. 218.
171 Johann Andreas Eichhoff, Von Miramar nach St. Germain, undatiert, S. 54 (vgl. dazu unten Kap. 4.1). Eichhoffs Erinnerung der Unterzeichnungszeremonie vom 10. September 1919 ist auch in einen Artikel in Die Furche vom 12. September 1959 eingegangen; KA, Depot Eichhoff B/874, Mappe 42; der Artikel findet sich auch in Mappe 142. Eichhoff war primär Verfassungsexperte im Innenministerium und hatte dem Beraterkreis um den Thronfolger Franz Ferdinand angehört; in der Friedensdelegation in St. Germain war er der ranghöchste Beamte und wurde anschließend der erste Gesandte der Republik Österreich in Paris; vgl. Gerald Stourzh, Verfassungsbruch im Königreich Böhmen: Ein unbekanntes Kapitel zur Geschichte des richterlichen Prüfungsrechts im alten Österreich, in: Staatsrecht und Staatswissenschaften in Zeiten des Wandels. Festschrift für Ludwig Adamovich zum 60. Geburtstag, Wien – New York 1992, S. 685.
172 Gustav Stolper, Der Friedensvertrag von St. Germain in seinen wirtschaftlichen Wirkungen, in: Schriften des Vereins für Sozialpolitik, 162. Band, München – Leipzig 1921, S. 10f.

in den West-Ost-Beziehungen wieder voll zu übernehmen vermochte.[173] Ebenso gut könnte freilich zutreffen, dass die neuen Feindschaften einfach die Fortsetzung der alten Rivalitäten waren, die sich unter der Monarchie etabliert und gegen ihr Ende massiv verstärkt hatten. Die Protokolle der Gesandtenkonferenzen der Tschechoslowakei, Ungarns, der Ukraine, Rumäniens, Italiens und Jugoslawiens, die von Mitte November 1918 bis zum Sommer 1919 mehr oder weniger wöchentlich, dann bis Mitte Dezember 1919 noch insgesamt dreimal stattfanden und zunächst unter dem Vorsitz Otto Bauers, ab Mitte Dezember 1918 unter jeweils wechselndem Vorsitz standen, spiegeln die Dramatizität des Auflösungsprozesses der Monarchie jedenfalls deutlich, indem sich die Abgesandten der Nachfolgestaaten immer wieder bitter über die Ungerechtigkeiten beklagten, die ihnen unter der Monarchie widerfahren seien, sich gleichzeitig aber auch – in Verfolgung rein nationaler Interessen – im Hinblick auf die anstehenden Liquidierungsfragen möglichst viele Faustpfänder zu sichern versuchten.[174] Gegenüber der Friedensdelegation, die im Entwurf zur Liquidationsnote zuhanden des Friedenskongresses die Gesandtenkonferenz ungebührlich hochjubelte, wurde ihr Stellenwert in Bauers Stellungnahme vom 15. Juli 1919 stark relativiert.[175] In „Die österreichische Revolution" stellte er 1923 fest, der „umständliche und kostspielige Mechanismus" der Gesandtenkonferenz und die von ihr eingesetzte Liquidationskommission habe wenigstens ermöglicht, „die alte gemeinsame Verwaltung ohne gefährliche Konflikte mit den Nachfolgestaaten abzuwickeln".[176] Immerhin fanden solche Konferenzen überhaupt statt und boten ein Gesprächsforum, das trotz allem ein Minimum der ex-habsburgischen Polit-Kultur zu tradieren vermochte. Außerdem ermöglichten sie, wie Hanns Haas in seiner Salzburger Dissertation zu Recht urteilt, „die Vergangenheit ohne blutige Revolution zu liquidieren".[177]

Nicht unähnlich war die minimale Zusammenarbeit, die sich im Eisenbahnwesen angesichts des Chaos nach dem Zusammenbruch der Monarchie, dem der k.k. Ei-

---

173 Vgl. Alfred Pfoser, Andreas Weigl, Die Pflicht zu sterben und das Recht zu leben. Der Erste Weltkrieg als bleibendes Trauma in der Geschichte Wiens, in: Dies., Im Epizentrum des Zusammenbruchs. Wien im Ersten Weltkrieg, Wien 2013, S. 14–31, hier S. 30.
174 Vgl. NPA Präsidium, Karton 4, Umschlag 15/1. Gemäß Kabinettsratsprotokoll Nr. 11 vom 15. November 1918 war der Sinn dieser wöchentlich gedachten Konferenzen, „die notwendigen Vereinbarungen über die Auflösung der bisherigen gemeinsamen Verwaltung und ihre Übertragung an die einzelnen Nationen zu treffen"; KRP, Karton 5.
175 Vgl. ADÖ, Band 2, Dok. 305 und Dok. 306, S. 349–356, hier S. 352–354, 355f.
176 Bauer, Die österreichische Revolution, S. 131.
177 Hanns Haas, Österreich-Ungarn als Friedensproblem. Aspekte der Friedensregelung auf dem Gebiet der Habsburgermonarchie in den Jahren 1918-1919, Dissertation Universität Salzburg, Salzburg 1968, Band 1, S. 59.

senbahnminister a.D. Heinrich Wittek 1920/21 beredt Ausdruck gab,[178] mithilfe des Gemeinsamen Verkehrskomitees einstellte, das sich am 7. November 1918 in Wien gebildet hatte und worin Deutschösterreich, Ungarn, Polen, die Tschechoslowakei und Slowenien vertreten waren. Freilich ließ sich die anfänglich sachliche Verhandlungsatmosphäre angesichts der Sabotage ihrer Arbeit durch einzelstaatliche Maßnahmen nur bis in den Frühling 1919 durchhalten, weshalb sich die Alliierten einschalteten und das Gemeinsame Verkehrskomitee in das im Januar 1920 gebildete und von einem französischen Eisenbahnfachmann geführte „Comité de circulation du matériel roulant dans l'Europe Centrale" eingegliedert wurde.[179] Interessanterweise konnten die Verkehrsverhältnisse in Mitteleuropa dann doch recht früh durch eine von Italien nach Portorose/Porto Rose (beim heute slowenischen Piran) einberufene große Konferenz aller Nachfolgestaaten, die vom 29. Oktober bis 23. November 1921 stattfand, normalisiert werden. Nach anfänglich starkem gegenseitigem Misstrauen scheint sich schließlich in diesem Bereich eine gewisse Solidarität eingestellt zu haben.[180] Auch hier lässt sich – neben der zweifellos vordringlichen Regelung eigener Interessen bezüglich eines funktionierenden Verkehrssystems – vielleicht doch die nachwirkende Erinnerung einer gemeinsamen Vergangenheit fassen.

Wie kapillar sich die österreichische Seite für die Friedensgespräche dokumentierte (eine Glanzleistung Bauers, über die er erstmals am 30. November 1918 ausführlich im Staatsrat berichtete),[181] zeigt sich in einer Unzahl zu einem nicht kleinen Teil von Dr. Franz Klein vorbereiteten Papieren,[182] die den einzigen Fehler haben, dass sie in St. Germain größtenteils nicht eingesetzt wurden, weil die Sieger die Argumente der Besiegten nicht oder nur bedingt anzuhören beziehungsweise entgegenzunehmen bereit waren. Dennoch spiegeln sie ein ausgesprochen facettenreiches Selbstverständnis des neuen

---

178   Heinrich Wittek, Die österreichischen Eisenbahnen vor und nach dem Kriege, in: Schriften des Vereins für Sozialpolitik, 162. Band, München – Leipzig 1921, S. 99–126, v. a. S. 108f. u. 125f.
179   Vgl. Paul Mechtler, Internationale Verflechtung der österreichischen Eisenbahnen am Anfang der Ersten Republik, in: Mitteilungen des österreichischen Staatsarchivs, 17./18. Band, 1964/65, S. 399–426, hier S. 403 und 409f.
180   Vgl. Mechtler, Eisenbahnen, S. 423ff.
181   Vgl. Protokoll der 51. Sitzung des Staatsrats vom 30. November 1918; StRP, Karton 3. Im Kabinettsrat hatte Bauer schon vier Tage vorher angekündigt, dass er beabsichtige, einen Vorbereitungsdienst für die Friedensverhandlungen unter Führung von Minister a. D. Dr. Franz Klein einzurichten; Kabinettsratsprotokoll Nr. 16 vom 26. November 1918, KPR, Karton 5. Vgl. auch Fellner/Maschl, Briefe Franz Kleins, S. 21.
182   Vgl. u. a. Kleins Briefe an Bauer vom 20. Jänner 1919 und vom 17. März 1919, Fellner/Maschl, Briefe Franz Kleins, S. 21–38. Im Forschungsband Franz Klein wird ersichtlich, dass Bauer ihn am 31. März 1919 in einer Reihe von Dossiers zu seinem Stellvertreter ernannte; vgl. Rainer Sprung, Der Lebensweg Franz Kleins, in: Forschungsband Franz Klein, S. 48.

Österreich und seiner Beurteilung des alten Reiches. Auffallend ist der ruhige, sachliche und realistische Duktus vieler Dokumente, so wenn es in der undatierten, aber Anfang Mai 1919 (als Franz Klein noch als Delegationsleiter vorgesehen war) verfassten und in jeder Beziehung, insbesondere bezüglich der territorialen Fragen, sehr differenzierten Instruktion Bauers für die Delegation zum Pariser Friedenskongress heißt, das Verhalten dem Gegner gegenüber müsse anders sein als dasjenige der Reichsdeutschen. Es müsse „mit allem Nachdruck" hervorgehoben werden, dass man sehr gut wisse, dass man besiegt und machtlos und die Entente in der Lage sei, den Frieden zu diktieren. Zur Schuldfrage wurde gesagt, die Verantwortung der österreichisch-ungarischen Monarchie sei nicht zu leugnen; das Ultimatum an Serbien habe die „unmittelbare Gefahr des Weltkriegs heraufbeschworen" und seine Fassung sei so gewesen, „dass es die Kriegsabsicht erkennen ließ". In späteren Phasen des Kriegs sei Österreich-Ungarn dafür verantwortlich gewesen, dass Vermittlungsversuche gescheitert seien. Relativierend wurde allerdings hinzugefügt, das damalige Regime sei kein deutschösterreichisches gewesen, sondern „das Regime der alten österreichisch-ungarischen Monarchie, deren auswärtige Politik damals von einer magyarischen Clique beherrscht" worden sei. Graf Berchtold und sein Berater Forgach seien Ungarn, Musulin Kroate gewesen, und an den entscheidenden Stellen in den österreichisch-ungarischen Botschaften hätten sich lauter Ungarn befunden. Diese Clique habe den Krieg aus ungarischen Interessen gemacht und nicht nur das Volk, sondern auch den Kaiser betrogen. Wenn die Schuld der Monarchie nicht zu bestreiten sei, so könne Deutschösterreich unmöglich verantwortlich gemacht werden, vielmehr sei es ebenso in den Krieg „hineingezerrt" worden wie die Tschechen, die Südslawen oder die Ukrainer.[183]

Zur sogenannten Kriegsschuldfrage ist zu sagen, dass das Staatsamt für Äußeres unmittelbar nach dem Zusammenbruch Dr. Roderich Gooss beauftragte, eine Zusammenstellung der Akten zur Vorgeschichte des Kriegs im Zeitraum zwischen der Ermordung Franz Ferdinands und der Kriegserklärung des Deutschen Reiches an Russland aus den Archivbeständen zu besorgen.[184] Gooss' Studie, die noch 1919 gedruckt wurde, ergab unter anderem, dass die österreichisch-ungarische „Begehrnote" an Serbien im Zuge ih-

---

183   NPA Präsidium (Nachlass Bauer), Karton 233, Umschlag II a, N. 274, 291–293. Eine Abschrift der Instruktion findet sich mit einem anderen Archivverweis in Fellner/Maschl, Briefe Franz Kleins, S. 38–50, hier S. 40 und 47f. Vgl. auch ADÖ, Band 2, Dok. 232, S. 158–168, hier S. 159 und 165f. Zur sog. Kriegsschuldfrage vgl. Ulfried Burz, Die Kriegsschuldfrage in Österreich (1918–1938). Zwischen Selbstverleugnung und Identitätssuche, in: Ulfried Burz et al. (Hg.), Brennpunkt Mitteleuropa. Festschrift für Helmut Rumpler zum 65. Geburtstag, Klagenfurt 2000, S. 97–115, hier v. a. S. 107f.
184   Vgl. Roderich Gooss, Das Wiener Kabinett und die Entstehung des Weltkrieges. Mit Ermächtigung des Leiters des deutschösterreichischen Staatsamtes für Äußeres auf Grund aktenmäßiger Forschung dargestellt, Wien 1919 (2. Auflage Berlin 1919), S. IIIf.

rer Ausarbeitung sukzessive verschärft wurde,[185] ein Befund, den Gooss rund ein Jahrzehnt später als Gutachter des Untersuchungsausschusses des Deutschen Reichstags wiederholte[186] und akzentuierte, indem er etwa darauf hinwies, dass Wien das Tempo im Zusammenhang mit der Kriegserklärung an Serbien forciert und deutsch-englische Vermittlungsversuche durchkreuzt habe.[187] Auf diese Weise wurde die deutsche Verantwortung für den Kriegsausbruch auf Kosten der österreichisch-ungarischen abgeschwächt, was Bauer gefallen haben muss,[188] aber von Karl Kautsky scharf kritisiert wurde,[189] auch wenn er die „Unwissenheit", den „Leichtsinn" und „die frechen Provokationsmethoden des österreichischen Gewaltregimes" im Kontext des Attentats von Sarajewo ebenfalls anprangerte und Wiens Umgang mit der serbischen Antwort auf das österreichisch-ungarische Ultimatum für tolpatschig, verbohrt und dumm hielt.[190] Wie immer diese Nachkriegsdiskussionen einzuordnen sein mögen: Dass die Kriegstreiber gegen Serbien im Wiener Ministerium des Äußern von Anfang an Oberwasser hatten, bezeugt der damalige Sektionsrat in diesem Ministerium und spätere Legitimistenführer Friedrich von Wiesner, dessen Aufgabe in der Julikrise 1914 war, als Chef der Sonderkommission in Sarajewo die Schuld Serbiens am Thronfolgermord zu untersuchen.[191] In Aufzeichnungen von Besprechungen im Ministerium des Äußern stellte er schon am 6. Juli 1914 fest, Musulin sage, man sei zum Krieg entschlossen, und am Tag darauf äußerte er auf Musulins Frage, ob das vorhandene Material genüge, um den Ursprung des Attentats aus Serbien als erwiesen anzunehmen, dies sei nicht der Fall, worauf die Herren inklusive Musulin dennoch bei ihrer Ansicht geblieben seien.[192] Aus Sarajewo telegrafierte Wiesner dann am 13. Juli 1914 ans Außenministerium, eine „Mitwisserschaft" der serbischen Regierung am Attentat oder an dessen Vorbereitung sei „durch nichts erwiesen oder auch nur zu vermuten".[193] Interessanterweise versuchte er

---

185 Vgl. Gooss, Wiener Kabinett, S. 91–101, v. a. S. 100.
186 Roderich Gooss, Das österreichisch-serbische Problem bis zur Kriegserklärung Österreich-Ungarns an Serbien, 28. Juli 1914, in: Das Werk des Untersuchungsausschusses der Verfassunggebenden Deutschen Nationalversammlung und des Deutschen Reichstages 1919–1930. Erste Reihe. Die Vorgeschichte des Weltkriegs, Zehnter Band, Berlin 1930, S. 222–225.
187 Gooss, Das österreichisch-serbische Problem, S. 292–299.
188 Vgl. Hanisch, Der grosse Illusionist, S. 152.
189 Karl Kautsky, Wie der Weltkrieg entstand. Dargestellt nach dem Aktenmaterial des Deutschen Auswärtigen Amtes, Berlin 1919, S. 10 u. v. a. S. 35.
190 Kautsky, Weltkrieg, S. 40, 91, 94.
191 Vgl. Brigitte Schagerl, Im Dienst eines Staates, den es nicht mehr geben sollte, nicht mehr gab, nicht mehr geben durfte. Friedrich Ritter von Wiesner. Diplomat, Legitimist und NS-Verfolgter, Dissertation Universität Wien, 2012, S. 41.
192 Schagerl, Friedrich von Wiesner, S. 61f.
193 Holm Sundhaussen, Sarajevo. Die Geschichte einer Stadt, Wien-Köln-Weimar 2014, S. 240.

sich in einer Unterredung mit Renner Mitte September 1919 unter Verweis auf die Gefahr, die es für Deutschösterreich bedeute, „die [Kriegs-]Schuld ganz auf die Schultern Öst.[erreich]-Ung.[arns] zu nehmen", gegen die Publikation der Arbeit von Roderich Gooss zu wehren, wofür es aber zu spät war.[194]

Was die von den Siegermächten konstruierte Verantwortlichkeit Deutschösterreichs für den Kriegsausbruch anbelangt, deren Bekämpfung ein zentrales Anliegen Bauers war, formulierte ein am 21. Mai 1919 von der Friedensdelegation in St. Germain nach Wien überstellter Entwurf für die bei Übernahme der Friedensbedingungen abzugebende Erklärung die argumentative Leitlinie klar, indem gesagt wurde, die Deutschen in Österreich hätten sich ebenso wie die Tschechen, die Jugoslawen und die Polen als neuen Staat konstituiert. Deshalb sei die deutschösterreichische Republik nicht die Nachfolgerin der alten Monarchie. Vielmehr laste das Erbe des alten Reiches auf ihr wie auf allen anderen neuen Staaten. Sie sei „ledig geworden aller jener Herrschaftsansprüche, die zum Verhängnis der alten Monarchie geworden sind, ledig jener reaktionären Traditionen, welche die alte Monarchie zum Gefängnis aller ihrer Völker gemacht hatten"; leider sei sie aber auch das „Opfer jener furchtbaren Schuld von 1914, welche die Schuld der früheren Machthaber, nicht die Schuld der Völker" gewesen sei. Deutlich zeigt sich hier das Bestreben, die Entstehung der Republik als Zäsur zu interpretieren und sie auf diese Weise in eine Reihe mit den anderen Nachfolgestaaten zu stellen. Wenn eine Schuld am Ausbrechen des Kriegs anerkannt wurde, dann als Schuld der damaligen Machthaber und nicht der Völker, somit auch nicht der Deutschösterreicher. Diese hätten vielmehr trotz der gegenwärtigen Not wegen der Zerstörung des gemeinsamen Wirtschaftsgebiets, die zu noch furchtbareren Entbehrungen geführt habe als die wirtschaftlichen Leiden des Kriegs, „Selbstzucht, Geduld und Einsicht" gezeigt und ihre Revolution „nicht durch Blut befleckt".[195] Damit wurde auf die etwas früheren russischen und die mehr oder weniger gleichzeitigen ungarischen Ereignisse sowie allgemein auf den Übergang von der sich auflösenden Monarchie zu den entstehenden Nationalstaaten angespielt.

Hier ist daran zu erinnern, dass der Vollzugsausschuss der deutschösterreichischen Nationalversammlung schon wenige Tage nach seiner Bildung am 24. Oktober 1918

---

194 Abschrift von Wiesners Besprechungsprotokollen mit Staatskanzler Renner, in: Schagerl, Friedrich von Wiesner, S. 106.
195 Telegramm vom 21. Mai 1919, NPA Präsidium, Karton 4, Umschlag 15/2, N. 377. Der Entwurf basiert seinerseits auf einem undatierten Entwurf Bauers, der in St. Germain etwas abgeschwächt wurde; vgl. NPA Präsidium (Nachlass Bauer), Karton 233, Umschlag II a, N. 299–301. Die von Staatskanzler Renner am 2. Juni tatsächlich gehaltene Rede findet sich in: Bericht über die Tätigkeit der deutschösterreichischen Friedensdelegation in St. Germain-en-Laye, I. Band, Beilage 17, S. 40–43.

beschlossen hatte, es sei, „um den Frieden möglichst bald herbeizuführen, einen Bürgerkrieg zwischen den Nationen zu verhüten und die Volksernährung sicherzustellen, [...] notwendig, die Regierungsgewalt den Nationen zu übergeben", weshalb der Ausschuss das Präsidium beauftragte, unverzüglich Verhandlungen mit der österreichischen (k.k.) Regierung und mit dem tschechischen und dem südslawischen Nationalrat einzuleiten. Die Vorschläge, die bei dieser Gelegenheit zu unterbreiten waren, hätten darauf abzielen sollen, die Verwaltung der einzelnen Sprachgebiete den Vollzugsausschüssen der Nationen zu übergeben, eine gemeinsame Delegation der einzelnen Nationalräte zu bilden, um die Übergabe der Verwaltung an die Nationen einvernehmlich einzuleiten und die „tatsächlich noch gemeinsamen Angelegenheiten zu verwalten", und auch den Waffenstillstand gemeinsam zu schließen.[196] Spätestens hier zeigt sich, dass (wenigstens) die Absichten in Bezug auf den Übergang von ‚alt' zu ‚neu' durchaus vorbildlich waren und der ‚Bürgerkrieg' zwischen den Nationen in der Tat verhindert wurde, davon abgesehen aber keinerlei Gemeinsamkeit der Interessen herbeigeführt werden konnte. Der Waffenstillstand wurde, als er am 4. November 1918 endlich kam, vom A.O.K. namens der Monarchie geschlossen,[197] zu einem Zeitpunkt, als die Gegensätzlichkeit der Interessen der einzelnen Nationen schon mit Händen zu greifen war. Das A.O.K. gab im Übrigen anlässlich des Waffenstillstands den Befehl, sofort die Waffen zu strecken, während die Feindseligkeiten erst 24 Stunden nach Unterzeichnung des Vertrags aufhören sollten, was in letzter Minute zur Kriegsgefangenschaft von 350.000 Mann führte. Renner äußerte im Staatsrat am 2. Dezember 1918 die Meinung, dies gehöre vor ein Kriegsgericht.[198]

In der Instruktion für den deutschösterreichischen Vertreter in den Haag, Medinger, schrieb Bauer am 25. Januar 1919, er müsse in seinem ganzen Auftreten zeigen, dass er der Repräsentant des neuen Österreich sei. Jede Verteidigung der Sünden der alten Monarchie, jede Identifizierung mit ihr, insbesondere jede Verteidigung des Ultimatums an Serbien oder der Nationalitätenpolitik, aber auch jede Einmischung in den Streit um die Auslieferung Exkaiser Wilhelms müsse unbedingt vermieden werden. Zwar bleibe die österreichisch-ungarische Gesandtschaft als gemeinsames Organ aller neuen Nationalstaaten vorläufig bestehen. Sie habe aber keine Politik zu treiben, diese sei vielmehr die Aufgabe Medingers, der alle Einrichtungen der Gesandtschaft und insbesondere die deutschösterreichischen Beamten für sich beanspruchen könne.[199]

---

196 StRP, Karton 1, Protokoll der 5. Sitzung des Vollzugsausschusses vom 24. Oktober 1918. Die Bezeichnung als Staatsrat galt für den Vollzugsausschuss erst seit der 10. Sitzung vom 29. Oktober 1918.
197 Vgl. Protokoll der 21. Sitzung des Staatsrats vom 6. November 1918, StRP, Karton 1.
198 Vgl. ADÖ, Band 1, Dok. 55, S. 231.
199 NPA Präsidium (Nachlass Bauer), Karton 233, Umschlag III, N. 797.

Ebenso pragmatisch, realistisch, klug abwägend und differenziert waren Bauers Überlegungen zu den brennenden Territorialfragen. Bekanntlich bestanden in Bezug auf die Steiermark und Kärnten Territorialprobleme mit dem SHS-Staat, bei Kärnten und Tirol mit Italien, bei Ober- und Niederösterreich mit der Tschechoslowakei sowie umgekehrt Probleme mit den Beitrittswünschen des „Böhmerwaldgaus" und des „Südmährischen Kreises", d. h. dem Znaimer Gebiet; dass gegenüber der Tschechoslowakei nicht die geringsten Chancen bestanden, lag daran, dass sich Frankreich von Anfang an voll hinter Beneschs Aspirationen und Aktivitäten gestellt hatte.[200] Andererseits hatten Vorarlberg und Tirol im November 1918 den Beitritt zu Deutschösterreich nur provisorisch erklärt und erwogen 1919 die Separation und den Anschluss an die Schweiz oder an Teilstaaten des Deutschen Reiches oder sogar – als „Freistaat Tirol" – die Unabhängigkeit.[201] Im St. Germain-Kontext wurde aber auch die Neutralisierung Südtirols in der Art der Schweiz oder sein Einbezug in die Schweizer Neutralität nach dem Vorbild Nordsavoyens erwogen.[202] In diesem Gesamtzusammenhang schrieb Bauer am 24. Mai 1919 an Renner nach St. Germain, es sei nötig, sich mit Italien zu verständigen, was er seit Dezember vergebens versuche, um Unterstützung in der ungleich wichtigeren Frage der Abgrenzung in Kärnten und der Südsteiermark zu erlangen. Doch werde diese Politik durch die Überschätzung der Südtirol-Frage und den diesbezüglichen Terror der Tiroler verunmöglicht. So könne geschehen, dass sowohl Südtirol als auch Kärnten und Marburg verloren gehen könnten (was neben Südtirol bei Marburg tatsächlich der Fall war). Wichtig für Österreich sei, sich nicht zu binden und die Anschluss- wie die Föderationsfrage und manche wirtschaftliche Fragen offen zu lassen.[203] Wie sich in der Folge zeigte, gelang es zwar, Kärnten zu retten, aber die Hoffnungen auf Italien erfüllten sich nicht; vielmehr sollte auch dieses Scheitern zu Bauers Rücktritt Ende Juli beitragen. Indessen darf man von seiner Äußerung über die Überschätzung der Südtirol-Frage nicht darauf schließen, dass ihm Südtirol nichts bedeutet hätte. Er sagte im Gegenteil schon am 4. Dezember 1918 in der provisorischen Nationalversammlung sehr klar, was es für ihn und „alle Deutschen" war. Es gebe „vielleicht nirgendwo einen Fleck deutscher Erde, der jedem Deutschen so teuer ist", denn es sei „die einzige Stelle in der Welt, wo der Süden deutsch ist".[204] Gleichzeitig sah er aber, wie er

---

200 Vgl. Walter Hummelberger, Die niederösterreichisch-tschechoslowakische Grenzfrage 1918/19, in: Saint-Germain 1919, S. 82 und passim.
201 Vgl. Ableitinger, Demokratisierung und Landesverfassung 1918–1920, S. 188f., und zu Vorarlberg oben Anm. 67 sowie zusätzlich ADÖ, Band 3, Dok. 390, S. 157ff., Dok. 400, S. 179, Dok. 444, S. 346–355.
202 Verschiedene Entwürfe finden sich in KA, B/874 Depot Eichhoff, Mappe 51.
203 NPA Präsidium (Nachlass Bauer), Karton 233, Umschlag II d, N. 564 und 566.
204 ADÖ, Band 1, Dok. 65, S. 253.

unmittelbar nach seinem Rücktritt ausführte, dass es aus der Habsburgerzeit gegenüber Italien „manche Schuld zu sühnen" gab und es jetzt darum ging, zu zeigen, dass es „die alten Machthaber" waren, die Italien „unseren Erbfeind zu nennen pflegten"; wenn aus der von ihm gewünschten Verständigung mit Italien dennoch nichts wurde, lag es seiner Meinung nach an Fiume, das die anderen Mächte Italien nicht geben wollten, während sie ihm dafür Bozen gewährt hätten.[205]

Nachdem der Friedensdelegation am 2. Juni 1919 der erste Teil des Entwurfs der Friedensbedingungen für Deutschösterreich übergeben worden war, telegrafierte Bauer den Gesandten in Bern (Haupt), im Haag (Medinger) und in Berlin (Hartmann) bitter, sie seien noch viel härter als jene für Deutschland. Von zehn Millionen Deutschen kämen mehr als vier Millionen unter Fremdherrschaft, und die „Vergewaltigung Südtirols" sei viel ärger als erwartet. Auch wirtschaftlich würde Österreich schwerer getroffen als Deutschland, weil die Beziehungen Deutschösterreichs zu den Gebieten, mit denen es wirtschaftlich verbunden war, „unvergleichlich enger" gewesen seien als die Beziehungen Deutschlands zum feindlichen Ausland. Besonders hart muss für Bauer gewesen sein, dass sich die Hoffnung auf eine bessere Behandlung durch den Verzicht auf den Anschluss als „töricht" erwies. Vielmehr behandle die Entente das schwächere und von ihr abhängigere Deutschösterreich „noch wesentlich schlechter als das gehasste Deutschland".[206] Damit hatte er nicht Unrecht. Renner hatte sich schon früher aus St. Germain bitter über diesen Punkt beklagt. So schrieb er Bauer am 26. Mai 1919, man werde nicht um ein Haar besser behandelt als die Deutschen, eher im Gegenteil: vor jenen habe man „noch immer den Respekt des Hasses, uns aber behandelt die hiesige Presse mit liebenswürdiger Geringschätzung".[207] Allerdings kam bei Österreich erschwerend dazu, dass es neben den eigenen Ansprüchen jene der andern Nachfolgestaaten gab, die aus je verschiedenen Gründen in den Augen der Siegermächte vor denjenigen Deutschösterreichs und Ungarns kamen, und – noch schlimmer – dass die ausschlaggebenden Informationen in Paris vor allem von Benesch, Trumbić und ihren „Gesinnungsgenossen" stammten, wie Unterstaatssekretär Pflügl verkürzend, aber nicht unrichtig Bauer schon am 11. Februar 1919 aus Bern geschrieben hatte.[208] Und wenn Bauer den Gesandten Hartmann in Berlin über die oben zitierte Mitteilung hinaus am gleichen Tag (3. Juni) noch aufforderte, der deutschen Regierung die Bitte nahezulegen, eine Note ungefähr des Inhalts an die Entente zu richten, dass es dem Deutschen Reich

---

205 Otto Bauer, Acht Monate auswärtiger Politik. Rede, gehalten am 29. Juli 1919, in: Otto Bauer, Werkausgabe. Band 2, Wien 1976, S. 192ff.
206 Telegramm vom 3. Juni 1919, NPA Präsidium, Karton 4, Umschlag 15/2, N. 379. Vgl. ADÖ, Band 2, Dok. 260, S. 197f.
207 NPA Präsidium (Nachlass Bauer), Karton 233, Umschlag II d, N. 574.
208 NPA Präsidium (Nachlass Bauer), Karton 234, Umschlag V, N. 71.

nicht gleichgültig sein könne, wenn vier Millionen Deutsche einer „verhassten Fremdherrschaft unterworfen würden",[209] so war das schon deswegen hoffnungslos, weil das Deutsche Reich kaum dasselbe Interesse an Österreich und seinen Problemen hatte wie umgekehrt dieses am Deutschen Reich. Bezeichnenderweise meldete Hartmann in einer Notiz vom 12. Juni 1919 denn auch nach Wien, ein Protest gegen die Friedensbedingungen für Österreich scheine der deutschen Regierung „zurzeit untunlich", da die Gegner bis zu ihrer Antwort auf die deutschen Gegenvorschläge die Empfangnahme deutscher Noten abgelehnt hätten.[210]

Der am 12. Juni 1919 aus St. Germain nach Wien überstellte Entwurf einer Note, mit der eine deutschböhmische Denkschrift an die Entente einbegleitet werden sollte, versuchte demgegenüber eine Art Parallelargumentation in dem Sinne, dass für die Deutschösterreicher ein schweres Unrecht sei (und ein größeres als das seinerzeit gegenüber Elsass-Lothringen begangene), was für das tschechische Volk ein „verhängnisvolles Abenteuer" sein werde, denn es werde ein Kriegsherd im Herzen Europas geschaffen, worin dreieinhalb Millionen Deutsche „als Teil einer großen und alten Nation" in einer „unseligen Kampfgemeinschaft" in die Gewalt eines „kleinen und weitaus jüngeren Volkes" und eines kleinen Staates von sechseinhalb Millionen Tschechen gegeben würden, eines Staates, welcher unseliger sei als das alte Österreich, wo wenigstens zwischen den verschiedenen Nationen zumeist ein „Zustand schwebenden Gleichgewichts" geherrscht habe.[211] Neben einer deutlichen Beschönigung des Zustands der alten Monarchie fällt vor allem ein propagandistisch überhöhter Alarmismus auf, der freilich von den späteren Entwicklungen auf tragische Weise gerechtfertigt werden sollte. Hier ist zu bedenken, dass in St. Germain nach Erhalt des ersten Teils der Friedensbedingungen nunmehr direkt Noten zuhanden der Alliierten entworfen wurden; dies im Sinne dessen, was Renner als „Entwöhnung" von der Staatskanzlei bezeichnete, die „erst jetzt eingetreten" sei, „seitdem wir auch hier viel zu tun haben".[212] Besonders interessant ist indessen, dass Bauer auch auf diese Entwürfe durchaus weiter Einfluss nahm. So wollte er in seinem Antworttelegramm vom 13. Juni 1919 nach St. Germain zurückhaltender mit der Überlebensfähigkeit der Tschechoslowakei ohne Deutschböhmen argumentieren und kam erst in zweiter Linie auf den angeblichen „Kriegsherd" zu reden, der „für die Welt und ihre soziale Erneuerung verhängnisvoller werden [könne] als selbst der Kriegsherd des Balkans". Realistischerweise wollte er nicht die Vereinigung Deutsch-

---

209 NPA Präsidium (Nachlass Bauer), Karton 233, Umschlag II c, N. 481. Vgl. ADÖ, Band 2, Dok. 261, S. 198.
210 NPA Präsidium (Nachlass Bauer), Karton 233, Umschlag II c, N. 482.
211 NPA Präsidium, Karton 4, Umschlag 15/2, N. 389 und 390. Vgl. ADÖ, Band 2, Dok. 273, S. 248f.
212 Renner am 9. Juni 1919 an Ludwig Brügel, Pressechef der Staatskanzlei, zit. in: Schmitz, Renners Briefe aus Saint Germain, S. 8.

böhmens mit Innerösterreich verlangen, sondern lediglich das Selbstbestimmungsrecht mit Hilfe konstituierender Landtage für Deutschböhmen und das Sudetenland. Einen Anschluss an Österreich wollte er nur für den Znaimer Kreis und den Böhmerwaldgau.[213] Dem deutschböhmischen ehemaligen Reichsratsabgeordneten Oswald Hillebrand hatte er schon am 25. April 1919 geschrieben, er habe den französischen Botschafter Allizé gewarnt, dass Deutschböhmen ein „neues Elsass-Lothringen" und eine „ewige Gefahr für den Frieden Europas" bleiben würde.[214]

In einer schon fast Musil'schen Wendung wurde aus St. Germain am 16. Juni 1919 nach Wien zu einer an diesem Tag an die Entente abgehenden Note betreffend die internationale Rechtsstellung Deutschösterreichs (das im Friedensvertrag als Rechtsnachfolger der Doppelmonarchie behandelt wurde: eine „Fiktion", wie Sektionschef Riedl in seinen Bemerkungen zum handelspolitischen Teil der Friedensbedingungen aus Wien schrieb)[215] nachgetragen, es werde für das alte Österreich der Begriff Cisleithanien verwendet und in einer Fußnote auf eine französische Publikation von 1902 verwiesen, wonach es de jure einen Staat Österreich nicht gegeben habe, weshalb „wir einem solchen nicht nachfolgen noch ihn vertreten" können. Die legale Bezeichnung sei die „im Reichsrate vertretenen Königreiche und Länder" Böhmen, Dalmatien, Galizien usw. gewesen. Diese Länder hätten zusammen mit den Ländern der ungarischen Krone den Krieg geführt. Österreich sei staatsrechtlich die Bezeichnung für das Herrscherhaus, die „domus Austriae". Vulgärerweise sei zwar der Name Österreich verwendet worden, aber nur in dem Sinne, dass er die böhmischen, polnischen, südslawischen und italienischen Besitzungen des Hauses Österreich mit umfasst habe. Weder das gesamte Heer noch dessen cisleithanischer Teil hätten je die Bezeichnung österreichisches Heer getragen, und jede Formation im Felde habe Truppen deutscher, tschechischer, magyarischer und südslawischer Nationalität gemischt.[216] Am Tag vorher hatte Bauer in einem Telegramm an Renner in St. Germain verschiedene Korrekturen an dieser Note angebracht. So wollte er, dass der darin erwähnte Heroismus der deutschösterreichischen Soldaten abgeschwächt werde; demgegenüber seien neben den Kroaten und Slowenen die Polen besonders hervorzuheben. Dagegen sei die Behauptung, dass die auswärtige Politik von

---

213 NPA Präsidium, Karton 4, Umschlag 15/2, N. 393. Vgl. ADÖ, Band 2, Dok. 274, S. 251.
214 Bauer, Werkausgabe. Band 9, S. 1051.
215 Juni 1919, ADÖ, Band 2, Dok. 276, S. 252–286, hier S. 254. Riedl sagte einleitend auch, man anerkenne Deutschösterreich nicht als einen neuen Staat wie die Tschechoslowakei oder Polen, „sondern als den übrig gebliebenen Rest der alten Monarchie" um „uns auch, wo es passt, als ihren Rechtsnachfolger betrachten zu können"; ebd., S. 253.
216 NPA Präsidium, Karton 4, Umschlag 15/2, N. 398. Vgl. die Note über die internationale Rechtspersönlichkeit Deutschösterreichs vom 16. Juni 1919, in: Bericht über die Tätigkeit der deutschösterreichischen Friedensdelegation in St. Germain-en-Laye, I. Band, Wien 1919, Beilage 29, S. 164–169.

ungarischen Diplomaten geleitet worden sei, schärfer zu fassen durch Anführung der Namen Berchtold, Forgach und Musulin und jener Leute, die 1914 Botschafterposten bekleidet hätten. Andererseits sei die Behauptung, dass es eine tschechisch-polnische Mehrheit im Abgeordnetenhaus gegeben habe, unbedingt zu streichen, weil sie „sehr schnell widerlegt werden" könne. Es genüge zu sagen, dass die Deutschen eine Minorität gebildet hätten und nie allein regieren konnten. Immer seien auch Tschechen, Polen und häufig auch Südslawen in der Regierung gewesen.[217] Hier zeigt sich deutlich, wie Bauer stets den Blick aufs Ganze richten und alles vermeiden wollte, was in irgendeiner Weise auf eine besondere Verantwortung der Deutschösterreicher für das Gesamtreich, die auf sie zurückfallen könnte, gezielt hätte. Ein undatierter Text zum allgemeinen Teil der Erwiderung auf die alliierten Friedensbedingungen betont denn auch, die internationale Stellung Deutschösterreichs werde verkannt, wenn die Stellung des verschwundenen österreichischen (Teil-)Staates und sogar der ehemaligen Monarchie als Leitgedanke in den Friedensbedingungen vorherrsche; dies habe unhaltbare Forderungen zur Folge, „die uns umbringen müssen".[218] Demgegenüber findet sich in einem Entwurf zur Denkschrift über das Verhalten der Nationen des alten Österreich zum Staat und zum Krieg und über ihre Mitverantwortung für die Kriegsfolgen die Bemerkung, es sei wahr, dass Österreich-Ungarn das Gefängnis seiner Völker gewesen sei; dieses sei aber durch sein lässiges und kraftloses Regime so geartet gewesen, dass es der wirtschaftlichen und kulturellen Entwicklung aller Nationen wenig Hindernisse in den Weg gelegt habe. Alle zehn Völker seien Minderheiten gewesen.[219] Deshalb habe jederzeit ein labiles Gleichgewicht geherrscht. Kein Volk sei wirklich zufrieden, keines aber so unzufrieden gewesen, „dass es nicht doch seine natürlichen politischen Bestrebungen am liebsten im Rahmen des Staates verwirklicht hätte".[220] Es mag sein, dass Renner in seinem Schreiben an Bauer vom 25. Juni 1919 auf diese Passage anspielte, als er schrieb, er hoffe, dass die Denkschrift über die Mitverantwortung der Nationen im Kriege „nicht allzu sehr als Apologie des alten Österreich" erscheine.[221] Bauer relativierte jedenfalls in einem Kommentar vom 28. Juni 1919 die Äußerungen insofern,

---

217 15. Juni 1919, NPA Präsidium, Karton 4, Umschlag 15/2, N. 400. Vgl. ADÖ, Band 2, Dok. 278, S. 288.
218 NPA Präsidium, Karton 4, Umschlag 15/2, N. 453. Der Entwurf dürfte vom Sektionschef im Staatsamt für Auswärtiges Eichhoff stammen; vgl. ADÖ, Band 2, Dok. 318, S. 369.
219 Serben und Kroaten galten als Serbo-Kroaten nach der gängigen Zählweise als eine Nationalität.
220 NPA Präsidium, Karton 4, 2. Umschlag 15/2, N. 491–530, S. 2. Die sehr ausführliche Denkschrift wurde der Friedenskonferenz am 2. Juli 1919 überstellt; vgl. Note und Denkschrift über das Eintreten der Völker Österreichs für den Staat vor dem Kriege und während des Krieges, in: Bericht über die Tätigkeit der deutschösterreichischen Friedensdelegation in St. Germain-en-Laye, I. Band, Beilage 40, S. 216–246.
221 NPA Präsidium (Nachlass Bauer), Karton 233, Umschlag II d, N. 625.

als er sagte, die Italiener des Trentino müssten hier ausdrücklich ausgenommen werden, und generell sei die Behauptung, die Nationen seien nicht unterdrückt gewesen, auf die Zeit vor dem Krieg einzuschränken, denn die nationale Unterdrückung während des Kriegs könne nicht geleugnet werden.[222] Aber die Relativierung ändert nichts daran, dass auch für ihn die Deutschösterreicher nicht mehr und nicht weniger Verantwortung für das verschwundene Gesamtreich tragen sollten als alle anderen Nationalitäten der alten Monarchie. In dieser Hinsicht hatte schon sein Mentor Viktor Adler am 9. November 1918, zwei Tage vor seinem Tod, im Staatsrat über das Verhältnis zu den „neuen Freistaaten" drastisch, knapp und klar erklärt, Deutschösterreich betrachte sich nicht als „Rechtsnachfolger von ‚k.k.' und schon gar nicht von ‚k. und k.'".[223]

Am 13. Juli 1919 schrieb Bauer an Renner nach St. Germain, Italien wolle über Südtirol nicht verhandeln, weshalb jetzt eine Neuorientierung versucht und auf die französisch-amerikanische Seite abgerückt werden müsse, was seine Demission voraussetze. Er sei den Franzosen als „exponiertester Großdeutscher" und als „vermeintlicher Bolschewik" verdächtig und überdies auf die italienische Orientierung festgelegt. Leitgedanke seiner Politik sei die Annäherung an Italien gewesen, die an dessen „intransigentem Imperialismus" gescheitert sei. Er sei sicher, dass seine Demission die Stellung zur Entente und vor allem zu Frankreich, aber auch zu England erleichtern würde.[224] Dies mag richtig und von Bauer uneigennützig gedacht gewesen sein, änderte aber nichts an der so oder so höchst ungünstigen Gesamtsituation für Österreich. Unterstaatssekretär von Pflügl hatte Bauer schon einiges früher (im oben erwähnten Brief aus Bern) sehr klar von der „Fülle von Wut, Galle und [...] Leidenschaften" geschrieben, welche „die Franzosen gegen uns aufgespeichert haben" (worin nicht zuletzt die Folgen der unglücklichen Sixtus-Affäre fassbar gewesen sein mögen), und vom „namenlosen Hass", der sie gegen alles beseele, was deutsch sei.[225] Was den „Bolschewiken" anbelangt, so war dies von Bauers Habitus und seinem politischen Verhalten gegenüber den einheimischen Kommunisten her eine absurde Qualifizierung. Schon ein kurzer Blick auf den differenziert und (mit Ausnahme der Anschlussproblematik) realistisch argumentierenden Aufsatz „Rätediktatur oder Demokratie?" von Ende März 1919,[226] aber noch mehr die vielschichtigen Bemerkungen zur ungarischen Räteregierung

---

222 NPA Präsidium, Karton 4, 2. Umschlag 15/2, N. 488.
223 Protokoll der 28. Staatsratssitzung vom 9. November 1918, StRP, Karton 1.
224 NPA Präsidium (Nachlass Bauer), Karton 233, Umschlag II d, N. 668. Der Brief findet sich auch in Schmitz, Renners Briefe aus Saint Germain, S. 10f.
225 11. Februar 1919, NPA Präsidium (Nachlass Bauer), Karton 234, Umschlag V, N. 71.
226 Jetzt in Otto Bauer, Werkausgabe. Band 2, Wien 1976, S. 133–151. Vgl. zum Bolschewismus-Vorwurf auch Bauers Rede vom 29. Juli 1919 „Acht Monate auswärtiger Politik", in: Otto Bauer, Werkausgabe. Band 2, S. 194ff.

machen seine Position hinreichend klar. So schrieb er dem deutschösterreichischen Gesandten Cnobloch in Budapest am 27. Mai 1919 geradezu machiavellistisch, die deutschösterreichische Regierung habe im Moment kein Interesse am baldigen Sturz der Räteregierung, weil die eigenen Aussichten in der westungarischen Frage gegenüber Sowjet-Ungarn günstiger seien, während ihr Sturz es der Entente erleichtern würde, Deutschösterreich in eine Donau-Föderation zu zwingen und den Anschluss auch für später zu erschweren; und schließlich hätte der Sturz in Ungarn ein konterrevolutionäres Regime zur Folge, was eine solche Bewegung auch in Deutschösterreich stärken würde.[227] In einem langen Brief teilte Bauer Béla Kun am 16. Juni 1919 seine Position auch direkt mit. Zunächst erklärte er, weswegen ein Treffen zwischen ihnen unmöglich sei (es wäre der Beweis, „dass die behauptete Verschwörung zwischen Berlin, Wien, Budapest und Moskau tatsächlich existiere"), und dass er die Diktatur des Proletariats in Österreich „in der gegenwärtigen Phase" für unmöglich halte. Dies exemplifizierte er auf über zehn Seiten ausgesprochen differenziert, um mit der Äußerung zu schließen, dass er sich die Weltrevolution „viel weniger geradlinig, viel langwieriger, komplizierter, mannigfaltiger, nach Zeit und Ort differenzierter" vorstelle, als die meisten von Kuns näheren Freunden dies täten.[228]

Bauers Demission erfolgte definitiv am 25. Juli 1919 mit Schreiben an den Präsidenten der Nationalversammlung Seitz, weil seine Bemühungen an der „Intransigenz des italienischen Imperialismus gescheitert" seien und dieser Imperialismus dazu zwinge, „neue Bahnen zu betreten", er für sich selber aber nicht hoffen könne, „Vertrauen bei den französischen Machthabern zu finden". Er glaube daher, dass seine Person „nur noch eine Erschwerung jener Politik sein könnte", die ihm „objektiv notwendig" und „historisch geboten" scheine.[229] Der Sache verpflichtet, für die er stand, opferte Bauer sich selber und zog sich in die Parteiarbeit zurück. Dass diese der Grund für seinen Rücktritt als Außenminister gewesen sei, wie Schüller in „Finis Austriae" schreibt („Bauer soon considered his resignation, because he believed his activity in the field of ‚socialization' would be more important than his function in the Foreign Office"), dürfte eine Fehlinterpretation sein,[230] auch wenn Bauer in der Tat weiter als Vorsitzender der Sozialisierungskommission wirkte, welche unter anderem das am 15. Mai 1919 von der Nationalversammlung verabschiedete weltweit (mit Ausnahme der Sowjetunion)

---

227 NPA Präsidium (Nachlass Bauer), Karton 234, Umschlag IX b, N. 350.
228 NPA Präsidium (Nachlass Bauer), Karton 234, Umschlag IX d, N. 393–408. Vgl. auch ADÖ, 2. Band, Dok. 279, S. 289–293; hier S. 289, 293. Vgl. auch Miklos Szinai, Otto Bauer und Béla Kun, in: Fröschl/Zoitl, Otto Bauer. Theorie und Praxis, S. 11–23.
229 ADÖ, Band 2, Dok. 324, S. 377f.
230 Schüller, Nachgelassene Schriften, S. 231.

erste Betriebsrätegesetz ausgearbeitet hatte.[231] Keineswegs kann man, wie dies Walter Rauscher tut, von einem „Scherbenhaufen" von Bauers Diplomatie reden, weil Südtirol und die Sudetengebiete nicht zu retten waren und die Anschlusspolitik aufgegeben werden musste.[232] Ein solches Verdikt suggeriert, dass ein anderer Außenminister in diesen Fragen erfolgreicher gewesen wäre, was angesichts der Versailler Großwetterlage absurd sein dürfte. Rückblickend mag umgekehrt gerade Bauers Rücktritt als Fehler erscheinen, denn die Friedensbedingungen sind ohne ihn nicht besser geworden, aber einiges andere wäre im Hinblick auf die Folgezeit bei einem nachhaltigeren Verbleiben in der Regierung, wo er im Oktober 1919 auch das Präsidium der Sozialisierungskommission niederlegte, das Wilhelm Ellenbogen übernahm,[233] vielleicht anders gekommen. Dies gilt m. E. selbst dann, wenn man die von den Christlichsozialen hartnäckig bekämpfte Sozialisierung unter den konkreten Umständen der beginnenden Ersten Republik als faszinierende „Schimäre" qualifiziert.[234] Indessen dürfte zu vermuten sein, dass der ich-bezogene Renner froh gewesen sein muss, nach Bauers Rücktritt keine Verhaltensanweisungen von ihm in St. Germain mehr entgegennehmen zu müssen.[235] Mit Sicherheit zeigt sich in diesem Kontext aber einmal mehr das Verhängnisvolle an der italienischen Politik, die zum Untergang der Monarchie geführt hatte und jetzt den prekären Frieden zusätzlich belastete. Wie sich *ex post* deutlich erweist, war Bauers Entscheid, auf Italien setzen zu wollen, weitgehend illusorisch gewesen, was nicht bedeutet, dass man es nicht wenigstens versuchen musste. Wie hartnäckig das Königreich einzig auf seinen Vorteil bedacht war, zeigt nur schon das Detail der Besetzung des Bahnhofs von Thörl-Maglern in Kärnten, auf den die Italiener offenbar größten Wert legten und ihn sechs Jahre lang bis zum 19. November 1924 besetzt hielten, obwohl diese Grenze durch die Grenzregulierungs-Kommission schon 1921 definitiv zu ihren Ungunsten festgesetzt worden war.[236]

---

231 Vgl. Hans Hautmann, Ferdinand Hanusch – der Staatssekretär (30. Oktober 1918 bis 22. Oktober 1920), in: Ferdinand Hanusch (1866–1923). Ein Leben für den sozialen Aufstieg, hg. v. Otto Staininger, Wien 1973, S. 89ff.

232 Vgl. Rauscher, Karl Renner, S. 180f.

233 Vgl. Wilhelm Ellenbogen, Menschen und Prinzipien. Erinnerungen, Urteile und Reflexionen eines kritischen Sozialdemokraten, bearbeitet und eingeleitet von Friedrich Weissensteiner, Wien etc. 1981 (Veröffentlichungen der Kommission für Neuere Geschichte Österreichs, 71), S. 138–142.

234 Robert Stöger, Der kurze Traum. Strategie und Praxis der Sozialisierung, in: Konrad/Maderthaner, Das Werden der Ersten Republik, Band II, S. 124–138, hier S. 136.

235 Schmitz stellt fest, Renner habe in St. Germain regelmäßig Briefe von Bauer erhalten, der ihm „Anweisungen für das Verhalten der Friedensdelegation" gegeben habe; Schmitz, Renners Briefe aus Saint Germain, S. 13.

236 In NPA, Karton 299, Liasse 9/VI, findet sich ein umfangreicher Faszikel, das diese Endlosauseinandersetzung in den Jahren 1921–1924 dokumentiert. Vgl. auch Mechtler, Eisenbahnen, S. 404.

Dass Bauers Anschluss-Fixation, die austromarxistisch gesehen zwei entwickelte Arbeiterklassen zusammengeführt hätte, zwar erklärbar, aber ‚falsch' war, ist schon erwähnt worden. Immerhin ermöglichte der „Kampf um den Anschluss" indirekt die bescheidenen Erfolge, die in St. Germain doch erzielt werden konnten.[237] Komplementär dazu ist Bauers grundsätzliche Ablehnung einer Donau-Föderation oder Donaukonföderation zu sehen, welche von Anfang an angesichts der (vermeintlich) fehlenden Lebensfähigkeit Deutschösterreichs, wofür er von sozialdemokratischer Seite der „eloquenteste Verfechter" war,[238] als Alternative zum Anschluss gehandelt, aber von ihm stets bekämpft wurde, so schon in seiner Denkschrift vom 25. Dezember 1918 an die in Wien vertretenen Mächte und an die Regierungen der Entente-Staaten und der USA, als er – wenn schon – ein „wirklich einheitliches Wirtschaftsgebiet" aller Nachfolgestaaten verlangte, das aber nur dann gesichert wäre, wenn alle ehemals österreichisch-ungarischen Nationen einen Bundesstaat ähnlich den USA, dem Deutschen Reich oder der Schweiz mit gemeinsamem Zentralparlament, gemeinsamer Gesetzgebung und gemeinsamer Zentralregierung bildeten, der indessen unweigerlich „an der Abneigung und dem Widerstande der anderen Nationen scheitern" würde. So blieb in dieser Optik nur der Anschluss an das Deutsche Reich.[239]

Für seine Aversion gegen eine Donau-Föderation hatte Bauer auch aus nachträglicher Optik durchaus stichhaltige Gründe, und die diesbezüglichen Überlegungen ziehen sich fast leitmotivisch durch seine Korrespondenz. So sprach er am 12. Februar 1919 gegenüber dem Gesandten Haupt in Bern die eigenmächtigen Schritte der jugoslawischen und tschechoslowakischen Regierungen an, die das Weiterbestehen des einheitlichen Wirtschaftsgebietes unmöglich machten, dessen Erhaltung aber die erste Voraussetzung einer Donaukonföderation gewesen wäre. Er bat dann Haupt, diese Überlegungen möglichst auffällig, am besten vielleicht in Form eines Interviews, zu verbreiten,[240] was Haupt in der NZZ auch tat.[241]

In St. Germain war die Donauföderation ebenso chancenlos wie der Anschluss, obwohl sie von Frankreich so favorisiert wie der Anschluss bekämpft wurde. Sektionschef Schüller telegrafierte Bauer am 18. Mai 1919, der Anschluss an Deutschland werde „verboten", und gegen die Donaukonföderation, zu der die Tschechen bereit seien,

---

237 Vgl. Bauer, Die österreichische Revolution, S. 154–158.
238 Norbert Schausberger, Österreich und die Friedenskonferenz. Zum Problem der Lebensfähigkeit Österreichs nach 1918, in: Saint-Germain 1919, S. 229–263, hier S. 231; vgl. auch S. 232ff.
239 ADÖ, Band 1, Dok.104, S. 323f.
240 NPA, Karton 456, Liasse nach Materien D, Faszikel Donaukonföderation I, N. 295.
241 Deutschösterreich. Zur Frage einer Donaukonföderation, Ausschnitt aus der NZZ vom 18. Februar 1919, NPA, Karton 456, Liasse nach Materien D, Faszikel Donaukonföderation I, N. 303.

kämpften die Italiener heftig an.²⁴² Zwei Tage nachher bestätigte er Bauer diese Komplementarität in einem Privatschreiben: „Die anderen wollen uns den Anschluss an Deutschland nicht gestatten. Italien fürchtet und bekämpft die Donauföderation und so wissen die Herren nicht, was sie mit uns anfangen sollen."²⁴³ Wie Bauer seinerseits am 2. Juni nach St. Germain schrieb, sei Italien durch den Donau-Föderation-Gedanken deshalb sehr beunruhigt, weil Österreich-Ungarn sein „alter Feind" sei und eine Donau-Föderation der „Nachfolger der Monarchie" wäre.²⁴⁴

Die Konföderationspläne tauchten auch in der Nach-Bauer Ära periodisch wieder auf, in der Regel in Äußerungen aus ausländischen Hauptstädten, die von den jeweiligen Gesandten nach Wien übermittelt wurden. Von Rom etwa kam am 31. Mai 1920 die Nachricht, Kardinal Gasparri habe die Zerschlagung des alten Österreich als ungeheuren Fehler bezeichnet, der sich noch furchtbar rächen werde. Wenn die französische Regierung den Anschluss an Deutschland nicht erlauben wolle, so bleibe nur die Errichtung einer Donaukonföderation, denn so wie Österreich aus dem Frieden von St. Germain hervorgegangen sei, könne es nicht leben, das erkenne die ganze Welt.²⁴⁵ Demgegenüber berichtete der Geschäftsträger in Berlin am 15. Februar 1921 nach Wien, dass Ex-Kaiser Karl den französischen Staatspräsidenten Alexandre Millerand und Marschall Foch für eine Wiederaufrichtung der Habsburgermonarchie gewonnen habe, selbstverständlich im Fahrwasser Frankreichs und in Verbindung mit Ungarn.²⁴⁶ Von da zieht sich denn auch eine Linie zu Karls verhängnisvollen Restaurationsversuchen in Ungarn, auf die in Kapitel 6.2 eingegangen wird.

Während der Gesandte Hoffinger am 27. November 1924 aus Belgrad von seinem ungarischen Kollegen mitteilte, dass er von Unionsplänen sowohl in Jugoslawien wie in der Tschechoslowakei spreche, was er selber indessen als ungarische Mischung von Realität mit Phantasie abtat, präzisierte er ein halbes Jahr später (am 13. März 1925), dass in Belgrad die Ablehnung jeder Idee einer Donaukonföderation die „bestimmende Note" sei, weil alle solchen Bemühungen nur auf Wiederherstellung der Monarchie abzielten und wie ein rotes Tuch wirkten; demgegenüber wäre der Anschluss sympathischer, weil er die Auferstehungsmöglichkeiten der österreichisch-ungarischen Monarchie auf null reduziere.²⁴⁷ Ein Bericht aus Prag zeigte dann am 27. November 1929, dass die Donaukonföderation nunmehr endgültig in der Gerüchteküche gelandet war, wonach sich slowakische, kroatische und slowenische kirchliche Würdenträger häufig

---

242 ADÖ, Band 2, Dok. 241, S. 179.
243 20. Mai 1919, ADÖ, Band 2, Dok. 244, S. 181.
244 ADÖ, Band 2, Dok. 259, S. 196.
245 NPA, Karton 456, Liasse nach Materien D, Faszikel Donaukonföderation I, N. 306.
246 NPA, Karton 456, Liasse nach Materien D, Faszikel Donaukonföderation I, N. 310.
247 NPA, Karton 456, Liasse nach Materien D, Faszikel Donaukonföderation I, N. 320 und 344.

in die Schweiz begeben würden, wo in einem katholischen Kloster die Fäden der angeblich katholisch-monarchistischen Aktion zusammenliefen. Dahinter stehe der Vatikan, der die katholischen Interessen in den Nachfolgestaaten bedroht sehe.[248]

***

Wie mir – dieses Kapitel beschließend – scheint, könnte vorstellbar sein, dass mit einem im Stil seiner St. Germain-Phase weiter sachlich-vorurteilslos amtierenden Außenminister Bauer (trotz dem Scheitern der Anschluss-Fixation) und vor allem bei nachhaltiger Weiterbeteiligung seiner sozialdemokratischen Partei an der Regierung (wobei es für das Führen von Koalitionen allerdings zumindest zwei Partner braucht) der rückwärtsgewandte katholische Mief, der sich im Schlepptau einer die Demokratie ablehnenden Kirchenhierarchie bei den Christlichsozialen immer breiter machte und in der Folge ungefiltert in den ständestaatlich-austrofaschistischen Staat der mittleren und späteren 1930er Jahre eingehen konnte,[249] gebremst oder zumindest abgemildert worden wäre, so wie eine ab und zu aufblitzende Habsburg-Diskussion vielleicht mehr analytischen Tiefgang hätte erhalten können. Der von Hugo Hantsch in den 1930er Jahren beschriebene Donau-Moldau-Raum, in dem der Habsburgerstaat den Flüssen entlang zur Großmacht wurde, war dem gegenüber qualitativ fundamental an-

---

248 NPA, Karton 456, Liasse nach Materien D, Faszikel Donaukonföderation I, N. 351.
249 Vgl. zur Denomination dieses Staatswesens, worüber fast endlos diskutiert werden kann, u. a. Peter Hackl, Das Kriegswirtschaftliche Ermächtigungsgesetz und die Entstehung autoritärer Strukturen unter der Regierung Dollfuß, Diplomarbeit Universität Wien, Wien 1993, S. 23–25, mit Verweisen auf Grete Klingenstein, Emmerich Tálos, Karl Dietrich Bracher u. a. m. Nicht unzutreffend erscheint – gerade wenn man (wie ich selber) von Italien ‚herkommt' – die Qualifizierung des „autoritären Ständestaates" oder der „Dollfuß-Schuschnigg-Diktatur" durch Gerhard Botz als „halbfaschistisch"; Gerhard Botz, die Ausschaltung des Nationalrates und die Anfänge der Diktatur Dollfuß' im Urteil der Geschichtsschreibung von 1922 bis 1973, in: Vierzig Jahre danach. Der 4. März 1933 im Urteil von Zeitgenossen und Historikern, Wien 1973, S. 57f. Vgl. auch den interessanten Album-Beitrag von Gerhard Botz (Dollfuß: Mythos unter der Lupe. Wie faschistisch war der „Austrofaschismus" wirklich?) im Standard vom 21. Februar 2015. Die Spannweite möglicher begrifflicher Verortungen des hybriden österreichischen Herrschaftssystems zwischen 1933 und 1938 zeigt vor allem Emmerich Tálos, Das austrofaschistische Herrschaftssystem. Österreich 1933–1938, Wien – Berlin 2013, S. 2: die Palette reicht von Ständestaat, autoritärer Staat, Regierungsdiktatur, Kanzlerdiktatur, Beamtendiktatur zu Halbfaschismus, Imitationsfaschismus und Austrofaschismus. Weshalb Tálos „Austrofaschismus" vorzieht, begründet er ebd. S. 585f. Campbell sieht in seiner US-amerikanischen Dissertation die „relativ milde" Diktatur Dollfuß' näher bei den konservativ-autoritären Systemen von Franco, Pilsudski und Horthy als bei den totalitär-radikalen von Mussolini oder Hitler; Douglas Patrick Campbell, The Shadow of the Habsburgs: Memory and National Identity in Austrian Politics and Education, 1918–1955, Dissertation University of Maryland 2006, S. 205.

1. Deutschösterreichs Anfänge 73

ders, wenngleich in gewisser Weise seinerseits ebenfalls auf der Linie eines ständestaatlich-‚besseren' (allerdings großösterreichischen) Deutschland angesiedelt, das sich vom nationalsozialistischen klar abgrenzte.[250] Und Letzteres war ganz grundsätzlich anders als die Anschlussvorstellungen eines Otto Bauer je gewesen waren.

Es ist denkbar, dass mit einer anderen Finanzpolitik, wie sie Joseph Alois Schumpeter, der später weltberühmt gewordene (zuletzt ab 1932 in Harvard lehrende) Ökonom, damals Staatssekretär für Finanzen im ersten Kabinett Renner (Oktober 1918 bis März 1919), in seinem Finanzplan skizzierte und die sich mit den im Herbst 1921 von den jetzt oppositionellen Sozialdemokraten formulierten Reformvorschlägen hätte fortsetzen lassen, die Sanierung durch die am 4. Oktober 1922 unterzeichneten Genfer Protokolle vermeidbar gewesen wäre. Genau sie bildeten mit ihrer autoritären Schlagseite „die Nahtstelle des Prozesses der politischen und sozialen Restauration", welche die Errungenschaften und Resultate von Bauers „österreichischer Revolution" revidieren sollte.[251] Freilich beurteilt Herbert Matis Schumpeters „recht ambitioniertes" Sanierungsprogramm, das schon vor seiner Verwirklichung scheiterte, als „angesichts der realen Situation wohl unrealistisch", während er Seipels Initiative, die zu den Genfer Protokollen führte, positiv wertet.[252] Dennoch scheint mir auch von dieser Seite das Verhängnis des nach den Oktoberwahlen 1920 erfolgten Ausscheidens der Sozialdemokraten aus der Koalition fassbar.

Allerdings war Bauer wegen seiner scharfen Intellektualität stets auf Abgrenzung bedacht, was den Umgang mit ihm generell nicht leicht gemacht haben dürfte. Dass er nicht frei von arroganter Überheblichkeit war, zeigt etwa sein bissiges Protestschreiben an den Wiener Polizeipräsidenten Schober von Mitte März 1919 im Zusammenhang mit der Ausstellung von Pässen für die Schweiz an Leute im Umkreis des früheren Kaisers.[253] Ähnlich der Brief an den Regierungskollegen Joseph Schumpeter vom 11. Mai 1919, worin er diesen wegen einer ihm nicht zusagenden öffentlichen Äußerung zur Anschlussfrage scharf rügte.[254] Freilich war Schumpeter ein Anschluss-Gegner und ge-

---

250 Vgl. Fritz Fellner, Österreichs historische Mission und die Reichsidee. Werk und Wirken des Historikers Hugo Hantsch in der Diskussion um ein österreichisches Geschichtsbewußtsein, in: Brennpunkt Mitteleuropa. Festschrift für Helmut Rumpler, S. 83–96, v. a. S. 87f. u. 91.
251 Fritz Weber, Zusammenbruch, Inflation und Hyperinflation. Zur politischen Ökonomie der Geldentwertung in Österreich 1918 bis 1922, in: Das Werden der Ersten Republik. Band II, S. 7–32, hier S. 26 u. 29f.
252 Herbert Matis, „Notleidende Millionäre bevölkerten damals Österreich". Die Währungs- und Geldpolitik in der jungen Republik, in: Das Werden der Ersten Republik, Band II, S. 33–48, hier S. 43 u. 46f.
253 NPA Präsidium (Nachlass Bauer), Karton 234, Umschlag V, N. 110–112. S. unten Kap. 5.1.
254 NPA Präsidium (Nachlass Bauer), Karton 234, Umschlag X, N. 562–567. Vgl. zu Bauers (und Schüllers) negativer Meinung von Schumpeter auch Schüller, Nachgelassene Schriften, S. 123, ebenso

genüber Bauers Sozialisierungsplänen skeptisch, weswegen seine Position im Kabinett Renner I schwierig war.[255] Demgegenüber steht allerdings Bauers schlechthin großartige Würdigung seines 1932 verstorbenen politischen Hauptgegners Ignaz Seipel, die ein schönes Zeugnis des menschlichen und intellektuellen Formats Bauers darstellt.[256] Zwar dürfte das Urteil von Bauers Parteifreund Wilhelm Ellenbogen aus dem amerikanischen Exil, wonach Bauer die „Kunst der Menschenbehandlung" gefehlt habe, während das Bewusstsein, „seiner Umgebung überlegen zu sein", eine Schärfe des Tons erzeugt habe, die den „Eindruck der Hochnäsigkeit, der Anmassung machte", zutreffen, wenngleich das überaus kritische Gesamtbild des Politikers Bauer, das Ellenbogen in seinen 1941 verfassten Erinnerungen entwirft, darauf schließen lässt, dass er selber zu den durch „die Art seines Auftretens verletzten Freunden" gehört haben muss.[257]

Dennoch: Trotz kritisierbaren Eigenheiten hätte man sich (im Nachhinein) gewünscht, dass Bauer länger als Verantwortungsträger ins „System" der Ersten Republik eingebunden geblieben wäre. Schlechter hätte es mit ihm nicht kommen können, aber vielleicht (warum nicht?) etwas besser, möglicherweise gerade bezüglich der desolaten Lage der Wirtschaft, der er im Sinne einer fordistischen Modernisierung sogar eine Rationalisierung der Produktionsbedingungen bei gleichzeitiger Erhöhung des Lohnniveaus empfahl,[258] aber auch bezüglich der Dringlichkeit staatlicher Arbeitsbeschaffungs-Maßnahmen, für die sich Sektionschef Schüller dann in den Zwanzigerjahren erfolglos einsetzte.[259] Schüller hatte sich schon in Bauers Außenminister-Zeit zwischen Februar und April 1919 in Paris und Triest so gut wie möglich und angesichts der katastrophalen Ausgangslage einigermaßen erfolgreich um die Lieferung von Lebensmitteln und Kohle an Österreich bemüht, und in St. Germain gelang es ihm, die Konfiskation österreichischen Eigentums in der Tschechoslowakei und in anderen Nachfolgestaaten

---

Bauer an Renner, 31. 5. 1919, zit. Schmitz, Renners Briefe aus Saint Germain, S. 16. Einen anderen Konflikt mit Schumpeter erwähnt Bauers Schrift über die österreichische Revolution, S. 178f. Schumpeters kurze politische ‚performance' ist auch von Julius Deutsch negativ beurteilt worden; vgl. Julius Deutsch, Aus Österreichs Revolution. Militärpolitische Erinnerungen, Wien [1921], S. 82 u. 128. S. auch den Beitrag Schausberger zum Symposium von 1979 und vor allem die diesbezügliche Diskussion, in: Saint-Germain 1919, S. 440ff.

255 Vgl. Hansjörg Klausinger, Volkswirtschaftliche Theorien. Joseph Schumpeter – Ludwig Mieses – Othmar Spann, in: Das Werden der Ersten Republik, Band II, S. 139–156, hier S. 150.
256 Vgl. Klemperer, Ignaz Seipel, S. 352ff.
257 Wilhelm Ellenbogen, Menschen und Prinzipien. Erinnerungen, Urteile und Reflexionen eines kritischen Sozialdemokraten, bearbeitet und eingeleitet von Friedrich Weissensteiner, Wien etc. 1981 (Veröffentlichungen der Kommission für Neuere Geschichte Österreichs, 71), S. 71.
258 Vgl. Weber, Zusammenbruch Inflation und Hyperinflation, S. 31.
259 Vgl. die Einführung zu Schüllers Nachgelassenen Schriften, S. 44.

als „feindliches Eigentum" zu bekämpfen.[260] Ebenso vermochte er im darauf folgenden Winter 1919/20 die noch dramatischer gewordene Kohlen- und Lebensmittellage in Zusammenarbeit mit der Reparationskommission und in Direktverhandlungen in Paris und Prag halbwegs zu entschärfen,[261] allerdings unter Inkaufnahme einer galoppierenden Zerrüttung der Währung.[262]

All dies ändert nichts daran, dass die Friedensdelegation, die (erst) auf den 12. Mai 1919 nach Saint-Germain-en-Laye eingeladen worden war und in deren Namen Renner im Auftrag der Mehrheit der Nationalversammlung den Staatsvertrag am 10. September 1919 unterschreiben musste, „im ganzen", wie Schüller schrieb, „hilflos" war, was schon dadurch unterstrichen wird, dass alle Versuche Renners, von Clemenceau empfangen zu werden, scheiterten.[263] Schon vorher hielt Franz Klein den fundamentalen Geburtsschaden der Ersten Republik, wie er in und durch St. Germain festgeschrieben wurde, in einem anlässlich des französischen „Siegesfestes" vom 14. Juli 1919 in St. Germain verfassten Brief in seiner tief empfundenen Traurigkeit eindrücklich fest als das Ausgestoßen-Sein aus der Völkerwelt, wo „wir [...] nun nichts [sind] als eine den übrigen lästige Verlegenheit".[264] Und im letzten Brief aus St. Germain konstatierte er trostlos, es sei hier „der Grund zu einer beschämenden Untertänigkeit" gelegt worden, „die uns einem Kolonialvolk gleichstellt".[265] Daran hatte und hätte auch Otto Bauer nichts zu ändern vermocht. Dennoch bedauerte Franz Klein dessen Sturz, und nicht allein, weil er sich deswegen selber entwurzelt fühlte und jetzt seinen „ohnehin schwachen Rückhalt" nicht mehr hatte,[266] sondern weil Bauers Werk, wie er zwei Tage vor der Abreise aus St. Germain schrieb, „rasch abgetragen" werde, während sich sein Nachfolger (Renner) beeile, „die Szene rasch in einer der Entente genehmeren Art umzustellen". Daran sei „viel Ursprüngliches", denn Renner sei stets ein Mann dessen gewesen, was man nun Donaukonföderation nenne, aber „auch manches bewusst Liebedienerische", weil er den Versuch mache, Sozialdemokraten und französische Reaktion zu verbinden, und es ihn, im Gegensatz zu den echten Sozialisten, zum Kompromiss ziehe. Letztlich sei dies das „altösterreichische Lotteriedenken", wo alle „auf einen Treffer" hoffen, „noch dazu ohne Einsatz". Das habsburgische Reich sei „eine unbarmherzige Circe"; es verwandle „alle, von welchen Ideen sie ausgehen mögen, in zahmes

---

260 Vgl. Schüller, Nachgelassene Schriften, S. 120–122, 124, 219–225, 237–239.
261 Vgl. Schüller, Nachgelassene Schriften, S. 242–246.
262 Vgl. Schüller, Nachgelassene Schriften, S. 253f.
263 Schüller, Nachgelassene Schriften, S. 124f.
264 An Ottilie Friedländer, Fellner/Maschl, Briefe Franz Kleins, S. 242.
265 6. August 1919 an Ottilie Friedländer, Fellner/Maschl, Briefe Franz Kleins, S. 315.
266 Briefe vom 30. und 31. Juli 1919 an Ottilie Friedländer, Fellner/Maschl, Briefe Franz Kleins, S. 295, 297.

Weidvieh, das höchstens dem animalischen eine bessere Form gibt".[267] Viel negativer ließ sich Habsburgs Weiterleben nach dem unglücklichen Ende kaum beurteilen, nur vielleicht etwas nüchterner, so wie Otto Bauer es acht Monate früher, am 4. Dezember 1918, in der 7. Sitzung der provisorischen Nationalversammlung für Deutschösterreich getan hatte, als er auf das „furchtbare Erbe" hinwies, das die zusammengebrochene Monarchie mit der „vollständigen Auflösung der Armee" und der „vollständigen Zersetzung des Verwaltungsapparates" hinterlassen habe, worauf „vollständige Ohnmacht" und „vollständige Wehrlosigkeit" gefolgt sei sowie der „in die Seelen von Millionen tief versenkte Hass, den das alte Regierungssystem bei den nichtdeutschen Völkern entfesselt" habe und der sich „heute gegen uns" kehre.[268] Lenins „Völkerkerker": das war das prägende Bild des alten Reiches bei den Siegern des Weltkriegs anlässlich der Ausgestaltung ihrer Friedensordnung.

Dazu kam freilich, und dies muss nach allem Gesagten doch noch angeführt werden, die nicht falsche Vorstellung von der Verantwortung, die auch das „österreichische Volk" für den Krieg trug, so wie sie der französische Ministerpräsident Clemenceau in der Begleitnote (Mantelnote) zu den endgültigen Friedensbedingungen vom 2. September 1919 formulierte, als er auf das Ultimatum an Serbien hinwies, das „nur ein scheinheiliger Vorwand" gewesen sei, um einen „von langer Hand vorbereiteten Krieg" zu beginnen, den man in Wien „stürmisch begrüßt" habe und dessen „glühender Parteigänger" das österreichische Volk vom Beginn bis zum Ende gewesen sei, weshalb es jetzt gezwungen werden müsse, „seinen vollen Anteil an der Verantwortlichkeit für das Verbrechen, das über die Welt ein solches Unheil gebracht hat, auf sich zu nehmen".[269] Nur war der Krieg auch in Paris ‚stürmisch begrüßt' worden, während das französische Parteigängertum letztlich so wenig glühend gewesen sein dürfte, wie es das österreichische in Wahrheit war. Vielmehr wurde dieses bei allen Beteiligten von der jeweiligen Staatsmacht erzwungen, weshalb sich hier die allgemeine Verlogenheit besonders markant zeigt, die der im Friedenswerk von 1919 abgehandelten „Schuldfrage" zugrunde lag ... und gleichzeitig die Überheblichkeit der Sieger, wie sie auch Clemenceaus Staatspräsident Raymond Poincaré am Ende einer Vortragsserie von 1921 zu den „Origines de la Guerre" formulierte, als er von Frankreich im Moment des Kriegsausbruchs sagte,

---

267 4. August 1919 an Ottilie Friedländer, Fellner/Maschl, Briefe Franz Kleins, S. 308ff. Jürgen Nautz fällt in der Einführung zu Schüllers Nachgelassenen Schriften recht einseitige Urteile über Klein (vgl. S. 35 u. 60), während Schüller selber Klein aber nicht erwähnt.
268 ADÖ, Band 1, Dok. 65, S. 247.
269 Zit. in: Bericht über die Tätigkeit der deutschösterreichischen Friedensdelegation in St. Germain-en-Laye, II. Band, Beilage 73, S. 311. Arnold Suppan spricht in diesem Zusammenhang von „verblüffender Einseitigkeit"; Arnold Suppan, Von Saint-Germain zum Belvedere. Österreich und Europa 1919–1955, Wien 2007 (ADÖ, Sonderband), S. 29.

„elle se sentait innocente du crime qui venait d'être commis contre l'humanité. Elle pouvait partir, le front haut, pour les champs de bataille où allait se décider l'avenir du monde; en face de l'impérialisme austro-allemand, elle devenait, aux yeux des peuples, la représentation vivante du droit et de la liberté".[270] Ja: einmal mehr die martialisch-revolutionäre „gloire". Von der „douce France", die es auch gibt, war da nicht viel zu spüren.

Wie man das Resultat seitens der Besiegten interpretieren konnte, illustrieren die Erinnerungen des altösterreichischen Diplomaten, dann Beraters der ungarischen Delegation in Trianon und von Oktober bis Dezember 1920 ungarischen Außenministers Emerich Csáky, wonach die in den Pariser Vororten 1919 und 1920 diktierten Friedensverträge „von einem weltfremden, leichtgläubigen, idealistischen politischen Träumer – Präsident Wilson – entworfen, schließlich von einem durch Hass und Rachsucht geblendeten boshaften Greis – Clémenceau [sic] –, einem in kontinentalen Angelegenheiten völlig unbewanderten Insulaner – Lloyd George – und einem ausschließlich auf Vorteile seines eigenen Landes bedachten Egoisten – Sonnino – verwirklicht wurden".[271]

2. Kontinuitäten im Alltag und in den Rechtsverhältnissen

Auf den ersten Blick scheint es angesichts der vielen Wechselfälle der österreichisch-ungarischen und österreichischen Geschichte von 1867 über 1914, 1918, 1938 und 1945 nicht leicht, von Kontinuitäten zu reden. Aber in einer Studie, die dem Nachleben der Habsburgermonarchie gewidmet sein will, muss wenigstens der Versuch unternommen werden, solche aufzuspüren. Dieser erfolgt in einem ersten Schritt auf dem Feld des praktischen Weiterwirkens der Monarchie und in einem zweiten in den Bereichen von Verfassung und Recht.

2.1 Weiterwirkende k.u.k. und k.k. Pragmatismen

Ein Kennzeichen der Habsburgermonarchie war angesichts der schieren Unmöglichkeit konsensualer Lösungen der anstehenden ‚großen' Fragen die Entwicklung mehr oder weniger bewusst eingesetzter Pragmatismen, ein Vorgehen, das man pejorativ

---

270 Raymond Poincaré, Les Origines de la Guerre. Conférences. Prononcées à la „Société des Conférences" en 1921, Paris 1921, Nachdruck 2013, S. 277.
271 Eva-Marie Csáky, Vom Geachteten zum Geächteten. Erinnerungen des k. und k. Diplomaten und k. ungarischen Aussenministers Emerich Csáky (1882–1961), Wien etc. 1994 (2. unv. Aufl.), S. 288.

als das berühmte ‚Fortwursteln', das die Monarchie ausgezeichnet habe, qualifizieren könnte, oder mit einem von Victor Adler geprägten Wort, man habe „in Österreich den Despotismus, gemildert durch Schlamperei".[272]

Es folgen zunächst einige kurze Betrachtungen zu den Versuchen, mit Nationalitätenfragen und Minoritätsproblemen so umzugehen, dass sie im Alltag praktikabel wurden.[273] Dabei ist zu berücksichtigen, dass – nach einer Unterscheidung von Hans Mommsen aus den 1960er Jahren – Österreich-Ungarn kein übernationales, sondern ein pränationalstaatliches Prinzip verkörperte[274] und gerade durch seine immer virulenter werdenden Nationalismen zerstört wurde. Noch mehr zu berücksichtigen ist der von Anfang an verunglückte (weil von beiden Partnern unterschiedlich ausgelegte) Herrschaftskompromiss der Deutschösterreicher mit den Magyaren im Ausgleichswerk von 1867, welcher eine Realunion zwischen den beiden Reichsteilen schuf, die zwar mehr als eine Personalunion und mehr als ein Staatenbund war, aber bei weitem kein Bundesstaat, nicht zu reden von der parlamentarischen Verantwortlichkeit einer zentralen Regierung, die es – abgesehen von den drei gemeinsamen Ministerien – ebenso wenig gab wie ein Zentralparlament (außer in der embryonalen Form der sogenannten Delegationen).[275] So bildete das Ausgleichswerk gleichsam die Erbsünde der letzten Monarchie-Phase, welche die anderen Nationalitäten, insbesondere die slawischen, außen vor ließ und zur Folge hatte, dass die Monarchie bis zum Ende trotz ihren (ungleich zusammengesetzten) Volksvertretungen in Wien und Budapest nur scheinbar demokratisch war, in Wirklichkeit aber weiter „absolutistisch" oder (in Cisleithanien) „halbabsolutistisch" blieb. Die Außenpolitik war über den gemeinsamen Außenminister ohnehin eine Domäne des Kaisers, mit den bekannten sinistren Folgen.

Eine der ersten von vielen interessanten Betrachtungen Robert Musils zur Monarchie in „Der Mann ohne Eigenschaften" findet sich im 8. Kapitel („Kakanien") über die nationalen Kämpfe, die so heftig gewesen seien, „dass ihretwegen die Staatsmaschine mehrmals im Jahr stockte und stillstand, aber in den Zwischenzeiten und Staat-

---

272 1889 am Pariser internationalen Sozialistenkongress, zit. Wilhelm Ellenbogen, Menschen und Prinzipien. Erinnerungen, Urteile und Reflexionen eines kritischen Sozialdemokraten, bearbeitet und eingeleitet von Friedrich Weissensteiner, Wien etc. 1981 (Veröffentlichungen der Kommission für Neuere Geschichte Österreichs, 71), S. 47.
273 Der folgende Abschnitt orientiert sich am ersten, der Nationalitätenfrage gewidmeten, Teil meiner 1993, 2004 und 2008 an der Universität Zürich gehaltenen Vorlesung zum Ende der Habsburger Monarchie.
274 Hans Mommsen, Zur Beurteilung der altösterreichischen Nationalitätenfrage (1967), in: Hans Mommen, Arbeiterbewegung und Nationale Frage. Ausgewählte Aufsätze, Göttingen 1979, S. 135.
275 Vgl. neben den Text-Grundlagen in Edmund Bernatzik, Die österreichischen Verfassungsgesetze mit Erläuterungen, Wien 1911 (2. Aufl.), vor allem die Einleitung zu Miklós Komjáthy (Hg.), Protokolle des gemeinsamen Ministerrates der österreichisch-ungarischen Monarchie (1914–1918), Budapest 1966.

spausen kam man ausgezeichnet miteinander aus und tat, als ob nichts gewesen wäre. Und es war auch nichts Wirkliches gewesen. Es hatte sich bloß die Abneigung jedes Menschen gegen die Bestrebungen jedes anderen Menschen, in der wir heute alle einig sind, in diesem Staat schon früh, und man kann sagen, zu einem sublimierten Zeremoniell ausgebildet, das noch große Folgen hätte haben können, wenn seine Entwicklung nicht durch eine Katastrophe vor der Zeit unterbrochen worden wäre".[276] Auch wenn Gerald Stourzh 1991 an diesem Kapitel im Zusammenhang mit der dualistischen Struktur des Reichs eine ausnahmsweise etwas ungerechte Kritik übte, wonach Musil Kakanien „einseitig aus ‚Wiener Sicht', wenngleich grandios überhöhend" gezeichnet habe,[277] dürfte das Zitierte dem sehr nahe kommen, was hier intendiert ist, denn „Zeremoniell" meint vermutlich neben den ritualisierten Regeln öffentlicher Veranstaltungen oder bürokratischer Vorgänge („Stelle Eins schrieb, Stelle Zwei antwortete; wenn Stelle Zwei geantwortet hatte, musste man Stelle Eins davon Mitteilung machen, und am besten war es, man regte eine mündliche Aussprache an; wenn Stelle Eins und Zwei sich geeinigt hatten, wurde festgestellt, dass nichts veranlasst werden könne; so gab es unaufhörlich etwa zu tun")[278] auch die institutionelle Verfestigung der Nationalitäten-Beziehungen an der Alltags-Oberfläche, deren Formeln und Regeln durchaus hätten weiter entwickelt werden können, wenn die Katastrophe des Zusammenbruchs sie nicht abgewürgt hätte. Stets brodelte unter der Oberfläche aber die Abneigung von Mensch zu Mensch bzw. von Nationalität zu Nationalität, die das Ende zuletzt unabwendbar machte und das kunstvolle Regelwerk ad absurdum führte. Durchaus folgerichtig ergänzte Musil diesen scharfsinnigen Befund durch die Feststellung, dass es um einen Staat ging, „der an einem Sprachfehler zugrunde gegangen ist",[279] wobei der (scheinbar) oberflächliche Sprachfehler etwas Tieferes verbarg, nämlich das nahezu unlösbare Fundamental-Problem, wie man in einem Vielvölkerreich mit elf ungleich gewichtigen Nationalitäten (zu denen nebst verschiedenen Splittergruppen die fast vier Prozent Juden der Gesamtmonarchie nicht gehörten), bei denen es nur relative Mehrheiten und überall beträchtliche Minderheiten gab, eine ‚echte' Gleichstellung aller erreichen konnte. Die verschiedenen Ausgleichswerke nach dem Sündenfall von 1867, so der ungarisch-kroatische Ausgleich 1868 und die „galizische Resolution" zugunsten der Polen vom gleichen Jahr sowie der Mährische Ausgleich 1905 und der Ausgleich von 1910 in der Bukowina (gemäß Gerald Stourzh „vielleicht das subtilste Werk des altös-

---

276 Robert Musil, Der Mann ohne Eigenschaften. Roman, Hamburg 1978, Kap. 8, S. 34.
277 Jetzt in Gerald Stourzh, Der Umfang der österreichischen Geschichte. Ausgewählte Studien 1990–2010, Wien etc. 2011, S. 119.
278 Musil, Der Mann ohne Eigenschaften, Kap. 98, S. 499.
279 Ebd., S. 445, Titel von Kapitel 98. Mehr zu Musil unten Kap. 8.3.

terreichischen Nationalitätenrechts")[280] boten wohl das jeweils maximal Erreichbare, fixierten aber vornehmlich die Spielregeln der Ungleichheit, waren von unterschiedlichem Gewicht und letztlich nur punktuelle Vor-Versuche einer bis zum Ende der Monarchie ausbleibenden Gesamtlösung. Kaiser Karls verunglücktes „Völkermanifest" der letzten Stunde konnte eine solche keineswegs liefern und zeigte gerade damit, dass ohne wirklich grundsätzliche Änderungen nichts mehr möglich war. Insofern schien am Ende die Nation-Werdung der einzelnen Teile die einfachere Lösung.

Trotzdem bleibt die Meinung, das Ende der Monarchie beweise die Unlösbarkeit ihrer Probleme, ein klischiertes Vorurteil. Zwar schienen insbesondere die Fragen des südslawischen Raums spätestens nach der Annexionskrise von 1908, die den serbischen Irredentismus verschärfte und die großserbische Propaganda verstärkte, kaum mehr beantwortbar. Dennoch hätte die hohe Equilibristik, dank der sich die Monarchie mit politischem und diplomatischem Raffinement auf der Basis des provisorisch-definitiven Arrangements von 1867 jahrzehntelang durch alle möglichen Krisen bewegte, noch einiges erwarten lassen können, und der Kriegsverlauf erwies denn auch bis (fast) zuletzt einen erstaunlichen inneren Zusammenhalt des Reichs, der bei einem anderen militärischen Ausgang durchaus radikale Reformen hätte generieren können. Paradoxerweise brachte nach dem italienischen Verhalten zu Beginn des Kriegs ausgerechnet der 1915 erfolgte Kriegseintritt des Königreichs fast ein gesamtösterreichisches Nationalgefühl zustande, während sich ansonsten höchstens die Deutschen als Österreicher im Sinne Musils fühlten. Leider wurde dieser nahezu magische Moment nicht genutzt. Aber dass das Ende der Monarchie eine Aporie gewesen wäre, also eine unmögliche Problemlösung, weil die Widersprüche in der Sache selber lagen, ist noch lange nicht erwiesen.

Lässt sich auf dieser Basis nach dem Ende der Monarchie jenes pragmatisch-österreichische Selbstverständnis erkennen, das Klemens von Klemperer zu sehen meinte, als er davon sprach, dass in den Anfängen der Ersten Republik Männer am Werk gewesen seien, die ihre Wurzeln in einem multinationalen Reich hatten, auf Koexistenz und Reform bedachte „imperiale Typen" wie Heinrich Lammasch und Karl Renner, aber auch Otto Bauer und Ignaz Seipel, Pragmatiker und Träger eines Politikstils, der sich erst in der Zweiten Republik durchsetzte?[281] Dies dürfte bezüglich der Personen die Anfänge

---

280 Gerald Stourzh, Die Gleichberechtigung der Volksstämme als Verfassungsprinzip 1848–1918, in: Die Habsburgermonarchie 1848–1918, Band III/2, Wien 1980, S. 1196.

281 Klemens von Klemperer, Die Revolution von 1918–1920 und der österreichische Konsens. Oder: Der pragmatische Stil in der österreichischen Politik, in: Österreichische Forschungsgemeinschaft (Hg.), Studien zur Zeitgeschichte der österreichischen Länder, Band 1: Demokratisierung und Verfassung in den Ländern 1918–1920, St. Pölten – Wien 1983, S. 9–17, hier S. 16f. S. oben, Kap. 1.1. Vgl. auch Klemens von Klemperer, Das nachimperiale Österreich 1918–1938: Politik und Geist, in: Österreich und die deutsche Frage im 19. und 20. Jahrhundert. Probleme der politisch-staatlichen

der Ersten Republik ebenso wie die Grundmuster der Zweiten eher beschönigen, lässt sich bei der Ersten Republik aber davon herleiten, dass sie als „lebensunfähiger" Kleinstaat und „Diktat" der Siegermächte weitgehend abgelehnt wurde, weshalb sich als Gründungsnarrativ im Rückblick auf die untergegangene Monarchie fast zwangsläufig ein vermeintlich eingetretener Bruch einstellen musste. Gleichzeitig trifft Klemperers personelle Überhöhung aber den Kern von dem, was man als eine der charakteristischsten Erbschaften der Habsburgermonarchie bezeichnen könnte: eben die Suche nach Arrangements, die der fundamentalen Unlösbarkeit ihrer Grund-Probleme Rechnung tragen und das Zusammenleben der Völker in einem für alle erträglichen Maß garantieren sollten. In diesem Sinne kann man wohl in der Tat mit Klemperer von einer politisch, ökonomisch und vor allem psychologisch sich auswirkenden „Phantompräsenz des alten Reiches" reden.[282] Beim Übergang von der Monarchie zur Republik war dieses Phantom in manchen sogar sehr real, etwa wenn man das Nebeneinander der letzten k.k. Regierung Lammasch-Redlich-Seipel und der Revolutionsregierung Renner sowie den Umstand bedenkt, dass in allen Ämtern neben den Staatssekretären der neuen Regierung noch die bisherigen kaiserlichen Minister saßen.[283]

Real war in dieser Phase auch ein breites Spektrum von Einstellungen und Verhaltensweisen, die man durchaus als weiterwirkende Pragmatismen interpretieren könnte, so wenn sich der in einem Artikel Robert Musils aus der Anfangszeit der Republik zwischen den zwei Heubündeln Buridans stehende Österreicher aufrafft, ein einziges Mal – „trotzdem er auf Gespaltenheit vom Kopfe bis zum Hufe eingerichtet ist und auf noble Subtilität" – einen „Burgfrieden" zu schließen zwischen der Spiritualität und der gemeinen Wahrheit und „das Einfache [zu] tun, trotzdem er es kompliziert unterlassen könnte",[284] womit eine schlechthin geniale Formel für das (nicht nur) altösterreichische Fortwursteln gefunden war, an dem das alte Österreich unterging und der Gründungselan der Ersten Republik rasch erlahmte. Musils zwei Heubündel, zwischen die „der gute Österreicher" Anfang 1919 wie Buridans Esel geriet, waren die Donauföderation und Groß-Deutschland, und sich hier ‚wirklich' zu entscheiden, dürfte, trotz Musils Neigung zu Letzterem, ein Ding der Unmöglichkeit gewesen sein, weshalb der „gute Österreicher" das Dilemma „mit der Nase auf den geistigen Geruch" hin untersuchte und die „österreichische Kultur", die es nicht gab, entdeckte.[285]

---

     und soziokulturellen Differenzierung im deutschen Mitteleuropa, hg. von Heinrich Lutz und Helmut Rumpler, Wien 1982 (Wiener Beiträge zur Geschichte der Neuzeit, 9), S. 300–317, hier S. 311.
282 Klemperer, Das nachimperiale Österreich, S. 306.
283 Vgl. Klemperer, Das nachimperiale Österreich, S. 307.
284 Robert Musil, Buridans Österreicher (14. Februar 1919), in: Ders., Essays Reden Kritiken, hg. v. Anne Gabrisch, Berlin 1984, S. 135.
285 Musil, Buridans Österreicher, S. 133.

Von Interesse mag in diesem Kontext die nach dem Ende der Monarchie für gesamtstaatliche Institutionen weiter eingesetzte Terminologie sein. Gerald Stourzh weist in einem schönen Aufsatz darauf hin, dass während der Ersten Republik die Vorsilbe „Reichs-" im Sinne eines altösterreichischen Erbes als Kennzeichnung für „Gesamtösterreichisches" diente (so im Wiener Telefonbuch von 1933 etwa Reichsanstalt für Mutter- und Säuglingsfürsorge, Reichsverband der Hebammen Österreichs, Reichsverein der österreichischen Buchdruckerei- und Zeitungsarbeiter, Reichsorganisation der Kaufleute Österreichs usw.) und die Bedeutung erst 1938 wechselte, während sich in der Zweiten Republik das Österreichbewusstsein von „Reichs"-Vorstellungen jeder Art löste.[286] Im gleichen Aufsatz unterstreicht Stourzh, dass die Reichsromantik im Österreich der ersten Jahrzehnte des 20. Jahrhunderts, das heißt im Übergang von der Monarchie zur Republik und vom Großreich zum Kleinstaat und, damit zusammenhängend, beim Schwanken zwischen Unabhängigkeit und Anschluss eine große Rolle gespielt und geradezu geblüht habe. Insofern biete sie den Schlüssel zum Österreichbewusstsein der Übergangsjahrzehnte zwischen dem Untergang Altösterreichs und dem Entstehen der Zweiten Republik, aber gerade nicht als Hitlers ‚Drittes Reich'.[287] Von einer anderen Seite, nämlich aus der katholischen Perspektive des Benediktiners Hugo Hantsch, erwies sich schon in den 1930er Jahren die Reichsidee im Sinne eines nationalsozialistischen Großdeutschtums als unsinnig; vielmehr bekannte sich Hantsch explizit zu einer eigenständigen Interpretation der großösterreichischen Vergangenheit, was ihn nach dem „Anschluss" zeitweilig die Freiheit und bis 1945 auch die wissenschaftliche Karriere kosten sollte.[288]

Wenn oft durch Rückgriff auf den Notverordnungsparagraphen 14 der Staatsgrundgesetze von 1867 (dazu unten Kapitel 2.2) realisierte Pragmatismen den Untergang der Monarchie nicht abzuwenden vermochten, schufen sie doch Situationen oder Einrichtungen, die das Zusammenleben der Völker regelten und teilweise zu überdauern vermochten. Gleichzeitig – und hier ist an Franz Klein und sein Wirken als Sozial- und Wirtschaftspolitiker in der Funktion als Sektionschef und Justizminister zu denken – erweist etwa die Baurechtsvorlage, die er 1911 im Herrenhaus einbrachte und

---

286 Gerald Stourzh, Vom Reich zur Republik, in: Gerhard Botz, Gerald Sprengnagel (Hg.), Kontroversen um Österreichs Zeitgeschichte. Verdrängte Vergangenheit, Österreich-Identität, Waldheim und die Historiker, 2. erweiterte Auflage, Frankfurt/Main 2008, S. 287–324, hier S. 288f.
287 Stourzh, Vom Reich zur Republik, S. 302f.
288 Vgl. Fritz Fellner, Österreichs historische Mission und die Reichsidee. Werk und Wirken des Historikers Hugo Hantsch in der Diskussion um ein österreichisches Geschichtsbewußtsein, in: Brennpunkt Mitteleuropa. Festschrift für Helmut Rumpler, S. 83–96, hier S. 91ff. u. 96. Zu Hantschs ausschlaggebender Bedeutung für das Werk zur Habsburgermonarchie 1848–1918 vgl. Matthias Stickler, HZ 295/3, 2012, S. 699–708.

1912 Gesetzeskraft erlangte und in der Folge das Aufblühen von Baugenossenschaften ermöglichte, dass auch in der Spätphase der Monarchie noch zukunftsträchtiges Verhalten möglich war und es nicht nur den Paragraphen 14 oder ein problematisches Fortwursteln gab.[289]

Von einem interessanten „Habsburg-Effekt" und einer erstaunlichen Fernwirkung in der Interaktion zwischen Bürger und lokaler Bürokratie auf einer mentalen Ebene, die das Verhalten im Alltag zu beeinflussen vermag, war in einem Beitrag zur Tagung „Föderalismus in historisch-komparativer Perspektive: Kaiserreich, Habsburgermonarchie und Europäische Union" im September 2013 in Siegen die Rede. Darin wurden Ergebnisse eines 2006 durchgeführten ‚Life in Transition Survey' vorgestellt, worin nachhaltige Effekte in Bezug auf institutionelles Vertrauen und Korruption in Polen, der Ukraine, Rumänien, Serbien und Montenegro beidseits der ehemaligen Grenze des Habsburgerreiches erfasst wurden und aufgezeigt werden konnte, dass sich die frühere Zugehörigkeit zur Habsburgermonarchie offenbar noch heute in einem größeren Vertrauen der Bürger in die staatlichen Institutionen und einem geringeren Korruptionsverdacht ihnen gegenüber äußert.[290] Umgekehrt gibt es den seinerseits erstaunlichen Fall eines (negativen) „Habsburg-Effekts" bei der Aushebelung der Volksrechte in der von Fürst Hans Adam II. in Liechtenstein 2003 (allerdings unter Zustimmung einer Volks-Mehrheit von 64,3 Prozent) durchgedrückten revidierten Landesverfassung, die nebst verschiedenen einschneidenden Kompetenzen des Fürsten im Artikel 10 auch ein nahezu uneingeschränktes Notstandsverordnungsrecht und damit ein (ex-habsburgisches) Kontinuitätselement kennt, das paradoxerweise in einem gerade nicht zur Habsburgermonarchie gehörenden Grenzgebiet anzusiedeln ist, dessen Fürstenhaus allerdings stark mit der Monarchie verbunden war.[291]

In der Folge werden einige Pragmatismen rechtspolitischer Art erwähnt, die nach dem Ende der Monarchie praxisbestimmend blieben und als Kontinuitäten angesprochen werden können.

---

289 Vgl. Franz Baltzarek, Franz Klein als Wirtschafts- und Sozialpolitiker, in: Forschungsband Franz Klein (1854–1926). Leben und Wirken. Beiträge des Symposiums „Franz Klein zum 60. Todestag", hg. v. Herbert Hofmeister, Wien 1998, S. 173–181, hier S. 178ff.

290 Es handelt sich um den Beitrag von Christa Hainz (München). Vgl. Tagungsbericht: Föderalismus in historisch-komparativer Perspektive: Kaiserreich, Habsburgermonarchie und Europäische Union, 26. 9. 2013–27. 9. 2013 Siegen, in: H-Soz-Kult, 8. 11. 2013, <http://www.hsozkult.de/conferencereport/id/tagungsberichte-5102>.

291 Vgl. Herbert Wille, Die liechtensteinische Staatsordnung. Verfassungsgeschichtliche Grundlagen und oberste Organe, Schaan 2015, S. 319–327. Zur Polemik gegen die Regelung vgl. Peter Sprenger, Die fürstliche Beruhigungspille, Januar 2014, Homepage der Demokratiebewegung in Liechtenstein <https://demokratiebewegung.li/de/hinweise-und-aktionen/zum-nachdenken/die-fuerstliche-beruhigungspille>, abgefragt 6. 8. 2015. Den Hinweis auf diesen Text verdanke ich Robert Allgäuer, Vaduz.

Als Beispiel diene zunächst Bosnien-Herzegowina, mit dessen Okkupation 1878 der Habsburgermonarchie eine kompakte muslimische (Teil-)Bevölkerung von rund einer halben Million zufiel[292] und damit ein gleichsam potenziertes Minderheitenproblem, weil die Muslime zuvor Jahrhunderte lang in einem islamischen Reich als staatstragendes Element und Aristokratie des Landes gelebt hatten.[293] Nach der 1881 erfolgten Regelung der serbisch-orthodoxen und römisch-katholischen Organisationsfragen schufen die Habsburger 1882 in Sarajewo den Reis-el-Ulema als Oberhaupt der Muslime und höchsten muslimischen Würdenträger. Dieses Amt existiert noch immer[294] und ist für Bosnien-Herzegowina und für den jetzt serbischen Sandschak von Novipazar zuständig.[295] Dieser wurde 1878 gleichfalls mit österreichisch-ungarischen Garnisonen belegt, aber nach der Annexionskrise 1908 vorübergehend wieder osmanisch und nach den Balkankriegen 1912 zwischen Serbien und Montenegro geteilt.[296] In den konfessionellen Angelegenheiten trachtete das Habsburgerreich in Bosnien-Herzegowina danach, die drei Konfessionen möglichst von ihren geistig-politischen Außenzentren zu isolieren und Geistliche und Laien voneinander zu trennen, ein Unterfangen, das wohl von Anfang an zum Scheitern verurteilt war und letztlich mit der Politisierung der bosnischen Bevölkerung endete.[297] Interessanterweise galt das 1912 erlassene und damals einzigartige Gesetz, wonach der Islam den christlichen Kirchen und der jüdischen Kultusgemeinde gleichgestellt wurde, im heutigen Österreich, wo gegenwärtig über eine halbe Million Muslime leben, weiter, bis nach jahrelangen Diskussionen am 25. Februar 2015 ein revidiertes Gesetz erlassen wurde, das allerdings von verschiedenen Seiten auf Kritik stieß, so neben allen Oppositionsparteien auch seitens der Islamischen Glaubensgemeinschaft in Österreich.[298] Trotzdem fragte sich die Wien-Korresponden-

---

292 Vgl. Aydin Babuna, Die nationale Entwicklung der bosnischen Muslime. Mit besonderer Berücksichtigung der österreichisch-ungarischen Periode, Frankfurt a. M. etc. 1996 (Europäische Hochschulschriften, XXXI/294), S. 42.
293 Vgl. Babuna, passim, u. a. S. 91, 147.
294 Vgl. Gerhard Neweklowsky, Die bosnisch-herzegowinischen Muslime. Geschichte. Bräuche. Alltagskultur, Klagenfurt – Salzburg 1996, S. 63, 75. S. auch Babuna, S. 93.
295 Den Hinweis verdanke ich Erhard Busek im Gespräch vom 14. 6. 2009.
296 Vgl. Neweklowsky, S. 60, 69.
297 Vgl. Srecko M. Dzaja, Bosnien-Herzegowina in der österreichisch-ungarischen Epoche (1878–1918). Die Intelligentsia zwischen Tradition und Ideologie, München 1994 (Südosteuropäische Arbeiten, 93), S. 46; die Neuregelungen in den einzelnen Religionsbereichen ebd., S. 46–64.
298 Vgl. Georg Renöckl, Österreichs gemütliche Islamdebatte. Ein Gesetz aus habsburgischen Zeiten ermöglicht Österreich – theoretisch – einen relativ entspannten Umgang mit dem Islam, NZZ Nr. 163 (internationale Ausgabe), 15. Juli 2011, sowie Meret Baumann, „Die Muslime wollen stolz sein können auf ihre Moschee", NZZ Nr. 234, 9. Oktober 2014, und Dies., Kritik an „Generalverdacht" im Islamgesetz. Österreich revidiert die über hundert Jahre alte rechtliche Grundlage der Beziehungen zu den Muslimen, NZZ Nr. 48 (internationale Ausgabe), 27. Februar 2015. S. auch Der Standard,

tin von „Le Monde", ob dieses Gesetz nicht ein Modell für Frankreich sein könnte, wo der Hass gegen den Staat unter den jungen Muslimen besorgniserregend zunimmt.[299]

Für die in der ausgehenden Habsburgermonarchie zentrale Überlebensfrage nach ihrer Reformierbarkeit (deren Unlösbarkeit durch ihren Untergang illustriert scheint) stellte Bosnien-Herzegowina die Nagelprobe *par excellence* dar, weil es hier nicht einfach um ‚Modernisierung', sondern um Überwindung oder zumindest um Bewältigung der besonders virulenten Konflikte zwischen den aus verschiedenen religiösen Bekenntnissen sich formierenden ethnisch-politischen Nationalitäten ging. Schon was die ausgehende osmanische Zeit und die wachsende Kluft zwischen den Glaubensgemeinschaften angeht, stellt Holm Sundhaussen fest, dass der einsetzende Siegeszug des Nationalismus die Nationalisierung der Religion gefördert habe; die Orthodoxen in Bosnien hätten sich mehr und mehr als „Serben" und die Katholiken mehr und mehr als „Kroaten" zu empfinden begonnen.[300] Wie wenig die Bewältigung dieser Konflikte nach der Okkupation von 1878, die seitens der Muslime keineswegs widerstandslos verlief,[301] und nach der Annexion von 1908 gelang, sollte das Attentat von Sarajewo 1914 zeigen, das mit seiner in der „Julikrise" auf sträfliche Weise verpatzten Meisterung das Versagen der Monarchie dramatisch präjudizierte und ihr Ende vorwegnahm. Jedenfalls illustriert das letztlich gescheiterte Bemühen um ‚Modernisierung' oder ‚Europäisierung' oder ‚Zivilisierung' Bosnien-Herzegowinas die Politik eines Reiches sehr gut, das (im Sinne von „Kakanien revisited") als quasi-kolonialer Herrschaftskomplex und (wie in „Habsburg postcolonial") als imperiale Großmacht ohne Kolonien, aber mit einer kompensatorisch gedachten Kultur- und Zivilisierungsmission zu sehen ist.[302]

Bezüglich der machtpolitischen Dimension des österreichisch-ungarischen Verhaltens in der Bosnienfrage zeigte Otto Bauer als deutschösterreichischer Staatssekretär für Äußeres ein besonderes Sensorium für diese wie für andere vergleichbare Fragen, was aus seiner geheimen politischen Instruktion vom 21. Juni 1919 für den Bevollmächtigten Klimburg in Belgrad hervorgeht. Bauer wies hier darauf hin, dass sich die

---

26. Februar 2015, S. 7, sowie ein Interview mit dem Islamwissenschaftler Bert Fragner im Standard vom 25. Februar 2015, S. 12.
299 Joëlle Stolz, La loi autrichienne sur l'islam, un modèle pour la France? Le Monde, 21 avril 2015, p. 15.
300 Holm Sundhaussen, Sarajevo. Die Geschichte einer Stadt, Wien – Köln – Weimar 2014, S. 139.
301 Vgl. Sundhaussen, Sarajevo, S. 149f.
302 Vgl. Wolfgang Müller-Funk, Kakanien revisited. Über das Verhältnis von Herrschaft und Kultur, in: Wolfgang Müller-Funk, Peter Plener, Clemens Ruthner (Hrsg.), Kakanien revisited. Das Eigene und das Fremde (in) der österreichisch-ungarischen Monarchie, Tübingen 2002, S. 19 u. 23; Ursula Prutsch, Habsburg postcolonial, in: Johannes Feichtinger, Ursula Prutsch, Moritz Csáky (Hrsg.), Habsburg postcolonial. Machtstrukturen und kollektives Gedächtnis, Innsbruck etc. 2003, S. 36. Vgl. zu Bosnien-Herzegowina im besonderen Sundhaussen, Sarajevo, S. 169–176.

deutschösterreichische Regierung nicht verhehle, dass Serbien zur Zeit der früheren österreichisch-ungarischen Monarchie „sehr viel Grund zur Klage hatte", vor allem in wirtschaftspolitischer Hinsicht, aber auch wegen des Widerstands „gegen die Schaffung eines serbischen Zugangs zum Meer". Durch ihr Verhalten unmittelbar vor Kriegsausbruch und insbesondere durch die Stellung ihres Ultimatums sei die k.u.k. Regierung Serbien gegenüber „von der Bahn des Rechtes abgewichen und habe dadurch die Schuld am Kriege auf sich geladen". Weiter forderte Bauer Klimburg auf, „insbesondere das Verhältnis der Kroaten zu den Serben und das der bosnischen Mohammedaner zur Regierung" aufmerksam zu verfolgen und alles zu beobachten, „was auf die Propagandierung der orthodoxen Religion und der Kyrillika in den kroatischen und slowenischen Gebieten" abziele – womit er einen sehr klaren Blick für die Konstruktionsprobleme des entstehenden Jugoslawien bewies.[303]

Was die zivilisierungsmissionarische Dimension des k.u.k. Vorgehens anbelangt, schrieb der Verfasser eines französischen Reiseführers zu Dalmatien, Bosnien-Herzegowina und Montenegro 1912, kurz vor dem Einsetzen der „Urkatastrophe", in der Einleitung seines Buches: „J'ai eu la bonne fortune de visiter la *Bosnie* et l'*Herzégovine* avant et après l'annexion (en 1905 et en 1909) et de constater ainsi des changements fort intéressants, montrant avec quelle rapidité l'Autriche-Hongrie arrive à tirer ces deux provinces de leur longue barbarie. D'ici peu la Bosnie-Herzégovine sera un pays comme ceux d'Occident ... il faut se hâter si l'on veut aller y voir la *turquerie* pendant qu'elle vit ancore."[304] Mit seinen (falschen) Prophezeiungen, die alle voraussetzten, dass Österreich-Ungarn eine Zukunft habe, zeigte der Verfasser deutlich, wie rasch ändern kann, was als fest gegründet erscheint.

Eine vor rund einem Jahrzehnt an der Universität Zürich erarbeitete Lizentiatsarbeit (Masterarbeit) widmete sich mit Hilfe von vier Repräsentanten einer bedeutenden muslimischen Familie Sarajewos, der Familie Spaho, jenen Teilen der städtischen Gesellschaft, die zu Trägern und Repräsentanten der ‚Modernisierung' Bosnien-Herzegowinas werden wollten und versuchten, Brücken zwischen muslimischer Tradition und habsburgischer Moderne zu schlagen.[305] Der Transitionsprozess der österreichisch-ungarischen Periode erfolgte vor dem Hintergrund eines bis zur Annexion von 1908 komplizierten völkerrechtlichen Status des Landes, weil die Souveränität über das okkupierte Gebiet beim Sultan verblieb. Teilweise in Weiterführung von Reforman-

---

303   ADÖ, Band 2, Dok. 285, S. 318–322, hier S. 320f.
304   Pierre Marge, L'Europe en automobile. Voyage en Dalmatie, Bosnie-Herzégovine et Monténégro, Paris 1912, S. II.
305   Sara Bernasconi, Zwischen Tradition und Moderne. Sarajevo 1878 bis 1918, ungedruckte Lizentiatsarbeit Universität Zürich, 2005; der folgende Abschnitt referiert im Wesentlichen den 1. Teil dieser Arbeit.

2. Kontinuitäten im Alltag und in den Rechtsverhältnissen

läufen der osmanischen Zeit wurden jetzt im Sinne einer Modernisierung ‚von oben' neue politische Gefäße und insbesondere neue Regierungs- und Verwaltungsinstitutionen geschaffen, deren Ziel die Trennung von Religion und Staat sein sollte. Zwar wurde die Gliederung der Bevölkerung nach autonomen Religionsgemeinschaften in Serbisch-Orthodoxe, Muslime, Katholiken und Juden nicht angetastet, während sich ihre Zusammensetzung zwischen 1879 und 1910 insbesondere in der Landeshauptstadt Sarajewo durch Abwanderung von Muslimen und Zuwanderung von Katholiken aus beiden Reichsteilen proportional nicht unerheblich veränderte.[306] Gleichzeitig entstand ein Bahnnetz, und in Sarajewo wurden die städtische Infrastruktur modernisiert und zahlreiche repräsentative Gebäude für die neuen Institutionen errichtet; weiter wurde die Agrarfrage angepackt, allerdings ohne deren Grundlage, den vornehmlich muslimischen Großgrundbesitz, anzutasten. So gelangte Bosnien-Herzegowina auch in der Habsburgerzeit nicht über ein vor- oder allenfalls frühkapitalistisches System hinaus. Auch gelang es im ganzen Zeitraum nicht, die Analphabetenrate deutlich zu senken. Der k.u.k. gemeinsame Finanzminister Benjamin Kallay, der von 1882 bis zu seinem Tod 1903 für Bosnien-Herzegowina zuständig war, versuchte zur Einbindung der Muslime und Neutralisierung der politisierten anderen Religionsgemeinschaften (erfolglos!), eine bosniakische Identität zu konstruieren, ein Versuch, der (ebenso erfolglos) unter den katastrophalen Umständen der 1990er Jahre wieder aufgenommen wurde.[307]

Der Konflikt zwischen ‚Modernisierung' und ‚Tradition' war auch ein Konflikt zwischen konservativen muslimischen Geistlichen und progressiven muslimischen Regierungsbeamten, der mit einer den Muslimen (erst) 1909 zugestandenen kulturellen Autonomie einer Lösung zugeführt wurde, indem die traditionelle religiöse Gemeinschaft von der staatlichen Verwaltung getrennt wurde. In diesem Kontext agierten die von Sara Bernasconi untersuchten Mitglieder der Familie Spaho.[308] Der Vater Hasan Spaho (1841–1915) war als Mittelschullehrer und später Lehrer an der Scharia-Richterschule, deren Rektor er 1909 wurde, ein angesehener Islamkenner und „Freund des islamischen Fortschritts". Als solcher gelang ihm die Anpassung an das neue System, ohne dass er deswegen die islamische Tradition aufgegeben hätte. Sein erster Sohn Fehim Spaho (1877–1942) war seit 1901 in der Landesverwaltung tätig und blieb trotzdem, wie seine beiden jüngeren Brüder, ein ‚richtiger' Muslim. Er gehörte zu den

---

306 Der prozentuale Anteil der Serbisch-Orthodoxen an der Gesamtbevölkerung Bosnien-Herzegowinas veränderte sich zwischen 1879 und 1910 von 42,9 auf 43,5%, derjenige der Muslime von 38,7 auf 32,3%, jener der Katholiken von 18,1 auf 22,8% und jener der Juden von 0,3 auf 0,62%; vgl. Sundhaussen, Sarajevo, S. 192–197.
307 Vgl. zu Kallays gescheitertem Bosniaken-Konzept Sundhaussen, Sarajevo, S. 205–213.
308 Der ganze Abschnitt folgt im Wesentlichen dem 2. Teil der Arbeit von Sara Bernasconi.

„religiösen Reformern"[309] und verfasste Texte mit der Zielsetzung des erzieherischen und kulturellen Fortschritts. In der jugoslawischen Zeit war er als Reis-el-Ulema von 1938 bis zu seinem Tod 1942 das Oberhaupt der Muslime in Bosnien-Herzegowina. Sein jüngerer Bruder Mehmed Spaho (1883–1939) wurde als Gründer und Präsident der jugoslawischen Muslimenpartei und sechsmaliger Minister einer der bedeutendsten muslimischen Politiker der ersten Hälfte des 20. Jahrhunderts. Unter der Habsburgermonarchie hatte er in Wien ein Rechtsstudium absolviert und war 1908 dort promoviert worden. In der Folge arbeitete er in Sarajewo in der Handels- und Gewerbekammer und war vor allem mit der Wirtschaftsförderung befasst. 1917 näherte er sich wegen der als ungerecht empfundenen Behandlung Bosnien-Herzegowinas durch Österreich-Ungarn der jugoslawischen Bewegung und wurde bei Kriegsende Abgeordneter im (jugoslawischen) Nationalrat und im Dezember 1918 Minister für Wald- und Bergbau. Neben allem war und blieb er praktizierender Muslim. Der jüngste Sohn von Hasan Spaho, Mustafa Spaho (1888–1964), engagierte sich als Mittelschüler gegen die Okkupation und begann unmittelbar nach der Annexion 1908 dennoch in Wien ein Agronomiestudium. Im Weltkrieg wurde er einberufen und verwundet. Im Gegensatz zu seinen Brüdern fühlte er sich als Serbe, während Fehim eher kroatisch und Mehmed eher jugoslawisch ausgerichtet war,[310] was man im Rückblick gerne als symbolhaft für eine in der ausgehenden Habsburgermonarchie auf natürliche Weise gelebte ‚Multikulturalität' interpretieren möchte, wenn man nicht wüsste, was in der Folge daraus geworden ist.

So erweist die Arbeit von Sara Bernasconi auf der Basis eines großenteils nicht edierten Materials, das vor Ort im Bosnjaken-Institut und im Historischen Archiv von Sarajewo erschlossen und bearbeitet werden musste, zum einen die Unterschiedlichkeit der verschiedenen Repräsentanten der ‚Modernisierung', die umso mehr auffällt, als ihre in der Arbeit behandelten Träger alle der gleichen Familie angehörten, zum anderen die Vielschichtigkeit der Problematik, weswegen es nicht erstaunt, dass die vier Jahrzehnte habsburgischer Herrschaft, unter welcher die Muslime „eine kulturelle und politische Auferstehung"[311] erlebten, bei weitem nicht ausreichten, um dauerhafte Resultate zu erzielen, und vor allem nicht, um in der Zukunft die muslimische Minderheit gegen Übergriffe anderer einstiger Minderheiten der Habsburgermonarchie abzusichern. Insofern ist das Schicksal der bosnischen Muslime nach demjenigen der Juden die vielleicht manifesteste Illustration für das von der Habsburgermonarchie relativ erfolgreich oder zumindest nicht gänzlich erfolglos praktizierte Pragmatisieren und zugleich für

---

309 Vgl. Sundhaussen, Sarajevo, S. 262.
310 Vgl. Sundhaussen, Sarajevo, S. 262.
311 Babuna, S. 317.

die unseligen Folgen ihres Auseinanderbrechens. Schon der Name des nach dem Ersten Weltkrieg gegründeten Königreichs der Serben, Kroaten und Slowenen zeigt, dass sich die bosnischen Muslime in nationaler Hinsicht nicht frei deklarieren konnten, sondern sich entweder als Serben oder als Kroaten bekennen mussten; erst im sozialistischen Jugoslawien wurden sie im Verlauf der 1960er Jahre als Nation anerkannt. Die ‚eigentliche' Tragödie der bosnischen Muslime, die sich jetzt als Bosniaken bezeichneten, begann mit der Unabhängigkeitserklärung Bosnien-Herzegowinas 1992, die auch nach dem von der internationalen Gemeinschaft erzwungenen Abkommen von Dayton (Ohio) von Ende 1995 nicht ausgestanden ist.[312] Im Verlauf dieser Ereignisse wurde Sarajewo aus einem Ort der Toleranz zu einem Ort des Hasses. Indessen ist – wie Holm Sundhaussen ausführt – in dieser Stadt beides angelegt, und man findet je nach Art der Drehung des Kaleidoskops mehr das eine oder das andere.[313]

Ein weiteres Pragmatismusfeld, auf dem sich Arrangements nach dem Ende der Monarchie – in freilich schwieriger Mischung von Kontinuitäten und Brüchen – fortsetzen konnten, war der bilaterale Alltag im Verkehr mit Nachbarstaaten, die aus der gleichen Erbmasse hervorgegangen waren wie der österreichische Nachfolgestaat oder wichtige Teile aus ihr an sich zu reißen verstanden wie Italien. Allerdings war das Pragmatisieren hier nur möglich, solange es nicht durch fundamentale Grenzfragen oder Minderheitenprobleme gestört wurde. Trotz allen Divergenzen scheinen im zwischenstaatlichen Verkehr bei unproblematischen Entscheiden Abmachungen aus der Zeit vor dem Weltkrieg auch nachher respektiert worden zu sein. Beispielsweise wurde im Dezember 1937 der Eingabe eines italienischen Staatsangehörigen um Genehmigung des Erwerbs von Liegenschaften in der Steiermark mit der Begründung stattgegeben, dass italienische Staatsbürger durch ein Übereinkommen von Februar 1906 hinsichtlich der Fähigkeit, Liegenschaften in Österreich zu erwerben, den Inländern gleichgestellt seien.[314] Nichts weist darauf hin, dass in den seit dem Abkommen vergangenen rund dreißig Jahren ein mörderischer Krieg geführt wurde, den das ‚verräterische' Italien vom Zaun gebrochen hatte, um die Monarchie zu vernichten. Freilich könnten sich bei dieser Kulanz Ende 1937 auch die besonderen Beziehungen niedergeschlagen haben, die zur Zeit der ‚Kanzlerdiktatur' zwischen den beiden Ländern bestanden.

Zum bilateralen Alltag gehörte auch das Personal der Vertretungen der Republik im Ausland, deren Zahl gegenüber der Zeit der Monarchie zwar massiv abgenommen hatte (von 29 Botschaften und Gesandtschaften blieben 1924 lediglich 14 Gesandtschaften),

---

312 Vgl. Babuna, S. 287, 293f., 310. Zu den Benennungen sowie zu Dayton und den post-Dayton-Problemen vgl. Sundhaussen, Sarajevo, S. 300f. u. 341–349.
313 Sundhaussen, Sarajevo, S. 16f.
314 AdR, BKA allgemein, Inneres Sig. 10, Karton 2250, N. 235.726 – 6/37.

wobei noch 1938 15 der damals 20 österreichischen Gesandten aus der altösterreichischen Diplomatie stammten. Dies bedeutet, dass die Aufstiegschancen für junge Diplomaten nicht überwältigend waren, umso größer aber die akkumulierten Erfahrungen und Kontinuitäten, die aus dem diplomatischen Dienst der Doppelmonarchie herüberreichten. Eine Reihe von Vertretern Österreichs blieb während der gesamten Dauer der Ersten Republik bis zum „Anschluss" in den Gastländern.[315]

Dass im diplomatischen Alltag auf Erfahrungen aus der Monarchie zurückgegriffen wurde, zeigt etwa die Denkschrift des Konsuls Hoffinger an das Staatsamt für Äußeres vom 22. September 1919, worin es um außenpolitische Leitlinien ging und unter anderem darauf hingewiesen wurde, dass die österreichischen Vertreter im Ausland in die Lage versetzt werden müssten, „in politischer Hinsicht gründlich informiert zu sein", damit sie bei ihren Kollegen und bei der Regierung, bei der sie beglaubigt waren, „sich persönlich das Gewicht" verschaffen könnten, „das unserem Staate abgeht". Dazu könne eine „leider ganz im Fortfall geratene Institution des früheren k. und k. Dienstes" dienen, nämlich „die Mitteilung aller wichtigen politischen und wirtschaftlichen Berichte der Missionen an die anderen Missionen durch Vermittlung des Staatsamtes".[316]

Gerade im Bereich der auswärtigen Vertretungen konnte es aber auch zu deutlichen – gewollten und ungewollten – Brüchen kommen. Schon im Formalen wurde Verschiedenheit intendiert. So hieß es beispielsweise in der Instruktion für den Bevollmächtigten in Paris, Eichhoff, vom September 1919, in der „formellen Geschäftsführung" werde der Gesandtschaft „die möglichste Einfachheit und Kürze zur Pflicht gemacht"; „alle überflüssigen Klauseln und Redewendungen" seien zu unterlassen.[317] Von ‚gegnerischer' Seite gewollt waren etwa die Schikanen bei von Wien gewünschten Agreements von diplomatischem Personal seitens der Nachfolgestaaten, wie als der südslawische Staat das vom Staatssekretariat des Äußern beantragte Agreement für den in Aussicht genommenen deutschösterreichischen Gesandten ohne Begründung verweigerte. Staatssekretär Bauer protestierte in einer Zirkularnote am 26. November 1918 scharf gegen Form und Inhalt der südslawischen Erklärung und wies darauf hin, dass der deutschösterreichische Staat mit allen seinen Nachbarn in Frieden und Freundschaft leben wolle, womit unvereinbar sei, wenn schon bei der ersten Herstellung einer diplomatischen Beziehung Akzente angeschlagen würden, „die in früheren Zeiten mit vollstem Unrechte gegenüber kleinen Grenzstaaten vorgekommen sein mögen und auch damals die unseligsten Folgen gezeitigt haben".[318] Dies war nicht zuletzt eine

---

315 Vgl. Rauscher, ADÖ, Band 1, S. 27.
316 ADÖ, Band 3, Dok. 362, S. 58, 61.
317 ADÖ, Band 3, Dok. 363, S. 66.
318 Bauer an Präsident Pogacnik (Laibach), 26. November 1918, ADÖ, Band 1, Dok. 38, S. 194.

Anspielung auf das Verhalten der Monarchie gegenüber dem Königreich Serbien in der Julikrise 1914, mit den bekannten Folgen für den Kriegsausbruch nach der Ablehnung des überrissenen österreichisch-ungarischen Ultimatums, und sie wird dadurch besonders interessant, dass Bauer den Instanzenweg zum einen gleichsam umkehrte (der Aggressor ist jetzt der Südslawenstaat) und sich zum andern klar vom Verhalten der Wiener Diplomatie bei Ausbruch des Weltkriegs distanzierte, wofür der deutschösterreichische Staat, in seiner Optik ein Nachfolgestaat wie alle anderen und keineswegs der Rechtsnachfolger der Monarchie, keine Verantwortung trage.

In diesem Zusammenhang stellte Prof. Kelsen in einem Gutachten zur völkerrechtlichen Stellung des Staates Deutsch-Österreich vom 29. November 1918 fest, dass dieser Staat wie die andern Nachfolgestaaten durch die „Zerspaltung Österreichs" entstanden sei und in einem solchen Fall „nach völkerrechtlichen Prinzipien eine allgemeine Rechtsnachfolge der neuen Staaten in die Rechte und Pflichten des alten Staates grundsätzlich nicht statt[findet]". Eine Ausnahme bestünde nur hinsichtlich der Staatsschulden, die „unter allen Umständen auf die neugebildeten Staaten" übergingen. Ebenso wenig wie der deutschösterreichische Staat kein Rechtsnachfolger der Monarchie sei, sei er auch nicht „in das Rechtsverhältnis des Krieges" eingetreten, den die Monarchie geführt habe. Demnach müsse er auch mit niemandem Frieden schließen (in der Tat spricht man bei St. Germain nicht von einem Friedensvertrag, sondern von einem Staatsvertrag). Würde man dagegen an der „unmittelbaren Kontinuität zwischen Alt-Österreich und Deutsch-Österreich" festhalten, würden „die ganzen Kriegskosten und eventuelle Kriegsentschädigungen ausschließlich auf die Schultern Deutsch-Österreichs gewälzt".[319] Hier zeigt sich die geradezu existenzielle Dimension der Kontinuitätsfrage deutlich und wird klar, dass in der unmittelbaren Nachkriegszeit vor allem der Bruch gegenüber dem vorherigen Zustand betont werden musste – was man freilich gleichfalls als altösterreichischen Pragmatismus interpretieren könnte. Ernst Hanisch spricht im Zusammenhang mit Kelsens Gutachten zur Frage der Rechtsnachfolge der Habsburgermonarchie von einer „ersten österreichischen Opfertheorie", die ebenso wie die zweite nach 1945 nur auf den Staat geblickt und die Verantwortung der Gesellschaft für den Krieg und seine Folgen negiert habe; allerdings hätten die Alliierten 1918/19 im Gegensatz zu 1945/46 dieses Spiel nicht mitgespielt (obwohl, wie einem scheint, 1918/19 mehr Grund dazu bestanden hätte).[320]

---

319 Gutachten Universitätsprofessor Kelsen, 29. November 1918, ADÖ, Band 1, Dok. 46, S. 206ff.
320 Ernst Hanisch, Im Zeichen von Otto Bauer. Deutschösterreichs Aussenpolitik in den Jahren 1918 bis 1919, in: Helmut Konrad, Wolfgang Maderthaner, Das Werden der Ersten Republik ... der Rest ist Österreich, Band I, Wien 2008, S. 207–222, hier S. 211. Vgl. auch Ernst Hanisch, Der grosse Illusionist. Otto Bauer (1881–1938), Wien – Köln – Weimar 2011, S. 151f., wo zusätzlich auf die „Mantelnote" des Staatsvertrags von St. Germain verwiesen wird.

Besonders eindrücklich zeigt sich die Komplexität beim Weiterleben des Reiches parallel zur gleichzeitig erfolgenden Auflösung im vielschichtigen Prozess der „Liquidierung" und „Austrifizierung" des österreichisch-ungarischen Auswärtigen Dienstes.[321] Die in diesem Kontext vorübergehend wichtige Rolle der Gesandtenkonferenz wurde schon in Kapitel 1.2 erwähnt, deren Protokolle zwar die Dramatizität des Vorgangs spiegeln, indem sich die Abgesandten der Nachfolgestaaten immer wieder bitter über die Ungerechtigkeiten beklagten, die ihnen unter der Monarchie widerfahren seien, während sie sich gleichzeitig – in Verfolgung rein nationaler Interessen – im Hinblick auf die anstehenden Liquidierungsfragen möglichst viele Faustpfänder zu sichern versuchten.[322] Immerhin fanden die Konferenzen wenigstens statt und boten ein Gesprächsforum, welches ein Minimum ex-habsburgischer Polit-Kultur zu tradieren vermochte.

In dieser Gemengelage von Kontinuität und Bruch spiegelt sich die Abwicklung des Auswärtigen Dienstes der Monarchie in der Tätigkeit seines letzten Chefs, des Freiherrn von Flotow, zwischen 1918 und 1920. Flotow wurde nach der Demission des letzten k.u.k. Ministers des Äußern, des Grafen Julius Andrassy d. J., von Kaiser Karl am 2. November 1918 mit der Leitung des Ministeriums des Äußern betraut und fungierte ab dem 12. November 1918 als Leiter des Liquidierenden Ministeriums des Äußern, eine Funktion, die er zwei Jahre später, am 8. November 1920, aufgab.[323] Flotow selber dürfte die radikalen Veränderungen rund um seinen Dienst vielleicht nicht ganz nachvollzogen haben (womit er im Umfeld einer traditionalistischen Diplomatie keineswegs allein stand), scheint aber seine Aufgabe als Liquidator zugunsten der vielen, die mangels adäquater Beschäftigungsmöglichkeiten zwangspensioniert wurden, mit Augenmaß erfüllt zu haben.[324] Die personelle Liquidierung, d. h. die Pensionierung der ehemaligen Beamten des ehemaligen Auswärtigen Dienstes, kam dem von ihm geleiteten liquidierenden Ministerium im Einvernehmen mit dem liquidierenden Gemeinsamen Finanzministerium zu.[325] Von den im November 1918 insgesamt 428 Konzeptsbeamten des k.u.k. Auswärtigen Dienstes wurden 108 in den (deutsch)österreichischen,

---

321 Vgl. Erwin Matsch, Der Auswärtige Dienst von Österreich(-Ungarn) 1720–1920, Wien etc. 1986, S. 165–180, sowie November 1918 auf dem Ballhausplatz. Erinnerungen Ludwigs Freiherrn von Flotow des letzten Chefs des österreichisch-ungarischen Auswärtigen Dienstes 1895–1920, bearbeitet von Erwin Matsch, Wien etc. 1982, S. 323–337.
322 Vgl. NPA Präsidium, Karton 4, Umschlag 15/1.
323 Vgl. November 1918 auf dem Ballhausplatz, S. 10.
324 Vgl. Erwin Matsch, Die Auflösung des österreichisch-ungarischen Auswärtigen Dienstes 1918/1920, in: Mitteilungen des österreichischen Staatsarchivs, 30/1977, S. 288–316, u.a. S. 312, sowie November 1918 auf dem Ballhausplatz, S. 327f. und 337.
325 Vgl. Matsch, Auflösung, S. 306f.

75 in den ungarischen, 16 in den polnischen, 10 in den tschechoslowakischen, zwei in den rumänischen und einer in den italienischen Auswärtigen Dienst übernommen, während die restlichen 216 in den Ruhestand versetzt wurden.[326] Solange die neuen Staaten Österreich und Ungarn nicht anerkannt waren, musste Flotows Liquidierungsministerium Vermittlerdienste zum Staatsamt für Äußeres leisten. Dies dauerte im Falle der neutralen Schweiz, welche die Anerkennung des Königreichs Ungarn bis zum 9. Oktober 1920 verzögerte (im Falle Österreichs erfolgte sie am 9. Januar 1920), von allen europäischen Staaten am längsten. Am 31. Oktober 1920 wurden als letzte österreichisch-ungarische Vertretungen die Gesandtschaft in Bern und das Generalkonsulat in Zürich aufgelöst.[327] Erst jetzt konnte das Ende des ehemaligen k.u.k. Auswärtigen Dienstes vollzogen werden, das mit Flotows Mitteilung vom 8. November 1920 an das Staatsamt für Äußeres und an die ungarische Gesandtschaft, dass er, nachdem „eine weitere Amtsführung meinerseits mangels eines kompetenten Wirkungskreises" entfalle, seine Funktion nunmehr „für erloschen ansehe", endgültig wurde.[328] Zu diesem Zeitpunkt befand sich sein Arbeitsraum schon lange nicht mehr am Ballhausplatz, sondern in seiner Privatwohnung im I. Bezirk, wo „ein zweihundert Jahre alter Auswärtiger Dienst einer einstigen Großmacht sein Ende fand".[329] Der Schweizer Gesandte in Wien, Bourcart, schrieb Flotow anlässlich dieses Endes, er bedaure es, ihn einen Posten verlassen zu sehen „que vous avez géré avec autant de distinction que de zèle", und er habe die Ereignisse der letzten Jahre zu nahe verfolgt „pour ne pas me rendre compte combien [...] la tâche vous incombant a été délicate et souvent pénible".[330] Und im Bericht nach Bern bemerkte er am Tag darauf (9. November 1920), dass keine Mitteilungen an das alte gemeinsame Außenministerium mehr möglich seien, was zur Folge habe, dass man sich in Zukunft direkt an die Regierungen der verschiedenen Sukzessions-Staaten wenden müsse.[331] Hier lässt sich erkennen, welche Ausweitungen sich im Verkehr zwischen den Staaten wegen der Auflösung des Reiches einstellen mussten, was gerade für einen Kleinstaat wie die Schweiz mit ihrem bescheidenen außenpolitischen Apparat eine erhebliche Belastung darstellte.[332]

---

326 Vgl. Matsch, Auswärtiger Dienst, S. 282, sowie November 1918 auf dem Ballhausplatz, S. 366.
327 Matsch, Auswärtiger Dienst, S. 179.
328 Matsch, Auswärtiger Dienst, S. 170 u. S. 215. Die „Liquidationskostenrechnung" konnte allerdings erst 1924 vorgelegt werden; vgl. ebd. S. 179f.
329 Matsch, Auswärtiger Dienst, S. 176.
330 Zit. Matsch, Auswärtiger Dienst, S. 171.
331 Zit. Matsch, Auswärtiger Dienst, S. 277.
332 Vgl. Bruno Suter, der Ausbau der Schweizer diplomatischen Vertretung in den Nachfolgestaaten der Donaumonarchie 1918 bis 1921, Dissertation Universität Zürich, Bern 2001.

Weitere Brüche würden sich im Auswärtigen Dienst der Ersten Republik im Fortgang ihrer Geschichte nicht nur in der gesellschaftlichen Stellung der Diplomaten ausmachen lassen, die bis zum Ersten Weltkrieg zu zwei Dritteln dem Adel angehörten,[333] den es jetzt im Prinzip nicht mehr gab, sondern auch im Zusammenhang mit den Änderungen der politischen Mehrheitsverhältnisse. Hier soll lediglich eine kleine Auffälligkeit erwähnt werden, die sich bei der Durchsicht des Nachlasses von Johann Andreas Eichhoff im Wiener Kriegsarchiv erwies. Baron Eichhoff war der erste Gesandte der Republik Österreich in Paris nach dem Staatsvertrag von St. Germain. Auf den 1. Januar 1927 wurde er im Alter von noch nicht 56 Jahren in den Ruhestand versetzt. Schon 1925, mit 54 Jahren, wurde der wie Eichhoff 1871 geborene Johann Alois Alfred Cnobloch, Gesandter in Budapest und anschließend in Bukarest, pensioniert. Der Verdacht liegt nahe, dass beide den tonangebenden Christlichsozialen politisch unliebsam gewesen sein könnten und vorzeitig pensioniert wurden, auch wenn sie keine Sozialdemokraten waren. Eichhoff beschreibt vielmehr in seinem Erinnerungstext „Von Miramar nach St. Germain", wie ihn Renner am 8. November 1918 aus dem Ministerium des Innern, wo er Sektionschef war, ins Kanzleramt berief, obwohl er nicht Sozialdemokrat war; nur zwei Tage später holte ihn Bauer als Sektionschef ins Staatsamt für Äußeres.[334] Allerdings lag das Durchschnittsalter bei der Pensionierung von Spitzenbeamten in der Ersten Republik bei 57,1 Jahren, weshalb diese Überlegungen nicht überstrapaziert werden dürfen.[335] Andererseits schrieb Erika Weinzierl in einem Glückwunschartikel zu Eichhoffs 90. Geburtstag am 27. September 1961, bei dessen Versetzung in den Ruhestand liege die Vermutung nahe, dass „Differenzen mit dem damaligen Außenminister Mataja bzw. Karrierewünsche ambitionierter Parteipolitiker" zu dieser die französische Öffentlichkeit sehr überraschenden Veränderung beigetragen hätten.[336] Selber verwies Eichhoff in einer biographischen Skizze für die Monatsschrift „Archives Diplomatiques et Consulaires" im Juni 1949 darauf hin, er sei 1925 „par suite d'une vive polémique du parti pangermaniste qui lui reprochait d'entraver le rattachement de l'Autriche à l'Allemagne" abberufen worden.[337] Damals war von November 1924 bis Januar 1926 der Christlichsoziale Heinrich Mataja österreichischer Außenminister, und über ihn äußerte sich Eichhoff in seiner Erinnerungs-

---

333 Vgl. Tatjana Tönsmeyer, Der böhmische Adel zwischen Revolution und Reform, 1848–1918/21, in: Geschichte und Gesellschaft, 32/3, 2006, S. 364–384, hier S. 373f.
334 Johann Andreas Eichhoff, Von Miramar nach St. Germain, S. 43; vgl. dazu Kap. 4.1.
335 Vgl. Gertrude Enderle-Burcel, Michaela Follner, Diener vieler Herren. Biographisches Handbuch der Sektionschefs der Ersten Republik und des Jahres 1945, Wien 1997, S. 507.
336 Der Zeitungsausschnitt trägt von der Hand Eichhoffs den Vermerk „Furche Sept. 1961"; KA B/874 Depot Eichhoff, Mappe 7.
337 KA B/874 Depot Eichhoff, Mappe 77.

schrift ausgesprochen negativ als über einen Mann, den er in seiner Laufbahn in Paris und Wien immer wieder gekreuzt und die „Rückwirkungen seiner undurchsichtigen Geschäftemacherei für seine politischen und finanziellen Zwecke" wiederholt bitter zu fühlen bekommen habe.[338]

Auf eine im weitesten Sinn kulturpolitische Kontinuitätslinie hat Oliver Rathkolb aufmerksam gemacht, die indessen repräsentativ für das gesamte Verwaltungswesen gewesen sein dürfte: auf die Verwaltungskontinuität bei der Staatstheaterverwaltung vor und nach 1918. Diese zeigte sich beispielsweise am kulturpolitischen Memorandum Hugo von Hofmannsthals und Max Reinhardts von Ende August 1918 betreffend die kulturelle Zukunft Österreichs nach dem Krieg oder in der Ankündigung von Staatsnotar Dr. Julius Sylvester vom 12. November 1918, dass die Staatstheater in der Republik in vollem Umfang weitergeführt würden. Ebenso setzte sich Otto Glöckel, Unterstaatssekretär für Unterricht, trotz steigender Kosten für eine starke staatliche Einbindung der Staatstheater ein.[339] Gleichzeitig fiel der „lange Schatten der Zensur" weiter auf die Kulturszene. Zwar brachen in der Zensurdebatte nach 1918 die autoritären Mechanismen und Strukturen der Monarchiezeit auf, aber das Zensurziel wurde durch das Erfordernis einer „Aufführungsbewilligung" gleichwohl erreicht. So blieb die Zensurkontinuität faktisch bestehen, auch wenn sie durch punktuelle Liberalität gemildert wurde wie 1921 im Falle von Schnitzlers „Reigen",[340] dessen Aufführung in den Kammerspielen des Deutschen Volkstheaters aber zu einem Theaterskandal führte.[341] Freilich hatten sich die Parameter der Auseinandersetzungen um den Kulturbetrieb mittlerweile deutlich verschoben. Ging es vor 1918 vornehmlich um „deutsche Kultur versus nicht-deutsche Kulturen", so dominierte nach 1918/19 und vor allem in den 1930er Jahren der Kampf katholischer Kulturrepräsentanten gegen die „unsittliche Moderne".[342]

***

In diesem Teilkapitel wollte gezeigt werden, dass auf vielen Feldern des ‚alltäglichen' Lebens Regelungen, die unter der Monarchie mehr oder weniger pragmatisch getrof-

---

338 Eichhoff, Von Miramar nach St Germain, S. 42.
339 Oliver Rathkolb, Kultur und Nationalitätenkonflikt in Österreich 1918: davor/danach, in: Nation, Nationalitäten und Nationalismus im östlichen Europa. Festschrift für Arnold Suppan zum 65. Geburtstag, hg. v. Marija Wakounig, Wolfgang Mueller, Michael Portmann, Wien 2010, S. 129–146, hier S. 137ff.
340 Rathkolb, Kultur und Nationalitätenkonflikt, S. 142ff.
341 Vgl. Julia Danielczyk, Birgit Peter, Zufluchtsort Theater. Theaterstadt Wien 1918 bis 1920, in: Konrad/Maderthaner, Das Werden der Ersten Republik, Band II, S. 197–216, hier S. 213.
342 Rathkolb, Kultur und Nationalitätenkonflikt, S. 146.

fen worden waren – oft durch Glücksfälle (neoabsolutistisch-)aufgeklärt agierender Verantwortungsträger wie des für Bosnien-Herzegowina lange Jahre zuständigen k.u.k. gemeinsamen Finanzministers Kallay[343] – nach dem Ende des Reiches durchaus weiter Bestand haben konnten. Dies ist keine erstaunliche Einsicht, sondern schlicht die Folge des Umstands, dass die Welt nicht immer neu erfunden werden kann, wenn sich politische oder nationale Rahmenbedingungen ändern. Vielmehr wird weiter nach alten Regeln und Gewohnheiten agiert, solange sie sich als praktikabel oder von ihrer Zielsetzung her sogar als erwünscht erweisen und die Verantwortungsträger – möglicherweise die gleichen wie vor dem Wechsel – noch bereit sind, sich nach ihnen zu richten. Gleichzeitig zeigt sich aber, dass dann, wenn neue Verhältnisse Anpassungen erforderten, diese ebenfalls pragmatisch vorgenommen und die Argumentarien eher auf Bruch statt auf Kontinuität umgestellt wurden.

Der über Jahrhunderte angehäufte Erfahrungsschatz der Monarchie und ihrer Träger war so groß, dass er durchaus weiter tradiert werden konnte, solange nationale Leidenschaften oder fundamental andere Rahmenbedingungen keinen Wechsel erzwangen. Somit ist, was als Kontinuität erscheinen mag, zum einen einfach die Folge des Beharrungsvermögens von Strukturen, Institutionen, Bürokratismen und generell von überkommenen Zuständen, zum andern die Konsequenz von Zufällen, die dafür sorgten, dass sich Notwendigkeiten für Veränderungen personeller und/oder sachlicher Art nicht zwingend einstellten. Aber wenn sich solche einstellten, wusste man durchaus mit ihnen umzugehen. Das zeigten die Verantwortungsträger in der Anfangszeit der Ersten Republik, unter ihnen vor allem Renner und Bauer oder etwa Sektionschef Richard Schüller, eindrücklich.

Dass das Berufsbeamtentum und ein großer Teil der politischen und rechtlichen Institutionen der Republik, insbesondere jene des Rechtsstaats, noch immer aus der Monarchie stammen, trifft im Wesentlichen zu,[344] und man kann mit Manfried Welan auch weiter gehen und feststellen, dass sich die Monarchie in der Republik „nicht nur rechtlich, sondern auch faktisch in vielfacher Weise" fortsetzte und fast alle ihre Kulturbauten und Denkmäler monarchischer Herkunft sind ... ohne indessen seine legitimistische Meinung teilen zu müssen, dass sich die Republik ihre direkte Legitimation nie durch eine Volksabstimmung vom Volk und durch das Volk geholt habe. Zwar fanden die Volksabstimmungen von 1938, 1978 und 1994 in der Tat nicht zur Legitimation einer demokratischen Republik statt, aber kann daraus – wie suggeriert

---

343 Vgl. zur Würdigung dieses „eigenwilligen Politikers" Sundhaussen, Sarajevo, S. 174ff.
344 Vgl. Manfried Welan, Österreich und das Haus Habsburg. Betrachtungen eines Dieners der Zweiten Republik, in: Clemens Aigner et al. (Hg.), Das Habsburger-Trauma. Das schwierige Verhältnis der Republik Österreich zu ihrer Geschichte, Wien – Köln – Weimar 2014, S. 109f.

zu werden scheint – abgeleitet werden, dass die „unvollendete Republik" (Erhard Busek) zu einer offenbar vollendeteren Monarchie werden müsse?[345] Nicht unpassend präsentierte Karl Habsburg-Lothringen, seit 1. Januar 2007 Chef seines Hauses, im März 2012 am Wiener Symposium der Katholisch Österreichischen Landsmannschaft *Maximiliana*, an dem auch Welan sprach, dazu ein sehr idealisiertes Bild der Verschränkung von Vergangenheit, Gegenwart und Zukunft in der Rolle und den Aufgaben seiner Familie, wie es sich in folgendem (Kern-)Satz spiegelt: „Aus der Erfahrung der mehr als 1000 Jahre dauernden Geschichte des Heiligen Römischen Reiches und seiner ganz spezifischen Struktur können wir die Erkenntnis gewinnen, dass die alte Reichsidee mit ihrem Wechselspiel aus verbindenden Reichsinstitutionen und fürstlich/eigenstaatlicher Souveränität auch das heutige Europa prägen sollte, also eine neuerliche *translatio imperii* in der EU von Vorteil wäre." Dazu passt weiter, dass der „Reichtum der Monarchie" nicht „aus Gleichmacherei", sondern „aus der Vielfalt" entstanden sei (was kaum jemand ernsthaft bestreitet), während Karl „in einem falsch verstandenen Multikulturalismus, wie er von den Vereinigten Staaten von Amerika vorgelebt wird", eine große Gefahr sieht.[346]

2.2 Das Nachleben der Staatsgrundgesetze von 1867

In diesem Teilkapitel geht es im Wesentlichen um die Frage, in welcher Form das als § 14 in einem der Verfassungsgesetze von 1867 verankerte kaiserliche Notverordnungsrecht – gedacht für temporäre Ausnahmesituationen, aber seit der Jahrhundertwende als Folge der in den späten 1890er Jahren besonders scharfen cisleithanischen Systemkrise mehr oder weniger systematisch eingesetzt[347] – nach dem Ende der Monarchie weiter von Bedeutung blieb. Letzteres nicht zuletzt deshalb, weil der Kompromisscharakter der Verfassung von 1920, an dessen Zustandekommen – trotz der Auflösung ihrer Koalition – Otto Bauer und Ignaz Seipel maßgeblich beteiligt waren, in der Frage des Verhältnisses von Kirche und Staat und bei der Notstandsregelung gerade nicht spielte, deren Fehlen sich aber, wie Klemens von Klemperer in der Seipel-Bio-

---

345 Welan, S. 116ff.
346 Karl Habsburg-Lothringen, Die Rolle der Familie Habsburg in der Zukunft, in: Das Habsburger-Trauma, S. 126 u. 129.
347 Vgl. zu dieser komplexen Problematik, in die neben der cisleithanischen auch die ungarisch-ausgleichbezogene Perspektive und darüber hinaus die außenpolitische Zweibunddimension einzubeziehen sind, u.a. Alfred Ableitinger, Problemlösung durch Notverordnungsrecht. Zur politischen Systemkrise Cisleithaniens 1898–1900 und deren Wahrnehmung durch die reichsdeutsche Diplomatie, in: Brennpunkt Mitteleuropa. Festschrift für Helmut Rumpler, S. 319–344, hier S. 322 und 343f.

graphie sagt, ebenso verheerend auswirkte wie das Vorhandensein einer solchen in Deutschland.³⁴⁸ Grundsätzlich ist bei der Frage nach dem Nachleben der Habsburgermonarchie der von Alfred J. Noll deutlich herausgearbeitete Umstand zu beachten, dass im Zuge der verfassungsrechtlichen Gründung (Deutsch-)Österreichs der primär intendierte radikale Parlamentarismus zunehmend „gezähmt" wurde, indem in der Praxis des politischen Alltags die Exekutive von Anfang an die maßgebliche Rolle spielte; demgegenüber lag es mit der parlamentarischen Kontrolle im Argen, weil das Parlament „in wesentlichen Dingen immer noch und lediglich auf die Erfordernisse der konstitutionellen Monarchie ausgerichtet" war,³⁴⁹ während das 1929 mit erweiterten Befugnissen ausgestattete Amt des Bundespräsidenten in gewisser Weise gerade jenen „Ersatzkaiser" installierte, den die Sozialdemokraten 1920 nicht gewollt hatten.³⁵⁰

In einem interessanten Beitrag zur Festschrift Adamovich von 1992 untersuchte Gerald Stourzh, auf welche Weise die mit kaiserlichem Patent vom 26. Juli 1913 vorgenommene Suspendierung der Landesverfassung Böhmens im altösterreichischen Verwaltungsgerichtshof und im Reichsgericht zur Beratung kam.³⁵¹ Im erkennenden Senat des Verwaltungsgerichtshofs wurden diesbezüglich drei unterschiedliche Auffassungen über den Rechtscharakter des kaiserlichen Patents vorgebracht: zum einen, dass das Patent als kaiserliche Verordnung und nicht als Gesetz anzusehen sei, weshalb es dem Prüfungsrecht des Verwaltungsgerichtshofs unterstehe; zum andern, dass es ein einseitiger, rechtswidriger kaiserlicher Akt sei, der sich weder als Gesetz noch als Verordnung qualifizieren lasse; zum dritten, dass es weder seiner Provenienz noch seinem Inhalt und Zweck nach als Verordnung behandelt werden könne, weshalb der Verwaltungsgerichtshof nicht berechtigt sei, seine Gesetzlichkeit zu untersuchen; bei letzterer Auffassung, es war jene des Referenten, wurde auf den berühmten „Notverordnungsparagraphen" 14 der Dezemberverfassung verwiesen, der mit Gesetzeskraft ausgestattete kaiserliche Verordnungen im Fall einer „dringenden Notwendigkeit" zulasse.³⁵² Diese Rechtsansicht, nach der sich das kaiserliche Patent sowohl formell als auch materiell als

---

348 Klemens von Klemperer, Ignaz Seipel. Staatsmann einer Krisenzeit, Graz – Wien – Köln, 1976, S. 114–118.
349 Alfred J. Noll, Entstehung der Volkssouveränität? Zur Entwicklung der österreichischen Verfassung 1918 bis 1920, in: Konrad/Maderthaner, Das Werden der Ersten Republik, Band I, Wien 2008, S. 363–380, hier S. 377.
350 Noll, Volkssouveränität, S. 378.
351 Gerald Stourzh, Verfassungsbruch im Königreich Böhmen: Ein unbekanntes Kapitel zur Geschichte des richterlichen Prüfungsrechts im alten Österreich, in: Staatsrecht und Staatswissenschaften in Zeiten des Wandels. Festschrift für Ludwig Adamovich zum 60. Geburtstag, Wien – New York 1992, S. 675–690.
352 Stourzh, Verfassungsbruch, S. 677–680.

2. Kontinuitäten im Alltag und in den Rechtsverhältnissen

Notgesetz erwies, war es, die sich mit vier zu zwei Stimmen im Verwaltungsgerichtshof durchsetzte.[353]

Seitens der Mehrheit wurde unter anderem auf Friedrich Tezner verwiesen, einen Forscher, Lehrer und Praktiker des öffentlichen Rechts und einer der bekanntesten Staats- und Verwaltungsrechtler der ausgehenden Monarchie, der seinerseits Mitglied des Verwaltungsgerichtshofes (aber nicht des in der Böhmensache erkennenden Senats) war und die Berechtigung von Notstandsmaßnahmen der Regierung bejahte. Demgegenüber reagierte die liberale Presse heftig auf die Deckung der kaiserlichen Notgesetzgebung durch den Verwaltungsgerichtshof, worauf Tezner in einem großen Aufsatz in der „Österreichischen Rundschau" diesen insofern verteidigte, als gegenüber Obstruktion betreibenden parlamentarischen Gruppen und Parteien die Ausübung eines kaiserlichen Notrechts notwendig sei, weil dem Kaiser die „universale Subsidiarfunktion" zukomme.[354]

Das Reichsgericht, vor dem die mündliche Verhandlung über die Verfassungsverletzung in Böhmen erst anfangs April 1914 stattfand [355], bewegte sich im Endresultat auf der gleichen Linie wie der Verwaltungsgerichtshof, indem es die Auffassung vertrat, es sei nicht zuständig, über die behauptete Rechtsverletzung seitens der Regierung zu entscheiden, und vermied, die während der Beratungen vielfach vertretene Ansicht von der Verfassungswidrigkeit des Patents vom 26. Juli 1913 auszusprechen.[356]

Worin liegt die Bedeutung dieser bis zum hier referierten Aufsatz von Gerald Stourzh in Vergessenheit geratenen Verfassungskrise von 1913? Zum einen zeigt sie, wie die extremen Spannungen des Nationalitätenkampfes die verfassungsmäßige Ordnung strapazierten und die Institutionen überforderten, weil ethnische Minderheiten die parlamentarische Obstruktion als normale Waffe einsetzten; Tezner hatte denn auch in einem zwei Wochen vor dem kaiserlichen Patent vom 26. Juli 1913 in der „Neuen Freien Presse" erschienenen Zeitungsartikel angesichts dieser Sachlage die Kurzsichtigkeit der politischen Parteien denunziert, die „für sich die Verfassung" und „gegen die andern den Staatsstreich" verlangten.[357] Zum andern zeigt sie – in den Worten Gerald Stourzhs – „wie prekär der endgültig erst 1867, also 46 Jahre zuvor etablierte Konstitutionalismus Altösterreichs war" und „wie leicht der vorkonstitutionelle monarchische Absolutismus in Krisensituationen gleichsam ‚subsidiär' an die Stelle des gelähmten oder auch nur als gelähmt betrachteten Konstitutionalismus eintreten konnte".[358]

---

353 Stourzh, Verfassungsbruch, S. 680.
354 Stourzh, Verfassungsbruch, S. 680–682.
355 Vgl. Stourzh, Verfassungsbruch, S. 683–688.
356 Stourzh, Verfassungsbruch, S. 688.
357 Stourzh, Verfassungsbruch, S. 689.
358 Stourzh, Verfassungsbruch, S. 689f.

Das in diesem Kontext von Gerald Stourzh unter Rückgriff auf Überlegungen Friedrich Tezners geprägte treffende Wort vom „subsidiären Absolutismus" soll im Folgenden dazu dienen, verschiedene Kontinuitäten im Feld von Verfassung und Recht über das Ende der Monarchie hinaus aufzuzeigen.

Friedrich Tezner (1859–1925) selber hat sich in der als Krönung seines wissenschaftlichen Werks geltenden „Rechtslogik und Rechtswirklichkeit", die in seinem Todesjahr 1925 zum zweiten Mal nach der Erstveröffentlichung von 1922 erschien, vordergründig antithetisch mit der Reinen Rechtslehre von Hans Kelsen und deren Fixierung auf eine formal-logisch verengte Normentheorie auseinandergesetzt, sich aber als Praktiker mit einem reichen Erfahrungsschatz als Anwalt und Richter vor allem mit der Beziehung zwischen Recht und der untrennbar damit verbundenen Gerechtigkeit befasst.[359] Recht könne – wie Tezner im ersten Kapitel ausführt – unlogisch sein, weil denkbar sei, dass jene, die das Recht machen, es so drehen und wenden, wie sie es brauchen. Das Recht gleiche dem Fabelbild, das halb Mensch, halb Tier ist. Eine konstruierte Rechtslogik würde auf das gleiche hinauslaufen, „als wollte man einen Idealtypus des Menschen aufstellen, und was ihm nicht entspricht, als Unmenschen erklären". Deshalb sei Kelsens einer normativen Rechtsgeometrie zustrebende Rechtslehre kein System des wirklichen Rechts, sondern einer idealen Rechtsordnung, „eine Forderung des Seinsollens an das ihm in keinem Punkte entsprechende empirische rechtliche Sollen". Die Axiome des Rechts unterlägen dem Wechsel des Zeitgeistes und seien keine mathematischen Axiome. Die Einheit des rechtlichen Weltbilds sei vielmehr die Einheit des Kaleidoskops.[360] Folgerichtig wird im zweiten Kapitel ausgeführt, die Logik des juristischen Denkens sei die Logik der nötigenfalls auch mit Widersprüchen arbeitenden Phantasie und eine praktischen Zwecken dienende Konstruktion des Juristen als Erfinder oder Techniker. Allenthalben walte eine juristische Relativitätstheorie im Widerspruch zwischen rechtsverbindlichem Unrecht und unverbindlichem Recht in den verschiedenartigsten Formen. Halbtöne durchzögen alle Räume, worin es nicht bloß bösartige, sondern auch dumme Gesetze gebe.[361] Um zu zeigen, dass ein menschliches Gesetz auszulegen etwas gänzlich anderes sei als die Anwendung einer geometrischen Regel, bringt Tezner das Beispiel der von Rousseau vertretenen allgemeinen Rechtsgleichheit, die in den Despotismus der nur scheinbaren Majoritäten münde, während das Völkerrecht „die sinnfälligste Veranschaulichung seiner Wirksamkeit in dem ungeheuren

---

359 Geleitwort von Günther Winkler zu Friedrich Tezner, Rechtslogik und Rechtswirklichkeit. Eine empirisch-realistische Studie. Wien – New York 1986 (Forschungen aus Staat und Recht, 75), (Neudruck der Ausgabe von 1925), S. VIIf.
360 Tezner, Rechtslogik, S. 4, 8, 11, 16.
361 Tezner, Rechtslogik, S. 22f., 29f., 32f.

Weltfriedhof" erfahre, „dessen Boden Millionen von Zerfleischten, Vergasten, bei lebendigem Leibe Verwesen und zu Tode Gehungerten birgt".[362] Im dritten Kapitel schreibt er denn auch mit unverhohlener Enttäuschung von den Diktaten der Siegermächte des Weltkriegs, wer könne, mache sich vom Völkerrecht los. Dieses sei keine „lex christiana", sondern eine „lex barbarorum", die zur Knechtung und Erniedrigung eines „großen und edlen Volkes" führe (womit er das deutsche meinte), dessen behauptete Alleinschuld nicht ernst zu nehmen sei. Ein nützlicher Vertrag werde eingehalten, auch wenn er verfassungswidrig sei; hingegen werde ein verfassungsrechtlich gültiger Vertrag gebrochen, wenn der „sacro egoismo" es gebiete.[363]

Das vierte Kapitel untersucht den Unterschied zwischen Privatrecht und öffentlichem Recht. Letzteres sei konventionellerweise das Verfassungs- und Staatsrecht und seinem Inhalt nach das Grundgesetz für die grundlegenden staatlichen Zuständigkeiten. Doch „quis custodiet custodes ipsos"? Auch staatsrechtliche Konstruktionen seien nicht logisch. So lasse sich aus dem sogenannten Ausgleich von 1867 die Anerkennung der Gesamtstaatsidee ebenso herauslesen wie jene der Souveränität Ungarns, während die Frage, wo die Souveränität in konstitutionell-monarchischen Staaten sei – beim Volk oder beim Fürsten – zeige, dass die Rechtswissenschaft über die Schranken der Logik hinausführe. Die Aussage: was in der Theorie richtig sei, könne in der Praxis nicht unrichtig sein, genüge nicht; vielmehr müsse die Probe der Richtigkeit einer Theorie durch ihre Übertragung in die Praxis gemacht werden.[364] Das Staatsrecht veranschauliche das Vorwalten der Relativitätstheorie mittels des Wesens der Legitimität, wofür als Beispiel Ungarn dient: „Die Ungarn setzen der Legitimität der zentralistischen österreichischen Einrichtungen den Satz entgegen: ‚Tausend Jahre Unrecht sind noch kein Jahr Recht.' Nunmehr haben die nichtmagyarischen Völker des ehemaligen Großungarn diesen Satz gegen die Ungarn gekehrt. So ist der Hochverräter von gestern der Legitimist von heute, der Legitimist von gestern ein Hochverräter von heute."[365] Die österreichisch-ungarische Monarchie habe auf einer logischen Synthese nicht zugänglichen Verbindung bundesstaatlicher und staatenbündischer Einrichtungen beruht. Dagegen habe die ungarische Unabhängigkeitsidee am Piave (durch den im Oktober 1918 beförderten Abzug der ungarischen Truppen) „den auf einem schmalen Sockel stehenden Gesamtstaat" zu Fall gebracht. So sei die Stunde der Geburt der selbständigen ungarischen Armee die Todesstunde Altungarns geworden, und der Pyrrhussieg der

---

362 Tezner, Rechtslogik, S. 58.
363 Tezner, Rechtslogik, S. 73ff., 76f.
364 Tezner, Rechtslogik, S. 91f., 95, 99, 101, 105. Vgl. zur Problematik der Ausgleichskonstruktion von 1867 oben Teilkapitel 2.1.
365 Tezner, Rechtslogik, S. 108.

ungarischen Unabhängigkeitsidee habe eine militärische Katastrophe von noch nicht dagewesenem Umfang bewirkt. Verglichen mit dem Privatrecht und auch mit dem Verwaltungsrecht weise das Staatsrecht die Eigentümlichkeit auf, dass das durch seine Organisationen geschaffene Privat- und Verwaltungsrecht seinen Untergang überdauern könne, wie in den Nachfolgestaaten der Monarchie gesehen werden könne, obwohl die Völker der Monarchie 1867 „unter das Joch der über Nacht sanktionierten Ausgleichsadresse des ungarischen Reichstages gebeugt" worden seien.[366]

Nach Überlegungen zum Obrigkeitsrecht im 5. Kapitel werden in zwei weiteren (kurzen) Kapiteln vornehmlich Auseinandersetzungen mit Edmund Bernatzik geführt, worauf im letzten (8.) Kapitel abschließende Betrachtungen über das Verhältnis von Recht und Gerechtigkeit angestellt werden. Nicht zufällig wird auf die schon erwähnte böhmische Verfassungsbruchproblematik von 1913 eingegangen. Damals sei die monarchische Gewalt in Österreich noch stark genug gewesen, um durch die nationalen Forderungen der Deutschen und Tschechen einen Strich zu ziehen. Dies habe allerdings beim besten Willen keine Rechtskontinuität ergeben, da die Verbindlichkeit des Oktrois für den oktroyierenden Monarchen auf keinen Rechtssatz habe zurückgeführt werden können. Dem parlamentarischen Obstruktionsfieber sei einfach das verfassungswidrige und dennoch von allen höchsten Gerichten anerkannte §14-Regiment auf dem Fuß gefolgt.[367] Während die sogenannte mathematische Grundlegung des Rechts oder die reine Rechtswissenschaft am Maßstab ihrer Praktikabilität gemessen werden müsse, sei allein die Gerechtigkeit zeitlos, unwandelbar, unbeugsam, anarchisch, absolut, unbedingt. Nur ihre Sätze seien der Mathematik oder der Naturwissenschaft vergleichbar.[368] Ein solcher Leitsatz wäre, dass „aus dem Urbegriff des Rechts [...] jedes Moment der Gewalt, der Macht, der Herrschaft im Sinne einer äußeren Autorität auszuschalten" wäre. Ein Machtverhältnis sei kein wahres Rechtsverhältnis, selbst wenn es sich in juristische Formeln kleide, weshalb ein Diktatfriede nur ein Macht-, aber kein Rechtsverhältnis schaffe. Umgekehrt müsse, was durch das Verfassungs-, das Straf-, das Zivil- und das Prozessrecht als gerecht gefordert werde, auch „als wesentlich und unerlässlich für ein wahres, gerechtes Völkerrecht anerkannt werden". Kolonialvölkern wie Engländern und Franzosen könne die Eignung zur Rechtsprechung in Sachen der Freiheit der Nationen nicht zuerkannt werden, aber auch Deutschland habe durch sein Verhalten in Brest-Litowsk und in Rumänien sowie durch seine Polenpolitik die Eignung für ein solches Richteramt verwirkt.[369] Es sei kaum je ein willkürlicheres Ur-

---

366 Tezner, Rechtslogik, S. 113–116.
367 Tezner, Rechtslogik, S. 158f.
368 Tezner, Rechtslogik, S. 159 und 161.
369 Tezner, Rechtslogik, S. 165f.

teil gefällt worden als jenes, das die armseligen österreichischen Stammlande „in ihrer noch nie dagewesenen, ganz originär entstandenen republikanischen Form" mit dem mächtigen österreichischen Kaiserstaat nahezu identisch erklärt habe, womit „ohne eine bestehende Rechtsnorm ein Zwergstaat zur Strafe identisch mit einem Großstaat erklärt" worden sei. Galt die „angeblich schwere Unterdrückung der Slawen und Romanen durch die österreichischen Deutschen und die Magyaren" im Diktatfrieden als zu behebendes Unrecht, so könne die durch diesen Frieden bewirkte Umkehrung des Verhältnisses doch nicht mit einem Mal Recht sein.[370] Insofern drängten der Weltkrieg und seine entsetzlichen Wirkungen die unwiderstehliche Erkenntnis auf, dass die Rettung der menschlichen Kultur nur noch auf Grund einer staatsbürgerlichen, durch die Schule zu besorgenden Bildung möglich sei, die auf der „Geschichte der Gerechtigkeitsbestrebungen" aufbaue. Recht sei nicht Macht im Sinne von Gewalt, die durch Gewalt überwunden werden könne, sondern „ein System von Gerechtigkeitssätzen", gegen die sich Gewalt zwar vergehen, die sie aber nicht aus der Welt schaffen könne, weil sie „ewig" seien „wie die Mütter" und weil „für jede Ungerechtigkeit ein Tag des Gerichts" komme.[371]

Sinn dieser langen Auseinandersetzung mit der wichtigen Schrift von Friedrich Tezner war zum einen das Nachzeichnen seiner Überlegungen zu Grundlehren des Rechts nach dem mörderischen Weltkrieg und den aus dem österreichisch-ungarischen Zusammenbruch hervorgegangenen Unrechtsverträgen, zum andern das Aufzeigen des bemerkenswerten Tatbestandes, dass Tezner immer, wenn es um zentrale Überlegungen geht, Beispielfälle und Probleme der Habsburger Monarchie zu Hilfe zieht, die sich über ihr Ende hinweg fortsetzten. Das gleiche Kontinuitätsdenken zeigt sich in einer anderen seiner späten Schriften, derjenigen von 1924 zur Frage des freien Ermessens der Verwaltungsbehörden, die Tezner auf der Basis der österreichischen verwaltungsgerichtlichen Rechtsprechung erörtert.[372] Auch hier ging er davon aus, dass nicht genug Gewicht auf die empirische Betrachtung des Rechtslebens gelegt werden könne, wo die Gesetzesanwendung mit unberechenbarem Ergebnis erfolge, weil der Richter – bei unverändertem Stand der Gesetzgebung – „heute so, morgen so" urteile. Zufolge des Artikels 12 des Staatsgrundgesetzes über die Regierungsgewalt vom 21. Dezember 1867 seien die Staatsbehörden befugt, auf Grund der Gesetze Verordnungen zu erlassen und Befehle zu erteilen, so dass die Verwaltung unter Umständen ein fester gegründetes Gewohnheitsrecht herausbilde als ein schlechtes Gesetz. Dabei befänden sich „lex und

---

370 Tezner, Rechtslogik, S. 168ff.
371 Tezner, Rechtslogik, S. 171ff.
372 Friedrich Tezner, Das freie Ermessen der Verwaltungsbehörden. Kritisch-systematisch erörtert auf Grund der österreichischen verwaltungsgerichtlichen Rechtsprechung, Leipzig – Wien 1924.

consuetudo in fortwährendem Kampf", weshalb sich auch von dieser Seite zeige, „dass es auf dem Gebiete des Rechtes nichts Absolutes gibt", sondern dass unter dem Titel der Rechtsanwendung Lücken unter Verwendung von Baustoffen aller Art gefüllt, Auswüchse beschnitten, unsinnige Gesetze in sinnvolle verwandelt oder beiseite geschoben würden usw.[373] Hier folgt als bezeichnendes Beispiel der Hinweis, dass der Verwaltungsgerichtshof vor dem Zusammenbruch der Monarchie das Kriegsfürsorgegesetz vom 2. Juli 1917 als „Diktaturgesetz" dahingehend aufgefasst habe, dass die Regierung „zu allen für die wirksame Bekämpfung des Kriegsnotstandes in allen seinen Formen geeigneten Anordnungen" ermächtigt sein solle. Die Fürsorgeverordnungen seien denn auch nicht durch die Gesamtregierung, sondern nach Zweckmäßigkeitsgesichtspunkten durch Ressortminister oder deren Delegierte getroffen worden, ohne dass der Reichsrat gegen diese Praxis Einspruch erhoben oder die Gerichte Bedenken gehegt hätten. In der Republik sei die Zuständigkeit der Regierung dann gemäß Beschluss der provisorischen Nationalversammlung vom 3. Oktober 1918 auf den deutschösterreichischen Staatsrat und seine Beauftragten (die Staatssekretäre) übergegangen.[374]

Besonders erhellend sind Tezners Überlegungen zur Staatsnot in der gleichen Schrift. Alle österreichischen Gerichte seien sich darüber einig gewesen, dass schon die Wahl der Form der kaiserlichen Verordnungen gemäß § 14 des Staatsgrundgesetzes vom 21. Dezember 1867 ausreiche, um die Verfassungsmäßigkeit ihres Inhalts der gerichtlichen Prüfung zu entziehen. So habe sich die Ersatzfunktion der kaiserlichen Verordnung als § 14- oder Notverordnung anstelle der konstitutionellen Gesetzgebung ohne Hemmung durch die Gerichte entfalten können, während die verschiedenen österreichischen Regierungen zu verfassungs- und gesetzwidrigen Mitteln gegen den Widerstand der Deutschösterreicher, den Slawen einen gebührenden Einfluss einzuräumen, gegriffen hätten. Einmal mehr konnte der „Bruch der Landesordnung für Böhmen durch Einsetzung einer vom Kaiser ernannten Landesverwaltungskommission an Stelle des funktionsunfähig gewordenen Landesausschusses" zur Sprache kommen, den der Verwaltungsgerichtshof im Wesentlichen mit dem Notverordnungsparagraphen der Verfassung für die Reichsratsländer gerechtfertigt habe.[375] Daran schloss Tezner Überlegungen an, die in letzter Linie auf die Unzuständigkeit des Verwaltungsrichters zur Überprüfung von Verwaltungsakten abzielten, „die der Fürsorge der Regierung für die Bekämpfung von Notständen elementarer Natur oder von politischen Notständen oder für die Verhütung von politischen Verwicklungen" entsprängen und somit „Akte der höchsten Leitung des Staatswesens oder der Regierung" seien. Der Satz „salus rei

---

373 Tezner, freies Ermessen, S. 113f., 115f., 119ff.
374 Tezner, freies Ermessen, S. 122.
375 Tezner, freies Ermessen, S. 124f., 127f.

2. Kontinuitäten im Alltag und in den Rechtsverhältnissen

publicae suprema lex esto" scheint für ihn ebenfalls gegolten zu haben, und wenn er darauf hinweist, dass „während der ganzen Epoche der Versuche der Begründung der Monarchie auf dem konstitutionellen Staatsrecht von der Rechtmäßigkeit der Akte des Kaisers ausgegangen" worden sei, muss auch in dieser Hinsicht Kontinuität gewaltet haben. Vor allem wird auf diese Weise aber das abgeleitete oder eben „subsidiäre" Wesen des „Absolutismus" in der konstitutionellen Ära des österreichischen Kaiserstaates fassbar, der sich bis zuletzt zur „Rechtfertigung von verfassungs- und gesetzwidrigen Verwaltungsakten hochpolitischer Natur" auf den Kaiser berufen konnte.[376] Dass sich diese Praxis nach dem Ende des Kaiserreiches auch ohne Kaiser fortsetzte, sollte sich dann als wesentliches Element im unglücklichen Verlauf der Geschichte der Ersten Republik erweisen. Kaum zufällig konnte ein „Diktaturgesetz" von 1917 als Basis für die ‚Kanzlerdiktatur' dienen.

Bevor auf dieses Problem näher eingegangen wird, soll auf das Weiterleben des Privat- und Verwaltungsrechts der Monarchie in ihren Nachfolgestaaten hingewiesen werden.[377] Helmut Slapnicka spricht in diesem Zusammenhang von Rechtskontinuität in der Tschechoslowakei, Polen, Jugoslawien und Rumänien, was keine Selbstverständlichkeit gewesen sei. Vielmehr habe die Tschechoslowakei ursprünglich französisches Recht übernehmen wollen, und die einschneidendsten Änderungen seien generell diejenigen bezüglich des Eherechts gewesen, wo die konfessionelle Basis vielfach verlassen worden sei.[378] Wegen der ihnen neu zugeteilten Gebietsteile sei in allen diesen Staaten die Vereinheitlichung der Gesetzgebung vordringlich geworden, weil sich zur Unterstreichung der neu erworbenen Souveränität überall das Bemühen um raschmöglichste Beseitigung der Vielfalt der verschiedenen Rechtsordnungen eingestellt habe.[379] Zu diesem Zweck schuf die Tschechoslowakei mit Gesetz vom 22. Juli 1919 sogar ein eigenes „Ministerium für die Vereinheitlichung der Gesetzgebung und Verwaltung", das am 4. November 1938 aufgehoben, am 17. Juli 1946 wieder errichtet und am 19. Dezember 1950 definitiv beseitigt wurde, so dass sich darin das tragische Schicksal der 1. und 2. tschechoslowakischen Republik spiegelt.[380]

---

376 Tezner, freies Ermessen, S. 129ff.
377 Vgl. Helmut Slapnicka, Österreichs Recht außerhalb Österreichs. Der Untergang des österreichischen Rechtsraums, Wien-München, 1973 (Schriftenreihe des Österreichischen Ost- und Südosteuropa-Instituts, 4).
378 Slapnicka, Recht außerhalb Österreichs, S. 9, 13.
379 Slapnicka, Recht außerhalb Österreichs, S. 15, 18. Beispielsweise kannten Jugoslawien 5 Strafgesetzbücher, 6 Strafprozessordnungen, 5 Handelsgesetzbücher sowie Rumänien 4 Zivilprozessordnungen, 4 Strafgesetzbücher, 4 Strafprozessordnungen und – neben dem ungarischen Gewohnheitsrecht – 3 Zivilgesetzbücher nebeneinander; vgl. ebd., S. 16.
380 Vgl. Slapnicka, Recht außerhalb Österreichs, S. 19.

Bei Ausbruch des Zweiten Weltkriegs waren alle Vereinheitlichungsbestrebungen (außer in Italien, wo 1928/29 die italienische Rechtsordnung kurzerhand auf die neuen Provinzen übertragen wurde)[381] noch nicht an ihr Ende gelangt, was neben den Schwierigkeiten der Unifizierung, die unterschätzt worden waren, trotz allen Neuformulierungen auch die Wirkmächtigkeit des österreichischen Erbes in Jugoslawien, Rumänien und der Tschechoslowakei erweist.[382] Musterhaft für die Sorgfalt, mit der das Erbe des alten Österreich in die Gesetzgebung der Nachfolgestaaten übernommen wurde, sei die Kodifizierungsgeschichte des tschechoslowakischen und des jugoslawischen bürgerlichen Gesetzbuches, deren (durch die Umstände verhindertes) Inkrafttreten eine Rechtsvereinheitlichung für einen großen Teil Mitteleuropas bedeutet hätte.[383]

Das altösterreichische Recht lebte demnach in den Nachfolgestaaten weiter und wurde durch zahlreiche Novellen an die neue Situation angepasst, ohne dass die Grundgedanken der Gesetze geändert worden wären. Eines der bemerkenswertesten Beispiele war die Regelung der Verwaltungsverfahren in Polen, der Tschechoslowakei und Jugoslawien, wo 1928 und 1930 diesbezügliche Gesetze in Kraft traten, die „eine weitgehende, zum Teil wörtliche Übereinstimmung mit den österreichischen" aufwiesen. Auch das Nationalitätenrecht habe nach 1918 über das ursprüngliche Geltungsgebiet hinaus ausgestrahlt; so habe Polen den mährischen Ausgleich von 1905 übernommen. Was den übernommenen Normenbestand anbelangt, habe die Tschechoslowakei weniger daran gerührt als die Republik Österreich, und in den Nachfolgestaaten seien viele Gesetze in Kraft geblieben, die in Österreich beseitigt wurden.[384]

Allerdings habe es – so Slapnicka weiter – auch Gegner der Beibehaltung des österreichischen Rechts gegeben, in Jugoslawien etwa Juristen aus dem Königreich Serbien. Vor allem hätten sich ungarische Juristen gegen das Abbröckeln des ungarischen Rechtsgebiets in den Nachfolgestaaten und seine Ersetzung durch österreichisches Recht gewandt. Doch nur in Rumänien hätten sich die Anhänger des französischen Rechts gegenüber den Befürwortern einer Beibehaltung des österreichischen Rechts durchsetzen können. Ansonsten habe sich die ursprünglich als Provisorium gedachte Beibehaltung des österreichischen Rechts in eine bewusste Bejahung seiner Vorzüge verwandelt.[385]

Insofern erfolgte bei der Rechtsordnung – entgegen dem vom ersten tschechoslowakischen Staatspräsidenten Thomas G. Masaryk geprägten Schlagwort – im Allge-

---

381 Slapnicka, Recht außerhalb Österreichs, S. 20. Es sind nicht zufällig die Jahre, als der Aufbau des totalitären faschistischen Staates abgeschlossen wurde.
382 Slapnicka, Recht außerhalb Österreichs, S. 24 und Kap. 4 passim.
383 Slapnicka, Recht außerhalb Österreichs, S. 32, 35.
384 Slapnicka, Recht außerhalb Österreichs, S. 36, 38, 42f.
385 Slapnicka, Recht außerhalb Österreichs, S. 43ff.

meinen gerade keine „Entösterreicherung".³⁸⁶ Vielmehr seien auch die Juristen der Nachfolgestaaten dem 1811 in Kraft getretenen Allgemeinen Bürgerlichen Gesetzbuch (ABGB) und der österreichischen Zivilprozessordnung (ZPO) positiv gegenübergestanden, so wie sie ihre Zugehörigkeit zur österreichischen Rechtsschule nicht verleugnet hätten. Selbst in Bezug auf die oberstgerichtliche Rechtsprechung könne in den Nachfolgestaaten – ähnlich wie bei der Gesetzgebung – von Kontinuität gesprochen werden, ebenso bei den Richtern und Beamten. Auch die Verwaltungspraxis sei in den Nachfolgestaaten weitgehend vom in den Wiener Ministerien entwickelten Arbeitsstil geprägt geblieben, und die Beibehaltung der österreichischen Rechtsordnung an den Universitäten habe eine kaum gestörte Fortsetzung der Lehrveranstaltungen im Bereich der Rechtslehre ermöglicht.³⁸⁷

Auch von Seiten dieser bemerkenswerten, wenngleich den Rechts-Einheitsgedanken vielleicht etwas forcierenden Untersuchung zeigt sich mithin, dass sich 1918 zwar vieles und für die direkt Betroffenen individuell wohl fast alles änderte, nicht aber die Menschen und Völker als solche. So blieben in den folgenden zwei Jahrzehnten über die alten sprachlichen und neuen politischen Grenzen hinweg nicht nur die grundlegenden Gedanken der altösterreichischen Rechtsordnung bestehen, sondern auch eine große Zahl von Rechtsnormen. Erst als die österreichische Republik 1938 als Staat zu existieren aufhörte, begann sich dies zu ändern. Zwar wurde 1945 wieder an die Situation von 1938 angeknüpft, aber als Folge der Neugestaltung der Wirtschafts- und Gesellschaftsstrukturen der in den Sowjetsog geratenen Nachfolgestaaten stellte sich nunmehr das Ende des „bürgerlichen" österreichischen Rechtsraums ein.³⁸⁸

An dieser Stelle ist auf die 1968 an der Philosophischen Fakultät der Universität Wien eingereichte Dissertation von Peter Huemer zum Sektionschef Dr. Robert Hecht (deren Kenntnis ich wie vieles andere Gerald Stourzh verdanke) hinzuweisen, die im Kontext einer zunehmenden Ablehnung der Demokratie das schon in den 1920er und vor allem in den 1930er Jahren heraufziehende Unglück der Ersten Republik eindrücklich illustriert.³⁸⁹ Die Dissertation besteht aus zwei separaten (aber durchpaginierten) Teilen, deren erster eine Biographie Dr. Robert Hechts liefert und vornehmlich von den innenpolitischen Auseinandersetzungen um das Bundesheer unter dem langjährigen Minister Vaugoin handelt, bei denen Hecht als Vorsteher des Rechtsbüros im Bundesministerium für Heerwesen eine tragende Rolle zukam, während der zweite

---

386   Slapnicka, Recht außerhalb Österreichs, S. 47.
387   Slapnicka, Recht außerhalb Österreichs, S. 49, 57, 59, 61f.
388   Vgl. Slapnicka, Recht außerhalb Österreichs, S. 71ff.
389   Peter Huemer, Sektionschef Dr. Robert Hecht und die Entstehung der ständisch-autoritären Verfassung in Österreich, Dissertation Universität Wien 1968 (Maschinenschrift).

Teil die Entstehung der ständisch-autoritären Verfassung unter besonderer Berücksichtigung der Tätigkeit Dr. Robert Hechts als Rechtsberater von Bundeskanzler Dollfuß untersucht.[390]

Insbesondere von sozialdemokratischer Seite wurde der vom 28. April bis zum 7. Oktober 1921 und in der Folge ununterbrochen vom 31. Mai 1922 bis 21. September 1933 als Heeresminister amtierende christlichsoziale Carl Vaugoin,[391] der die stark von den Sozialdemokraten inspirierte Wehrverfassung der Republik durch eine Reihe von Novellierungen umgestaltete und das Heer durch Personalaustausch politisch umpolte[392] (die im konservativen Diskurs als ‚Entpolitisierung' charakterisierte Militärpolitik betrieb er faktisch als ‚Umpolitisierung'),[393] immer wieder als Marionette Dr. Hechts hingestellt, welcher als Vaugoins „Hausju – rist" im Ministerium das Sagen habe.[394] Huemer selber zeichnet ein differenzierteres Bild der Arbeitsgemeinschaft zwischen dem Minister und seinem Sektionschef, indem er den einen als „politisches Urtalent", den andern als „ungewöhnlich befähigten Juristen" qualifiziert und folgert, dass sie sich kongenial ergänzt hätten und dadurch ein „gefürchtetes und nahezu unschlagbares Arbeitsteam im Kampf gegen ‚die Roten' im Bundesheer" geworden seien. Zwei Monate nach Vaugoins Sturz 1933 verließ auch Hecht das Ministerium. Beide hätten „Hass gegen den November 1918 und seine Folgen" empfunden und aus antirepublikanischen Affekten das republikanische Wehrgesetz abgelehnt. Die Sozialdemokraten zahlten es Hecht ihrerseits, laut Huemer, „mit tödlichem Hass" heim, ebenso mit antisemitischen Ausfällen gegen „Vaugoins Hausjud".[395] Hier ist freilich nachzutragen, dass der spätere Rechtsberater von Bundeskanzler Dollfuß, der eine wichtige Rolle bei der Demontage der parlamentarisch-demokratischen Einrichtungen der Ersten Republik spielte und auch unter Bundeskanzler Schuschnigg entscheidenden Einfluss auf beinahe sämtliche Gesetze des Ständestaates hatte,[396] am 1. April 1938 im ersten Österreichertransport als politischer Häftling von Wien ins KZ Dachau überstellt wurde,

---

390 Vgl. Huemer, S. IVf.
391 Vgl. Anton Staudinger, Bemühungen Carl Vaugoins um Suprematie der christlichsozialen Partei in Österreich (1930–1933), Dissertation Universität Wien, Wien 1969, S. 2 u. 239.
392 Vgl. Erika Weinzierl, Revolution und Demokratisierung in Österreich, in: Studien zur Zeitgeschichte der österreichischen Länder, Band 1, S. 21ff.
393 Oswald Überegger, Erinnerungskriege. Der Erste Weltkrieg, Österreich und die Tiroler Kriegserinnerung in der Zwischenkriegszeit, Innsbruck 2011, S. 106.
394 Vgl. Huemer, S. 78f. Die antisemitische Wendung findet sich in einem Spottgedicht auf Vaugoin in „Der freie Soldat" vom 15. November 1925: „Solang' i mein Hecht hab, / So bin i no wer, / Der schützt mi ja besser / Als Gott unser Herr. / Bei Seipel, i sag' die Wahrheit, / Mir kann nix passieren, / Solang mi mei Hausju – rist / Durch die Paragraphen tut führen." Zit. Huemer, S. 79.
395 Huemer, S. 82ff., 89f.
396 Vgl. Enderle-Burcel/Follner, Diener vieler Herren, S. 18.

wo er Ende Mai wahrscheinlich Selbstmord beging.[397] Gleichzeitig ist zweifellos richtig, dass der Umstand, dass Hecht in einer antisemitisch eingestellten Gesellschaft jüdischer Herkunft war, trotz aller Assimilation und seinen wohl vornehmlich aus Opportunitätsgründen erfolgten Konfessionswechseln (er wurde 1899 evangelisch und 1934 katholisch), die zentrale Erfahrung seines Lebens war.[398]

Nachdem ab 1923 die Traditionspflege der k.u.k. Armee sukzessive wieder aufgenommen wurde,[399] trugen die Angehörigen der Wiener Schwadron anlässlich der Parade zur Republikfeier vom 12. November 1924 zum ersten Mal wieder ihre kaiserlichen Auszeichnungen, worauf Vaugoin – nach deswegen erfolgten Zwischenfällen – einen von Hecht aufgesetzten Tagesbefehl erließ, in dem vom „schönsten Schmuck" der „vor dem Feinde erworbenen Kriegsauszeichnungen" die Rede war, und von der „irregeleiteten Menge", welche die Angehörigen der Schwadron verhöhnt und beschimpft habe, wobei sich gerade in solchen Akten und Formulierungen eine in ihren Auswirkungen letztlich verhängnisvolle altösterreichische Traditionspflege zeigte, die 1933 zur Wiedereinführung der seinerzeitigen Rangabzeichen und der Adjustierung des k.u.k. Heeres und der k.k. Landwehr führte.[400] Schon Ende November 1931 konnte anlässlich einer legitimistischen Versammlung in Hall von einem Hauptmann a.D., der das alte Herrscherhaus und den jungen Kaiser Otto lobte, problemlos (wenngleich polizeilich observiert) gesagt werden, die Republik verleugne das alte Österreich, und nur das Bundesheer habe die Tradition der alten Armee übernommen.[401] Nicht zufällig sprach in diesem Kontext Dollfuß dann am 14. Mai 1933 öffentlich in der Uniform eines Kaiserschützenoffiziers.[402] Es sei „ein kluger, wenn auch teurer Schachzug" gewesen, die Uniformen der alten Armee „als visuelle Erinnerung an Österreichs Beständigkeit wieder aufleben zu lassen", schrieb der 1938 nach England geflohene

---

397 Huemer, S. 214–217.
398 Huemer, S. 219f. und 222f. Vielleicht nicht ganz unähnlich das Schicksal des Ordinarius für Handelsrecht Josef Hupka, der als einziger Ordinarius der Universität Wien in einem KZ (Theresienstadt, April 1944) umkam, nachdem er 1938 seine Professur verloren hatte; vgl. Klaus Taschwer, Der verlängerte Leidensweg des Josef Hupka, Der Standard, 19. März 2014, S. 13.
399 Vgl. Staudinger, Bemühungen Vaugoins, S. 9.
400 Huemer, S. 84, 87. Vgl. zu Vaugoins ‚Überlieferungspflege', d. h. der Wiederbelebung altösterreichischer Traditionen in den einzelnen Truppenkörpern, einem „Herzensanliegen" dieses Ministers, Ludwig Jedlicka, Ein Heer im Schatten der Parteien. Die militärpolitische Lage Österreichs 1918–1938, Graz 1955, S. 59–64, v. a. S. 61. S. auch Staudinger, Bemühungen Vaugoins, S. 111–128, wonach die von Vaugoin im Bundesheer initiierte „Überlieferungspflege" als Indiz des „Österreichertums" zu gelten hatte; vgl. ebd. S. 112.
401 Amt der Tiroler Landesregierung an Bundeskanzleramt, Generaldirektion für öffentliche Sicherheit, 27. November 1931; AdR, BKA allgemein, Inneres, Sig. 15/3, Karton 2442, N. 227121.
402 Staudinger, Bemühungen Vaugoins, S. 115.

George Clare (Georg Klaar) in seinem Erinnerungsbuch an seine im ‚Dritten Reich‘ weitgehend ausgemerzte Familie, wobei – wie er weiter bemerkte – mehr vonnöten gewesen wäre, um die von Argwohn und Hass und vor allem durch die Schüsse vom Juli 1927 dem Staatskörper zugefügten Wunden zu heilen.[403] Allerdings war schon die von Julius Deutsch (seit Anfang November 1918 Unterstaatssekretär und ab 15. März 1919 Staatssekretär für Heerwesen) Mitte November 1918 gebildete und „Volkswehr" genannte provisorische deutschösterreichische Freiwilligenarmee, die als Folge der Bestimmungen von St. Germain, welche eine Ordnungstruppe von lediglich 30.000 Freiwilligen vorsahen,[404] abgebaut und in das dem Vertrag entsprechende Bundesheer überführt werden musste, wegen der materiellen Notlage gezwungen gewesen, die alte k.u.k. Uniform weiterzutragen, bei der lediglich das gemeinsame Volkswehrabzeichen auf der linken Brustseite als Identifikationsmittel diente.[405] Dies war freilich kein Bekenntnis zur eben aufgelösten Monarchie, deren militärische Traditionspflege im Gegenteil unterbunden werden sollte,[406] während die Volkswehr den republikanischen Neubeginn absichern musste, auch gegen die ebenfalls im November 1918 in Wien entstandene Rote Garde. Das damals herrschende Chaos, das nicht zuletzt mit Hilfe der Volkswehr gemeistert werden konnte, schilderte Otto Bauer in einem am 13. April 1921 vor Offizieren des Bundesheers gehaltenen Vortrag sehr plastisch.[407] In derselben Rede forderte Bauer die Offiziere auf, das ihnen in der k.u.k. Armee anerzogene Herrentum zu überwinden und „mit dem Wehrmann auf dem Boden demokratischer Gleichberechtigung zu verkehren". Nicht durch „äußerliche, mechanische Disziplinierungsmittel", sondern durch „innere, geistige Anpassung" an die Erfordernisse der Zeit könnten die inneren Gegensätze in der Wehrmacht überwunden werden.[408] Dass dies nicht gelang, kennzeichnet nicht nur die persönliche Tragik von Bauers politischer Biographie, sondern allgemein die unglückliche Geschichte und letztendlich katastrophale Entwicklung der Ersten Republik, deren Armee die von Bauer geforderte Homogenität gerade nicht aufwies, welche sie befähigt hätte, die Republik zu verteidigen.

---

403 George Clare, Das waren die Klaars. Spuren einer Familie, Frankfurt /M – Berlin 1980, S. 152f. Vgl. zu Clare/Klaar unten Kap. 8.2.
404 Vgl. Peter Broucek, Die österreichischen militärischen Vorbereitungen für die Friedenskonferenz von Saint-Germain, in: Saint-Germain 1919. Protokoll des Symposiums am 29. und 30. Mai 1979 in Wien, Wien 1989, S. 201–228, hier S. 225f.
405 Vgl. Erwin Steinböck, Entstehung und Verwendung der Volkswehr, in: Saint-Germain 1919, S. 180–199, hier S. 187.
406 Vgl. Überegger, Erinnerungskriege, S. 68 u. 70.
407 Otto Bauer, Die Offiziere und die Republik. Ein Vortrag über die Wehrpolitik der Sozialdemokratie, in: Otto Bauer, Werkausgabe. Band 2, Wien 1976, S. 371–394, hier S. 383–387.
408 Bauer, Offiziere und Republik, S. 392f.

2. Kontinuitäten im Alltag und in den Rechtsverhältnissen

Julius Deutsch machte sich 1925 in einem bissigen Pamphlet gegen die „Schwarzgelben Verschwörer" gerade über die „Pflege der Tradition" lustig, die „in der Wehrmacht wahre Orgien" feiere, indem die Offiziere nichts unversucht ließen, „um die Soldaten der Republik davon zu überzeugen, dass sie die unmittelbaren Nachfahren jener habsburgischen Kriegsknechte seien, die sich für das Erzhaus in aller Herren Länder zu schlagen und zu verbluten hatten". Ohne jedes Schamgefühl werde „der verächtliche Knechtsinn ordensbehängter Lakaien zu hehrer Männertreue umgedichtet". Dabei sei das Gerede von der Tradition „nichts als eine verkappte monarchistische Heldenlüge, mit der man den republikanischen Geist in der Wehrmacht zu treffen" suche, damit die Armee wieder, „wenn es den Herrschenden beliebt, wie einstens, gegen das eigene Volk" marschiere.[409] 1921 hatte er in seinen „militärpolitischen Erinnerungen" als „Staatssekretär a.D." dasselbe Urteil über die „alte österreichische Armee" mit ihrer „blinden Unterordnung [...], die den Soldaten des Kaisers mit brutaler Gewalt aufgezwungen war" gefällt und daraus die Folgerung gezogen, die neue Armee müsse „ihre Disziplin auf grundsätzlich andere Weise aufzubauen versuchen", indem „ein Weg zum Herzen der Soldaten gefunden werden" musste, und zwar durch den „Appell an die proletarische Solidarität und an das revolutionäre Gewissen".[410] Dieser Weg war aber schon 1921 gescheitert und in der Folge recht eigentlich versperrt.

Gemäß Peter Huemer war Sektionschef Hecht „zweifellos Legitimist" und „österreich- und habsburgtreu", auch wenn er unter der Ersten Republik keiner derartigen Organisation und keiner politischen Partei angehörte. Indessen war gerade in antidemokratischen Kreisen das, was als „Parteienherrschaft" bezeichnet wurde, besonders verpönt, und bezeichnenderweise war Hecht Mitglied der Vaterländischen Front, deren Statuten er selber ausgearbeitet hatte. Das ständisch-autoritäre System, das 1933/34 unter seiner Beteiligung und insbesondere durch seinen Anteil am Verfassungswerk von 1934 entstand, dürfte das, was er als „Ordnung" empfand, ziemlich genau gespiegelt haben. Insofern gehört er zu den Wegbereitern und Realisatoren der autoritären Wende unter Dollfuß und damit zu den Zerstörern der Ersten Republik, für die er paradoxer- und tragischerweise nach dem „Anschluss", der den „autoritären" zum „totalitären" Staat machte, zum „Märtyrer" wurde.[411] Sein einstiger Mentor Vaugoin, der am 21. September 1933 von Dollfuß entlassen wurde, hätte – laut Julius Deutsch – mit dem Schutzbund gegen die nationalsozialistische Bedrohung kooperieren wollen und habe damit größeren politischen Weitblick bewiesen als Dollfuß.[412] Während mit

---

409 Julius Deutsch, Schwarzgelbe Verschwörer, Wien 1925, S. 27ff.
410 Julius Deutsch, Aus Österreichs Revolution. Militärpolitische Erinnerungen, Wien [1921], S. 30.
411 Huemer, S. 225f.; vgl. auch S. 584.
412 Julius Deutsch, Ein weiter Weg. Lebenserinnerungen, Zürich – Leipzig – Wien 1960, S. 200f. Stau-

Vaugoins Resignation ein wesentliches Hindernis für die Errichtung des Ständestaats beseitigt wurde,[413] sei – in der Diktion von Julius Deutsch – Dr. Robert Hecht, der „Jurist des Staatsstreichs des österreichischen Faschismus", der den „Nazifaschismus" nicht aufzuhalten vermochte, „unter schweren Misshandlungen" in einem deutschen Konzentrationslager zugrunde gegangen.[414]

Wie präsent diese Entwicklungen im öffentlichen Bewusstsein noch immer sind, zeigt das Eingangsportal (Nordportal) des Linzer Mariendoms, wo 1934 ein Gedenktext für den ermordeten Dollfuß angebracht wurde. Darunter wurde im Oktober 2006 eine Metalltafel mit folgender Inschrift befestigt:

„Die hier angebrachte Gedenktafel für den von Nationalsozialisten ermordeten Bundeskanzler Dr. Engelbert Dollfuß spiegelt die Situation des Jahres 1934 wider. Die katholische Kirche fühlte sich damals der von Dollfuß vertretenen politischen Kraft verbunden. Die Gedenktafel ist aus heutiger Sicht keine Zustimmung zur damaligen Politik. / Nach der Befreiung von der NS-Gewaltherrschaft beschloss die Österreichische Bischofskonferenz, sich in Hinkunft jeder Parteipolitik zu enthalten. Die Kirche ist offen gegenüber allen demokratischen Parteien. Sie setzt sich auf der Basis der christlichen Grundwerte für eine humane und solidarische Gesellschaft ein. / Linz, im Oktober 2006."

Die Reue scheint sich etwas spät geregt zu haben, zumal wenn berücksichtigt wird, wie viel das Verhalten der von der Kirche gestützten Christlichsozialen, und nicht zuletzt ihre Intransigenz in der Frage des Eherechts, zum Scheitern der Ersten Republik beitrugen.

Von Interesse ist bei den in diesem Teilkapitel angesprochenen Rechtskontinuitäten denn auch der Umstand, dass im Zusammenhang mit dem Kompromisscharakter des am 1. Oktober 1920 von der Konstituierenden Nationalversammlung beschlossenen Bundesverfassungsgesetzes und angesichts des Unvermögens von Sozialdemokraten und Christlichsozialen, sich auf einen neuen Grundrechtskatalog verständigen zu können, derjenige von 1867 nicht nur in die Verfassung der Ersten Republik, sondern – in Fortschreibung der früheren Schwierigkeiten – auch in diejenige der Zweiten Republik

---

dinger, Bemühungen Vaugoins, erwähnt S. 128, dass Vaugoin im Herbst 1933 den bereits illegalen Republikanischen Schutzbund in ein militärisches Abwehrkonzept gegen einen befürchteten nationalsozialistischen Überfall auf Österreich einbeziehen wollte. Die jetzt erwogene Zusammenarbeit mit den Sozialdemokraten zur Verteidigung der österreichischen Eigenstaatlichkeit konnte indessen wegen seiner Entfernung aus der Regierung nicht verwirklicht werden; vgl. ebd. S. 160ff.

413 Vgl. Staudinger, Bemühungen Vaugoins, S. 192.
414 Deutsch, Lebenserinnerungen, S. 224.

übernommen wurde.[415] Immerhin wurden – wie Otto Bauer urteilt – „einige besonders wichtige ‚Grund- und Freiheitsrechte', die die Revolution erobert hatte, als Verfassungsgrundsätze in der Verfassung festgelegt", so der Ausschluss aller Vorrechte von Geburt, Geschlecht, Stand, Klasse und Bekenntnis, aber auch die Gesetze über die Landesverweisung der Habsburger und die Aufhebung des Adels.[416] Wenig erstaunlich ist in diesem Kontext, dass die Probleme zwischen Sozialdemokraten und Christlichsozialen vor allem auf ihre unterschiedlichen Vorstellungen von den Beziehungen zwischen Staat und Kirche und insbesondere auf ihre unüberwindliche Divergenz bezüglich des Eherechts zurückzuführen waren.

Zu diesem in der Ersten Republik fundamentalen Konflikt um das Eherecht ist bei Gerald Stourzh eine sehr erhellende Dissertation entstanden, auf deren Resultate in der Folge eingegangen wird.[417] Die Dissertation von Ulrike Harmat zeigt zum einen die Unvereinbarkeit der weltanschaulichen Standpunkte, deretwegen alle Versuche einer Reform des Eherechts zum Scheitern verurteilt waren, zum andern den ‚Notbehelf' der Dispenspraxis, der an die Stelle der nicht durchsetzbaren Reform trat. Insofern herrschte – wie zu Recht festgestellt wird – während fast zwei Jahrzehnten ein „System der Unaufrichtigkeit" (Julius Roller, 1929), „das den Grundsatz der Untrennbarkeit katholischer Ehen schützen sollte, den es gleichzeitig durch die Dispenspraxis ad absurdum führte".[418]

Artikel 14 des Staatsgrundgesetzes vom 21. Dezember 1867 gewährleistete die Glaubens- und Gewissensfreiheit, und das Gesetz vom 25. Mai 1868 unterstellte die Ehen von Katholiken der staatlichen Gerichtsbarkeit, während die Zivilehe lediglich als „Notzivilehe" möglich war und mit Gesetz vom 9. April 1870 zur Eheschließungsform für Konfessionslose wurde. Damit wurde im Wesentlichen zu den auf das Ehepatent Josephs II. von 1783 zurückgehenden und für den Kaiserstaat außer Ungarn geltenden Bestimmungen des Allgemeinen Bürgerlichen Gesetzbuches (ABGB) von 1811 zurückgekehrt, welche durch das zwischen Papst Pius IX. und Kaiser Franz Joseph I. 1855 abgeschlossene Konkordat aufgehoben worden waren. Die deswegen 1870 erfolgte Kündigung des Konkordats wurde von der Kirche nicht anerkannt; für den Heiligen Stuhl brachte erst der Zerfall der Monarchie dieses 1918 zum Erlöschen. Der Rechtszustand von 1868 blieb indessen bis 1934 erhalten, als die Verfassung vom 1. Mai und das zweite österreichische Konkordat jenes Jahres die katholischen Wünsche (sinnigerweise nach dem

---

415 Vgl. Heinrich Neisser et al., Unsere Republik auf einen Blick. Ein Nachschlagewerk über Österreich, Wien 1996, S. 18ff.
416 Otto Bauer, Die österreichische Revolution, Wien 1923, S. 224.
417 Ulrike Harmat, Ehe auf Widerruf? Der Konflikt um das Eherecht in Österreich 1918–1938, Frankfurt a.M. 1999 (Ius comune, 121).
418 Harmat, S. XI.

Vorbild des Mussolini-Konkordats von 1929) im Wesentlichen erfüllten. Ehen von Katholiken blieben nach wie vor untrennbar. Eine Trennungsmöglichkeit wurde den Katholiken erst nach dem „Anschluss" im ab dem 1. August 1938 wirksamen „Gesetz zur Vereinheitlichung des Rechtes der Eheschließung und der Ehescheidung im Lande Österreich und im übrigen Reichsgebiet" vom 6. Juli 1938 eingeräumt.[419]

Diese hier knapp skizzierte Entwicklung bildete im Wesentlichen die Ausgangslage und den Hintergrund für den Eherechtskonflikt unter der Ersten Republik. Entgegen den hochgespannten Erwartungen lehnte die provisorische Nationalversammlung am 24. Januar 1919 eine Eherechtsreform ab, obwohl der diesbezügliche Vorschlag ausgesprochen moderat war und die obligatorische Zivilehe nicht vorsah. Bei der Abstimmung fehlten bezeichnenderweise 43% der sozialdemokratischen Abgeordneten, woraus ersichtlich wird, dass die Vorlage auch in der Linken zumindest umstritten war; den meisten Abwesenden dürfte sie allerdings zu wenig weit gegangen sein. Nach dem Bruch der Koalition und den Wahlen vom Oktober 1920 zogen sich die von ihren politischen Gegnern vielfach als Revolutionäre dämonisierten Sozialdemokraten in die Opposition zurück, während mit dem Koalitionspakt zwischen den Großdeutschen und den Christlichsozialen vom Frühjahr 1922 das „Aus" für eine Eherechtsreform unter der Ersten Republik erst recht gekommen war. Der nunmehr nahezu kulturkampfmäßig ausgefochtene Widerstreit zweier Weltanschauungen hatte zur Folge, dass – mangels Zustandekommens einer Übereinkunft zwischen den Kontrahenten – das geltende Staatsgrundgesetz über die allgemeinen Rechte der Staatsbürger weiter in Kraft blieb.[420] Nur gerade das nach dem Staatsvertrag von St. Germain zu Österreich gekommene Burgenland kannte wegen des dort geltenden ungarischen Eherechts, bei dem es durch Landtagsbeschluss vom 12. Oktober 1922 und dessen Publikation seitens des Bundesministers für Justiz am 19. Dezember 1922 blieb, die obligatorische Zivilehe. Seither gab es zwei verschiedene Ehegesetze: eines für das Burgenland mit obligatorischer Ziviltrauung und eines für die acht anderen Bundesländer, wo die Dispenspraxis an die Stelle der gescheiterten Eherechtsreform trat.[421]

Bezüglich der Dispenserteilung hatte das zuständige Staatsamt des Innern unter Staatskanzler Karl Renner schon zu Beginn des Jahres 1919 die Behandlungspraxis der Dispensgesuche geändert. In der Folge änderten auch einzelne Landesregierungen ihre Praxis, insbesondere die niederösterreichische unter dem sozialdemokratischen Landeshauptmann Albert Sever, was zum Phänomen der sogenannten „Sever-Ehen"

---

419 Vgl. für den ganzen vorstehenden Abschnitt Harmat, S. 6–11.
420 Vgl. für die Diskussionen um die Eherechtsreform zu Beginn der Ersten Republik Harmat, 2. Abschnitt, passim, insbesondere S. 87, 103, 107, 111.
421 Harmat, S. 123f.

2. Kontinuitäten im Alltag und in den Rechtsverhältnissen

führte, einer als Notbehelf gedachten vorübergehenden Lösung, die indessen zur Massen-Erscheinung wurde. Sie überlebte den von Mai 1919 bis November 1920 nur kurz amtierenden Landeshauptmann Sever um Jahre, indem die Praxis unter dem sozialdemokratischen Wiener Landeshauptmann und Bürgermeister Karl Seitz bis 1934 fortgeführt werden konnte. Ein Runderlass des Staatsamtes des Innern unter dem sozialdemokratischen Staatssekretär Matthias Eldersch hatte Ende August 1919 Richtlinien für die Landesregierungen formuliert und die Behandlung der Dispensgesuche vorgegeben, wobei sich nur sozialdemokratische Landesregierungen darauf einließen. Bezeichnenderweise stellte die – nach der von der Bundesverfassung vorgesehenen und am 10. November 1920 erfolgten Trennung Wiens von Niederösterreich – nunmehr christlichsoziale niederösterreichische Landesregierung die Dispenserteilung sofort ein.[422]

Emblematisch für den Kulturkampf jener Jahre war ein Erlass des bedeutenden Schulreformers und 1919/20 Unterstaatssekretärs für Unterricht Otto Glöckel, welcher den Zwang zur Teilnahme an den religiösen Übungen in den Schulen, das heißt insbesondere am Religionsunterricht, aufhob: ein emotional stark belastetes Projekt, das in der Folge nur in Wien konsequent umgesetzt wurde.[423] Glöckel hatte schon gegen Ende des dritten Kriegsjahres, am 12. Juli 1917, im Abgeordnetenhaus in einer großen Rede anlässlich der Beratung der Lehrerdienstpragmatik im Zusammenhang mit dem von ihm vehement bekämpften „Eindringen des Militarismus in unser Schulwesen" auch dessen seit Jahrzehnten andauernde „fortschreitende Klerikalisierung" angeprangert; es würde jetzt – wie er, einen Zwischenruf des Abgeordneten Seitz über „geistliche Exerzitien" aufgreifend, äußerte – „das alte Jesuitensystem in der Kutte" mit „militärischen Exerzitien" kombiniert.[424] Trotz der vehementen Ablehnung, auf die seine Schulreform von konservativer und klerikaler Seite stieß, war sie mehr liberal als sozialistisch geprägt und zielte eher auf eine freiheitlich-ganzheitliche Persönlichkeitsbildung als auf eine Umsetzung der ideologischen Ziele seiner Partei; seine demokratische Schule sollte jedenfalls die klerikalen Zwänge der Drillschule der Monarchiezeit explizit hinter sich lassen.[425]

Auf die weiteren Entwicklungen der Eherechtsfrage bis zum Konkordat von 1933/34 wird hier nicht mehr näher eingegangen.[426] Immerhin soll noch darauf hingewiesen

---

422 Vgl. Harmat, 3. Abschnitt, passim, insbesondere S. 153, 161, 166ff., 172, 174.
423 Vgl. Helmut Konrad, Das Rote Wien. Ein Konzept für eine moderne Großstadt?, in: Konrad/Maderthaner, Das Werden der Ersten Republik, Band I, Wien 2008, S. 223–240, hier S. 234.
424 Otto Glöckel. Selbstbiographie. Sein Lebenswerk: Die Wiener Schulreform, Zürich 1939, S. 178.
425 Vgl. (mit ärgerlichen inhaltlichen Fehlern) Gerald Mackenthun, Otto Glöckel – Organisator der Schulreform, in: Alfred Lévy und Gerald Mackenthun, Gestalten um Alfred Adler. Pioniere der Individualpsychologie, Würzburg 2002, S. 99–117, hier S. 100f.
426 Vgl. dazu Harmat, 3. Abschnitt ab Kap. 3.5 sowie 4. und 5. Abschnitt.

werden, dass Hans Kelsen 1930 Österreich ausgerechnet als Folge überaus scharfer Reaktionen eines Teils der Öffentlichkeit und vor allem klerikaler Kreise auf ein Urteil des Verfassungsgerichtshofs, dem er 1920-1929 angehörte, im Kontext der sogenannten „Dispensehen" verließ.[427]

Nach dem in der zweiten Aprilhälfte 1933 durch eine Delegation unter Justizminister Schuschnigg in Rom ausgehandelten, am 1. Mai 1933 paraphierten, am 4. Mai dem Ministerrat zur Genehmigung vorgelegten, am 5. Juni von Bundeskanzler Dollfuß unterzeichneten und am 1. Mai 1934 (dem Tag der Publikation der „im Namen Gottes" erlassenen autoritär-ständischen Verfassung) ratifizierten Konkordat, das auf dem Weg zur ‚Kanzlerdiktatur' eine wichtige Wegmarke darstellte, blieb für Katholiken als einziger Weg, um die Möglichkeit einer Trennung der Ehe offen zu halten, nur der Austritt aus der katholischen Kirche vor Abschluss der Ehe. Das war nicht nur eine Absurdität, sondern bedeutete, insbesondere weil Dollfuß keine Dispense mehr erteilen wollte, gegenüber der trotz allem auf den Bestimmungen des Staatsgrundgesetzes von 1867 basierenden bisher geltenden Regelung einen klaren Rückschritt. Erst das nicht zuletzt wegen der Eherechtsprobleme Österreichs erlassene NS-Ehegesetz, das am 1. August 1938 in Kraft trat, beseitigte die eherechtlichen Hauptstreitpunkte der vergangenen Jahre und vor allem den Rechtssatz, wonach eine Ehe, bei der auch nur ein Teil katholisch war, als untrennbar galt. Dies wirkte in Österreich zweifellos „modernisierend". Der Preis war allerdings angesichts der eugenischen, rassischen, bevölkerungspolitischen und geschlechtergeschichtlichen Implikationen des NS-Gesetzes unverhältnismäßig hoch.[428]

***

Bis hier ist zu zeigen versucht worden, wie weit und aus welchen Gründen eine Reihe von Rechtsverhältnissen aus der Monarchie unter der Ersten Republik bestehen blieb, die im Verlauf ihrer Geschichte teilweise sogar hinter sie zurückging. Insofern kann ohne Weiteres festgestellt werden, dass die Monarchie 1918 nicht nur nicht ‚wirklich' unterging, sondern erhebliche Kontinuitäten auszumachen sind, die sich – insbesondere im Kontext dessen, was in Anlehnung an Gerald Stourzh als „subsidiärer Absolutismus" bezeichnet werden kann – durch deutlich autoritäre Schlagseiten auszeichneten und sich für die Republik als verhängnisvoll erwiesen. Dies gilt für die Herrschaft

---

427 Vgl. Clemes Jabloner, Kelsen und die Wiener Moderne, in: Weltanschauungen des Wiener Fin de Siècle 1900/2000. Festgabe für Kurt Rudolf Fischer zum achtzigsten Geburtstag, hg. v. Gertraud Diem-Wille, Ludwig Nagl, Friedrich Stadler, Frankfurt am Main etc. 2002, S. 61–77, hier S. 66.
428 Vgl. Harmat, 6. Abschnitt, passim, insbesondere S. 475f., 479, 481, 533, 536.

der Parteien in dieser Republik und erst recht für ihre ‚Kanzlerdiktatur' (von Österreich im ‚Dritten Reich' nicht zu reden), in gewisser Weise aber noch bis hin zur Parteienlandschaft der Zweiten Republik, jedenfalls im Sinne der von Ernst Hanisch in „Der lange Schatten des Staates" entwickelten These, dass sich in Österreich „eine besonders starke staatlich-bürokratische Tradition entfaltet" habe.[429] Und es blieb der österreichischen Gesellschaft auch die von der Schriftstellerin Marlene Streeruwitz im Jahr 2000 in einer ironisch mit „Predigt" betitelten Rede angeprangerte Erbschaft religiösen Denkens und religiöser Praxis erhalten, die zur Folge habe, dass die politische Kultur durch Akzeptanz von Unterordnung und Abhängigkeit von Autoritäten bestimmt werde, also von einem „Syndrom, das auf autoritäre Tendenzen unterschiedlicher Spielart in der österreichischen Geschichte verweist".[430] Im Kontext der vorliegenden Studie heißt dies: vom Topos des habsburgisch-katholischen Österreich, gegen das Thomas Bernhard zeitlebens mit Ingrimm anschrieb.[431]

Für das politische Schicksal der Ersten Republik besonders verhängnisvoll waren die Nachwirkungen des aus der krisenhaften Spätzeit der Monarchie stammenden Kriegswirtschaftlichen Ermächtigungsgesetzes vom 24. Juli 1917, das in der Provisorischen Verfassung Deutschösterreichs und ebenso in der auf Kelsen zurückgehenden Bundesverfassung vom 1. Oktober 1920 beibehalten wurde. Es wurde somit „Bestandteil der Rechtsordnung der Ersten Republik und blieb gewissermaßen als Nachkriegsgesetz erhalten".[432] In der Folge diente es Engelbert Dollfuß, der nach den 1932 kurz hintereinander erfolgten Todesfällen von Seipel und Schober, den „bedeutendsten Staatsmännern" des österreichischen Bürgertums in der Zwischenkriegszeit,[433] eine immer größere Rolle zu spielen vermochte, als Aufhänger, um mit der am 7. März 1933 verhängten Vorzensur über Presseerzeugnisse und mit der am 31. März erfolgten Auflösung des republikanischen Schutzbundes der Diktatur entgegen zu steuern.[434] So bildete es die verfassungsrechtliche Basis für die Überführung der parlamentarisch-demokratischen Staatsform in eine ständisch-autoritäre.[435]

Von Bedeutung für den Aufbau dieser Diktatur war auch der Umstand, dass die

---

429 Ernst Hanisch, Der Lange Schatten des Staates. Österreichische Gesellschaftsgeschichte im 20. Jahrhundert, Wien 1994, S. 15.
430 Zit. Werner Suppanz, Das „katholische Österreich" – ein Narrativ der österreichischen Geschichtswissenschaft und Identitätspolitik, in: Schweizerische Zeitschrift für Religions- und Kulturgeschichte, 100/2006, S. 155–175, hier S. 155ff.
431 S. dazu unten Kap. 8.2.
432 Vgl. Peter Hackl, Das Kriegswirtschaftliche Ermächtigungsgesetz und die Entstehung autoritärer Strukturen unter der Regierung Dollfuß, Diplomarbeit Universität Wien, Wien 1993, S. 37.
433 Deutsch, Lebenserinnerungen, S. 184.
434 Vgl. Deutsch, Lebenserinnerungen, S. 192.
435 Vgl. Hackl, Kriegswirtschaftliches Ermächtigungsgesetz, S. 3 und passim.

Erste Republik im Polizeibereich die Rechtsordnung der Monarchie übernommen hatte, deren staatspolizeiliche Aufgaben in der von Polizeipräsident Johannes Schober am 1. Juni 1920 eingerichteten „Politischen Zentralevidenzstelle der Bundespolizeidirektion Wien" weitergeführt wurden. Zu ihren Schwerpunkten gehörte die Überwachung monarchistischer, kommunistischer und später nationalsozialistischer Bewegungen. Im autoritären Ständestaat wurde die Staatspolizei ein wichtiges Instrument zur Verfolgung politischer Gegner und Andersdenkender und damit zur Vorläuferin der Gestapo nach dem „Anschluss".[436]

Insofern lässt sich feststellen, dass das Erbe der Monarchie bezüglich der Rechtskontinuitäten für die Folgezeit durchaus eine Belastung darstellen und sich bedrohlich auswirken konnte. Das Kriegswirtschaftliche Ermächtigungsgesetz wirkte geradezu „wie ein verspäteter Fluch der Habsburgermonarchie über das republikanische Österreich".[437] Im Zeitraum 7. März 1933 bis 30. April 1934 bildete es die Grundlage für insgesamt 471 Notverordnungen, und selbst die neue Verfassung vom 1. Mai 1934 wurde durch eine kriegswirtschaftliche Verordnung erlassen.[438] Diese enthielt dann ihrerseits im 10. Hauptstück Notrechtsbestimmungen der Bundesregierung (Art. 147) und des Bundespräsidenten (Art. 148), womit das Ermächtigungsgesetz von 1917 obsolet wurde.[439]

Auf einen interessanten und durch Abstützung auf Texte von Ernst Karl Winter und August M. Knoll recht eigentlich ‚monarchistischen' Rückgriff des Ständestaates auf das Kaiserreich macht James Shedel aufmerksam: auf die christliche (katholische) und ständische Herleitung und Rechtfertigung ihrer Herrschaft durch Dollfuß und Schuschnigg, die sich vom preußischen Deutschland als Vertretung eines besseren, österreichischen Deutschland abgrenzen wollte, wie es sich schon in Dollfuß' vielzitierter Trabrennplatz-Rede vorbereitete.[440] Darin propagierte Dollfuß „values that were fun-

---

436 Vgl. Walter Blasi, Mario Muigg, Die österreichische Staatspolizei der Ersten und Zweiten Republik, in: Licence to detect. Festschrift für Siegfried Beer zum 65. Geburtstag, hg. v. Alfred Ableitinger und Martin Moll, Graz 2013, S. 287–307, hier S. 202–297.
437 Ulrich Kluge, Der österreichische Ständestaat 1934–1938. Entstehung und Scheitern, Wien 1984, S. 59, zit. Hackl, Kriegswirtschaftliches Ermächtigungsgesetz, S. 87.
438 Vgl. Hackl, Kriegswirtschaftliches Ermächtigungsgesetz, S. 41. Ludwig Adamovich beurteilt den Erlass einer ganzen neuen Verfassung durch Abstützung auf das KWEG geradezu als „moralische" und „intellektuelle" Zumutung; Ludwig Adamovich, Das autoritäre System 1933–1938 zwischen Rechtsbruch und Gewissensentscheidung, in: Journal für Rechtspolitik, 23/2, 2015, S. 126–146, hier S. 144. Den Hinweis auf diesen Aufsatz verdanke ich Gerald Stourzh.
439 Vgl. Hugo Baltz-Balzberg, Die österreichische Verfassung, das Konkordat vom 1. Mai 1934 und das Verfassungs-Übergangsgesetz vom 19. Juni 1934, Graz 1934 (2. Auflage), S. 81–84.
440 James Shedel, The Legacy of Empire: History and Austrian Idenitity in the Ständestaat, S. 198ff. Ich zitiere nach einer Kopie des Korrekturabzugs dieses Aufsatzes für die noch nicht erschienene Festschrift für Dieter A. Binder, die ich Gerald Stourzh verdanke.

damentally drawn from a monarchical past" und sich an der katholischen Soziallehre orientierten. Insofern basierte die Herrschaftsdefinition in der Verfassung von 1934 – wie in derjenigen von 1867 – auf Positionen, die sich von einem „divin origin of sovereignty" herleiteten.[441] Somit wäre der Ständestaat, gestützt auf die Wirkkraft der Habsburgermonarchie und die Macht ihrer Geschichte, wenngleich ohne Kaiser, auf das Gottesgnadentum gegründet gewesen und dadurch legitimiert worden. Im Kontinuitätsdiskurs erscheint dies allerdings als Perversion eines habsburgischen Herrschafts- und Gesellschaftsverständnisses.

Dass ausgerechnet Dollfuß' Gegner ihm anlässlich der aus einer Geschäftsordnungs-Panne sich entwickelnden Parlamentskrise vom 4. März 1933 mit dem Rücktritt von Nationalratspräsident Renner, dem die Rücktritte seiner beiden Kollegen folgten, eine geradezu unglaubliche Steilvorlage zur Errichtung seiner ständestaatlich-christlichen Herrschaft lieferten,[442] steht auf einem anderen Blatt, kann aber nur als eine – leider folgenreiche – Ironie der Geschichte qualifiziert werden. Ein Schüler Kelsens, Georg Fleischer (der nach dem „Anschluss" in die USA emigrierte und dort 1953 noch nicht 50-jährig verstarb), versuchte einen Ausweg aus der verfahrenen verfassungspolitischen Situation aufzuzeigen, indem durch ein besonderes verfassungsrechtliches Ermächtigungsgesetz dem Bundespräsidenten für eine befristete Übergangszeit weitreichende Befugnisse übertragen werden sollten; dies war nicht realisierbar, weil der 1928 gegen Renner zum Bundespräsidenten gewählte Wilhelm Miklas – wie Clemens Jabloner formuliert – „nicht der Mann der Stunde war" und sich die Bundesregierung „längst auf dem Weg zu einer neuen autoritären Verfassung" befand.[443] Wie Julius Deutsch, einer ihrer militantesten Gegner, nach dem von ihm als Kommandant des republikanischen Schutzbundes geleiteten (und verlorenen) Bürgerkriegs vom Februar 1934 sofort nach der Flucht ins tschechische Exil festhielt, beseitigte diese Regierung, gestützt auf das Ermächtigungsgesetz aus der Habsburgerzeit, mit Hunderten von Notverordnungen alles, „was es seit fast einem halben Jahrhundert an demokratischen Rechten und Freiheiten in Österreich gab".[444] Die Überlegungen von James Shedel aufgreifend, müsste man feststellen, die Dollfuß-Schuschnigg-Diktatur sei damit weit hinter die Monarchie zurückgefallen.

---

441 Shedel, The Legacy of Empire, S. 202f.; vgl. ebd. S. 209.
442 Vgl. den chronologischen Überblick von Gerhard Botz in Vierzig Jahre danach. Der 4. März 1933 im Urteil von Zeitgenossen und Historikern, Wien 1973, S. 31–33.
443 Clemens Jabloner, Georg Fleischer, in: Der Kreis um Hans Kelsen. Die Anfangsjahre der Reinen Rechtslehre, hg. von Robert Walter, Clemens Jabloner und Klaus Zeleny, Wien 2008 (Schriftenreihe des Hans Kelsen-Instituts, 30), S. 99–113, hier S. 110f. Den Hinweis auf diesen Aufsatz verdanke ich einmal mehr Gerald Stourzh.
444 Julius Deutsch, Der Bürgerkrieg in Österreich. Eine Darstellung von Mitkämpfern und Augenzeugen, Karlsbad 1934, S. 19.

3. Mental Maps und ihre Umsetzung

In diesem Kapitel geht es um „Grenzen in Köpfen" oder, nach einem neuen Konzept, um „Phantomgrenzen", die als unbewusste Einflüsse der Vergangenheit in die Gegenwart wirken,[445] sowie um ihre Konkretisierung in der topographischen Realität und um die Frage, wie weit solche Vorgänge identitätsstiftend sein können. „Mental maps" (kognitive (Land-)Karten) umfassen – nach einer Definition von Siegfried Weichlein – „das gesamte räumliche Wissen einer Person sowie die Lernprozesse, in denen sie sich dieses Wissen aneignet, speichert und auf es zugreift"; umgekehrt prägen sie „die kognitive Wahrnehmung von Räumen und Relationen". Unter Rückgriff auf den Geographen Robert M. Downs und den Psychologen David Stea führt Weichlein weiter aus, dass eine kognitive Karte ein „Produkt" sei, welches die Welt so widerspiegle, „wie ein Mensch glaubt, dass sie ist", auch wenn sie nicht korrekt ist.[446]

Die Art und Weise, wie „Mental maps" sich entwickeln, kartographisch niederschlagen und politisch eingesetzt und missbraucht werden (können), ist mittlerweile ein breites Forschungsfeld im Zuge der sogenannten *spatial* oder *topographical* oder *cartographical turns* geworden,[447] so wie Grenzen zu einem wichtigen Gegenstand der Historischen Anthropologie wurden und „sogar bei Historikern" die „Lust auf Grenzüberschreitungen" gesteigert hätten.[448] Die besondere Komplexität dieser Thematik im Kontext der vorliegenden Studie erhellt das erste Kapitel der 2010 erschienenen Monographie von Peter Haslinger über Nation und Territorium im tschechischen politischen Diskurs 1880–1938.[449]

---

445 Vgl. Tagungsbericht: Phantomgrenzen in Ostmitteleuropa. Zwischenbilanz eines neuen Forschungskonzeptes, 17. 2. 2014–19. 2. 2014 Berlin, in: H-Soz-Kult, 16. 4. 2014, <http://www.hsozkult.de/conferencereport/id/tagungsberichte-5310>.

446 Siegfried Weichlein, Nationalismus und Nationalstaat in Deutschland und Europa. Ein Forschungsüberblick, in: Neue Politische Literatur, Jg. 51 (2006), S. 284f.

447 Vgl. u.a. Ulrike Jureit, Rezension zu: Bernd Belina, Boris Michel (Hrsg.), Raumproduktionen. Beiträge der Radical Geography. Eine Zwischenbilanz, Münster 2007 / Jörg Döring, Tristan Thielmann (Hrsg.), Spatial Turn. Das Raumparadigma in den Kultur- und Sozialwissenschaften, Bielefeld 2008, in: H-Soz-Kult, 15. 8. 2008, <http://www.hsozkult.de/publicationreview/id/rezbuecher-10105>. S. auch Martina Stercken, Herrschaft verorten. Einführung, in: Ingrid Baumgärtner, Martina Stercken (Hg.), Herrschaft verorten. Politische Kartographie im Mittelalter und in der frühen Neuzeit, Zürich 2012 (Medienwandel – Medienwechsel – Medienwissen, 19), S. 11.

448 Cristoph Conrad, Vorbemerkung zum Themenheft „Mental Maps" von Geschichte und Gesellschaft, 28/3, 2002, S. 339; vgl. in diesem Heft u.a. die Beiträge von Peter Bugge, Maria Todorova und Frithjof Benjamin Schenk.

449 Peter Haslinger, Nation und Territorium im tschechischen politischen Diskurs 1880–1938, München 2010 (Veröffentlichungen des Collegium Carolinum, 117).

Um kognitive Karten und Grenzen „in Köpfen" geht es unter anderem bei Imaginationen von Zugehörigkeiten (*imagined communities*), die sich ‚national' zu konstituieren, zu konstruieren oder abzugrenzen versuchen, Vorgänge, die in der Habsburgermonarchie komplexer waren als die ihrerseits nicht einfachen *nation building*-Prozesse in Frankreich, Italien und Deutschland[450] ... oder in der Schweiz, wo man sich auf die Mehrsprachigkeit des Landes zwar einiges einbildet, aber in Bezug auf die Konstruktion einer nationalen Identität nicht sehr weit gekommen ist; vielmehr muss man in diesem Fall von verschiedenen Identitäten (im Plural) statt einer einzigen reden. Laut dem Dramatiker Friedrich Dürrenmatt gibt es ohnehin keine „schweizerische Nation", sondern „Grenzbevölkerungen", die sich, um sich „vor der Zentralisation durch eine entfernte Hauptstadt zu retten", zu einer Nation zusammengefunden haben, die „vor allem ein Kunststaat" ist.[451]

Nicht unähnlich, aber erheblich komplizierter, der Fall der Habsburgermonarchie, und dies schon auf der obersten Ebene (derjenigen des „Reichs"), indem die Strukturen Österreichs und Ungarns im Bereich des Nationalitäten- und Sprachenrechts voneinander verschieden waren. Gemäß Gerald Stourzh war Ungarn ein Nationalstaat mit nationalen Minderheiten und einem Sonderstatus für Kroatien-Slawonien, während Österreich einen Nationalitätenstaat bildete, dessen Verfassung von der Gleichberechtigung der „Volksstämme" ausging.[452] Und es ist bezeichnend, dass in den alle zehn Jahre durchgeführten Erhebungen im einen Fall (Ungarn) nach der Muttersprache, im anderen (Cisleithanien) nach der Umgangssprache gefragt wurde, sodass schon auf dieser gleichsam technischen Ebene weder Gemeinsamkeit intendiert noch Vergleichbarkeit gegeben war.

In Bezug auf den letzten Zensus von 1910 sei der 2010 erschienene monumentale 2. Teil von Band IX des Habsburgermonarchiewerks 1848–1918 erwähnt, worin die Sozialstrukturen des Vielvölkerreiches auf exemplarische Weise kartographisch dargestellt werden.[453] Auf einer eigenen Karte wird hier darauf verwiesen, dass sich die (künftigen)

---

450 Vgl. Heidemarie Uhl, Zwischen „Habsburgischem Mythos" und (Post-)Kolonialismus. Zentraleuropa als Paradigma für Identitätkonstruktionen in der (Post-)Moderne, in: Feichtinger, Johannes, Ursula Prutsch, Moritz Csáky (Hg.), Habsburg postcolonial. Machtstrukturen und kollektives Gedächtnis, Innsbruck – Wien – München – Bozen 2003, S. 47.

451 Friedrich Dürrenmatt, Eine Schweiz zu feiern?, zit. in der ungedruckten Seminararbeit von Stefanie Baumgartner, Universität Fribourg, Herbstsemester 2010, S. 13.

452 Gerald Stourzh, Die Idee der nationalen Gleichberechtigung im alten Österreich, in: Erhard Busek, Gerald Stourzh (Hg.), Nationale Vielfalt und gemeinsames Erbe in Mitteleuropa, Wien – München 1990, S. 43; zit. Uhl, Zentraleuropa, S. 53.

453 Die Habsburgermonarchie 1848–1918, Band IX: Soziale Strukturen, 2. Teilband: Die Gesellschaft der Habsburgermonarchie im Kartenbild. Verwaltungs-, Sozial- und Infrastrukturen. Nach dem Zensus von 1910, bearbeitet von Helmut Rumpler und Martin Seger, Wien 2010.

Sieger des Ersten Weltkriegs relativ spät für eine Aufteilung der Monarchie entschieden und offensichtlich – ähnlich wie die Nationalparteien im Wiener Reichsrat – Mühe hatten mit der Vorstellung, dass auf der Basis nationaler Bewegungen neue Staaten mit neuen Grenzen entstünden und das Habsburgerreich buchstäblich von der Bildfläche verschwände.[454] Emblematisch erscheint in dieser Hinsicht der Weg des amerikanischen Präsidenten Wilson von der Autonomieforderung für die Völker Österreich-Ungarns im Punkt X seiner 14-Punkte-Erklärung vom 8. Januar 1918 zur Forderung nach Anerkennung der Selbstständigkeitswünsche der Völker der Monarchie am 20. Oktober 1918, nachdem er zwei Tage vorher die Note der Mittelmächte vom 4. Oktober, worin sie seine 14 Punkte (reichlich spät) anerkannten, zurückgewiesen hatte.[455] Es waren die Fehler Wiens und Budapests in Bezug auf die Nationalitäten und bezüglich allfälliger Ausstiegsszenarien aus dem Krieg, die – im Verein mit dem katastrophalen militärischen Verlauf – das Umschwenken der Ententemächte auf die Linie der Nationalräte möglich machten. Damit begann der Prozess der Konkretisierung von „in Köpfen" bestehenden Grenzen in einer politisch-topographischen Realität, deren Linien im Anschluss an die Friedenskonferenzen von St. Germain und Trianon kartographisch fixiert werden mussten.

Es dürfte richtig sein, was Manfried Rauchensteiner in einer angesichts der besonderen Rolle Frankreichs beim Entstehen der Nachkriegsordnung auf Französisch erschienenen Publikation vermutet, dass nichts die alten Bande der einstigen Monarchie so zerrissen habe, wie die zahlreichen Konflikte, die zwischen den Nachfolgestaaten wegen der Ziehung ihrer Grenzen entstanden.[456] Damit ist bereits auch angedeutet, dass das Verschwinden der Monarchie keines der bei ihrem Ende anstehenden Probleme gelöst hat, die alle im weitesten Sinne mentale Exklusions- bzw. Inklusionsfragen waren: nicht die Hypothek des Antisemitismus, nicht die Frage der deutschösterreichischen Identität, ebenso wenig jene der deutschsprachigen Minderheit in Böhmen und Mähren oder jene der ungarischen Minderheiten in Serbien und Rumänien, auch nicht die italienischen Irredentismen und nicht den Serben-Kroaten-Gegensatz oder das Problem der Muslime in Bosnien und vieles andere mehr. Man habe im Gegenteil im Königreich der Serben, Kroaten und Slowenen (gemäß Holm Sundhaussen eine „Fehlgeburt") in Kroatien und Bosnien „mit Wehmut" an die österreichisch-ungarische Zeit zurück gedacht, und sogar ein großer Teil der ehemals habsburgischen Serben sei

---

454 Die Habsburgermonarchie 1848-1918, Band IX, 2. Teilband, S. 258f.
455 Ich stütze mich hier auf meine 2009 in Zürich und 2011 in Fribourg gehaltene Vorlesung zum Fortleben der Habsburgermonarchie, Kap. 1.2.
456 Vgl. Manfried Rauchensteiner, L'Autriche entre confiance et résignation 1918–1920, in: Stéphane Audoin-Rouzeau et al. (Hg.), Sortir de la Grande Guerre. Le monde et l'après-1918, Paris 2008, S. 165–185, hier S. 179.

„frustriert" gewesen.[457] Nach der Zerschlagung Jugoslawiens durch die „Achsenmächte" wurde Bosnien-Herzegowina anlässlich der Verteilung der Beute zwar 1941 gesamthaft Ante Pavelićs „Unabhängigem Staat Kroatien" zugeschanzt, blieb teilweise aber durch deutsche und italienische Truppen besetzt.[458] So war es in seiner historischen Entwicklung aus dem Osmanenreich über das Habsburger Reich und den südslawischen Nachfolgestaat zu guter Letzt in ein totalitärkroatisches Völkergemisch geraten, das von italienischen und deutschen Besatzern dominiert wurde. Nach einer vermeintlich glücklichen Zwischenzeit in Marschall Titos zweitem Jugoslawien,[459] dessen Saat in den postjugoslawischen Kriegen und Säuberungen der 1990er Jahre beispiellos brutal aufging,[460] wurde angesichts des Umstands, dass sich in Bosnien-Herzegowina Vertreibungen bis zur Dorfebene hinunter abspielten, eine ausgeprägt altösterreichische und jetzt sogar mit ethnischen Säuberungen nicht lösbare Frage neu gestellt, nämlich welches die unterste Ebene einer Aufteilung sein muss, die Konfliktfreiheit gewährt.

3.1 Konkretisierung

Mental maps

Karten sind – entgegen der landläufigen Meinung, wonach sie die ‚Wirklichkeit' wiedergeben – Konstrukte („konstruierte Artefakte", wie Bernhard Struck sie definiert) [461]

---

457 Holm Sundhaussen, Sarajevo. Die Geschichte einer Stadt, Wien – Köln – Weimar 2014, S. 254 u. 256.
458 Vgl. Sundhaussen, Sarajevo, S. 268.
459 Selbst die Konsolidierungs-Phase von der zweiten Hälfte der 1950er bis in die 1970er Jahre mit ihrem zunehmenden Wohlstand gelte, gemäß Sundhaussen, den einen als „goldenes Zeitalter", den anderen aber als Anfang vom Ende; Holm Sundhaussen, Jugoslawien und seine Nachfolgestaaten 1943–2011. Eine ungewöhnliche Geschichte des Gewöhnlichen, Wien – Köln – Weimar 2012, S. 27. Titos Umgang mit den moskautreuen Kommunisten und ihre Verfolgung und Internierung zeigt ohnehin ein anderes Bild ‚seines' Jugoslawien; vgl. Dario Vidojković, Rezension zu: Božidar Jezernik, Titos Gulag auf der Insel Goli Otok, Klagenfurt 2014, in: H-Soz-Kult, 15. 5. 2015, <http://www.hsozkult.de/publicationreview/id/rezbuecher-23203>.
460 Vgl. den auf den Bosnienkrieg zentrierten Überblick in Sundhaussen, Sarajevo, S. 309–323. Das verhängnisvolle Erbe des Titoismus beschreibt der Sarajevoer Professor für politische Philosophie B. G. Sekulic in René Holenstein, Dieses Schicksal unterschreibe ich nicht. Gespräche im Balkan, Zürich 2007, S. 74–80.
461 Bernhard Struck, Farben, Sprachen, Territorien. Die deutsch-polnische Grenzregion auf Karten des 19. Jahrhunderts, in: Christof Dipper, Ute Schneider (Hg.), Kartenwelten. Der Raum und seine Repräsentation in der Neuzeit, Darmstadt 2006, S. 178.

oder gemäß Christoph Dipper „gleichsam eingefrorene Geschichtsbilder",[462] und sie müssen als solche erkannt werden, erst recht dann, wenn sie etwa bei Grenzstreitigkeiten als ‚Beweismittel' eingesetzt werden. Sie sind Abbildungen der Realität, nicht ‚die' Realität. „The map is never neutral", war Ende der 1980er Jahre die zentrale Botschaft des US-amerikanischen Kartographiehistorikers John Brian Harley,[463] und vielleicht kann gerade entscheidend sein, was eine Karte verschweigt, das heißt nicht zeigt.[464] Doch selbst wenn erhobene Daten etwa auf ethnischen Karten „objektiv" wiedergegeben werden (wobei sich allerdings die Frage nach der „Objektivität" der Erhebungen stellt), sind sie „inhaltlich reduzierte Abbilder der Wirklichkeit", denn sie müssen „dem Maßstab entsprechend generalisieren" und können „kleinste Einheiten" in der Regel nicht erfassen.[465] Die Gefahr der Manipulation ist dann besonders groß, wenn solche kleinste Einheiten anderen Gruppen zugeschlagen werden.[466]

Die Notwendigkeit des kritischen Umgangs ist bei Karten noch größer als gegenüber Textquellen, weil das Vertrauen in Karten in der Regel ungebrochen ist. So konnte noch 2002 geschrieben werden, die Karte sage „mehr als tausend Worte".[467] Indirekt verweist Helmut Rumpler im einleitenden Beitrag zum oben angeführten Kartenband über die sozialen Strukturen der Habsburgermonarchie auf dieses Problem, wenn er ausführt, gegenüber dem „selbstverständlich legitimen" Forschungszweig, der „historische Karten als ‚Quelle' für geographisch-politische oder gesellschaftliche Konstruktionen oder Tatsachen" behandle, sei der andere, der „die Herstellung moderner historischer Karten als ‚Darstellung' im Sinne der historischen Methodenlehre" betreibe, nur marginal existent.[468]

Eine vor einigen Jahren an der Universität Zürich verfasste Lizentiatsarbeit (Masterarbeit) illustriert das ‚Quellen'-Problem von Karten an Hand dreier Fallbeispiele, deren

---

462 Christoph Dipper, Was vom Nationalsozialismus bleibt. Der Geschichtsatlas und die Bewältigung der Vergangenheit, in: Kartenwelten, S. 211.
463 Zit. Frithjof Benjamin Schenk, Mental Maps. Die Konstruktion von geographischen Räumen in Europa seit der Aufklärung, in: Geschichte und Gesellschaft, Heft 28/3, 2002, S. 496. Zur Kritik an Harley vgl. Stercken, Herrschaft verorten, S. 13f.
464 Vgl. Struck, Farben, Sprachen, Territorien, S. 178 u. 181ff.
465 Peter Jordan, Methodik und Objektivität von Karten des nationalen/ethnischen Bewusstseins, in: Jörn Happel, Christophe von Werdt (Hg.), Osteuropa kartiert – Mapping Eastern Europe, Wien – Berlin 2010 (Osteuropa, 3), S. 177f.
466 Vgl. Jordan, Methodik und Objektivität, S. 183.
467 Karl Schlögel, „Kartenlesen, Raumdenken", Merkur 56/2002, S. 308, zit. Hans-Dietrich Schultz, Im Norden liegt ..., nach Osten fließt ... Vom Lesenlernen des Kartenbildes, in: Kartenwelten, S. 50.
468 Helmut Rumpler, Die Gesellschaft der Habsburgermonarchie aus der Perspektive der Bevölkerungs-, Siedlungs-, Erwerbs-, Bildungs- und Verkehrsstatistik 1910, in: Die Habsburgermonarchie 1848–1918, Band IX, 2. Teilband, S. 25.

manipulative Qualität untersucht wurde.[469] Als erstes Beispiel geht die Verfasserin auf die legendäre „Carte rouge" von 1919 ein, mit der im Hinblick auf und während der Friedenskonferenz von Trianon mit Hilfe einer starken roten Färbung nachgewiesen werden sollte, dass Siebenbürgen (das im Königreich Ungarn vom Magyarisierungskurs stark betroffen war) ungarisch sei, was im Anschluss an die vorausgegangenen militärischen Auseinandersetzungen noch einen Kartenkrieg mit Rumänien auslöste.[470] Die Farbe Rot scheint von zahlreichen Geographen für die Darstellung und Betonung der eigenen Nation bevorzugt worden zu sein,[471] und das britische Empire erschien (jedenfalls im 19. und frühen 20. Jahrhundert) „immer rot",[472] aber die Verwendung von Farben bietet gerade in ethnischen und Sprachen-Karten generell reiche Manipulationsmöglichkeiten.[473] Aus der Analyse der Verfasserin der erwähnten Lizentiatsarbeit ergibt sich, dass der Konstrukteur der „Carte Rouge", der mit der Vorbereitung des Materials für die Friedensverhandlungen beauftragte damals europaweit bekannte Geograph, Kartograph und später (1920/21 und 1939–1941) zweimalige ungarische Ministerpräsident Graf Paul (Pal) Teleki,[474] auf einer fragwürdigen Datenbasis den Mythos der „natürlichen Einheit" Ungarns als einer von der „Volksseele" geformten „ethnischen Landschaft" propagieren wollte. Daneben konnte auch naturräumlich oder wirtschaftsgeographisch mit der „vermeintlichen Natürlichkeit der bis dahin bestehenden Karpatengrenzen Ungarns" argumentiert werden.[475] Dies alles und gerade die durch den Farbencode der „Carte Rouge" angedeutete „Kraft des Ungarntums"[476] musste allerdings im Kontext der Friedensverhandlungen nach dem Ersten Weltkrieg angesichts der in jeder Hinsicht unglücklichen Lage des besiegten Landes erwartungsgemäß folgenlos bleiben, zeitigte jedoch insofern gravierende Konsequenzen, als das ethnolinguistische Argumentarium später von nationalsozialistischen Geopolitikern wie Karl Haushofer eingesetzt werden konnte. Seinerseits schien Graf Teleki als un-

---

469 Judit Kotte, Verdeutlichen oder Verschleiern: Karten manipulieren Weltbilder und politische Entscheidungen, ungedruckte Lizentiatsarbeit, Universität Zürich 2007.
470 Vgl. Ignac Romsics, Der Friedensvertrag von Trianon, Herne 2001, S. 144–46 u. 156–59.
471 Vgl. Haslinger, Nation und Territorium, S. 14.
472 Zoe Laidlaw, Das Empire in Rot. Karten als Ausdruck des britischen Imperialismus, in: Kartenwelten, S. 147; vgl. auch S. 159: „Am Ende des [19.] Jahrhunderts war das Rot ein kraftvolles patriotisches Zeichen des Empire. Während Britannien in einem vertrauensvollen Rot erschien, konnte der Rest der Welt quasi stumm und farblos bleiben."
473 Vgl. Jordan, Methodik und Objektivität, S. 183f.
474 Vgl. zu Teleki Franz Sz. Horvath, Karten als Fortsetzung der Politik mit anderen Mitteln. Andras Ronai und sein Mitteleuropa-Atlas, in: Osteuropa kartiert, S.188ff.
475 Vgl. Horvath, Karten als Fortsetzung der Politik mit anderen Mitteln, S. 196.
476 Robert Keményfi, Grenzen – Karten – Ethnien. Kartenartige Konstituierungsmittel im Dienst des ungarischen nationalen Raums, in: Osteuropa kartiert, S. 210.

garischer Ministerpräsident Ende August 1940 im revisionistischen Zweiten Wiener Schiedsspruch betreffend Siebenbürgen das meiste von dem erreicht zu haben, was ihm 1920 verwehrt geblieben war; indessen wählte er in der Nacht auf den 3. April 1941 den Freitod, weil es ihm nicht gelang, den an der Seite der Achsenmächte sich abzeichnenden ungarischen Kriegseintritt gegen Jugoslawien, mit dem kurz vorher ein Freundschaftsvertrag abgeschlossen worden war, zu verhindern.[477]

Das zweite Fallbeispiel in der Lizentiatsarbeit von Judit Kotte ist eine vom britischen Geheimdienst eingesetzte gefälschte Karte, die Hitlers Südamerikapläne dokumentieren sollte und US-Präsident Roosevelt in seiner Navy-Day-Rede vom 27. Oktober 1941 (wenige Wochen vor Pearl Harbor) zum Beweis für eine neue Bedrohungslage diente. Demgegenüber ist das der ersten Nachkriegsauflage des „Putzger", einem Klassiker unter den deutschen Geschichtsatlanten, entnommene dritte Fallbeispiel eine Karte zu Deutschland nach dem Zweiten Weltkrieg, die mit Abstufungen der Farbe Blau und durch eine lediglich gestrichelte Oder-Neiße-Linie die Zusammengehörigkeit der deutschen Gebiete einschließlich Pommerns, Schlesiens und Ostpreußens in den Grenzen von 1937 darstellen wollte. Offensichtlich war der Verlust der Ostgebiete 1954, im Erscheinungsjahr des ersten Nachkriegs-„Putzger", mental keineswegs verarbeitet. Demgemäß fehlte eine Auseinandersetzung mit dem Thema von Kriegsschuld und Aggressionskrieg sowie insbesondere jeder Hinweis auf den Holocaust; dafür gab es umgekehrt exkulpierende Karten zu Bombenschäden in deutschen Städten und zu deutschen Flüchtlingen und Heimatvertriebenen.[478]

Allen drei manipulatorisch eingesetzten Beispiel-Karten von Judit Kotte lag die Frage nach Lebensräumen und ihren Begrenzungen sowie die Konstruktivität erwünschter oder befürchteter lebensräumlicher Wirklichkeiten zugrunde. Die Wirkkraft, aber ebenso die potentielle Missbräuchlichkeit solcher Konstrukte ist erheblich, weil sie Botschaften visualisieren, deren Gestaltung als Text erheblich weniger eingängig wäre. Nach dem Ersten Weltkrieg spielten ethnografische Karten vor allem bei den einstigen Mittelmächten eine besondere Rolle, weil sie als Teil deutscher, (deutsch-)österreichi-

---

477 Vgl. die Briefe von Miklós Horthy an Hitler und Mussolini vom 3. April 1941, worin der Gewissenskonflikt Telekis wegen des Freundschaftsvertrags mit Jugoslawien angesprochen wurde, in: The Confidential Papers of Admiral Horthy, hg. v. Miklos Szinai und Laszlo Szücs, Budapest 1965, S. 351-353.

478 F. W. Putzger, Historischer Schulatlas. Von der Altsteinzeit bis zur Gegenwart, 63.–74. Auflage, Bielefeld etc. 1954/1958, S. 130f. u. 128; die Neubearbeitung wurde 1948 in Angriff genommen, während der Putzger erstmals 1877 erschienen war. Vgl. zur Darstellung von Bombenkrieg und Flüchtlingen und Vertriebenen in Geschichtsatlanten v. a. Dipper, Was vom Nationalsozialismus bleibt, S. 199-205, sowie zur Bedeutung der Putzger-Karten für den ethnolinguistischen Nationalismus u.a. Thomasz Kamusella, School Historical Atlases and Ethnolinguistic Nationalism, in: Osteuropa kartiert, S. 216f., 219, 221.

scher und ungarischer Revisionismen in Fortsetzungs-„Kartenkriegen" eingesetzt wurden.[479] Eine bezeichnende Fernwirkung der „Carte Rouge" kann im Teppich gesehen werden, den die ungarische EU-Ratspräsidentschaft zu Beginn ihres Halbjahres in der ersten Jahreshälfte 2011 in der Eingangshalle des EU-Ratsgebäudes verlegen ließ. Es war eine Karte Ungarns von 1848.[480] Da man einen Teppich in der Regel mit den Füssen betritt, war die vermittelte Botschaft freilich ambivalent.

In einem vergleichbaren und noch immer aktuellen Zusammenhang referierte Andrea Schärer aus Zürich an einem kartengeschichtlichen Kolloquium in Essen im November 2012 unter dem Titel „Die Macht der Karte im Fokus diplomatischer Verhandlungen. Eine Analyse der Situation in Palästina, 1906–1947" über Kartenmaterial zu Palästina, bei dem sich je nach Akteursgruppe unterschiedliche Grenzen des Konzepts „Palästina" zeigten. Im Mittelpunkt der Untersuchung standen die Verhandlungen zwischen Großbritannien und Frankreich im Kontext der Aufteilung des Osmanischen Reiches nach dem Ersten Weltkrieg, die ebenfalls anhand von Karten geführt wurden. Die unterschiedlichen Grenzentwürfe in den Karten seien nicht nur Ausdruck von speziellen Einstellungen gegenüber Palästina gewesen, sondern zur politischen Waffe im Verhandlungsprozess geworden.[481]

Pariser Vorortsverträge

Auch abgesehen von solchen Implikationen war die Erstellung neuer Grenzen im Kontext des mit den Pariser Vorortsverträgen geschaffenen Friedenssystems schon für sich allein ein Vorgang von bedeutender Sprengkraft. Dafür liefert die von den Ungarn in Trianon vergeblich eingesetzte Karte Pal Telekis mit ihrer roten Farbe zur Darstellung der ungarischen Ansprüche ein im wahrsten Sinne des Wortes leuchtendes Beispiel. Graf Teleki war schon seiner Herkunft nach ein natürlicher Vertreter der großungarischen Linie, die seinem Leben zuletzt eine tragische Wende gab und angesichts der brutalen deutschen Rücksichtslosigkeit fast geben musste.

Mit dem definitiven Übergang Siebenbürgens an Rumänien war 1920 ein mentaler Quantensprung verbunden. Seither liegen die Karpaten mitten in Rumänien, während

---

479 Vgl. Jan Mokre, Karten im Krieg, in: Manfried Rauchensteiner (Hg.), An meine Völker! Der Erste Weltkrieg 1914-1918, Wien (Österreichische Nationalbibliothek) 1914, S. 54.
480 Vgl. den (ungedruckten) schriftlichen Leistungsnachweis von Bénédict Birrer anlässlich meiner an der Universität Fribourg im Frühlingssemester 2011 gehaltenen MA-Vorlesung Das zweite Leben Österreich-Ungarns, S. 7f.
481 Vgl. Nils Bennemann, Tagungsbericht Kartengeschichtliches Kolloquium, 16. 11. 2012–17. 11. 2012 Essen, in: H-Soz-Kult, 20. 3. 2013, <http://www.hsozkult.de/conferencereport/id/tagungsberichte-4726>.

sie vorher ein gleichsam natürliches Bollwerk gegen „Asien" bildeten, oder jedenfalls gegen „Halb-Asien", wie der 1848 in Galizien als Sohn eines jüdischen Arztes geborene, in Czernowitz aufgewachsene und von einer kulturellen Mission der Deutschen im Osten träumende Karl Emil Franzos (er lebte seit 1887 in Berlin und starb dort 1904) den Raum jenseits der Karpaten definierte, wobei er vornehmlich an Galizien dachte, ein unzivilisiertes, ödes, unwirtliches, trostloses und unglaublich schmutziges Land,[482] aber ein Zielgebiet des kolonial-kulturimperialistisch-zivilisatorischen Kampfs der Habsburgermonarchie gegen die Barbarei.[483]

In der Regel gingen Veränderungen wie diejenigen nach dem Ersten Weltkrieg über die Betroffenen hinweg, ohne dass sie sich ihnen entziehen oder gar widersetzen konnten. Vielmehr mussten sie sich je nach politischer Großwetterlage unter Umständen mehrmals neu positionieren und gegebenenfalls andere Identitäten oder zumindest neue Uniformen zulegen. So konnten rumäniendeutsche Offiziere zunächst im k.u.k. Heer oder in der kgl. ung. Honvéd, dann in der rumänischen Armee und nach 1941 vielleicht in der Waffen-SS dienen, während es nach dem Zweiten Weltkrieg und vor allem nach der „Wende" 1989 zum Exodus der deutschstämmigen Rumänen kam, deren Zahl von 633.000 (1930) bis 2002 auf knapp 60.000 sank; 2011 deklarierten sich noch rund 36.000 Personen als Deutsche.[484] Unter Ceausescu setzte ein genereller Druck auf die nichtrumänische Bevölkerung ein, was am Abbau der „autonomen ungarischen Region" 1968 sichtbar wurde.[485] Mittlerweile scheint angesichts großungarischer Umtriebe im Nachbarland fast eine Art Liebeswerben um die rumänischen Ungarn in Siebenbürgen in Gang gekommen zu sein, die mit ihren zusammengeschmolzenen knapp sieben Prozent der Gesamtbevölkerung Rumäniens größte Minorität darstellen.[486] Dahinter verbirgt sich das Problem des rumänischen Zentralismus, der in einem an

---

482   Martin Pollack, Galizien, Mythos mit vielen Gesichtern, Manuskript der auf polnisch gehaltenen Rede zur Eröffnung der Ausstellung „Der Mythos Galizien", Krakau, 10. Oktober 2014, jetzt in: Martin Pollack, Topografie der Erinnerung. Essays, Salzburg – Wien 2016, S. 145.

483   Vgl. Gesa von Essen, ‚Im Zwielicht'. Die kulturhistorischen Studien von Karl Emil Franzos über Halb-Asien, in: Wolfgang Müller-Funke, Peter Plener, Clemens Ruthner (Hg.), Kakanien revisited. Das Eigene und das Fremde (in) der österreichisch-ungarischen Monarchie, Tübingen – Basel 2002, S. 222–238, hier S. 224f. Vgl. auch Karl-Markus Gauß, Halb-Asien, ein deutscher Traum. Zum 100. Todestag des Schriftstellers Karl Emil Franzos, NZZ Nr. 22., 28. Januar 2004.

484   Vgl. NZZ, 27. April 2006, sowie Daniel Ursprung, Von privilegierten Siedlern zur geschützten Minderheit. Die Siebenbürger Sachsen hatten Jahrhunderte lang einen Sonderstatus – ihre Kultureinflüsse sind in Rumänien noch heute präsent, NZZ Nr. 4, 7. Januar 2015.

485   Vgl. Edgar Hösch, Karl Nehring, Holm Sundhaussen (Hg.), Lexikon zur Geschichte Südosteuropas, Wien – Köln – Weimar 2004, S. 585.

486   Vgl. Charles E. Ritterband, Liebeswerben um die rumänischen Ungarn. Verstärkte Autonomiewünsche bei den Szeklern in Siebenbürgen, NZZ Nr. 183 (internationale Ausgabe), 11. August 2009.

der Schnittstelle verschiedener kulturhistorischer Räume und früherer Vielvölkerreiche (dem polnisch-litauischen, dem österreichisch-ungarischen, dem osmanischen, dem russischen) gelegenen Mehrkulturenland jede regionale Eigenständigkeit abzuwürgen vermag, was gegenüber dem potentiell jederzeit radikalisierbaren Verhalten der ungarischen Minderheit, deren Ziel eine (weiterhin nicht vorgesehene) Autonomie Transsilvaniens darstellt, zu Problemen führen kann.[487]

Nicht nur in Trianon mit der „Carte Rouge", sondern auch in St. Germain haben Karten eine Rolle gespielt und sollten/wollten jeweils dann eingesetzt werden, wenn sie – da scheinbar besonders objektiv – zur Illustrierung und Untermauerung eigener Anliegen dienten. So wies der Unterstaatssekretär im deutschösterreichischen Staatsamt für Äußeres von Pflügl bereits am 18. November 1918 das Militärgeographische Institut darauf hin, dass die Vorbereitungen auf die Friedensverhandlungen rascheste Vorsorge für den Schutz der deutschen Minderheiten in den nichtdeutschen Staaten erheischten. Dazu müsse zum einen in ausländischen Zeitungen journalistische Aufklärungsarbeit mit Hilfe von Nationalitätenkarten Österreich-Ungarns in kleinem Maßstab geleistet werden; zum andern müsse durch Einzeichnungen in die Generalkarten der bisherigen Staatsgebiete Österreichs, Ungarns, Bosniens und der Herzegowina übersichtliches Kartenmaterial bereitgestellt werden.[488] In der Tat findet sich in der Folge eine vom 29. Januar 1919 datierte, sehr detaillierte Bestellung von Kartenmaterial durch Prof. Laun, einen Berater des Staatsamts für Äußeres, bei der Wiener Statistischen Zentralkommission.[489] Ein halbes Jahr später, nachdem die Forderungen der einstigen Gegner seit Wochen (konkret seit dem 2. Juni 1919) auf dem Tisch lagen und rabiate Enttäuschung und beträchtliche Ernüchterung eingekehrt war, teilte Abteilungsleiter Generalkonsul Rappaport aus dem Staatsamt für Äußeres am 17. Juli 1919 der Statistischen Zentralkommission mit, es werde seitens der Friedensdelegation davon abgesehen, Minoritätenkarten bei der Friedenskonferenz zu verwerten, weil „eine Reihe von Gründen politischer und taktischer Art" dagegen sprächen.[490] Eine Woche vorher hatte sein Sektionschef Baron Eichhoff aus St. Germain zur Begründung für diesen scheinbar überraschenden Entscheid erklärt, man könne nicht „unentwegt" den Standpunkt vertreten, man sei ein „national einheitlicher Staat", der kein Interesse

---

487 Vgl. Daniel Ursprung, Wenig Spielraum für Rumäniens Regionen. Debatte über eine territoriale Neuordnung – zaghafter Ruf nach einer stärkeren Dezentralisierung politischer Entscheide; NZZ Nr. 183 (internationale Ausgabe), 10. August 2013, sowie Rudolf Hermann, Streit um Autonomierechte in Rumänien. Aufgeheizte Diskussion über die Stellung der ungarischen Minderheit in Transsilvanien; NZZ Nr. 198 (internationale Ausgabe), 28. August 2013.
488 AdR, NPA, Karton 376, Fasz. 25/2, N. 210.
489 NPA, Karton 376, Fasz. 25/2, N. 218 und 220.
490 NPA, Karton 376, Fasz. 25/2, N. 243.

daran habe, die Frage der Tschechen in Wien oder der Italiener in Vorarlberg aufs Tapet zu bringen, um dann die Behandlung deutscher Minoritäten im Siedlungsgebiet anderer „Volksstämme" damit zu verbinden.[491] Noch treffender war der Hinweis in einem etliche Wochen nach Unterzeichnung des Staatsvertrags verfassten Schreiben des Staatsamtes für Äußeres an das Staatsamt für Inneres und Unterricht, dass es gar nicht zu Verhandlungen über einen auf Gegenseitigkeit gegründeten Schutz nationaler Minderheiten gekommen sei.[492] Trotzdem waren noch am 23. Juli 1919 mit Telegramm an Abteilungsleiter Rappaport in der Wiener Zentrale „dringendst" zehn Exemplare einer Karte von Kärnten und der Südsteiermark nach St. Germain erbeten worden, auf der die politische Einteilung nach Gerichtsbezirken und politischen Bezirken, nicht aber die Sprachgrenze und die Nationalitätenverhältnisse sichtbar sein sollten. Rappaport schickte am Tag darauf auch Karten von Böhmen ohne Nationalitäteneinzeichnung.[493] Darauf kam wieder einen Tag später, am 25. Juli 1919, von der Friedensdelegation die Meldung, bei Südböhmen seien Karten mit Einzeichnung der Nationalitäten erwünscht (weil sie in diesem Fall – wie zu vermuten ist – besonders nützlich erschienen), während es bei der Steiermark und bei Kärnten solche ohne nationale Einzeichnung, dafür aber mit deutlichen Grenzen der politischen Gerichtsbezirke sein sollten.[494] Es zeigt sich auch in diesen Schriftwechseln aufs Deutlichste, wie sehr der Einsatz von Kartenmaterial taktisch begründet war und es keineswegs darum ging, ‚objektive' Gegebenheiten kartographisch zu dokumentieren.

Beispiel böhmisch-mährisch-niederösterreichischer Grenzraum

Wie sehr die Fixierung einer Grenze folgenreich sein kann, zeigen zwei ehemals niederösterreichische Grenzstreifen zwischen Südböhmen/Südmähren und dem Oberen Waldviertel, jene bei Gmünd und bei Feldsberg (Valtice), die durch den Staatsvertrag von St. Germain tschechisch wurden, ein Sieger-Entscheid, der im ‚Dritten Reich' nicht unerwartet umgedreht wurde.[495] Die niederösterreichisch-böhmisch-mährische Grenzregion scheint generell schwierig gewesen zu sein, weil administrative, sozioökonomische und sprachliche Grenzen nicht mit den bestehenden politischen Grenzen übereinstimmten, was in Mischgebieten nicht sonderlich erstaunt – erstaunlich wäre

---

491 10. Juli 1919, NPA, Karton 376, Fasz. 25/2, N. 250.
492 16. Oktober 1919, NPA, Karton 376, Fasz. 25/2, N. 254.
493 NPA, Karton 313, Liasse 15/9, N. 713 und 714.
494 NPA, Karton 313, Liasse 15/9, N. 766.
495 Vgl. Andrea Komlosy, Grenze und Peripherie. Am Beispiel der niederösterreichisch-böhmischen Grenzregionen, in: Peter Haslinger (Hg.), Grenze im Kopf. Beiträge zur Geschichte der Grenze in Ostmitteleuropa, Frankfurt a. M. etc. 1999 (Wiener Osteuropa Studien, 11), S. 59ff.

das Gegenteil.[496] Bezeichnenderweise finden sich aus dem Staatsamt für Land- und Forstwirtschaft Hinweise auf gegen Ende März 1919 eingegangene Klagen über den Ankauf von Waldviertler Bauernwirtschaften durch Tschechen, deren Folge „die in absehbarer Zeit eintretende teilweise oder gänzliche Tschechisierung des n.ö. [niederösterreichischen] nördlichen Grenzgebiets" sein werde, eine „Kolonisation, die bereits vor dem Kriege unter Vermittlung tschechischer Bankinstitute planmäßig ins Werk gesetzt" worden sei. Diese „Invasionsgefahr" würde – wie in dem an das Staatsamt des Innern und an die Staatskanzlei gerichteten Einsichtsakt weiter ausgeführt wurde – „eine gewisse Minderung erfahren können, wenn die deutschen Geldinstitute mit den tschechischen Banken in eine möglichst wirksame Konkurrenz treten und dem in Not geratenen deutschen Besitzer oder einem deutschen Bewerber um ein gefärdetes [sic] Anwesen initiativ rechtzeitige billige Kredithilfe gewähren würden".[497] Hier schlugen sich konkrete Ängste nieder, und es zeigt sich, dass im Verein mit befürchteten und in der Folge wirklich eingetretenen Grenzverschiebungen auch mehr oder weniger prophylaktisches Bemühen zur Bereinigung der Besitzverhältnisse oder zu dessen Durchkreuzung zu verzeichnen war.

Was das Schicksal Deutsch-Südmährens anbelangt, schien angesichts einer massiven deutschsprachigen Mehrheit und der günstigen geografischen Lage am ehesten eine Möglichkeit zu bestehen, seine Angliederung an Deutschösterreich zu erreichen, wobei die tschechische Seite aber sofort entschlossen agierte und ihren Positionsvorteil als Siegerin im Zuge der militärischen Besetzung des rund 1850 Quadratkilometer großen Gebiets mit (1910) gegen 175.000 Personen (von ihnen knapp 160.000 mit deutscher Umgangssprache) auszunützen verstand, während die deutschen Südmährer eher resigniert und lethargisch auf das (nicht vorhandene) Wohlwollen der Friedenskonferenz vertrauten.[498] Indessen könnte denkbar sein, dass gerade in dieser Zone durch geringfügige Abstriche am von Frankreich gestützten tschechischen Maximalprogramm das massive Minderheitenproblem, das sich die siegreiche Tschechoslowakei in St. Germain einhandelte (nicht unähnlich in der Folge mit Trianon), vielleicht etwas abgemildert worden wäre.

An dieser Stelle sei *en passant* eine persönliche Reminiszenz erlaubt. Ein Zufall wollte es, dass ich in den beginnenden 1990er Jahren in dieser böhmisch/mährisch-niederösterreichischen Grenzzone die Gründung eines Instituts für Grenzraumfragen plante.

---

496 In Anlehnung an Komlosy, Grenze und Peripherie, S. 47.
497 AdR, BKA/allgem., Inneres Sig. 10/1–10/4, Karton 2252, N. 17153/1919.
498 Vgl. Walter Reichel, Tschechoslowakei-Österreich. Grenzziehung 1918/1919, in: Helmut Konrad, Wolfgang Maderthaner (Hg.), Das Werden der Ersten Republik. ... der Rest ist Österreich, Band I, Wien 2008, S. 159–178, v. a. S. 167–175.

Das Projekt war einigermaßen weit gediehen, als es sich zerschlug, weil der während fast zwei Jahren betriebene Ankauf eines Schlosses im nördlichen Waldviertel, das als Sitz des Instituts vorgesehen war, wegen des Auftauchens eines kapitalkräftigen Interessenten im entscheidenden Moment platzte. Dies scheint mir über zwei Jahrzehnte später noch immer bedauerlich, weil zum einen der Moment – es war die Zeit, als die Grenzen aufzugehen begannen – ausgesprochen spannend war, und zum andern, weil sich an den Problemen von Grenzräumen seither nichts fundamental geändert haben dürfte, außer dass sich das Bewusstsein für die inhärenten Fragen vielleicht etwas geschärft hat. Grenzräume bleiben dynamisch und vielschichtig und können fast nie klar und eindeutig ausdifferenziert werden.[499] Sie werden dort besonders problematisch, wo nationalistisch aufgeladene Anrainer aggressiv Korrekturen durchsetzen wollen. Wenn es dafür einer Illustration bedarf, sei an den seit Ende 2014/Anfang 2015 dramatischen Konflikt um die ukrainische Ostgrenze erinnert.

3.2 Lebensräume und Mechanismen von Exklusion und Inklusion

Lebensräume

„Räume sind nicht, Räume werden gemacht", lautet die thesenhaft zugespitzte Erkenntnis des Berliner Geographie-Didaktikers Hans Dietrich Schultz, der sich von der klassischen Geographie abgrenzt, „die nur ‚wirkliche' Räume kannte, die von der Karte abgebildet wurden".[500] Noch mehr gilt in unserem Zusammenhang aber, dass Lebensräume weder abstrakt noch luftleer sind, so wenig wie Grenzen unbewohnt und unpassierbar durch wertlose Gebiete verlaufen, wie die Umschreibung einer „guten" (Ideal-)Grenze beim ungarischen Volkskundler Keményfi lautet.[501] Vielmehr geht es sehr konkret um Territorien mit ihren Bewohnern und im weitesten Sinn um Kulturräume.

Ob, wie Peter Haslinger 1999 in der Einleitung zum von ihm herausgegebenen Sammelband „Grenze im Kopf" ausführte, der „Ausgleich" von 1867 mit der österreichisch-ungarischen Binnengrenze gemäß ungarischer Optik als Trennlinie zweier in

---

499 Vgl. zur Dynamik von Grenzen in einer kommunikativ gemeinsamen (jüdisch-mobilen) Welt das interessante Buch von Desanka Schwara, Unterwegs. Reiseerfahrung zwischen Heimat und Fremde in der Neuzeit, Göttingen 2007, und darin insbesondere den ersten Teil über Europas dynamische Grenzen, wo festgestellt wird, die Schnittstellen der drei multiethnischen Imperien, der Habsburgermonarchie, des Osmanischen Reiches und des Zarenreiches, hätten kulturelle Überlappungen aufgewiesen (S. 43).
500 Schultz, Im Norden liegt ..., nach Osten fließt ..., S. 73.
501 Keményfi, Grenzen – Karten – Ethnien, S. 213.

einem Staatenbund vereinten unabhängigen Staaten die früheste Präsenz einer Staatsgrenze in diesem Raum gebildet habe, mag dahingestellt bleiben; unzweifelhaft ist dagegen, dass es nach dem Ersten Weltkrieg auf dem Gebiet der ehemaligen Monarchie zu qualitativ neuen Grenzen zwischen den Nachfolgestaaten kam, mit großen Konsequenzen für die Lebenswelten der grenznahen Gemeinschaften.[502] Es entstanden jetzt ‚wirkliche' Staatsgrenzen, die neue Grenzadministrationen nötig machten und neues Personal erforderten. Gleichzeitig erwies sich in diesem Kontext auch, dass das Ziehen von Grenzen eine Sache ist, aber das Dominieren von Räumen, deren (neue) Grenzen in den Köpfen ihrer Bewohner nicht bestanden oder zuerst ‚verschoben' werden mussten, eine andere. So wurde die Karpato-Ukraine oder Transkarpatien, das bis 1920 ungarisch war, auf Grund des Friedensvertrags von Trianon bis 1938/39 tschechisch bzw. slowakisch, dann – als Folge von Hitlers und Mussolinis Erstem Wiener Schiedsspruch vom 2. November 1938 – bis 1944 wieder ungarisch, in der Folge bis 1991 sowjetisch; seither gehört das Gebiet zur Ukraine. Von hier stammt die auf traurige Art schöne Anekdote vom alten Mann, der in der Habsburgermonarchie geboren wurde, seine Jugend in der Tschechoslowakei verbrachte, anschließend sechs Jahre in Ungarn und einige Wochen wieder in der Tschechoslowakei, dann sehr lange in der Sowjetunion und als Rentner in der Ukraine lebte, ohne aus seiner Stadt (Uschgorod) an der Grenze zur Slowakei je herausgekommen zu sein.[503] Geradezu tragisch ist, dass dieses Gebiet inzwischen nicht nur jenseits der EU-Außengrenze, sondern auch jenseits der Grenze des Schengenraums liegt und damit von Europa erst recht (wieder) ausgesperrt ist. Dabei läge ausgerechnet hier, in der Karpaten-Kleinstadt Rachiv, eines der möglichen geografischen Zentren des Kontinents.[504]

Nicht immer so traurig, aber ebenso schwierig und im Identitätskontext emblematisch ist die Zuordnung von „Grenzgängern" im weitesten Sinne, d. h. von jenen, die aus Auftrags- oder Geschäfts- oder Karrieregründen oder schlicht privat an mehreren Orten des seinerzeitigen Reiches tätig waren oder lebten. Ein Beispiel wäre der 1870 im mährischen Brtnice (damals Pirnitz) geborene Architekt und Designer Josef Hoffmann, der als Schüler und Mitarbeiter von Otto Wagner mit dem im gleichen Jahr geborenen Adolf Loos als Bahnbrecher der modernen Architektur gilt und 1903 einer der Gründer

---

502 Vgl. Peter Haslinger, Einleitung: Grenze im Kopf. Anmerkungen aus geschichtswissenschaftlicher Perspektive, in: Grenze im Kopf, S. 12.
503 [Andreas Oplatka], Vielvölkerregion Karpato-Ukraine. Zähe Ruthenen, enttäuschte Ungarn, verlassene Deutsche, NZZ Nr. 209, 10. September 2003.
504 Vgl. Rudolf Hermann, Aufgefallen. Wo endet Europa und wo ist sein Zentrum?, NZZ Nr. 210, 10. September 2010. Zur aktuellen Lage der Ruthenen in den nördlichen Karpaten bzw. Transkarpatien vgl. Ders., Ein vergessenes Bergvolk in der Mitte Europas. Die ukrainischen Ruthenen auf der Suche nach Identität, NZZ Nr. 246, 22. Oktober 2010.

der Wiener Werkstätte war. Er war in seiner Heimatstadt und in Wien und daneben an verschiedenen weiteren Orten in und außerhalb der Monarchie tätig, weshalb sich an Erinnerungsfeiern oder bei EU-Forschungsprojekten zur Architektur in Mitteleuropa die Frage stellt, ob er als „der große Sohn Tschechiens" oder als „einer der wichtigsten Architekten Österreichs" zu sehen sei.[505]

Ethnische Säuberungen[506]

Dass mit den Vertreibungen zu Ende des Zweiten Weltkriegs im erwähnten böhmisch-mährischen Grenzraum wie in der gesamten Tschechoslowakei die anstehenden ethnischen Probleme brachial aus der Welt geschafft wurden, ist ein Thema für sich, bei dem indessen von Reziprozität gesprochen werden muss. Peter Mähner zeigt, wie im südmährischen Bauernort Gnadlersdorf (Hnanice), das zwischen Retz und Znaim hart an der Grenze (aber südlich der Thaya) liegt, die wenigen dort wohnhaften Tschechen als Folge der Münchner Konferenz und der anschließenden deutschen Besetzung 1938 vertrieben wurden (unter ihnen der über vier Jahrzehnte im Dorf tätige und offenbar auch bei der deutschsprachigen Mehrheit beliebte tschechische Pfarrer), worauf 1946 der Abschub der zahlreichen noch verbliebenen Deutschen folgte.[507] 1930 lebten 452 ethnisch Deutsche im Dorf, 1939 waren es 495, 1950 waren keine mehr da; tschechisch waren 1930 83, 1939 3, 1950 dagegen 353.[508] So wie hier wird auch im Kontext der sogenannten „foibe", den Karstschlünden in Istrien und im Hinterland von Triest, wo nach der italienischen Kapitulation vom 8. September 1943 und im Mai/Juni 1945 beim Einmarsch der jugoslawischen Befreiungsarmee Italiener (nicht nur Faschisten) massakriert wurden, geradezu schlagend klar, dass Ursachen und Wirkungen nicht vertauscht werden dürfen, denn den „foibe"-Massakern waren die Gewaltorgien des in diesen Gebieten besonders brutalen italienischen Grenzlandfaschismus vorausgegangen.[509] Zu Recht konnte bei aller Anerken-

---

505 Vgl. Patricia Grzonka, Zwischen Tradition und Moderne. Auf den Spuren des Architekten und Gestalters Josef Hoffmann, NZZ Nr. 292, 15. Dezember 2010. S. auch Albert Kirchengast, Moderne ohne Ende. Im Wiener MAK stehen in einer großen Jubiläumsausstellung Adolf Loos und Josef Hoffmann einander gegenüber, NZZ Nr. 58, 11. März 2015.
506 Der Begriff wurde seit Beginn des Bosnienkriegs 1992 üblich zur Umschreibung von (durchaus schon früher und keineswegs nur im Balkan) angewandten Maßnahmen zur Entfernung einer national oder ethnisch unerwünschten Bevölkerung von einem bestimmten Territorium mit dem Ziel der Schaffung eines ethnisch und kulturell homogenen, eben „gesäuberten" Gebiets; vgl. Holm Sundhaussen, Der Zerfall Jugoslawiens und dessen Folgen, Aus Politik und Zeitgeschichte, 32/2008, S. 17.
507 Peter Mähner, Grenze als Lebenswelt. Gnadlersdorf (Hnanice), ein südmährisches Dorf an der Grenze, in: Grenze im Kopf, S. 67–102.
508 Mähner, Grenze als Lebenswelt, S. 81.
509 Vgl. zum Grenzlandfaschismus und seinen Konsequenzen Rolf Wörsdörfer, Krisenherd Adria 1915–

nung der dunklen Stellen in der Geschichte der Tschechen denn auch gesagt werden, es sei „für eine Gesellschaft, die sechs Jahre lang Gewalt und Willkür ausgesetzt war und in den letzten Stunden des Krieges mit Todesmärschen [und] Zügen mit halbtoten Häftlingen konfrontiert wurde", leicht gewesen, „sich in Hass und Rache hineinzusteigern".[510] Dennoch haben die Benesch-Dekrete einen fundamentalen Paradigmenwechsel dargestellt, weil das tschechische Europabild der Zwischenkriegszeit (wie Peter Bugge aufzeigt) trotz antideutscher und magyarisch-feindlicher Gefühle mehr von Einbeziehung als von Ausgrenzung geprägt gewesen war.[511]

Selbstverständlich müsste bei der Spurensuche zu den Säuberungen vor und nach dem Zweiten Weltkrieg weiter zurückgegangen werden,[512] und es ließe sich im Fall der Tschechoslowakei das Verhalten der 1918/19 entstandenen Republik gegenüber dem deutschösterreichischen Staat erwähnen, dem die Kohlezufuhr abgeschnitten und der deutschsprachigen Minderheit in der Tschechoslowakei mit Gewalt begegnet wurde, wozu Otto Bauer in der 7. Sitzung der provisorischen Nationalversammlung Deutschösterreichs am 4. Dezember 1918 geradezu prophetisch sagte, „so schwach die deutsche Nation heute in Europa sein mag, wir bleiben doch ein großes Volk von 70 Millionen Menschen [...] und wir werden immer das tschecho-slowakische Staatsgebiet von Norden, Westen und Süden umgeben".[513] Hier ist zu bedenken, dass Bauer zu diesem Zeitpunkt noch vom unmittelbar bevorstehenden „Anschluss" Deutschösterreichs an das deutsche Reich ausging, ein Anschluss der ganz anders hätte sein sollen, als er 1938 ‚wirklich' war, den Bauer sinnigerweise im tschechischen Exil erlebte, wo er sich seit 1934 befand. Und es ist weiter zu bedenken, dass der Hass der Tschechen auf Österreich ebenfalls seine Gründe hatte, von denen Bauer in der erwähnen Rede auch sprach als vom „Hass" der Nichtdeutschen „gegen das alte Regierungssystem", der sich jetzt – Ende 1918 – „gegen uns" richte.[514] Nicht zu Unrecht äußerte er am 25. Dezember 1918 in seiner Denkschrift an die in Wien vertretenen Mächte und an die Regierungen der Ententestaaten und der USA, dass der tschechoslowakische Staat,

---

1955. Konstruktion und Artikulation des Nationalen im italienisch-jugoslawischen Grenzraum, Paderborn 2004, v. a. Kapitel III, sowie Marina Cattaruzza, L'Italia e il confine orientale 1866–2006, Bologna 2007, Kap. V u. VI.

510 Alena Wagnerova, Debatten und Denkmäler. Die Wahrnehmung der tschechischen Vergangenheitsaufarbeitung für die Jahre nach 1945 ist durch stereotype Feindbilder blockiert, NZZ Nr. 236, 11. Oktober 2010.

511 Peter Bugge, „Land und Volk" – oder: Wo liegt Böhmen, in: Geschichte und Gesellschaft, Heft 28/3, 2002, S. 416.

512 Vgl. Marina Cattaruzza, ‚Last stop expulsion' – The minority question and forced migration in East-Central Europe: 1918-49, in: Nations and Nationalism 16 (1), 2010, S. 108–126.

513 ADÖ, Band 1, Dok. 65, S. 252.

514 Ebd., S. 247.

sollten ihm die deutschen Gebiete angehören, „kein tschechischer Nationalstaat" wäre, sondern „ein Nationalitätenstaat, wie es das alte Österreich war", „ein Staat, der erschüttert wäre von den heftigsten nationalen Kämpfen zwischen seiner deutschen und tschecho-slowakischen Bewohnerschaft", und der Friede in Europa wäre „durch die deutsche Irredenta innerhalb des tschecho-slowakischen Staates dauernd gefährdet".[515] Der neue tschechoslowakische Staat war demnach gegenüber seiner neuen Minderheit nichts anderes als die alte Monarchie gegenüber ihren alten Minderheiten es gewesen war, einfach mit Umkehrung der Vorzeichen.

Trotz ihren Vor-Spuren bleibt es beim eklatanten Unrechtscharakter der Vertreibungen von Minderheiten bei und nach Ende des Zweiten Weltkriegs, selbst wenn sie mit Billigung der Alliierten (jedenfalls der Sowjets und Briten) erfolgten[516] und es sich im Fall der Deutschen um Antworten auf Hitlers zugespitzteste Raum- und Rassen-Doktrin handelte, wonach sich die Slawen in Europa auf fremdem Boden befänden und entfernt werden müssten.[517] Weiter bleibt es dabei, dass das Beispiel der vor und nach Kriegsende erlassenen Benesch-Dekrete, die nach Meinung des dissidenten slowakischen Historikers Jan Mlynarik das böhmische Land enteuropäisiert hätten,[518] Schule machte: mit der Vertreibung von rund 12 Millionen Deutschen aus den Ostgebieten des Reiches und aus Mittel- und Osteuropa, aber auch der Ungarn aus der Tschechoslowakei und Jugoslawien, der Italiener aus Jugoslawien, der Rumänen aus Ungarn und Bulgarien (und umgekehrt), der Bulgaren aus Jugoslawien und Griechenland sowie der Albaner aus diesen Ländern.[519]

Im westungarischen mehrheitlich deutschsprachigen Ödenburg (Sopron) wurden die Deutschsprachigen, dank deren Unterstützung die Volksabstimmung Mitte Dezember 1921 zugunsten Ungarns ausgegangen war, zwischen Ende April und Mitte Mai 1946 im Zuge der generellen Vertreibung der Ungarndeutschen aus Ungarn vertrieben, während ihr Vermögen beschlagnahmt wurde. Der Verfasser einer diesbezüglichen Ödenburger Monographie urteilt, dass mit dieser Vertreibung „eine multikulturelle, multiethnische Gesellschaft" zerschlagen worden sei.[520] Besonders stoßend erscheint

---

515 ADÖ, Band 1, Dok. 104, S. 321.
516 Vgl. Cattaruzza, ‚Last stop expulsion', S. 118f.
517 Vgl. Bugge, „Land und Volk", S. 420f.
518 Die Äußerung ist vom Dezember 1977, zit. Bugge, „Land und Volk", S. 429.
519 Vgl. die Konferenzankündigung Krieg und Zwangsmigrationen in Südosteuropa 1940–1950, 8. 11. 2012–10. 11. 2012 Tübingen, in: H-Soz-Kult, 12. 10. 2012, <http://www.hsozkult.de/event/id/termine-20209>
520 Andras Krisch, Die Vertreibung der Deutschen aus Ödenburg 1946, Sopron 2007, S. 11. Die Zahl der aus Sopron Vertriebenen wird mit „ca. 7000–8000" angegeben (S. 119) und ist im Kontext der Vertreibung von rund 180'000 Ungarndeutschen zu sehen (S. 165).

der Umstand, dass Deutschwestungarn sowohl im Staatsvertrag von St. Germain als auch im Friedensvertrag von Trianon in seiner Gänze Österreich zugesprochen worden war und Ödenburg nur dank hartnäckigem ungarischem Widerstand und wiederholtem Gewalteinsatz zuletzt bei Ungarn blieb. Sinnigerweise hatte die ungarische Delegation anlässlich der ersten vorbereitenden bilateralen Wiener Besprechungen vom 23./24. Februar 1921 auch hierzu einen Ausschnitt der Nationalitätenkarte („Carte Rouge") des Grafen Teleki vorgelegt.[521] Nach weiteren Verhandlungen in Budapest (19. und 21. März 1921) und Wien (25. Mai 1921) sowie nach der entscheidenden Vermittlung Italiens im Protokoll von Venedig vom 13. Oktober 1921 und dem Scheitern des zweiten Restaurationsversuchs von Exkaiser Karl vom 20. bis 25. Oktober 1921 fand schließlich am 14. und 16. Dezember 1921 die Volksbefragung in Ödenburg und acht umliegenden Gemeinden statt.[522] Obwohl die österreichische Seite das Abstimmungsergebnis primär anfocht, entschärfte sich die Lage an dieser Grenze nach ihrer Fixierung durch den Völkerbundsrat im September 1922 rasch und normalisierten sich die Beziehungen zwischen den beiden Staaten,[523] was sich nach dem Zweiten Weltkrieg und während der Dauer des Kalten Kriegs wieder massiv änderte. Inzwischen ist Sopron zwar durch die Bahnlinie von Wien nach Deutschkreuz in den ÖBB-Verkehrsverbund Ost-Region eingebunden, bleibt aber nahezu vollständig ungarischsprachig, selbst in Bezug auf einstmals deutsche „memoriae", deren Gedenktafeln und Inschriften fast ausschließlich ungarisch sind. Immerhin geht man aus Wien gern nach Sopron zum Zahnarzt, was in der Stadt nicht zu übersehen ist.

Nach dem Zweiten Weltkrieg sind in Südosteuropa fast alle Mischzonen-Fragen durch ethnische Säuberungen ‚bereinigt' worden. Im Gebiet der ehemaligen Habsburgermonarchie zieht sich dieses radikale Muster nach allen Richtungen durch, so im Westen von Böhmen nach Bosnien-Herzegowina, wo der Krieg von 1992–1995, der längste und bei weitem blutigste im ehemaligen Jugoslawien, die ethnische Mischung von Bosniaken, Serben und Kroaten brutal beendete. Diese Erfahrung scheint so prägend, dass sie es 2014 unmöglich machte, eine gemeinsame Gedenkveranstaltung zum Attentat vom 28. Juni 1914 durchzuführen. Vielmehr fanden sich die serbischen und bosnisch-serbischen Politiker in Andrićgrad, einer von Emir Kusturica (dem aus einer säkular-muslimischen Familie in Sarajewo stammenden und 2005 serbisch-orthodox getauften so erfolgreichen wie umstrittenen bosnischen Filmregisseur) zu Ehren des

---

521 Vgl. ADÖ, Band 3, Dok. 507, S. 516–537, hier S. 517.
522 Vgl. ADÖ, Band 3, Dok. 513, S. 564–573, und Dok. 538, S. 635–650, sowie ADÖ, Band 4, vor allem die Dokk. 585, 586, 606, 625. S. auch Béla Rasky, Vom Schärfen der Unschärfe. Die Grenze zwischen Österreich und Ungarn 1918 bis 1924, in: Konrad/Maderthaner, Das Werden der Ersten Republik. Band I, S. 139–158, hier S. 150–155.
523 Vgl. ADÖ, Band 4, Dokk. 636 und 634.

Literaturnobelpreisträgers Ivo Andrić in der Nähe von Visegrad imaginierten und realisierten Kunststadt,[524] zu einer Gegenveranstaltung gegen die bosniakisch-kroatische in Sarajewo zusammen, wie wenn Andrić ein Kronzeuge für die Instrumentalisierung der Attentäter und ihres Kulthelden Gavrilo Princip durch die serbische Seite wäre. Während im Osten Sarajewos eine Princip-Statue eingeweiht wurde, traten auf der anderen Stadtseite die Wiener Philharmoniker im Beisein des österreichischen Bundespräsidenten Heinz Fischer auf.[525] Der Korrespondent des Genfer „Le Temps" zitierte am Ende seines Beitrags zum 28. Juni 2014 in Sarajewo zwei etwas heruntergekommene „sexagénaires", deren ernüchternde Bilanz war: „il aurait mieux valu qu'on reste en Autriche-Hongrie, comme ça, aujourd'hui, on toucherait 3000 euros de retraite par mois".[526]

Im Osten des ehemals habsburgischen Raumes findet sich qualitativ und quantitativ Vergleichbares von Galizien mit den Sowjetmassakern an den Ukrainern und den diesbezüglichen Vertreibungen zu Ende des Zweiten Weltkriegs[527] über die Bukowina mit Czernowitz, wo zwischen 1941 und 1944 „eine ganze Kulturlandschaft ausradiert wurde",[528] bis nach Siebenbürgen mit der vorher schon nicht besonders friedlichen Koexistenz verschiedener Volks- und Religionsgruppen unter rumänischer Herrschaft. Die Bevölkerung von Lemberg (Lwow, Lwiw), einer Stadt, die mehrmals ihre Staatszugehörigkeit wechseln musste, nachdem ihre Glanzzeit als Zentrum Galiziens seit dem Ende der Habsburgermonarchie vorbei war, wurde während und nach dem Zweiten Weltkrieg aufs massivste umgekrempelt. Die zahlreichen jüdischen Bewohner wurden fast vollständig ermordet und die Polen nach Kriegsende weitgehend vertrieben, u. a. ins ehemalige Breslau, woher die schlesischen Bewohner nach Deutschland ausgesiedelt worden waren.[529] In der Tat ist das frühere Galizien mit seinem bis zum Zweiten Welt-

---

524 Vgl. „Ich bin unversöhnlich und dickköpfig". Ein Gespräch mit dem bosnischen Regisseur Emir Kusturica über Politik und seinen Hang, andere an der Nase herumzuführen, NZZ Nr. 111, 16. Mai 2015.
525 Vgl. NZZ Nr. 145, 26. Juni 2014, S. 7, sowie Le Monde, 29./30. Juni 2014, S. 3, 1. Juli 2014, S. 3, 2. Juli 2014, S. 18.
526 Jean-Arnault Dérens, Gavrilo Princip. „libérateur" ou „terroriste", Le Temps, 28. Juni 2014.
527 Vgl. den Zürcher Vortrag von Catherine Gousseff (Ecole des hautes études en sciences sociales, Paris) vom 2. Oktober 2008 zu Les transferts de population à la fin de la guerre: le cas polono-ukrainien (1944-1946), moderiert von Gisela Hürlimann.
528 Armin Heinen, Rezension zu Ranner, Gertrud u.a. (Hrsg.), ... und das Herz wird mir schwer dabei. Czernowitzer Juden erinnern sich, Potsdam 2009, in: H-Soz-Kult, 18. 2. 2010, <http://www.hsozkult.de/publicationreview/id/rezbuecher-13548>.
529 Vgl. Rudolf Hermann, Lwiw auf der Suche nach dem Glanz des alten Lemberg. Nostalgie und Zukunftsglaube in der Metropole der Westukraine, NZZ Nr. 107 (internationale Ausgabe), 11. Mai 2009.

krieg ausgeprägten Völkergemisch nunmehr ethnisch weitgehend homogen. Nachdem die Polen aus der Westukraine ins heutige West- und Nordpolen deportiert, die polnischen Ruthenen in die Ukraine und die Deutschen nach Westen vertrieben und die Juden ermordet wurden, ist das einstige habsburgische Kronland heute auf polnischer Seite zumeist von Polen und auf ukrainischer Seite von Ukrainern bewohnt.[530]

Inklusion – Exklusion

Offensichtlich wächst dem „mental mapping" eine zerstörerische Dimension zu, wenn sich mentale Inklusions- und Exklusionsprozesse in Grenzfragen mischen. Grenzen werden dann auf gefährliche Weise fluid, weil sie sich – je nach Beschaffenheit der „Köpfe", um die es geht – in die eine oder andere Richtung verschieben lassen. „Niemand weiß genau, wo der Balkan beginnt und wo er endet. Geografisch und in den Köpfen", schrieb Ende 2008 der damals aus Zagreb nach Zürich zurückkehrende langjährige Südosteuropakorrespondent der NZZ,[531] während das Wiener Institut für den Donauraum und Mitteleuropa (IDM) im Frühjahr 2011 eine Debatte zum Thema „Fängt in Wien der Balkan an?" durchführte.[532] Und wie anders der Balkan aussieht, je nachdem ob man ihn von Brüssel oder von Istanbul aus betrachtet, hat Andreas Ernst fast gleichzeitig in einem schönen NZZ-Artikel gezeigt, wo dem türkischen Rückblick auf das goldene Zeitalter im Osmanischen Reich bei den christlichen Balkanvölkern das „Türkenjoch" der 500-jährigen osmanischen Herrschaft gegenübersteht.[533] Selbst wenn „Balkan" ein Konzept ist, „das die Wahrnehmungen jener Beobachter verbindet, die außerhalb dieses Raumes stehen und nicht diejenigen seiner Bewohner",[534] liefert Südosteuropa (um den eher negativ konnotierten Balkan-Begriff zu vermeiden) mit dem Zerfall Jugoslawiens in den 1990er Jahren ein Paradebeispiel für das Zerstörerische solcher Vorgänge, die sich in Bosnien-Herzegowina potenzierten und im Massaker von Srebrenica 1995 genozidales Maß annahm. Dies gilt, auch wenn man sich vor der von Maria Todorova bitter beklagten ‚westlichen' Überheblichkeit hüten muss, wonach der Balkan als „Müllplatz für negative Charakteristika" diene, gegen den „ein

---

530 Vgl. Galizien – eine mitteleuropäische Kultur- und Gedächtnislandschaft, 13. 9. 2013–14. 9. 2013 Rzeszów, in: H-Soz-Kult, 22. 1. 2013, <http://www.hsozkult.de/event/id/termine-20944>.
531 Martin Woker, Der Balkan und seine Grenzen. Europas verschmähte und gleichzeitig umworbene Randregion, NZZ Nr. 302 (internationale Ausgabe), 27./28. Dezember 2008.
532 Vgl. IDM-Einladung vom 13. 5. 2011 für den 24. Mai 2011.
533 Andreas Ernst, Der Halbmond über dem Balkan. Die Türkei entdeckt ihr osmanisches Erbe im Süden Europas neu, NZZ Nr. 94, 21. April 2011.
534 Maria Todorova, Der Balkan als Analysekategorie: Grenzen, Raum, Zeit, in: Geschichte und Gesellschaft, Heft 28/3, 2002, S. 492.

positives und selbstbeweihräucherndes Image des ‚europäischen Europäers' und des ‚Westens'" konstruiert worden sei.[535]

In der seit dem Friedensabkommen von Dayton 1995 mit der Bosnjakisch-Kroatischen Föderation den Gesamtstaat Bosnien-Herzegowina bildenden Republika Srpska findet sich als kleines Pendant zur „Carte rouge" von 1919 ein Briefmarken-Sonderblock zum 10. Jahrestag der Unabhängigkeit Bosniens-Herzegowinas von 2002. Auf einer Landkarte mit dem rot gefärbten, aber nicht bezeichneten Gesamtstaat erscheint einzig die Republika Srpska mit Namen und wird dunkelrot von der Bosnjakisch-Kroatischen Föderation abgehoben.[536] In diesem Kontext ist daran zu erinnern, dass die bosnischen Serben während des Bürgerkriegs zeitweilig gegen 70 Prozent des Landes besetzt hielten und ihre Entität im Friedensabkommen von Dayton auf die jetzigen 49 Prozent reduziert wurde.[537] Aber auch Dayton, welches Bosnien-Herzegowina zu einem „internationalen Semi-Protektorat" machte, vermochte diesen „Staat am Rande des Scheiterns" nicht ‚wirklich' zu befrieden.[538] Und dass Konflikte ähnlicher Art nach dem Zerfall Jugoslawiens nicht zu Ende waren, zeigt auf einer tieferen Ebene die letzte größere Auseinandersetzung in diesem Raum um die damals serbische Provinz Kosovo, der eine von der Europäischen Gemeinschaft gebildete Schiedskommission unter dem französischen Verfassungsrechtler Robert Badinter in einem Gutachten vom Januar 1992 indirekt das Recht auf Sezession – im Gegensatz zu den Teilrepubliken Jugoslawiens – abgesprochen hatte; so durften Slowenen und Kroaten das Recht auf Selbstbestimmung wahrnehmen, nicht aber die Serben in Kroatien oder die Albaner im Kosovo.[539] Dennoch erfolgte anderthalb Jahrzehnte später, am 17. Februar 2008, die Unabhängigkeitserklärung Kosovos, eine umstrittene und (wie Marie-Janine Calic urteilte) „in vieler Hinsicht ‚unreife' Entscheidung",[540] die sich jedoch kaum mehr vermeiden ließ.[541]

Nach den Tragödien ist als Satyrspiel ein scheinbar belangloser, in Wahrheit aber fast absurder Konflikt zu erwähnen: der seit 1991 schwelende Grenzstreit zwischen

---

535 Maria Todorova, Die Erfindung des Balkans. Europas bequemes Vorurteil, Darmstadt 1999 (engl. Original 1997), S. 267.
536 (ku.), Demonstrierte Eigenstaatlichkeit. Republika Srpska, NZZ Nr. 299, 23. Dezember 2010.
537 Vgl. u.a. Sundhaussen, Der Zerfall Jugoslawiens, S. 16f., sowie Sundhaussen, Jugoslawien und seine Nachfolgestaaten, S. 361ff.
538 Sundhaussen, Jugoslawien und seine Nachfolgestaaten, S. 14 u. 363 sowie v. a. Kap. 3.5. Vgl. auch Thomas Fuster, Scherbenhaufen in Bosnien-Herzegowina. Ethnisch motivierte Zerwürfnisse sowohl in der Regierungskoalition als auch im Präsidium des Vielvölkerstaates, NZZ Nr. 172, 26. Juli 2012.
539 Vgl. Marie-Janine Calic, Kosovo: der jüngste Staat in Europa, Aus Politik und Zeitgeschichte, 32/2008, S. 35, sowie Sundhaussen, Jugoslawien und seine Nachfolgestaaten, S. 316ff.
540 Calic, Kosovo, S. 40.
541 Vgl. Sundhaussen, Jugoslawien und seine Nachfolgestaaten, S. 488–493.

den jugoslawischen Nachfolgestaaten Kroatien und Slowenien um den ungehinderten direkten Zugang Sloweniens zu internationalen Gewässern. Der Konflikt dreht sich um die Grenzziehung in einer kleinen Bucht im Golf von Triest, der Bucht von Piran, deretwegen Slowenien zwischenzeitlich den EU-Beitritt Kroatiens blockierte, was im notorisch schwierigen Balkanumfeld ein heikles Unterfangen war und ungeahnte Folgen auf anderen Feldern hätte haben können.[542] Freilich ist bereits Griechenland mit einem vergleichbaren Prozedere, einen bilateralen Konflikt auf die internationale Ebene zu heben, im seit 1991 andauernden Streit mit Makedonien wegen dessen Staatsnamen vorgeprescht.[543] Selbst wenn solche Wirkungsmacht von Geschichte einen Historiker grundsätzlich freuen mag, wird sie gefährlich, wenn sie sich mit falsch verstandener oder angemaßter Deutungsmacht paart. Immerhin scheint der Streit um die Bucht von Piran mittlerweile insofern entschärft, als beide Seiten übereingekommen sind, den Konflikt durch ein internationales Schiedsgericht beizulegen, und dieses Vorgehen durch eine Volksabstimmung in Slowenien knapp gebilligt wurde, obwohl die Gegner auf den Präzedenzfall von 1920 hinwiesen, als sich das mehrheitlich slowenische Südkärnten gegen den Anschluss an Jugoslawien aussprach.[544] Das Schiedsgericht wurde im Januar 2012 gebildet; ihm gehören ein Franzose, ein Deutscher und ein Brite an.[545] Zwar ist Kroatien 2013 tatsächlich in die EU gelangt, aber im Sommer 2015 – dies der vorläufig letzte Stand der Piran-Affäre – aus dem Schiedsverfahren wieder ausgestiegen.

Im 1990er Zerfalls-Kontext Jugoslawiens, einem Sezessionskrieg mit umgekehrtem Ausgang als dem nordamerikanischen, und insbesondere im parallel ablaufenden bosnischen Bürgerkrieg spielte Serbien – mit vergleichbar zerstörerischer Potenz – jene zentrale Rolle, die Italien gegenüber der Habsburgermonarchie zugefallen war. Im Vorfeld des Attentats von Sarajewo war in Serbien denn auch die Vorstellung anzutreffen, dieses müsse zum Piemont Jugoslawiens werden; nicht zufällig erschien in Belgrad im Umkreis der „Schwarzen Hand" (Crna Ruka) seit 1911 eine Zeitung mit dem Titel „Pijemont" zur Propagierung der serbischen Rolle im südslawischen Risorgimento, und für die Attentäter spielte neben dem Anarchisten Bakunin auch der Berufsrevolutionär

---

542 Vgl. (tf.), Eine kleine Bucht schlägt große Wellen. Slowenien blockiert den EU-Beitritts-Prozess des Nachbarn Kroatien, NZZ Nr. 17, 22. Januar 2009. Siehe auch Cyrill Stiegers Interview mit dem kroatischen Präsidenten Stjepan Mesic, NZZ Nr. 61, 14./15. März 2009.

543 Was Kosovo als „Wiege des Serbentums" für die Serben, sei Makedonien als „Wiege des Hellenismus" für die Griechen, sagt Sundhaussen, Jugoslawien und seine Nachfolgestaaten, S. 476.

544 Vgl. [Thomas Fuster], Aufatmen in Slowenien. Zustimmung zu Grenzabkommen, NZZ vom 8. Juni 2010, Nr. 129.

545 Vgl. http://www.euractiv.de/erweiterung-und-nachbarn/artikel/grenzstreit-slowenien-kroatien-schiedsgericht-besetzt-005880 (abgefragt 14. 1. 2015).

Mazzini eine Rolle.⁵⁴⁶ In solcher Optik kann Österreich-Ungarn im Nachhinein nur noch als Erfahrungsraum und Erwartungshorizont einer fernen Vergangenheit erscheinen, die in keine Zukunft mehr projizierbar ist, während der Nachfolgestaat Jugoslawien als Vergangenheit lediglich noch nostalgische Erinnerung (und zugleich Enttäuschung) evoziert. In beiden Ereigniszusammenhängen haben sich die Lebenswelten der Betroffenen nach dem Ende der jeweiligen Vielvölkerstaaten entscheidend verengt.⁵⁴⁷ Hier wäre als schlagendes Beispiel an den nicht nur wirtschaftlichen Niedergang der einzigen bedeutenden habsburgischen Hafenstadt Triest nach dem Ende der Monarchie zu erinnern.⁵⁴⁸

Segensreiche Wirkung der Habsburgermonarchie

Ein treffendes Beispiel für die auch materiellen Schäden, die sich aus der Auflösung des Habsburgerreiches ergaben, liefert die einstmals österreichische (heute kroatische) Riviera, deren blühender Tourismus der Vorkriegsjahre in Abbazia (Opatija), dem damals nach Karlsbad zweitgrößten Kurort der österreichisch-ungarischen Monarchie, im Ersten Weltkrieg einbrach, sich im ersten Jugoslawien kaum erholte, im Zweiten Weltkrieg erneut einbrach, im zweiten Jugoslawien primär boomte, dann aber wegen der Krise der späten 1980er und durch die kriegerischen Auseinandersetzungen der ersten Hälfte der 1990er Jahre schwer geschädigt wurde und in eine rund zehnjährige Investitions- und Innovationspause abstürzte.⁵⁴⁹

Alles in diesem Kapitel bisher Gesagte erweist *ex negativo* die segensreiche Wirkung, die das Habsburgerreich gleichsam *malgré soi* ausübte, solange es bestand, und zugleich das Verhängnis, das nach seinem Ende mit den außerhalb und innerhalb seiner Grenzen entstandenen und sich gegenseitig aufheizenden Nationalismen losbrach. Vielleicht ist Lothar Höbelt recht zu geben, wenn er meint, es sei ein Gemeinplatz, dass die Monarchie am Nationalismus zugrunde gegangen sei; genauso gut ließe sich argumentieren, sie sei an der Überschätzung des Nationalismus gescheitert, womit die übertriebenen

---

546 Diese Überlegungen wurden in meiner Zürcher Vorlesung zum Ende der Habsburgermonarchie jeweils näher ausgeführt.
547 Vgl. für Ex-Jugoslawien Holenstein, Dieses Schicksal unterschreibe ich nicht, S. 17.
548 Vgl. zum vielschichtigen Adria-Problem in der Spätzeit der Monarchie Marina Cattaruzza, Sozialisten an der Adria. Plurinationale Arbeiterbewegung in der Habsburgermonarchie, Berlin, 2011 (Schriften des Italienisch-Deutschen Historischen Instituts in Trient, 24).
549 Vgl. Peter Jordan, Milena Persic (Hrsg.), Österreich und der Tourismus von Opatija (Abbazia) vor dem Ersten Weltkrieg und zur Mitte der 1990er Jahre, Frankfurt a. M. 1998 (Wiener Osteuropa Studien, 8), S. 1, 193, 333.

Reaktionen auf staatsfeindliche Bestrebungen intendiert sind.[550] Ist in dieser Hinsicht gemäß Newton aber tatsächlich *actio* gleich *reactio*? Immerhin stellt sich die Frage, wo dieses Spiel der Kräfte seinen Ausgang nahm. Zwar machten die Paladine der Nationalismen aus ihnen einen Lebenssinn, erlagen aber einem folgenreichen Irrtum, denn klar erkennbare Sprachgrenzen, um die es für sie in der Regel ging, sind fast immer fiktional, während es in der Realität zumeist um breite Übergangs- und Mischzonen geht, wo das friedliche Zusammenleben verschiedener Völker wenn nicht real stattfindet, so doch wenigstens zu einem literarischen Topos werden kann. Sehr schön zeigt der jugoslawische Literaturnobelpreisträger von 1961 Ivo Andrić (ein Kroate, der in Bosnien aufwuchs und in Serbien lebte) in seiner 1945 erschienen Roman-Chronik „Die Brücke über die Drina" das ursprünglich zwischen West- und Ostrom und zuletzt zwischen Bosnien und Serbien durch eine Brücke buchstäblich Verbindende, das sich in Grenzorten wie Wischegrad (Visegrad) einstellen konnte und mit den ethnischen Säuberungen und Vertreibungen der 1990er Jahre ein umso tragischeres Ende nahm. Der Roman schließt damit, dass zu Beginn des Ersten Weltkriegs eine in der Mitte der Brücke angebrachte Sprengladung explodiert und eine klaffende Lücke in das Bauwerk reißt, wie um zu zeigen, dass mit dem Großen Krieg jede Brückenfunktion obsolet wurde. Das Schicksal der 1571 fertig gebauten Brücke wird von Andrić über Jahrhunderte hinweg aus wechselnden Perspektiven beschrieben, wobei die türkische dominiert. Die Serben beschießen die Brücke bei Kriegsbeginn, während sie die Österreicher vorher unterminiert haben. Vielleicht sind sie die Zerstörer, indem sie die Sprengladung in die Luft jagen; vielleicht sind es die serbischen Kanonen, die die Sprengladung treffen. So bleibt in Andrićs Roman die Verantwortung bezeichnenderweise offen, wie so oft im ‚wirklichen' Leben.[551]

Zumeist sind es nationalistische Aktivisten, in deren Köpfen allein scharfe (Sprach-)Grenzen existieren, die vielschichtige Grenzregionen zu Konfliktherden machen.[552] Solche Aktivisten mit ihren inkludierenden und vor allem exkludierenden Machinationen waren es, die, indem sie die Zukunft präjudizieren wollten, zum Ende der Monarchie und zur Bildung der Nachfolgestaaten beitrugen und nicht nur mehr Leid generierten als die Monarchie, sondern bisweilen regelrechte Blutbahnen beschrieben. Giuseppe Mazzini, einer ihrer Vorläufer und Vordenker, lieferte mit großer Hartnä-

---

550 Lothar Höbelt, Franz Joseph I. Der Kaiser und sein Reich. Eine politische Geschichte, Wien – Köln – Weimar 2009, S. 158f.
551 Ivo Andrić, Die Brücke über die Drina. Eine Chronik aus Visegrad, 1945. Vgl. jetzt die deutsche Neuausgabe, Wien 2011, und die diesbezügliche Rezension von Andreas Breitenstein in der NZZ vom 24. Mai 2011.
552 Vgl. Pieter M. Judson, Guardians of the Nation. Activists on the Language Frontiers of Imperial Austria, Cambridge (Mass.) – London 2006.

ckigkeit und noch größerer Unbelehrbarkeit immer wieder junge Italiener ans Messer der Österreicher, besonders tragisch am 6. Februar 1853 in Mailand, und wurde damit einer der Kreatoren der unglücklichen Formel von der österreichisch-italienischen Erbfeindschaft, die sich im Ersten Weltkrieg voll ausleben konnte.

Eine treffende Illustration der desintegrierenden Wirkung solcher Nationalisierungsprozesse liefert das Dreiländereck zwischen Österreich, Italien und Slowenien, wo mit dem unteren Gailtal (heute österreichisch), dem Kanaltal (heute italienisch) und dem oberen Save- und Isonzotal (heute slowenisch) ein wirtschaftlich intensiv kommunizierendes und in den Lebensformen weitgehend einheitliches Gebiet seit der zweiten Hälfte des 19. Jahrhunderts auseinanderdriftete und nach dem Ersten Weltkrieg auf drei Staaten verteilt wurde.[553] Nunmehr nahezu hundertjährige nationalstaatliche Homogenisierungsbemühungen mit den verschiedensten Formen „ethnischer Säuberung" haben die Bewohner der einzelnen Teile des Dreiländerecks einander in hohem Maß entfremdet, wenngleich die mental noch immer vorhandenen nationalstaatlichen Grenzen als Folge der europäischen Integration mittlerweile gar nicht mehr bestehen.[554]

Die Folgen dieser und anderer Erbfeindschaften hat Winston Churchill nach einem weiteren, noch mörderischeren Weltkrieg 1948 so beschrieben, dass es „keine einzige Völkerschaft oder Provinz des habsburgischen Reiches" gebe, der „das Erlangen der Unabhängigkeit nicht die Qualen gebracht hätte, wie sie von den alten Dichtern und Theologen für die Verdammten der Hölle vorgesehen" seien.[555] Dass unter solchen Prämissen die Parallelisierung von „Umsiedlung" zur Umschreibung der gewaltsamen Vertreibung der Deutschen aus der Tschechoslowakei und des österreichisch-schönfärberischen Mythos vom „ersten Opfer Hitlerdeutschlands" ausgerechnet als „kakanisch" apostrophiert werden kann,[556] scheint erstaunlich und verrät ein mangelhaft entwickeltes historisches Bewusstsein. Nicht sonderlich erstaunlich ist dagegen das Entwicklungsgefälle im postjugoslawischen Raum, das sich wenig von dem der 1960er/1970er Jahre oder von jenem im ersten Jugoslawien unterscheidet: dass nämlich Slowenien und Kroatien, einst „kakanische" Gebiete, an der Spitze stehen, während die ehemals osmanischen Gebiete deutlich schlechter abschneiden.[557]

---

553 Vgl. das Vorwort zum Sammelband Das österreichisch-italienisch-slowenische Dreiländereck. Ursachen und Folgen der nationalstaatlichen Dreiteilung einer Region, hg. von Tina Bahovec und Theodor Domej, Klagenfurt-Ljubljana-Wien 2006, S. 9.

554 Vgl. Andreas Moritsch, Das Dreiländereck – eine geographische Einleitung, in: Das österreichisch-italienisch-slowenische Dreiländereck, S. 24f.

555 Zit. Karl Dietrich Erdmann, Die Spur Österreichs in der deutschen Geschichte, GWU 1987/10, S. 610.

556 Stephan Templ, Der Krieg nach dem Krieg. Mord an den Sudetendeutschen – noch immer weigern sich die Tschechen, Verantwortung zu übernehmen, NZZ Nr. 131, 10. Juni 2010.

557 Vgl. Sundhaussen, Jugoslawien und seine Nachfolgestaaten, S. 514.

3.3 Revisionismen und Sprachenpolitik

Revisionismen

Allgemein lässt sich feststellen, dass – weil Grenzen fragwürdige und umstrittene oder konflikträchtige Konstrukte sein und bleiben können, solange sie sich nicht in die „Köpfe" eingeschrieben haben (was etwa bei Elsass-Lothringen vier Jahrhunderte nach Louis XIV mittlerweile der Fall sein dürfte) – auch scheinbar sakrosankte Grenzziehungen in Frage gestellt werden können. Wenn der von Jörg Haider hochgeschaukelte Sprachenstreit in Kärnten (dazu unten mehr) als skurriles Nachspiel zum von Silvio Berlusconi in seiner ersten Regierungszeit 1994 losgetretenen Streit um den Osimo-Vertrag von 1975 mit Jugoslawien erscheinen könnte, schlugen sich in letzterem Spannungen mit den Nachfolgestaaten Slowenien und Kroatien nieder, die die Istrien- und Dalmatienfrage mit allem Drum und Dran an Massakern und Vertreibungen und vor allem das Problem der sogenannten „foibe" betrafen (ihnen wurde von der zweiten Berlusconi-Regierung mit Gesetz vom 30. März 2004 ein jährlich am 10. Februar zu feiernder Gedenktag gewidmet). Potentiell hätte sich daraus ein Konflikt ergeben können, der nur von einer Infragestellung der deutschen Ostverträge überboten worden wäre. Indessen wurde die erste Berlusconi-Regierung (zum Glück) nach nicht einmal neun Monaten gestürzt.

Einigermaßen vergleichbar könnten die im heutigen Ungarn geführten Diskussionen um den Friedensvertrag von Trianon sein, weil sie Ausdruck von weiter virulenten großungarischen Aspirationen sind.[558] Dazu gehören die provokanten Ausflüge des konservativen ungarischen Staatspräsidenten Solyom vom Sommer 2009 in Grenzgebiete wie die slowakisch-ungarische Grenzstadt Komarno/Komarom, die seit Trianon geteilt ist, oder die Sticheleien damaliger ungarischer Rechtspolitiker, welche Gebiete mit ungarischer Minderheit in der Slowakei, in der Ukraine, in der Wojwodina und in Rumänien als ungarische Gebiete unter fremder Verwaltung betrachteten.[559] Gravierender, weil potentiell folgenreicher, ist das auf den 1. Januar 2011 in Kraft getretene Gesetz, wonach den ungarischen Minderheiten in den Nachbarländern die ungarische Nationalität verliehen wird. Die Sprengkraft dieses Entscheids liegt darin, dass in Mitteleuropa und im Balkan rund 2,5 Millionen Ungarischstämmige leben, davon allein in der serbischen Woiwodina 280.000 und in der Ukraine rund 160.000, für die eine solche Bestimmung in Nicht-EU- oder (wie Rumänien) Nicht-Schengen-Ländern von großer Attraktivität sein kann. Wichtiger ist indessen ihre symbolische Bedeutung, weil

---

558 Erhard Busek hat mich am 14. 6. 2009 gesprächsweise auf dieses damals für mich neue Problem aufmerksam gemacht.
559 Vgl. NZZ Nr. 193, 22./23. August 2009.

es um eine Demonstration gegen die Amputation von rund zwei Dritteln des damaligen Ungarn im Vertrag von Trianon geht,[560] die ein bis heute nicht überwundenes Trauma hinterlassen zu haben scheint,[561] selbst wenn es nur noch in den Köpfen von Protagonisten des politischen Theaters angesiedelt sein dürfte, denn wenige Monate vor dem Inkrafttreten des Pass-Gesetzes erklärten lediglich 25.000 von rund 550.000 Ungarn in der Slowakei, sich um einen solchen Pass bemühen zu wollen.[562]

Während sich Österreich nach dem Ende des Habsburgerreichs – mit Ausnahme der Abtrennung von Südtirol, dessen Problem sich nach dem Zweiten Weltkrieg erneut stellte – mit den territorialen Verlusten einigermaßen rasch abfand, auch wenn der Neuanfang in der Ersten Republik unglücklich verlief, trauerte Ungarn lange Jahre und trauert offensichtlich noch immer der Zerschlagung seines tausend Jahre alten Königreichs nach.[563] Dazu passt die von Ministerpräsident Orban und seiner Partei Fidesz mit ihrer satten Zweidrittelmehrheit durchgepeitschte und seit 2012 geltende konservative Verfassung, die das Wahlrecht nur an die Staatsbürgerschaft, nicht mehr an den Wohnort bindet und deren Präambel unter dem Titel „Gott segne die Ungarn" die heilige Stephanskrone beschwört.[564] Der Gerechtigkeit halber muss freilich beigefügt werden, dass auch auf der anderen Seite der Grenze, hier der slowakischen, keineswegs alles zum Besten steht. So hat Bratislava auf den 1. September 2009 ein neues Sprachengesetz in Kraft gesetzt, wonach in den Gebieten im Süden der Slowakei, wo die rund 10 Prozent Ungarn des Landes die Mehrheit bilden, offiziell nur noch Slowakisch gesprochen werden darf und die zweisprachigen Ortsschilder verschwinden sollen.[565] Dies ändert nichts daran, dass im heutigen Ungarn zu wenig gesehen wird, wie ein zügelloser Revisionismus, gepaart mit rabiatem Antisemitismus, das Land seinerzeit als Satellit Hitlerdeutschlands in die Katastrophe des Zweiten Weltkriegs führte, wofür es mit der Besetzung durch die Rote Armee 1945 und den Einbezug in den Sowjet-

---

560 Joëlle Stolz, Les passeports hongrois promis aux minorités magyares dérangent l'Europe. La loi visant à „réunifier la nation hongroise" est entrée an vigueur le 1er janvier, Le Monde, 15 janvier 2011, p. 9.
561 Cyrill Stieger, Orbans Spiel mit dem Feuer, NZZ Nr. 121, 29./30. Mai 2010.
562 Martin Plichta, Les Hongrois de Slovaquie s'inquiètent des dérives nationalistes dans la région, Le Monde, 11 juin 2010, p. 8.
563 Vgl. Andreas Oplatka, Österreich und seine Nachbarn – Ungarn, in: Von Saint-Germain zum Belvedere. Österreich und Europa 1919–1955, Wien 2007 (ADÖ, Sonderband), S. 240f.
564 Cyrill Stieger, „Gotte segne die Ungarn". Die neue Verfassung spaltet die ungarische Nation. Die Gegner sehen in ihr ein politisches Instrument Orbans zur Stärkung seiner eigenen Macht, NZZ, 20. April 2011. Zu späteren Änderungen der Verfassung vgl. Meret Baumann, Ungarns Verfassung als ewige Baustelle. Die vierte Änderung des Grundgesetzes ist Ausdruck eines Herrschaftsanspruchs der Regierungspartei Fidesz, NZZ Nr. 120 (internationale Ausgabe), 28 Mai 2013.
565 Vgl. Martin Plichta, La minorité hongroise de Slovaquie refuse la restriction de l'usage de sa langue, Le Monde, 3 septembre 2009, p. 8.

block bis zu dessen Auflösung 1989 einen unverhältnismäßig hohen Preis zu zahlen hatte.[566] Die eigentliche Hypothek, die auf Ungarn heute laste, sei – wie Paul Lendvai sagt – „das Verdrängen, Verschweigen und die Beschönigung der Wahrheit über den Weg nach Trianon [...] und zu den verhängnisvollen Umwälzungen zwischen 1920 und 1989".[567] Der ungarische Literatur-Nobelpreisträger Imre Kertész geht noch einen Schritt weiter mit der prononcierten Meinung, Ungarn sei ein Land, „où il n'y a jamais eu de démocratie"; Auschwitz und die Shoah seien in diesem Land nie aufgearbeitet worden und kein „examen de conscience" habe stattgefunden: „Ce pays ne s'est jamais demandé pourquoi il était systématiquement du mauvais côté de l'Histoire."[568]

In der Tat scheint Ungarn besondere Mühe im Umgang mit der eigenen Geschichte zu haben. Während Staatspräsident Janos Ador anlässlich des internationalen Holocaust-Gedenktags am 27. Januar 2014 in Erinnerung rief, dass nach dem Einmarsch der Wehrmacht 1944 Tausende Juden deportiert und ermordet wurden und die ungarischen Behörden mit den Nazis kollaborierten, hatte die Regierung Orban kurz vorher ein seltsames Denkmalprojekt für den Budapester Freiheitsplatz bewilligt, welches einen überlebensgroßen deutschen Reichsadler zeigt, der sich auf den Ungarn verkörpernden Erzengel Gabriel stürzt, gegen das nicht nur jüdische Organisationen und die oppositionellen Sozialisten, sondern auch namhafte Historiker protestierten, die der Regierung Geschichtsklitterung vorwarfen. Als Ungarn als Bündnispartner des ‚Dritten Reiches' gegen die Sowjetunion kämpfte, begann sich Reichsverweser Horthy erst den Alliierten zuzuwenden, als die Niederlage bevorstand, was Hitler im März 1944 (wie ein halbes Jahr vorher im Fall von Italien) als Grund für die Besetzung des Landes diente und zwei Drittel seiner Juden das Leben kostete.[569] Mittlerweile steht das Denkmal, aber der Widerstand dagegen ist nicht abgeflaut,[570] denn die (offizielle) Selbstinterpretation Ungarns als Opfer deutscher Besatzer wird nicht besser, wenn der Einmarsch der Wehrmacht in Italien vom September 1943 in der gleichen Weise interpretiert wird. Im Falle Österreichs wurde die Opferthese zwar in der Moskauer

---

566 Vgl. Paul Lendvai, Das einsamste Volk Europas. Nur ein aufrichtiger Umgang mit der eigenen Vergangenheit kann Ungarn vor der mentalen Verwahrlosung bewahren, NZZ Nr. 43 (internationale Ausgabe), 21. Februar 2011.
567 Lendvai, Das einsamste Volk.
568 "La Hongrie est une fatalité". A 82 ans, l'écrivain Imre Kertész, Prix Nobel 2002, a accepté de recevoir "Le Monde des livres". Il évoque son désarroi face à la situation d'un pays gangrené par la "culture de la haine". Propos recueillis par Florence Noiville, Le Monde, 10 février 2012.
569 Vgl. Meret Baumann, Schuldeingeständnis und Opferrolle. Heftige Kontroverse in Ungarn um die Rolle des Staats während des Holocausts; NZZ Nr. 24, 30. Januar 2014.
570 Vgl. Aleida Assmann, Zwei leere Stühle, die sich gegenüberstehen. In Budapest gibt es Widerstand gegen ein neues Denkmal, das mit dem Erinnern das Vergessen betreibt, NZZ Nr. 294, 18. Dezember 2014.

Deklaration von 1943 festgeschrieben, musste in der Folge und vor allem seit der Waldheim-Affäre aber zusehends relativiert werden.

Andererseits ist – was Ungarns Ort in der Geschichte anbelangt – doch daran zu erinnern, dass es ungarische Verantwortungsträger waren, die mit einer symbolischen Geste 1989 den Eisernen Vorhang durchschnitten und in der Folge das Ende der Abschottung des Ostens und der Spaltung Europas einläuteten. Der damalige Außenminister, der Reformkommunist und spätere sozialistische Ministerpräsident Gyula Horn, schnitt Ende Juni 1989 bei Sopron zusammen mit seinem österreichischen Kollegen Alois Mock in einer spektakulären Aktion den Stacheldraht-Grenzzaun entzwei und ermöglichte im September jenes Jahres mit der Grenzöffnung Tausenden von DDR-Bürgern die Flucht nach dem Westen.[571]

Revisionismen aller Art scheinen ein langes Leben zu haben, so seitens rechtspopulistischer Bulgaren, die den Frieden von Neuilly-sur-Seine von 1919, als ein schmaler Grenzstreifen von Bulgarien abgetrennt und dem Königreich der Serben, Kroaten und Slowenen zugesprochen wurde, auch neun Jahrzehnte später in Frage stellen.[572] Insofern können ethnische Minderheiten jederzeit zu Spielbällen national aufgeheizter Politik oder zur Manövriermasse zweifelhafter Politiker werden, wie sich auch in einer anderen Zwischenzone zeigt: an der heutigen Republik Moldau, dem seinerzeit zwischen dem Osmanischen Reich, dem Zarenreich und der Habsburgermonarchie gelegenen historischen Bessarabien, das in der Zwischenkriegszeit zu Rumänien gehörte und 1940, als Folge des Hitler-Stalin-Pakts und nach dem Fall Frankreichs, sowjetisch wurde. Es erstaunt wenig, dass Rumänien, welches Moldawien als sowjetisches Konstrukt und die moldauische Sprache als rumänischen Dialekt betrachtet, dieser Republik gegenüber die gleiche Nationalitätenpolitik betreibt wie Ungarn gegenüber seinen Nachbarländern. Und im September 2010 hat nun auch Bulgarien den sogenannten Bessarabien-Bulgaren im Süden Moldawiens das Recht auf bulgarische (und damit europäische) Pässe in Aussicht gestellt, womit der fragile Staatsbildungsprozess dieser Republik weiter gestört werden kann.[573]

Fast scheint es, als müsste die Europäische Union, in die alle Revisionismen mittlerweile direkt oder indirekt hingehören oder hinzielen, ob sie will oder nicht jene

---

571 Vgl. die Nachrufe auf den im Alter von 80 Jahren verstorbenen Gyula Horn in der NZZ (internationale Ausgabe) Nr. 142, 22. Juni 2013, sowie in Le Monde vom 3. Juli 2013, S. 16. S. auch Andreas Oplatka, Eine Bresche im Eisernen Vorhang. Die Grenzöffnung in Ungarn 1989 läutet das Ende der DDR ein; NZZ (internationale Ausgabe) Nr. 145, 26. Juni 2014.

572 Andreas Ernst, Aufgefallen. Klug für ein andermal auf dem Balkan?, NZZ Nr. 296, 20. Dezember 2010.

573 Vgl. Rudolf Herrmann, Sofia verspricht Bessarabien-Bulgaren Pässe. Substanzielle ethnische Minderheiten in der Republik Moldau und in der Ukraine, NZZ Nr. 228, 1. Oktober 2010. Vgl. auch Stieger, Orbans Spiel mit dem Feuer, zit. Anm. 561.

Ordnungsfunktion übernehmen, welche die Habsburgermonarchie unter den zugehörigen Völkern einigermaßen erfolgreich auszuüben vermochte. Dies wäre der vielleicht schönste Beleg einer Weiterexistenz nach ihrem Ende. Im Fall der gegenwärtigen Ukraine-Krise – das in Europa bisher letzte Revisionismus-Kapitel gegenüber einer internationalen Rechtsordnung[574] – scheint die EU allerdings wenig glücklich, sondern in eklatanter Zerrissenheit schwächlich operiert zu haben, was indessen durchaus auch ein Post-Habsburg-Syndrom sein könnte.

Sprachenpolitik

Verengung von Lebenswelten kann sich nicht nur räumlich, sondern auch in der Sprachpolitik niederschlagen. Während eine gemeinsame südslawische Sprache im 19. Jahrhundert ein erstrebenswertes Ziel war, machten sich Ante Pavelićs Ustascha-Regime im „Unabhängigen Staat Kroatien" während des Zweiten Weltkriegs und dann das neue Kroatien nach dem Zerfall Jugoslawiens auf den Weg zur Desintegration des Serbokroatischen. So wurden aus der serbokroatischen Standardsprache zunächst Kroatisch und Serbisch und in der Folge auch Bosnisch und Montenegrinisch, womit Sprache zum Vehikel der Integration nach innen und der Abgrenzung gegen außen wurde,[575] obwohl es sich – nach dem Zeugnis der bosnischen Schriftstellerin Ferida Durakovic – bei allen um dieselbe Sprache handelt.[576] Gegenüber den Istrorumänen, Nachkommen romanischsprachiger Hirten (Vlachen), die in rund zehn Dörfern Istriens leben und von denen noch 200 bis 250 Personen ihre ostrumänische Sprache aktiv beherrschen, erscheint die kroatische Sprachpolitik allerdings großzügig; ihre Sprache wurde 2007 zu einem geschützten immateriellen Kulturgut erklärt.[577] Bei einer aussterbenden Sprache kann man sich Generosität offenbar leisten.

---

574 Vgl. das Budapester Memorandum vom 5. Dezember 1994, worin sich die USA, Großbritannien und Russland in drei getrennten Erklärungen gegenüber Kasachstan, Weißrussland und der Ukraine verpflichteten, als Gegenleistung für einen Nuklearwaffenverzicht die Souveränität und die bestehenden Grenzen der Länder sowie deren politische und wirtschaftliche Unabhängigkeit zu achten; vgl. <https://de.wikipedia.org/wiki/Budapester_Memorandum> (11. 1. 2015)

575 Vgl. Mia-Barbara Mader, Die kroatische Standardsprache auf dem Weg zur Ausbausprache – die propagierten Neuerungen und ihre Akzeptanz bei den Sprechern, ungedruckte Lizenziatsarbeit, Universität Zürich 2008, sowie den Tagungsbericht Sprachkulturen und Sprachpolitik in Osteuropa, Interdisziplinäre Zugänge, 12. 6. 2008–13. 6. 2008 Zürich, in: H-Soz-Kult, 2. 8. 2008, <http://www.hsozkult.de/conferencereport/id/tagungsberichte-2211>.

576 Ferida Durakovic, „Jetzt bin ich wenigstens zu Hause die Königin", in: Holenstein, Dieses Schicksal unterschreibe ich nicht, S. 32.

577 Cyrill Stieger, „Solange noch einer von uns lebt, gibt es auch unsere Sprache". Späte Versuche zur Rettung des Istrorumänischen in Kroatien, NZZ Nr. 173, 29. Juli 2009.

Zeitlich vor den Nachfolgestaaten der Habsburgermonarchie und mehr als in (Ex-) Jugoslawien war in der Sprachenpolitik aber insbesondere Italien von sinistrer Bedeutung. Es begann mit den Irredentisten unter der Habsburgermonarchie wie dem 1895 in Görz geborenen Germanisten Enrico Rocca (Verfasser einer Storia della letteratura tedesca dal 1877 al 1933), der im Rückblick seinen Interventismus von 1915 bereute, als er sah, wohin Mussolini Italien führte und er als Jude von dessen Rassengesetzen betroffen war. Er beging am 20. Juli 1944 Selbstmord, nicht viel anders als zwei Jahre vorher Stefan Zweig, mit dem er befreundet war.[578] Bei der Sprachenpolitik ist aber vor allem an die Aktivitäten von Ettore Tolomei zur Zeit der Monarchie und in ihrer Fortsetzung an die Minderheitenpolitik des Faschismus zu denken,[579] worin sich ein genuin italienischer Rassismus niederschlug und sich zu guter Letzt in der Rassengesetzgebung von 1938 antisemitisch zuspitzte.[580] Deutliche Exempla waren (und sind) immer wieder aufflammende Auseinandersetzungen um Ortsnamen. Eine solche, bei der es um die Verwendung italienischer Orts-, Berg- und Flurnamen im „benachbarten Gebiet" durch das österreichische kartographische Institut ging, schlug sich 1931/32 beispielhaft in den Akten des Bundeskanzleramtes (Äußeres) nieder, weil der Landeshauptmann von Tirol der Meinung war, es müsse alles vermieden werden, „was die Behauptungen der Gegenseite, dass das deutsche Südtirol italienischer Sprach- und Kulturboden sei", verstärke. Die Auseinandersetzung zog ziemlich weite Kreise, weil sich der Deutsche Schutzbund Berlin und der Hauptausschuss des deutschen und österreichischen Alpenvereins einschalteten. Nach einer Intervention des Bundeskanzleramtes wurde von den Richtlinien des Kartographischen Instituts aber nicht abgegangen, dies nicht zuletzt, weil im Fall der burgenländischen Gebiete umgekehrt die „deutsche Nomenklatur" angewandt wurde.[581]

Endergebnis solcher Sprachpolitik, die in ihrer Tendenz als ethnolinguistische Säuberungspolitik gesehen werden muss, in deren Folge (neben dem Verbot der Bezeichnungen Südtirol und Deutsch-Südtirol) Ortsnamen, öffentliche Anschriften, Straßen- und Wegbezeichnungen sowie Familiennamen italienisiert wurden,[582] war das

---

578 Vgl. Claudio Magris, Il tragico destino di Enrico Rocca. Patriota ebreo e tradito due volte. Fu ingannato dal nazionalismo e poi vittima delle leggi razziali, Corriere della Sera, 9 giugno 2012, p. 27.
579 Vgl. zu Tolomei Rolf Steininger, 1918/1919: Die Teilung Tirols. Wie das Südtirolproblem entstand, in: Das Werden der Ersten Republik, Band I, S. 105–110.
580 Vgl. zum italienischen Rassismus Carlo Moos, Ausgrenzung, Internierung, Deportation. Antisemitismus und Gewalt im späten italienischen Faschismus (1938–1945), Zürich 2004. Im Wiener Archiv der Republik findet sich ein hellhöriger Bericht des österreichischen Gesandten in Italien Berger vom 17. Juni 1937 über die sich abzeichnende antisemitische Wende des Faschismus; AdR, NPA, Karton 456, Liasse nach Materien, N. 575f.
581 Vgl. NPA, Karton 376, Liasse 25/1, N. 123–137 und 185–191.
582 Vgl. die 32 Provvedimenti per l'Alto Adige Ettore Tolomeis vom 15. Juli 1923, <http://www.uibk.ac.at/zeitgeschichte/zis/library/19230715.html> (abgefragt 13. 1. 2015).

Südtiroler Umsiedlungsdrama nach dem deutsch-italienischen Optionsabkommen von 1939,[583] das sich in noch immer nicht ganz vernarbten Wunden zwischen einstigen „Optanten" und „Dableibern" bis heute auswirkt. Dass Südtirol von allem Anfang an ein Zielgebiet des italienischen Faschismus war, zeigt ein Monate vor der Besetzung Bozens als Vorbereitung des Marsches auf Rom erfolgter „Überfall einer Gruppe von Faszisten auf die deutsche Bevölkerung" anlässlich eines am 24. April 1921 in Bozen veranstalteten Trachtenfestzugs, der in Wien vier Tage später zu einer Anfrage im Nationalrat führte.[584]

Für das heikle und äußerst vielschichtige Problem von „Sprache im Krieg" waren die Untersuchungen des im Ersten Weltkrieg kriegsgegnerisch eingestellten Linguisten Leo Spitzer geradezu innovativ.[585] Spitzer musste den Militärdienst 1915–1918 in der Zensurabteilung des gemeinsamen Zentralnachweisebüros für Kriegsgefangene in Wien leisten, wo er Zehntausende Briefe italienischer Kriegsgefangener zu prüfen hatte. Aus seinen Materialien verfasste er ein 1920 erschienenes und immer noch bemerkenswertes Buch über die Umschreibungen von „Hunger" durch die Kriegsgefangenen, ein Wort, das sie in ihren Briefen nach Italien nicht verwenden durften,[586] weil davon zu reden, dass sie Hunger hatten, zeigen konnte, dass auch die k.u.k. Soldaten Hunger litten.[587] Sein „Hungerbuch", wie Spitzer es nannte,[588] erweist, dass Sprache im Großen Krieg in ihrem kommunikativen Wert erkannt und analysiert wurde und dem pervertierten Ge-

---

583   Es ist anlässlich einer Bozner Tagung zu Umsiedlung und Vertreibung in Europa von Roberta Pergher als „sanfte" Variante „ethnischer Reinigung" bezeichnet worden; vgl. Tagungsbericht Umsiedlung und Vertreibung in Europa 1939–1955. Zum 70. Jahrestag der Südtiroler „Option", 6. 2. 2009–7. 2. 2009 Bozen, in: H-Soz-Kult, 27. 6. 2009, <http://www.hsozkult.de/conferencereport/id/tagungsberichte-2662>.
584   Vgl. NPA, Karton 374, Liasse 22, N. 362 u. 363.
585   Vgl. v. a. Leo Spitzer, Die Umschreibungen des Begriffes „Hunger" im Italienischen. Stilistisch-onomasiologische Studie auf Grund von unveröffentlichtem Zensurmaterial, Halle a. S. 1920 (Beihefte zur Zeitschrift für Romanische Philologie, LXVIII), aber auch Ders., Fremdwörterhatz und Fremdvölkerhass. Eine Streitschrift gegen die Sprachreinigung, Wien 1918, sowie Ders., Italienische Kriegsgefangenenbriefe. Materialien zu einer Charakteristik der volkstümlichen italienischen Korrespondenz, Bonn 1921. Den wertvollen Hinweis auf Leo Spitzer verdanke ich dem Zürcher Kollegen für italienische Linguistik Nunzio La Fauci.
586   Vgl. Klaus Taschwer, „Ein seltsamer Körper war diese Universität im Krieg". Über die Alma Mater Rudolphina in den Jahren 1914 bis 1918 – und danach, in: Alfred Pfoser, Andreas Weigl, Im Epizentrum des Zusammenbruchs. Wien im Ersten Weltkrieg, Wien 2013, S. 386–394, hier S. 391.
587   Vgl. Nunzio la Fauci, Dire la fame. *Se questo é un uomo* e altre esperienze (meta)linguistiche del Moderno, in: Cecilia Robustelli, Giovanna Frosini (a cura di), Storia della lingua e storia della cucina. Parola e cibo: due linguaggi per la storia della società italiana. Atti del VI Convegno ASLI (Modena, 20–22 settembre 2007), Firenze 2009, S. 411.
588   La Fauci, Dire la fame, S. 414.

schehen gegenüber sinnvolle Fragestellungen möglich waren. Als Jude und Sozialdemokrat war Spitzer nach Kriegsende an der Universität Wien, wo er 1913 habilitiert hatte, chancenlos.[589] Deshalb erfolgte die Umhabilitation nach Bonn, 1925 kam ein Ruf nach Marburg, 1930 der Ruf nach Köln, wo ihn die Nationalsozialisten 1933 zur Auswanderung zwangen; bis 1937 lehrte er in Istanbul und dann bis zu seinem Tod 1960 an der Johns-Hopkins-University in Baltimore, obwohl Köln ihn 1946 zurückgewinnen wollte. 1939 hatte ihm die Universität Wien den Doktorgrad aberkannt.[590]

Ein linguistisch bizarrer Seitenweg lässt sich in Jörg Haiders grotesker Ortstafelpolitik in Kärnten sehen, die erst einige Jahre nach dem überraschenden Unfalltod dieses Protagonisten zu einem Ende gekommen ist. Aus einer historischen Perspektive erscheint Haiders Ortstafelpolitik im Licht der Thematik der vorliegenden Studie besonders stoßend. Bei den im Kontext der Friedenskonferenz 1919 in den diesbezüglichen Grenzziehungsdiskussionen naturgemäß extrem auseinanderklaffenden Forderungen und Argumenten beider Seiten, der deutschösterreichischen und der südslawischen (die dank Serbien zu den Siegermächten gehörte), spielte ein breites Spektrum von Überlegungen eine Rolle, von ethnischen (vor allem sprachlichen) über ökonomische und verkehrsgeographische (eisenbahnpolitische) zu strategischen, deren quellenmäßige Abstützung so heterogen wie umstritten war, nicht zu reden von Serbiens Kriegszielen, deren direkte Folge der am 29. Oktober 1918 auf der Basis eines territorialen Maximalprogramms ausgerufene SHS-Staat war.[591] Interessanterweise ist die Delegation des Südslawenstaates mit ihrer Argumentation in St. Germain aber nur zum Teil durchgedrungen.[592] Kärnten war in den anfangs Juni 1919 vorgelegten Siegerentwürfen für Slowenien vorgesehen, während sich in der nicht zuletzt mit verlustreichen Abwehrkämpfen[593] gegen slowenische Verbände erreichten Volksabstimmung die Zone I (Südkärnten) am 10. Oktober 1920 dank den entscheidenden Stimmen eines Teils der slowenischen Mehrheit für das Verbleiben bei Österreich entschied.[594] Die Abstimmung in der mehrheitlich deutschsprachigen

---

589 Vgl. Taschwer, Alma Mater Rudolphina, S. 392.
590 Vgl. Willi Jung, Leo Spitzers Brief an den Dekan der Philosophischen Fakultät der Universität Köln (1946), in: Hans Helmut Christmann, Frank-Rutger Hausmann (Hg.), Deutsche und österreichische Romanisten als Verfolge des Nationalsozialismus, Tübingen 1989, S. 80f.
591 Vgl. Arnold Suppan, Ethnisches, ökonomisches oder strategisches Prinzip? Zu den jugoslawischen Grenzziehungsvorschlägen gegenüber Österreich im Herbst und Winter 1918/19, in: Saint-Germain 1919. Protokoll des Symposiums am 29. und 30. Mai 1979 in Wien, Wien 1989, S. 112–179 u. 396–406, passim, u. a. S. 138–140.
592 Vgl. für diesbezügliche Gründe Suppan, Grenzziehungsvorschläge, S. 401f.
593 Vgl. Erwin Steinböck, Entstehung und Verwendung der Volkswehr, in: Saint-Germain 1919, S. 180–199, hier S. 189–195.
594 Vgl. Ute Weinmann, Die südslawische Frage und Jugoslawien. Grenzziehungen im Süden Österreichs unter besonderer Berücksichtigung der Kärntenproblematik, in: Das Werden der Ersten Repu-

Zone II konnte daraufhin entfallen, womit Kärnten für Österreich im Wesentlichen gerettet und Slowenisch in Kärnten zu einer (benachteiligten) Minderheitensprache wurde.[595] Demgegenüber wurde der Untersteiermark mit Marburg (Maribor) 1919/20 die Möglichkeit der Selbstbestimmung nicht eingeräumt.

Im Staatsvertrag von 1955 verpflichtete sich die Republik Österreich, den Slowenen und Kroaten in Kärnten, im Burgenland und in der Steiermark besondere Minderheitenrechte zuzugestehen, wozu zweisprachige topographische Aufschriften in gemischtsprachigen Gebieten gehörten. Eine erste diesbezügliche Verordnung kam von der Regierung Kreisky 1972, die in Kärnten zweisprachige Ortstafeln in 205 Gemeinden vorsah und einen „Ortstafelsturm" auslöste, der verschiedene Äußerungen des Verfassungsgerichtshofs zur Folge hatte.[596] Eine neue Qualität der Auseinandersetzung stellte sich mit Jörg Haider, Kärntner Landeshauptmann von 1999 bis zu seinem Unfall-Tod 2008, ein. Erst mit seiner relativ rasch einsetzenden Entmythisierung und angesichts des nur noch geringen Umfangs der slowenischen Minderheit (rund 12.500 von knapp 560.000 Einwohnern) und der kleinen Zahl betroffener Gemeinden (etwa 6 Prozent von 2824 Ortschaften) zeichnete sich ein Ende des anachronistischen Konflikts ab.[597] Anfangs April 2011 wurde ein kleinlich anmutender Kompromiss gefunden zwischen den vom Verfassungsgerichtshof 2001 gesetzten 10 Prozent und den von den deutschsprachigen Hardlinern verlangten 25 Prozent slowenischer Bevölkerung als Voraussetzung für zweisprachige Ortstafeln, nämlich genau in der Mitte liegende 17,5 Prozent,[598] wobei sich erst zeigen musste, wie tragfähig die Regelung sein würde. In der Folge legte sich eine von drei slowenischen Organisationen in Kärnten quer[599] und illustrierte damit, wie wenig man mit vorgeschobenen oder eingebildeten Disproportionen irrational verorteten Konflikten wie den ethnischen argumentativ beikommen kann. Ein Jahr später, im April 2012, waren dann doch sämtliche der 164 vorgesehenen zweisprachigen Ortstafeln aufgestellt, womit im Kärntner Schilderstreit endlich ein Schlusspunkt gesetzt war.[600]

---

blik. Band I, S. 119–138, hier S. 133f.
595 Vgl. Weinmann, Südslawische Frage, S. 134ff.
596 Vgl. Der Standard, 28. August 2009, S. 6.
597 Vgl. Charles E. Ritterband, Kärnten sucht den Konsens im Ortstafelstreit. Der Glorienschein des früheren Landeshauptmanns Jörg Haider verblasst allmählich, NZZ Nr. 12, 15. Januar 2011.
598 Vgl. Charles E. Ritterband, Ein Kompromiss in Kärnten. Kunst des Machbaren im Streit um zweisprachige Ortstafeln, NZZ Nr. 80, 5. April 2011 (S. 5), sowie Cyrill Stieger, Trauerspiel um Ortstafeln. Im Kärntner Ortstafelstreit zeichnet sich ein Kompromiss ab, NZZ Nr, 80, 5. April 2011 (Kommentar, S. 23).
599 Vgl. Charles E. Ritterband, Neue Hindernisse in Kärnten. Der Rat der Slowenen gegen die Ortstafel-Lösung, NZZ Nr. 86, 12. April 2011.
600 Vgl. NZZ Nr. 87 (internationale Ausgabe), 14. April 2012.

Individualisierung

Wie sehr Grenzen künstlich trennen können, was zusammengehört, zeigte sich nach Ende der Habsburgermonarchie – um zum Schluss dieses Kapitels eine individualisierendere Komponente in den Blick zu nehmen – an unzähligen Schicksalen von Menschen, die von einem Tag zum andern zu Ausländern wurden, nachdem sie vorher, freilich oft mit ungleichem Status, aber auf dem Papier gleichberechtigt, in einem einzigen Reich zusammengelebt hatten. Seltsam berühren beispielsweise die im Wiener Archiv der Republik liegenden Gesuche um Erwerb von Liegenschaften durch Ausländer zur Zeit der Ersten Republik. Sie werden in vier Archivkartons aufbewahrt[601] und haben verschiedene Provenienzen, stammen aber mehrheitlich von Jugoslawen und Rumänen, gegen Ende der Ersten Republik auch von Polen,[602] alle einst habsburgische Untertanen, die nach dem Weltkrieg beim Erwerb von Liegenschaften in Österreich Probleme hatten. Nach dem „Anschluss" spiegelten sich in solchen Gesuchen zusätzlich die Ziele der neuen Machthaber. So musste im Oktober 1938 im Zusammenhang mit dem Gesuch einer ungarischen Gräfin, „Angehörige des befreundeten Ungarn", um Verpachtung ihrer Güter in der „Ostmark" vorgängig die Frage geklärt werden, ob die Liegenschaften nicht für eine Enteignung zu Siedlungszwecken im Sinne des Reichssiedlungsgesetzes in Betracht kommen konnten. Nach Meinung des Ministeriums für Landwirtschaft vom 20. Oktober 1938 ließ sich die aufgeworfene Frage – trotz der Bitte der Gesuchstellerin „um ehestbaldige Entscheidung" – „dermalen [...] weder bejahen noch verneinen".[603] Dagegen wurde dem Gesuch einer königlich ungarischen Oberstleutnantsgattin vom 23. Juli 1939 um Bewilligung des Ankaufs der zwangsversteigerten Liegenschaft eines Juden im Gau Steiermark stattgegeben.[604] Hier kann angenommen werden, dass die rassische Dimension des Transfers die ausländerpolitische zu Gunsten der Gesuchstellerin aufzuwiegen vermochte.

An den Schicksalen unzähliger Betroffener müssten die Folgen der Umsetzung von in irgendwelchen Köpfen irgendwann konstruierten Grenzen für die einzelnen Biographien fassbar und individualisiert vorstellbar werden ... wenn sie dokumentierbar wären. Unglücklicherweise ist der Weg von den Konstrukteuren (die durchaus als Schreibtisch-Täter anzusehen sind) zu den Betroffenen aber derart verschlungen, dass es in der Regel nahezu unmöglich sein dürfte, einen direkten Bezug herzustellen. Insofern

---

601 AdR, BKA/allgem., Inneres Sig. 10 (Grundbesitz), Kartons 2248–2251 (1922–1938).
602 1936 wurden diesbezügliche Verhandlungen zwischen Österreich und Polen auf der Basis der Reziprozität abgeschlossen; vgl. BKA/allgem., Inneres Sig. 10, Karton 2250, N. 183.159 – 6/37.
603 BKA/allgem., Inneres Sig. 10, Karton 2251, N. 235.643/38.
604 BKA/allgem., Inneres Sig. 10, Karton 2251, N. 163.965/39.

dürfte es kaum je gelingen, dass Verantwortliche für zahllose menschliche Tragödien, die von der Realisierung abstrakter Ausgrenzungsvorstellungen bewirkt wurden, zur Rechenschaft gezogen werden, es sei denn, es schalten sich internationale Instanzen wie das Militärtribunal in Nürnberg nach dem Zweiten Weltkrieg oder das 1993 vom UN-Sicherheitsrat ins Leben gerufene Haager Kriegsverbrechertribunal für das ehemalige Jugoslawien oder der seit 2002 ebenfalls in Den Haag aktive Internationale Strafgerichtshof ein, die sich jedoch zumeist auf die Haupttäter beschränken (müssen). Auch hat etwa das Jugoslawien-Tribunal an der Wahrnehmung der Kriege der 1990er Jahre in den betroffenen Ländern und an den nationalen Deutungsmustern und den ihnen zugrundeliegenden historischen Narrativen bis anhin kaum etwas verändert.[605]

Auf nationaler Ebene muss sich ein Bewusstsein von Unrecht, das geschehen ist, überhaupt erst entwickeln können, ein Prozess, der erst einsetzt, wenn das System, welches Unrecht generierte, zusammen mit seinen Trägern verschwunden ist. Oft treten dann zunächst die Selbstgerechten auf den Plan, die sich nachträglich, ohne Konsequenzen befürchten zu müssen, über vergangenes Unrecht empören wie die großungarischen Nationalkonservativen, die 2010 den Namen der Budapester Hauptstädtischen Bibliothek geändert haben wollten, weil Ervin Szabo, der 1918 verstorbene Direktor der Institution, die seit 1946 seinen Namen trägt, ein „linksextremer kommunistischer Ideologe" gewesen sei (was er als überzeugter Linkssozialist und Antimilitarist kaum war).[606] Unter der Monarchie scheint dies nicht gestört zu haben, aber im Gefolge der nach 1989 in Budapest erfolgten Umbenennung Hunderter von Straßen und Plätzen[607] wollen die Nachfahren des kommunistischen Nach-Nachfolgestaates gegen ihre Geschichte ankämpfen, wie wenn es um ‚wirkliche' Abgrenzungsfragen ginge. Insofern scheint auch gegen ideologische Grenzen in den Köpfen nach wie vor (und vielleicht mehr denn je) kein Kraut gewachsen.

***

Im Sinne einer Quintessenz soll das Imaginierte und implizit Irreale von Ab- und Ausgrenzungskonstrukten nochmals unterstrichen werden. Sie werden damit weder relativiert noch verharmlost, denn in letzter Konsequenz setzen sie menschenleere Räume voraus, in denen man nach Belieben schalten und walten kann. Da solche Räume real

---

605 Vgl. Andreas Ernst, Tribunal und Geschichte. Warum Kriegsverbrecherprozesse schwerlich historische Gerechtigkeit herstellen können, NZZ Nr. 124, 1. Juni 2013.
606 Vgl. György Dalos, Nachgeholter Ungehorsam. Blamable Bilderstürmerei gegen historische Figuren in Ungarn – die Affäre um Ervin Szabo, NZZ Nr. 256, 3. November 2010.
607 Vgl. Aktuelle Forschungen zu postsozialistischen Städten Ostmitteleuropas, 3. 3. 2015–4. 3. 2015 Marburg, in: H-Soz-Kult, 20. 1. 2015, <http://www.hsozkult.de/event/id/termine-26883>.

nicht existieren, müssen jene weggeräumt werden, argumentativ und notfalls physisch, die nicht dazugehören, und umgekehrt jene zugeführt, die man gerne dahaben möchte. Das Absurde solcher Vorgänge lässt sich literarisch mit einem von Martin Pollacks letzten Büchern illustrieren, worin der Kaiser von Amerika seine galizischen Bauern aus ihrem trostlosen Elend im „Armenhaus der Monarchie" zu sich in die Neue Welt einlädt und ihnen dort das Blaue vom Himmel verspricht.[608] Leider hat es den Kaiser von Amerika nicht gegeben, aber die Bauern, die ihm aus Galizien nach Amerika nachreisten, sehr wohl.

Irreal werden solche Vorgänge, wenn die Räume vollends durcheinander geraten wie in einem späten Gedicht Conrad Ferdinand Meyers, eines Zürcher Lyrikers und Verfassers historischer Novellen, das 1892 in der kantonalzürcherischen Irrenanstalt Königsfelden niedergeschrieben wurde und von einem geisteskranken Poeten handelt, dem sich Zeit und Raum verwirrt haben[609] – ein Beispiel für mentale Grenzsituationen, worin sich jene bewegen, die mit Räumen spielen und es zumeist nicht merken.

Sehr real ist demgegenüber was Martin Pollack „kontaminierte Landschaften" nennt, „Orte massenhaften Tötens" in Mittel- und Osteuropa und in anderen Teilen der Welt, wo Opfer von Massakern in Massengräbern verscharrt oder in Sümpfen und Flüssen entsorgt wurden, damit nichts mehr von ihnen sichtbar würde … wenn nicht Spurensucher wie Pollack die Schicksale von Heerscharen gesichts- und namenloser Toten, deren Gräber „camoufliert" wurden, zu ergründen versuchen, um sie „dem Vergessen zu entreißen".[610] Sie waren ganz konkrete Opfer von ganz konkreten Tätern, die durch das Massakrieren Ausgegrenzter oder Widerständiger realisieren wollten, was „in den Köpfen" ihrer geistigen und politischen Führer ausgedacht wurde.

Was in diesem Kapitel gezeigt werden wollte:

Zum einen die Fiktionalität klarer Grenzlinien und zum andern die Folgen realer Grenzen als Umsetzung mentaler Konstrukte für kollektive Identitäten, deren Neustiftung – sofern sie gelingen soll – zu einem langwierigen Prozess werden muss.

Außerdem wollte mit einer gewissen Nostalgie auf das verwiesen werden, was alles sich in der real existierenden Habsburgermonarchie nicht ereignete, deren Leistung vielmehr war, eine minimal einvernehmliche Form des Zusammenlebens ihrer vielen

---

608 Martin Pollack, Kaiser von Amerika. Die grosse Flucht aus Galizien, Wien 2010, S. 73 u. 217.
609 Vgl. Carlo Moos, Dasein als Erinnerung. Conrad Ferdinand Meyer und die Geschichte, Bern 1972, S. 110.
610 Vgl. Martin Pollack, Kontaminierte Landschaften, St. Pölten – Salzburg – Wien 2014, S. 20ff., 43 u. 105ff. Zu Pollack s. auch unten Kap. 8.2.

Völker ermöglicht zu haben. Freilich (und um aufkommende Nostalgien sofort zu verfremden) ist in Erinnerung zu rufen, dass die Hauptstadt des Reiches auch Hitlers Stadt war, wo er vor dem Ersten Weltkrieg in den antisemitischen Morast einsank, den er im nächsten (seinem!) Krieg zum Massenmord an den europäischen Juden hochsteigerte. Ausgerechnet Wien wurde nach dem „Anschluss" zur ‚Mutter' der ethnischen Säuberungen auf dem Boden der ehemaligen Monarchie und außerhalb ihrer, Wien, die Stadt, die Gauleiter Baldur von Schirach so rasch wie möglich „judenfrei" haben wollte, was unter tatkräftiger Mithilfe zahlreicher (auch jüdischer) Verantwortungsträger fast vollständig gelang.[611] Eindrücklich zeigt der an die Natur zurückgefallene jüdische Teil des Wiener Zentralfriedhofs, dass niemand mehr blieb, der die verlassenen Gräber pflegen konnte.

---

611 Vgl. Anton Pelinka, Review of Doron Rabinovici, Eichmann's Jews. The Jewish Administration of Holocaust Vienna, 1938–1945, H-Judaic, H-Net Reviews, May 2013 <http://www.h-net.org/reviews/showrev.php?id=35122>.

2. Teil: Habsburg-Nostalgie als soziopolitisches und soziokulturelles Phänomen

In diesem Teil der Studie geht es um die Schnittstelle zwischen den politischen Themen des ersten und den Kulturthemen des dritten Teils. Als dynastischer Kern ihres Reiches und seines Nachlebens stehen hier die Habsburger geradezu selbstverständlich im Zentrum. Insbesondere geht es um ihren politischen und gesellschaftlichen *impact* auf die Nachwelt sowie im weitesten Sinn um ihre *memoria* und eine diesbezügliche Erinnerungspolitik.

Ähnlich wie die „Jugonostalgie" in den postjugoslawischen Staaten ist die Habsburg-Nostalgie in den nach Auflösung des Reiches entstandenen oder vergrößerten Nachfolgestaaten schillernd, vieldeutig und widersprüchlich.[612] Gerade dies macht ihren Reiz aus.

4. Das Kaiserhaus

Es soll hier nicht die Geschichte des Hauses Habsburg aufgerollt, also weder die Eroberungs- noch die Heiratspolitik noch das generative Verhalten der Dynastie erhellt, sondern lediglich das krisenhafte Ende des Herrscherhauses und dessen Folgen analysiert werden. Natürlich gibt es Knotenpunkte in seiner vielhundertjährigen Geschichte, die von besonderem Interesse wären, so die Erbfälle aufgrund der zwischen 1477 und 1522 geschlossenen Ehen der siebten, achten und neunten Habsburger-Generation, jene Maximilians I. mit Maria von Burgund, jene Philipps des Schönen mit der spanischen Erbin Johanna und jene Ferdinands I. mit der Erbin von Böhmen und Ungarn, weiter auch die von Maria Theresia mit einzelnen ihrer elf Töchter der 16. Habsburger-Generation zwischen 1766 und 1770 betriebene Heiratspolitik, die u. a. nach Neapel, Parma und – besonders folgenreich – mit Marie Antoinette nach Frankreich führte.[613]

---

612 Vgl. Holm Sundhaussen, Jugoslawien und seine Nachfolgestaaten 1943–2011. Eine ungewöhnliche Geschichte des Gewöhnlichen, Wien – Köln – Weimar 2012, S. 32f.

613 Vgl. dazu die interessante Arbeit von Andreas Hansert, Welcher Prinz wird König? Die Habsburger und das universelle Problem des Generationenwechsels. Eine Deutung aus historisch-soziologischer Sicht, Petersberg 1998, v. a. S. 54–57 und 125 sowie 136–139.

Von ebenso hohem Interesse wären das habsburgische Sendungsbewusstsein, das sich auf der Basis einer fiktiven Genealogie bis zur Argonautensage zurückführte, in deren mythischem Kontext der 1429 gestiftete burgundische Orden vom Goldenen Vlies anzusiedeln wäre,[614] und die verschiedenen Formen des Reichsgedankens seit der größten Entfaltung unter Karl V., der sich in äußerster Reduktion bis zu den Titulaturen Franz Josephs und Karls „von Gottes Gnaden" erhalten hat.[615]

Dies alles würde indessen den Rahmen der vorliegenden Untersuchung sprengen, weshalb schwerpunktmäßig lediglich auf die zwei letzten Kaiser und den ihnen nachfolgenden Thronprätendenten, sodann auf die beiden letzten Thronfolger und schließlich auf die zwei letzten Kaiserinnen eingegangen wird. Immerhin bleibt anzumerken, dass es angesichts der Flut von Veröffentlichungen über gekrönte Häupter und Fürstenhäuser und über die Habsburger im Besonderen in der Tat erstaunt, dass im Jahrhundertwerk „Die Habsburgermonarchie 1848–1918" – wie der Rezensent einer Sammelbesprechung in der „Historischen Zeitschrift" zu Recht anmerkt – ein eigener Band über das Haus Habsburg fehlt.[616] Demgegenüber findet dessen Entmythisierung erstaunlich breite Resonanz,[617] was den Heerscharen, die tagaus, tagein durch Schönbrunn und die Hofburg geschleust werden, keinen Abbruch tut.

4.1 Der alte Kaiser, der junge Kaiser und Thronprätendent Otto

Zwischen dem alten und dem jungen Kaiser sowie zwischen ihnen und dem letzten Kronprinzen lagen Welten – im Falle der beiden Kaiser zwei Generationen und ein unseliger Krieg, beim letzten Kaiser und seinem Sohn dagegen der Untergang der Monarchie. Von beträchtlicher Relevanz und im Hinblick auf ein zu erwartendes (oder erhofftes) Überleben der Monarchie zweifellos verhängnisvoll war der Umstand, dass der eine zu lange regierte und dem anderen für allfällige Rettungsversuche zu wenig Zeit blieb, wobei die Frage offen bleiben muss, ob eine längere Regierungszeit Karls ‚mehr' gebracht hätte. Aus der Perspektive des Reiches und seiner Bewohner war der

---

614 Vgl. Marie Tanner, The Last Descendant of Aeneas. The Hapsburgs and the Mythic Image of the Emperor, New Haven – London, 1993.
615 Vgl. für die Titulaturen Karl Vocelka, Lynne Heller, Die Lebenswelt der Habsburger. Kultur- und Mentalitätsgeschichte einer Familie, Graz – Wien – Köln 1997, S. 147.
616 Vgl. Matthias Stickler, „Die Habsburgermonarchie 1848–1918" – Ein Jahrhundertwerk auf der Zielgeraden, in: Historische Zeitschrift, 294/3, Dezember 2012, S. 718f.
617 Vgl. Hannes Leidinger et al., Das Schwarzbuch der Habsburger. Die unrühmliche Geschichte eines Herrschergeschlechts, Wien 2003.

Tod des alten Kaisers, ihres „Übervaters",[618] vielleicht mehr eine Zäsur als alles, was sich 1917 mit den Revolutionen in Russland und dem Kriegseintritt der USA sowie 1918 als Folge des militärischen Zusammenbruchs einstellte: Das Ende der Monarchie schien nach dem Ableben des alten Kaisers nicht mehr aufzuhalten, und war es auch nicht. Paradoxerweise wurde der Große Krieg als Grund-Erfahrung einer ganzen Generation allerdings weniger ihm als seinem jungen Nachfolger angelastet: eine Last, welche die Habsburger, darin den Hohenzollern ähnlich, nie mehr von sich abzuwälzen vermochten.[619] Dies zeigen schon die Peripetien ihrer Beziehung zur Ersten und Zweiten Republik und die Geschichte der Enteignung und nicht erfolgten Rückstellung ihres Vermögens.

Die individuelle Leistung der letzten beiden Habsburger und vieler ihrer Vorgänger erscheint insgesamt eher bescheiden, vor allem, wenn man sie (vielleicht ungerechterweise) an den gewaltigen Anforderungen misst, denen sie sich gegenübersahen. Dem steht freilich die mythische Aura entgegen, die Franz Joseph umgab und noch immer umgibt.[620] Indessen erkannte er die Notwendigkeiten der Zeit gegenüber den immer deutlicher aufbrechenden Nationalitätenfragen entweder nicht mehr oder immer weniger. Zwar repräsentierte er bis zuletzt die Einheit des Reiches, aber auf zusehends verknöcherte Weise, die – was sich nachträglich (allzu) leicht feststellen lässt – klar machte, dass nachher nichts mehr kommen konnte. Es ist doch bezeichnend, dass er für alles, was im Nachhinein die große Faszination der ausgehenden Monarchie ausmacht, das heißt insbesondere für Kunst und Kultur der Jahrhundertwende, kein Interesse hatte. Die Hofmusikkappelle spielte unter ihm nur noch sakrale Musik, obwohl ausgerechnet Anton Bruckner Hoforganist war, und die einstmals bedeutende Tradition des habsburgischen Mäzenatentums war definitiv in bürgerliche Hände übergegangen.[621] Zwar wurde 1891 das Kunsthistorische Museum eröffnet, womit die Kunstsammlung des Hauses Habsburg zum Museum des Staates wurde, aber die Sammlung selber wurde nicht mehr erweitert, sondern lediglich fortgeführt.[622] Wie eine Gedenktafel an der großen Treppe zu den Sälen festhält, eröffnete Franz Joseph zwar 1912 das Wiener

---

618 Timothy Snyder, Integration, Gegenintegration, Desintegration. Was das Habsburgerreich zusammenhielt, warum es zerfiel und was die EU daraus lernen kann, NZZ Nr. 97, 21. Dezember 2013.
619 Nach einer Äußerung von Oliver Rathkolb anlässlich eines am 5. März 2009 an der Universität Zürich gehaltenen Gastvortrags zum Thema „Habsburgnostalgie in Österreich ohne Monarchisten".
620 Vgl. Andrea Gerlinde Blöchl, Der Kaisermythos. Die Erzeugung des Mythos „Kaiser Franz Joseph" – Eine Untersuchung auf der Basis von Texten und Bildmaterial aus der Zeit Franz Josephs, Diplomarbeit Universität Salzburg, 1993. Auf die zahlreichen Franz Joseph-Ausstellungen, die sich 2016 abzeichnen, kann leider nicht mehr eingegangen werden.
621 Vgl. Vocelka/Heller, S. 62 u. 71.
622 Vgl. Vocelka/Heller, S. 100.

Konzerthaus, dürfte es als Hörer aber kaum je betreten haben. Wie Max Graf, einer der Apologeten der „Musikstadt Wien" schrieb, lebte Kaiser Franz Joseph „musiklos" und sei auch „musiklos gestorben"; in der Oper sei er nur selten gewesen, und im Konzertsaal noch seltener.[623] Umgekehrt dürfte – worauf die Einleitung zum Sammelband „Militär und Gesellschaft in der Habsburgermonarchie" aufmerksam macht, die eine faktische Tabuisierung des Krieg-Themas in der österreichischen Geschichtsschreibung konstatiert – die militärische Komponente zu einem zentralen Merkmal des Kults um Kaiser Franz Joseph geworden sein, und dies im Kontext eines aus Sicht der Habsburgermonarchie eminent kriegerischen „langen" 19. Jahrhunderts, als das Reich gemäß Michael Hochedlinger bis zum Untergang eine Militärmonarchie blieb.[624] In der Tat passt schon äußerlich dazu, dass man Franz Joseph nahezu nie ohne Uniform zu sehen bekam; ebenso seinen rastlos von Frontbesuch zu Frontbesuch eilenden Nachfolger.

Neben militärischen Veranstaltungen aller Art trugen zur Mythisierung Franz Josephs insbesondere die großen Ehren- und Festveranstaltungen zu Ehejubiläen, so Hans Makarts Festzug zur silbernen Hochzeit mit Elisabeth 1879,[625] und zu Regierungsjubiläen oder runden Geburtstagen bei, ebenso wie die bei solchen Gelegenheiten aufgelegten Huldigungs- und Festbücher, etwa „Viribus Unitis. Das Bild vom Kaiser" von Max Herzig, das erstmals 1898 erschien.[626] Das 50-Jahr-Kaiserjubiläum von 1908 wurde mit einem gewaltigen Jubiläumsfestzug auf der Ringstraße gefeiert (man fragt sich hier unwillkürlich, was das Jubiläum von 1918 statt Musils „Parallelaktion" gebracht hätte, wenn's der Jubilar erlebt hätte), und im ganzen Land wurden Schulen eröffnet, Denkmäler errichtet, Kaiserbüsten enthüllt, Bahnhöfe gebaut und Bäume (Kaiserlinden und Kaisereichen) gepflanzt.[627] Wie weit all dies echte Popularität bedeutete, muss dahingestellt bleiben. Anzunehmen ist, dass man dem späten Franz Joseph in breiten Kreisen kraft seines Alters und der einfachen, ja bedürfnislosen Lebensweise Verehrung entgegenbrachte, aber mehr, also ein eigentlicher Kult um ihn, dürfte es kaum gewesen sein. Ähnlich wäre zu den Begräbnisfeierlichkeiten im November 1916, der letzten großen Lebensäußerung der Monarchie, zu fragen, ob sich darin wirkliche

---

623 Max Graf, Legende einer Musikstadt, Wien 1949, S. 139, 144f.,151.
624 Laurence Cole, Christa Hämmerle, Martin Scheutz, Glanz – Gewalt – Gehorsam. Traditionen und Perspektiven der Militärgeschichtsschreibung zur Habsburgermonarchie, in: Laurence Cole et al. (Hg.), Glanz – Gewalt – Gehorsam. Militär und Gesellschaft in der Habsburgermonarchie (1800 bis 1918), Essen 2011, S. 15–18.
625 Vgl. generell zu habsburgischem Zeremoniell und Repräsentation Vocelka/Heller, S. 249–288, hier S. 273.
626 Vgl. Blöchl, Kaisermythos, S. 2f.
627 Vgl. Die Kaiserjubiläen, in: EuroJournal Linz – Mühlviertel – Böhmerwald, 14/4, 2008, S. 4–7.

Trauer oder nicht vornehmlich Repräsentationsbedürfnis äußerte.[628] Zweifellos mag Ergriffenheit mitgespielt haben, aber zusätzlich wohl angereichert durch die Vorahnung des bevorstehenden Endes.

Eine angesichts der Umstände wenig erstaunliche positive Stimme war bei Franz Josephs Ableben diejenige des Meistergeigers Fritz Kreisler, der in den USA in einem der „New York Times" am 3. Dezember 1916 gewährten Interview sagte, jeder in Österreich habe den Kaiser gekannt und geliebt, und er werde als „Friedensfürst par excellence in die Geschichte eingehen". Trotz ständiger Provokationen habe er seit 1866 den Frieden bewahrt, „bis schließlich die von Russland unterstützten, wiederholten mörderischen Attacken ein entscheidendes Vorgehen unvermeidlich machten".[629] In Wahrheit hat gerade dieser Fürst sein Reich in einen Weltkrieg geführt (oder zugelassen, dass ‚man' es dahin führte), mit dem ein langer und alles andere als chancenloser Transformationsprozess zu einem modernen Staat abbrach.[630]

Interessant ist die Mythisierung Franz Josephs im Spielfilm. Dabei ist weniger an die Sissi-Trilogie von 1955/57 zu denken, welche vornehmlich den Mythos der Kaiserin zementierte, als an den leicht kitschigen und dennoch ansprechenden Streifen „Kaisermanöver" von Franz Antel aus dem Jahr vorher (1954), gegen dessen Ende der Kaiser in seiner gleichsam natürlichsten Rolle als *deus ex machina* erscheint und alles aus dem Lot Geratene wieder zurechtbiegt.

Auffällig bleibt – vielleicht als Ausgleich zum eintönigen und noch immer stark zeremoniellen Hofleben – als wohl einzige Bekundung von etwas wie Leidenschaft Franz Josephs Jagdtrieb, bei ihm nicht so irrwitzig ausgebildet wie bei Franz Ferdinand, aber üppig genug.[631] Seine eindrückliche Schussliste zeigt, dass er in 60 Jahren insgesamt gegen 2,3 Millionen Stück erlegte.[632] Allerdings gehörte die Jagd generell zu den Adelstätigkeiten und war Teil des Bildungsprogramms der männlichen (und nicht nur männlichen) Angehörigen von Herrscher- und Adelshäusern, seit der Biedermeierzeit auch bürgerlicher Kreise.[633] Auch Kronprinz Rudolf, der sich sonst in allem unterscheiden wollte, betrieb sie mit Hingabe. In dieser Beziehung dürfte sich nur der

---

628 Sicher dürfte letzteres 1989 im Fall der Grablegung von Ex-Kaiserin Zita der Fall gewesen sein, als selbst die Einlasslegende zur Kapuzinergruft noch bemüht werden musste; vgl. Vocelka/Heller, S. 298 und 316.
629 Fritz Kreisler, Trotz des Tosens der Kanone. Frontbericht eines Virtuosen, hg. v. Clemens Hellsberg und Oliver Rathkolb, Wien 2015, S. 129f.
630 Vgl. dazu John Deak, Forging a Multinational State. State Making in Imperial Austria from the Enleightenment to the First World War, Stanford 2015.
631 Vgl. Vocelka/Heller, S. 40 und 49.
632 Bundesmobilienverwaltung, Inventarnummer MD 048389.
633 Vgl. Vocelka/Heller, S. 46.

letzte Kaiser wirklich unterschieden haben, der keiner Jagdleidenschaft gefrönt zu haben scheint. Allerdings dokumentiert eine Foto auf Madeira von Ende Dezember 1921 eine Jagdpartie mit ihm.[634] Vielleicht wegen des ungewohnt gebirgigen Geländes muss Karl sich Mitte März 1922 beim Aufstieg zu seinem Insel-Wohnsitz in Monte verkühlt haben, woraus sich eine Grippe[635] und daraus die Lungenentzündung entwickelte, der er am 1. April 1922 erlag.

Kaiser Karl war menschlich wohl sympathischer und zweifellos ‚anders' als sein Vorgänger. Möglicherweise hat er die Zeichen der Zeit besser erkannt, war aber – trotz oder vielleicht gerade wegen seiner rastlosen Reiserei an den militärischen Fronten – zu wenig auf das Amt vorbereitet und als Person zu wenig energisch, um Einschneidendes durchziehen zu können. Der bis zum Kriegsende keineswegs monarchiefeindliche Renner fällte in Erinnerung eines „Besuchs beim letzten Habsburgerkaiser" in einem Zeitungsartikel von 1932 ein schlechthin vernichtendes Urteil, als er ihn als „schwaches Kind" bezeichnete.[636] Diese Schwäche zeigt sich daran, wie die Fundamentalprobleme der inneren Beschaffenheit der Monarchie entschlusslos verschleppt wurden, bis es zu spät war. Demgegenüber waren mit dem sofortigen Eid auf die ungarische Verfassung und der damit erfolgten Bestätigung des Dualismus die trialistischen Hoffnungen der Slowenen, Kroaten und Serben auf eine staatsrechtliche Autonomie innerhalb des Habsburger Reiches zunichte gemacht worden.[637] Berücksichtigt man die seinerzeit umfangreichen Vorbereitungen Franz Ferdinands und seiner Entourage für den Thronwechsel, erstaunt die Raschheit von Karls Zugehen auf die Ungarn zu Beginn seiner Herrschaft erst recht.

Vor dem Ende trug das „Völkermanifest" vom 16. Oktober 1918, welches – selbst wenn lange vorher erwogen – buchstäblich in letzter Minute erlassen wurde, als das Reich der Auflösung entgegenging, mehr zu ihr bei, als dass es sie zu stoppen vermocht hätte. Es ist fast emblematisch für die Schwäche des Kaisers, dass auch jetzt der ungarischen Erpressung nachgegeben wurde und das Manifest nur für den österreichischen Reichsteil gelten sollte. Wie Hanns Haas in seiner Salzburger Dissertation ausführte,

---

634   Vgl. Duarte Mendonça, Carlos e Zita de Habsburgo. Cronica de um Exilio Imperial na Cidade do Funchal. Antologia anotada de textos da imprensa regional, Funchal 2013, S. 89.

635   Eine erste Nachricht findet sich in der Lokalpresse von Funchal am 19. März; Mendonça, Carlos e Zita de Habsburgo, S. 154.

636   Die Audienz muss irgendwann 1917 in Laxenburg stattgefunden haben; Karl Renner in Dokumenten und Erinnerungen, hg. v. Siegfried Nasko, Wien 1982, S. 52.

637   Vgl. Ute Weinmann, Die südslawische Frage und Jugoslawien. Grenzziehungen im Süden Österreichs unter besonderer Berücksichtigung der Kärntenproblematik, in: Helmut Konrad, Wolfgang Maderthaner (Hg.), Das Werden der Ersten Republik. ... der Rest ist Österreich, Band I, Wien 2008, S. 119–138, hier S. 121f.

nahmen die Völker ihr Schicksal nunmehr selber in die Hand, weshalb das Manifest bezüglich der Reichseinheit eine „nutzlose Sanierungsmaßnahme zur Rettung des Alten" war. Ganz anders waren dagegen die Auswirkungen auf die neu entstehenden Staaten, wo seine eigentliche Bedeutung lag: Wenn es nicht als altösterreichisches Verfassungsinstrument diente, so förderte es doch „die friedliche Auflösung des Reiches" und legte „die Basis für die Liquidierungstätigkeit der letzten österreichischen Regierung" von Heinrich Lammasch.[638] Insofern war das Resultat des Manifests zwar das Gegenteil des Intendierten, doch entpuppte es sich im Übergang zur Nachkriegszeit trotz allem als segensreich. Das institutionelle Chaos, das der Bildung der Regierung Lammasch vorausging (bereits hatten sich die provisorischen neuen Staatsgewalten der Nachfolgestaaten formiert), und ihre sich sofort einstellende Machtlosigkeit zeigt Josef Redlichs Bericht über Lammasch als Ministerpräsident, in dessen Regierung er selber Finanzminister war, mit der größtmöglichen Deutlichkeit.[639] Gerade Lammaschs am 20. September 1918 Redlich zugesandter Verfassungsentwurf[640] illustriert aber, wie gut er für ein Reformprogramm geeignet gewesen wäre, wenn er früher berufen worden wäre, und – wie man hinzufügen muss – wenn er sich einem im Sommer 1917 vielleicht noch einigermaßen rechtzeitig und wohl ernsthaft gedachten Ruf nicht entzogen hätte. Nicht zu Unrecht qualifizierte ihn Klemens von Klemperer in der Seipel-Biographie als „*cunctator*, der sich [...] die Rolle eines *Liquidators* vorbehalten hatte", zugleich aber auch als „de[n] einzige[n], zu dem Freund und Feind diesseits wie jenseits der Grenzen der Monarchie als zu einer integren Autorität aufblicken konnten".[641]

Johann Andreas Eichhoff, der in die Entstehungsgeschichte des „Völkermanifests" verwickelt war und später der erste Gesandte der Republik Österreich in Paris wurde, schreibt in seinem undatierten, teilweise vor, teilweise im oder nach dem Zweiten Weltkrieg geschriebenen Erinnerungstext „Von Miramar nach St. Germain", dass Karl in ruhigen Zeiten ein kluger, gewissenhafter und gerechter Kaiser geworden wäre, und fragt sich, „ob überhaupt ein Monarch dem Ansturm der Ereignisse gewachsen gewesen wäre,

---

638 Hanns Haas, Österreich-Ungarn als Friedensproblem. Aspekte der Friedensregelung auf dem Gebiet der Habsburgermonarchie in den Jahren 1918–1919, Dissertation Universität Salzburg, Salzburg 1968, Band 1, S. 16.

639 Josef Redlich, Heinrich Lammasch als Ministerpräsident, in: Heinrich Lammasch. Seine Aufzeichnungen, sein Wirken und seine Politik, hg. v. Marga Lammasch u. Hans Sperl, Wien-Leipzig 1922, S. 154–185.

640 Vgl. Stephan Verosta, Heinrich Lammasch' Verfassungsentwurf für das Kaisertum Österreich vom September 1918, in: Politik und Gesellschaft im alten und neuen Österreich. Festschrift für Rudolf Neck zum 60. Geburtstag, hg. v. Isabella Ackerl, Walter Hummelberger und Hans Mommsen, Band I, Wien 1981, S. 365–377.

641 Klemens von Klemperer, Ignaz Seipel. Staatsmann einer Krisenzeit, Graz – Wien – Köln, 1976, S. 75; vgl. auch ebd. S. 64.

die zur Zertrümmerung der Monarchie geführt haben", nicht ohne selber zu antworten, dass Karl es jedenfalls nicht war. Immerhin wird ihm zugebilligt, „beseelt vom besten Willen für das Wohl seiner Völker zu arbeiten, vom Bewusstsein der Pflicht, den Frieden herzustellen und zu erhalten, sowie von jener Gerechtigkeit gegenüber allen Volksstämmen des Reiches, die die Grundlage des österreichischen Völkerstaates bilden musste" gewesen zu sein. Er habe sich als Kaiser aller Völker gefühlt und alle hätten „seinem Herzen gleich nahe stehen müssen".[642] Wegen der Krönung zum König von Ungarn, die er über sich habe ergehen lassen müssen, und wegen des damit verknüpften Eids sei eine Verfassungsreform für die gesamte Monarchie aber unmöglich geworden. Eher herablassend äußert sich Eichhoff über die Verfassungsdiskussionen im Ministerrat des Kabinetts Seidler, zu denen er beigezogen wurde, und empört sich über den herrschenden Mangel an Sachkenntnis und Verständnis für die drohenden Gefahren. Ende September 1918, als die Balkanfront bereits durchbrochen war, sei er zum Kaiser gerufen und – reichlich spät! – von ihm gefragt worden, wie sich denn Franz Ferdinand, für den Eichhoff vor dessen Ermordung gearbeitet hatte, die neue Verfassung vorgestellt habe.[643] Dies erscheint einigermaßen erhellend für die Untergangsstimmung, die in den letzten Wochen vor dem Ende der Monarchie geherrscht haben muss, aber ebenso für die Nichtbeachtung früherer Bemühungen und insbesondere jener des ungeliebten Franz Ferdinand.

In verschiedenen weiteren Äußerungen, so in einem Artikel im „Neuen Wiener Journal" vom 31. März 1935, betonte Eichhoff, dass das sogenannte Oktobermanifest nichts als die verspätete Ankündigung einer Verfassungsreform im Sinne der Umgestaltung Österreichs zum ‚Bunde freier Völker' gewesen, aber „in verwirrter, verirrter Zeit" unverstanden geblieben sei.[644] Deutlich positiver äußerte er sich in einem undatierten Manuskript, das wegen der Kollokation in seinem Nachlass ebenfalls aus den 1930er Jahren stammen könnte, wenn er schreibt, Kaiser Karl sei „gerecht bis in sein innerstes Denken und Fühlen" gewesen; dies habe man „aus seiner Einstellung zu den verschiedenen Völkern des alten Habsburgerreiches" ersehen können, weil er „durch und durch Kaiser aller seiner Völker" gewesen sei. Seiner dynastischen Gerechtigkeit

---

642 Johann Andreas Eichhoff, Von Miramar nach St Germain (undatiert, aber wahrscheinlich vor und z.T. nach dem Zweiten Weltkrieg geschrieben), S. 32f. Der Text liegt theoretisch hektographiert im Nachlass Eichhoff im Wiener Kriegsarchiv, wo der betreffende Karton im November 2013 aber nicht eingesehen werden konnte, weil er – wie gesagt wurde – für eine Ausstellung außer Haus sei. Meine sowohl mündlich wie schriftlich wiederholt vorgetragene Bitte nach einer Kopie des Textes ist nicht erhört worden. Glücklicherweise gibt es – wie sich in der Folge zeigte – im Archiv des Wiener Instituts für Zeitgeschichte ebenfalls eine Kopie des Textes, die Oliver Rathkolb freundlicherweise ausgegraben und für mich kopiert hat.
643 Eichhoff, Von Miramar nach St. Germain, S. 33–36.
644 ÖStA, Kriegsarchiv (KA) B/874 Depot Eichhoff, Mappe 29.

sei „das viel geschmähte, wenig gelesene, stets verkannte und nie verstandene Manifest vom 16. Oktober 1918" entsprungen, mit dem er „in letzter Stunde das föderalistische Verfassungsprogramm, und hiemit den großösterreichischen Bund freier Völker unter Habsburgs Szepter" angekündigt habe. Damit habe er das „Verdienst, diese Wahrheit mit Mut und Einsicht vor seinen Völkern und der gesamten Mitwelt verkündet zu haben". Sein „letztes Wort" sei „wahr und gerecht" gewesen.[645]

Was dagegen den Ausstieg aus dem Krieg anbelangt, der Karls Hauptanliegen sein musste, bleibt festzuhalten, dass wie der alte Kaiser sein Teil Verantwortung für den Kriegsbeginn trägt, so der junge Kaiser für das verschleppte Ende, auch wenn kein Zweifel an der Echtheit seines Friedenswillens möglich ist.[646] Friedrich Engel-Janosi hielt Karls Friedensbemühungen für eine „unbezweifelbare historische Tatsache", ohne darin „ein überragendes Verdienst des Monarchen" zu sehen: „Wenn der Chef einer Firma richtig erkannt hat, dass der bisher verfolgte Kurs der Geschäftsführung zum Konkurs führt, so ist der Entschluss, ihn drastisch zu ändern, nur natürlich."[647] Die von Engel-Janosi herausgegebene Papst-Kaiser-Korrespondenz erweist gerade im Falle Karls aber deutlich, dass territoriale Ansprüche Italiens auch von ihm kategorisch zurückgewiesen wurden.[648] Ludwig von Flotow, der am 2. November 1918 ernannte letzte Chef des Auswärtigen Dienstes und ab dem 12. November 1918 als Leiter des Liquidierenden Ministeriums des Äußern amtierend, urteilte über Karl, dass der Hauptzug seines Charakters die Güte gewesen sei, die indessen „nur zu leicht zur Schwäche" wurde; er sei von den „allerbesten Intentionen" geleitet gewesen, aber „in seiner Jugendlichkeit noch nicht weise und stark genug, um sich einen vorgezeichneten Weg zu bahnen"; sein Friedensgedanke sei zweifellos richtig gewesen, aber wie Czernin sei auch er aus dem deutschen Hauptquartier jeweils „wie umgewandelt" zurückgekehrt, „voll Zuversicht in den siegreichen Ausgang des Krieges".[649]

Nicht nur suchte Karl zu wenig nachdrücklich nach Frieden, ein Weg, den er selber mit dem unglücklichen Management der sein Ansehen nach ihrem Platzen (Mitte

---

645 KA B/874 Depot Eichhoff, Mappe 130.
646 Vgl. Friedrich Engel-Janosi, Über den Friedenswillen Kaiser Karls (1965), jetzt in: Jan Mikrut (Hg.), Kaiser Karl I. (IV.) als Christ, Staatsmann, Ehemann und Familienvater, Wien 2004, S. 533–548, v. a. S. 546ff.
647 Friedrich Engel-Janosi, ... aber ein stolzer Bettler. Erinnerungen aus einer verlorenen Generation, Graz – Wien – Köln 1974, S. 283.
648 Vgl. Friedrich Engel-Janosi in Zusammenarbeit mit Richard Blaas und Erika Weinzierl, Die politische Korrespondenz der Päpste mit den österreichischen Kaisern 1804–1918, Wien – München 1964, S. 77ff., 390f., 398.
649 November 1918 auf dem Ballhausplatz. Erinnerungen Ludwigs Freiherrn von Flotow des letzten Chefs des österreichisch-ungarischen Auswärtigen Dienstes 1895–1920, bearbeitet von Erwin Matsch, Wien etc. 1982, S. 326f.

April 1918) nachhaltig beschädigenden Sixtus-Affäre endgültig verbaute,[650] sondern hielt – nicht zuletzt aus allzu großer Rücksichtnahme auf Ungarn – (viel) zu lange am Bündnis mit Deutschland fest. Dies erweist sich nicht nur im Zusammenhang mit dem annexionistischen „Siegfrieden" von Brest-Litowsk (3. März 1918), als Österreich-Ungarn auf die maximalistische deutsche Linie einschwenkte, sondern zog sich bis zur vorletzten Minute durch.[651] Das Bündnis wurde erst mit Telegramm vom 26. Oktober 1918 an Wilhelm II. gelöst, worauf am Tag danach (27. 10. 1918) ein Sonderfriedensangebot an US-Präsident Wilson gerichtet wurde. Zwar agierte Karl hier im Einklang mit den neuen deutschösterreichischen Instanzen, die sofort verlangten, dass das Bündnis mit Deutschland gebrochen werde,[652] wobei relativierend zu sagen ist, dass selbst Otto Bauer, der den kranken Staatssekretär Viktor Adler als dessen Präsidialvorstand in der Staatsratssitzung vom 2. November 1918 vertrat, die dezidierte Meinung äußerte, es müsse bei Annahme des Waffenstillstands betont werden, man werde sich nicht vom deutschen Reich trennen und keinen Sonderfrieden schließen, wofür es aber zu spät war.[653] In den Tagen vorher war schon die Ausrufung der tschechoslowakischen Republik erfolgt (28. Oktober) und hatte der kroatische Sabor in Agram eine Erklärung betreffend den Zusammenschluss der südslawischen Gebiete der Monarchie und den Anschluss an Serbien erlassen (29. Oktober).

Insofern dürfte nicht nur klar sein, dass es schwerfällt, die Apostrophierung Karls als „Friedenskaiser" nachzuvollziehen, die sich immer wieder antreffen lässt,[654] sondern vor allem, dass nach dem unglücklichen und unrühmlichen Ende – man denke an die Hunderttausende, die nach dem Waffenstillstand mit Italien in letzter Minute noch in Kriegsgefangenschaft gerieten – alle Versuche zu einer Renaissance seines Reiches keine Aussicht auf Erfolg haben konnten, weder zur Zeit des „Ständestaates" noch in den 1960er Jahren noch sonst irgendwann (dazu unten Kapitel 5.2). Weshalb hätte bei dem bescheidenen Leistungsausweis der letzten Habsburger eine solche bestanden haben sollen? Schon mit der machiavellistischen Verzichterklärung vom 11. November

---

650 Vgl. zu Karls Friedenssuche Michael Sittinger, Friedensbemühungen Österreich-Ungarns im Ersten Weltkrieg im Spiegel ausgewählter Tageszeitungen. Eine medienanalytische Untersuchung am Beispiel der Friedensaktion der Mittelmächte vom 12. Dezember 1916 und der Sixtus-Affäre vom Frühjahr 1918, Diplomarbeit Universität Graz, 2000.

651 Vgl. Herbert Koch, Kaiser Karls Friedensbemühungen unter besonderer Berücksichtigung der Politik von Außenminister Czernin, Diplomarbeit Universität Wien, 2003.

652 Vgl. etwa das Protokoll der 9. Sitzung des Vollzugsausschusses vom 28. Oktober 1918; AdR, StRP, Karton 1.

653 Protokoll der 15. Staatsratssitzung vom 2. November 1918, StRP Karton 1.

654 Vgl. sehr apodiktisch Manfried Welan, Österreich und das Haus Habsburg. Betrachtungen eines Dieners der Zweiten Republik, in: Clemens Aigner et al.(Hg.), Das Habsburger-Trauma. Das schwierige Verhältnis der Republik Österreich zu ihrer Geschichte, Wien – Köln – Weimar 2014, S. 111.

4. Das Kaiserhaus

1918, die weder formell noch zeremoniell eine Abdankung war, aber vor allem mit dem beim Verlassen Österreichs am 24. März 1919 in Feldkirch erlassenen Manifest, womit er alle Konzessionen seit dem „Völkermanifest" vom 16. Oktober 1918 zurücknahm, erwies Karl dem inneren Frieden und den eigenen dynastischen Aspirationen einen schlechten Dienst. Recht emblematisch für die seltsame Mischung von Einsicht und Schwäche erscheint sein Umgang mit dem Fall von Friedrich Adler und dessen Attentat vom 21. Oktober 1916 auf den Grafen Stürgkh, der aus der Erbmasse seines Vorgängers auf ihn übergegangen war. Dessen Todesurteil verwandelte er am 18. August 1917 in eine 18-jährige Haftstrafe und begnadigte ihn zu guter Letzt am 1. November 1918.[655] Man hat nicht den Eindruck, dass er die Lage wirklich kontrolliert hätte. Er reagierte lediglich auf die Unvermeidlichkeiten, die sich aus der Zuspitzung der inneren und äußeren Situation der Monarchie ergaben und eine glimpfliche Behandlung des Attentäters angemessen erscheinen ließen, um Schlimmeres zu verhüten.

War Kaiser Karl je populär? Vielleicht in den ersten Monaten und längstens bis zum Platzen der Sixtus-Affäre Mitte April 1918. Dass er im ersten Sixtus-Brief vom März 1917 die französischen Ansprüche auf Elsass-Lothringen ohne Wissen der Deutschen Reichsleitung unterstützte (und gleichzeitig eigene Konzessionen an Italien vermied) machte ihn beim Bekanntwerden des Briefs ein Jahr später aus deutschösterreichischer und deutscher Optik zum Verräter. Generell blieb ihm ohnehin zu wenig Zeit, um populär werden zu können, und die Umstände der Thronbesteigung und die Art seiner Regierung waren nicht dazu angetan, es ihm zu ermöglichen. Eklatant ist die Diskrepanz zwischen seiner durchaus vorhandenen Einsicht in die Verhältnisse und der Ratlosigkeit und Scheu vor Entscheidungen ihnen gegenüber, wobei deren Komplexität und der spätestens seit Sommer 1918 immer katastrophalere Kriegsverlauf das Fällen kühner Entscheidungen schwierig und vielleicht unmöglich machte.

So oder so dürfte die Sixtus-Affäre[656] Kaiser Karl – salopp gesagt – den Rest gegeben haben, und in diesem Kontext zusätzlich die als Italienerin verschriene Kaiserin Zita, deren starke Persönlichkeit seine Schwäche erst recht augenfällig machte. Möglicherweise ist aber zur Zeit der Sixtus-Briefe im Frühling 1917 wegen der Intransigenz des italienischen Außenministers Sonnino tatsächlich eine echte Friedens-Chance vertan worden, wie man nachträglich in London annahm.[657] Demgegenüber erscheint das Verhalten

---

655 Vgl. Wolfgang Maderthaner, Friedrich Adler und Graf Stürgkh – Zur Psychopathologie eines Attentats, in: Michaela Maier, Wolfgang Maderthaner (Hg.), Physik und Revolution. Friedrich Adler – Albert Einstein. Briefe – Dokumente – Stellungnahmen, Wien 2006, S. 46f.
656 Vgl. Manfried Rauchensteiner, „Ich habe erfahren, dass mein Kaiser lügt." Die „Sixtus-Affäre" 1917/18, in: Michael Gehler, Hubert Sickinger (Hrsg.), Politische Affären und Skandale in Österreich. Von Mayerling bis Waldheim, Innsbruck 2007, S. 148–169.
657 Vgl. Rauchensteiner „Ich habe erfahren, dass mein Kaiser lügt", S. 165ff.

des Kaiserpaars beim Aufbrechen der Affäre ein knappes Jahr später kaum mehr qualifizierbar, als Karl jede Glaubwürdigkeit verlor. Außenminister Czernin schwieg zu diesem Schlamassel, jedenfalls öffentlich, obwohl seine Demission unvermeidlich wurde. Mangels vollständiger Informationen trug er wohl kaum direkte ‚Schuld' am Scheitern des Friedensversuchs und nur wenig an der Affäre nach der Veröffentlichung des ersten Sixtus-Briefs durch den französischen Ministerpräsidenten Clemenceau, auch wenn er in der Folge zum Sündenbock wurde.[658] Der Vertreter des Außenministers beim Kaiser, August Graf von Demblin, hat sich – im Gegensatz zu seinem Chef, der in den Memoiren nicht auf die Affäre einging[659] – im Frühjahr 1920 nach Absprache mit Czernin öffentlich in der Broschüre „Czernin und die Sixtus-Affaire" geäußert, worin er den Außenminister vor den Angriffen in Schutz nahm; sein bis 1997 unbekanntes aus dem Familienarchiv veröffentlichtes Tagebuch bestätigt die Czernin entlastenden Äußerungen von 1920.[660] Dem steht die mehr als negative Beurteilung von Karls und Czernins Verhalten in der Affäre seitens des allerletzten kgl. ungarischen Ministerpräsidenten Michael Károlyi entgegen,[661] an dessen Ernennungstag (31. Oktober 1918) die Realunion mit Österreich endete, weshalb er am Tag darauf von seinem Eid bereits wieder entbunden wurde, während am 16. November die Republik Ungarn ausgerufen wurde. Károlyis Äußerung kommt deshalb Gewicht zu, weil er den Friedenswillen Karls von Anfang an begrüßte, auch wenn er den König für schwach und „unendlich leicht zu beeinflussen" hielt, und zuletzt umgeben von Männern, „die mit Blindheit geschlagen waren".[662] Wie auch immer: Klar ist jedenfalls, dass die Affäre das Schicksal der Monarchie besiegelte, und nicht nur wegen der in der Folge noch verstärkten Bindung an das Deutsche Reich („Unsere weitere Antwort sind Meine Kanonen im Westen"!), sondern weil nunmehr seitens der Westmächte die Vorstellung eines Weiterlebens der Monarchie zugunsten der nach nationalen Kriterien gebildeten Nachfolgestaaten aufgegeben wurde.

Über die Stimmung bei seinen ehemaligen Untertanen scheint sich Karl nach der Auflösung des Reiches immer wieder Illusionen gemacht zu haben, deren katastrophalste Folge die gescheiterten Restaurationsversuche in Ungarn waren (darüber Kapi-

---

658 Letzteres ist die interpretatorische Hauptlinie von Tamara Griesser-Pecar, Die Mission Sixtus. Österreichs Friedensversuch im Ersten Weltkrieg, Wien – München 1988.
659 Ottokar Czernin, Im Weltkriege, Berlin – Wien 1920.
660 August Demblin, Minister gegen Kaiser. Aufzeichnungen eines österreichisch-ungarischen Diplomaten über Außenminister Czernin und Kaiser Karl, herausgegeben und bearbeitet von Alexander Demblin, Wien – Köln – Weimar 1997, S. 8f., 76–80, 85ff. u. 97ff.
661 Vgl. Michael Graf Károlyi, Gegen eine ganze Welt. Mein Kampf um den Frieden, München 1924, S. 355–358.
662 Károlyi, Kampf um den Frieden, S. 210 u. 435.

tel 6.2). Ignaz Seipel, der ihn im August 1920 im Exil im Schloss Prangins bei Nyon am Genfersee besuchte und zu dem er ein ambivalentes Verhältnis gehabt haben muss, weil die entscheidende Formulierung im Verzichtmanifest vom 11. November 1918 wahrscheinlich von ihm stammte, schrieb Karl am 15. September 1920, er sehe „Österreichs Volk" den Weg wieder suchen, „den es in den Novembertagen 1918 Mir zum Schmerze, ihm zum Unglück verlassen" habe. In Österreich vollziehe sich „ein Aufschwung der Geister", das Volk trachte sich „von den Wirrungen der Revolution zu befreien", sehne sich wieder nach Recht und Ordnung und gedenke „in diesem Drange immer mehr Meiner [...], Der auch fern der Heimat nicht aufgehört hat, die teure Scholle und ihr Volk zu lieben".[663] Man fragt sich, woher die Nachrichten kamen, die solche Wunschbilder generieren konnten.

Karls 2004 durch den polnischen Papst Johannes Paul II. erfolgte Seligsprechung erscheint nach allem paradox und dürfte letztlich die Wirkung vatikanischer Interna sein, allerdings durch die 1925 kirchlich approbierte „Kaiser-Karl-Gebetsliga für den Völkerfrieden", einem Sammelbecken für Monarchisten und Traditionalisten aller Art, von langer Hand vorbereitet.[664] Darüber hinaus entsprang sie einem innerhabsburgischen Anliegen im Sinne eines barocken Restglaubens ans Gottesgnadentum,[665] war aber keineswegs Zeichen von besonderer Popularität in Österreich oder anderen Nachfolgestaaten.[666] Die gemäß dem Römer Anwalt Andrea Ambrosi in der *Positio* des Postulators in diesem Seligsprechungsverfahren vorgebrachten Argumente erscheinen aus einem kritischen Geschichtsverständnis nicht nachvollziehbar, insbesondere dann nicht, wenn von Verpflichtungen des göttlichen Auftrags die Rede ist, wonach der Kaiser nie und nimmer abdanken konnte, ohne dem Auftrag untreu zu werden.[667] Dass bei einer zentralen Figur des Weltkriegsgeschehens von göttlichem Auftrag die Rede sein kann, zeugt von erheblicher Realitätsferne.

---

663 Klemperer, Ignaz Seipel, S. 122.
664 Adolf Collenberg, Die Habsburger in Disentis 1919–1921, Laax 2005, S. 62f.
665 Vgl. Vocelka/Heller, S. 38.
666 Dem gegenüber ist der 2004 aus einer Wiener Tagung zur Feier von Karls Seligsprechung hervorgegangene Sammelband ein klarer Mythisierungsversuch: Jan Mikrut (Hg.), Kaiser Karl I. (IV.) als Christ, Staatsmann, Ehemann und Familienvater, Wien 2004; vgl. insbesondere das Vorwort des Herausgebers, S. 9–14. Maria Habacher, Die Geschichte des Seligsprechungsprozesses und der religiösen Verehrungsformen des Dieners Gottes Karl von Habsburg, ebd., S. 257–272, zeigt S. 266ff., dass die Causa der Ritenkongregation Schwierigkeiten bereitete, die 1980 durch Übersendung einer Karl-Biographie von Peter Broucek überwunden wurden.
667 Karl-Reinhart Trauner, Vom kaisertreuen Admiral zum Reichsverweser ohne Königs Gnaden: Nikolaus von Horthy, in: Über Schlesien hinaus. Zur Kirchengeschichte in Mitteleuropa. Festgabe für Herbert Patzelt zum 80. Geburtstag, Würzburg 2006 (Beihefte zum Jahrbuch für Schlesische Kirchengeschichte, 10), S. 99–124, hier S. 118f.

Was an Karl haften bleiben dürfte, könnte der Ruf als Versager sein, wie ihn Sigmund Freuds Kollege Paul Federn im März 1919 in einer psychologischen Analyse der Rätebewegung andeutete, als er ausführte, der Sturz des Kaisers, „der Macht und Land verlor und jetzt keine Sicherheit mehr bieten konnte", habe dem patriarchalisch aufgebauten Staat nach dem Fall des wirklichen Vaters die „unbewusste Bedingung" für die Wahl weiterer Vatergestalten entzogen: „Der Verlust des Landes hat auch darum eine besondere Bedeutung, weil im Unbewussten das Land Symbol für die Mutter ist ... und der ist kein Vater, der die Mutter nicht retten kann."[668]

Der Schatten seiner ‚Vorgänger' lastete ein Leben lang auf „Kaiser Otto", wie ihn die Anhänger unter der Ersten Republik nannten, wobei offen bleiben muss, ob er ohne diesen Schatten mehr erreicht haben würde. Immerhin konnte er nach dem Zweiten Weltkrieg eine nicht unwichtige europäische Rolle spielen, aber nicht als Vertreter seiner Dynastie, sondern eher trotz ihr. Zwar gab es zu jeder Zeit legitimistische Nostalgiker, die im Verlauf der Ersten Republik mehr Bedeutung erlangten, und im Zweiten Weltkrieg gab es sogar einen legitimistischen Widerstandszweig.[669] Aber wie zahlreich und einflussreich sie alle waren, lässt sich schwer bestimmen (dazu unten Kapitel 5.2) – vom monarchierestaurativen Null-Resultat her gesehen sind sie nicht allzu weit gekommen.

Was Österreich direkt anbelangt, hatte der Thronfolger – nebst seinem Rettungsversuch der Ersten Republik mit dem berühmten Brief vom 17. Februar 1938 an Bundeskanzler Schuschnigg und der Aufforderung, ihm das Amt des Kanzlers zu übergeben,[670] – vor allem gegen die „Habsburgergesetze" von 1919 anzukämpfen, welche die Herrschaftsrechte des Hauses Habsburg-Lothringen aufhoben, die Kron- und Fideikommisse und den habsburgischen Familienbesitz beschlagnahmten, den Gebrauch des Erzherzogtitels sowie alle andern Adelstitel gesetzlich verboten und alle Habsburger, sofern sie nicht ausdrücklich auf ihre Vorrechte verzichteten, des Landes verwiesen. Die Gesetze wurden im Staatsvertrag von 1955 erneut festgeschrieben, nachdem sie eine kurze Zeitlang während des „Ständestaates" nicht mehr gegolten hatten. Otto, der sich unmittelbar nach dem Zweiten Weltkrieg für einige Monate in Innsbruck niedergelassen hatte, konnte erst 1966 – nach einer 1961 geleisteten Verzichterklärung[671]

---

668 Paul Federn, Zur Psychologie der Revolution: die vaterlose Gesellschaft (1919), zit. Karl Fallend, Historische Aspekte zur psychoanalytischen Massenpsychologie. „Prof. Freud wünscht, die Psychologie der Revolution von vielen Gesichtspunkten aus zu betrachten", in: Das Werden der Ersten Republik, Band II, S. 251–261, hier S. 254f.
669 Vgl. W. Neugebauer, Der österreichische Widerstand 1935–1945, Wien 2008, S. 145.
670 Vgl. Rudolf Logothetti, „Nicht geschossen ist auch gefehlt". Otto von Habsburg und das Militär, in: Das Habsburger-Trauma, S. 28f.
671 Vgl. für ihren Wortlaut Eva Demmerle, Otto von Habsburg – Vertreibung und Wiedereinreise in Österreich, in: Das Habsburger-Trauma, S. 43.

und der zwei Jahre später erfolgten Anerkennung dieses Entscheids durch den Verwaltungsgerichtshof – wieder legal nach Österreich einreisen. Nachdem er im Juni 1966 vom Innenministerium einen Reisepass erhalten hatte, kam er Ende Oktober 1966 erstmals für wenige Stunden wieder dahin (auch jetzt nach Innsbruck). Dabei traten rund 250.000 Arbeiter aus Protest in den Streik.[672] Demgegenüber wurden ein Vierteljahrhundert später, anlässlich seines 80. Geburtstags 1992, in Innsbruck über zwei Wochen sich hinziehende Festivitäten begangen, an denen Bundespräsident Klestil aus „terminlichen Gründen" nicht teilnehmen konnte.[673]

Was die Adelstitel anbelangt, scheint sich niemand mehr an das Verbot zu halten, weder im Alltag noch zeremoniell. In der Todesanzeige des am 20. März 2014 verstorbenen Heinrich Habsburg-Lothringen wurden explizit die Titel Erzherzog von Österreich, Graf Kyburg, Ritter des Ordens vom Goldenen Vlies sowie Ehren- und Devotionsritter des souveränen Malteser Ritterordens aufgelistet.[674] Trotzdem dürfte im heutigen Österreich kaum jemand den Habsburgern politisch ernsthaft nachtrauern. Zwar gibt es unter der Bezeichnung „Schwarz-Gelbe-Allianz" (wieder) eine Monarchistenpartei,[675] die sich indessen bisher als chancenlos erwies. Darüber hinaus existiert ein gesellschaftsfähiger Habsburgkult etwa in der katholisch-österreichischen Landsmannschaft *Maximiliana*, an deren Akademien sich Gleichgesinnte in legitimistischen Betrachtungen ergehen.[676] Ottos Langlebigkeit konnte ihm bisweilen auch Streiche spielen, die seiner Sache keinen guten Dienst leisteten (oder dann beim falschen Publikum), so als er 2008 als 95-Jähriger an einem ÖVP-Gedenkanlass zum „Anschluss" die These von Österreich als erstem Opfer Hitlerdeutschlands wieder aufwärmte und die Diskussion, ob es mitschuldig an den Verbrechen des NS-Regimes oder dessen Opfer gewesen sei, als den „eigentlichen Skandal" bezeichnete.[677] Möglicherweise war im Zweiten Weltkrieg nicht zuletzt gerade der Kreis um den exilierten Thronprätendenten Otto in den USA, zu dem auch Anhänger des ermordeten Engelbert Dollfuß gehörten, der ‚wahre' Schöpfer des Topos von

---

672 Vgl. Heidemarie Uhl, Zwischen „Habsburgischem Mythos" und (Post-)Kolonialismus. Zentraleuropa als Paradigma für Identitätskonstruktionen in der (Post-)Moderne, in: Johannes Feichtinger, Ursula Prutsch, Moritz Csáky (Hg.), Habsburg postcolonial. Machtstrukturen und kollektives Gedächtnis, Innsbruck etc. 2003, S. 45.

673 Vgl. Dieter Kroner, Sanfte Rückkehr der Habsburger in Österreich. Zwischen Werbegag und politischen Ambitionen, NZZ Nr. 272, 21./22. November 1992.

674 NZZ Nr. 72 (internationale Ausgabe), 27. März 2014, S. 32.

675 Vgl. Der Standard, 4. Juli 2013 u. 23. Juli 2013.

676 Vgl. den Berichtsband des bisher letzten Symposiums vom 16. bis 18. März 2012 im Schottenstift Wien: Aigner, Das Habsburger-Trauma; darin S. 131–137 über die Landsmannschaft *Maximiliana* und die Akademien.

677 Vgl. cer., Otto von Habsburg sorgt für Eklat in Wien, NZZ Nr. 60, 12. März 2008.

Österreich als Hitlers erstem Opfer, der in der Folge in die Moskauer Deklaration von 1943 einging.[678]

Stark in die Breite wirkt mittlerweile dagegen die nostalgische Repräsentation von Trauerfeierlichkeiten für verstorbene Habsburger, womit an die Grablegen früherer Zeiten angeknüpft werden kann.[679] Hier wäre an den Trauerzug für Ex-Kaiserin Zita von 1989 zu erinnern, oder – erheblich weniger spektakulär – an das Pontifikalrequiem für Erzherzogin Regina Habsburg-Lothringen, der Gattin Ottos von Habsburg, in der voll besetzten Augustinerkirche am 26. Februar 2010 mit Erzbischof Dr. Christoph Kardinal Schönborn OP als Zelebrant, der in seiner Predigt die Verstorbene als Frau und Mutter würdigte, ohne dass ihr auch nur der geringste politische Stellenwert eingeräumt worden wäre. Politisch wenig korrekt, aber eindrücklich wurde am Ende des Requiems von den Anwesenden die Kaiserhymne gesungen. Dasselbe wiederholte sich im Juli 2011 bei den Trauerfeierlichkeiten für den im 99. Altersjahr verstorbenen Otto Habsburg-Lothringen, diesmal freilich im Stephansdom und in Anwesenheit von Präsident und Kanzler der Republik. Kardinal Schönborn würdigte – jetzt auf interessante Weise hochpolitisch – das Lebenswerk Ottos als Versuch, „das Unglück, das der Erste Weltkrieg über Europa, über die Menschheit gebracht hat, wieder gutzumachen".[680] Sein Engagement für Europa als Präsident der Paneuropa-Union 1973–2004 und als Vertreter der bayrischen CSU im Europaparlament 1979–1999 wäre damit eine Art Sühneleistung für Franz Josephs Zustimmung zur Auslösung des Kriegs 1914 gewesen.

Dies dürfte der Ort sein des weniger publikumswirksamen, aber vielleicht tiefer empfundenen Engagements eines Mannes für Europa zu gedenken, der – nachdem er vor dem Ersten Weltkrieg für Franz Ferdinand und während des Kriegs als Leiter des Zivilkommissariats für die besetzten Gebiete im AOK gearbeitet hatte – gegen Kriegsende Ottos Vater, Kaiser Karl, als Sektionschef im Innenministerium und anschließend der Republik als erster Gesandter in Frankreich diente. Nach dem Zweiten Weltkrieg hat Johann Andreas Eichhoff, der hier gemeint ist, bis zu seinem Tod 1963 mit 92 Jahren alle Formen von Nationalismus vehement bekämpft und sich sofort bei seiner Gründung 1949 und in der Folge immer wieder für Österreichs Beitritt zum Europarat eingesetzt, auch wenn er erst 1956 erfolgen konnte. In einem interessanten Nachlass-Text von 1953, von dem unklar ist, ob und allenfalls wo er gedruckt wurde, schrieb er „Wir Österreicher sind Weltbürger, wir sind Europäer und wir sind, im

---

678 Vgl. Lucile Dreidemy, Der Dollfuß-Mythos. Eine Biographie des Posthumen, Wien – Köln – Weimar 2014, S. 209–215.
679 Vgl. zu den habsburgischen Grablegen Vocelka/Heller, S. 305–319.
680 Ulrich Schlie, Die Untoten aus der Kapuzinergruft. Habsburg und Preußen sind Vergangenheit und leben doch auf eigentümliche Weise fort, NZZ Nr. 285, 7. Dezember 2013.

4. Das Kaiserhaus

Herzen Europas[,] von vier Großmächten geviertteilt und militärisch besetzt. Wir sind nicht so frei, unser Weltbürgertum, unser Europäertum [...] ungehindert betätigen zu können [...]", aber „wenn wir auch politisch noch in den Fesseln der vierfachen Occupation liegen, wenn wir bei den Verhandlungen über die europäische Gemeinschaft noch auf die Rolle von ‚Beobachtern' beschränkt sind und noch keine Aufnahme in die Weltorganisation der ‚Vereinten Nationen' gefunden haben, so können und <u>müssen</u> wir doch, als alte Kulturträger, unsere Stimme erheben, um auf die schmerzlichen Erfahrungen hinzuweisen, die im Herzen Europas unter der Devise ‚Nationalismus' gemacht worden sind".[681] Im Weiteren engagierte sich Eichhoff, der in der Zwischenkriegszeit als Vizepräsident der österreichischen Völkerbundsliga gewirkt hatte, stark für die Menschenrechte und in diesem Zusammenhang für den Beitritt Österreichs zur Europäischen Menschenrechtskonvention, der 1958 erfolgte.[682] – Vielleicht gehört das europäische Engagement des einstigen „Kaiser Otto" sowie dasjenige eines ehemals prominenten Dieners der alten Monarchie zu den schönsten Vermächtnissen des Habsburgerreiches, welches an sich selber unterging, aber in vielen Formen weiterlebt.

4.2 Kronprinzen- und Thronfolgertragödien

Es ist nicht erstaunlich, dass um die schwer nachvollziehbare und letztlich rätselhafte Mord- und Selbstmordtragödie von Ende Januar 1889 in Mayerling ein ganzes Spektrum mehr oder weniger seriöser Erklärungsversuche produziert wurde, während gleichzeitig die wildesten Gerüchte kursierten. Nicht zuletzt hat die nahezu absurde Informationspolitik des Kaiserhauses zur allgemeinen Verwirrung beigetragen, wobei schlecht vorstellbar ist, wie ein ‚aufgeklärteres' Ambiente mit einer derart unglaublichen Geschichte umgegangen wäre. Dass der Selbstmord gegenüber dem Vatikan nicht verschwiegen (aber durch vermutete Geistesgestörtheit des Kronprinzen ‚abgemildert') wurde und dieser die kirchliche Bestattung des Selbstmörders bewilligte, zeigt immerhin, dass dem Haus nicht jeder Realitätssinn abhandengekommen war.[683] Allerdings dürfte klar sein, dass die nach der Tragödie gegen außen konsequent betriebene Verschleierung von Ehebruch, Mord und Selbstmord ohne die enge Beziehung des Hauses Habsburg-Lothringen zu allem Kirchlichen und ohne seine besondere Form von Fröm-

---

681 Eichhoff, Nationalismus!, 11. Jänner 1953, Typoskript, KA B/874 Depot Eichhoff, Mappe 62a.
682 Vgl. KA B/874 Depot Eichhoff, Mappen 79–81, 83 u. 84.
683 Vgl. zur Haltung der katholischen Kirche Friedrich Engel-Janosi, Einige neue Dokumente zum Tode des Kronprinzen Rudolf, in: Mitteilungen des österreichischen Staatsarchivs, 17./18. Band, 1964/65. S. 312–321.

migkeit – selbst wenn sie vielleicht nur noch äußerlich war – schwerlich durchgehalten worden wäre.[684]

Auf die Gerüchte, die sich um Mayerling rankten und von denen es an die dreißig Versionen gibt,[685] wird nicht näher eingegangen, auch wenn 1983 selbst (Ex-)Kaiserin Zita in einem Boulevardblatt-Interview äußerte, Rudolf sei „einem politisch motivierten Mordanschlag zum Opfer gefallen".[686] Lediglich ein sehr erstaunliches Zeugnis von einer Seite, von der man solches nicht erwarten würde, soll erwähnt werden, denn ausgerechnet der ansonsten überaus kritische Arnold Schönberg, der sich freilich wiederholt als Monarchist definierte, präsentiert in einem nachgelassenen Typoskript von 1923 eine reichlich absurde Mordversion zu Mayerling, wonach Rudolf von der regierenden Hofpartei ermordet worden wäre, die mit Hilfe von Remplacanten an Stelle des längst verstorbenen Kaisers geherrscht habe; um die Bevölkerung vom Gedanken eines politischen Mordes abzulenken, habe man dann eine Liebesaffäre geschaffen.[687]

Es ist denkbar, dass der von der Österreichischen Nationalbibliothek Mitte 2015 in einer Pressemeldung angekündigte „Sensationsfund" von drei als vernichtet angenommenen Abschiedsbriefen von Mary Vetsera aus Mayerling an ihre Mutter, ihren Bruder und ihre Schwester im Safe einer Wiener Bank mit den wildesten Gerüchten aufräumen könnte,[688] aber der Phantasie sind bekanntlich keine Grenzen gesetzt, und ein Fall wie „Mayerling" ist geradezu eine Einladung für alle möglichen Phantastereien. Wichtiger sind indessen die in jeder Beziehung unglücklichen Folgen der Tragödie, auch wenn zwangsläufig unklar bleiben muss, wie Rudolf als Kaiser agiert haben würde. Für den kroatischen Bischof Joseph (Josip) Strossmayer (1815–1905) war – wie er Staatssekretär Kardinal Rampolla nach Rom schrieb – das Ableben Rudolfs eine „calamitas summa" und Zeichen dafür, dass die letzte Stunde gekommen sei, damit das Reich die Grundsätze der katholischen Kirche auf alle seine Völker anwende (was sich gegen die magyarische Vorherrschaft richtete), während der französische Botschafter in Wien Decrais gegenüber Paris den plötzlichen Tod Rudolfs als das Verschwinden eines aufrichtigen und besonders begabten Freundes Frankreichs interpretierte, wo-

---

684 Vgl. Vocelka/Heller, S. 38, sowie Angelika Mayr, „Das Feld der Unehre war ein französisches Bett." Die Affäre Mayerling und die Unendlichkeit einer Habsburgergeschichte, in: Politische Affären und Skandale in Österreich, S. 63ff.
685 Mayr, Das Feld der Unehre, S. 66.
686 Neue Kronen-Zeitung, 11. März 1983, zit. Mayr, Das Feld der Unehre, S. 74.
687 Arnold Schönberg Center, Wien, Typoskript T33.01, datiert 22. Mai 1923; vgl. Arnold Schönberg in seinen Schriften. Verzeichnis – Fragen – Editorisches, hg. v. Hartmut Krones, Wien – Köln – Weimar 2011 (Schriften des Wissenschaftszentrums Arnold Schönberg, 3), S. 509, Nr. 5.3.3.1: Gedanken zur Geschichte der Habsburger, insbesondere, der Tod des Kronprinzen Rudolf, das Verschwinden Johann Orths, und vieler ähnlicher Vorkommnisse (1923). – Mehr zu Schönberg unten Kap. 9.3.
688 Vgl. <http://www.onb.ac.at/services/presse_23385.htm>, abgefragt 7. 8. 2015.

gegen mit Franz Ferdinand die Zukunftsaussichten der Monarchie trübe seien.[689] In seiner Laudatio auf Brigitte Hamann anlässlich der Ende November 2012 im Wiener Rathaus erfolgten Verleihung des Ehrenpreises des österreichischen Buchhandels für Toleranz in Denken und Handeln lobte Gerald Stourzh neben anderem vor allem ihre Rudolf-Biographie, sein Lieblingsbuch, wie er sagte, worin Hamann Rudolfs liberale Utopie einer habsburgischen Monarchie gleichberechtigter Völker und gleichberechtigter Menschen herausgearbeitet habe, hinter der (laut Stourzh) noch weit mehr steckte, nämlich die Verbindung aller jener Menschen, die – wie Rudolf in einer Denkschrift 1886 schrieb – „mehr oder weniger Kosmopoliten" seien und „auf der ganzen Welt zerstreut lebend, doch einem und demselben Orden der Ritter vom Geiste angehören".[690] Kaum zufällig stellt Brigitte Hamann ihrer Rudolf-Biographie denn auch die schöne Äußerung Rudolfs zu Georges Clemenceau vom Dezember 1886 voran, wonach der Staat der Habsburger „längst, wenn auch in Miniaturform, Victor Hugos Traum der ‚Vereinigten Staaten von Europa'" verwirklicht habe, und wenn die Ausführung dieser Idee „nicht vollkommen harmonisch" sei, so wolle dies nicht besagen, dass die Idee falsch sei.[691]

Zweifellos war Rudolf in manchem ausgesprochen hellsichtig und in vieler Hinsicht hochbegabt. Dies zeigt neben den ornithologischen Studien, die 1880–1884 in drei Bänden im Druck erschienen,[692] und seiner Freundschaft mit dem berühmten deutschen Zoologen Alfred Brehm nicht zuletzt das sogenannte Kronprinzenwerk, das von ihm allerdings nur lanciert werden konnte; abgeschlossen wurde das bedeutende Werk in 24 Bänden erst 1902. Insofern spielte Rudolf hier eine ähnliche Rolle, wie sie später Mussolini bei der monumentalen Edition der Enciclopedia Treccani (Enciclopedia italiana) zukam. Freilich war die Intention Rudolfs eine ganz andere und sollte – wenn man James Shedel folgen will[693] – eine Komplementarität zu den Zielsetzungen des

---

689 Beide Briefe in Engel-Janosi, Neue Dokumente, S. 318ff. Dass Bischof Strossmayer heute teilweise als Repräsentant des Kroatozentrismus gesehen wird, dürfte eher abwegig sein, zumal er sich mit dem Ziel einer Vereinigung der Südslawen im „austroslawistischen" Sinn gegenüber der Monarchie loyal verhielt; vgl. Fabian Fonovich, Josip Juraji Strossmayer: Un vescovo dei confini, in: Rassegna Storica del Risorgimento, XCIX/2, 2012, S. 265–279, hier S. 266ff. und 275f.

690 Ich danke Gerald Stourzh für den Text seiner am 22. November 2012 im Wiener Rathaus gehaltenen Laudatio, aus der hier zitiert wurde. Brigitte Hamanns Rudolf-Biographie erschien – als bei Adam Wandruszka geschriebene Dissertation – erstmals 1978; mittlerweile liegt nach fünf Auflagen eine Neubearbeitung von 2005 vor.

691 Brigitte Hamann, Kronprinz Rudolf. Ein Leben, Wien 2005, S. 9; s. auch S. 213.

692 Vgl. Hamann, Rudolf, S. 141.

693 James Shedel, The Elusive Fatherland: Dynasty, State, Identity and the Kronprinzenwerk, in: Moritz Csáky, Klaus Zeyringer (Hrsg.), Inszenierungen des kollektiven Gedächtnisses. Eigenbilder, Fremdbilder, Innsbruck 2002, S.70–82.

kaiserlichen Vaters darstellen, indem auch der Kronprinz den Gesamtstaat als Vaterland für die Völker aller Kronländer anstrebte. Zum ersten Heft vom 1. Dezember 1885, das er dem Vater in seiner ihm gegenüber offenbar üblichen ehrfürchtig-demütig-scheuen Haltung übergab,[694] lieferte Rudolf die programmatische Einleitung, während ein abschließender letzter Band, nachdem das Werk 1902 endlich vollendet war, begreiflicherweise ausblieb. Es folgte lediglich am Ende des 24. Bandes (des siebten der Länder der St. Stephans-Krone), demjenigen zu Croatien und Slavonien, in einem nur gerade zweiseitigen Schlusswort der Hinweis auf den „erhabenen Wunsch des verewigten Schöpfers des großen Werkes", dass „die Völker dieser Länder, indem sie sich aus diesem Werke kennen lernen, einander lieben, achten, stützen" sowie dass sie „trachten, dem Throne und Vaterlande treu zu dienen", „in glücklichem Gedeihen und geistigem Fortschritt miteinander wetteifern" und „in gegenseitiger Liebe die Gewährleistung ihrer Zukunft finden".[695] So wenig wie der „verewigte Schöpfer" des Werks noch eine Zukunft haben sollte, so wenig hatten „die Länder der beiden Staaten dieser Monarchie" noch eine, oder jedenfalls keine gemeinsame mehr.

So machte der Kronprinz aus seiner hohen Begabung letztlich – wenn man sein Leben vom jämmerlichen Ende her bedenkt – sehr wenig. Er wirkte sukzessive immer unsympathischer und arroganter, nur noch an Genuss und Frauen interessiert. „Es hat noch keine Frau gegeben, die mir widerstanden hätte", soll er gesagt haben, und in der Tat war eine Frau kaum mehr als ein Jagdgegenstand für ihn.[696] Die Chancen, die ihm die Zukunft angesichts seiner Abstammung hätte bieten können, hat er vertan und zuletzt vollkommen verspielt, wobei man sich allerdings fragen muss, ob bei einem solchen Vater und einer solchen Mutter viel anderes möglich war. Beide haben ihm nichts geboten; ihr Interesse an ihrem heranwachsenden Sohn war minimal. Die Mutter blieb ihm stets fern, und zwischen Vater und Sohn bildete die Jagd den Hauptgesprächsstoff.[697] „Du weißt, wie unleidlich mein Vater ist, und dich brauch ich nicht daran zu erinnern, wie wenig meine Mutter mich liebt", schrieb Rudolf am 26. Januar 1889 seiner Cousine Marie Larisch.[698]

Am Hof wurde er als Freigeist mit Misstrauen betrachtet und vom kaiserlichen Vater von allen politischen Informationen fern gehalten.[699] Als Vielredner, Vielschreiber

---

694 Vgl. Hamann, Rudolf, S. 239 und 242.
695 Schlusswort zu dem Werke: Die österreichisch-ungarische Monarchie in Wort und Bild, in: Die österreichisch-ungarische Monarchie in Wort und Bild. Croatien und Slavonien (Siebenter Band der Länder der St. Stephans-Krone), Wien 1902, S. 6.
696 Hamann, Rudolf, S. 117.
697 Vgl. Hamann, Rudolf, u. a. S. 22, 53, 87.
698 Zit. Mayr, Das Feld der Unehre, S. 77.
699 Vgl. Hamann, Rudolf, S. 11.

4. Das Kaiserhaus 179

und Intellektueller verkörperte er für diesen alles, was er „nicht ausstehen konnte".[700] Nicht zu reden von den Antisemiten, von denen er wegen der zahlreichen Juden in seiner engsten Umgebung als „Judenknecht" beschimpft wurde, während ihn die Alldeutschen als „verjudet" und sittenlos dem „christlichen" und untadeligen Wilhelm II. gegenüberstellten.[701] Insofern erschien er vielen schon zu Lebzeiten immer weniger als Hoffnungsträger und stieß auch wiederholt auf offen kritische Stimmen. So finden sich bereits in der am 1. Oktober 1880 im Theater an der Wien uraufgeführten Operette „Das Spitzentuch der Königin" von Johann Strauss Sohn ziemlich unverblümte indirekte Anspielungen auf seine Pflichten als Ehemann und künftigen Herrscher.[702]

2008 zeigte eine Ausstellung im Wiener Hofmobiliendepot und in Schönbrunn Rudolfs Schattenseiten und versuchte zugleich eine Art aufwertender Neu-Lancierung.[703] Im Jahr darauf (2009) wurde im Wiener Raimund Theater ein Musical mit dem Titel „Rudolf. Affaire Mayerling" uraufgeführt, worin gemäß Prospekt „Leidenschaft, Schicksal & Rebellion" zur Darstellung kommen: „Eine Geschichte, die die Welt veränderte als packendes Musical und spektakuläre Bühnenshow. Vor dem Hintergrund der zerfallenden Donaumonarchie erzählt sie von Leidenschaft, Schicksal und Rebellion, von der großen Liebe und ihrem tragischen Scheitern."[704] So rückte Rudolf wie seine Mutter wenigstens zum Protagonisten eines Musicals auf. Von anderem Kaliber ist demgegenüber der Film „De Mayerling à Sarajevo" von Max Ophüls aus dem Jahr 1940, der thematisch einen großen Bogen schlägt und die Rudolf-Tragödie nicht einfach als Glamour-Staffage zum Zerfall behandelt, sondern in den Untergangskontext der Monarchie stellt.

Wie ist Franz Ferdinand beurteilen? Gibt es auch bei ihm Verschwörungstheorien? Zweifellos waren das Verhalten von Feldzeugmeister Potiorek und die mangelhaften oder gänzlich fehlenden Sicherheitsvorkehrungen im Kontext des Attentats vom 28. Juni 1914 in Sarajewo mehr als seltsam. Und dass es sich um eine Verschwörung handelte, lässt sich nicht bestreiten. Echte Kontroversen ergaben sich letztlich aber nur zur Rolle Belgrads bei der Vorbereitung des Attentats, ein Problem, das bis heute nicht abschließend geklärt ist. Sicher war die Schuldzuweisung voreilig, die Wien im

---

700 Hamann, Rudolf, S. 224.
701 Hamann, Rudolf, S. 392 und 410.
702 Vgl. u. a. http://ralph-braun.com/wp-content/uploads/2011/06/programmheft_spitzentuch.pdf oder http://www.arila-siegert.de/krit/spitzentuch.htm (abgefragt 8. 1. 2016); ein Hinweis von Jan Krobot.
703 Vgl. Ilsebill Barta, Kronprinz Rudolf. Lebensspuren, [Wien, 2008] (Katalog zur Ausstellung vom 21. August 2008 bis 30. Jänner 2009 im Hofmobiliendepot und im Kronprinzen-Appartement von Schloss Schönbrunn).
704 Prospekt Raimund Theater, Wien [2009]. Vgl. http://www.musicalvienna.at/index.php/de/spielplan/production/3553/content (abgefragt 7. 1. 2016).

Ultimatum vom 26. Juli 1914 gegenüber dem Königreich Serbien vornahm; indessen lag sie auf der Linie des Konfrontationskurses, die im gesamten Verlauf der Julikrise betrieben wurde. Damit wurde ausgerechnet der an sich friedliebende Franz Ferdinand, der Generalstabschef Conrad von Hötzendorf, wiederholter Propagator von Präventivschlägen gegen Italien und Serbien, verschiedentlich zurückgebunden hatte, durch eine vielleicht leichtsinnige Fahrt nach Sarajewo zum Auslöser des Weltkriegs und ungewollt zum Totengräber der Monarchie. Der zum Abschluss der Manöver in Bosnien geplante Einzug in Sarajewo erfolgte absurderweise am Jahrestag der Schlacht von 1389 auf dem Amselfeld, als der Tyrannenmord serbischerseits gleichsam in der Luft lag, seinerseits aber vornehmlich aus Pflichtgefühl und zur Demonstration des habsburgischen Sendungsbewusstseins. Aus den gleichen Gründen und nach ihrer (vielleicht aus einer Vorahnung erfolgten) Bitte dürfte er seine Frau auf die Reise mitgenommen haben.

Wie weit der Thronfolger die sich nach den „Wars bevor the War" von 1912/13 auf dem Balkan zusammenbrauenden Gewitterwolken im Vorfeld des Sarajewo-Besuchs wahrnahm, muss offenbleiben. Sicher wird er die wegen der kriegerischen Ereignisse hier allgemein verschärften politischen Ängste nicht übersehen haben können, und ebenso wenig die vom Zarenreich verstärkt angestrebte Anti-Habsburg-Positionierung Serbiens. Insofern dürfte klar sein, dass Russland nach dem Attentat nichts anderes wollen konnte, als Belgrad in seinem intransigenten Verhalten zu bestätigen.[705] Ob die serbische Reaktion auf das Wiener Ultimatum aber als intransigent zu beurteilen war, ist durchaus fraglich; vielmehr fiel Serbiens Antwort so subtil und flexibel aus, dass der Krieg hätte vermieden werden können, wenn man es gewollt hätte.[706]

Grundsätzlich wäre von Franz Ferdinand vielleicht mehr zu erwarten gewesen als von Rudolf (auch wenn dieser ihn und seinen Vater Karl Ludwig in einem vor dem Mayerling-Doppelselbstmord geschriebenen Abschiedsbrief für unfähig hielt).[707] Dafür spricht jedenfalls die Seriosität der Vorbereitungsarbeiten seiner Kanzlei für den Thronwechsel.[708] Baron Eichhoff, der an den Entwürfen zum „Bund freier Völker" oder zu den „Vereinigten Staaten von Großösterreich" (wie er das dem Thronfolger vorschwebende Gebilde in seinem Erinnerungstext nennt) mitarbeitete, beklagte das „Verbrechen von Sarajewo" bitter, das den Mann hinweggerafft habe, „der die Vorarbeiten für ein neues Österreich, und hiemit für ein neues Europa eingeleitet hatte";

---

705 Vgl. den Tagungsbericht The Wars before the War (1912/13), 7. 12. 2012–8. 12. 2012 Bonn, in: H-Soz-Kult, 15. 5. 2013, <http://www.hsozkult.de/conferencereport/id/tagungsberichte-4826>.
706 Vgl. Carlo Moos, Als Historiker im Gespräch mit der Vergangenheit, in: Dialog, hg. v. Thomas Bearth, Thomas Fries, Albert A. Stahel, Zürich 1994 (Zürcher Hochschulforum, 22), S. 243–256.
707 Vgl. Hamann, Rudolf, S. 448f.
708 Vgl. Georg Franz, Erzherzog Franz Ferdinand und die Pläne zur Reform der Habsburger Monarchie, Brünn – München – Wien 1943.

mit dem Mord sei alles, was für den Regierungsantritt Franz Ferdinands ausgedacht worden sei, „zweck- und gegenstandslos geworden – Papier und Staub".[709] In den „Gedenkworten zum zwanzigsten Jahrestage seines Todes" schrieb Eichhoff von Franz Ferdinand, er sei „zielbewusst und geradlinig" gewesen, „ein guter, edler Mensch", „bei einem aufbrausenden Temperament grundgütig, dabei tiefreligiös, voll starken Gottvertrauens", der sich aber „eines steten Misstrauens nicht erwehren" konnte. Er sei „der charmanteste Hausherr in seinem schönen Heim" gewesen, „der beste Gatte und Vater, glücklich im Familienleben", ansonsten „stark und eigenwillig, vielleicht eigensinnig, aber nicht ohne Selbstzucht und Selbstverläugnung". Was er in der Donaumonarchie „mit Tatkraft, ja mit eiserner Hartnäckigkeit [durchgestrichen: „Brutalität"]" habe verwirklichen wollen, sei das gewesen, „was ganz Europa, ja was alle Völker der Erde heute brauchen: – Wirtschaftliche Zusammenarbeit, bei politischer Unabhängigkeit!" Die „Schicksalsstunde der Thronbesteigung hätte den neuen Kaiser auf seinem Platze gefunden, seiner Pflicht bewusst, fest entschlossen, keinen Finger breit von seinem Wege abzugehen". Sein „Leitmotiv" wäre gewesen „zusammen arbeiten und so frei leben, als es die gemeinsame Arbeit ermöglicht". Jetzt, am Jahrestag des Verbrechens von Sarajewo, sei des „rechtschaffenen, vornehmen Mannes" zu gedenken, „der das Gebot der Zeit richtig erkannt" und „Grosses" gewollt habe, „nicht für sich, aber für die Völker, die er führen sollte".[710] Bezeichnenderweise findet sich in Franz Ferdinands Programm für den Thronwechsel schon in den „Allgemeinen Gesichtspunkten" die programmatische Äußerung, im In- und Ausland müsse „vom ersten Tag an die Überzeugung durchdringen, dass mit fester Hand, Ruhe und Entschiedenheit planmäßig vorgegangen" werde; weil alles auf den ersten Eindruck ankomme, müsse „fester Wille und gerade Direktion" sofort „zum Ausdruck kommen und jedenfalls der Eindruck des ‚Fortwurstelns' von Haus aus vermieden werden".[711]

Dennoch und vielleicht gerade wegen der ihm vorschwebenden „festen Hand" wäre Franz Ferdinand als Retter der Monarchie kaum besser geeignet gewesen als der Kronprinz. Auch er wollte die Nationalitätenfrage „von oben" lösen – und in seinem Fall darüber hinaus gegen die Ungarn. Dies erweist etwa die Zusammenarbeit von Alexander Vaida mit seiner Militärkanzlei. Vaida stammte aus Siebenbürgen und war ein scharfer Gegner der Magyarisierungspolitik, weshalb er im Ersten Weltkrieg – obwohl Mitglied des ungarischen Parlaments – in Wien blieb.[712] So zeigt sich, dass die Rumänen ihre

---

709 Eichhoff, Von Miramar nach St. Germain, S. 2–5.
710 Das fünfseitige Typoskript zum in der Neuen Freien Presse vom 29. Juni 1934 erschienen Gedenkartikel findet sich KA B/874 Depot Eichhoff, Mappe 122.
711 Franz, Erzherzog Franz Ferdinand, S. 123.
712 Alexander Vaida verlangte erst im November 1918 die Selbstbestimmung Transsilvaniens, war 1919 Mitglied der rumänischen Delegation an der Pariser Friedenskonferenz und in der Folge 1919/20,

Hoffnungen gegen Ungarn in Franz Ferdinand setzten. Mit einer Positionierung gegen Ungarn hätte er aber den Ausgleichs-Kompromiss von 1867 widerrufen, mit weitreichenden Konsequenzen für den Zusammenhalt der Doppelmonarchie, die von der Zustimmung der Slawen, auf die er wegen der für sie geplanten Aufwertung möglicherweise gestoßen wäre, nur bedingt hätten aufgewogen werden können.

Für den habsburgischen Mythos ist Franz Ferdinand zweifellos schlecht geeignet. Negative Charaktereigenschaften wie Misstrauen, Autoritarismus und ein irrational-krankhafter Jagdtrieb, den man trotz einer fabelhaften Schießfertigkeit und Treffsicherheit als Blutrausch qualifiziert hat,[713] sowie eine konservative Grundhaltung dominieren die Erinnerungen an ihn. Interessanterweise scheint ausgerechnet der scharfzüngige Karl Kraus trotz oder gerade wegen Franz Ferdinands menschlicher Unnahbarkeit eine positive Meinung von ihm gehabt zu haben, jedenfalls im Nachruf der „Fackel" vom Juli 1914, worin er ihn als „Hoffnung dieses Staates für alle, die da glauben, dass gerade im Vorland des großen Chaos ein geordnetes Staatsleben durchzusetzen sei" qualifizierte. Sein Leben sei „wie ein Schatten auf der abscheulichen Heiterkeit dieses Staatswesens" gelegen, während sein Wesen „den Triebkräften österreichischer Verwesung, dem Gemütlichen und dem Jüdischen, unfassbar und unbequem" gewesen sei. Leutseligkeit sei ihm fremd gewesen, wie er auch kein „Grüßer" war: „Nichts hatte er von jener ‚gewinnenden' Art, die ein Volk von Zuschauern über die Verluste beruhigt. Auf jene unerforschte Gegend, die der Wiener sein Herz nennt, hatte er es nicht abgesehen." Vielmehr wollte er als „ungestümer Bote aus Altösterreich [..] eine kranke Zeit wecken, dass sie nicht ihren Tod verschlafe". Nun verschlafe sie den seinen, womit auf den „Skandal" des im Kassenraum eines Bahnhofs ausgestellten Sargs angespielt wurde, „der mit der Hoheit des Toten die des Todes selbst verletzt".[714]

Demgegenüber beurteilte Stefan Zweig Franz Ferdinand völlig negativ. Im Gegensatz zu Rudolf, dem „fortschrittlichen und menschlich ungemein sympathischen Habsburger", habe Franz Ferdinand gerade das gefehlt, „was in Österreich für eine rechte Popularität unermesslich wichtig war: persönliche Liebenswürdigkeit, menschlicher Charme und Umgänglichkeit der Formen". Nie habe man ihn lächeln sehen, er habe keinen Sinn für Musik und für Humor gehabt, und sein (Zweigs) „fast mystisches Vorgefühl, dass von diesem Mann mit dem Bulldoggnacken und den

---

1932 und 1933 rumänischer Ministerpräsident; vgl. Keith Hitchins, The Nationality Problem in Austria-Hungary. The Reports of Alexander Vaida to Archduke Franz Ferdinand's Chancellery, Leiden 1974.

713 Vocelka/Heller, S. 50.
714 Karl Kraus, Franz Ferdinand und die Talente, Die Fackel Nr. 400–403, 10. Juli 1914, 2–4 (DVD-Volltextausgabe). S. auch unten Kap. 6.1.

starren, kalten Augen irgendein Unglück ausgehen würde", sei „durchaus kein persönliches, sondern weit in der ganzen Nation verbreitet" gewesen – wie wenn Franz Ferdinand an seiner Ermordung selber schuld gewesen wäre. Jedenfalls habe es viele gegeben, die am Tag des Attentats „im stillen heimlich aufatmeten, dass dieser Erbe des alten Kaisers zugunsten des ungleich beliebteren jungen Erzherzogs Karl erledigt war".[715]

So widersprüchlich Franz Ferdinand als Mensch war, so gegensätzlich sind offensichtlich die Urteile über ihn. Doch gerade die liebevolle Beziehung zu seinen Kindern und vor allem zu seiner Frau und das ihretwegen gegenüber dem Kaiser konsequente Verhalten sprechen für ihn. Von da erscheint trotz allem seltsam, dass er mit seiner Liebesgeschichte und dem Kampf um die Heirat nicht einen Hauch vom Interesse, das die nach solchen Geschichten süchtige Klatsch- und Illustriertenwelt der Kaiserin Elisabeth im Übermaß entgegenbringt, auf sich ziehen konnte und kann. Obwohl er vielseitig interessiert gewesen zu sein scheint, wie die zehnmonatige Weltreise 1892/93 bezeugt, die ihn von Pola über Suez, Aden, Indien, Nepal, Südostasien, Ozeanien, Australien, China und Japan bis in die USA führte,[716] war er kein Hoffnungsträger, weshalb es keinen Nostalgie-Kult um ihn gibt, auch wenn ihn sein tragisches Ende zum Märtyrer prädestinieren würde. Vielmehr trifft gerade die Schlüsselszene des Eintreffens der Nachricht vom Sarajewo-Attentat anlässlich eines Offiziersfestes an der russischen Grenze in Joseph Roths „Radetzkymarsch" mit dem zu Chopins Trauermarsch in bacchantischem Taumel rauschhaft sich steigernden Verdikt der ungarischen Dragoner („Das Schwein ist hin!") offensichtlich den Kern der Aversion gegen den ermordeten Thronfolger mit traumwandlerischer Sicherheit.

Zu guter Letzt, und dies passt zur Un-Person, die Franz Ferdinand in Teilen seines künftigen Reichs und selbst am Kaiserhof geworden war und über seinen Tod hinaus blieb, wurde er in der Proklamation „An meine Völker", womit der Kaiser seinen Untertanen am 28. Juli 1914, einen Monat nach dem Attentat von Sarajewo, den Krieg gegen Serbien verkündigte, nicht einmal erwähnt. Es war nur allgemein die Rede von „verbrecherischem Treiben", von „frevelhaften Taten des Wahnwitzes und des Hochverrats", von einer „Reihe von Mordanschlägen" und von einer „planmäßig vorbereiteten und durchgeführten Verschwörung". Dem in der kaiserlichen Proklamation namenlos ermordeten Zeugen der „sichtbaren blutigen Spur jener geheimen Machenschaften, die von Serbien aus ins Werk gesetzt und geleitet wurden", und erst recht seiner Frau, wurde auch kein Platz in der Kaisergruft vergönnt. Josef Redlich hatte schon am Tag

---

715 Stefan Zweig, Die Welt von Gestern. Erinnerungen eines Europäers (1944), Fischer Taschenbuch, Frankfurt a. M. 1970, S. 250f.
716 Vgl. die Ausstellung im Weltmuseum Wien vom 9. 4. bis 2. 11. 2014; <www.weltmuseumwien.at>.

nach dem Attentat, am 29. Juni 1914, im Tagebuch lakonisch vermerkt, in Wien herrsche keine Trauerstimmung.[717]

4.3 ‚Alte' Kaiserin und ‚junge' Kaiserin

Elisabeth von Bayern (Sisi), die der junge Franz Joseph 1854 als 17-Jährige heiratete, war ein *enfant gâté* und blieb es zeitlebens. Dass sie zur Hauptträgerin des Habsburg-Mythos in seiner verklärenden Variante werden konnte, ist letztlich erstaunlich, wobei es zu Mythen gehört, dass sie nicht erklärt werden können. Eher am Anfang ihrer weltweit erfolgreich rezipierten Mythisierung steht die „Sissi"-Trilogie von Ernst Marischka von 1955/57, mit Karlheinz Böhm als Franz Joseph und der 1938 in Wien in einer österreichischen Schauspielerdynastie geborenen Romy Schneider als Sissi, ein Welterfolg sondergleichen, der noch immer (vornehmlich zur Weihnachtszeit) über die Bildschirme flimmert. Romy Schneider spielt Sisi als Sissi so, wie alle sich die Kaiserin inzwischen vorstellen. Fast zwei Jahrzehnte später (1972) war sie in Luchino Viscontis „Ludwig" nochmals als Kaiserin Elisabeth zu sehen, diesmal anders und zweifellos näher beim Original. In der Folge waren es vor allem Musicals wie das 1992 in Wien uraufgeführte mit dem Titel „Elisabeth", die sie endgültig zur Ikone haben werden lassen; dieses tourt weiter durch die Welt und ist mittlerweile zum „erfolgreichsten deutschsprachigen Musical aller Zeiten" geworden.[718] 2012 ist es in neuer Besetzung wieder ins Raimundtheater, wo seine Erfolgsgeschichte ihren Anfang nahm, zurückgekehrt: „Eine, die nur uns gehört", titelte Der Standard ironisch und beschloss den Artikel prophetisch mit „ad multos annos", während die NZZ schlicht die „Rückkehr der Kaiserin nach Wien" ankündigte und im Text darauf hinwies, dass Sisi noch immer „süsslicher Mythos und Kitschfigur" sei, „vermarktet durch eine unersättliche Souvenir- und Tourismusindustrie".[719] Am 24. Dezember jenes Jahres jährte sich ihr Geburtstag zum 175. Mal. Aus diesem Anlass vertrieb der classicmusicshop der Wiener Philharmoniker mehrere Sisi-Seidentücher, von denen das erste die Kaiserin, „die als eine der besten Reiterinnen der Welt zu ihrer Zeit galt, am Pferd auf einer Jagd in Ungarn" zeigt.[720]

Ob Elisabeths Ermordung durch den italienischen Anarchisten Luigi Lucheni 1898

---

717 Vgl. den Katalog zur von Manfried Rauchensteiner kuratierten Ausstellung „An meine Völker! Der Erste Weltkrieg 1914–1918" im Prunksaal der Österreichischen Nationalbibliothek, Wien 2014, S. 80 u. 83.
718 Vgl. www.elisabeth-das-musical.com (abgefragt am 28. März 2015).
719 Der Standard (Stefan Ender), 7. September 2012, S. 26; NZZ (Charles E. Ritterband), 7. September 2012.
720 Newsletter des philharmoniker.classicmusicshop.at vom 5. September 2012.

in Genf für die Herausbildung des Mythos mit auslösend war, muss dahingestellt bleiben, wird aber durch den Umstand relativiert, dass sich anarchistische Anschläge damals häuften. Zwei Jahre später (1900) starb der italienische König Umberto in Monza durch die Schüsse des Anarchisten Gaetano Bresci, der eigens für dieses Attentat aus den USA nach Italien zurückgekehrt war.

Seit 2004 wird in der Wiener Hofburg die Ausstellung „Sisi – Mythos und Wahrheit" gezeigt, womit die mythisierenden Tendenzen möglicherweise noch verstärkt wurden. Neben ihrer Körperwaage und ihrer Badewanne ist auch die Feile zu sehen, mit der sie umgebracht wurde. Sinnigerweise ist der Sissi-Kult ausgerechnet in Italien besonders verbreitet, wo sie als „capostipite delle principesse ribelli" gefeiert wird, die ‚natürlich' von einem italienischen Anarchisten ermordet werden musste[721] und mit ihrem unglücklichen Ende dasjenige der englischen Princess Diana vorwegnahm.[722] Im Frühling 2009 wurde darüber hinaus ein zweiteiliger Rai-Fiction-Fernsehfilm mit der Italienerin Cristiana Capotondi als Sissi gedreht.[723] Er dürfte nicht der letzte seiner Art sein. Doch selbst im republikanischen Zürich wurde 2005 ein Kaiserball unter dem Motto 50 Jahre Sissi-Filme ausgerechnet im Kongresshaus zelebriert, einem repräsentativen Bau der 1930er Jahre und der sogenannten Landi-Generation (nach der Landes-Ausstellung von 1939) und der von ihr propagierten Geistigen Landesverteidigung.[724]

In Wirklichkeit muss Kaiserin Elisabeth eher unsympathisch und bisweilen geradezu exaltiert gewirkt haben. Mit ihrem übertriebenen Körperkult, den Hungerkuren, dem krankhaften Bewegungsdrang, bis die Gicht sie stoppte, scheint sie das Streben nach Selbstverwirklichung auf die Spitze getrieben zu haben. Für den Kronprinzen Rudolf dürfte sie ein Verhängnis gewesen sein, auch wenn sie nach Mayerling auf ihren ruhelosen Reisen fern von Wien nur noch schwarz trug. Das strenge Wiener Hofleben mit seinem Zeremoniell muss allerdings für die unkonventionell erzogene, freiheitsliebende und sensible bayrische Prinzessin zur Hölle auf Erden geworden sein. Und dass man ihr die Erziehung des Kronprinzen nicht zutraute, erscheint nicht nur nach heutigen Vorstellungen stoßend.

Dies alles tut dem Interesse an Kaiserin Elisabeth oder zumindest an ihrer Jugend keinen Abbruch, und schon gar nicht an seiner Vermarktung (mehr dazu in Kapitel 6.3); vielmehr erklärt es sich dadurch erst recht. Während in der Filmtrilogie aus den 1950ern Sissis Monarchie (fast) als Traumwelt erscheint, war sie für die ‚wirkli-

---

721 Corriere della Sera, 24. April 2006.
722 La Repubblica, 10. April 2004.
723 Vgl. Corriere della Sera, 14. April 2009.
724 Die Landesausstellung von 1939 in Zürich war der Höhepunkt einer unter dem Schlagwort „Geistige Landesverteidigung" betriebenen nationalen Integrationskultur.

che' Sisi vornehmlich ein goldener Käfig, dem sie so oft wie möglich zu entfliehen versuchte.

Die 1892 in der italienischen Provinz Lucca als Tochter des letzten regierenden Herzogs von Parma geborene (Ex-)Kaiserin Zita fällt im „Ranking" vergleichsweise stark ab – ähnlich wie ihr ‚eigener' Kaiser, den sie 1911 als ‚gewöhnlichen' Erzherzog geheiratet hatte, neben Sisis Kaiser. Gemäß ihrer dezidierten Meinung, dass ein Kaiser nicht zurücktreten könne, blieb sie bis zu ihrem Ende die (letzte) österreichische Kaiserin. Seit 1962 lebte sie in Zizers (Kanton Graubünden) und kam erst im Mai 1982, anlässlich ihres 90. Geburtstags, nach 63 Exiljahren und (dank Bruno Kreisky) ohne Verzichterklärung wieder nach Österreich. Im November jenes Jahres generierte sie im Stephansdom einen Publikumsauflauf.[725] Am 1. April 1989, dem 67. Todestag von Ex-Kaiser Karl, wurde ihr Begräbnistag in Wien groß begangen und ihr Leichnam im ehemaligen Hoftrauerwagen in die Kapuzinergruft überführt,[726] während ihr Herz in der Schweiz, im aargauischen Freiamt, in einer Kapelle des ehemaligen Klosters Muri, einer habsburgischen Gründung von 1027, aufbewahrt wird. Diese Grablege dürfte dynastisch das endgültige Ende der Habsburger Monarchie bedeutet haben. Allenfalls denkbar wäre noch eine Koda mit der Überführung von Ex-Kaiser Karl in die Kapuzinergruft, sofern sie je zustande kommt. Ihr stehen die touristischen Interessen der Portugiesen auf Madeira wohl unüberwindlich entgegen.

Seit ihrer Abreise aus Österreich lebte die (Ex-)Kaiserin nach einem zweijährigen Zwischenspiel in der Schweiz und einem rund halbjährigen auf Madeira, das nach dem Tod ihres Mannes endete, seit 1922 im Exil in Spanien, seit 1929 in Belgien, seit 1940 in den USA (New York) und zwischendurch im kanadischen Quebec, dann ab 1953 in Luxemburg und Belgien und zuletzt (wie erwähnt) ab 1962 wieder in der Schweiz, im Johannesstift in Zizers, wo sie 1989 verstarb.[727]

Gemäß Julius Deutsch, der nach dem Fall Frankreichs 1940 über England und Kuba nach New York gelangte, hätten Ex-Kaiserin Zita und ihr Sohn Otto gesellschaftlich in den USA eine bedeutende Rolle gespielt und bei Parties und Dinners dominiert. Manche Dollarmillionäre hätten es sich etwas kosten lassen, „mit einer richtigen Kaiserlichen Hoheit an einem Tisch zu sitzen".[728] Ansonsten bestand ihr Leben im Exil in der Erziehung ihrer acht Kinder, die einer offenbar glücklichen Ehe entsprangen und von welchen das letzte erst nach Karls Tod geboren wurde, daneben auch im Einsatz für re-

---

725 Vgl. Wolfram Bitschnau, Heimkehr der Habsburger. Der Kampf um das Ende der Landesverweisung, Graz 2005, S. 39.
726 Bitschnau, Heimkehr der Habsburger, S. 40.
727 Vgl. Collenberg, S. 64–67.
728 Julius Deutsch, Ein weiter Weg. Lebenserinnerungen, Zürich – Leipzig – Wien 1960, S. 361.

visionistische Bestrebungen, die unter Bundeskanzler Schuschnigg vor dem „Anschluss" fast von Erfolg gekrönt zu sein schienen (dazu unten Kapitel 5.2), und für Karls Seligsprechung. Das diesbezügliche Verfahren lief seit 1925 und gelangte 2004 ans Ziel. Über einem Seitenaltar von St. Augustin in der Hofburg hängt ein Portrait-Foto des seligen Karl, unter dem spärliche Kerzen angezündet werden. Dies dürfte der einzige echte revisionistische Erfolg der Ex-Kaiserin gewesen sein.

Als Integrationsfigur für die Monarchisten mag Zita kraft ihrer Stellung als (Ex-)Kaiserin und Witwe des (Ex-)Kaisers und vor allem als Mutter des Thronprätendenten Otto, aber auch wegen ihrer streng katholischen Erziehung im Sinne des Gottesgnadentums und eines konsequenten Legitimismus eine gewisse Bedeutung erlangt haben. Dagegen dürfte sie als Chefin des hochmythisierten Hauses Habsburg bis zu Ottos Volljährigkeit eher ungeeignet gewesen sein. Der Herkunft nach war sie als Tochter des 1859 vertriebenen letzten Herzogs von Parma streng genommen eine Ausländerin und im Ersten Weltkrieg die Angehörige einer Feindnation, und anlässlich der Sixtus-Affäre hatte sie Letzteres in der Optik einer breiten Öffentlichkeit auch ‚bewiesen', wobei gerade der Kontakt zu ihrem Bruder Sixtus von besonderer Bedeutung hätte gewesen sein können, weil die Aktion nicht von Anfang an zum Scheitern verurteilt sein musste.

Wenn sich bei Zita im Vergleich mit ihrer Vorgängerin Sisi/Sissi ein ebenso verschobenes Bild wie bei ihrem Mann gegenüber seinem Vorgänger zeigt, so fällt es bei ihr vielleicht noch negativer aus, weil ihr – anders als Karl – nahezu alles, was möglich war, negativ ausgelegt wurde. Nach dem Platzen der Sixtus-Affäre im Frühjahr 1918 lief eine regelrechte Diffamierungskampagne gegen sie, und die deutschnationale Propaganda stellte sie schlicht als „italienische Verräterin" hin. Andererseits war Zita 1917, als das Kaiserpaar Triest und Gorizia besuchte, gerade als Italienerin von der dortigen Bevölkerung begeistert begrüßt worden.[729] Insofern zeigt sich, dass bei einem anderen Ausgang des Kriegs zumindest gegenüber den italienischen Untertanen in diesem Umstand auch eine Chance hätte liegen können. Umgekehrt war sie an Karls gescheiterten Restaurationsversuchen in Ungarn von 1921 deshalb nicht unschuldig, weil sie aus ihrem fast mystischen Gottesgnadentum, aus dem es keinen freiwilligen Rückzug und erst recht keinen revolutionären Sturz geben konnte, ihren Mann zu seinen unglücklichen Aktionen ermuntert hatte. Damit wurde sie indirekt zur Auslöserin der Verbannung nach Madeira, wo Karl nach wenigen Monaten verstarb.

---

729 Vgl. den Vortrag von Marion Wullschleger zu den drei letzten österreichischen Gouverneuren in Triest 1898–1918 anlässlich des Workshops „The Imperial Austrian Civil Service and its Aftermath, 1848–1933" vom 9. –11. April 2015 in Wien; ich danke Marion Wullschleger für die Überlassung des Manuskripts.

Es mag sein, dass sich Zita menschlich durch ihren frommen Lebensabend ‚gerettet' haben könnte – nur interessiert dies mittlerweile kaum jemanden mehr, außer jene Kreise, die Karls Seligsprechung betreiben. Ihr rund einstündiger Film-Monolog mit dem Titel „Die Kronzeugin" aus dem Jahr 1972 erweist im Übrigen, dass sie einen sehr rudimentären Realitätsbezug gehabt haben muss.[730] So erstaunt nicht, dass sie mit der Behauptung Schlagzeilen machen konnte, Kronprinz Rudolf sei einer Freimaurerverschwörung zum Opfer gefallen.[731]

***

Dieses Kapitel zum Kaiserhaus beschließend lässt sich *ex post* vielleicht festhalten, dass die letzten relevanten und regierenden oder angeheirateten Vertreter der Dynastie einen zwar unterschiedlichen, aber insgesamt eher bescheidenen Beitrag zu einer nachhaltigen post-mortem-Habsburg-Verklärung geleistet haben, am meisten Kaiserin Elisabeth, die indessen gerade nicht als Habsburgerin hochgejubelt wird, sondern als jene, die dem engen und streng reglementierten Hofleben zu entfliehen versuchte. Ansonsten sieht man zweifellos viel Pflichterfüllung seitens der beiden letzten Herrscher und insbesondere seitens des alten Kaisers Franz Joseph, der aber in der Routine erstarrte und den Blick für die brennendsten nationalitätenpolitischen Notwendigkeiten weitgehend verlor, und erst recht für die weltpolitischen Ungeheuerlichkeiten, die sich in seinen letzten Jahren zusammenbrauten.

Wenn das Haus Habsburg Nostalgien generieren kann, dann durch das Sammelsurium seiner Völker und Territorien, das es mehr schlecht als recht verwaltete, ohne es zu erneuern, und doch über vier lange Jahre eines mörderischen Kriegs zusammenzuhalten vermochte, weiter durch das, was es an Schöpferischem zwar nicht förderte, aber in der Regel nicht behinderte. Vielleicht ist dies insgesamt trotz allem nicht wenig. Demgegenüber erscheint das Verdikt von Gerhard Jelinek, Leiter der Abteilung „Dokumentation und Zeitgeschichte" im Österreichischen Fernsehen, wonach es in den Medien kein Habsburg-Bild gebe und nicht einmal Tod und Begräbnis von Otto Habsburg nachhaltige Spuren in der Medienlandschaft hinterlassen hätten, auf eigenartig bezeichnende Weise flach.[732]

---

730 Vgl. http://www.youtube.com/watch?v=Qn_a6CH4LGE. Ich verdanke den Hinweis auf diesen Streifen meiner Kollegin Martina Stercken.
731 Vgl. Hamann, Rudolf, S. 12.
732 Gerhard Jelinek, Das Habsburg-Bild in den Medien, in: Das Habsburger-Trauma, S. 69.

5. Vertreibung der Habsburger und Umtriebe von Monarchisten

5.1 Das Habsburgergesetz und seine Folgen für Mitglieder und Besitztümer des Kaiserhauses

Ein großes Anliegen der bei Kriegsende in die Regierungsverantwortung eingebundenen Sozialdemokraten war, alles zu tun, um jeden habsburgischen Restaurationsversuch zu verhindern. So bat Otto Bauer am 20. November 1918 den englischen Sozialisten Henderson, mit dem er jetzt, nach dem Krieg, wieder in Kontakt treten konnte, seinen Einfluss dafür einzusetzen, dass die alte Monarchie in keiner Form neu auflebe und die Habsburgerdynastie Deutschösterreich nicht unter irgendeinem Vorwand wieder aufgezwungen werde.[733] Den französischen Sozialisten Longuet und Thomas schrieb er andererseits am 9. Januar 1919, es sei nötig gewesen, eine Koalition mit den „Bourgeoisparteien" einzugehen, und er habe sich entschließen müssen, ihr beizutreten, obwohl er sich ungern mit reaktionären Leuten, die den Krieg oder zumindest seine Verlängerung verschuldet hätten, gemeinsam in die Regierung begeben habe.[734]

In der Tat waren die Sozialdemokraten nur unter gewissen Bedingungen in die Koalitionsregierung eingetreten, die nach dem Schlüssel 3:4:5 (Sozialdemokraten, Christlichsoziale, Deutschnationale) in der Nacht vom 30./31. Oktober 1918 gebildet wurde.[735] Eine dieser Bedingungen war, dass bis zur Wahl der Konstituante die Gesetzgebung ausschließlich durch die (prov.) Nationalversammlung erfolge, ohne dass eine kaiserliche Sanktion eingeholt werde; den endgültigen Entscheid über die Staatsform werde die Konstituante fällen.[736] Am 31. Oktober 1918 übergab der letzte k.k. Minis-

---

733 AdR, NPA Präsidium (Nachlass Bauer), Karton 233, Umschlag III, N.766.
734 NPA Präsidium (Nachlass Bauer), Karton 233, Umschlag III, N. 767 und 768. Der Brief vom 9. Januar 1919 an Jean Longuet findet sich auch in Otto Bauer, Werkausgabe. Band 9, Wien 1980, S. 1047–1050. Viktor Adler, Staatssekretär des Äußern, dessen Präsidialvorstand Otto Bauer war, verstarb am 11. November 1918. Bauer wurde am 21. November auf Antrag Renners vom Staatsrat zu dessen Nachfolger ernannt; Protokoll der 41. Sitzung vom 21. November 1918, AdR, StRP Karton 2.
735 Vgl. Protokoll der 12. Staatsratssitzung vom 30. Oktober 1918, StRP Karton 1. Die dreiseitigen Bedingungen der Sozialdemokraten für den Eintritt in die Regierung liegen dem Protokoll bei.
736 Vgl. Der österreichische Staatsrat. Protokolle des Vollzugsausschusses, des Staatsrates und des Geschäftsführenden Staatsratsdirektoriums 21. Oktober bis 14. März 1919, Band 1, 21. Oktober 1918 bis 14. November 1918, hg. von Gertrude Enderle-Burcel, Hanns Haas, Peter Mähner, Wien 2008, S. 84. Da der Band erst erschien, nachdem ich die entsprechenden Kartons im Archiv der Republik bereits gesichtet hatte, verweise ich im folgenden auf letztere, außer wenn dem erwähnten Band zusätzliche Informationen entnommen wurden.

terpräsident Lammasch nach kaiserlicher Ermächtigung denn auch die Geschäfte.[737] Die Ablösung war allerdings nicht von einem Tag zum andern realisierbar; vielmehr war die Regierung Lammasch auch einen Monat später als „Liquidationsregierung" noch im Amt.[738]

Die personelle Seite der Ablösung der Habsburgerherrschaft war – wenig erstaunlich – direkt mit dem Kriegsende verknüpft. Weil die militärische Katastrophe zum Zeitpunkt des Entstehens der Koalitionsregierung bereits unabwendbar und die Front schon in vollkommener Auflösung begriffen war, lud Kaiser Karl die drei Präsidenten des Staatsrats und die Staatssekretäre am frühen Nachmittag des 2. November 1918 nach Schönbrunn ein und wünschte, dass sie den Entscheid zum Waffenstillstand träfen. Diese stellten sich indessen auf den Standpunkt, der Kaiser müsse den Waffenstillstand selber schließen, den diesbezüglichen Entscheid fällen „und die Verantwortung hierfür vor dem Volke und der Geschichte selbst tragen", denn es gehe nicht an, die Verantwortung jenen zu übertragen, die nie richtig informiert worden seien und denen „das ganze Tatsachenmaterial bis zum letzten Augenblicke vorenthalten wurde".[739] Damit hatten sie zweifellos recht, und es zeigten sich auch in dieser Situation einmal mehr Karls Schwäche und mangelnde Entschlusskraft, weshalb sein Schicksal jetzt besiegelt gewesen sein dürfte. Definitiv besiegelt wurde es parallel zur Erklärung seines Verzichts „auf jeden Anteil an den Staatsgeschäften" vom 11. November 1918, deren Kernsatz wohl von Ignaz Seipel, Minister für Soziale Fürsorge im Kabinett Lammasch, formuliert wurde,[740] in den Diskussionen des Staatsrats vom gleichen Tag, welcher – im Nachgang zur Umwandlung des Deutschen Reiches in eine Republik am 9. und der Flucht Wilhelms II. nach Holland am 10. November – auf Antrag von Staatskanzler Renner die Ausrufung der demokratischen Republik für den nächsten Tag (12. November) sowie den Anschluss an das Deutsche Reich, die Wahl einer Konstituante (unter Einschluss des Frauenwahlrechts) und die Übernahme der Krongüter beschloss.[741] Oskar Teufel, Vertreter der Deutschbürgerlichen Partei im Staatsrat, gab mit seinem Votum bei der Frage der Staatsform wohl den Ausschlag, als er ausführte, die Ereignisse der letzten Wochen hätten zum Bewusstsein gebracht, dass ein Festhalten Deutschösterreichs an der Dynastie unmöglich erscheine: „Die Tatsachen haben uns den Beweis geliefert, dass die Dynastie aus den Ereignissen des letzten Jahrzehnts und vor allem

---

737 Protokoll der 13. Staatsratssitzung vom 31. Oktober 1918, StRP Karton 1.
738 Vgl. Protokoll der 46. Staatsratssitzung vom 26. November 1918, StRP Karton 2.
739 Protokoll der 15. Staatsratssitzung vom 2. November 1918, StRP Karton 1.
740 Klemens von Klemperer, Ignaz Seipel. Staatsmann einer Krisenzeit, Graz – Wien – Köln, 1976, S. 79f.
741 Protokoll der 29. Sitzung des Staatsrats vom 11. November 1918, StRP Karton 1.

aus den Ereignissen des Kriegs nichts gelernt hat."⁷⁴² Und Unterstaatssekretär Bauer, der der Sitzung in Vertretung Viktor Adlers (dessen Ableben in der anschließenden Nachmittagssitzung mitgeteilt wurde) beiwohnte, machte den Zusammenhang zwischen Staatsform und Anschluss klar, als er feststellte, man könne „den Anschluss an Deutschland, das eine Republik ist, nicht proklamieren, ohne selbst zu sagen, dass wir eine Republik sind".⁷⁴³ Am Ende dieser im wahrsten Sinne des Wortes entscheidenden Sitzung wurde auch beschlossen, „zum Schutze des Kaisers" in Schönbrunn eine Wache aufzuziehen,⁷⁴⁴ wobei dieser noch am Abend des 11. November mit seiner Familie ins kaiserliche Jagdschloss Eckartsau im niederösterreichischen Marchfeld übersiedelte.

Im Gesetz vom 12. November 1918 über die Staats- und Regierungsform von Deutschösterreich wurde festgeschrieben, dass Deutschösterreich eine demokratische Republik (Art. 1) und ein Bestandteil der Deutschen Republik (Art. 2) sei. Weiter wurden die k.u.k. und die k.k. Ministerien aufgelöst (Art. 4) und alle Beamten, Offiziere und Soldaten des dem Kaiser geleisteten Treueids entbunden (Art. 6). Schließlich wurde für die zum Jänner 1919 vorgesehene Wahl zur konstituierenden Nationalversammlung das „allgemeine, gleiche, direkte und geheime Stimmrecht aller Staatsbürger ohne Unterschied des Geschlechts" fixiert (Art. 9).⁷⁴⁵

Zehn Tage später berichtete Staatskanzler Renner in der Staatsratssitzung vom 22. November 1918 über seine Begegnung mit einem amerikanischen Journalisten namens Hiatt (Hyatt?), der unter dem Eindruck stehe, dass in Wien Unruhen stattfänden und der Hof drangsaliert werde, weshalb er mit dem Kaiser ein Interview führen wolle. Renner habe diesen Wunsch an den Kaiser weitergeleitet, der geantwortet habe, er wolle Hiatt nur empfangen, wenn der Staatskanzler oder der Staatsrat dies ausdrücklich wünschten oder sich Vorteile bei der Lebensmittelversorgung erhofften. Präsident Seitz beantragte, dass keine Einwände bestünden, dass der Kaiser den Journalisten empfange. Dieser sei auch bei ihm gewesen und habe unter dem Eindruck gestanden, der Kaiser sei interniert, bekomme nichts zu essen „und man wolle ihn nach russischer Methode umbringen".⁷⁴⁶

---

742 Ebd.
743 Ebd.
744 Ebd.
745 Walter Rauscher, Struktur und Organisation des österreichischen Auswärtigen Dienstes 1918 bis 1938, in: Außenpolitische Dokumente der Republik Österreich 1918–1938 (ADÖ), Band 1: Selbstbestimmung der Republik. 21. Oktober 1918 bis 14. März 1919, hg. v. Klaus Koch, Walter Rauscher, Arnold Suppan, Wien – München 1993, Dok. 15 A, S. 141f.
746 Protokoll der 42. Sitzung des Staatsrats vom 22. November 1918, StRP Karton 2. Der Besuch des Journalisten beim Kaiser fand am 23. 11. 1918 statt; vgl. Protokoll der 49. Sitzung vom 28. November 1918, StRP Karton 2.

Das Schicksal des Kaisers und seiner Familie während der nächsten vier Monate soll hier nicht weiter ausgeführt werden. Von Bedeutung im Kontext der vorliegenden Studie ist erst wieder, dass Exkaiser Karl am 23. März 1919 mitsamt seiner Familie Eckartsau unter britischem Militärschutz über den Bahnhof Kopfstätten verließ und am 24. März um 15.40 Uhr die Landesgrenze bei Feldkirch passierte, nachdem er im Feldkircher Manifest alle seit dem 16. Oktober 1918, dem Tag seines Völkermanifests, gemachten Erklärungen und Zusagen zurückgenommen hatte, insbesondere die Verzichtserklärung betreffend den Anteil an den Staatsgeschäften vom 11. November 1918. Beide Daten wurden vom Wiener Polizeipräsidenten und späteren Bundeskanzler Schober sofort an den Staatskanzler, die Staatsämter des Innern und des Äußern sowie ans Präsidium der niederösterreichischen Landesregierung gemeldet.[747] Am 10. April vermeldete Schober noch die drei Tage vorher erfolgte Abreise des Personals der aufgelösten Hofhaltung aus Eckartsau in die Schweiz, insgesamt 13 Personen, zu denen der Haushofmeister, ein Koch, eine Kammerbeschließerin, ein Stubenmädchen, eine Köchin, eine Garderobiere und ein Kammerdiener gehörten.[748] Stefan Zweig, der in Feldkirch dabei war, als der „letzte Kaiser von Österreich" als „Vertriebener" sein Land im Salonzug verließ, empfand die Ausreise als „Leichenbegräbnis".[749] Für die Republik endete damit die personelle Seite des Problems: die Sicherheitsfrage und vor allem die schlechte Vereinbarkeit einer freilich nunmehr eher bescheidenen Hofhaltung mit den republikanischen Vorstellungen und mit der allgemeinen Miserabilität der Lebensverhältnisse eines ausgehungerten und verelendeten Landes.

In der Schweiz hielt sich die Kaiserfamilie zunächst rund einen Monat bei der Kaiserinmutter auf Schloss Wartegg bei Rorschach am Bodensee auf. Dann lebte sie von Mai 1919 bis Mai 1921 im Schloss Prangins bei Nyon am Genfersee.[750] Nach dem ersten Restaurationsversuch in Ungarn zu Ostern 1921 lebte die Familie von Mai bis Oktober 1921 im Schloss Hertenstein bei Weggis am Vierwaldstättersee.[751] Als Folge des gescheiterten zweiten Ungarn-Versuchs wurde das Exkaiser-Paar von den Alliierten nach Madeira verbracht; die Kinder trafen erst im Januar 1922 aus der Schweiz kommend dort ein.

Am Tag nach der Ausreise der Kaiserfamilie aus Österreich (25. März 1919) beantwortete das Staatsamt für Äußeres eine Meldung des Gesandten im Haag vom 10.

---

747 AdR, NPA Karton 208, Liasse 1/2, N. 558 und 559.
748 NPA Karton 208, Liasse 1/2, N. 567.
749 Stefan Zweig, Die Welt von Gestern. Erinnerungen eines Europäers (1944), Fischer Taschenbuch 1970, S. 326f.
750 Vgl. Adolf Collenberg, Die Habsburger in Disentis 1919–1921, Laax 2005, S. 18–21, der die Villa La Bergerie in Prangins und nicht das dortige Schloss nennt.
751 Collenberg, S. 24f.

März 1919, wonach der Ex-Kaiser dort überraschend große Sympathien genieße, während man über Ex-Kaiser Wilhelm mitleidsvoll und über den deutschen Kronprinzen sehr abfällig rede. In der Antwort wurde gesagt, die Anwesenheit Karls habe in Niederösterreich Schwierigkeiten verursacht, weil er nicht als Gefangener gehalten, man ihn in Wien aber nicht uneingeschränkt sich habe bewegen lassen können. Seine Sicherheit sei gefährdet und seine wenn auch bescheidene Hofhaltung mit den gegenwärtigen republikanischen Verhältnissen schwer vereinbar gewesen. Die Regierung habe in den gesetzlichen Vorschriften keine Grundlage gefunden und habe deshalb die Verlegung ins Ausland als wünschenswert gehalten. Diese habe jetzt „in aller Ruhe und Stille" stattgefunden. Von einem „wie immer gearteten aggressiven oder brutalen Vorgehen" könne keine Rede sein.[752] Hier findet sich das Dilemma, vor dem sich die Regierung befand, ziemlich treffend ausgedrückt, und es scheint klar, dass ein weiteres Verbleiben des Ex-Kaisers in Österreich schwierig gewesen wäre, nachdem sein deutscher Kollege schon Monate vorher ins Exil entschwunden war.

Ungefähr einen Monat vorher hatte Staatssekretär Bauer im Kabinettsrat berichtet, dass er ein Schreiben von Oberstleutnant Cunningham erhalten habe, wonach die englische Regierung ersuche, einen Offizier der in Wien befindlichen englischen Mission nach Eckartsau zum Schutz des Kaisers zu entsenden, wofür laut Bauer keine Notwendigkeit bestand, weil die Regierung durchaus in der Lage sei, im Bedarfsfall dem Kaiser den erforderlichen Schutz angedeihen zu lassen.[753] Der britische Schutz scheint aber doch erfolgt zu sein; dafür spricht, dass Staatskanzler Renner im Zusammenhang mit Karls bevorstehender Ausreise am 19. März 1919 im Kabinettsrat von Verhandlungen sprach, die „bezüglich der Aufenthaltsverlegung des früheren Kaisers zwischen der deutschösterreichischen Regierung und dem Oberstleutnant Cunningham gepflogen wurden".[754] Hier wird deutlich, dass die Präsenz des Ex-Kaisers für die deutschösterreichische Regierung ein echtes Problem dargestellt haben muss, von dem sie erlöst wurde, als Bauer in der gleichen Sitzung des Kabinettsrats vom 19. März mitteilen konnte, der ehemalige Kaiser habe sich an den Schweizer Bundesrat mit dem Ersuchen gewandt, ihm den Aufenthalt in der Schweiz zu gestatten, was dieser zusagte. Die Verhandlungen mit der Schweizer Gesandtschaft scheinen über den seit August 1918 dort tätigen überaus eitlen Carl Jacob Burckhardt (1937–1939 Völkerbundskommissar in Danzig

---

752 25. März 1919, NPA Karton 208, Liasse 1/2, N. 560. Vgl. ADÖ, Band 2: Im Schatten von Saint-Germain. 15. März 1919 bis 10. September 1919, hg. v. Klaus Koch, Walter Rauscher, Arnold Suppan, Wien – München 1994, Dok. 202, S. 75.
753 Kabinettsratsprotokoll Nr. 42 vom 17. Februar 1919, AdR, KRP, Karton 6. Cunningham war 1919/20 britischer Militärvertreter in Österreich.
754 Kabinettsratsprotokoll Nr. 51 vom 19. März 1919, KRP, Karton 6.

und selbsternannter Gesprächspartner Hitlers,[755] 1945–1948 IKRK-Präsident) geführt worden zu sein, der es „merkwürdig" fand, „an dem historischen Schreibtisch legitimistischer Politik einen Freund Trotzkis und Lenins sitzen zu sehen".[756] Bauer hielt es in der Ausreise-Sache des Ex-Kaisers für – wie er sagte – notwendig, „regierungsseitig kundzugeben, dass das Ersuchen des ehemaligen Kaisers mit Wissen der deutschösterreichischen Regierung erfolgt sei, die es sowohl im Interesse der Republik als auch im Interesse der persönlichen Sicherheit des Kaisers für wünschenswert halte, dass der frühere Kaiser seinen Aufenthalt im Ausland nehme". Im Falle seiner Abreise werde dafür Sorge getragen, „dass dieser Anlass von Niemandem zur Verschleppung von Werten in das Ausland missbraucht werden könne". Von einem an der Sitzung anwesenden Unterstaatssekretär wurde noch angeregt, dass vor der Abreise des Kaisers die Abdankungsfrage geregelt werden müsse, was Staatskanzler Renner veranlasste klarzulegen, dass in der Frage, „ob es zweckmäßig wäre, den ehemaligen Kaiser zur freiwilligen Abdankung zu veranlassen oder in der Nationalversammlung einen Antrag auf formale Aberkennung des Thrones zu stellen", noch keine endgültige Entscheidung getroffen worden sei.[757] Faktisch erfolgte diese einen halben Monat später in den sogenannten Aprilgesetzen bzw. dem Habsburger-Gesetz vom 3. April 1919, wonach die konstituierende Nationalversammlung mit nur einer Gegenstimme (derjenigen des Abgeordneten Dr. Miklas)[758] die Familie Habsburg-Lothringen, laut Julius Deutsch „nimmer satte Schmarotzer am Marke des Staates",[759] des Landes verwies und ihr Vermögen beschlagnahmte.

Hier stellt sich über das Problem der Beendigung der Monarchie und der Landesverweisung der betroffenen Personen hinaus dasjenige ihrer Ausgrenzung und Enteignung.

Gemäß Kabinettsratsbeschluss vom 21. November 1918 hatten alle Benennungen von Unterrichtsanstalten nach Mitgliedern des kaiserlichen Hauses und zugleich die Bezeichnung „k.k." durchgehend zu entfallen.[760] Verschiedene Anläufe zur Änderung von Amtstiteln führten dagegen nur bedingt oder gar nicht zum Ziel;[761] den „Hofrat" gibt es bekanntlich noch immer.

---

755 Vgl. Carl Jacob Burckhardt, Meine Danziger Mission 1937–1939, München 1960, jetzt in: Carl Jacob Burckhardt, Gesammelte Werke, 3, Bern – München – Wien, o. J.
756 Carl J. Burckhardt, Memorabilien, München 1997, S. 235, zit. Erwin Matsch, Der Auswärtige Dienst von Österreich(-Ungarn) 1720–1920, Wien etc. 1986, S. 283.
757 Kabinettsratsprotokoll Nr. 51 vom 19. März 1919, KRP, Karton 6.
758 Vgl. Wolfram Bitschnau, Heimkehr der Habsburger. Der Kampf um das Ende der Landesverweisung, Graz 2005, S. 7. Bitschnau war seit den 1960er Jahren als Rechtsvertreter der Familie Habsburg-Lothringen mit der Beseitigung der Landesverweisung für jene Mitglieder der Familie betraut, die keine Verzichtserklärung abgegeben hatten; vgl. ebd., S. 5.
759 Julius Deutsch, Schwarzgelbe Verschwörer, Wien 1925, S. 4.
760 Kabinettsratsprotokoll Nr. 14, 21. November 1918; KRP Karton 5.
761 Vgl. Kabinettsratsprotokolle vom 28. 12. 1918 und 3. 1. 1919; KRP Karton 5.

Auf Antrag des Staatskanzlers beschloss der Kabinettsrat am 6. März 1919, dass der Kaiser in allen Amtskorrespondenzen und Zuschriften „ohne Anführung irgendwelcher Titel, als ehemaliger Kaiser" zu bezeichnen sei. Den Mitgliedern des ehemaligen Kaiserhauses gebühre, solange die Adelstitel nicht abgeschafft seien, der Titel „Erzherzog". Demnach sei in amtlichen Zuschriften die Anrede „Herr Erzherzog" zu verwenden. Bei diesem Anlass stellte der Staatskanzler auch zur Diskussion, „inwieweit im amtlichen Verkehre die bisher üblichen Höflichkeitsformeln und Ergebenheitsfloskeln aufrecht zu erhalten seien". Der Kabinettsrat beschloss darauf, dass Anreden wie „Hochwohlgeboren, Wohlgeboren, etc." sowie Ergebenheitsfloskeln wie „ergebenst, untertänigst, gehorsamst, etc." zu entfallen hätten.[762]

Nach der am 24. März 1919 erfolgten Ausreise Ex-Kaiser Karls ermächtigte der Kabinettsrat am 26. März Staatskanzler Renner, in der Nationalversammlung den Entwurf eines Gesetzes betreffend die Landesverweisung und die Übernahme des Vermögens des Hauses Habsburg-Lothringen einzubringen. Die konstituierende Nationalversammlung folgte dem Antrag des Kabinettsrats, verwies im sogenannten Habsburgergesetz die Familie Habsburg-Lothringen am 3. April 1919 des Landes und beschlagnahmte das Vermögen des gewesenen Hofes, sofern es nicht reines Privatvermögen war, zur Versorgung der Kriegsinvaliden; dadurch gelangten als einseitiger Rechtsakt des Staates, der keine Abfindung der Familie beinhaltete, nebst einer Anzahl produktiver Domänen sämtliche Schlösser und alle Sammlungen des Hofes (insbesondere das Kunsthistorische und das Naturhistorische Museum sowie die Hofbibliothek) in das Eigentum des Staates.[763] Was andere Eigentums- oder Nutznießungsfragen anbelangt, waren schon im Dezember 1918 alle Jagd- und Fischereirechte des Kaisers und der Mitglieder des kaiserlichen Hauses auf Staatsgütern und vom Staate verwalteten Fondsgütern aufgehoben worden.[764]

In der erwähnten Kabinettsratssitzung vom 26. März 1919 wurde Renner auch zur Einbringung des Gesetzentwurfs über die Aufhebung des Adels, gewisser Ehrentitel und der weltlichen Ritter- und Damenorden ermächtigt.[765] Eine soziologische Dissertation von 2011 erweist allerdings, dass – trotz der 1919 per Gesetz erfolgten Abschaffung des Adels – ein über Jahrhunderte akkumuliertes soziales, kulturelles und symbolisches Kapital durch keine Gesetzgebung wirklich verloren gehen kann. Vielmehr sei – wie

---

762 Kabinettsratsprotokoll Nr. 48, 6. März 1919; KRP Karton 6.
763 Vgl. das vom Bundesministerium für Unterricht dem Bundeskanzleramt am 31. März 1923 als Abschrift zugestellte Memorandum; AdR, BKA/allgem. Karton 1a, Umschlag 114704-1/29.
764 Vgl. den diesbezüglichen Gesetzesantrag des Staatssekretärs für Landwirtschaft, der vom Staatsrat am 20. Dezember 1918 angenommen wurde; Protokoll der 60. Staatsratssitzung vom 20. Dezember 1918 samt Beilage 60/XIV, StRP Karton 3.
765 Kabinettsratsprotokoll Nr. 54, 26. März 1919; KRP Karton 6. Dagegen beschloss der Kabinettsrat die Streichung der Aufhebung von Orden und Ehrenzeichen aus dem Gesetzentwurf.

der Verfasser meint – dieses Kapital in ökonomisches transferiert und den veränderten gesellschaftlichen Bedingungen angepasst worden, womit das „Obenbleiben" im Sinne von Rudolf Braun gelungen sei. Eine quantitative Analyse der österreichischen Wirtschaftselite ergibt denn auch, dass Repräsentanten des Adels bis zehnmal häufiger in der Wirtschaft als in anderen Berufsdomänen anzutreffen und der Adel damit ein fester und auffallend besser ausgebildeter Bestandteil der österreichischen Wirtschaftselite ist. Zur Erklärung verweist der Autor auf das Bourdieu'sche Argument von den feinen Distinktionen, wozu gepflegte Ausdrucksweise, elegantes Auftreten, Bildung, Internationalität und ein besonders geartetes moderates Selbstvertrauen gehören.[766]

Am 13. Juli 1919 erkundigte sich der Staatssekretär des Innern Matthias Eldersch bei den verschiedenen Landesregierungen, wie es um die Durchführung der mit Gesetz vom 3. April bestimmten Landesverweisung der Mitglieder des Hauses Habsburg-Lothringen stehe. Aus den unvollständig erhaltenen Antworten ergibt sich, dass sich in Niederösterreich noch der gewesene Erzherzog Rainer nach vorausgehender Verzichterklärung auf Schloss Wilhelminenberg aufhielt, während aus Salzburg die Nachricht kam, dass sich die ehemalige Großherzogin von Toscana mit ihren drei Töchtern sowie die ehemaligen Erzherzöge Josef Ferdinand und Heinrich Ferdinand, alle nach geleisteter Verzichterklärung, dort befanden.[767] In der Folge ging es bis zum Ende der Ersten Republik aber vornehmlich um Einreise- und Durchreiseprobleme, die insofern sehr gut dokumentiert sind, als die diesbezüglichen Korrespondenzen einen ganzen, nach Kalenderjahren geordneten und jedenfalls für die Familiengeschichte der exilierten Habsburger hochinteressanten Archivkarton füllen.[768] Repräsentativ ist in diesem Zusammenhang eine Notiz von Polizeipräsident Schober zuhanden des Präsidiums der niederösterreichischen Landesregierung vom 5. Mai 1920 betreffend Leopold Habsburg-Lothringen, der sich zu diesem Zeitpunkt in Wien aufhielt und erklärte, eine Verzichterklärung mit Rücksicht darauf nicht abgeben zu wollen, „dass der ehemalige Kaiser Karl in einem Zirkulare die Mitglieder des ehemaligen Kaiserhauses, welche diese Verzichtserklärung abgeben, als aus der Familie ausgeschlossen erklärt habe".[769]

---

766 Philipp Korom, Wirtschaftseliten im neuen Austrokapitalismus. Sozialprofil und Personalverflechtungen. Dissertation zur Erlangung des akademischen Grades eines Doktors der Sozial- und Wirtschaftswissenschaften an der Karl-Franzens-Universität Graz, Juni 2011, Teil 5, passim, v. a. S. 226–228. S. auch Rudolf Braun, Obenbleiben: Zur soziokulturellen Reproduktion europäischer Machteliten, in: Von den Heimarbeitern zur europäischen Machtelite. Ausgewählte Aufsätze von Rudolf Braun, Zürich 2000, S. 223–247. Brauns Überlegungen betreffen den Zeitraum bis um 1800, können aber durchaus weitergeführt werden.
767 BKA/allgem., Inneres Sig. 20/1, Karton 4611, N. 25995 sowie die Nrn. 27121 und 28215.
768 BKA/allgem., Inneres Sig. 20/1, Karton 4611 (Habsburg 1919–1935).
769 BKA/allgem., Karton 4611, N. 18704 – 920.

Vor allem von sozialdemokratischer Seite wurde die Landesverweisungsfrage immer wieder am Kochen gehalten, so durch wiederholte Anfragen des Abgeordneten Albert Sever (der 1919/20 als niederösterreichischer Landeshauptmann – wie in Kapitel 2.2 gezeigt – die „Sever-Ehen" ermöglichte), der beispielsweise am 8. November 1922 die ehemalige Erzherzogin Maria Immakulata, eine Tochter von Erzherzog Leopold Salvator, des Schmuggels bezichtigte, weil sie einige Kisten aus Familienbesitz von Wien zu ihrer Mutter Blanka von Bourbon nach Rom „verschleppen" wollte.[770] Andererseits zeigt eine von der Oberstaatsanwaltschaft gebilligte Stellungnahme der Staatsanwaltschaft Wien I vom 13. Februar 1925, dass ohne ausdrückliche Erlaubnis der Bundesregierung einreisende Mitglieder des ehemaligen Kaiserhauses nicht nach den einschlägigen Bestimmungen des Strafgesetzes zu behandeln waren und entsprechend straflos sein sollten, selbst wenn sie keine Verzichterklärung abgegeben hatten.[771] Hier und in einer Reihe von späteren Stellungnahmen erweist sich eine zunehmend wohlwollende Einstellung den Mitgliedern des ehemaligen Kaiserhauses gegenüber. So wurde am 14. Februar 1929 vom Bundeskanzleramt festgehalten, dass die Mitglieder des Hauses Habsburg-Lothringen auch ohne Verzichterklärung als österreichische Staatsangehörige anzusehen seien und diese Bestimmung sowohl für die Primogenitur des Hauses Habsburg-Lothringen als auch für die Sekundogenitur (Haus Toscana) und die Tertiogenitur (Haus Modena) zu gelten habe; sie alle hätten durch die Landesverweisung das Heimatrecht nicht verloren.[772] Die sozialdemokratische Wiener Landesregierung vermochte sich mit Zuschrift vom 7. Juni 1929 dieser geänderten Rechtsansicht des Bundeskanzleramtes nicht anzuschließen und weigerte sich, die Wiener Landesbürgerschaft von Mitgliedern des Hauses Habsburg-Lothringen ohne Verzichtserklärung anzuerkennen, wogegen das Bundeskanzleramt mit Schreiben vom 19. Juli 1929 an seiner Ansicht festhielt.[773] Wie sich weiter unten zeigen wird, sollte es bis zum Ende des „roten Wien" dauern, bis diese Divergenz ausgeräumt war.

Bezüglich der bei einer Einreise nach Österreich von den Mitgliedern des ehemaligen Kaiserhauses verlangten Loyalitätserklärung wurden anfangs 1930 (vielleicht nicht zufällig unter der Regierung des vormaligen Wiener Polizeipräsidenten Johannes Schober) Ausnahmen gemacht, die vornehmlich die weiblichen Angehörigen des Hauses betrafen, wenn es um kurze, vorübergehende Aufenthalte ging, während im Sommer 1931 auf solche Erklärungen ganz verzichtet wurde.[774] Dies bedeutete kei-

---

770 Anfrage des Abgeordneten Sever und Genossen [...] über den Aufenthalt einer gewesenen Erzherzogin zu Schmuggelzwecken in Wien, BKA/allgem., Karton 4611, N. 63169.
771 BKA/allgem., Karton 4611, N. 63634 – 25 und 60063 – 25.
772 BKA/allgem., Karton 4611, N. 93.896 – 8/29.
773 BKA/allgem., Karton 4611, N. 152.310 – 8/1929
774 Vgl. BKA/allgem., Karton 4611, N. 104.926 – 8/30 und 180.842/31

neswegs eine vollständige Normalisierung im Verhältnis der Republik zum ehemaligen Kaiserhaus.

Ein im Ablösungskontext besonders heikles Problem, weil es für die neuen Nationalstaaten mit „memoria"-Fragen im weitesten Sinn verknüpft war, stellte die Übernahme der Archive dar. Zum einen musste die Abgrenzung zwischen Haus-Archiv (dem Kabinetts-Archiv mit den kaiserlichen Hausakten) und Staatsarchiv aufgehoben werden, während zum andern einzelne Nachfolgestaaten (insbesondere die Tschechoslowakei und Ungarn, aber auch der Südslawenstaat und Italien) Ansprüche erhoben, die darauf hinausliefen, dass – ähnlich wie die Monarchie als Ganzes – auch das Archivgut national aufgeteilt werden sollte.[775]

Trotz aller Bemühungen der bei Kriegsende noch in Wien wirkenden ungarischen und tschechischen Archivare ließ sich deren Idee einer Internationalisierung des Archiv-Erbes der Monarchie nicht durchsetzen. Vielmehr verlangten die politisch Verantwortlichen in den Nachfolgestaaten möglichst weitgehende Auslieferungen nach dem Betreffsprinzip, während sich die Republik Österreich bilateral mit ihnen arrangieren wollte.[776] Was Ungarn anbelangt, das auf der Basis seiner Sonderstellung in der Gesamtmonarchie ein Miteigentum an den ehemals gemeinsamen Archiven geltend machte, wurde eine Lösung des Archivproblems bis nach der Volksabstimmung in Sopron/Oedenburg vom Mai 1922 von der „Westungarn-Frage" blockiert. Erst nachher begannen sich die österreichischen und ungarischen Positionen einander anzunähern und wurde im April 1923 die Abgabe jener Bestände ungarischer Provenienz aus dem HHStA und dem Hofkammerarchiv möglich, bei denen ein Einspruch der übrigen Nachfolgestaaten rechtlich nicht gegeben oder nicht zu erwarten war.[777] Abschließend geregelt wurde das Archivproblem mit Ungarn im Badener Archivabkommen von 1926.[778] Dieses ist im Rahmen der vorliegenden Studie insofern von besonderer Bedeutung, als es das gemeinsame kulturelle Erbe im Sinne eines gemeinsamen österreichisch-ungarischen

---

775 Vgl. Imre Ress, Der Weg zum Badener Abkommen (Teilung oder Aufbewahrung des Archiverbes der Monarchie), in: Mitteilungen des österreichischen Staatsarchivs, Sonderband 4, Wien 1998, S. 15–24, hier S. 15. Über den Spagat, der sich aus diesen Problemen ergab, findet sich ein interessanter früher Bericht von Ludo Moritz Hartmann, dem eben ernannten Archivbevollmächtigten für Deutschösterreich, an das Staatsamt des Äußeren vom 8. November 1918 zu den betroffenen Archiven (HHStA, Archiv des gemeins. Finanzministeriums, Hofbibliothek, Politisches Archiv des k.u.k. Ministeriums des Äußeren, Kabinetts-Archiv); AdR, NPA Präsidium, Karton 5, N. 388 u. 390.

776 Vgl. Ress, Der Weg zum Badener Abkommen, S. 16.

777 Vgl. Ress, Der Weg zum Badener Abkommen, S. 20 und 23.

778 Für das an Ungarn abgegebene Material aus dem HHStA, dem Hofkammerarchiv, dem Kriegsarchiv und anderen Archiven vgl. u.a. Lorenz Mikoletzky, Ungarn und Österreich – das gemeinsame Erbe aus archivalischer Sicht, in: Mitteilungen des österreichischen Staatsarchivs, Sonderband 4, Wien 1998, S. 25–28, hier S. 26.

Eigentums völkerrechtlich verankerte, was (als vorbildliches, wenngleich etwa bei der Auflösung der Sowjetunion oder dem Zerfall Jugoslawiens wenig beachtetes Signal) zur Folge hatte, dass jene Bestände, bei denen eine physische Teilung nach dem Provenienzprinzip nicht möglich war, ungeteilt als gemeinsames Eigentum beider Staaten in Wien verblieben und eine – trotz rund zehnjährigem Unterbruch im Kalten Krieg – bis heute bestehende ungarische Archivdelegation in dieser Stadt geschaffen wurde.[779]

Insgesamt ist die Archiv-Sache für die Republik – was angesichts der Brisanz der Angelegenheit nicht erstaunt – nicht ohne empfindliche Verluste abgegangen. Die Homepage des Österreichischen Staatsarchivs erwähnt etwa bei der Geschichte des Hofkammerarchivs, dass Abtretungen an die Nachfolge- bzw. Siegerstaaten, besonders an die Tschechoslowakische Republik, Einbußen von über 1000 Faszikeln im Bestand gebracht hätten.[780] Immerhin hatte eine vierseitige „Äußerung" der Direktion des Staatsarchivs vom 26. Januar 1921, die am 31. März 1923 vom Bundesministerium für Unterricht dem Bundeskanzleramt in Abschrift zugestellt wurde, festgehalten, dass in Anwendung von Bestimmungen des Staatsvertrags von St. Germain Ausführungsübereinkünfte mit Italien, dem Königreich der Serben, Kroaten und Slowenen sowie der Tschechoslowakei geschlossen worden seien, wobei es „durch energische Geltendmachung des Provenienzprinzips" gelungen sei, „die Zerreißung organisch erwachsener Archivkörper der Hauptsache nach zu verhindern"; dies auch – wie vermutet werden kann – weil die Archive der Hofbehörden „zum größten Teil in ihrer bisherigen Zusammensetzung an ihrem alten Verwahrungsort und in der Verwaltung der Beamten belassen [wurden], die vor dem Umsturz damit betraut waren".[781]

Allerdings war nicht alles auch nur annähernd im Sinne der erwünschten Kontinuität abgelaufen. Otto Bauer hatte Ende November 1918 den Wiener Mediävisten Oswald Redlich mit der Aufsicht über das HHStA, das Hofkammerarchiv und das Archiv für die politische Korrespondenz des ehemaligen Ministeriums des Äußern betraut.[782] Redlich überstellte dem Kabinettsrat in der Folge zwar ein Promemoria zur Frage, wie gegenüber den Ansprüchen der einzelnen Nationalstaaten (deren Delegierten gemäß Staatsvertrag von St. Germain der freie Zutritt zu den Beständen der ehemals k.k. ös-

---

779 Vgl. Leopold Auer, Das österreichisch-ungarische Archivabkommen als Modellfall archivalischer Staatennachfolge, in: Mitteilungen des österreichischen Staatsarchivs, Sonderband 4, Wien 1998, S. 87–94, hier S. 90. Für die Archivdelegation: Istvan Fazekas, Die ungarischen Archivdelegierten im Haus- Hof- und Staatsarchiv, sowie im Finanz- und Hofkammerarchiv – ein Bilanzversuch, in: Mitteilungen des österreichischen Staatsarchivs, Sonderband 4, Wien 1998, S. 95–101.
780 http://www.oesta.gv.at/site/5352/default.aspx (21. 9. 2008).
781 BKA/allgem. Karton 1a, Umschlag 114704-1/29.
782 Kabinettsratsprotokoll Nr. 16, 26. November 1918; KPR Karton 5

terreichischen und kgl. ungarischen Archive gewährt werden musste)[783] zu verfahren wäre, wobei er insbesondere die Forderung aufstellte, dass die organisch aus den Tätigkeiten staatlicher Behörden hervorgegangenen Archive nicht zerrissen werden dürften, während die Siegermacht Italien vorweg bereits das Archiv des Hochstiftes Trient eigenmächtig aus Innsbruck hatte abtransportieren lassen. Zwar billigte der Kabinettsrat am 18. Februar 1919 Redlichs Vorschläge vollumfänglich,[784] doch die Realität bezüglich des „Kulturerbes" sah so aus, dass die Italiener vor dem Kunsthistorischen Museum Lastwagen vorfahren ließen, um Gemälde „nach Hause" zu holen.[785]

Die Italiener waren 1918/19 nicht die einzigen, aber die ersten, die in der Kulturgüterfrage aktiv wurden. Sie erschienen nicht nur in Tirol, sondern im Rahmen ihrer Militärmission unter Brigadegeneral Roberto Segre nach Weihnachten 1918 direkt in Wien, wo sie die Übergabe zahlreicher Objekte aus den einstigen mittel- und norditalienischen Besitzungen Habsburgs verlangten und nach Italien transportierten oder als Pfänder zurückbehielten und nach einem am 4. Mai 1920 abgeschlossenen Sonderabkommen teilweise zurückgeben mussten.[786] Zu den ausgelieferten Objekten gehörten auch ältere und neuere Prozessakten von 1821, 1848/49, 1853 usw. gegen italienische Untertanen in den damals habsburgischen Gebieten bis hin zu den Kriegsgerichtsverfahren gegen Cesare Battisti und andere während des Weltkriegs.[787] Das Bild des grinsenden Henkers über dem nach einem solchen Verfahren strangulierten Battisti ist legendär geworden.[788] Andererseits waren es italienische Archivare, die sich mit ihren österreichischen Kollegen auf das Provenienzprinzip einigten, womit die Bewahrung der Archive in ihrem organischen Aufbau gesichert werden konnte.[789] So arbeiteten paradoxerweise Archivare eines ehemaligen Feindstaates mit ihren österreichischen Kollegen gegen Archivare anderer Nationalitäten aus ihren eigenen Ämtern zusammen, die nach Ende der Monarchie nach Prag oder Budapest oder Laibach oder Zagreb ge-

---

783 Vgl. Ulfried Burz, Die Kriegsschuldfrage in Österreich (1918–1938). Zwischen Selbstverleugnung und Identitätssuche, in: Ulfried Burz et al. (Hg.), Brennpunkt Mitteleuropa. Festschrift für Helmut Rumpler zum 65. Geburtstag, Klagenfurt 2000, S. 106.
784 Kabinettsratsprotokoll Nr. 43, 18. Februar 1919; KPR Karton 6.
785 Mikoletzky, Das gemeinsame Erbe, S. 25.
786 Vgl. Rudolf Neck, Kulturelle Bestimmungen des Staatsvertrags von Saint-Germain 1919, in: Saint-Germain 1919. Protokoll des Symposiums am 29. und 30. Mai 1979 in Wien, Wien 1989, S. 350–356, hier S. 351f. u. 354f., sowie Generale Roberto Segre, La missione militare italiana per l'armistizio (Dicembre 1918 Gennaio 1920), Bologna 1928, S. 144–148, 153ff. u. 159f.
787 Vgl. Segre, La missione militare italiana, S. 22 u. 134f.
788 Vgl. Anton Holzer, Das Lächeln der Henker. Der unbekannte Krieg gegen die Zivilbevölkerung 1914–1918, Darmstadt 2008, u. a. S. 10.
789 Neck, Kulturelle Bestimmungen, S. 352.

zogen waren.⁷⁹⁰ General Segre beurteilte sein Wirken im Kulturgüterbereich in einem sehr ausführlichen Kapitel seines Erinnerungswerks über die Wiener Mission als vollen Erfolg, wobei sein Buch selbstgefällig wirkt und angesichts scharfer an seiner Mission in Italien geübter Kritik, die in eine militärgerichtliche Untersuchung mündete (aus der Segre allerdings rehabilitiert hervorging), in offensichtlich rechtfertigender Absicht geschrieben wurde.⁷⁹¹

Es ist klar, dass es bei Fragen, die den Umgang mit gemeinsamer Erinnerung und kollektivem Selbstverständnis, zugleich aber auch die Konstruktion (mehr oder weniger) neuer nationaler Identitäten betrafen, um äußerst sensitive Bereiche ging. So ergaben sich ähnliche Probleme wie bei den Archiven auch in Bezug auf die Hofbibliothek, deren Verwaltung vom Kabinettsrat am 18. November 1918 dem Staatsamt für Unterricht übertragen worden war, dem „überdies die Aufgabe obliegen" sollte, „die Eigentumsverhältnisse der Bücherbestände dieser Bibliothek genau festzustellen".⁷⁹²

Im Nachlass Eichhoff findet sich in diesem Kontext und allgemein zur Reparationenfrage eine scharfe tschechoslowakische Stellungnahme zu Vorschlägen der österreichischen Delegation in der Sache der „objet d'art", worin ausgeführt wurde, dass Kunstobjekte – statt sie dort zu belassen, wo sie produziert wurden – jeweils nach Wien transportiert worden seien „pour embellir et enrichir la ‚belle capitale impériale'"; ebenso hätten alle Verleger des Reiches ihre Publikationen kostenlos nach Wien liefern müssen, während die Provinzbibliotheken sie sich nicht hätten leisten können. Wenn sich die österreichische Delegation jetzt beklage, das Prinzip der Reziprozität werde verletzt, so sei der Grund sehr einfach: In den Provinzgalerien und Bibliotheken gebe es sehr wenig Objekte, die von der Republik Österreich reklamiert werden könnten.⁷⁹³ Im gleichen Zusammenhang findet sich auch eine Auflistung von „archives, manuscrits, pièces et documents historiques etc., enlevés de notre territoire par l'Autriche" seitens der Delegation des Königreichs der Serben, Kroaten und Slowenen zuhanden des Sekretariats der Reparationskommission vom 18. August 1919; es sei alles gestohlen und müsse zurückgegeben werden.⁷⁹⁴

Was das weiter umstrittene und sporadisch noch immer debattierte Thema des Habsburgervermögens anbelangt, so erfolgte – dies vorweg als Quintessenz – weder eine Restitution der 1919 enteigneten habsburgisch-lothringischen Besitzungen noch eine Rückgabe des Familienversorgungsfonds. Bei genauerem Zusehen erweist sich das

---

790 Neck in der Diskussion zu seinem Beitrag Kulturelle Bestimmungen, S. 474.
791 Vgl. Segre, La missione militare italiana, S. 118–160.
792 Kabinettsratsprotokoll Nr. 13, 18. November 1918; KPR Karton 5.
793 Der undatierte Durchschlag ist von Edward Benes signiert; KA Depot Eichhoff B/874, Mappe 46.
794 Signiert Stoyanovitch; ebd., Mappe 46.

Problem aber von erheblicher Komplexität.⁷⁹⁵ Neben dem 1919 beschlagnahmten hofärarischen Vermögen (Hofburg, Schönbrunn, Schloss Belvedere usw.) und dem sogenannten gebundenen Vermögen (vor allem dem Familienversorgungsfonds) gab es seit der Zeit Franz Stephans von Lothringen, der in Finanzfragen offensichtlich über eine besondere Begabung verfügte, auch ein beträchtliches persönliches Vermögen, das mit dem Erbvergleich zwischen Kaiser Franz II. (I.) und seinen sieben Brüdern 1804 in mehrere Zweige aufgeteilt wurde.⁷⁹⁶ Dieses wurde 1919 nicht angetastet, außer dem sofort gesperrten und erst nach seinem Tod im Juli 1922 entsperrten Privatvermögen von Exkaiser Karl. Die Auseinandersetzungen drehten sich in der Folge aus nachvollziehbaren Gründen ausschließlich um das gebundene Vermögen.⁷⁹⁷

Dass Karls Privatvermögen gesperrt worden war, konnte von seinen Anhängern mit wilder Empörung ausgeschlachtet werden. So schrieb Albin Schager-Eckartsau, Leiter der Verwaltung des Habsburg-Lothringischen Privatvermögens, im Vorwort seiner umfangreichen Kampfschrift von 1922 über diese „Kulturschande", die vermögensrechtliche Behandlung der gesamten Herrscherfamilie und des Kaisers und Königs Karl, der sich in einer „wahren Notlage" befunden habe, sei „eine ungerechte, unbillige und in der Geschichte moderner Kulturstaaten so beispiellose [...], dass eine Abhilfe nicht allein ein Gebot des Rechtes, sondern auch eine Forderung der Menschlichkeit und des Anstandes" sei; dies erst recht, nachdem „an den Tag gekommen" sei, dass er „den Tod finden musste, weil er in seiner Notlage die Hilfe eines Arztes nicht rechtzeitig in Anspruch nehmen konnte".⁷⁹⁸ Von da war zur nach Karls Tod in monarchistischen Pamphleten gezogenen Folgerung, dass die Republik ihn ermordet habe, nur ein kleiner Schritt (vgl. dazu unten Kapitel 5.2 und 6.1).

Nachdem seit den mittleren 1920er Jahren die Christlichsozialen immer mehr zur Meinung kamen, die Konfiskation des Habsburgervermögens sei ein Unrecht, und 1929 unter dem Titel „Das Vermögen der Habsburger" vom Volksbund der Katholiken Österreichs und von der Christlichsozialen Gesamtparteileitung für Österreich in Auftrag gegebene Gutachten veröffentlicht worden waren,⁷⁹⁹ erfolgte durch Bundeskanzler

---

795 Vgl. zu den Peripetien des Habsburgervermögens als Überblick Peter Böhmer, Ronald Faber, Die Erben des Kaisers. Wem gehört das Habsburgervermögen? Wien 2004.
796 Vgl. zum Privatvermögen der Habsburger Ingrid Haslinger, Gerhard Trumler, So lebten die Habsburger. Kaiserliche und königliche Schlösser in der österreichisch-ungarischen Monarchie, Wien 2007, S. 13.
797 Vgl. Böhmer/Faber, S. 32f., 38, 58 und 148.
798 Albin Schager-Eckartsau, Die Konfiskation des Privatvermögens der Familie Habsburg-Lothringen und des Kaisers u. Königs Karl, Innsbruck 1922, S. 3f.
799 Das Vermögen der Habsburger, Wien 1929.

5. Vertreibung der Habsburger und Umtriebe von Monarchisten   203

Seipel ein (noch erfolgloser) erster Anlauf zur Rückgabe.[800] Zur Zeit der Kanzlerdiktatur im sogenannten Ständestaat, als sich Österreich als der „bessere deutsche Staat" zu profilieren versuchte, schien sich dann der Wind über die schon erwähnten Erleichterungen hinaus gänzlich zugunsten des ehemaligen Kaiserhauses zu drehen. Während Mitte 1932 unter der ersten Regierung Dollfuß im Zusammenhang mit einer Ehrenbürgerrechtsverleihung an Otto Habsburg seitens einer steiermärkischen Gemeinde noch festgehalten wurde, die Bundesregierung könne in dieser Sache nicht entscheiden, weil die Stadt Wien die Staatsangehörigkeit der Familie Habsburg mangels einer Verzichtserklärung im Sinne des Habsburgerverweisungsgesetzes nicht anerkenne,[801] teilte das Bundeskanzleramt knapp vier Jahre später, am 3. Januar 1936, der Landeshauptmannschaft Salzburg, welche eine diesbezügliche Anfrage formuliert hatte, nur noch lakonisch mit, es habe „von jeher den Standpunkt vertreten, dass die Mitglieder des Hauses Habsburg-Lothringen und zwar unabhängig von dem [...] abgegebenen oder nicht abgegebenen Verzicht als österreichische Staatsangehörige anzusehen seien, sofern sie nicht im Laufe der Zeit eine andere Staatsangehörigkeit erlangt haben".[802] Eine Erwähnung des Wiener Standpunktes erübrigte sich zu diesem Zeitpunkt, weil es nicht mehr das „rote" Wien war.

Bis zum „Anschluss" erteilten insgesamt 1603 österreichische Gemeinden Otto das Ehrenbürgerrecht.[803] Mittlerweile hatte sich unter Bundeskanzler Kurt Schuschnigg, dessen Ziel letztlich eine Wiedererrichtung der Monarchie war,[804] die Sache „Habsburg" allgemein stark entwickelt. Sein Legitimismus, der ihn in den „Reichsbund der Österreicher", der größten und bedeutendsten legitimistischen Organisation des Landes geführt hatte, deren Mitglied er bis Ende 1938 blieb, war ein Bestandteil seiner Politik der Abgrenzung gegenüber dem Deutschen Reich.[805] Im Frühjahr 1935 scheint Schuschnigg selbst Mussolinis Zustimmung zu einer Restauration der Habsburger in Österreich gefunden zu haben,[806] was indessen wenige Monate später durch das Abes-

---

800   Vgl. Böhmer/Faber, S. 62f.
801   Vgl. Schreiben des Bundeskanzleramtes an die steiermärkische Landesregierung vom 3. Juni 1932; BKA/allgem., Karton 2, 143722 - 6/32.
802   BKA/allgem., Karton 2, 100457 - 6/36
803   Vgl. Brigitte Schagerl, Im Dienst eines Staates, den es nicht mehr geben sollte, nicht mehr gab, nicht mehr geben durfte. Friedrich Ritter von Wiesner. Diplomat, Legitimist und NS-Verfolgter, Dissertation Universität Wien, 2012, S. 125.
804   Vgl. Böhmer/Faber, S. 67.
805   Vgl. Ingrid Mosser, Der Legitimismus und die Frage der Habsburger-Restauration in der innenpolitischen Zielsetzung des autoritären Regimes in Österreich (1933–1938), Dissertation Universität Wien, 1979, S. 6 u. 64f.
806   Vgl. Walter Rauscher, Österreich und Italien 1918-1955, in: Von Saint Germain zum Belvedere. Österreich und Europa 1919–1955, (ADÖ, Sonderband) Wien 2007, S. 198.

sinienabenteuer, welches Italiens Blickrichtung auf das Mittelmeer umpolte und in der Folge zur „Achse" Rom-Berlin führte, obsolet wurde. Während am 12. Juli 1935 das Ausnahmegesetz gegen das Haus Habsburg insofern geändert wurde, als nunmehr die Landesverweisung der Mitglieder des ehemaligen Kaiserhauses aufgehoben wurde (was selbstredend die monarchistische Bewegung weiter stärkte), wurde am 29. April 1936 – bewusst als „Bruch mit der Republik der Sozialisten" inszeniert[807] – eine Verordnung über die Rückgabe des Habsburgervermögens erlassen und weitgehend umgesetzt.[808] Deren Wirkung war freilich mehr als begrenzt, denn die Rückgabe wurde nach dem „Anschluss" durch das „Gesetz über die Rückgängigmachung der Ausfolgung der Vermögen an das Haus Habsburg-Lothringen" sofort annulliert. Weil damit alle diesbezüglichen Maßnahmen des sogenannten Ständestaates von 1935 bis 1937 rückgängig gemacht wurden, trat auch die Landesverweisung der Habsburger wieder in Kraft.[809]

Gegen Otto Habsburg-Lothringen persönlich wurde nach dem „Anschluss" ein „Strafverfahren wegen des Verbrechens des Hochverrates" eingeleitet, weil er den Versuch unternommen habe, England und Frankreich zu einer Intervention gegen die „vollzogene Wiedervereinigung Österreichs mit dem Deutschen Reich" zu bewegen. Bekanntlich hatte Otto Habsburg nicht nur mit Brief vom 17. Februar 1938 an Bundeskanzler Schuschnigg appelliert, ihm das Amt des Kanzlers zu übertragen, was Schuschnigg am 2. März pragmatisch und realistischerweise ablehnte,[810] sondern am 16. März 1938, am Tag nach Hitlers Rede auf dem Heldenplatz, in französischen Zeitungen öffentlich gegen den „Anschluss" protestiert. Gleichzeitig mit dem Strafverfahren gegen ihn sollten sowohl sein im Inland befindliches Vermögen wie das Vermögen des von ihm „statutgemäß verwalteten Familienversorgungsfonds" beschlagnahmt werden.[811] In der Tat findet sich ein Schreiben der Staatspolizeileitstelle Wien der Geheimen Staatspolizei an den Reichsstatthalter für das Land Österreich (vom 14. 3. 1938 bis zum 30. 4. 1939 Arthur Seyss-Inquart) vom 6. Juli 1938, worin die beschlagnahmten Liegenschaften des Familienversorgungsfonds des Hauses Habsburg-Lothringen auf insgesamt acht Seiten aufgelistet werden.[812] Einem weiteren Schreiben des Inspekteurs der Sicherheitspolizei an das Wiener Ministerium für innere und kulturelle Angelegenheiten vom 18. Oktober 1938 lassen sich zusätzliche Einzelheiten über den

---

807 Böhmer/Faber, S. 149.
808 Vgl. dazu Böhmer/Faber, S. 93–96.
809 Vgl. Böhmer/Faber, S. 105.
810 Die Briefe finden sich u.a. im Anhang von Mosser, Legitimismus, S. 381–391.
811 Vgl. ein im Auftrag des Reichsstatthalters am 28. März 1938 an den „Herrn Staatssekretär für Sicherheitswesen Dr. Ernst Kaltenbrunner" abgegangenes Schreiben; BKA/allgem. Karton 2, 155.380 - 1/1938
812 BKA/allgem. Karton 2, II H-B. Nr. 1591/38.

beschlagnahmten Familienversorgungsfonds entnehmen, wobei sich zeigt, dass auch das gesamte Barvermögen der Habsburger anlässlich der „Machtübernahme" vorläufig gesperrt worden war. Die aus der Masse des Kriegsgeschädigtenfonds in Ausführung des Gesetzes betreffend die Aufhebung der Landesverweisung und die Rückgabe des Vermögens des Hauses Habsburg-Lothringen von 1936 bereits getätigten Ausfolgungen wurden aufgelistet und mit dem Hinweis versehen, dass die physische Übergabe des ganzen Besitzes am 7. Januar 1938 stattgefunden habe, während die grundbücherliche Durchführung nur zum Teil erfolgt sei.[813] Da ohnehin alles beschlagnahmt wurde, erfolgten die Präzisierungen wohl nur der guten Ordnung halber. Dennoch scheinen in dem komplexen Vorgang Schwierigkeiten und Verzögerungen eingetreten zu sein; jedenfalls war noch Ende des Jahres 1938 die Rechtslage nicht abschließend bereinigt und musste der Reichsminister des Innern im Auftrag des Reichsstatthalters am 2. Dezember 1938 „um eheste Verabschiedung der Angelegenheit" gebeten werden. Damit war das Gesetz über die „Rückgängigmachung der Ausfolgung von Vermögen an das Haus Habsburg-Lothringen" gemeint, das schon am 4. Juli 1938 der Reichsregierung zur Einholung der Zustimmung und zur Verkündung des Gesetzes vorgelegt worden war.[814] Anderthalb Monate später, am 19. Januar 1939, musste gegenüber dem Reichskommissar für die Wiedervereinigung Österreichs mit dem Deutschen Reich, Josef Bürckel, die Rechtslage präzisiert werden. So wurde nochmals u. a. auf den 1919 geschaffenen „Kriegsgeschädigtenfonds" verwiesen, aus dessen Masse 1936 dem damals errichteten Familienversorgungsfonds „eine Reihe von Vermögensobjekten ausgefolgt" worden waren, worauf der Kriegsgeschädigtenfonds 1937 aufgelöst und sein Restvermögen auf den Bund übertragen wurde.[815]

Das Gesetz über die „Rückgängigmachung der Ausfolgung von Vermögen an das Haus Habsburg-Lothringen" trat am 15. März 1939 endlich in Kraft. Die Auflösung des Familienversorgungsfonds erfolgte ohne Entschädigung. Im September 1941 wies Himmler auf Anordnung Hitlers alle Dienststellen an, dass „sämtliche Angehörige der ehemaligen Habsburger-Dynastie einschließlich aller Seitenlinien für beschlagnahmte Vermögenswerte unter keinen Umständen entschädigt werden" durften.[816]

Die Beschlagnahme und Enteignung während der NS-Zeit gab den Habsburgern in der Folge (scheinbar) die Möglichkeit, Entschädigung und Rückgabe des Familienversorgungsfonds zu verlangen, womit sie bis heute nicht durchgedrungen sind. Das Bundesverfassungsgesetz von 1920, einschließlich der Habsburgergesetze, wurde am

---

813 BKA/allgem. Karton 2, S II B – 554/38.
814 BKA/allgem. Karton 2, 264847 – I/1/38
815 BKA/allgem. Karton 2, Umschlag 155.380 – I/38.
816 Böhmer/Faber, S. 105f.

19. Dezember 1945 wieder in Kraft gesetzt, worauf Otto und seine drei Brüder, die sich im Oktober 1945 in Innsbruck niedergelassen hatten, ausgewiesen wurden.[817] Zwar wurde ihr Privatvermögen 1949 zurückerstattet, hingegen führte der komplexe Rechtsstreit, der vor allem um den Familienversorgungsfonds geführt wurde, zu keinem Ergebnis; dies nicht zuletzt deswegen, weil die Republik als geschädigter Eigentümer selber Anspruch darauf erhob.[818] Am 9. Juni 1951 bestätigte die Oberste Rückstellungskommission beim Obersten Gerichtshof, dass das Habsburgergesetz 1945 zu Recht als Verfassungsgesetz wieder in Kraft getreten sei. Damit war die unter dem sogenannten Ständestaat erfolgte Rückgabe unrechtmäßig.[819] Der Staatsvertrag von 1955 zementierte diese Haltung, verpflichtete Österreich in Artikel 26 aber zur vollständigen Restitution entzogener Vermögen. Zwar wurde 1956 die österreichische Staatsbürgerschaft des Dr. Otto Habsburg festgestellt und konnte dieser zehn Jahre später, Ende Oktober 1966, zur Zeit der Alleinregierung der ÖVP, erstmals wieder kurz nach Österreich kommen.[820] In der Enteignungsfrage sollte sich indessen substantiell nichts mehr ändern. 1999 lehnte sogar Straßburg einen habsburgischen Antrag ab.[821] Dass die Frage des Habsburger Vermögens auch ein politischer Streitpunkt zwischen ÖVP und SPÖ war, belegt eine vierseitige maschinengeschriebene Vervielfältigung der SPÖ, vermutlich aus dem Jahr 1966, mit dem Titel „Dokumentation über das ehemalige Habsburger Vermögen", worin verschiedene parlamentarische Anfragen und Beantwortungen der Jahre 1960 bis 1966 aufgelistet sind.[822]

Der Schluss-Folgerung von Böhmer/Faber kann m. E. zugestimmt werden, wonach es beim Habsburgervermögen um die Enteignung von 1919 ging und geht. Wenn die Habsburger kurz vor dem „Anschluss" ihr Vermögen restituiert erhielten und es ihnen nach dem 13. März 1938 wieder genommen wurde, bleibt die wesentliche Frage, ob die damalige Rückgabe rechtmäßig war. Während die Schiedsinstanz nach dem Washingtoner Abkommen von 2011 über die Enteignungen der NS-Zeit entscheidet, geht es beim Habsburgervermögen nicht um 1938, sondern nach wie vor um 1918/1919, als die Monarchie abgeschafft und die Republik gegründet wurde.[823] Letztlich dürfte

---

817 Vgl. Böhmer/Faber, S. 110.
818 Vgl. Böhmer/Faber, S. 111f.
819 Vgl. Böhmer/Faber, S. 117f.
820 Vgl. für die der Rückkehr vorausgegangenen verschlungenen Wege Bitschnau, Heimkehr der Habsburger, S. 9–22.
821 Vgl. Böhmer/Faber, S. 127ff., 136, 191.
822 Das Papier findet sich in der ÖNB unter der Signatur 1,013.985 – C.
823 Böhmer/Faber, S. 153. Vgl. (fast gleichlautend) Markus Tritremmel, Das Habsburgervermögen 1918–2004. Diplomarbeit zur Erlangung des akademischen Grades eines Magisters der Rechtswissenschaften an der Rechtswissenschaftlichen Fakultät der Karl-Franzens-Universität Graz, Dezember 2004, S. 96–99.

dies eine auf historische und politische Kriterien abgestützte Folgerung sein. Die im Kontext der Arbeiten der Österreichischen Historikerkommission durch Georg Graf vorgenommene juristische Analyse der österreichischen Rückstellungsgesetzgebung und seine – mit Blick auf das Haus Habsburg-Lothringen besonders relevante – kritische Analyse des Stiftungs- und Fondsreorganisationsgesetzes vom 6. Juli 1954 zeigt, dass letzteres im Hinblick auf eine Wiedererrichtung des 1936 geschaffenen, nach dem „Anschluss" sofort beschlagnahmten und 1939 aufgelösten Familienversorgungsfonds der Familie Habsburg-Lothringen (dessen Liegenschaften auf das Land Österreich übertragen wurden) erheblich komplexere Überlegungen zulassen würde, wonach die nach 1945 nicht erfolgte Rückstellung auch als auf zweifelhafter Legitimationsgrundlage vorgenommene „*neuerliche entschädigungslose Enteignung*" der Familie Habsburg-Lothringen interpretiert werden könnte.[824]

5.2 Habsburg, Legitimisten und Parteien in Polizei-Berichten der Ersten Republik

Die Berichte über observierte politische Versammlungen, die von der Polizeidirektion jeweils an das Staatsamt des Innern bzw. das Innenministerium bzw. das Bundeskanzleramt und fallweise an andere Ämter bzw. Ministerien überstellt wurden, illustrieren das aufgeheizte und immer wieder gewaltbereite politische Klima der Ersten Republik eindrücklich.[825]

Gemäß Ingrid Mosser waren die politischen Aktivitäten der Legitimisten bis zum Beginn des Dollfuß-Schuschnigg-Regimes angesichts ihrer geringen Anhängerschaft „von nur spärlichsten Akzenten gekennzeichnet".[826] Monarchisten und Legitimisten erscheinen denn auch über den ganzen Zeitraum eher selten in den Berichten, und gegen 1934 fast nicht mehr; anders im „Ständestaat". Gleichwohl wurden ihre Umtriebe nach Ende der Monarchie überschätzt, wobei diesbezügliche Ängste freilich mehr von Phobien als von realen Gefahren geleitet gewesen sein dürften. Dagegen findet sich

---

824 Georg Graf, Die österreichische Rückstellungsgesetzgebung. Eine juristische Analyse. Veröffentlichungen der Österreichischen Historikerkommission. Vermögensentzug während der NS-Zeit sowie Rückstellungen und Entschädigungen seit 1945 in Österreich, Band 2, Wien – München 2003, 6. Kapitel, passim, v. a. S. 375–383. Das im Original ebenfalls kursiv gesetzte Zitat findet sich auf S. 381.
825 Die Polizeiberichte wurden für die vorliegende Studie systematisch durchgesehen: AdR, BKA allgem., Sig. 15/3, Kartons 2435–2451 (1918–1938). Durchschläge relevanter Berichte gingen u.a. auch an das Staatsamt des Äußern bzw. das Außenministerium und finden sich in AdR, NPA, Karton 232, wo sie von 1919 bis 1933 nach Jahrgängen in Faszikeln geordnet sind.
826 Mosser, Legitimismus, S. 56.

anfänglich alles „Linke", von den radikalen Sozialdemokraten über die revolutionären Soldatenkomitees zu den Kommunisten, oft in den Berichten; so wurden ihre über ganz Wien verteilten Protestversammlungen vom 30. Juli 1919 gegen den Vertrag von St. Germain ausführlich zusammengefasst.[827] Mit der Zeit und insbesondere aus den späteren 1920er und den früheren 1930er Jahren finden sich neben jenen der Kommunisten, der Sozialdemokraten und des Republikanischen Schutzbundes immer mehr Berichte über Versammlungen „von rechts", insbesondere der „nationalsozialistischen deutschen Arbeiterpartei (Hitlerbewegung)" und allenfalls des Heimatschutzes. Vor allem 1933 dominieren Berichte über nationalsozialistische und kommunistische Versammlungen. Erstere waren aber schon früh aktenkundig, so im Bericht über eine Versammlung vom 18. August 1919, an welcher das Elend der von den Tschechen vertriebenen deutschen Eisenbahnbediensteten angeprangert wurde, die in Baracken untergebracht seien, während die galizischen Juden in Wiener Palästen wohnten.[828] Höhepunkte der antisemitischen Agitation waren in den Wiener 1920er Jahren freilich die zwei Weltkongresse der orthodoxen „Agudas Jisroel" 1923 und 1929 sowie der von schweren Ausschreitungen begleitete Zionistenkongress von 1925.[829]

Weil nahezu alles, was in der Öffentlichkeit lief, polizeilich observiert wurde, widerfuhr dies auch den Versammlungen der Parteien, welche die Regierung bildeten, insbesondere, solange dies der Fall war (und nachher erst recht), den Sozialdemokraten. So wurde am 15. Dezember 1918 eine sozialdemokratische Versammlung überwacht, an welcher Dr. Fritz Adler über das Verschulden am Weltkrieg sprach, aber in der gegenwärtigen Lage zur Besonnenheit mahnte, weswegen er von einem Dr. Johannes Wertheimer scharf kritisiert wurde, weil eine energischere Haltung seines Erachtens bereits zur Zeit des Jännerstreiks die Errichtung der sozialen Republik ermöglicht hätte.[830] Auch wenn nahezu alles observiert wurde, wurde mit ungleichen Ellen gemessen. Während die Polizeidirektion beispielsweise keinen Anlass sah, bei einem Aufruf der antisemitischen Deutschösterreichischen Volkspartei zu einer Volksversammlung ge-

---

827 Polizeidirektion Wien (Schober) an Staatsamt des Innern, 31. Juli 1919, BKA allgem., Sig. 15/3, Karton 2435, N. 28112–1919.

828 Polizeidirektion Wien (Schober) an Staatsamt des Innern, 20. August 1919, BKA allgem., Sig. 15/3, Karton 2435, N. 29936–19. Erheblich drastischer die Versammlung des „deutschösterreichischen Schutzvereins ‚Antisemitenbund'" vom 5. Oktober 1919, als gefordert wurde, nicht nur die Ostjuden, sondern alle Juden aus Wien zu entfernen; Polizeidirektion Wien (Schober) an Staatsamt des Innern, ebd., N. 36431–19.

829 Vgl. u. a. die Berichte der Bundespolizeidirektion von Juli und September 1929 zum II. Weltkongress der Agudas Jisroel in Wien, BKA allgem., Sig. 15/3, Karton 2438 (Inneres 1928-29), Umschlag 142423-29.

830 Polizeidirektion (Schober) an Staatsamt des Innern, 16. Dezember 1918, BKA allgem., Sig. 15/3, Karton 2435, N. 4017.

gen die „Judenrepublik" am 27. November 1918 einzuschreiten (obwohl heftige antisemitische Ausfälle an der Tagesordnung waren und sich in den Anfängen der Republik insbesondere gegen die im Krieg zugewanderten galizischen Juden richteten), war eine am 9. November 1918 vorgesehene Volksversammlung der kommunistischen Partei sofort verboten worden.[831]

In der generell unsicheren Anfangszeit der Republik (aber auch später) kamen doch bisweilen ernsthaft alarmierende Hinweise auf Bedrohungen seitens von Anhängern der Monarchie. Deshalb verlangte Staatskanzler Renner am 25. November 1918 die Bestellung einer Hauswache von etwa 60 Mann zum Schutz des Staatsrats vor einem „contrarevolutionären Anschlag" mit dem Ziel, den Kaiser wieder einzusetzen und die Monarchie zu restaurieren. Beteiligt seien vor allem aktive Offiziere, die befürchteten, brotlos zu werden. Tatsächlich sei die Lage so, „dass wir heute von 20 entschlossenen Männern auseinandergesprengt werden können". Der Staatsrat, der sich keineswegs durch besondere Ängstlichkeit auszeichnete, nahm Renners Vorschlag diskussionslos an.[832] Julius Deutsch, in der Zeit des „Umsturzes" Unterstaatssekretär (ab 15. März 1919 Staatssekretär) für Heerwesen, wies in einer Rechtfertigungsschrift aus jener Zeit darauf hin, dass die Offiziere mit dem Zusammenbruch von Krieg und Monarchie in eine „gesellschaftliche Missachtung" geraten seien, die sich von ihrer früheren Lage „himmelweit" abhob. Nicht einmal der Feind sei in den letzten Tagen des Kriegs vom Volk mehr gehasst worden als der Offizier: „Der Offizier galt, und das mit Recht, als der Träger der habsburgischen Hausmacht. Gegen ihn kehrte sich ein jahrelang aufgehäufter Groll kriegsmüder, halbverhungerter Massen, die durch die Niederlage vollends revolutioniert waren."[833] In der Tat gaben Versammlungen ehemaliger Offiziere, denen man vorwarf, Monarchisten zu sein, wiederholt Anlass zu Auseinandersetzungen mit Volkswehrleuten, so am 9. April 1920 anlässlich der Versammlung des Nationalverbandes deutschösterreichischer Offiziere im Militärkasino, obwohl es bei dieser Gelegenheit nicht um die Monarchie ging, sondern um den „Anschluss an ein geeinigtes Gesamtdeutschland" sowie um Schaffung einer „vom nationalen Geist erfüllten Armee" und „Wiederherstellung des Standesansehens und der Kameradschaft".[834] Die Volkswehr sei, wie es im Bericht über eine kommunistische Versammlung am 4. März 1920

---

831 Vgl. Polizeidirektion Wien (Schober) an Staatssekretär des Innern, 8. und 25. November 1918; BKA allgem., Sig. 15/3, Karton 2435, N. 337 u. 1182. Die Qualifizierung der Deutschösterreichischen Volkspartei als „antisemitisch" erscheint explizit im Bericht Schobers vom 6. Februar 1919; BKA allgem., Sig. 15/3, Karton 2435, N. 4906.
832 Protokoll der 44. Sitzung des Staatsrats vom 25. November 1918, StRP Karton 2.
833 Julius Deutsch, Aus Österreichs Revolution. Militärpolitische Erinnerungen, Wien [1921], S. 19.
834 Polizeidirektion Wien (Schober) an Staatsamt des Innern, 9. April 1920, BKA allgem., Sig. 15/3, Karton 2435, N. 14679-20.

in Wiener Neustadt hieß, „die Wehrmacht des Proletariats", während „die gewesene k.u.k. Armee nur die Interessen der Habsburger, des Kapitalismus und der Bourgeoisie vertreten habe".[835] Umgekehrt konnte von einem Redner des Antisemitenbundes am 7. November 1920 in der Volkshalle des Wiener Rathauses ausgeführt werden, für die Nationalversammlung, „welche eine alte Dynastie verjagt habe", müsse es ein Leichtes sein, „auch die Juden aus Österreich hinauszubringen", worauf seitens der Versammlungsteilnehmer „minutenlang" Hochrufe auf das Haus Habsburg ausgebracht wurden.[836]

Recht früh wurde ein Konnex zwischen Christlichsozialen, Katholischer Kirche und Monarchie hergestellt, so an einer Freidenker-Versammlung vom 6. April 1922 in Graz, als ein Redner aus Wien äußerte, der christlichsoziale Parteiobmann Dr. Seipl [sic] sei „nur ein Sprachrohr der röm.kath. Kirche aus Rom", welche „die Wiederaufrichtung durch eine Monarchie" anstrebe; den deutlichsten Beweis dafür liefere „der indirekte Kaiser von Österreich namens Piffl".[837] Ein anderer Konnex wurde an der Versammlung der Sozialdemokraten zum 4. Jahrestag der Republik am 12. November 1922 auf dem Freiheitsplatz in Graz hergestellt, als Nationalrat Hanusch Bundeskanzler Seipel als Hochverräter und österreichischen Mussolini bezeichnete, dem aber nicht gelingen werde, was Mussolini in Italien gelang.[838] Am folgenden Tag (13. November 1922) qualifizierte Nationalrat Sever an einer Versammlung des Freidenkerbundes Seipel als Monarchisten und kritisierte dessen Teilnahme an der Katholikenkundgebung in Klosterneuburg vom Vortag.[839] Ein Jahr später statuierte Nationalrat Dr. Eisler anlässlich der Versammlung der Sozialdemokraten zum 5. Jahrestag der Republik am 12. November 1923 in Graz, dass zwischen Mussolini und Seipel „innerlich absolut kein Unterschied bestehe; Ersterer trägt ein schwarzes Hemd, Letzterer einen schwarzen Rock"; im Übrigen feiere auch Seipel den 12. November, aber „im Kreise seines Anhanges, den ehem. Kriegshetzern, den Mitgliedern des ehem. Kaiserhauses, mit Generaloberst v. Hötzendorf u. mit allen Monarchisten".[840] An Seipels Genfer Sanierungsprogramm

---

835 Polizeidirektion Wien (Schober) an Staatsamt des Innern, 11. März 1920, BKA allgem., Sig. 15/3, Karton 2435, N. 10436-920.

836 Polizeidirektion Wien (Schober) an Staatsamt für Inneres und Unterricht, 7. November 1920, BKA allgem. Sig. 15/3, Karton 2435, N. 69607-20.

837 Polizeidirektion Graz an Präsidium der steierm. Landesregierung, 7. April 1922, BKA allgem., Sig. 15/3, Karton 2435, N. 23615-22.

838 Polizeidirektion Graz an Präsidium der steierm. Landesregierung, 13. November 1922, BKA allgem., Sig. 15/3, Karton 2436, N. 63644-22.

839 Polizeidirektion Wien (Schober) an Bundesministerium für Inneres und Unterricht, 24. November 1922, BKA allgem., Sig. 15/3, Karton 2436, N. 65284.

840 Polizeidirektion Graz an Präsidium der steierm. Landesregierung, 13. November 1923, BKA allgem., Sig. 15/3, Karton 2436, N. 59823.

5. Vertreibung der Habsburger und Umtriebe von Monarchisten

übten allerdings auch die Monarchisten Kritik und erwogen – wie Albin Schager-Eckartsau an einer monarchistischen Ortsgruppenversammlung im VII. Bezirk am 4. Oktober 1924 ausführte – den Austritt aus der christlichsozialen Partei, bei der sie keine Unterstützung fänden.[841] Am 8. Januar 1926 wurde an einer Versammlung der kaisertreuen Volkspartei den Christlichsozialen von verschiedenen Rednern, unter ihnen Oberst a.D. Gustav Wolff, vorgeworfen, die Partei und deren Gründer Dr. Karl Lueger und Prinz Alois Liechtenstein verraten zu haben; vor und während der Versammlung wurden Flugzettel verteilt: „Wer für die Republik ist, für Freiheit, Gleichheit, Brüderlichkeit, der wählt die christlichsoziale Partei, die sozialdemokratische Partei, die großdeutsche Partei, die nationalsozialistische Partei und die kommunistische Partei. Wer für den Volkskaiser ist, für Wahrheit und Gerechtigkeit, der wählt die kaisertreue Volkspartei."[842] Und noch drei Jahre später, am 24. Juli 1929, rief Oberst a.D. Wolff an einer Versammlung seiner Partei im I. Bezirk dazu auf, christlichsoziale Versammlungen zu besuchen, um sie durch Zwischenrufe zu stören bzw. ihre Führer zum Bekennen ihrer Einstellung zur Monarchie zu zwingen.[843]

Angst vor einer um sich greifenden Reaktion artikulierte sich schon früh gegenüber der Wehrpolitik des christlichsozialen Bundesministers für Heereswesen Vaugoin, so an einer Versammlung des Militärverbandes der Republik Österreich vom 22. Januar 1923, als Nationalrat Deutsch erklärte, die Rechte, die den Soldaten zum „vollwertigen Staatsbürger" machten, dürften nicht durch Grußpflicht und Versammlungsverbot abgewürgt und dieser wieder zum „willenlosen Werkzeug der Offiziere" gemacht werden.[844] Anlässlich einer Versammlung des Republikanischen Schutzbundes vom 16. September 1923 in Graz sprach Nationalrat Seitz über den Friedenswillen der Sozialdemokraten, deren Partei während der letzten Jahrzehnte der Monarchie stets für den Frieden gekämpft habe, während die Habsburger im Interesse ihrer Hausmacht ihre Völker in Kriege verwickelt hätten. Sodann äußerte er sich „in längeren Ausführungen über die wachsende Reaktion und die Frage, ob Republik oder Monarchie".[845] Ebenfalls in Graz wurde am 21. November 1923 an einer Versammlung des Militär-

---

841 Polizeidirektion Wien u.a. an Bundeskanzleramt, Abteilung 14, 5. Oktober 1924, BKA allgem., Sig. 15/3, Karton 2436, N. 125199.
842 Polizeidirektion Wien (Schober) u.a. an Bundeskanzleramt, Abteilung 8, 16. Januar 1926, BKA allgem., Sig. 15/3, Karton 2437, N. 85114.
843 Polizeidirektion Wien an Bundeskanzleramt, Abteilung 8, 28. Juli 1929, BKA allgem., Sig. 15/3, Karton 2438 (Inneres 1928-29), N. 151185-29.
844 Polizeidirektion Wien (Schober) an Bundesministerium für Inneres und Unterricht, 23. Januar 1923, BKA allgem., Sig. 15/3, Karton 2436, N. 6489-23.
845 Polizeidirektion Graz an Präsidium der steierm. Landesregierung, 20. September 1923, BKA allgem., Sig. 15/3, Karton 2436, N. 49707.

verbandes gesagt, Minister Vaugoin wolle es so einrichten, „dass die Wehrmänner auf die streikenden Arbeiter schießen sollen"; auch die Christlichsozialen wollten wieder die „früheren monarchist. Zustände einführen, da sie sich mit den Monarchisten verbunden haben".[846] Als Heeresminister Vaugoin einige Jahre später, am 21. April 1927, in Linz an einer von der christlichsozialen Partei einberufenen Wählerversammlung zu reden begann, wurde er von seinen Anhängern „stürmisch" begrüßt, während über den Saal und auf der Galerie verteilte (sozialdemokratische) Gegner „mit Lärm, Pfeifen und Pfuirufen einsetzten"; die „Ordnergruppe der christlichen Turner" habe „einige Schreier" entfernt, und durch „Vorsichtsmaßregeln" der Wacheorgane sei „eine Steigerung der ohnehin erhitzten Stimmung verhindert" worden.[847] Nach den Juliereignissen 1927 wurde von sozialdemokratischer Seite dann mit zunehmender Vehemenz gegen die „blutbefleckte Reaktion" angesprochen, unter anderem am 26. September 1927 in Linz von Wilhelm Ellenbogen, der den Faschismus in Ungarn und Italien und ein Freundschaftsbündnis Seipels mit Mussolini anprangerte, das durch einen bürgerlichen Faschismus mit Hilfe der Heimwehr eine Reaktion herbeiführen wolle.[848] Seitens der Kommunisten wurden allerdings die sozialdemokratischen Parteifunktionäre ihrerseits des Verrats am Proletariat anlässlich der Juliereignisse bezichtigt, so während einer kommunistischen Arbeitslosenversammlung vom 30. September 1927 in Graz.[849] Ebenfalls in Graz wurde an einer Versammlung des Freidenkerbundes Österreichs am 28. April 1928 mit einer interessanten Parallelisierung zu „Aufklärung und Agitation für den sozialdemokratischen Stimmzettel" aufgerufen: „Wenn z.B. Dr. Deutsch Polizeipräsident von Wien und General Körner Heeresminister ist, so werden Polizei, Gendarmerie und Bundesheer genau so auf die Hakenkreuzler und Reaktionäre schießen, wie sie heute auf Befehl der Priester, Schober und Vaugoin auf die Arbeiter schießen. Daher müssen die Freidenker alles aufwenden, um mit dem Stimmzettel die Mehrheit im Parlament zu erreichen."[850] Heeresminister Vaugoin wurde immer wieder als Träger der Reaktion gesehen, so am 28. Juni 1929 an einer Arbeitslosenversammlung in Graz seitens von Nationalrat Ebner, für den der Monarchie die bosnischen Regimenter

---

846 Polizeidirektion Graz an Präsidium der steierm. Landesregierung, 22. November 1923, BKA allgem., Sig. 15/3, Karton 2436, N. 61037.
847 Polizeidirektion Linz an Bundeskanzleramt, Abteilung 8, 22. April 1927, BKA allgem. Sig. 15/3, Karton 2437, N. 114.732-27.
848 Polizeidirektion Linz an Bundeskanzleramt, Inneres, Abteilung 8, 27. September 1927, BKA allgem., Sig. 15/3, Karton 2437 N. 161.218-27.
849 Polizeidirektion Graz an Steiermärkische Landesregierung, 1. Oktober 1927, BKA allgem., Sig. 15/3, Karton 2437, N. 165.977-27.
850 Polizeidirektion Graz an Steiermärkische Landesregierung, 10. Mai 1928, BKA allgem., Sig. 15/3, Karton 2438 (Inneres 1928-29), N. 131275-28.

zur Bekämpfung der Arbeiterschaft gedient hätten, während Heeresminister Vaugoin es nach dem 15. Juli 1927 verstanden habe, das Bundesheer, welches vorher noch an der Seite der Arbeiter gestanden habe, „gänzlich umzustimmen und als Kampfmittel gegen die Arbeiterschaft zu erziehen [...], um es gegebenenfalls für den Kapitalismus gebrauchen zu können".[851]

Am 31. Mai 1919, mitten in den St.-Germain-Ereignissen, hatte der Vertreter des Deutschen Reiches in Wien (Wedel) Staatssekretär Bauer von monarchistischen Intrigen in der Schweiz berichtet, wo sich der Exkaiser aufhielt, und dass der englische König eifrig mit Karl korrespondiere. Die Hoffnung sei, zunächst eine Konterrevolution in Ungarn (wo am 21. März 1919 durch Béla Kun die kommunistische Räterepublik ausgerufen worden war) und dann eine Donauföderation aus Ungarn und Deutschösterreich und vielleicht mit Bayern zu erreichen, alles verknüpft mit einer monarchistischen Restauration. Bauer, der vehement gegen die Idee einer Donauföderation war, nahm diese Geschichte, die er Renner berichtete, zum Anlass, um den Staatskanzler dringendst aufzufordern, nicht mit einem solchen Gedanken zu spielen, denn es sei gefährlich, „in großen Dingen schlau [...] sein" zu wollen.[852] Wenn er einige Wochen vorher, am 14. März 1919, im Kontext monarchistischer Umtriebe und diesbezüglicher Berichte ans Staatsamt des Äußern wegen der Ausstellung von Pässen für die Schweiz an Leute im Umkreis des früheren Kaisers Polizeipräsident Schober in einer geharnischten Gardinenpredigt darauf hingewiesen hatte, dass hier die nötige Sorgfalt nicht walte und ihm scheine, „die Ihnen untergeordneten Organe" seien sich nicht genügend bewusst, „dass heute ganz andere Personen der politischen Aufsicht bedürfen als unter der alten Regierung",[853] tat er dem Polizeipräsidenten und seinen Beamten freilich Unrecht, denn die Reaktionen des Apparats auf die monarchistischen Umtriebe wirken im Nachhinein umgekehrt bisweilen fast paranoid, jedenfalls in der Anfangszeit der Republik, als in der Regel sofort Verfahren wegen Hochverrat eingeleitet wurden.[854] In der Folge ging es dann eher um Störung der öffentlichen Ordnung, so, als es am 28. Juni 1921 zu einer monarchistischen Kundgebung von legitimistisch gesinnten Hoch- und Mittelschülern auf dem Leopoldsberg kam, die „den Eindruck einer planmäßigen Agitation für die Wiedereinführung der Monarchie machte" und mit dem Kaiserlied schloss.[855]

---

851 Steiermärkische Landesregierung an Bundeskanzleramt, Abt. 8, 6. Juli 1929, BKA allgem., Sig. 15/3, Karton 2438 (Inneres 1928-29), N. 143867
852 Bauer an Renner, 31. Mai 1919, NPA Präsidium (Nachlass Bauer), Karton 233, Umschlag II d, N. 577. Vgl. zu Bauers hier angesprochenen Überlegungen oben Kap. 1.2.
853 NPA Präsidium (Nachlass Bauer), Karton 234, Umschlag V, N. 110–112.
854 Vgl. NPA, Karton 232, Faszikel 1919 und 1920.
855 NPA, Karton 232, Umschlag 2/10 1921, N. 149.

Der Karrierebeamte und spätere Bundeskanzler Johannes Schober wird von Gertrude Enderle-Burcel in der Einleitung zum Biographischen Handbuch der Sektionschefs der Ersten Republik als „prominentester Vertreter eines idealisierten Beamtenethos" bezeichnet, der „dem Parteipolitiker, der nur Eigeninteressen seiner Partei" vertrete, „das Ethos der Bürokratie" entgegengestellt habe; selbst 1930, als er die Führung des sogenannten „Schoberblocks" für die Nationalratswahlen übernahm, begründete er dies „mit seiner Pflicht für Volk und Vaterland". Trotzdem könne er – wie alle Beamten – gerade nicht zu den „unpolitischen Fachleuten" gezählt werden; vielmehr sei (wie zu Recht hinzugefügt wurde) der „unpolitische Beamte" eine Fiktion.[856] Adam Wandruszka äußerte über Schober in der Festschrift zu dessen 50. Todestag 1982, er verkörpere „in nahezu idealer Weise den Typ des franzisko-josephinischen Beamten, staatstreu, pflichtbewusst, mit liebenswürdigen Umgangsformen, heimatverbunden und weltgewandt zugleich", was mit dem Verweis auf das Franzisko-Josephinische auch suggeriert, dass Schober im Grunde seines Herzens monarchistische Gefühle hegte.[857] Er hatte seine rasche Polizeilaufbahn unter der Monarchie absolviert und war im Juni 1918 vom Kaiser mit der Leitung der Wiener Polizeidirektion betraut worden.[858] Von seiner knapp 58-jährigen Lebenszeit fielen fast 44 Jahre unter die Monarchie; deren letzter Abschnitt sei – wie Wandruszka urteilt – „die Zeit und die Welt, aus der er stammte und von der er geprägt worden war" gewesen.[859] Nach dem Ende der Monarchie wurde Schober am 30. November 1918 zum Präsidenten der Polizeidirektion Wien ernannt und am 3. Dezember mit der Leitung des gesamten Dienstes der öffentlichen Sicherheit in ganz Österreich betraut.[860] Trotz seiner monarchielastigen Biographie scheint er das Amt des Polizeipräsidenten selbst gegenüber legitimistischen, auf eine Restauration der habsburgischen Erbmonarchie zielende Bestrebungen sehr korrekt ausgeübt zu haben. Auch als Bundeskanzler versuchte er ausgleichend zu wirken, wie die angesichts der Begleitumstände seltsam erfolgreiche Verfassungsreform von 1929 zeigt.[861] In einer Wählerversammlung des Schoberblocks in Linz sagte der stürmisch begrüßte Altkanzler am 6. November 1930 von sich selber

---

856 Gertrude Enderle-Burcel, Michaela Follner, Diener vieler Herren. Biographisches Handbuch der Sektionschefs der Ersten Republik und des Jahres 1945, Wien 1997, S. 11f.
857 Adam Wandruszka, Dr. Johannes Schober. Zu seinem fünfzigsten Todestag am 19. August 1982, in: Festschrift zum 50. Todestag von DDDr. h.c. Johannes Schober. Bundeskanzler und Polizeipräsident, [Wien, 1982], S. 12.
858 Wandruszka, Dr. Johannes Schober, S. 13.
859 Wandruszka, Dr. Johannes Schober, S. 20.
860 Eduard Hochenbichler, Johannes Schober als Polizeipräsident, in: Festschrift zum 50. Todestag, S. 87.
861 Vgl. Gernot D. Hasiba, Johannes Schober und die Verfassungsreform von 1929, in: Geschichte und Gegenwart 1/83, 1983, S. 47–68, v. a. S. 67f.

prägnant, er sei „kein Politiker und kein Parteimann, sondern nur Berufsbeamter"; als „unpolitischer Verwaltungsbeamter" wolle er „auf dem Wege der Pflicht, des Rechtes und der Gerechtigkeit weitergehen", den er „durch 34 Jahre als österreichischer Beamter" gegangen sei.[862]

Andererseits zeigen die Polizeiberichte zu sozialdemokratischen Versammlungen im Nachgang zu den Ereignissen vom 15. und 16. Juli 1927, wie einschneidend Schobers Vertrauensverlust in der Arbeiterschaft war. So äußerte Nationalrat Eduard Rieger laut dem Bericht über 22 sozialdemokratische Versammlungen in Wien vom 12. bis 14. September 1927 (den Schober selber an den Bundeskanzler, den Vizekanzler und die zuständige Abteilung des Bundeskanzleramtes überstellte), dass es bei der unter den Arbeitern herrschenden Erregung „verwunderlich" sei, „dass nicht auch die Polizeidirektion in Flammen aufgegangen sei"; und Bürgermeister Seitz erklärte im gleichen Kontext in Floridsdorf, „dass man nicht Polizeipräsident einer Stadt sein könne, wenn man das Vertrauen der Mehrheit, die diese Stadt verwaltet und das Land regiert, verwirkt habe".[863] Während der Auseinandersetzung um die am 7. Dezember 1929 vom Nationalrat verabschiedete Bundes-Verfassungsgesetz-Novelle (Schober-Verfassung) äußerte Otto Bauer an einer sozialdemokratischen Versammlung in Bruck an der Mur am 5. Oktober 1929, statt das Arbeitslosenproblem und die Alters- und Invalidenversicherung in Angriff zu nehmen, sagten die Bürgerlichen in einem „Generalangriff gegen die Demokratie", die Verfassung sei jetzt das Wichtigste und zielten auf das Notverordnungsrecht hin, ähnlich dem Paragraphen 14 in der alten Monarchie, wonach der Kaiser machen konnte, was er wollte, was „10 Millionen Tote im Weltkrieg" zur Folge gehabt habe. Jetzt wage man es, dem Bundespräsidenten das Recht zu geben, einen Ausnahmezustand zu verhängen, und rufe die Heimwehren zu Hilfe. Dagegen gelte es, „alle Kräfte zu vereinigen um diesen Ansturm aufzuhalten".[864] Auf einem Flugblatt, das nach einer sozialdemokratischen Versammlung vom 6. Oktober 1929 in Wartberg o. d. Aist aus Linz nach Wien übermittelt wurde, finden sich auf einer Gruppenfoto mit dem Titel „Das sind die Heimwehrführer!" neben dem Landesführer Fürst Starhemberg und dem Grafen Clam-Martinic 16 weitere Personen, davon sieben Angehörige des Hauses Sachsen-Koburg-Gotha (fünf von ihnen weiblich) und zwei

---

862 Bundes-Polizeidirektion Linz an Bundeskanzleramt, Abteilung 1, 6. November 1930, BKA allgem., Inneres, Sig. 15/3, Karton 2440, N. 215.110-30.

863 Polizeidirektion Wien (Schober) u.a. an Bundeskanzleramt, Abteilung 8, 19. September 1927, BKA allgem., Sig. 15/3, Karton 2437, N. 158.838-27.

864 Gendarmeriepostenkommando Bruck a/M. an Bezirkshauptmannschaft Bruck a. d. Mur, 5. Oktober 1929 (Abschrift 9. Oktober 1929 an BKA, Abt. 8), BKA allgem., Sig. 15/3, Karton 2438 (Inneres 1928-29), N. 173.431-29.

Erzherzöge (Theodor Salvator und Hubert Salvator).[865] Demgegenüber bezeichnete wenig später, am 19. November 1929, der Hauptredner einer Versammlung der NSDAP/Hitlerbewegung in Salzburg die Wiener Heimwehr als „von jüdischen Führern geleitet" und die unabhängigen Gewerkschaften als ihre Begleiterscheinung, „welche ausgerottet gehören, da ihnen jede nationale Handlungsweise mangle".[866] Nach Ende der Verfassungsdiskussion triumphierten die Sozialdemokraten in Salzburg anlässlich ihrer Vertrauensmännerversammlung vom 12. Dezember 1929 dann etwas voreilig, die Verfassungsreformvorlage habe mit einem Sieg für sie geendet und der Bürgerkrieg sei abgewehrt, weil sie sich mit Schober an den Verhandlungstisch gesetzt hätten. So sei das Notverordnungsrecht nicht angenommen und verhindert worden, dass die Regierung auf Grund der Vorlage die Möglichkeit zur unbeschränkten Diktatur gehabt und ohne Parlament hätte regieren können.[867]

Im Kontext monarchistischer Umtriebe waren jeweils einschlägige Geburts- oder Todestage von besonderer Bedeutung, so ein Kinderfest der schwarzgelben Legitimisten aus Anlass des Geburtstags der früheren Kaiserin Zita am 16. Mai 1921; ähnlich eine für den 17. August 1921 geplante Messe aus Anlass des Geburtstags des früheren Kaisers, die zwar untersagt, aber dennoch durchgeführt wurde und drei Verhaftungen zur Folge hatte.[868] Von besonderem Gewicht war natürlich das Schicksal und der frühe Tod des ehemaligen Kaisers, in welchem Zusammenhang wiederholt Flugblätter beschlagnahmt wurden, so am 26. März 1922 ein Blatt mit dem Titel „Kaiser Karl in Not", worin sein Schicksal und das seiner Familie im Exil auf Madeira und der „Raub" des größten Teils ihres Privatvermögens beklagt und als „Kulturschande" qualifiziert wurde.[869] Am 11. April 1922 wurde über eine Trauerfeier im Wiener Konzerthaus aus Anlass des am 1. April erfolgten Ablebens des Ex-Kaisers berichtet, an der etwa 2000 Personen teilgenommen hätten und ein Telegramm der Ex-Kaiserin von Johann Liechtenstein verlesen worden sei.[870] An diesem Anlass wurden verschiedene Flugblätter gefunden und vermeldet, so unter anderem ein offener Brief an die Ex-Kaiserin und ein Aufruf an die Österreicher, dass „ein Mord" geschehen sei, sowie eine Anzeige an die „goldenen Wiener Herzen", wonach der Kaiser auf der fernen Insel Madeira „als

---

865 Amt der o.-ö. Landesregierung an Bundeskanzleramt (Inneres), Abt. 8, 8. Oktober 1929, BKA allgem., Sig. 15/3, Karton 2438 (Inneres 1928-39), N. 173458.
866 Polizeidirektor an Landesamtsdirektion Salzburg, 20. November 1929, BKA allgem., Sig. 15/3, Karton 2438 (Inneres 1928-29), N. 187660-29.
867 Polizeidirektor an Landesamtsdirektion Salzburg, 13. Dezember 1929, BKA allgem., Sig. 15/3, Karton 2438 (Inneres 1928-29), N. 208621-29.
868 NPA, Karton 232, Umschlag 2/10 1921, N. 144 und 154-156.
869 NPA, Karton 232, Umschlag 2/11 1922, N. 179 und 180.
870 Ebd., N. 182.

5. Vertreibung der Habsburger und Umtriebe von Monarchisten   217

Märtyrer" gestorben sei.[871] Damit wurde in gewisser Weise das nahezu ein Jahrhundert später ans Ziel gelangte Seligsprechungsverfahren eingeleitet.

Natürlich wurden auch andere Habsburger mit Anlässen bedacht, so neben Ex-Kaiser Karl auch Kaiser Franz Joseph, dessen Geburtstag zusammen mit demjenigen Karls am 20. August 1922 mit einer feierlichen Messe in der Kapuzinerkirche gefeiert wurde, an deren Ende der Legitimistenführer Oberst a. D. Gustav Wolff vor der Kirche mit „Hochrufen akklamiert" worden sei.[872] Und die Partei der österreichischen Monarchisten veranstaltete zur Erinnerung an den 25 Jahre vorher erfolgten Tod der weiland Kaiserin Elisabeth am 10. September 1923 eine Gedächtnismesse.[873]

Jeder Hochruf und jedes Singen des Kaiserliedes wurde registriert, und die Veranstaltungen legitimistischer Gruppierungen wurden systematisch observiert, wegen der oft ausfälligen Sprache ihres Chefs Oberst a. D. Gustav Wolff jene der „schwarzgelben Legitimisten" (später „kaisertreue Volkspartei") besonders intensiv.[874] Diese wollten am 21. Oktober 1922 vor dem Wiener Rathaus eine Versammlung aus Anlass des sechsten Jahrestages der Ermordung von Ministerpräsident Stürgkh abhalten, die als „Protestversammlung gegen den politischen Mord und gegen den roten Terror" gedacht war; sie wurde am Vortag (20. Oktober) wegen der „zu gewärtigenden größeren Ruhestörungen" untersagt.[875] Eine von Wolff gegen diesen Entscheid gerichtete Beschwerde wurde vom Bundesministerium für Inneres und Unterricht abgewiesen, und der von Wolff in der Folge angerufene Verfassungsgerichtshof deckte den Entscheid, weil „das Aufwühlen der Volksleidenschaft durch die Abhaltung der Versammlung [...] im staatlichen Interesse verhindert werden [musste]". Die Versammlung hätte „unter besonderen [sic] Hinweis auf Friedrich Adler und dessen jetzige Stellung als Nationalrat und Parteiführer" abgehalten werden und eine „Aufklärungspropaganda im größten Stil" in „Rücksicht auf die politischen Mordtaten an Stürgkh, Rathenau, Erzberger u. a." beinhalten sollen.[876] Wolffs Veranstaltungen wurden in der Tat immer wieder gestört. Am 1. Juli 1925 ergriff an einer solchen im XVII. Bezirk ein Kommunist das Wort und erklärte, das Haus Habsburg trage die Schuld am Weltkrieg, worauf es zu „stürmi-

---

871 Ebd., N. 184–188 u. 190–192.
872 Ebd., N. 196. Vgl. zu Wolff Mosser, Legitimismus, S. 28.
873 NPA, Karton 232, Umschlag 2/11 1923, N. 210.
874 Wolff hatte im Frühling 1920 die „Freie Vereinigung aller schwarz-gelben Legitimisten" gegründet, die im Juni 1923 den Untertitel „Kaisertreue Volkspartei" annahm, der in der Öffentlichkeit zu ihrem Namen wurde; vgl. Mosser, Legitimismus, S. 32.
875 Vgl. Polizeidirektion Wien (Schober) an Bundesministerium für Inneres und Unterricht, 16. Oktober, 20. Oktober und 22. Oktober 1922, BKA allgem., Sig. 15/3, Karton 2436, Nrn. 57967-22, 58642-22, 58882-22.
876 Abschrift des Urteils des Verfassungsgerichtshofs vom 5. Dezember 1923; BKA allgem., Sig. 15/3, Karton 2436, N. 66452/1923.

schen Protestrufen" und „Auftritten" kam und die Sicherheitswache den Saal räumen musste.[877] Auch anlässlich einer Lueger-Festversammlung der kaisertreuen Volkspartei vom 6. September 1926 im XVI. Bezirk kam es zu Tumulten mit einem Leichtverletzten und nachfolgenden Demonstrationen, weshalb auch hier die Sicherheitswache einschritt.[878]

Während Oberst a. D. Wolff an einer Versammlung vom 7. März 1928 Bundeskanzler Seipel kritisierte, weil er trotz seiner politischen Vergangenheit als Sozialminister der letzten k.k. Regierung Lammasch nicht mehr „schwarzgelb" und „kaisertreu" sei, nahm Pater Dr. Bartholomäus Fiala am gleichen Anlass zwar die patriotische Gesinnung des Bundeskanzlers in Schutz, schilderte dann aber vor allem die Verdienste der Dynastie um Österreich, das nur „unter dem Zepter der Habsburger einer neuen Zukunft entgegen gehen" könne.[879] Die Einweihung einer Kaiser-Karl-Gedenktafel am 1. April 1928 in der Michaelerkirche, der einstigen Hofpfarrkirche,[880] zeigt indessen, dass die Stimmung bezüglich der Habsburger offensichtlich am Kippen war. Hierzu finden sich zwei ausführliche von Polizeipräsident Schober unterzeichnete Berichte vom 28. März und 1. April 1928.[881] Trotzdem wurden die Versammlungen der „österreichischen legitimistischen Arbeitsgemeinschaft" und der „kaisertreuen Volkspartei" weiter observiert und oft untersagt. Erstere führte am 2. April 1928 anlässlich von Karls Todestag eine Gedächtnisfeier durch, an der verschiedene Reden gehalten wurden, so unter anderem wieder von Pater Dr. Fiala, der Leiden und Tod des Kaisers mit dem Leidensweg und der Kreuzigung Christi verglich und darauf hinwies, dass der Fluch seines Todes auf der Republik laste.[882] Oberst a. D. Gustav Wolff wollte dagegen am 18. November 1928 anlässlich des 16. Geburtstags von Otto Habsburg anschließend an eine Gedächtnismesse in der Kapuzinerkirche einen Werbeaufmarsch zum Monument Kaiser Josefs II. durchführen und einen Kranz niederlegen; die Veranstaltung wurde wegen Gefähr-

---

877 Polizeidirektion Wien (Schober) u.a. an Bundeskanzleramt, Abteilung 14, 2. Juli 1925, BKA allgem., Sig. 15/3, Karton 2436, N. 98783.

878 Polizeidirektion Wien u.a. an Bundeskanzleramt, Abteilung 8, 7. September 1926, BKA allgem., Sig. 15/3, Karton 2437, N. 155623-26.

879 NPA, Karton 232, Umschlag 2/11 1926–1930, N. 335. Vgl. auch Polizeidirektion Wien (Schober) an BKA, Abt. 8, 17. März 1928 über die gleiche Versammlung, worin gesagt wird, gegen Wolff sei Strafanzeige erstattet worden; BKA allgem., Sig. 15/3, Karton 2438 (Inneres 1928–29), N. 105489-28.

880 Vgl. Maria Habacher, Die Geschichte des Seligsprechungsprozesses und der religiösen Verehrungsformen des Dieners Gottes Karl von Habsburg, in: Jan Mikrut (Hg.), Kaiser Karl I. (IV.) als Christ, Staatsmann, Ehemann und Familienvater, Wien 2004, S. 259.

881 NPA, Karton 232, Umschlag 2/11 1926–1930, N. 339 u. 343.

882 NPA, Karton 232, Umschlag 2/11 1926–1930, N. 350.

5. Vertreibung der Habsburger und Umtriebe von Monarchisten　219

dung der öffentlichen Sicherheit und des öffentlichen Wohls aber untersagt.[883] Im Sommer jenes Jahres 1928 war Oberst a. D. Wolff, ein „Fanatiker des alten Österreich, ein Fanatiker seines Fahneneides, ein Fanatiker der Treue zu seiner Dynastie", wegen Hochverrats und Störung der öffentlichen Ruhe und Ordnung zu einem Jahr schweren Kerkers verurteilt worden, weil er in einem Schreiben an die ungarische Gesandtschaft gefordert hatte, Ungarn solle wegen der Nichtauslieferung des Revolutionsführers Béla Kun in Österreich einmarschieren.[884] Zwar war Kun 1928 in Österreich verhaftet worden, aber Justizminister Franz Dinghofer verweigerte die Auslieferung an Ungarn und trat am 26. Juni 1928 von seinem Amt zurück. In der Folge ging Kun in die Sowjetunion, wo er 1939 im Zuge von Stalins Säuberungen hingerichtet wurde.

Am 2. April 1930 fanden in Wien wiederum Veranstaltungen anlässlich des Todestages des ehemaligen Kaisers Karl statt. An der Gedächtnisfeier des Vereins „österreichische legitimistische Arbeitsgemeinschaft" war die Rede von Karls „Märtyrertod" und vom an seiner Familie begangenen „Unrecht". Pater Dr. Fiala verglich einmal mehr „die Leiden und den Tod des verstorbenen Kaisers mit dem Leidenswege und der Kreuzigung Christi" und erklärte erneut, dass auf der Republik der Fluch seines Todes laste. An der Versammlung der kaisertreuen Volkspartei vom gleichen Tag kritisierte Oberst Wolff „in abfälliger Weise" die „Kaisertreue Volksbewegung", kam auf das Hissen einer Sowjetfahne auf dem Turm einer Wiener Kirche zu reden und äußerte den Wunsch, dass sich jemand finden möge, der eine schwarzgelbe Fahne am Gebäude der „Arbeiterzeitung" anbringe.[885]

Von seinen kirchlichen Oberen wurde Pater Fiala in der Folge nahegelegt, nicht mehr in politischen Versammlungen zu sprechen. Dagegen protestierte die von Fiala präsidierte „österreichische Volksbewegung", die den „Zusammenschluss aller heimattreuen Österreicher auf Grund des bewusstösterreichischen Staatsgedankens" bezweckte. Um das Redeverbot zu umgehen, wurde ein „Komitee für Veranstaltung von Volksaufklärungsversammlungen" gegründet, in welchem Fiala wieder als Redner auftrat und am 9. Mai 1932 seine Ausführungen mit dem Ruf „Österreich erwache" beschloss.[886] Seine „österreichische Volksbewegung" tagte ihrerseits wieder am 13. Mai

---

[883] Bundespolizeidirektion Wien (Schober) an Bundeskanzleramt, Abt. 8, 30. Oktober 1928, BKA allgem., Sig. 15/3, Karton 2438 (Inneres 1928–29), N. 174669-28.

[884] Vgl. Peter Melichar, Die Kämpfe merkwürdig Untoter. K.u.k. Offiziere in der Ersten Republik, in: Österreichische Zeitschrift für Geschichtswissenschaften, 1 (1998), S. 51–84, hier S. 83.

[885] Bundes-Polizeidirektion Wien u.a. an Bundeskanzleramt, Abteilung 9, 5. April 1930, BKA allgem., Inneres, Sig. 15/3, Karton 2439, N. 136 412. Vgl. auch N. 133 217.

[886] Bundes-Polizeidirektion Wien u.a. an Bundeskanzleramt, Generaldirektion für öffentliche Sicherheit, 29. März, 10. April, 12. Mai 1932, BKA allgem., Inneres, Sig. 15/3, Karton 2443, Nrn. 142503, 147514, 161446.

1932 im VIII. Bezirk und protestierte erneut gegen das Redeverbot für Fiala, der von den Christlichsozialen, die sich als Feinde der Religion entpuppten, verleumdet worden sei. Ein anwesender Oberstleutnant erklärte, die Demokratie sei vor allem dazu geschaffen, „die Massen des Volkes zu verblöden", und eine „wirkliche Verbesserung" könne „nur durch einen Kaiser herbeigeführt werden".[887] Konkreter verlangte Wolffs kaisertreue Volkspartei am 9. Juni 1932, der Staat müsse durch die Wiedererrichtung der Monarchie unter Kaiser Otto gerettet werden. Wolff forderte deshalb die Aufhebung der Gesetze betreffend die Landesverweisung der Habsburger und die Konfiskation ihrer Güter und kritisierte wegen ihres seinerzeitigen Erlasses die Christlichsozialen ebenso wie die Sozialdemokraten, die die Monarchie verraten hätten.[888]

Von besonderem Interesse erscheint im Rückblick die Verschiebung der legitimistischen Hoffnungen auf „Kaiser Otto" nach dessen Großjährig-Erklärung zum 18. Geburtstag am 20. November 1930. Doch schon am 23. November 1926 hatte eine Oberrechnungsratswitwe anlässlich einer Versammlung der kaisertreuen Volkspartei von ihrem wenige Wochen vorher erfolgten Besuch bei der kaiserlichen Familie in Lequeitio [sic] berichtet und die guten Eigenschaften der Kaiserin Zita und ihrer Kinder geschildert; vor allem hob sie hervor, dass der älteste Sohn Otto außer deutsch bereits fließend ungarisch, französisch, kroatisch und spanisch spreche.[889] Und bereits vor der offiziellen Großjährigkeit endete eine Versammlung der kaisertreuen Volkspartei in Graz am 2. August 1930 mit einem Hoch auf Kaiser Otto.[890] Anlässlich des 18. „Geburtsfestes Ottos von Österreich" fand am 23. November 1930 in Wiener Neustadt eine Festversammlung des Reichsbundes der Österreicher statt. Baron Karl Werkmann schilderte den Leidensweg, den Kaiser Karl „unschuldig durchmachen musste". Die Ausrufung der Republik sei 1918 ungesetzlich erfolgt, weshalb die Herrscherrechte in Österreich nicht erloschen seien. Ein Kaiser sei nicht mit dem Präsidenten einer Republik vergleichbar, der, „wenn er irgend einen politischen Blödsinn gemacht hat, auf Urlaub geht". Jetzt heiße der Retter Österreichs Otto; und die Versammlung wurde mit einem Hoch auf Otto und dem stehend gesungenen Kaiserlied geschlossen.[891]

---

887 Bundes-Polizeidirektion Wien u.a. an Bundeskanzleramt, Generaldirektion für öffentliche Sicherheit, 17. Mai 1932, BKA allgem., Inneres, Sig. 15/3, Karton 2444, N. 163018.

888 Bundes-Polizeidirektion Wien u.a. an Bundeskanzleramt, Generaldirektion für öffentliche Sicherheit, 11. Juni 1932, BKA allgem., Inneres, Sig. 15/3, Karton 2444, N. 173901.

889 Polizeidirektion Wien (Schober) u.a. an Bundeskanzleramt, Abteilung 8, 9. Dezember 1926, BKA allgem., Sig. 15/3, Karton 2437, N. 183.055 – 26.

890 Polizeidirektion Graz an Bundeskanzleramt, Abteilung 8, 12. August 1930, BKA allgem., Inneres, Sig. 15/3, Karton 2439, N. 186375 – 30.

891 Situationsbericht Bundes-Polizeikommissariat Wiener Neustadt u.a. an Bundeskanzleramt, Abteilung 8, 27. November 1930, BKA allgem., Inneres, Sig. 15/3, Karton 2440, N. 222 598.

Vom mittlerweile volljährigen Otto sagte Oberst a. D. Wolff ein Jahr später (25. August 1931) in einer Gastwirtschaft im XIV. Bezirk gemäß Polizeibericht vom 2. September 1931, dass er – bevor er nach Österreich komme – das Doktorat erwerben müsse, um zu beweisen, dass das Geschlecht der Habsburger nicht degeneriert sei (Otto wurde nach dem Studium der Staats- und Sozialwissenschaften in der Tat 1935 in Löwen promoviert). Unter Habsburgs Zepter würden Österreich und die Tschechoslowakei als Industrie- und Ungarn und Jugoslawien als Agrarländer in einem künftigen Staatenbund vereinigt werden.[892]

Ottos 19. Geburtstag wurde am 20. November 1931 von der Steyrer Ortsgruppe des „Reichsbundes der Österreicher" mit einem Gedicht gefeiert, das Otto in der Verbannung grüßte und in der zweiten Strophe seine Rückkehr erhoffte („Dir mein Kaiser sei beschieden/Alter, Ruhm und neues Glück:/Bring den Völkern endlich Frieden/Kehr zur Heimat bald zurück."); ein Professor des Stiftes Seitenstetten erzählte in seiner Gedenkrede, dass er 1930 auf sechs Wochen zur Vorbereitung Ottos auf die Reifeprüfung nach Spanien berufen worden sei und sich von den Charaktereigenschaften, dem Wissen und insbesondere den Sprachkenntnissen Ottos habe überzeugen können.[893] Der bereits erwähnte Karl Werkmann, Hauptmann a. D. und letzter Sekretär Kaiser Karls, sprach zu dessen 10. Todestag am 2. April 1932 wiederum vor der Steyrer Ortsgruppe des „Reichsbundes der Österreicher" über Karl als Thronfolger, Herrscher und Verbannten, der als „Friedensfürst" wie „ein Bettler in der Fremde habe sterben müssen"; das an ihm begangene Unrecht könne „nur durch Wiedereinsetzung seines Sohnes Otto als Regenten gutgemacht werden".[894]

Von den für den 20. Geburtstag des „ehemaligen Kronprinzen Otto" am 20. November 1932 seitens der „Partei der österreichischen Legitimisten" gemeinsam mit der „Österreichischen legitimistischen Arbeitsgemeinschaft" sowie seitens der „Kaisertreuen Volkspartei" geplanten Kundgebungen wurden die Festmessen und Kranzniederlegungen, beide am Denkmal Kaiser Josefs II., bewilligt, während die öffentlichen Aufzüge untersagt wurden, weil sie „zweifellos Anlass zu Gegendemonstrationen seitens der gegnerisch eingestellten Bevölkerungskreise" bieten würden.[895] Im Nachgang dazu fand

---

892 NPA, Karton 232, Umschlag 2/11 1931, N. 405. S. auch BKA allgem., Inneres, Sig. 15/3, Karton 2442, N. 193269.
893 Bundes-Polizeikommissariat Steyr an Bundeskanzleramt, Generaldirektion für öffentliche Sicherheit, 21. November 1931, BKA allgem., Inneres, Sig. 15/3, Karton 2442, N. 223448.
894 Bundes-Polizeikommissariat Steyr an Bundeskanzleramt, Generaldirektion für öffentliche Sicherheit, 4. April 1932, BKA allgem., Inneres, Sig. 15/3, Karton 2443, N. 144946.
895 Bundes-Polizeidirektion Wien u.a. an Bundeskanzleramt, Generaldirektion für öffentliche Sicherheit, 15. November 1932, BKA allgem., Sig. 15/3, Karton 2445, N. 234764. Vgl. ebd. Nrn. 236582 u. 236583.

am 22. November 1932 im XIV. Bezirk aus dem gleichen Anlass (Ottos 20. Geburtstag) eine Festversammlung der kaisertreuen Volkspartei statt, an welcher Oberst a. D. Wolff äußerte, die Wiederaufrichtung der Monarchie werde in Österreich vor allem durch die Tschechen, Serben und Kommunisten verhindert. Deshalb gehörten die Gesandtschaften der Tschechoslowakei und der Sowjetunion ausgeräuchert und Benesch und Masaryk an den Galgen. Besonders angezeigt sei aber, die Fenster der serbischen Gesandtschaft einzuschlagen, „damit dieses Gesindel daran erinnert werde, dass das österreichische Volk den Mord von Sarajewo noch nicht vergessen habe". Die Bundespolizeidirektion bemerkte dazu, dass gegen Wolff wegen dieser Äußerungen (nicht zum ersten und nicht zum letzten Mal) eine Strafamtshandlung eingeleitet worden sei.[896]

Als eine anderthalb Jahre vorher, am 10. Mai 1931, von der Volkspartei österreichischer Monarchisten (Österr. legitimistische Arbeitsgemeinschaft) anlässlich des 72. Todestages des am 11. Mai 1859 verstorbenen Erzherzogs Johann mit ungefähr 150 Teilnehmern und ebenso vielen Neugierigen in Graz durchgeführte Gedenkfeier „mit einem ‚Hoch' auf den künftigen König Otto" endete, brach „eine größere Gruppe von Jungsozialisten in lautes Gelächter aus, während eine den besseren Ständen angehörige Dame ‚Heil Hitler' rief". Zu weiteren Zwischenfällen sei es indessen nicht gekommen.[897] Mittlerweile hatten sich im politischen Spektrum rechts außen doch Konkurrenten der gefährlicheren Art etabliert und traten immer massiver in Erscheinung, vom Machtrausch, der die österreichischen Nationalsozialisten am 30. Januar 1933 erfasste, nicht zu reden. Noch am gleichen Abend veranstalteten sie eine Reihe von Massenversammlungen in Wien, welchen den ganzen Februar über täglich weitere Versammlungen folgten (an einer von ihnen wurde von einem Wiener Stadtrat gesagt, „Österreich sei künstlich zum Blinddarm Europas gemacht worden"),[898] und am Abend des 30. Januar sofort etwa in Innsbruck eine große Festkundgebung mit Zu- und Abmärschen „im geschlossenen Zuge mit Fackeln und Musik".[899]

Am 7. April 1930 hatte „ein Parteigenosse Himmler aus München" an einer nationalsozialistischen Versammlung in Linz vom „drohenden Verfall des deutschen Volkes" gesprochen, wie am Tag darauf nach Wien berichtet wurde.[900] Zwei Tage später wur-

---

896 Bundes-Polizeidirektion Wien u.a. an Bundeskanzleramt, Generaldirektion für öffentliche Sicherheit, 30. November 1932, BKA allgem., Sig. 15/3, Karton 2445, N. 241543.
897 Polizeidirektion Graz an Bundeskanzleramt, Generaldirektion für öffentliche Sicherheit, 13. Mai 1931, BKA allgem., Inneres, Sig. 15/3, Karton 2441, N. 151512.
898 Bundes-Polizeidirektion Wien u.a. an Bundeskanzleramt, Generaldirektion für öffentliche Sicherheit, 11. März 1933, BKA allgem., Sig. 15/3, Karton 2446, N. 130238.
899 Landesamtsdirektor Tirol an Bundeskanzleramt, Generaldirektion für öffentliche Sicherheit, 2. Februar 1933, BKA allgem., Sig. 15/3, Karton 2446, N. 114786.
900 Bundes-Polizeidirektion Linz an Bundeskanzleramt, Abteilung 8, 8. April 1930, BKA allgem., Inneres, Sig. 15/3, Karton 2439, N. 137772.

den Präzisierungen über Himmler nachgeschoben; er solle der Führer der nationalsozialistischen Schutzstaffeln Deutschlands sein, „angeblich eine Art ‚Parteipolizei'", und in Linz sei mit der Aufstellung einer derartigen Abteilung begonnen worden, die „8 Mann stark sein soll". Hauptzweck der Anwesenheit Himmlers in Linz soll nicht die Versammlung gewesen sein, über die zwei Tage vorher berichtet wurde, sondern die Fühlungnahme mit Ernst Rüdiger Starhemberg, Landesleiter der o.ö. Heimatwehren, mit dem es zu einer Verständigung gekommen sei, um „in Zukunft gegenseitige Reibereien und Zwischenfälle zu verhindern".[901]

Kaum zufällig wurden die Versammlungen der kaisertreuen Volkspartei jeweils von Nationalsozialisten gestört, so am 23. März 1931 in einer Gastwirtschaft im II. Bezirk, als es zwischen Anhängern dieser Partei und eingedrungenen Nationalsozialisten zu einer Schlägerei kam.[902] Solchen Bedrohungen gegenüber versuchten sich potentielle Opfer enger zusammen zu schließen, so auch jüdische Organisationen, „um den Gewaltaktionen der Antisemiten und insbesondere der Nationalsozialisten wirksam entgegentreten zu können", wie an einer Versammlung der jüdischen Volkspartei und der Zionisten-Revisionisten Österreichs am 13. Juni 1932 in einem Hotel im II. Bezirk ausgeführt wurde: „Wenn die in Wien lebenden 250.000 Juden sich in einem Lager zusammenfänden, würden die Tage des Antisemitismus gezählt sein", wurde gesagt, wobei die Juden aber auf sich selber angewiesen seien, da sich auch die Sozialdemokraten als Antisemiten entpuppt hätten.[903] Auch eine Versammlung jüdischer Frontsoldaten fand am 28. Juli 1932 im gleichen Bestreben statt, „die bisher in zahlreiche Lager gespaltene Judenschaft zu vereinigen".[904] Nach Hitlers Machtergreifung wurden dann vielleicht allzu selbstkritische Stimmen laut, so als der Führer der „Jüdischen Volkspartei" an verschiedenen Veranstaltungen in der zweiten Maihälfte 1933 in Wien ausführte, die deutschen Juden seien dem Marxismus nachgelaufen und hätten die Sozialdemokraten „in ihren staatsfeindlichen Bestrebungen unterstützt"; auch in Österreich hätten sie sich zu spät erinnert, „dass sie österreichische Staatsbürger seien".[905]

---

901 Bundes-Polizeidirektion Linz an Bundeskanzleramt, Abteilung 8, 10. April 1930, BKA allgem., Inneres, Sig. 15/3, Karton 2439, N. 139016.

902 Bundes-Polizeidirektion Wien an Bundeskanzleramt, Generaldirektion für öffentliche Sicherheit, 26. März 1931, BKA allgem., Inneres, Sig. 15/3, Karton 2441, N. 130697.

903 Bundes-Polizeidirektion Wien u.a. an Bundeskanzleramt, Generaldirektion für öffentliche Sicherheit, 15. Juni 1932, BKA allgem., Inneres, Sig. 15/3, Karton 2444, N. 176152.

904 Bundes-Polizeidirektion Wien u.a. an Bundeskanzleramt, Generaldirektion für öffentliche Sicherheit, 31. Juli 1932, BKA allgem., Inneres, Sig. 15/3, Karton 2445, N. 193608.

905 Bundes-Polizeidirektion Wien u.a. an Bundeskanzleramt, Generaldirektion für öffentliche Sicherheit, 30. Mai 1933, BKA allgem., Sig. 15/3, Karton 2447, N. 165656.

Ähnliche Zusammenschlüsse versuchten auch die Nostalgiker der Monarchie, wenngleich unter weniger dramatischen Umständen. So handelte ein Polizeibericht am 17. November 1932 von Bestrebungen, alle monarchistischen bzw. legitimistischen Organisationen in einer Dachorganisation zu vereinigen; unabhängig voneinander seien bereits zwei Spitzenorganisationen entstanden, der Eiserne Ring unter dem k.u.k. Gesandten a. D. Dr. Friedrich Ritter von Wiesner und der österreichische Ring unter dem ehemaligen Kabinettsdirektor Arthur Graf Polzer-Hoditz.[906] An einer Versammlung des „Reichsbundes der Österreicher", der zur erstgenannten Organisation gehörte, kritisierte Wiesner die Reise des Führers der österreichischen Nationalsozialisten nach Berlin, um Weisungen von Hitler zu empfangen,[907] und berichtete über seine eigene Reise zu „Kaiser Otto", von dem er „die besten Eindrücke" gewonnen habe, worauf es nach Ende der Versammlung zu Tätlichkeiten zwischen nationalsozialistischen Parteigängern und Anhängern der monarchistischen Bewegung kam.[908]

In der Folge wurde nach den Ereignissen vom 4. März 1933 im Nationalrat und dem Übergang zur Kanzlerdiktatur, „eine Art ‚kalter' Staatsstreich in mehreren Etappen" (Gerhard Botz),[909] alles ‚anders', auch wenn es sich schon länger vorbereitet hatte, beispielsweise in der im Oktober 1932 von der Generaldirektion für öffentliche Sicherheit im Bundeskanzleramt geführten Diskussion um Überwälzung der aus Sicherheitsvorkehrungen entstehenden Aufmarschkosten auf die Parteien, womit sich eine Einschränkung der Versammlungsfreiheit abzuzeichnen begann.[910] An einer Sitzung des Tiroler Landesparteiausschusses der Sozialdemokratischen Partei wurde fast ein Jahr später, am 30. September 1933, festgestellt, die Regierung gehe darauf aus, die

---

906 Polizeibericht vom 17. November 1932, NPA, Karton 232, Umschlag 2/11 1932, N. 426. Wiesner war zuletzt Chef des Kabinetts des Ministers (Flotow) im Liquidierenden Ministerium des Äußern gewesen; vgl. Matsch, Auswärtiger Dienst, S. 174. Mitte September 1919 hatte Karl Renner erwogen, ihn als Sektionschef mit der Anwartschaft zum Staatsamtsdirektor ins Staatsamt für Äußeres zu übernehmen, woraus – offenbar wegen der Gegnerschaft eines Teils der Sozialdemokraten – nichts wurde; vgl. Schagerl, Friedrich von Wiesner, S. 105–108. S. zu Wiesner, dem „bedeutendsten und bekanntesten Legitimisten Österreichs zwischen den beiden Weltkriegen", auch Mosser, Legitimismus, S. 29f.

907 Gemeint dürfte der RT-Abgeordnete Theo Habicht gewesen sein, der als Landesinspektor der österreichischen NSDAP wirkte; er wurde am 13. 6. 1933 in Linz verhaftet und ausgewiesen.

908 Polizeibericht vom 11. Februar 1933, NPA, Karton 232, Umschlag 2/11 1933, N. 449. S. auch BKA allgem., Sig. 15/3, Karton 2446, N. 117900.

909 Gerhard Botz, Gewaltkonjunkturen, Arbeitslosigkeit und gesellschaftliche Krisen. Formen politischer Gewalt und Gewaltstrategien in der Ersten Republik, in: Helmut Konrad, Wolfgang Maderthaner, Das Werden der Ersten Republik ... der Rest ist Österreich, Band I, Wien 2008, S. 339–362, hier S. 355.

910 Vgl. Meldung an den Herrn Bundeskanzler [Dollfuß], 11. Oktober 1932 (mit angeschlossenem Bundesverfassungsgesetz-Entwurf), BKA allgem., Sig. 15/3, Karton 2445, N. 220791.

Kraft der Arbeiterklasse durch das Zerschlagen der Gewerkschaftsorganisationen zu brechen. Der erste Streich sei schon die Auflösung des Schutzbundes gewesen; der zweite Streich gegen die Gewerkschaften werde zwangsläufig zur Auflösung der sozialdemokratischen Partei führen, denn der Kanzler wolle im künftigen Ständestaat die Parteien ausgeschaltet haben. In der Diskussion wurde gesagt, „man habe genug vom ewigen Zuwarten, man verlange von den Führern, dass es nun endlich ans Handeln gehe".[911] Nicht erstaunlich wurden in der Folge sämtliche 19 in den 19 Wiener Bezirken für den 10. November 1933 anberaumten sozialdemokratischen Wahlvereinsversammlungen „Gegen den Faschismus, für Österreichs Freiheit und Unabhängigkeit" von der Bundespolizeidirektion im Sinne des § 6 des Gesetzes vom 15. November 1867 über das Versammlungsrecht aus Gründen der öffentlichen Sicherheit und des öffentlichen Wohls untersagt.[912]

Demgegenüber hatte sich der Gesandte a. D. Wiesner in einer Gedächtnisfeier aus Anlass der 11. Wiederkehr des Todes von „weiland Kaiser Karl" schon am 1. April 1933 hinter Bundeskanzler Dollfuß gestellt, der die Macht der Sozialdemokraten gebrochen habe, und die Nationalsozialisten als Landesverräter bezeichnet.[913] Auch die Gruppe um Oberst a. D. Wolff sprach Anfang Mai 1933 von den „hervorragenden Verdiensten" Dollfuß' im „Kampf gegen die Rote Pest und die braune Gefahr".[914] Am 19. Juni 1933 wurde in der Tat jede Betätigung der NSDAP in Österreich verboten. Dagegen konnte der „Reichsbund der Österreicher" am 21. Oktober 1933 in Villach eine Mitgliederversammlung durchführen, an welcher das nationalsozialistische Deutschland scharf verurteilt wurde, weil es sich – unter anderem durch den Austritt aus dem Völkerbund – „zur ganzen Welt in Gegensatz gestellt" habe.[915]

Während im Bürgerkriegsjahr 1934, wie der Archivkarton mit den Polizeiberichten dieses Jahres erweist, fast alles verboten wurde, erhielt der Reichsbund der Österreicher – unter der Bedingung, dass die Feier im geschlossenen Lokal stattfinde, kein Aufsehen errege und in der Presse nichts veröffentlicht werde – die Erlaubnis, am 17. November 1934 in Wiener Neustadt „aus Anlass des Geburtstages des vormaligen Erzherzogs Otto eine Feier zu veranstalten", und dies obwohl die achttägige Anmeldefrist nicht beachtet worden war.[916]

---

911 Bundes-Polizeikommissariat Innsbruck an Bundeskanzleramt, Generaldirektion für öffentliche Sicherheit, 19. Oktober 1933, BKA allgem., Sig. 15/3, Karton 2447, N. 227799.
912 Bundes-Polizeidirektion Wien u. a. an Bundeskanzleramt, Generaldirektion für öffentliche Sicherheit, 8. November 1933, BKA allgem., Sig. 15/3, Karton 2447, N. 235323.
913 Polizeibericht vom 4. April 1933, NPA, Karton 232, Umschlag 2/11 1933, N. 461.
914 Mosser, Legitimismus, S. 245.
915 Bundespolizeikommissariat Villach an Bundeskanzleramt, Generaldirektion für öffentliche Sicherheit, 31. Oktober 1933, BKA allgem., Sig. 15/3, Karton 2447, N. 232229.
916 Amtsnotiz, Bundeskanzleramt, 19. November 1934, BKA allgem., Sig. 15/3, Karton 2448 (1934), N.

Der Gesandte a. D. Friedrich Wiesner war ein führendes Mitglied des 1920/21 durch verschiedene Zusammenschlüsse entstandenen „Reichsbundes der Österreicher" und blieb es im 1932 gegründeten Dachverband des „Eisernen Ring". Insofern als der „Reichsbund" der von der Ex-Kaiserin 1925 autorisierte offizielle Vertreter der Interessen des ehemaligen Herrscherhauses war, war Wiesner bis 1938 der wichtigste Repräsentant des österreichischen Legitimismus.[917] An der Jahreshauptversammlung des „Reichsbundes" vom 3. Juni 1930 berichtete ein Dr. Karl d'Avernas über seinen Besuch bei der kaiserlichen Familie in Belgien und an der Universität Löwen, wo Otto studierte, und stellte fest, Ex-Kaiserin Zita sei über die politischen Verhältnisse in Österreich genau unterrichtet, und auch Otto zeige „grosses Interesse für die innerpolitischen Vorgänge in Österreich".[918] Nach seiner Großjährig-Erklärung am 20. November 1930 setzte Otto aus Belgien die Politik seiner Mutter fort.

Die Gruppe um Oberst a. D. Wolff gehörte dagegen bis Ende November 1937 dem „Eisernen Ring" nicht an; seine „Kaisertreue Volkspartei" betrachtete sich – im Gegensatz zum „Reichsbund" – von Anfang an als politische Partei, verlor aber gegenüber dem „Eisernen Ring" zunehmend an Bedeutung.[919] Wolff geriet 1933 einmal mehr auch persönlich in Schwierigkeiten, weil er Mussolini im September jenes Jahres öffentlich als „ehemaligen Bolschewiken und Gesinnungslumpen" beschimpfte und in der Bundespolizeidirektion sich die Frage stellte, ob er, der als „exaltiert" galt, einer Strafverfolgung zugeführt werden solle.[920] Es ist zu vermuten, dass nichts daraus wurde.

Am 20. April 1933 ersuchte Karl Bils, Obmann der 1930 von der Wolff-Partei abgespaltenen „Kaisertreuen Volksbewegung", gemäß damaligem Polizeibericht „polit. vollkommen bedeutungslos",[921] in einer Eingabe an das Bundeskanzleramt darum, Otto Habsburg-Lothringen, einem „Kind Österreichs", eine befristete Einreisebewilligung zu erteilen „zum Zwecke der Ablegung des Doktorrates [sic] an einer österreichischen Universität z. B. Innsbruck, und zu den Feierlichkeiten der Erinnerung des Entsatzes Wiens [1683] sowie der Vollendung des Stephansturmes [1433]"; auf der letzten Seite

---

315546.
917 Vgl. Mosser, Legitimismus, S. 49f., sowie Schagerl, Friedrich von Wiesner, S. 127ff. u. 135f.
918 Polizeidirektion Graz an Bundeskanzleramt, Abteilung 8, 5. Juni 1930, BKA allgem., Inneres, Sig. 15/3, Karton 2439, N. 160135.
919 Vgl. Mosser, Legitimismus, S. 44 u. 50f. Infolge des Parteienverbots musste der „Wolff-Verband" seinen Namen in „Kaisertreuen Volksverband" abändern; er wurde am 20. November 1937 auf Wunsch der exkaiserlichen Familie als „Kaisertreue Volksbewegung" dem „Eisernen Ring" inkorporiert. Damit wurde die Spaltung des organisierten Legitimismus in zwei Hauptgruppen kurz vor dem „Anschluss" überwunden. Vgl. Mosser, Legitimismus, S. 261 u. 340.
920 Polizeibericht vom 22. September 1933, NPA, Karton 232, Umschlag 2/11 1933, N.483.
921 Polizeidirektion Wien an Bundeskanzleramt, Abteilung 8, 4. August 1930, BKA allgem., Inneres, Sig. 15/3, Karton 2439, N. 182607.

5. Vertreibung der Habsburger und Umtriebe von Monarchisten   227

der Eingabe steht (wie es scheint mit Paraphe von Dollfuß), „auf die vorliegende Eingabe wäre der malen nicht näher einzugehen".[922] Demgegenüber ließ sich Dollfuß' Nachfolger Schuschnigg mehr auf legitimistische Vorhaben und auf Otto von Habsburg persönlich ein.[923] Wie die Polizeiberichte erweisen, waren die Legitimisten mittlerweile ins ständestaatliche System hineingewachsen, und Adelstitel konnten wieder normal verwendet werden. Ihre Archiv-Unterlagen scheinen jetzt weniger Observantenberichte als Bewilligungen von Veranstaltungen gewesen zu sein, die immer klarer im Rahmen der Vaterländischen Front stattfanden.[924]

1935 häuften sich Aktivitäten im Kontext von Ehrenbürger-Ernennungen Ottos, diesbezüglicher Festessen oder feierlicher Überreichungen von Dankschreiben (oft durch Erzherzog Eugen),[925] aber auch allgemeine Kaiser-Feiern. Eine solche fand etwa im oberösterreichischen Randhofen statt, wozu die Sicherheitsdirektion Linz festhielt, ihre „doch etwas zu krasse legitimistische Aufmachung" habe nicht verhindert werden können, da sie „vor vollendete Tatsachen" gestellt worden sei; aus Wien wurde sie deshalb angewiesen, auf die Lokalpresse einzuwirken, dass möglichst wenig Berichte über die Feier veröffentlicht würden.[926]

Nach Mitte 1935 nahmen Berichte über Veranstaltungen des Reichsbundes der Österreicher generell zu. So führte in Klagenfurt der aus Wien angereiste Baron Zessner-Spitzenberg am 5. Oktober 1935 aus, obwohl die Legitimisten mit Dr. Seipel nicht immer einverstanden gewesen seien, habe dieser doch „zielbewusst" die Grundlagen für das neue Österreich geschaffen. Ohne ihn und Dollfuß wäre kein neues Österreich gekommen. Kurz vor seiner Ermordung habe Dr. Dollfuß gesagt, er sei im Herzen zwar Republikaner und Demokrat, doch sage ihm sein Verstand, dass Österreich „nur durch eine monarchistische Verfassung gerettet werden" könne. Außer diesen beiden Kanzlern habe sich der ehemalige Heeresminister Vaugoin besonders um Österreich verdient gemacht, weil er verstanden habe, aus der „verlotterten roten Volkswehr" eine „verlässliche Wehrmacht" zu schaffen.[927] Am 4. November 1935 betonte der Gesandte a. D. Baron Wiesner (wobei ein weiter republikanisch gesinnter Leser den „Baron"

---

922 BKA/allgem., Inneres, Sig. 20/1, Karton 4611, N. 147.499-33.
923 Vgl. Mosser, Legitimismus, passim, aber vor allem S. 262–355.
924 Vgl. zum Legitimismus im austrofaschistischen Ständestaat Johannes Thaler, Legitimismus – Ein unterschätzter Baustein im autoritären Österreich, in: Florian Wenninger, Lucile Dreidemy (Hg.), Das Dollfuß/Schuschnigg-Regime 1933–1938. Vermessung eines Forschungsfeldes, Wien – Köln – Weimar 2013, S. 69–85, v. a. S. 70ff.
925 Beispiele solcher Dankschreiben-Überreichungs-Aktionen finden sich in BKA allgem., Sig. 15/3, Karton 2449, u.a. die Nrn. 349186, 357950, 360245, 360724.
926 Amtsnotizen, Wien, 27. u. 29. Juni 1935, BKA allgem., Sig. 15/3, Karton 2449, N. 342052.
927 Bundespolizeikommissariat Klagenfurt an Bundeskanzleramt, Staatspolizeiliches Büro, 8. Oktober 1935, BKA allgem., Sig. 15/3, Karton 2449, N. 365054.

rot durchstrich) an einem Vortragsabend des Reichsbundes der Österreicher, ebenfalls in Klagenfurt, der Legitimismus sei die Urzelle der Vaterländischen Front, und das Endziel der Vaterländischen Front sei die Aufrichtung der österreichischen Monarchie. Mittlerweile sehe auch Frankreich in einer solchen die „beste Garantie für eine ruhige Entwicklung"; England stehe der Habsburger-Restauration ohnehin neutral gegenüber und Italien brauche ein gesichertes Hinterland.[928] Eine Woche später wurde in Klagenfurt auch eine Frauenortsgruppe des Reichsbundes der Österreicher gegründet, die den Namen „Zita-Vereinigung" tragen sollte und vom Obmann der Landesgruppe Kärnten Graf Czernin aufgefordert wurde, „intensive Propaganda für die kaiserliche Familie zu entfalten". Frau Dr. Malvine Neumann forderte die Frauen auf, gegen die Feinde der Kaiserin Zita zu kämpfen, und schilderte sie „als die beste Österreicherin", welche die deutsche Sprache stets beibehalten habe.[929] In Salzburg sprach am 21. November 1935 der letzte Sekretär Kaiser Karls (Karl Werkmann) „anlässlich des Geburtstagsfestes Sr. Majestät des Kaisers Otto" zum Thema „Der Kaiser der Zukunft". Seitens der Bundespolizeidirektion wurde ihm zur Auflage gemacht, Erörterungen außenpolitischer Natur zu unterlassen.[930]

Mittlerweile wurden die Veranstaltungen des Reichsbundes der Österreicher bzw. des Eisernen Rings jeweils vom Bundesführer der Vaterländischen Front bewilligt und vom Generalsekretariat dem Staatspolizeilichen Büro gemeldet, so mit Schreiben vom 23. November 1935, als sieben bewilligte Veranstaltungen im Zeitraum Dezember 1935/Januar 1936 (vier in Wien, zwei in St. Pölten, eine in Wiener Neustadt) samt den vorgesehenen Rednern gemeldet wurden; zu diesen gehörten u. a. Hofrat Dr. Hans Karl Freiherr von Zessner-Spitzenberg, Hochwürden Prof. Dr. Franz Richter, Hauptmann a. D. Josef v. Traun und der Gesandte a. D. Dr. Friedrich Ritter von Wiesner. Letzterer sollte über „Die weltpolitische Lage und der österreichische Legitimismus" sprechen.[931] Eine ähnliche Meldung erfolgte am 10. April 1936 für elf Veranstaltungen des „Reichsbundes der Österreicher", des „Eisernen Rings" und der „Legitimistischen Arbeitsgemeinschaft" zwischen Mitte April und Mitte Mai, die „vom Standpunkt der Vaterländischen Front aus genehmigt" seien, mit Ausnahme dreier Auftritte des Rats

---

928 Bundespolizeikommissariat Klagenfurt an Bundeskanzleramt, Staatspolizeiliches Büro, 6. November 1935, BKA allgem., Sig. 15/3, Karton 2449, N. 370187.
929 Bundespolizeikommissariat Klagenfurt an Bundeskanzleramt, Staatspolizeiliches Büro, 12. November 1935, BKA allgem., Sig. 15/3, Karton 2449, N. 372120.
930 Amtsvermerk, Wien 18. November 1935, BKA allgem., Sig. 15/3, Karton 2449, N. 372744; vgl. auch N. 373682.
931 Vaterländische Front, Generalsekretariat, an Bundeskanzleramt, Generaldirektion für öffentliche Sicherheit, Staatspolizeiliches Büro, 23. November 1935, BKA allgem., Sig. 15/3, Karton 2449, N. 373868.

der Stadt Wien Hauptmann i. R. Felix Engelbrecht, für den der Bundesführer der Vaterländischen Front ein Redeverbot für das ganze Bundesgebiet erlassen habe.[932] Im Zusammenhang mit einer am 15. August 1936 vom Kameradschafts- und Kriegerverein in Mürzzuschlag geplanten Enthüllung einer Kaiserbüste wurde bei der (trotz dem am 2. Juni 1936 erlassenen Versammlungsverbot erfolgten) Genehmigung festgehalten, es dürften keine politischen Reden gehalten werden, und die Feier müsse sich im Rahmen der von der Vaterländischen Front für monarchistische Veranstaltungen ausgegebenen Richtlinien bewegen.[933]

Hieraus ergibt sich, dass die Legitimisten/Monarchisten inzwischen durchaus im ständestaatlich-vaterländischen System angelangt und darin eingebunden waren. Allerdings wurde etwa im Fall einer von der österreichischen Jugend- und Volksbewegung „Ottonia" in Graz am 28. November 1936 vorgesehenen vaterländischen Treuekundgebung vom Politischen Büro im Bundeskanzleramt festgehalten, Versammlungen und Kundgebungen legitimistischer Verbände könnten nur dann zur Kenntnis genommen werden, wenn sie durch den „Eisernen Ring", und zwar durch den Ringführer Gesandten Wiesner persönlich, angemeldet würden.[934] Die mittlerweile erfolgte Integration der Monarchisten/Legitimisten in den Ständestaat zeigt nicht zuletzt eine Huldigungsfeier anlässlich des goldenen Priesterjubiläums von Fürsterzbischof Dr. Sigismund Waitz am 26. September 1936 in Innsbruck, woran Erzherzog Eugen und Erzherzogin Adelheid teilnahmen, denen der Gefeierte in seiner Rede den Segensgruß entbot und auf das ganze kaiserliche Haus ausdehnte; auch dem Heldenkaiser Karl widmete er ein „ehrendes Gedenken", das bis zu seinem Grab auf der Insel Madeira dringen solle.[935]

Anlässlich einer vom Reichsbund der Österreicher am 15. August 1936 in Eisenstadt veranstalteten Versammlung, der neben dem Landesstatthalter, dem Bürgermeister und anderen Honoratioren auch Erzherzog Georg beiwohnte (welcher Dankschreiben an 43 burgenländische Gemeinden verlas, die Erzherzog Otto zum Ehrenbürger ernannt hatten), wurde in der Festrede von Bundeskulturrat Riedl „im Namen der Burgenländer" ausgeführt, 1918 sei nach der Entthronung „unserer Herrscher" das Reich in Trümmer gefallen, und auch im Juli 1927 sowie im Februar und Juli 1934 sei Öster-

---

932 Vaterländische Front, Generalsekretariat, an Bundeskanzleramt, Generaldirektion für öffentliche Sicherheit, Staatspolizeiliches Büro, 10. April 1936, BKA allgem., Sig. 15/3, Karton 2450 (1936), N. 323132. Das Redeverbot gegen Engelbrecht wurde am 3. Dezember 1936 aufgehoben, aber mit der Einladung, jenen Veranstaltungen, an welchen er auftrete, „ein besonderes Augenmerk zuzuwenden"; ebd., N. 373176.
933 Vgl. BKA allgem., Sig. 15/3, Karton 2450 (1936), N. 350066.
934 Vgl. BKA allgem., Sig. 15/3, Karton 2450 (1936), N. 365589 (24. 10., 2. 11., 5. 11. 1936).
935 Bundes-Polizeidirektion Innsbruck an Generaldirektion für öffentliche Sicherheit, Staatspolizeiliches Büro, 28. September 1936, BKA allgem., Sig. 15/3, Karton 2450 (1936), N. 359982.

reich „schwer erschüttert" worden. Nun sei es an der Zeit, das Unrecht am Volk und am „kaiserlichen Märtyrer" wieder gut zu machen; Seipel, Dollfuß und Schuschnigg hätten den Grundstein gelegt und jetzt heiße es, „den letzten Schutt hinwegzuräumen" und dem Kaiser zu geben was des Kaisers sei.[936]

1937 sahen sich die Legitimisten nahe am Ziel, wie sich in einer ganzen Reihe von Veranstaltungen des Reichsbundes der Österreicher oder der Dachorganisation „Eiserner Ring" zeigt. Dokumentiert sind im von mir eingesehenen Archivbestand über ein Dutzend Veranstaltungen zwischen Mitte Januar und Ende April 1937, die von der Bundespolizeidirektion wieder ausgiebig beobachtet wurden, was bedeuten könnte, dass man angesichts zunehmender Aktivitäten der illegalen Nationalsozialisten und verstärktem Druck seitens des faschistischen Italien über den Ausgang der Entwicklung keineswegs sicher war (was sich ein Jahr später dramatisch bestätigen sollte). Aus den teilweise sehr ausführlichen Berichten werden lediglich einige argumentativ repräsentative Äußerungen exzerpiert, weil sonst der Rahmen der Studie gesprengt würde.

An einer Reichsbundversammlung im II. Bezirk erklärte ein ehemaliger Sozialdemokrat am 14. Januar 1937, nach allen Wirren der letzten Jahre seien die Arbeiter zur Überzeugung gelangt, dass ihnen die Republik viel genommen, aber nichts gegeben habe. Ihre ganze Hoffnung auf eine bessere Zukunft bilde nunmehr die Rückberufung des in der Verbannung lebenden Kaisers. Ein beurlaubter Major betonte daraufhin, dass Dr. Schuschnigg in dieser Richtung sicher alles unternehme, was in seiner Kraft stehe. Abschließend erklärte ein Vertreter der Bundesleitung des Reichsbundes, „rot-weiß-rot" müsse sich mit „schwarz-gelb" verbinden, sonst gebe es in Österreich kein Leben mehr, womit zumindest eine treffende Formel für den anpasserischen Kurs der Legitimisten gefunden worden war.[937]

In einem Sammelbericht über drei Reichsbundversammlungen vom 18. und 19. Januar 1937 im VII., XIV. und XXI. Bezirk wurde ebenfalls von Arbeiterseite darauf hingewiesen, dass die Arbeiterschaft kein vaterlandsloses Gesindel sei und der 25. Juli 1934 nicht vergessen werde; die Arbeiter würden nie dulden, dass „aus der Dollfußstrasse eine ‚preußische Hitlerstrasse' werde". Wohl habe der 12. Februar 1934 – wie ein teilnehmender Redakteur ausführte – eine tiefe Kluft zwischen Regierung und Arbeiterschaft aufgetan, doch hätten die Arbeiter inzwischen erkannt, dass ihre Rechte nur in einer Monarchie gewahrt seien, „während sie in Republiken ‚niedergeknüppelt'"

---

[936] Bundes-Polizeikommissariat Eisenstadt an Bundeskanzleramt, Generaldirektion für öffentliche Sicherheit, Staatspolizeibüro, 15. August 1936, BKA allgem., Sig. 15/3, Karton 2450 (1936), N. 351610.

[937] Bundes-Polizeidirektion Wien u.a. an Bundeskanzleramt, Generaldirektion für öffentliche Sicherheit, 17. Januar 1937, BKA allgem., Sig. 15/3, Karton 2451 (1937–38), N. 303753.

5. Vertreibung der Habsburger und Umtriebe von Monarchisten

würden. Ein weiterer Redner führte aus, die Republik habe dem Arbeiter eigentlich nichts gebracht, denn alle ihre „sogenannten sozialen Errungenschaften" hätten schon zur Kaiserzeit bestanden. Im Übrigen wurde der Wunsch geäußert, „dass die Freiheit des Wortes und der Werbung wieder gestattet sein mögen"; der Kanzler wisse ja, dass er sich jederzeit auf die Legitimisten verlassen könne.[938]

Am 1. Februar 1937 rügte Oberstleutnant Sebastian Blumauer an einer Reichsbundversammlung im IX. Bezirk die „unentwegte Wühlarbeit" der österreichischen Nationalsozialisten und erklärte, dass die Monarchie „bereits in allernächste Nähe gerückt" sei und damit „die Grundlagen für einen Rechtsstaat im Sinne des alten habsburgischen Reichs- und Rechtsgedankens wieder hergestellt würden".[939] Aus einer Versammlung des Eisernen Rings vom 9. März 1937 im XIII. Bezirk wurde berichtet, der gleiche Oberstleutnant (Blumauer) habe sich mit der Gegnerschaft der Nationalsozialisten gegen die legitimistische Bewegung befasst und betont, dass Berlin überall die Hand im Spiel habe. In dieser Zeit des Kampfes gegen den braunen Terror erfülle die Vaterländische Front ihren Zweck nicht ganz, dieser könne „nur durch eine ‚Kaisertreue Front' erfüllt werden". Der am Schluss der Versammlung im Saal erschienene und lebhaft begrüßte Gesandte a. D. Wiesner erklärte, dass eine Restauration in Österreich mittlerweile von einem Großteil der Staaten begrüßt würde, aber nur für das gegenwärtige österreichische Staatsgebiet angestrebt werde; die Farben seien „weiterhin schwarz-gelb, doch in rot-weiß-roten Grenzen".[940]

Am 9. März 1937 trat im IX. Bezirk auch Oberst a. D. Wolff mit seinem wegen des Parteienverbots nunmehr umbenannten „Kaisertreuen Volksverband" wieder in Erscheinung und beklagte sich, dass er nicht „wie die ‚legitimistischen Offiziellen'" Versammlungen abhalten dürfe. Gleichzeitig warnte er vor unüberlegten Schritten und vertrat die Meinung, „der einstige kaiserliche Soldat Bundeskanzler Dr. Schuschnigg" sei „ein sicherer Hort des rot-weiß-roten Österreich", während der Boden für eine Heimberufung Kaiser Ottos „noch lange nicht reif" sei. Vielmehr wäre es unter den gegebenen Verhältnissen „leichtfertig, den jungen Kaiser einer Gefahr auszusetzen".[941]

Am 10. März 1937 war an einer Reichsbundversammlung im XIII. Bezirk erneut

---

[938] Bundes-Polizeidirektion Wien u.a. an Bundeskanzleramt, Generaldirektion für öffentliche Sicherheit, 27. Januar 1937, BKA allgem., Sig. 15/3, Karton 2451 (1937–38), N. 306611. Vgl. zum Problem Legitimismus und Arbeiterbewegung Thaler, Legitimismus, S. 81

[939] Bundes-Polizeidirektion Wien u.a. an Bundeskanzleramt, Generaldirektion für öffentliche Sicherheit, 5. Februar 1937, BKA allgem., Sig. 15/3, Karton 2451 (1937–38), N. 309102.

[940] Bundes-Polizeidirektion Wien u.a. an Bundeskanzleramt, Generaldirektion für öffentliche Sicherheit, 12. März 1937, BKA allgem., Sig. 15/3, Karton 2451 (1937-38), N. 317584.

[941] Bundes-Polizeidirektion Wien u.a. an Bundeskanzleramt, Generaldirektion für öffentliche Sicherheit, 13. März 1937, BKA allgem., Sig. 15/3, Karton 2451 (1937-38), N. 317689.

von Arbeiterseite die Rede davon, dass der österreichische Arbeiter immer Monarchist gewesen sei, doch auch der ehemalige Bürgermeister Seitz ziehe die Restauration einem Naziregime vor. Ebenso sei der Bundeskanzler selber Monarchist und ein Freund der Arbeiter, wie er immer wieder betone.[942]

An einer großen Versammlung des Reichsbundes mit etwa 1000 Besuchern im II. Bezirk wurde die Monarchie am 11. März 1937 als „einzige Rettung vor ‚Bolschewismus' und ‚Nazismus'" bezeichnet und das Haus Habsburg als „Garant für einen dauernden Frieden" gesehen „wie schon im Jahre 1917 Österreichs Kaiser den Frieden herbeiführen habe wollen und dieser Versuch lediglich durch preußischen Unverstand zunichte gemacht worden sei".[943]

Am 15. März 1937 fanden im XVIII. Bezirk Versammlungen des Reichsbundes und der Legitimistischen Arbeitsgemeinschaft statt. Von den „Rotzbuben" aus Berlin wurde gesagt, sie besäßen keine Kultur, sondern seien „Raubritter und Gangster". Demgegenüber seien die Legitimisten „die Avantgarde und die Phalanx des österreichischen Gedankens". Ein Invalidenrat erklärte darüber hinaus, der Antisemitismus sei „ein großes Unrecht", und der künftige Kaiser werde keinen Unterschied der Konfessionen kennen. Laut einem anwesenden Redakteur habe die Arbeiterschaft erkannt, dass sie früher „einem Phantom nachgelaufen" sei; während die Arbeiter im Februar 1934 auf den Barrikaden gestanden seien, habe ihre Führerschaft das Weite gesucht.[944]

Vom 16. März 1937 wurden zwei Veranstaltungen des Reichsbundes im IV. und XXI. Bezirk gemeldet. Für Oberstleutnant Blumauer war das Dritte Reich der Störenfried Europas, der im Trüben fischen wolle. Demgegenüber erklärte ein Direktor Paul Berg, der Bundeskanzler habe die besten Absichten, weil er selber kaiserlicher Offizier gewesen sei, und appellierte an ihn, „dass er nichts verabsäumt und uns auf kürzestem Weg unseren Kaiser gibt". In der anschließenden Diskussion wurde erklärt, es sei in der Monarchie leichter gewesen, „beim Kaiser vorzukommen als heutzutage bei einem Minister oder Staatssekretär".[945]

Am 26. April 1937 wurde an einer Versammlung der „Österreichischen legitimistischen Arbeitsgemeinschaft (Im Eisernen Ring)" im XII. Bezirk gleich von zwei Rednern (Richard Wolf und Hans Zessner-Spitzenberg) betont, dass nicht so sehr die National-

---

942 Bundes-Polizeidirektion Wien u.a. an Bundeskanzleramt, Generaldirektion für öffentliche Sicherheit, 15. März 1937, BKA allgem., Sig. 15/3, Karton 2451 (1937-38), N. 318009.

943 Bundes-Polizeidirektion Wien u.a. an Bundeskanzleramt, Generaldirektion für öffentliche Sicherheit, 18. März 1937, BKA allgem., Sig. 15/3, Karton 2451 (1937-38), N. 318536.

944 Bundes-Polizeidirektion Wien u.a. an Bundeskanzleramt, Generaldirektion für öffentliche Sicherheit, 19. März 1937, BKA allgem., Sig. 15/3, Karton 2451 (1937–38), N. 318855.

945 Bundes-Polizeidirektion Wien u.a. an Bundeskanzleramt, Generaldirektion für öffentliche Sicherheit, 19. März 1937, BKA allgem., Sig. 15/3, Karton 2451 (1937–38), N. 318856.

sozialisten als vielmehr die „Nationalbetonten" bzw. die „Nationalen" die wirkliche Gefahr für den Legitimismus darstellten. Richard Wolf erwähnte im Zusammenhang mit dem bevorstehenden Namenstag der Ex-Kaiserin Zita die seinerzeitige Rückkehr Kaiser Karls nach Ungarn und äußerte, der Kaiser sei damals von seinem Reichsverweser „von der Türe gewiesen worden".[946]

Ende November 1937 gab der Gesandte a. D. Wiesner die Zahl der im „Eisernen Ring" inkorporierten Verbände mit 44 und ihren gesamten Mitgliederstand mit 229.476 an. Gleichzeitig schätzte er (reichlich fragwürdig) die Gesamtzahl der Legitimisten auf 1,2 Millionen und folgerte, hier nicht zu Unrecht, der österreichische Legitimismus habe längst aufgehört, eine Bewegung von Offizieren und Adligen zu sein; vielmehr stelle er einen Querschnitt durch das ganze Volk dar.[947] Wie zum Beweis dieser Schätzungen kündigten die legitimistischen Organisationen, Vereine und Verbände des „Eisernen Ring" für den 11. Januar 1938 im gesamten Bundesgebiet rund 50 Versammlungen an, davon neun allein in Wien. Wegen seitens der Nationalsozialisten vorbereiteten Störaktionen wurden von der Bundespolizeidirektion Vorkehrungen zum Schutz der Versammlungen getroffen, und sie konnten trotz Zwischenfällen durchgeführt werden. Wiesner sprach an einigen von ihnen und teilte mit, dass die Teilnehmer in ganz Österreich auf etwa 40.000 geschätzt werden könnten. Man habe der Öffentlichkeit zeigen wollen, „dass nicht nur eine dünne Oberschicht von Aristokraten, ehemalige Offiziere und Juden hinter dem Legitimismus steht", sondern „in diesem Lager alle Stände vertreten" seien. Die legitimistische Bewegung trete für die „unbedingte Wahrung der Unabhängigkeit Österreichs" ein: „Wir wollen nicht an- und nicht gleichgeschaltet werden. Wir wollen bleiben, was wir sind, ein unabhängiges Volk und nicht ein deutscher Staat zweiter Ordnung. Wir wollen freie Bürger auf freiem Boden sein." Darauf sprach er dem Bundeskanzler einen besonderen Dank aus „für sein gerades und offenes Auftreten". Im gleichen Polizeibericht wurde angefügt, dass am nächsten Tag (12. Januar 1938) im XVI. Bezirk eine Versammlung der „Kaisertreuen Volkspartei" [sic] abgehalten worden sei, für die Wolff von der Vaterländischen Front keine Redeerlaubnis erhalten habe. Einer seiner Vertreter, Hauptmann a. D. Konrad Titz (Dietz?), habe erklärt, dass die Störungen am Vortag wegen der Stärke der monarchistischen Bewegung im Keim erstickt worden seien. Kaiser Otto sei noch in der Nacht zum 12. Januar telefonisch von den machtvollen Kundgebungen verständigt worden und habe dem österreichischen Volk zu seiner monarchistischen Einstellung

---

946 Bundes-Polizeidirektion Wien u.a. an Bundeskanzleramt, Generaldirektion für öffentliche Sicherheit, 27. April 1937, BKA allgem., Sig. 15/3, Karton 2451 (1937–38), N. 327522.
947 Mosser, Legitimismus, S. 341.

gratuliert.⁹⁴⁸ Es ist durchaus denkbar, dass Otto Habsburgs Überzeugung, Österreich vor Hitler retten zu können, von Mitteilungen solcher Art genährt worden sein könnte. In der Tat wies der Student Martin Simkowitsch an einer weiteren Versammlung der Kaisertreuen Volkspartei [sic] am 25. Januar 1938 im X. Bezirk auf den „begeisterten Versammlungssturm" vom 11. Januar hin, der für die „österreichischen Hausnazi" ein „schwarzer Tag" gewesen sei, an dem die Monarchisten ihre Überlegenheit über die Nationalsozialisten und die „Nationalbetonten" in den Ämtern bewiesen hätten. An diesen Erfolg knüpfte er die Hoffnung, „daß der Kaiser in einigen Monaten in Österreich sei". Hauptmann a. D. Dietz prophezeite sogar, am 3. April 1938, dem Todestag Kaiser Karls, werde man den Nazis zeigen, dass die Legitimisten „die Herren von Wien" seien.⁹⁴⁹ Da kam es freilich anders, wie auch mit den Prophezeiungen anlässlich des letzten im untersuchten Bestand dokumentierten Monarchisten-Anlasses vom 3. Februar 1938 im XX. Bezirk, der eine Versammlung des Kaisertreuen Volksverbandes betraf, an welcher Oberst a. D. Gustav Wolff ausführte, vielleicht könne man Otto schon im November in Österreich begrüßen, und dann werde „von Österreich aus das alte Habsburgerreich wieder aufgerichtet werden".⁹⁵⁰

Generell erweist sich bei allen Polizeiberichten, dass sie jeweils sorgfältig „eingelegt" und vorher zumeist auch gelesen wurden. Trotzdem scheint alles weitgehend folgenlos geblieben zu sein, außer dass Unmassen von Papieren erstellt und aufbewahrt wurden. Vielleicht könnte dies im heutigen ein Dreivierteljahrhundert späteren Kontext zeigen, welch (bescheidener) Wert den gigantischen Zahlen der vom US-amerikanischen NSA-Apparat erhobenen Daten aus einer späteren Perspektive zukommen dürfte.

Wie sind allfällige habsburgfreundliche oder in Einzelfällen habsburgverklärende Einstellungen in den Träger-Parteien der Ersten Republik bis zur Schlussphase im Ständestaat zu beurteilen?

Um die Proportionen festzuhalten, soll vorweg auf die in den Polizeiberichten über die Wiener Wählerversammlungen von Anfang November 1930 zu den Nationalratswahlen gelieferten Zahlen hingewiesen werden. Während bei Bundeskanzler Vaugoin an seinen Veranstaltungen vom 7. November 2000, 2500, 2000, 1600, 1800, 400, 1200 und 1600 Teilnehmer gezählt wurden, bei Dr. Bauer am 5. und 7. November 1800, 1200, 1800 und 800 und bei Bürgermeister Seitz am 5. November 1200 und 2300 und am 7. November 1000, kam Oberst a. D. Wolff am 2. November auf 30,

---

948 Bundes-Polizeidirektion Wien u.a. an Bundeskanzleramt, Generaldirektion für öffentliche Sicherheit, 15. Januar 1938, BKA allgem., Sig. 15/3, Karton 2451 (1937–38), N. 303554.

949 Bundes-Polizeidirektion Wien u.a. an Bundeskanzleramt, Generaldirektion für öffentliche Sicherheit, 27. Januar 1938, BKA allgem., Sig. 15/3, Karton 2451 (1937–38), N. 305916.

950 Bundes-Polizeidirektion Wien u.a. an Bundeskanzleramt, Generaldirektion für öffentliche Sicherheit, 7. Februar 1938, BKA allgem., Sig. 15/3, Karton 2451 (1937–38), N. 308781.

am 3. November auf 35, am 4. November auf 100, am 5. November auf zweimal 40, am 6. November auf 70 und am 7. November auf 31 Teilnehmer.[951] Am 8. November hatte Johannes Schober in zehn Wählerversammlungen über 15.000 Teilnehmer, Wolff dagegen in seiner (einzigen) Versammlung im XIII. Bezirk deren 130.[952] Bei einer Stimmbeteiligung von 90 Prozent ergaben die letzten freien Wahlen zum Nationalrat in der Ersten Republik am 9. November 1930 für die Sozialdemokraten 41% der gültigen Stimmen, für die Christlichsozialen 36 %, für den Nationalen Wirtschaftsblock und Landbund (Schober u. a.) 12%, für den Heimatblock (Starhemberg u. a.) 6% und für sonstige Parteien, zu denen nebst den Nationalsozialisten und den Kommunisten u. a. die Wolff-Partei gehörte, 5%.[953]

Was im Kontext monarchistischer Neigungen die Sozialdemokraten anbelangt, dürften solche bei ihnen eine unbedeutende Rolle gespielt haben, weil sie die Monarchie mehrheitlich und meist aus Überzeugung ablehnten. Sicher war dies bei Otto Bauer der Fall, der noch aus dem tschechischen Exil (1935) warnte, die „austrofaschistische Diktatur" bahne den Habsburgern, diesem „verhassten Geschlecht", den Weg.[954] Karl Renner allerdings hätte sich zu Lebzeiten der Monarchie selber durchaus als k.k. Ministerpräsident gesehen,[955] und seine Tochter soll Norbert Leser berichtet haben, ihr Vater habe immer wieder gesagt, er wisse nicht, „ob wir uns getraut hätten, die Republik auszurufen, wenn der alte Kaiser noch gelebt hätte".[956] Aber Lesers Folgerung, die Sozialdemokratie sei „nicht grundsätzlich gegen das alte Österreich" gewesen, dürfte vornehmlich dem polemischen ‚Habitus' zu verdanken sein, der seinen Text auszeichnet, und wenn, dürfte es wohl nur für die Zeit zugetroffen haben, als dieses alte Österreich noch existierte. Von „links außen" kam allerdings an die Adresse der Sozialdemokraten fast sofort der Vorwurf, zur Herrschaft gelangt nicht besser zu sein als die Aristokraten unter der gewesenen Monarchie. In der dreistündigen Philippika eines Pierre Ramus anlässlich der Versammlung des Bundes der herrschaftslosen Sozialisten in Lichtenwörth und Unter Eggendorf vom 13. Februar 1924 wurde den Sozialdemokraten vor-

---

951 Vgl. BKA allgem., Sig. 15/3, Karton 2440, Nrn. 213 575, 214 320, 214 323, 214 709, 215 111, 215 597.
952 BKA allgem., Sig. 15/3, Karton 2440, N. 215 788.
953 Vgl. Statistisches Handbuch für die Republik Österreich. Herausgegeben vom Bundesamt für Statistik, XII. Jahrgang, Wien 1931, S. 207–210.
954 Otto Bauer, Habsburg vor den Toren? (aus: Der Kampf, 1935/3), in: Otto Bauer, Werkausgabe. Band 9, Wien 1980, S. 496 u. 503.
955 Von Gerald Stourzh gesprächsweise am 21. Januar 2009 geäußerte Meinung.
956 Norbert Leser, Die Angst der Sozialdemokratie vor der Rückkehr der Monarchie – oder – Das Habsburgbild in der österreichischen Gesellschaft und Politik nach dem Zweiten Weltkrieg, in: Clemens Aigner et al. (Hg.), Das Habsburger-Trauma. Das schwierige Verhältnis der Republik Österreich zu ihrer Geschichte, Wien – Köln – Weimar 2014, S. 53.

gehalten, „wenn sie an der Krippe stehen, fressen sie, weil niemand ober [sic] ihnen steht, der es ihnen verbieten könnte". Und wenn die „roten Führer" immer von der „dringenden Notwendigkeit, die politische Macht zu erreichen", sprächen, „obwohl sie diese in den Jahren 1918, 1919 und 1920 schon hatten", bestätige dies den Ausspruch, „dass mit dem Essen der Appetit komme, wenn die roten Arbeiterführer heute wie ehedem die Kapitalisten mit Auto fahren, jagen gehen und überhaupt sehr schnell die Gewohnheiten der Aristokraten angenommen haben".[957]

Nicht viel anders als die Sozialdemokraten müssen die heterogenen Deutschnationalen in der Monarchiefrage eingeschätzt werden, deren hauptsächliche Anliegen ohnehin großdeutsch und völkisch-antisemitisch waren. Dennoch wurden sie von den Nationalsozialisten massiv kritisiert. Sie würden – wie an einer nationalsozialistischen Versammlung am 2. Mai 1925 in Salzburg ausgeführt wurde – mit den Juden gegen die Arbeiter zusammenarbeiten und seien „Verräter des deutschen Gedankens". Die „christlichsoziale-grossdeutsche Koalitionsregierung dulde in Wien 200.000 Ostjuden"; insofern habe sich die frühere sozialdemokratische Regierung „antisemitischer betätigt, als die gegenwärtige".[958]

Anders sind in der Monarchiefrage dagegen die Christlichsozialen zu beurteilen, die gemäß Otto Bauer als Städter, im Unterschied zu den Bauern, monarchistisch eingestellt blieben,[959] auch wenn sie sich gegenüber der Republik in den Anfängen loyal verhielten. Zu denken ist, trotz den vielen Invektiven von Oberst a. D. Wolff im Rahmen der kaisertreuen Volkspartei, an Prälat Ignaz Seipel, dessen in den Kriegsjahren geschriebenes Buch „Nation und Staat" (1916) in eine Art Verklärung der supranationalen Habsburger Monarchie mündete.[960] Er hatte mit Josef Redlich der letzten österreichischen Regierung Lammasch angehört und war im Kontext von Kaiser Karls Verzicht auf jeden Anteil an den Regierungsgeschäften der Architekt der „Strategie eines leisen Austritts Habsburgs aus der Geschichte" gewesen.[961] Im August 1920 besuchte er den Ex-Kaiser in der Schweiz, was indessen keine politische Bedeutung gehabt zu haben scheint.[962] Weiter wäre der spätere Bundespräsident Wilhelm Miklas zu nen-

---

957 Bundespolizei Kommissariat Wiener-Neustadt an Bundeskanzleramt (Inneres) und niederösterreichische Landesregierung, 15. Februar 1924; BKA allgem., Sig. 15/3, Karton 2436, N. 40184.
958 Polizeidirektion Salzburg an Landespräsidium Salzburg, 4. Mai 1925; BKA allgem., Sig. 15/3, Karton 2436, N. 81201.
959 Otto Bauer, Die österreichische Revolution, Wien 1923, S. 129.
960 Vgl. Peter Berger, Kurze Geschichte Österreichs im 20. Jahrhundert, Wien 2007, S. 90.
961 Dieter A. Binder. Von 1918 bis zum ständestaatlichen Kokettieren mit dem Legitimismus, in: Das Habsburger-Trauma, S. 13. S. auch Dieter A. Binder, Fresko in Schwarz? Das christlichsoziale Lager, in: Das Werden der Ersten Republik, Band I, S. 241–260, hier S. 244.
962 Vgl. Mosser, Legitimismus, S. 56.

nen, gemäß Erhard Busek der überzeugteste christlichsoziale Monarchieanhänger der Ersten Republik.⁹⁶³ Miklas übernahm 1935 den Ehrenschutz über die im Jahr zuvor gegründete „Vereinigung zur Errichtung eines Kaiser Franz Joseph-Denkmals in Wien", ein Vorhaben, das von den Märzereignissen 1938 durchkreuzt wurde.⁹⁶⁴ Im weiteren Vorfeld führte Minister a. D. Dr. Mataja am 16. April 1936 anlässlich einer Versammlung des katholischen Frauenbundes im VII. Bezirk im Sinne einer Alternative gegenüber dem Dritten Reich aus, ohne Katholiken würde man Österreich nicht aufbauen können, die Österreicher seien keine Faschisten, und auch das Nazisystem passe ihnen nicht; dass Dollfuß groß gewesen sei, sei sicher, aber man müsse bedenken, „dass ohne Seipel kein Dollfuß und ohne Lueger kein Seipel gekommen wäre".⁹⁶⁵

Am Ende dieser Linie muss Kurt Schuschnigg gesehen werden, dessen zögerliche und widersprüchliche Schritte in Richtung einer Wiederherstellung der Monarchie erst recht vom „Anschluss" durchkreuzt wurden. Durchaus symbolträchtig wohnten unter ihm jeweils Mitglieder der Bundesregierung den vom „Eisernen Ring" veranstalteten Gedenkmessen für Kaiser Karl bei.⁹⁶⁶ Gleichzeitig wurde einer für den 21. Mai 1936 geplanten Kriegerfeier des Altsoldatenbundes im niederösterreichischen Weitra aber auferlegt, die in den Farben schwarz-gelb vorgesehenen Dekorationen in den Staatsfarben rot-weiß-rot zu halten.⁹⁶⁷ Insofern bleibt fraglich, ob sich Schuschnigg gegenüber „Kaiser Otto" nicht ähnlich ambivalent verhalten haben würde, wie seinerzeit der ungarische Reichsverweser Horthy dessen Vater gegenüber. Otto spekulierte seinerseits in Verkennung seiner Möglichkeiten darauf, Österreich in der dramatischen Lage vor dem „Anschluss" retten zu können; immerhin protestierte er dann als einer der wenigen dagegen (dazu oben Kapitel 5.1). In der Folge kam es zum Exil in den USA und nach dem Zweiten Weltkrieg zu allfälligen Sympathien Winston Churchills, die vielleicht jenen des Kriegspremiers für das italienische Königshaus entsprochen haben könnten. Zweifellos fehlten solche aber bei Stalin.

Insgesamt scheint doch, dass die realistische Chance einer Restauration der Monarchie unter der Ersten Republik nie und auch mit Schuschnigg nicht wirklich bestand, erst recht nicht angesichts der Widerstände in Frankreich und Deutschland, aber auch in Jugoslawien, Rumänien und der Tschechoslowakei.⁹⁶⁸ Ihre Restauration hätte letztlich eine Revision des Friedenssystems nach dem Ersten Weltkrieg bedeutet, was bis zu Hitler undenkbar war.

---

963 Gesprächsäußerung vom 7. Dezember 2008.
964 Mosser, Legitimismus, S. 121 u.123f.
965 Bundes-Polizeidirektion Wien an Bundeskanzleramt, Generaldirektion für öffentliche Sicherheit, Staatspolizeiliches Büro, 17. April 1936, BKA allgem., Sig. 15/3, Karton 2450, N. 325123.
966 Mosser, Legitimismus, S. 124.
967 Amtsnotiz, Wien 20./22. Mai 1936, BKA allgem., Sig. 15/3, Karton 2450, N. 332007.
968 Vgl. Thaler, Legitimismus, S. 71f.

Nach dem Zweiten Weltkrieg stellte sich eine chancenreiche monarchistische Bewegung in Österreich erst recht nicht mehr ein, obwohl die alten Legitimisten weiter am Werk waren. So griff Oberst a. D. Wolf [sic!] im Juli 1950 den Gesandten a. D. Johann Andreas Eichhoff wegen eines im Juni jenes Jahres erschienenen Artikels mit dem Titel „Geschichtsarbeit ist Friedensarbeit" scharf an und behauptete, dass Eichhoff Wasser auf die Mühlen der Kommunisten leite und durch solche „moralische Abrüstung" die Wiener Denkmäler der Kaiserin Maria Theresia, des Prinzen Eugen und des Erzherzogs Karl „der Vernichtung zugeführt" würden. Hermann Mühlberger, Generalsekretär der österreichischen Liga für Menschenrechte, deren Ehrenpräsident Eichhoff war und ihm von diesem Angriff geschrieben hatte, hielt dagegen, dass auch die Kommunisten großen Wert auf historische Denkmäler legten und diese selbst den Apriltagen 1945 nicht zum Opfer gefallen seien; die lächerlichen Angriffe Wolffs seien schlicht auf „eine intolerant schwarz-gelbe Einstellung" zurückzuführen.[969] In seinem Artikel „Geschichtserziehung ist Friedensarbeit" hatte Eichhoff gefordert, dass der Geschichtsunterricht nicht die militärischen, sondern die kulturellen Geschehnisse in den Vordergrund stellen müsse; die Jugend müsse erfahren, dass die Ideale von Mut und Heldentum im Krieg längst überholt seien und „Menschen von Bomben zermalmt und von Gasen erstickt" würden.[970]

Als sich fünf Jahre später, am 8. Mai 1955, der junge Prinz Franz K. Auersperg, Student im Stift Kremsmünster, wegen der im österreichischen Staatsvertrag vorgesehenen Aufrechterhaltung des Habsburgergesetzes von 1919 mit einem ausführlichen Schreiben an die österreichische Liga für Menschenrechte wandte und die Meinung äußerte, dies widerspreche der Erklärung der Menschenrechte vom Dezember 1948 in krassester Weise, bat Generalsekretär Mühlberger Eichhoff um eine Stellungnahme, die dieser am 20. Mai mit der Empfehlung lieferte, dem „jugendlich kühnen, allzu selbstbewussten Prinzen" in einem väterlich gehaltenen Brief sinngemäß zu antworten, seine Polemik sei bei weitem nicht neu und die Menschenrechtserklärung habe bisher in keinem Staat Gesetzeskraft erlangt; was die österreichische Regierung bestimmt habe, die Streichung des ominösen Absatzes nicht zu verlangen, seien weder moralische noch humanitäre Erwägungen, sondern „rein politische Bedenken"; außerdem sei die Bedeutung des Hauses Habsburg-Lothringen nicht auf das gegenwärtige österreichische Staatsgebiet beschränkt gewesen, weshalb eine „gesonderte Stellungnahme des gegenwärtigen Ös-

---

969 Eichhoff an Generalsekretär Mühlberger, 13. Juli 1950, und Antwort Mühlbergers vom 17. Juli 1950; ÖStA, KA B/874 Depot Eichhoff, Mappe 79.

970 Der Artikel erschien in Der Geistig Schaffende. Organ des Verbandes der Geistig Schaffenden Österreichs, Nr. 6, 2. Jahrgang, Wien, Juni 1950; KA B/874 Depot Eichhoff, Mappe 82. In der gleichen Mappe findet sich der Entwurf einer scharfen Antwort an Oberst a. D. Dr. Gustav Wolff, von der unklar ist, ob sie ausgeführt und abgeschickt wurde.

terreich [...] unfehlbar als Bekenntnis zum rein innerösterreichischen Charakter der
Dynastie im Gegensatz zu den anderen Nachfolgestaaten ausgelegt" würde.[971] Ganz
klar sprach hier der Staats- und Völkerrechtler, der seinerzeit im k.k. Innenministerium
groß geworden war, dort in der Folge den „legislativen Dienst" leitete,[972] bis Ende
des Reiches in verschiedenen weiteren Funktionen wirkte und anschließend von Otto
Bauer ins Staatsamt des Äußern der Ersten Republik geholt wurde. Am Staatsvertrag
von 1955 hatte Eichhoff einiges auszusetzen und war sogar der Meinung, einzelne
Verpflichtungen würden weiter gehen als der Vertrag von St. Germain, aber insgesamt
begrüßte er – im Gegensatz zu früheren Äußerungen[973] – die (nachgebesserte) definitive Fassung und darin vor allem, dass der unmittelbare Einfluss fremder Mächte
endlich entfalle und Österreich als freier Staat wieder auflebe. Insbesondere gefiel ihm
vom Standpunkt der Friedensgesellschaft die in Aussicht genommene Erklärung von
Österreichs Neutralität.[974]

In Eichhoffs Nachlass finden sich weitere Spuren seines kritischen Interesses für die
Umtriebe des Obersten a. D. Gustav Wolff, so die vierseitige März-Nummer 1957 des
von Wolff herausgegebenen und redigierten Blattes „Die Tradition. Nachrichtenblatt
Alt-Österreichs", worin auf der ersten Seite eine „ganz hervorragende Rede über die
politischen Ereignisse in Ungarn" erwähnt wurde, die der Kaiser (Otto!) in New York
gehalten habe. Darunter wurde ein Brief abgedruckt, worin Otto Oberst Wolff am 8.
Februar 1957 aus „der Fremde" (Pöcking b. Starnberg, Oberbayern) bat, das Ehrenpräsidium der Monarchistischen Bewegung Österreichs zu übernehmen, weil er seit 1918 „in
unerschütterlicher Treue zu den großen Idealen Österreichs und meinem Hause" stehe.
Der Grund, weswegen Eichhoff dieses Blatt aufbewahrte, dürfte freilich eher eine Notiz
über Südtirol gewesen sein, die sich auf der letzten Seite findet und besagt, dass Italien
den Vertrag (wohl das Gruber-De Gasperi-Abkommen von 1946) nie einhalten werde;
deshalb gebe es nur das Ziel der Rückgliederung an Österreich. Die Südtiroler sollten
sich „ein Beispiel an dem heroischen Freiheitskampf der Ungarn [von 1956] nehmen,
der so lange andauert, bis der letzte Russe aus Ungarn verschwindet".[975] Eichhoff dürfte

---

971 KA B/874 Depot Eichhoff, Mappe 81.
972 Vgl. Eichhoff an Ministerialrat von Sperl, 28.12.1948; KA B/874, Mappe 115.
973 Vgl. Gerald Stourzh, Um Einheit und Freiheit. Staatsvertrag, Neutralität und das Ende der
Ost-West-Besetzung Österreichs 1945–1955, 5. Auflage, Wien – Köln – Graz 1955, S. 342, 352f. u.
378.
974 Ein dreiseitiger Entwurf betitelt Staatsvertrag und Neutralität, der unmittelbar nach dem 15. Mai
1955 entstanden sein muss, findet sich in KA B/874 Depot Eichhoff, Mappe 101. Ob der Text gedruckt wurde, konnte nicht festgestellt werden.
975 Die Tradition. Nachrichtenblatt Alt-Österreichs, 2. Jahrgang, Nummer 3, März 1957; KA B/874
Depot Eichhoff, Mappe 86.

mit dieser absurden Aufforderung kaum einverstanden gewesen sein, obwohl er in Meran aufgewachsen war und dort einen Teil seiner Mittelschulzeit verbracht und 1890 maturiert hatte; an Südtirols Schicksal nahm er auch deshalb ein besonderes Interesse, weil die St.-Germain-Texte zu dieser Frage großenteils von ihm stammten.

***

Wie im ersten Teil dieses Kapitels erwähnt, wurde die Landesverweisung der Habsburger in den 1960er Jahren aufgehoben und Ottos Einreise 1966 gestattet. Politisch blieb er weiter chancenlos, erlebte aber dennoch verschiedene (post-)habsburgische Renaissancen, eine der letzten im Kontext des sich 1989 auflösenden Eisernen Vorhangs, als ihn die Führung der 1930 gegründeten und formell nie aufgelösten ungarischen Kleinbauernpartei dem Parlament als Kandidat für die bevorstehende Wahl zum Staatspräsidenten vorschlug, weil er bei der Bevölkerung hohes Ansehen genieße. Da Otto von Habsburg seine ungarische Staatsbürgerschaft, die ihm als Kronprinz 1916–1918 zugekommen war, nie aufgegeben hatte, gab es für diese Nominierung keine formalen Hindernisse.[976]

Vorher hatte er, was Restaurationsängste oder -gerüchte anbelangt, immer wieder Aufsehen erregt, oft ohne es zu wollen. In diesen Zusammenhang gehören die zahlreichen Besuche ehemaliger k.u.k. Offiziere bei der Familie Habsburg im Verlauf der Ersten Republik, die freilich gemäß Peter Melichar nicht in konspirativer oder direkt politischer Absicht erfolgten, sondern als „gegenseitige Anerkennungsrituale" zu verstehen waren. Insofern handelte es sich tatsächlich um Begegnungen zweier verschiedener Kategorien von „merkwürdig Untoten", die simulierten, was Vergangenheit war: „Die Pensionisten wurden als kaiserliche Offiziere, die Familie Habsburg als Kaiserhaus, Zita und Otto als Majestäten gewürdigt."[977]

Dieser Offiziers-Problemkomplex ist noch in anderer Hinsicht von Bedeutung, nämlich im Hinblick auf die Gewalt, die sich durch die Geschichte der Ersten Republik und in Fortsetzung davon durch Österreichs Geschichte im ‚Dritten Reich' zieht. Dabei ist schon die Spur der Vernichtung zu beachten, welche die k.u.k. Armee als Folge einer regelrechten Spionage- und Partisanenpsychose durch den Osten zog,[978] in welchem Kontext die 2004 erfolgte Seligsprechung des „Friedenskaisers" Karl erst recht absurd erscheint. Dann ist vor allem an die massive Präsenz von Österreichern im NS-Vernichtungsuniversum zu denken, wobei gerade die Gewalt-Erfahrungen im

---

976 Vgl. TagesAnzeiger, 30. September 1989, S. 5.
977 Melichar, Die Kämpfe merkwürdig Untoter, S. 77f.
978 Vgl. Holzer, Das Lächeln der Henker. Dazu auch Christoph Jahr, Schmutziges Handwerk. Anton Holzer über den Krieg gegen die Zivilbevölkerung 1914–1918, NZZ Nr. 143, 24. Juni 2009.

Ersten Weltkrieg vielleicht erklären können, weshalb der Anteil „Ostmärker" an den Verbrechen der Wehrmacht und der SS im großdeutschen Vernichtungskrieg gegen Osten überproportional hoch war.[979]

Andererseits empfanden die italienischen Militärinternierten nach der Kapitulation Italiens vom 8. September 1943 die Wachmannschaften österreichischer Herkunft in ihren Lagern in Deutschland offenbar als humaner als die deutschen Soldaten, allerdings mit Ausnahme der Südtiroler, die sich noch rücksichtsloser als die Deutschen gebärdet hätten.[980] Außerdem musste Österreich seine weitgehend erzwungene Teilnahme am Hitlerkrieg mit unverhältnismäßig hohen eigenen Verlusten sowie mit einer zehnjährigen Besetzung durch die Siegermächte und horrenden Kosten, die in der Besatzungszeit aufliefen, zahlen.[981] Demgegenüber erstaunt die milde Behandlung, die Italien nach dem Zweiten Weltkrieg widerfuhr, obwohl Mussolini in den 1920er Jahren als faschistischer Prototyp und als Vorbild und Mentor Hitlers fungierte, während er nach 1936 (auch auf Kosten Österreichs) zunehmend als Paladin und zuletzt als der vielleicht treueste Vasall des „warlord" Hitler zu gelten hat.

6. Erinnerung, Nostalgie, Vermarktung

Im folgenden Kapitel kann die auf zahlreichen Feldern und in verschiedenen Dimensionen äußerst vielschichtige Erinnerungsproblematik lediglich gestreift werden. Erinnern und sein Pendant Vergessen sind individual- wie kollektivbiographische Fundamentalprobleme, die bei der Aufarbeitung der Verbrechen des Nationalsozialismus besonders stark aufbrachen und eine Flut von konträren Auseinandersetzungen generierten. Erinnerte Vergangenheit wird von den Gestaltern wie von den Betroffenen aber immer unterschiedlich gesehen und gewichtet, was auch gegenüber dem Habsburgerreich gilt, das sich als bedeutender (bedrückender, heiterer, vielleicht sogar traumhafter) Erinnerungs-Ort interpretieren lässt.

Wie unterschiedlich sich die österreichische Erinnerungskultur präsentiert, zeigt etwa der Sammelband „Zeitgeschichte ausstellen", der von Museen, Gedenkstätten

---

979 Vgl. u. a. Wolfgang Graf, Österreichische SS-Generäle. Himmlers verlässliche Vasallen, Klagenfurt – Ljubljana – Wien 2012, sowie Matthias Gafke, Heydrichs „Ostmärker". Das österreichische Führungspersonal von Sicherheitspolizei und SD, Darmstadt 2015.
980 Vgl. Gabriele Hammermann (Hrsg.), Zeugnisse der Gefangenschaft. Aus Tagebüchern und Erinnerungen italienischer Militärinternierter in Deutschland 1943–1945, Berlin –Münster – Boston 2014, S. 96 u. 114f.
981 Vgl. Arnold Suppan, Von Saint-Germain zum Belvedere. Österreich und Europa 1919–1955, in: Von Saint Germain zum Belvedere, S. 42.

und Ausstellungen handelt.[982] In diesem den Mittelteil der Studie beschließenden Kapitel geht es bescheidener um Alltagssphären und Situationen, die für die im Titel angesprochenen Themen relevant sein können. Sie vermochten wie die ungarischen Eskapaden von Ex-Kaiser Karl durchaus erhebliche reale Folgen zu zeitigen.

6.1 Totenkult- und Gedenkstätten

Mit der Grablege Kaiser Franz Josephs hörte die Real-Monarchie im Bewusstsein vieler Zeitgenossen zwei Jahre vor ihrem tatsächlichen Ende zu existieren auf. Die ihr noch beschiedene Frist war trotz der deutlich manifesteren Präsenz des jungen Kaisers mehr eine Agonie-Phase, die das wirkliche Ende umso sicherer machte, je länger sie andauerte. Das folgende Unterkapitel beschäftigt sich überblicksmäßig mit dem Schicksal der toten letzten Habsburger und den diesbezüglichen Schauplätzen. Selbst die dank ihrer sozialen Stellung herausgehobenen Träger eines großen Namens mussten sich ins riesige Totenreich der Namenlosen einreihen.

Die Kapuzinergruft wurde nach einer ersten Fertigstellung 1633 in verschiedenen Etappen immer wieder erweitert und ist mittlerweile dermaßen randvoll, dass kein Gefühl von Morbidität aufkommen kann. Insgesamt liegen gegen 150 Habsburger in dieser Familiengrabstätte. Von ihnen waren 12 Kaiser (inklusive Maximilian von Mexiko, erschossen 1867) und 16 Kaiserinnen (inklusive Marie Louise, die Gemahlin von Napoleon I., gestorben 1847).[983]

Besonders eindrücklich ist in der Maria-Theresia-Gruft der Kontrast zwischen dem pompösen Doppelsarg von Maria Theresia und Franz Stephan von Lothringen und dem schlichten Sarg Joseph II. vor ihnen. In der Franz-Josephs-Gruft erscheint dagegen Franz Joseph, obwohl erhöht, zwischen Elisabeth und Rudolph schon fast symbolhaft etwas erdrückt. In der Gruftkapelle findet sich eine „Gedenkbüste" für Karl, während er weiter an seinem Sterbeort auf Madeira liegt und sein Herz in der Loretokapelle des Klosters Muri im Schweizer Kanton Aargau aufbewahrt wird. Dagegen liegen die letzte Kaiserin Zita und seit 2011 auch der letzte Kronprinz Otto in der Gruftkapelle; Zitas Herz ruht dagegen unter jenem ihres Mannes in Muri.

---

982 Dirk Rupnow, Heidemarie Uhl (Hg.), Zeitgeschichte ausstellen in Österreich. Museen – Gedenkstätten – Ausstellungen, Wien – Köln – Weimar 2011.

983 Vgl. Karl Vocelka, Lynne Heller, Die Lebenswelt der Habsburger. Kultur- und Mentalitätsgeschichte einer Familie, Graz – Wien – Köln 1997, S. 316, sowie Brigitte Timmermann, Die Begräbnisstätten der Habsburger in Wien. Die Kaisergruft und andere, Wien 1996, und Magdalena Hawlik-van de Water, Die Kapuzinergruft. Begräbnisstätte der Habsburger in Wien, Wien 1987.

6. Erinnerung, Nostalgie, Vermarktung 243

‚Natürlich' fehlen in der Kapuzinergruft Franz Ferdinand und Sophie von Hohenberg als Folge ihrer morganatischen Ehe. Nur eine Tafel „Zum Gedenken an die ersten Opfer des Weltkrieges 1914–1918" an der Südwand der Neuen Gruft erinnert seit 1986 an sie.

In der Augustinerkirche, der einstigen Hofpfarrkirche und Trauungskirche der Habsburger in der Hofburg, ruhen in der Herzgruft der Loretokapelle insgesamt 54 Habsburger Herzen und können jeweils sonntags nach dem Hochamt aufgesucht werden.[984] St. Augustin präsentiert auch einen Seitenalter mit einem Bild Ex-Kaiser Karls, vor dem ab und zu eine seltene Kerze entbrannt wird. Dessen Seligsprechung von 2004 wird ansonsten aber mit Gleichgültigkeit quittiert. Am 26. Februar 2010 wurde in St. Augustin ein lateinisches Requiem für Erzherzogin Regina Habsburg-Lothringen, der verstorbenen Frau von Otto Habsburg-Lothringen, zelebriert; zum Abschluss wurde die „Volkshymne", wie der Mess-Begleit-Falter die Kaiserhymne bezeichnete, gesungen. Auch Erzherzogin Regina liegt inzwischen neben Kronprinz Otto in der Kapuzinergruft.

Das Benediktinerkloster Muri wurde vermutlich 1027 vom habsburgischen Grafen Radbot und seiner Frau Ita von Lothringen gegründet und 1841, im Vorfeld des Schweizer Bürgerkriegs von 1847, aufgehoben. Der Konvent übersiedelte zunächst nach Sarnen und 1845 in das von Kaiser Ferdinand I. den Mönchen überlassene Augustiner-Chorherrenstift Gries bei Bozen (Muri-Gries), wo er noch immer besteht.[985]

Unter der 1698 in einem Teil des ehemaligen Kreuzgang-Nordflügels des Klosters Muri eingerichteten Loretokapelle befindet sich seit 1971 die Familiengruft des Hauses Habsburg. Darin sind schon einige Erzherzöge und Erzherzoginnen begraben worden. Ex-Kaiserin Zita wurde allerdings am 1. April 1989 aus Anlass eines Staatsbegräbnisses in Wien in der Kapuzinergruft beigesetzt, nachdem sie vorher zwei Wochen in der Loretokapelle in Muri aufgebahrt worden war. Ihr Herz ruht in einer vergitterten Nische und einer schwarzen Stele hinter dem Altar der Loretokapelle weiter in Muri, unter demjenigen Karls, das 1971 hier beigesetzt wurde, nachdem Zita es seit seinem Tod immer mit sich geführt hatte.[986] In der Kapelle findet sich mit dem Motto „Plus pour vous que pour moi" auch eine Gedenktafel für die Kaiserin.

Im Juni 2010 wurde in der Habsburgergruft Muri als bisher letzter Angehöriger des Hauses Rudolph, ein jüngerer Bruder Ottos, bestattet;[987] hier liegen auch seine erste Gemahlin Xenia und ein mit 12 Jahren verstorbener Sohn des Paares.

---

984   Vgl. Vocelka/Heller, S. 290.
985   Vgl. Bruno Meier, Das Kloster Muri. Geschichte und Gegenwart der Benediktinerabtei, Baden 2011, sowie Urs Pilgrim, Josef Brühlmann, Die Habsburger und das Kloster Muri, Muri 2008.
986   Vgl. Hans Martin Strebel, Wie das Herz von Kaiserin Zita nach Muri kam, in: Die Posaune. Mitteilungsblatt der Vereinigung Freunde der Klosterkirche Muri, Nr. 20, 11. Oktober 2014, S. 8.
987   Rückkehr in die Provinz. Die Geschichte hinter Erzherzog Rudolph von Habsburgs Bestattung in Muri (AG), NZZ Nr. 127, 5. Juni 2010.

Seit der Zeit, als Ex-Kaiser Karl vom 19. November 1921 bis zu seinem Ableben am 1. April 1922 auf der Insel Madeira in der Verbannung lebte (Ex-Kaiserin Zita etwas länger bis zum 19. Mai, als sie mit ihren Kindern auf Einladung von König Alfons XIII. an den spanischen Hof ziehen konnte), hat sich die Insel stark verändert und ist zu einem überlaufenen Alters-Touristen-Magnet geworden. Funchal wurde mit immer größeren Hotel- und Resort-Komplexen überbaut, und das 550 Meter hoch gelegene Monte, wo die kaiserliche Familie nach der Ankunft ihrer Kinder im Januar 1922 aus der Schweiz lebte, ist mit der Kapitale zusammengewachsen. Spuren einer wenige Monate dauernden ex-habsburgischen Präsenz finden sich wenige, und sie scheinen im allgemeinen Ferien-, Freizeit- und Besichtigungsrummel fast völlig unterzugehen.

Hauptanziehungspunkt bleibt Karls Grabkapelle in der Kirche de Nossa Senhora do Monte mit ihrem schlichten Sarkophag. Ansichtskarten davon sind nur gerade neben dem Kircheneingang, nicht aber in den unzähligen Foto-Shops Funchals, erhältlich. Natürlich wird der Umstand von Karls 2004 erfolgter Seligsprechung überall erwähnt, wenn von ihm die Rede ist, und auf der Rückseite einer Portraitkarte findet sich das gleiche an ihn zu richtende Gebet (in portugiesischer Übersetzung) wie in St. Augustin in Wien. Die zahlreichen Besucher kommen indessen kaum Karls wegen nach Monte, sondern weil die Kirche ungewöhnlich schön liegt und mit einer attraktiven Gondelbahn aus der Stadt problemlos erreichbar ist. Außerdem sorgt die Kufen-Schlittenfahrt von rund zweieinhalb Kilometern Länge unterhalb der Kirche steil bergabwärts für zusätzlichen Rummel. Monte ist auch Bestandteil der Busausflugs-Programme, die aus Funchal zur Inselbesichtigung angeboten werden.

Auf Karls 90. Todestag am 1. April 2012 ist eine vom emeritierten Bischof von Funchal Teodoro de Faria portugiesisch verfasste Gedenkschrift herausgekommen, die auch in einer grauenhaften deutschen Übersetzung vorliegt; sie basiert vornehmlich auf der Positio, die Karls Seligsprechungsverfahren im Vatikan zugrunde lag.[988]

Das von der kaiserlichen Familie in Monte bewohnte vom Londoner Dr. David Webster Gordon in den 1820er Jahren erstellte Wohnhaus „Quinta do Monte", das Karl im November 1921 vom damaligen Besitzer Luis Rocha Machado zur Verfügung gestellt wurde, liegt in einem wunderschönen Park (heute „Jardins do Imperador" genannt) mit seltenen Bäumen aus aller Welt, ist mittlerweile aber – seit 1982 im Besitz der Regionalregierung von Madeira – stark heruntergekommen und präsentiert sich in einem pitoyablen und gegenwärtig permanent zugesperrten Zustand. Das Anwesen wird wenig besucht, obwohl es sich um das Sterbehaus des Ex-Kaisers handelt, und ist auch nicht einfach zu finden. Der Weg zu Fuß vom Hauptplatz ist überdies gefährlich,

---

988 Teodoro de Faria, Karl von Österreich. Sterben auf Madeira … 90 Jahre später, Gemeinde von Nossa Senhora do Monte, Funchal 2012 (Übersetzung aus dem Portugiesischen).

weil ein Gehsteig auf der stark befahrenen Straße fehlt. Zur Zeit Karls muss es aber ohne jeden Zweifel ein architektonisch schöner und prachtvoll gelegener Landsitz gewesen sein, weshalb es geradezu grotesk anmutet, wenn man in den zeitgenössischen monarchistischen Pamphleten lesen kann, wie schlecht es Karl in seinem Exil ergangen sein soll. Zeitgenössische Fotos bezeugen vielmehr, dass das Kaiserpaar auf Madeira von den Einheimischen sehr gut aufgenommen wurde. Napoleons Dasein auf St. Helena muss zweifellos härter gewesen sein.

An weiteren ex-habsburgischen Spuren auf Madeira ist eine goldene Breguet-Armbanduhr mit diamantenbesetztem und bekröntem „K" auf dem Deckel zu erwähnen, die Ex-Kaiserin Zita bei ihrer Abreise im Mai 1922 dem Arzt Dr. Nuno Alberto Queriol de Vasconcellos Porto schenkte und die von dessen Familie vor einigen Jahren ins schöne Museum Quinta das Cruzes in Funchal gelangt ist. In Funchal steht außerdem vor dem zur Pestana-Gruppe gehörenden Casino Park Hotel, einem Bau von Oscar Niemeyer an der wichtigen Zufahrtstraße „Avenida do Infante" ins Stadtzentrum, eine lebensgroße Bronzeplastik der „Imperatriz Sissi" in hellgrüner Robe von Lagoa Henriques (vermutlich aus dem Jahr 1999), die bei den Touristen deutlich mehr Aufsehen erregt als sämtliche Spuren Karls auf der Insel. Laut Sockelinschrift der Plastik hielt sich die Kaiserin auf ihren vielen Reisen offenbar zweimal (1860/61 und 1893) längere Zeit auf der Insel auf. Selbst die Begleitbroschüre zu einer 2009/10 in Lissabon veranstalteten Ausstellung von Meisterwerken aus Museen auf Madeira verweist auf die touristische Vorbildrolle der Kaiserin, wenn zu Madeira als „a favoured destination for visitors" präzisiert wird, dies gelte vorweg für die „European society, including the presence on the island of the Empress of Austria, Elizabeth, followed by the courts of Germany, England, Russia, Brazil, etc."[989]

Von Karls Todestag am 1. April 2014 war bis zum 16. April im langgestreckten „Salao Noble" in der Bel Etage des Teatro Municipal Baltazar Dias in Funchal eine Ausstellung „Homenagem ao Imperador Carlos d'Austria" zu sehen, die dem Aufenthalt des Ex-Kaiser-Paars auf Madeira gewidmet war. Anlässlich ihrer Eröffnung wurde nach Reden auf den „Beato Carlos d'Austria" auch ein wenige Monate vorher erschienenes umfangreiches Werk zu Karls und Zitas Madeiraner Exil präsentiert.[990] Der Ausstellung war freilich kein Publikumserfolg beschieden. Meiner Frau und mir gelang es erst beim dritten von an verschiedenen Tagen unternommenen Versuchen überhaupt bis zum Vorstellungsraum vorzudringen. Außer uns beiden betrat in der guten halben

---

989 Galeria do Rei D. Luis I, Palacio Nacional da Ajuda, Lisboa, Masterpieces from the Madeira Museums. 500 Years of History, 21st November to 28th February 2010.
990 Duarte Mendonça, Carlos e Zita de Habsburgo. Cronica de um Exilio Imperial na Cidade do Funchal. Antologia anotada de textos da imprensa regional, Funchal 2013.

Stunde unserer Präsenz eine einzige Person kurz den Saal und verschwand sofort wieder. Nach uns wurde das Lokal wieder geschlossen.

Weil den „ersten Opfern des Weltkriegs" Franz Ferdinand und Sophie eine gemeinsame letzte Ruhestätte in der Kapuzinergruft versagt war, erweist sich in und um Artstetten die Miserabilität von Habsburgs Ehrbegriff und seines Hausgesetzes besonders markant. Zu allem Elend musste die Überführung des ermordeten Paares nach Schloss Artstetten wegen eines heftigen Gewitters mitten in der Nacht auf dem Bahnhof Pöchlarn, der letzten Bahnstation vor Artstetten, unterbrochen und in der Folge die Donau unter abenteuerlichen Umständen überquert werden.[991] Karl Kraus kommentierte die Farce des Totenzeremoniells um das Thronfolgerpaar im „Fackel"-Nachruf auf Franz Ferdinand mit unübertrefflich schneidender Schärfe:

> In einer kläglich reduzierten Trauer, die es mit einem nassen, einem heitern Auge versteht, den Zuzug Leidtragender fernzuhalten, in einer dankbaren Pietät, die sich an der irdischen Hülle einer allzu starken Seele für jene Zurücksetzung rächt, die ihr erspart geblieben ist, in einem Arrangement, an dem sich die wahre Oberthofmeisterschaft zu bewähren scheint, in einer Toleranz, die die Grenzen des spanischen Zeremoniells durch einen Jahrmarkt erweitert und den Sarg eines Thronfolgers im Kassenraum eines Bahnhofs ausstellen lässt, in einem Skandal, der mit der Hoheit des Toten die des Todes selbst verletzt und hundertmal mehr seine Demonstration verdient hätte als das Dasein von Serben in Österreich – verrät sich mit jener Offenheit, deren nur die ehrliche Feigheit fähig ist, für wie stark sie den gehalten hat, dessen Atem eine Gefahr war für ihr Lebenslicht.[992]

Ein habsburgischer Erinnerungsort der besonderen Art ist die Wiener Votivkirche. Sie wurde zum Dank für Franz Josephs Überleben eines Attentats von 1853 auf Grund einer Initiative des Erzherzogs Ferdinand Maximilian, der 1867 als Kaiser von Mexiko durch Revolutionäre erschossen wurde, gestiftet, von Heinrich Ferstel in neugotischem Stil erbaut und 1879 geweiht. Das Äußere wird seit Jahren einer permanenten Restauration unterzogen, während das Innere weiter düster bleibt. In Nischen und Seitenaltären finden sich in seltsamer Mischung Gedenktafeln für die toten Kameraden der drei Kaiserschützenregimenter aus dem Ersten Weltkrieg oder für den Regimentsinhaber

---

991 Vgl. Jean-Paul Bled, François-Ferdinand d'Autriche, Paris 2012, S. 319, sowie Ludwig Winder, Der Thronfolger. Ein Franz-Ferdinand-Roman, mit einem Nachwort von Ulrich Weinzierl, Wien 2014 (Erstauflage 1937), S. 539–549. Vgl. zu letzterem Franz Haas, Viele Feinde und wenig Ehre. Psychogramm des Thronfolgers und seiner Epoche – Ludwig Winders Franz Ferdinand-Roman von 1937 ist von stupender Unterhaltsamkeit; NZZ Nr. 130, 7. Juni 2014.

992 Karl Kraus, Franz Ferdinand und die Talente, Die Fackel Nr. 400–403, 10. Juli 1914, 4 (DVD-Volltextausgabe).

des k.u.k. Infanterieregiments 99 König Georg I. von Griechenland und dessen Fahnenpatin Sophie von Hohenberg, sodann für die im Februar 1934 gefallenen Angehörigen des Wiener Heimatschutzes und zur Erinnerung an die Kameraden des Heimatschutzes, die in den Gefängnissen und Konzentrationslagern des III. Reiches oder aus der Heimat vertrieben in der Fremde starben, sowie für die Toten und Vermissten 1939–1945 des Feldlazaretts in der Wiener Infanteriedivision 44 oder für die in der Schlacht von Stalingrad 1942/3 gefallenen Wiener Kameraden u. a. m. Über dem König der Hellenen ist auch eine breite Tafel der Kaisertreuen Volkspartei vom August 1930 „FRANZ JOSEPH I. VIRIBUS UNITIS 1830–1930" befestigt.

***

Um dieses Teilkapitel zu beschließen, soll von der Dynastie-Ebene kurz nach unten, auf die Ebene der Untertanen und Leidtragenden dessen, was „oben" beschlossen wurde, herab gestiegen werden. Aus fast jedem Ort finden sich allein in Österreich rund 4000 Kriegerdenkmäler als Erinnerungsorte an die Hekatomben des Ersten Weltkriegs.[993] Ein besonders schönes Beispiel scheint mir die Pestsäule auf dem Hauptplatz des niederösterreichischen Bezirkshauptorts Horn. Sie gedenkt in einem ganzen Erinnerungspanorama der Pest von 1679, der Cholera von 1834, des Durchzugs der Preußen und der darauf folgenden Cholera von 1866 sowie der Toten des Ersten Weltkriegs. Die Zusammenstellung zeigt besonders eindrücklich, wie wenig sich Betroffene gegen durchziehende Seuchen- oder Kriegszüge und sonstige Katastrophen wehren können.

Auf andere Weise repräsentiert und dokumentiert der 1874 eröffnete Wiener Zentralfriedhof auf rund zweieinhalb Quadratkilometern ein einzigartiges, gleichsam permanentes Totengedenken: ein „Schattenreich der Lebendigen" auf einer grünen Insel in einem riesigen, schachbrettartig angeordneten und von radial angelegten Straßen durchschnittenen Park.[994] Im Mittelpunkt findet sich die 1907–1910 erbaute Karl-Lueger-Kirche, ein Zentralkuppelbau mit dem Grab des umstrittenen Bürgermeisters in der Krypta. Auf beiden Seiten der davorliegenden Gruft der Bundespräsidenten von Karl Renner bis Kurt Waldheim finden sich zahlreiche Ehrengräber für Prominente und Politiker, so jenes des letzten k.k. Sozialministers und späteren Bundeskanzlers Prälaten Ignaz Seipel. Stark besucht werden jeweils die Musikergräber von Beethoven,

---

993 Vgl. dazu Oswald Überegger, „Erinnerungsorte" oder nichtssagende Artefakte? Österreichische Kriegerdenkmäler und lokale Kriegserinnerung in der Zwischenkriegszeit, in: Laurence Cole (Hg.), Glanz – Gewalt – Gehorsam. Militär und Gesellschaft in der Habsburgermonarchie (1800 bis 1918), Essen 2011, S. 293–310.

994 Vgl. Anton Holzer, Ganz Wien in 7 Tagen. Ein Zeitreiseführer in die k.u.k. Monarchie, Darmstadt 2010, S. 94 u. 98f.

Brahms, Schubert und Johann Strauss oder das Erinnerungsgrab für Mozart. Der auffällige Grab-Kubus von Fritz Wotruba für Arnold Schönberg wurde wegen Schönbergs Bedeutung für das vorliegende Buch (vgl. Kapitel 9.3) als Coverbild gewählt, begleitet von einer Namen-Reihe anderer Ehrengräberträger, die im Buch aufscheinen.

Am Eingang der 1879 eröffneten israelitischen Abteilung des Zentralfriedhofs finden sich nebeneinander die Ehrengräber für Arthur Schnitzler und den weniger bekannten Friedrich Torberg, den Verfasser der „Tante Jolesch" (über ihn unten Kap. 8.1), sowie etwas weiter zurück das Monumentalgrab für den 1893 verstorbenen und mittlerweile nahezu vergessenen Alt-1848er und Arzt Adolf Fischhof, der in seiner 1869 erschienenen föderalistischen Studie „Österreich und die Bürgschaften seines Bestandes" gegen den alten Hader der Nationalitäten anzukämpfen versuchte. Österreich, „wo kein Volksstamm mächtig genug ist, um die anderen zu unterwerfen und dem Staate sein nationales Gepräge aufzudrücken, wo vielmehr die Völker einander das Gleichgewicht halten", dieses Österreich, sagte er (vergeblich!), werde „durch sein eigenstes Interesse darauf hingewiesen, allen Nationalitäten gleich gerecht zu sein".[995] Wie um das Scheitern dieses Ansatzes zu illustrieren, folgt hinter seinem Grab die *tristezza* schlechthin mit Zehntausenden von verwaisten jüdischen Gräbern, deren Nachkommen ab 1938 ermordet wurden und die Gräber der Vorverstorbenen nicht mehr pflegen konnten.

6.2 Nostalgie im einstigen habsburgischen Machtbereich

Nostalgie ist ein Sehnsuchts- oder Entzugsphänomen gegenüber einer Zeit oder einem Ort, die oder den man verloren hat, die oder der nicht mehr existiert und die oder der vielleicht nie existiert hat. So ließe sich Svetlana Boyms Einleitung zu ihrem postkommunistischen Moskau-St. Petersburg-Berlin-Nostalgiebuch eine leicht erweiterte Umschreibung des Phänomens entnehmen.[996]

Wohin es sich erstreckte, hinterließ das habsburgische Vielvölkerreich Spuren, die (fast) überall mit mehr oder weniger Geschick aufgearbeitet und vermarktet werden. Der Hinweis auf ein „k.u.k" Erbe fehlt, wo immer möglich, nie, so in den böhmischen Heilbädern Karlsbad und Marienbad nicht,[997] deren Nostalgiewert enorm ist, obwohl es niemanden mehr gibt, für den diese Orte damals konkret existiert haben.

---

[995] Adolph Fischhof, Österreich und die Bürgschaften seines Bestandes. Politische Studie, Wien 1870 (2. Aufl.; Erstaufl. 1869), S. 7.
[996] Svetlana Boym, The Future of Nostalgia, New York 2001, S. XIII–XV.
[997] Vgl. Gabrielle Alioth, Heilbäder im Osten. Kuren in Karlsbad und Marienbad heisst noch immer Eintauchen in Böhmens k.u.k. Vergangenheit, NZZ Nr. 232, 5. Oktober 2012.

Im Folgenden werden drei ungleiche Beispielfälle präsentiert, die einer lockeren Chronologie folgen. Beim ersten handelt es sich um den Schweizer Kanton Aargau, das Herkunftsgebiet der Habsburger, welches ihnen von der aufsteigenden Eidgenossenschaft schon im ausgehenden Mittelalter entwunden wurde. Dies war 1415, weshalb das Jahr 2015 im Verein mit anderen Gedächtnissen (1315 Morgarten, 1515 Marignano, 1815 Wiener Kongress) zu einem für das Schweizer Nationalgefühl wichtigen, wenngleich umstrittenen Jubiläumsjahr wurde. Das zweite Beispiel Italien steht für ein aufmüpfiges und – was die Lombardei anbelangt – trotz dem fulminanten 1848er Erfolg des alten Haudegen Radetzky ein gutes halbes Jahrhundert vor dem Ende des Reiches 1859 verlorenes Untertanen-Gebiet, während der dritte Beispielfall mit Ungarn ein Herrenvolk der einstigen Monarchie betrifft, wo sich zwei konkrete Restaurationsversuche abspielten, die das Nostalgiekonzept freilich sprengen, weil Restauration mehr beinhaltet oder vielleicht als aktive Form von Nostalgie interpretiert werden kann.

Der Schweizer Kanton Aargau

Die Habsburg-Schweiz-Beziehungen waren vielschichtig, auch wenn es sich, wie im Fall von Italien, vorgeblich um eine Erbfeindschaft handelte mit ihren auf Schweizer Seite mythisch überhöhten Siegen von Morgarten 1315 und Sempach 1386.[998] Die Siege spielen in der auf das spätere 19. Jahrhundert zurückgehenden Konstruktion einer (Deutsch-)Schweizer Identität eine noch immer wichtige und politisch missbräuchlich einsetzbare Rolle. Mittlerweile ist die vermeintliche Erbfeindschaft aber zum einen desinteressierter Gleichgültigkeit gegenüber der Nachbarrepublik, zum anderen auch zunehmender Faszination gewichen, sicher jedenfalls im Kanton Aargau, dem Herkunftsgebiet der Habsburger mit ihrer Stammburg bei Brugg und dem von ihnen im aargauischen Freiamt gegründeten Kloster Muri. Diese *connection* gehört zweifellos in den Kontext des Fortlebens der Monarchie.

1415 war mit dem Konzil von Konstanz und seinen Folgen ein Schlüsseljahr sowohl der europäischen wie der Schweizer Geschichte, als im Frühjahr jenes Jahres Berner und Zürcher Truppen zusammen mit ihren eidgenössischen Verbündeten durch die ra-

---

998 Vgl. für die habsburgisch-eidgenössischen Beziehungen im Mittelalter Bruno Meier, Ein Königshaus aus der Schweiz. Die Habsburger, der Aargau und die Eidgenossenschaft im Mittelalter, Baden 2008, und Ders., Habsburger und Eidgenossen im Mittelalter. Versuch einer Periodisierung, in: Peter Niederhäuser (Hg.), Die Habsburger zwischen Aare und Bodensee, Zürich 2010, S. 13–20, sowie Alois Niederstätter, Das Morgarten-Geschehen aus österreichischer Sicht: Erinnerung und Historiographie, in: Neue Sicht(en) auf Morgarten 1315? Der Geschichtsfreund, 168. Band, 2015, S. 45–56.

sche Eroberung des Aargaus das Ende von Habsburgs Herrschaft im Schweizer Mittelland einleiten. Nicht zu Unrecht gilt die Eroberung der habsburgischen Stammlande als wichtige Etappe auf dem langen Entstehungs- und Entwicklungs-Weg der Eidgenossenschaft. Für den Aargau blieb es eine Eroberung, keine Befreiung: Ein Teil wurde Berner Untertanengebiet, während die Grafschaft Baden und das Freiamt zu Gemeinen (gemeineidgenössischen) Herrschaften, den ersten gemeinsamen Untertanengebieten der damaligen eidgenössischen Orte (ohne Uri) wurden. Die Untertanengebiete wurden als solche unfreiwillig zu wichtigen Klammern der alten Eidgenossenschaft; sie zwangen das Geflecht der verschiedenen Bünde zusammen, deren Vertreter an der Tagsatzung sich jeweils zusammenraufen mussten.

Eine der ersten Gedenkveranstaltungen zum 500-jährigen Jubiläum war ein Vortrag des Aargauer Historikers und Verlegers Bruno Meyer vor der Antiquarischen Gesellschaft in Zürich, der sich um die erwähnten Themen drehte.[999] Diesem Auftakt schloss sich über das Jahr 2015 verteilt ein Reigen von Erinnerungsveranstaltungen im Aargau an, die selbstbewusst mit dem Herrschaftswechsel von den Habsburgern zu den Eidgenossen umgingen und ihn in eine Serie weiterer Jahrestage einreihten: von der 1998 zelebrierten Erinnerung an 1798, als mit dem Ende der alten Eidgenossenschaft der Untertanenstatus des Aargau aufhörte, über das Habsburger Jubiläumsjahr 2008 zum Gedenken des Villmergerkriegs von 1712 (2012) und des Friedens von Baden nach dem Spanischen Erbfolgekrieg von 1713 (2013).[1000]

Nach dem Habsburger-Jubiläumsjahr von 2008 (900 Jahre nach der ersten urkundlichen Erwähnung der Habsburg, 700 Jahre nach der Ermordung König Albrechts I. bei Windisch)[1001] lancierten das Museum Aargau und Aargau Tourismus die Initiative „Habsburger Kulturtourismus" zur Valorisierung der Burgen, Schlösser, Klöster und Städte des Aargaus mit Habsburg-Bezug. Damit sollte gezeigt werden, dass die Geschichte dieses spät zum heutigen Kanton gewordenen Gebiets lange vor seiner Eroberung durch die Eidgenossen begann und von größerer Bedeutung war, weshalb sie das Selbstbewusstsein der Aargauer vielleicht stärker zu prägen vermag.[1002] Im Jubiläumsjahr 2015 wurde die touristische Komponente dieses Erinnerungsbemühens weiter ausgebaut, indem ein Habsburger Weg eingerichtet wurde, dessen Etappen, habsbur-

---

999 Einladungsschreiben der Antiquarischen Gesellschaft in Zürich zum Vortrag von Bruno Meyer „Das Schlüsseljahr 1415. Der Aargau als Schauplatz europäischer Geschichte" am 23. März 2015.
1000 Vgl. Erich Aschwanden, Die Schweiz entsteht im Aargau. 1415 entrissen die Eidgenossen in einem kurzen Feldzug den Habsburgern ihre Stammlande, NZZ Nr. 88, 17. April 2015.
1001 https://www.ag.ch/de/bks/kultur/kulturvermittlung/erinnerungskultur/habsburg/1108_1308.jsp (abgefragt 25. 1. 2016).
1002 Vgl. Martin Merki, Auf den Spuren der Habsburger. Ausflüge in die „Stammlande der Habsburger" im Aargau, NZZ Nr. 125, 3. Juni 2010.

6. Erinnerung, Nostalgie, Vermarktung

gischen Spuren folgend, vom Schloss Wildegg über die Habsburg nach Brugg und von da nach Baden sowie von Bremgarten nach Muri führen.[1003]

2006 war das Museum Aargau neu ausgerichtet und in den folgenden Jahren zu einer Museumslandschaft mit sechs Standorten ausgebaut worden: Schloss Lenzburg als Ritter- und Drachenschloss, das Wasserschloss Hallwyl für Kultur und Natur, Schloss Habsburg als Stammsitz einer Weltdynastie, Wildegg als Barock- und Gartenschloss, das Kloster Königsfelden als Erinnerungsort an die Ermordung König Albrecht I. und schließlich der Legionärspfad Vindonissa.[1004] Unschwer lässt sich erkennen, dass die Habsburger in diesem Setting zentral sind und dem 1803 im Zuge der napoleonischen Mediation aus verschiedenen Teilen – dem bis 1791/92 österreichischen Fricktal, dem bernischen Aargau und den 12-örtigen Gemeinen Herrschaften Grafschaft Baden und Freie Ämter – zusammengebastelten heterogenen Kanton mit dem Rückgriff auf die Zeit vor der Eroberung seitens der Eidgenossen eine gemeinsame historische Identität zu geben vermögen.

Interessant ist, nicht nur im Kontext einer vielleicht allgemeinschweizerischer werdenden Habsburg-Nostalgie, die Karriere des Karel Fürst zu Schwarzenberg, 2007–2009 und 2010–2013 Außenminister der tschechischen Republik. Im Januar 2013 unterlag der 1937 in Prag geborene, 1948 nach Österreich emigrierte und nach der Wende wieder nach Prag zurückgekehrte Schwarzenberg dem jetzigen Amtsinhaber Zeman in der Wahl zum tschechischen Staatspräsidenten. Seine Familie ist seit Jahrhunderten im Besitz des Zürcher Bürgerrechts, und dieses ließe sich als geistiges Erbe des Habsburgerreiches und seine Biographie als Synthese des Mitteleuropäertums interpretieren. Selber ist Karel Schwarzenberg, der die Demokratie in Tschechien wie in der Europäischen Union näher beim Volk sähe, in Bezug auf größere Bürgernähe der EU ein überzeugter Verfechter des in der Schweiz praktizierten Subsidiaritätsprinzips, welches „das einzig vernünftige" sei, wie er sagt. Deutlich sieht er aber, dass es bis zu einem wirklichen Europa-Bewusstsein noch lange dauern wird. Wie er gegenüber dem Prager Korrespondenten der NZZ äußerte, wäre interessant zu untersuchen, seit wann sich die Zürcher in erster Linie als Schweizer statt als Zürcher verstehen.[1005] Wie un-

---

1003 Vgl. NZZ Nr. 127 (internationale Ausgabe), 5. Juni 2015, sowie http://habsburgerweg.ch/ (abgefragt 15. 7. 2015).
1004 Vgl. Erich Aschwanden, Die neuen Aargauer Schlossherren. An sechs Orten können die Besucher Geschichte an historischen Schauplätzen erleben, NZZ Nr. 91, 20 April 2013. Vgl. auch https://www.ag.ch/de/bks/kultur/museen_schloesser/museum_aargau/museum_aargau.jsp (abgefragt 22. 1. 2016). Zu Königsfelden vgl. Simon Teuscher, Claudia Moddelmog (Hg.), Königsfelden. Königsmord, Kloster, Klinik, Baden 2012.
1005 Rudolf Hermann, Ein kritischer Europäer. Tschechiens Aussenminister Schwarzenberg plädiert für eine bürgernahe Europäische Union, NZZ Nr. 123, 31. Mai 2013.

möglich es seinerzeit im Fall der Habsburger Monarchie war, ein gesamtkakanisches oder nur schon ein österreichisches Staatsbewusstsein zu schaffen, zeigt Robert Musils „Mann ohne Eigenschaften" eindrücklich genug (dazu Kapitel 8.3).

Beispielfall Italien

Bei Triest erscheint die Habsburg-Nostalgie nicht erstaunlich, weil die große Zeit dieser Hafenstadt, die von 1382 bis 1918 habsburgisch war und ihre ökonomische Prosperität wesentlich den Fördermaßnahmen des Reiches verdankte, mit dem Ende der Monarchie zu Ende war.[1006]

Teilweise antislawisch konnotierte Versuche, noch eine gewisse Autonomie zu retten, wurden nach der Machtergreifung des Faschismus mit dem Dekret vom 7. Januar 1923, das die Gemeinde- und Provinzordnung des Königreichs auf die neuen Provinzen übertrug, definitiv durchkreuzt. Ebenso kurzlebig waren Anknüpfungs- und Verwertungsversuche der Habsburgnostalgie unter der deutschen Besatzung in der Operationszone Adriatisches Küstenland, die von Herbst 1943 bis Frühjahr 1945 bestand. Etwas nachhaltiger war die Nostalgie zur Zeit des „Territorio Libero di Trieste" unter dem Schutz der UNO nach dem Zweiten Weltkrieg, als die Zone A von den Angloamerikanern und die Zone B von den Jugoslawen kontrolliert wurde. Mit dem Londoner Vertrag von 1954, als die Zone A wieder italienisch wurde, brach die Unabhängigkeitbewegung zusammen. Eine weitere Nostalgiewelle zeigte sich nach dem Vertrag von Osimo 1975, als die Grenze zwischen Italien und Jugoslawien definitiv anerkannt wurde und sich in Triest mit der Bürgerbewegung „Lista per Trieste" eine starke Autonomiebewegung entwickelte, die von 1978 bis 1983 sogar den Bürgermeister stellte. Wie Marion Wullschleger urteilt, war die Bezugnahme auf das Habsburgererbe und den wohlgeordneten Kaiserstaat mit der effizienten Bürokratie und einem wohlwollenden Herrscher nie so stark wie in den 1980er und 1990er Jahren; sie gipfelte 1997 in der Wiederaufstellung des Kaiserin-Elisabeth-Denkmals von 1912.[1007]

Die Triestiner Habsburgnostalgie ist insofern ein schönes Beispiel, als sie geradezu klassisch eine Gegenwart, die man als Niedergang empfindet, an einer glorifizierten Vergangenheit misst, die mythisch überhöht wird. „Ach, unter Österreich war Triest noch groß", zitiert Christine Wolter in einem NZZ-Artikel eine Aufsichtsdame in einem der vielen Museen dieser Stadt, aus der die Österreicher keineswegs spurlos

---

[1006] Vgl. für den ganzen folgenden Abschnitt Marion Wullschleger, Nostalgie asburgiche a Trieste dopo la Grande Guerra, in: Nostalgia. Memoria e passaggi tra le sponde dell'Adriatico, a cura di Rolf Petri, Roma 2009, S. 213–236.

[1007] Wullschleger, Nostalgie, S. 225f.

verschwanden. Was von ihnen blieb, erscheint vielmehr verklärend schön, anders als was der Faschismus, die deutsche „Operationszone Alpenvorland" und die hässliche Nachkriegszeit hinterließen.[1008] Selbst Journalisten, die über Triestiner Freiwillige auf italienischer Seite im Ersten Weltkrieg schreiben, von denen über 300 fielen, müssen zugeben: „Trieste a diventare italiana ci ha perso. Cent'anni fa i triestini erano 234 mila, ed erano i più ricchi dell'Impero; oggi sono 26 mila in meno, e sono i più vecchi del Paese. La città è stata inventata dagli austriaci, e dimenticata dagli italiani."[1009]

Andere Regionen, die nicht derart lange zum Habsburgerreich gehörten, etwa die Lombardei, sind in Bezug auf das verschwundene Kaiserreich diffuser und ambivalenter. So lässt sich in Mailand zwar immer wieder eine allerdings schwer fassbare Maria-Theresia-Nostalgie feststellen, die an der Scala oder an Brera festgemacht werden kann. Andererseits wird sie durch eine deutliche Dämonisierung Radetzkys konterkariert, dessen Vertreibung aus Mailand anlässlich der Cinque Giornate von 1848 weiter als einer der großen Ruhmestitel des Risorgimento gilt, obwohl der nur scheinbar geschlagene Feldmarschall wenige Monate später wieder in die Stadt zurückkehrte.

Ein schönes Nostalgie-Beispiel ist der 1980 in Mailand erschienene interessante Briefroman „Amore mio uccidi Garibaldi" von Isabella Bossi Fedrigotti, der in der Familie der Vorfahren der Autorin im österreichischen Trentino spielt und die geballte Aversion des einheimischen italienischen Adels gegen den Freiheitshelden Garibaldi, der sich 1848 und 1859 in dieser Zone herumtrieb, illustriert.[1010] Zur gleichen Familie gehörte der in Innsbruck 1901 geborene, 1990 verstorbene und zeitweilig in Rom lebende aber deutsch schreibende Anton Graf Bossi Fedrigotti, der sich in verschiedenen Werken mit dem Ende der Monarchie befasste, so im Roman „Heimkehr in den Untergang" von 1981.[1011]

Von der seinerzeitigen ‚Gegenfront' zeigt sich eine erstaunlich hohe Wertschätzung der neueren und neuesten österreichischen Literatur: Joseph Roth, Robert Musil, Thomas Bernhard, Peter Handke, Elfriede Jelinek sind alle übersetzt und werden gekauft. Hier hat Claudio Magris als Erforscher des habsburgischen Mythos in der österreichi-

---

1008 Christine Wolter, Ein Wiedersehen mit der Stadt am Meer. Grenzort, Schmelztiegel, Perle der Adria. Triests komplexe Geschichte bleibt bis heute sichtbar, NZZ Nr. 228 (internationale Ausgabe), 1. Oktober 2012.
1009 Aldo Cazzullo, Diventò italiana e iniziò la sua crisi. Trieste, la città che non vediamo, Corriere della Sera, 5. April 2015, S. 21.
1010 Isabella Bossi Fedrigotti, Amore mio uccidi Garibaldi, Milano 1980.
1011 Anton Graf Bossi Fedrigotti, Heimkehr in den Untergang. Ein Roman vom Ende der Donaumonarchie, Graz 1981. S. auch Anton Graf Bossi Fedrigotti, Abschied vom Doppeladler. Als Österreicher im Ewigen Eis und vor Verdun 1915–1918. Ein Roman nach Tatsachenberichten, Berg 1990.

schen Literatur gleicherweise als Bahnbrecher wie als Verstärker gewirkt.[1012] Gemäß Matthias Marschik und Doris Sottopietra soll dessen Buch die Vorliebe italienischer Touristen für Österreich und insbesondere für Wien geradezu ausgelöst haben, obwohl Italien noch immer jenes Nachbarland sei, das den geringsten Wissensstand über Österreich habe; dafür habe man bei Magris das „Österreichische" in den Texten von Musil, Hofmannsthal, Roth und auch von Bernhard gefunden.[1013]

Aus all dem ergibt sich ein mehr oder weniger klarer Widerspruch zum nationalen Selbstverständnis Italiens, wonach Habsburg als Erbfeind interpretiert wird. Die Erbfeindschafts-Erzählung zieht sich von den verschiedenen Befeiungskriegen im Gefolge der 1848er Revolution in Mailand und Venedig – den Feldzügen von 1848/49, 1859 und 1866 – bis hin zum Ersten Weltkrieg durch, der in der nationalistischen Geschichtsschreibung jeweils als „quarta guerra d'indipendenza" gefeiert wird. Der Kammerpräsident der Legislaturperiode 2008–2013, Gianfranco Fini, äußerte im Zusammenhang mit einer (nachgerade freilich bescheidenen) politischen Polemik um den Stellenwert des „quattro novembre", des Feiertages zum Ende des Ersten Weltkriegs, 90 Jahre später, die Italiener hätten an jenem Tag verstanden „d'essere una nazione".[1014] Und selbst der nüchterne Staatspräsident Giorgio Napolitano meinte im gleichen Kontext, die Einigung Italiens sei an jenem Tag endlich abgeschlossen worden.[1015] Dass wegen Kommunikationsschwierigkeiten zwischen den damaligen Kriegsgegnern in letzter Minute noch Hunderttausende österreichisch-ungarische Soldaten in Kriegsgefangenschaft gerieten, ist freilich kein Ruhmesblatt, auch wenn sich der italienische Oberbefehlshaber Armando Diaz in seiner triumphalistischen Siegesproklamation vom 4. November 1918 dessen rühmte: „[...] l'esercito austro-ungarico [...] ha lasciato finora nelle nostre mani circa trecentomila prigionieri con interi stati maggiori e non meno di 5000 cannoni [...]", während der österreichische Staatskanzler Renner in der Staatsratssitzung vom 2. Dezember 1918 feststellte, die Verantwortlichen gehörten vor ein Kriegsgericht.[1016]

Historiographisch steht der Erste Weltkrieg noch zwischen Österreich und Ungarn auf der einen und den übrigen Erben des österreichisch-ungarischen Reiches sowie Italien auf der anderen Seite wie der Zweite Weltkrieg zwischen Polen und Deutschland oder zwischen Frankreich und Deutschland. Doch kann die Zeit bekanntlich Wunden

---

1012 Caudio Magris, Der habsburgische Mythos in der modernen österreichischen Literatur, deutsche Übersetzung, Wien 2000; italienische Erstausgabe 1963. S. zu Magris unten Kapitel 8.2.
1013 Matthias Marschik, Doris Sottopietra, Erbfeinde und Hasslieben. Konzept und Realität Mitteleuropas im Sport, Münster 2000 (Sport: Kultur, Veränderung, 28), S. 117f.
1014 Corriere della Sera, 30. Oktober 2008.
1015 Corriere della Sera, 4. November 2008.
1016 Protokoll der 52. Staatsratssitzung vom 2. Dezember 1918, AdR, StRP Karton 3.

heilen, wie gerade letzteres Beispiel illustriert. Und so hat sich mittlerweile ergeben, dass das 150. Jubiläum der italienischen Einigung (1861–2011), die großenteils gegen das Habsburgerreich gerichtet war, in Österreich erstaunlich wenig Aufmerksamkeit fand.[1017] Freilich verstellen das faschistische „Ventennio" und der ebenso lange Berlusconismus außerhalb Italiens inzwischen den Rückblick auf das italienische Risorgimento.

König Karls gescheiterte Restaurationsversuche in Ungarn

Hier handelt es sich im Erinnerungskontext insofern um einen ‚schwierigen' Fall, als der Ex-Kaiser, der in Ungarn weiter König blieb, wider Erwarten tatsächlich agierte und zwischen dem 26. März und 4. April und vom 20. bis 24. Oktober 1921 zwei ernsthafte, wenngleich chancenlose Restaurationsversuche unternahm. Schon angesichts der europäischen Gesamtlage nach dem Sieg der Entente-Mächte und dem Entstehen klar habsburgfeindlicher Nachfolgestaaten (zu denen anfänglich auch Österreich zählte) waren sie von Anfang an zum Scheitern verurteilt, ganz zu schweigen von der Situation im Land selber, wo eine Mehrheit der Bevölkerung nach dem verlorenen Krieg und dem Vertrag von Trianon, der das „tausendjährige" Ungarn fast drei Viertel seines Territoriums und rund zwei Drittel seiner Bevölkerung kostete, gleichfalls antihabsburgisch eingestellt war.[1018] Der Zerfall der Habsburgermonarchie sei nur der „Kollateralschaden der wirklichen Katastrophe" gewesen, der Auflösung des Königreichs Ungarn, urteilte ein Wiener Historiker mit ungarischen Wurzeln vor einigen Jahren.[1019]

Was Österreichs Verhältnis zu Ungarn anbelangt, äußerte sich Staatskanzler Renner in der konstituierenden Nationalversammlung am 23. Januar 1920 anlässlich der Beantwortung zweier Anfragen zu seinen Verhandlungen vom 12. jenes Monats in Prag auch über das im Zusammenhang mit der noch nicht erfolgten Herausgabe Deutschwestungarns sehr gespannte Verhältnis zu Ungarn, welches seit dem militärischen Zusammenbruch ein schwieriger Nachbar sei, obwohl die beiden Länder bestimmt seien, als unabhängige Nachbarn gute Freunde zu werden und zusammenzuarbeiten,

---

1017 Vgl. Stefan Malfèr, Rezension zu: Florika Griessner, Adriana Vignazia (Hrsg.), 150 Jahre Italien. Themen, Wege, offene Fragen, Wien 2014, in: H-Soz-Kult, 14. 4. 2015, <http://www.hsozkult.de/publicationreview/id/rezbuecher-24309>.

1018 Vgl. Thomas Sakmyster, Miklós Horthy. Ungarn 1918–1944, Wien 2008, S. 93. S. für die territorialen und bevölkerungsmäßigen Verluste Ungarns die schöne seinerzeitige Dissertation von Peter Haslinger, Der ungarische Revisionismus und das Burgenland (1922–1932), Wien 1993, S. 1f.

1019 Béla Rasky, Erinnern und Vergessen der Habsburger in Österreich und Ungarn nach 1918, in: Karl Müller, Hans Wagner (Hg.), Österreich 1918 und die Folgen. Geschichte, Literatur, Theater und Film, Wien – Köln – Weimar 2009, S. 25–58, hier S. 35.

"unähnlich jenem Zustande, wo wir staatsrechtlich gebunden waren" und "die Folgen der früheren ungarischen Nationalitätenpolitik gegenüber Rumänen und Jugoslawen mit dem Blut unserer Kinder mitzuverantworten" gehabt hätten. Deshalb müsse für alle Zukunft festgehalten werden, dass Ungarn und jeder andere Nachbar "Nationalitätenpolitik ausschließlich auf eigene Rechnung und Gefahr" betreibe und Österreich "niemals mehr mit seinem Gut und Blut die Bürgschaft für fremde Herrschaftsaspirationen" übernehme.[1020] Von da ist klar, dass jeder ungarische Restaurationsversuch in Österreich auf Ablehnung stoßen musste.

Negative Niederschläge der im Jahr darauf real erfolgten Restaurations-Eskapaden des Ex-Kaisers finden sich denn auch in der österreichischen Befürchtung, angesichts der ungarischen Ereignisse zum Kriegsschauplatz zu werden, so im Telegramm des einstigen Wiener Polizeipräsidenten und jetzigen Bundeskanzlers Johannes Schober an die Gesandten Eichhoff in Paris und Marek in Prag vom 25. Oktober 1921, wonach zwar wegen der am Vortag erfolgten Internierung König Karls (man beachte die Abweichung von der korrekten republikanischen Sprachregelung) seitens der ungarischen Regierung (Karls Marsch auf Budapest war am 24. Oktober gestoppt und das Ex-Kaiserpaar gefangen genommen worden) die Gefahr eines bewaffneten Konflikts zwischen Ungarn und den Staaten der kleinen Entente (gemeint war der gegen die ungarische Revisionspolitik und habsburgische Wiederherstellungsversuche gerichtete Vertrag vom 14. August 1920 zwischen der Tschechoslowakei und Jugoslawien, dem 1921 auch Rumänien beitrat) momentan nicht imminent, wegen der "bekannten impetuosen Art der ungarischen Politik" aber noch immer möglich sei. Falls die Tschechoslowakei eventuellen Restaurationsbestrebungen der Ungarn "mit den stärksten Mitteln" entgegen trete, könne Österreich "in jene Lage kommen, in die Belgien im Weltkriege geraten" sei. Trotz ihrer abwartenden Haltung gegenüber den Restaurationsbestrebungen der Habsburger in Ungarn habe die österreichische Regierung die Pflicht, das Bundesgebiet zu schützen, allerdings wegen des Friedensvertrags (gemeint war der Staatsvertrag von St. Germain) im Zustande der "nahezu vollständigen Wehrlosigkeit".[1021] Hier spielte nebst allem andern eine Rolle, dass Schober knapp zwei Wochen vorher, am 13. Oktober 1921, das Protokoll von Venedig zwischen Österreich und Ungarn unterzeichnet hatte, das unter dem Vorsitz Italiens zustande gekommen war und eine Volksabstimmung im Raum Ödenburg (Sopron) vorsah.[1022] Wenig zufällig landete das Ex-Kaiserpaar, in ei-

---

1020 Außenpolitische Dokumente der Republik Österreich 1918–1938 (ADÖ), Band 3: Österreich im System der Nachfolgestaaten. 11. September 1919 bis 10. Juni 1921, hg. v. Klaus Koch, Walter Rauscher und Arnold Suppan, Wien – München 1996, Dok. 421, S. 242.
1021 AdR, NPA, Karton 374, Liasse 22, N. 45.
1022 Vgl. Haslinger, Burgenland, S. 25f.

6. Erinnerung, Nostalgie, Vermarktung 257

nem Flugzeug aus der Schweiz kommend, am 21. Oktober denn auch ausgerechnet in der Nähe von Ödenburg.

Von besonderem Interesse ist in Ungarn selber aber die Rolle des ehemaligen Oberbefehlshabers der k.u.k. Kriegsmarine Admiral Nikolaus (Miklós) Horthy (1868-1957), Angehöriger einer ungarischen Kleinadelsfamilie reformierter (calvinistischer) Konfession aus der Großen ungarischen Tiefebene,[1023] der nach mancherlei Peripetien und Gewaltexzessen nach dem Sieg über die kommunistische Räteregierung Mitte November 1919 in Budapest einzog und die Monarchie wieder herstellte. Von der Nationalversammlung zum Reichsverweser gewählt, wurde er am 1. März 1920 als provisorisches Staatsoberhaupt eingesetzt, so dass er – wie man scherzte – als Admiral ohne Flotte ein Land ohne Küste und ein Königreich ohne König regiere.[1024] In dieser Position tat er nichts, um das Wiederaufleben des Habsburgerreiches zu befördern, auch wenn er sich primär dem König gegenüber loyal gab, ihm aber schon anlässlich des ersten Rückkehrversuchs über die Ostertage Ende März 1921 in Budapest keineswegs entgegenkam, sondern ihn in einem mehrstündigen Gespräch davon überzeugen wollte, dass eine Restauration in Ungarn vielleicht zum Bürgerkrieg und sicher zur Besetzung des Landes durch rumänische, tschechische und südslawische Truppen führen würde. Karl verließ schließlich das Land nach mehrtägigem zunehmend dramatischer werdendem Hin und Her am 5. April und kehrte in die Schweiz zurück, wo ihm die Missachtung der mit dem Asyl verbundenen Auflagen Schwierigkeiten bereitete.[1025] Diese erste Ungarnreise wurde auch im Wiener Nationalrat in einer sofort einberufenen Sitzung am 1. April äußerst kritisch kommentiert, als Karl Seitz namens der Sozialdemokraten von „Abenteuerpolitik" sprach und sie als einen vielleicht „lächerlichen" und vielleicht „fast operettenhaften" Machtergreifungs-Versuch bezeichnete, der aber „von ernsten Folgen hätte begleitet sein können".[1026]

Vom zweiten Anlauf versuchte Horthy Karl schon vor dessen Lancierung abzuhalten, indem er ihm anfangs September 1921 im Schweizer Exil die (wirkungslose) Warnung zukommen ließ, keine weiteren Restaurationsversuche mehr zu unternehmen. Trotzdem landete das Ex-Kaiserpaar am 21. Oktober von Dübendorf (bei Zürich) her in der Nähe von Sopron, bildete in dieser Stadt eine Regierung und fuhr in einem Sonderzug,

---

1023 Vgl. Karl-Reinhart Trauner, Vom kaisertreuen Admiral zum Reichsverweser ohne Königs Gnaden: Nikolaus von Horthy, in: Über Schlesien hinaus. Zur Kirchengeschichte in Mitteleuropa. Festgabe für Herbert Patzelt zum 80. Geburtstag, Würzburg 2006 (Beihefte zum Jahrbuch für Schlesische Kirchengeschichte, 10), S. 99–124, hier S. 101.
1024 Trauner, Horthy, S. 108.
1025 Vgl. Nestor Werlen, Die kaiserliche Familie in der Schweiz, in: Jan Mikrut (Hg.), Kaiser Karl I. (IV.) als Christ, Staatsmann, Ehemann und Familienvater, Wien 2004, S. 495ff.
1026 ADÖ, Band 3, Dok. 517, S. 588, 590.

begleitet von legitimistischen Truppen, Richtung Budapest, wo der „Marsch auf Budapest" am 23. Oktober – im Gegensatz zum Marsch auf Rom ein Jahr später – nach Ausrufung des Kriegsrechts mit kurzem Gewalteinsatz am Rand der Hauptstadt gestoppt wurde, nachdem die Vertreter der Ententemächte eine habsburgische Restauration kategorisch abgelehnt und die Gesandten der Tschechoslowakei, des Südslawenstaates und Rumäniens erklärt hatten, sie würden eine solche als Kriegsgrund ansehen.[1027] Das Kaiserpaar wurde in der Folge von den Briten nach der portugiesischen Atlantikinsel Madeira geführt, wo Karl am 1. April 1922 knapp 35-jährig verstarb.

Horthy blieb in der „Monarchie ohne König", die am 6. November 1921 die Pragmatische Sanktion von 1713 (in Ungarn von 1723) annullierte und die Habsburger damit faktisch enttrohnte, als Reichsverweser weiter an der Spitze des Staates. Wegen seines markanten Willens, die territorialen Bestimmungen des Vertrags von Trianon zu revidieren, ignorierte er allfällige Restaurationsabsichten des seit 1930 volljährigen Thronfolgers Otto.[1028] Vielmehr führte er nach 1933 sein Land an die Seite Hitlerdeutschlands und 1941 in den Feldzug der Achsenmächte gegen die Sowjetunion. Am 19. März 1944 wurde der bekennende Antisemit, der in Ungarn damit bei weitem nicht allein war,[1029] nach (vergeblichen) Kontaktversuchen zu den Alliierten, von Hitler, der einen zweiten Fall Italien verhindern wollte und die Wehrmacht (mit katastrophalen Folgen für die Mehrheit der ungarischen Juden) einmarschieren ließ, weitgehend entmachtet. Ein halbes Jahr später, am 15. Oktober 1944, wurde er durch einen Putsch der kollaborationistischen, faschistisch-nationalsozialistischen Pfeilkreuzler gegen den von ihm angekündigten Waffenstillstand gestürzt und in der Folge in Bayern interniert.[1030] Nach Kriegsende ging er über die Schweiz nach Portugal ins Exil, wo er 1957 verstarb; seine sterblichen Überreste wurden 1993 aus Lissabon in die ungarische Familiengruft umgebettet.

Man wüsste gern, ob Horthy *ex post* – trotz seinen selbstrechtfertigenden Schriften – nicht manches in seiner Karriere bereut haben könnte. Gemäß den Aufzeichnungen von Sektionschef Richard Schüller besuchte Prälat Seipel als Bundeskanzler anfangs

---

1027 Vgl. Trauner, Horthy, S. 112–117, sowie Sakmyster, S. 97–125.
1028 Vgl. die Einleitung zu The Confidential Papers of Admiral Horthy, hg. v. Miklos Szinai und Laszlo Szücs, Budapest 1965, S. XIX.
1029 Antisemitismus soll vielmehr die wichtigste Sozialpolitik des damaligen ungarischen Regimes gewesen sein; vgl. Ferenc Laczó, Rezension zu Krisztián Ungváry, A Horthy-rendszer mérlege. Diszkrimináció, szociálpolitika és antiszemitizmus Magyarországon, Pécs 2012, in: H-Soz-Kult, 2. 7. 2013, <http://www.hsozkult.de/publicationreview/id/rezbuecher-21141>.
1030 Vgl. György Dalos, Der 19. März des Admirals Horthy. Vor siebzig Jahren rückte die deutsche Wehrmacht in Ungarn ein – der Weg zum Holocaust war schon gebahnt, NZZ Nr. 65 (internationale Ausgabe), 19. März 2014.

6. Erinnerung, Nostalgie, Vermarktung

Januar 1923 Horthy in Budapest. Dieser soll ihm gesagt haben „nicht wahr, Exzellenz, heute muss man, um zu regieren, ein Schweinehund sein", was Seipel sehr missfallen habe.[1031] Auf der rechten und extrem rechten Seite des politischen Spektrums im heutigen Ungarn scheint ihm dies alles nichts angetan zu haben. Im Windschatten der Regierung Viktor Orbans ist im Gegenteil eine Rehabilitierung und ein eigentlicher Kult um den einstigen Admiral in Gang gekommen, demgegenüber sich die Regierung um eine klare Stellungnahme drückt.[1032]

Wie weit im ungarischen Gesamt-Kontext Habsburg-Nostalgien im Spiel waren, muss offenbleiben. Eher ging es um Großmacht-Revisionismen, die sich in den zwei Wiener Schiedssprüchen der Achsenmächte vom 2. November 1938 und 30. August 1940 zu realisieren schienen und Ungarn am 20. November 1940 in den Dreimächtepakt führten. Im Tagebuch Ulrich von Hassells, 1932 bis 1938 deutscher Botschafter in Rom, findet sich unter dem 6. Dezember 1936 eine Bemerkung im Zusammenhang mit einer Audienz von Hassells beim italienischen König Vittorio Emanuele III, der ihm sagte, Horthy habe sich zu ihm gleich wie zu Hassell über die Habsburger ausgesprochen, „nämlich voll Verehrung für den alten Herrn [Franz Joseph], aber scharf ablehnend gegen Karl und vor allem Zita".[1033] Gegenüber Hassell zeigte sich Horthy vom neuen Italien umso mehr beeindruckt, als er „von Haus aus mit ausgesprochener Verachtung und bitterem Hass an die Italiener herangegangen" sei; „nie hätte er gedacht, dass er diesen Leuten noch einmal die Hand geben würde". In der Tat habe er „mit großer Schärfe" von der Kaiserin Zita und den „Parmabrüdern, die er im Krieg mit Wonne erschossen haben würde", gesprochen.[1034]

Wie auch immer man Horthys Verhalten gegenüber dem ehemaligen Kaiser-König beurteilen mag, dürfte angesichts seiner sofort gescheiterten Restaurationsversuche klar werden, dass er einen seltsamen Bezug zur politischen Realität der Nachkriegszeit gehabt haben muss. Das wiederum könnte nahelegen, dass es bei ihm in dieser Beziehung schon vorher nicht zum Besten bestellt war. Andererseits ändert dies nichts daran, dass er durchaus Anhänger hatte, weshalb er selber und seine legitimistischen Parteigänger nicht von Anfang an chancenlos waren. Wenn die Mächtekonstellation eine andere ge-

---

1031 Unterhändler des Vertrauens. Aus den nachgelassenen Schriften von Sektionschef Dr. Richard Schüller, hg. v. Jürgen Nautz, Wien – München 1990 (Studien und Quellen zur österreichischen Zeitgeschichte, 9), S. 135.
1032 Vgl. Joëlle Stolz, En Hongrie, la gauche proteste contre la réhabilitation de Miklós Horthy. Régent du royaume de 1920 à 1944, l'amiral fit entrer son pays en guerre au côté d'Adolf Hitler, Le Monde, 1er juin 2012, p. 5.
1033 Ulrich von Hassell, Römische Tagebücher und Briefe 1932–1938, hg. von Ulrich Schlie, Müchen 2004, S. 165.
1034 Hassell, Tagebücher, 6. 12. 36, S. 166.

wesen und Aristide Briands, damals französischer Ministerpräsident, vorgebliche oder vielleicht echte Offenheit ihm gegenüber zum Tragen gekommen wäre, auf die Karl jedenfalls spekulierte, und wenn Horthy seinen Treueschwur angesichts einer hoffnungsvolleren Gesamtlage wirklich eingelöst hätte, wäre alles vielleicht anders abgelaufen. Allerdings war die Lage so wie sie war, und entsprechend konnte Horthy kaum anders agieren, als er es tat, Treueschwur hin oder her.

***

Viel später sollte sich zeigen, dass Habsburgnostalgien im ehemaligen Königreich Ungarn nicht einfach verschwunden waren. So stellte die ungarische Kleinbauernpartei nach Auflösung des Eisernen Vorhangs 1989 Otto von Habsburg als Kandidaten für das Staatspräsidium auf, allerdings vergeblich. Freilich hat der oben zitierte Béla Rasky vielleicht recht, wenn er vermutet, dass man in Ungarn bezüglich der Donaumonarchie heute nur nostalgisch sei, weil man Österreich wegen seines Wohlstands, seiner vermeintlichen politischen Idylle und seiner Ruhe beneide und meine, man hätte in einem gemeinsamen Staat etwas davon abbekommen; dies sei „eine verklärte, warme Nostalgie ohne Bedeutung", während der Mythos Groß-Ungarns, das heißt „die kalte und grimmige Erinnerung an den eigenen Großstaat", den Diskurs bestimme.[1035]

Demgegenüber waren ‚echte' Nostalgien im früheren Kronland Kroatien und Slawonien nicht vergangen, obwohl im Rückblick auf dessen Lage im Königreich Ungarn wenig Grund bestand, den Habsburgern nachzutrauern, selbst wenn die Monarchie 1848/49 von einem kroatischen Heerführer gerettet wurde. In der Tat gehörte neben den Generälen Windischgrätz und Radetzky der Kroate Jellačić zum militärischen Dreigestirn, dem das Reich sein damaliges Überleben verdankte. Nach dem Ersten Weltkrieg sollte sich die Situation der Kroaten im neuen Südslawenstaat aber noch mehr zu ihren Ungunsten verändern, jetzt insbesondere gegenüber den führenden Serben.

Dies muss mitberücksichtigt werden, wenn das Verhalten des charismatischen kroatischen Bauernführers Stefan (Stjepan) Radić (1871–1928) adäquat gewürdigt werden soll. Vor dem Großen Krieg war Radić, 1904 Gründer der Kroatischen Volks- und Bauernpartei, einer der wenigen dem 1848er Austroslawismus nahestehenden kroatischen Politiker und propagierte eine Umwandlung der Monarchie in eine Konföderation von fünf Entitäten: Böhmen/Mähren, Galizien, Ungarn, Kroatien und dem „deutschen Alpenstaat", wobei in der kroatischen Einheit alle Südslawen der Monarchie

---

1035 Rasky, Erinnern und Vergessen, S. 58.

6. Erinnerung, Nostalgie, Vermarktung

hätten vereinigt sein sollen, also auch Serben und Slowenen.[1036] Die Verbitterung wegen der ausbleibenden Neuordnung der Habsburger Monarchie wurde in Kroatien nach ihrem Ende durch die Enttäuschung über den neuen Südslawen-Staat noch überboten, den viele Serben als eine Art erweitertes Serbien interpretierten.[1037] Dies führte dazu, dass Radić 1923/24 als politischer Flüchtling vorübergehend in Wien war und möglicherweise – jedenfalls unterstellte ihm die SHS-Regierung eine solche Absicht – einen Kongress der unterdrückten Minderheiten in den Nachfolgestaaten durchführen wollte, was Radić mit einem Schreiben an das Präsidium der Wiener Polizeidirektion, das er als „Präsident der kroatischen Nationalvertretung" unterzeichnete, am 17. Mai 1924 dementierte und Ende des Monats Wien in Richtung Deutschland verließ.[1038] Vier Jahre später, wieder zurück in Belgrad, wurde dieser Führer der gemäßigt nationalistischen kroatischen Bauernpartei und Verfechter eines föderalistischen Jugoslawien am 20. Juni 1928 in einer der damals üblichen tumultartigen Parlamentssitzungen von einem großserbischen Separatisten angeschossen und erlag fünf Wochen später seinen Verletzungen. In der Folge löste König Alexander I. das Parlament auf, womit er den Übergang zur sogenannten „Königsdiktatur", die am 6. Januar 1929 ausgerufen wurde, einleitete.[1039] Mit ihr bereitete sich das Ende des Ersten Jugoslawien vor, das 1941 unter den Schlägen der Achsenmächte zerbrach, und dies nicht zuletzt, weil sich nach 1918 wegen der Behandlung der Nichtserben kein gesamtjugoslawisches Zusammengehörigkeitsgefühl hatte entwickeln können.[1040]

Interessant ist angesichts dieser Entwicklungen, dass das Bild der Habsburgermonarchie in der kroatischen Literatur trotz dem unglücklichen Ende des jugoslawischen Nachfolgestaates nicht sonderlich positiv ausfällt; vielmehr sind etwa die (noch in der Tito-Zeit geschriebenen) Kriegsnovellen von Miroslav Krleža ihr gegenüber ausgesprochen kritisch.[1041]

1036 Vgl. Iskra Iveljic, „Stiefkinder Österreichs": Die Kroaten und der Austroslawismus, in: Andreas Moritsch (Hg.), Der Austroslawismus. Ein verfrühtes Konzept zur politischen Neugestaltung Mitteleuropas, Wien – Köln – Weimar 1996, S. 135ff.
1037 Nach einem Skript von Cyrill Stieger zu seinem Vortrag Der Zerfall Jugoslawiens vom 21. Februar 2009 in einem Modul des Weiterbildungskurses Master of Advanced Studies in Applied History der Universität Zürich.
1038 Vgl. NPA, Karton 374, Liasse 24, Faszikel 24/17, u. a. N. 620, 627, 629, 651, 663.
1039 Vgl. Gianni Poggiolini, Die tiefen Wurzeln des Terrors. Jugoslawiens Unglück begann vor dem Ersten Weltkrieg, Die Weltwoche Nr. 11, 17. März 1994, S. 35, sowie Wolfgang Wippermann, Faschismus. Eine Weltgeschichte vom 19. Jahrhundert bis heute, Darmstadt 2009, S. 159f.
1040 Vgl. Poggiolini, Wurzeln des Terrors, S. 37.
1041 Miroslav Krleža, Der kroatische Gott Mars, Kriegsnovellen, Klagenfurt 2009 (serbokroatische Originalausgabe 1964).

6.3 Zur touristischen Ausschlachtung des Habsburger Erbes

Zum Tourismus, einem wichtigen Dienstleistungssektor der Moderne und im Falle Österreichs eine der wichtigsten Säulen der Volkswirtschaft, gibt es eine Vielzahl von Studien. Sie drehen sich um Wintertourismus, Sommertourismus, Badetourismus, Kurtourismus, Kongresstourismus, Konferenztourismus, Geschäftstourismus, Städtetourismus, Besuchstourismus, Bildungstourismus, Massentourismus und andere Tourismen mehr. Im Sammelsurium von Benennungen scheint Kulturtourismus ein neueres Konzept zu sein, das in der Branchensprache seit der zweiten Hälfte der 1980er Jahre auftaucht,[1042] während Geschichtstourismus fast ein prägendes Element der ‚Postmoderne' geworden ist.[1043] Dank einem überbordenden Freizeit- und Reisebetrieb kann nahezu jeder Zielort und fast jedes Objekt historisch vermarktet und gegebenenfalls zum „Erinnerungsort" hochstilisiert werden. Ein solcher kann seinerseits historiographisch interessant werden, weshalb sich selber beißende Endlosschleifen ergeben können.

Unter solchen Prämissen ist nicht erstaunlich, dass alles, was mit dem vor einem Jahrhundert untergegangenen und weiter präsenten Habsburgerreich zusammenhängt, touristisch ausgeschlachtet werden kann. Die Attraktivität Österreichs sei für den Kulturreisenden wegen des geschichtlichen Hintergrunds und wegen seiner „Mozart-Strauss-Kultur" gegeben, heißt es in einer Tourismusstudie.[1044] Und in einer anderen wird bezüglich des „Weltimage Österrreichs im Ausland" ausgeführt, Bilder, „die eine Orchesterprobe im großen Musikvereinssaal, eine Theaterloge, eine Ballszene aus der Wiener Hofburg, die Lippizaner, die Prachtbauten an der Ringstraße oder einen Fiaker zeigen", würden „in allen Ländern mit überwältigender Mehrheit Österreich zugeordnet"; Österreich gelte als „Weltmeister der klassischen Musik", und Mozart sei durch „seine Musik, den Film Amadeus und nicht zuletzt durch die berühmten Salzburger Mozart Kugeln" eine „unversiegbare Tourismusquelle".[1045] In der Tat ist der

---

1042 Vgl. Diana Sagmeister, Mozart2006. Eine Betrachtung des kulturtouristischen Jubiläumsjahres in Salzburg. Diplomarbeit im Fachbereich Kommunikationswissenschaft, Universität Salzburg, 2007, S. 12.

1043 Vgl. zur in der Geschichtswissenschaft bisher weitgehend ausgeblendeten Beziehung zwischen Tourismus und Geschichtsgebrauch im Kontext der Gedächtnis- und Erinnerungskultur Valentin Groebner, Touristischer Geschichtsgebrauch. Über einige Merkmale neuer Vergangenheiten im 20. und 21. Jahrhundert, in: Historische Zeitschrift, 296/2, April 2013, S. 408–428.

1044 Michael Müller, Die Entwicklung des Tourismus in Österreich. Wandel vom Sommer- zum Wintertourismusland. Diplomarbeit Wirtschaftswissenschaften, Universität Wien, 2006, S. 131.

1045 Friederike Sammer, Der Tourismus in Österreich unter besonderer Berücksichtigung des West-Ost-Gefälles. Diplomarbeit am Institut für Geographie, Karl-Franzens-Universität Graz, 1995, S. 184f. und 187f.

1756 geborene Mozart im Jubiläumsjahr 2006 von seiner Geburtstadt Salzburg, die auch ohne ihn zum Unesco-Weltkulturerbe zählt, massiv vermarktet worden. Eine diesbezügliche Diplomarbeit widmet der „Marke Mozart" ein eigenes kleines Kapitel, wo festgestellt wird, die Marke zähle mittlerweile zu den „Top 50 der Welt"; gleichzeitig wird auf den Missbrauch Mozarts durch die „Merchandising-Industrie", die sich seines Namens bedient (Mozartbier, Mozartjoghurt, Mozartlikör usw.), sowie auf die an der „Vereinnahmung Mozarts" im Zuge der „Vermarktung des Mozartjahres" geübte Kritik hingewiesen.[1046]

Besonders anfällig für Vermarktung ist Kaiserin Elisabeth. So wurden im Österreich-Katalog von „railtour" für 2013/2014 fünf je viertägige „Sisi-Straßen" angeboten: eine in Wien, eine von München nach Bad Ischl, eine in Meran, eine in Budapest und eine in Genf.[1047] Auch der Verweis auf die Website dieser „Kulturroute von Bayern bis zur Adria" fehlt nicht, mit Sisi-Straßen in Bayern, Österreich, Ungarn, Italien und der Schweiz, und nicht zuletzt mit einer Reihe von Sisi-Hotels, von den „Drei Mohren" in Augsburg bis zum „Beau-Rivage" in Genf. Auf der Startseite wird festgehalten, dass der Lebensweg der Kaiserin von Glück und Selbstzweifeln gekennzeichnet sei, sie einen „ungeheuren Drang nach Schönheit" gehabt und als „schönste Frau ihrer Zeit" gegolten habe. Ihr zu Ehren sei 2002 die Sisi-Straße ins Leben gerufen worden, „eine kulturelle Reiseroute zu ausgewählten Städten, Schlössern, Parks und Orten, die mit dem ruhelosen Leben dieser so modernen Kaiserin verbunden sind".[1048] Als „europäische Kulturroute" wird die Sisi-Straße auch in Augsburg propagiert und führt über Bayern, Österreich, Ungarn und Italien (mit einem Abstecher auf die Insel Korfu) zu Sisis letzter Station in Genf.[1049]

Routenmäßig widerfährt auch dem alten Kaiser ein kleiner Abklatsch auf der ganztägigen Bahnfahrt mit dem „Majestic Imperator" von Wien über den Semmering nach dem mondänen früheren Abbazia (heute das kroatische Opatija) an der einstigen österreichischen Riviera. Bei kroatischen Spezialitäten spielen im originalgetreu nachgebauten „Hofsalonzug" Kaiser Franz Josephs Musiker auf und werden Gedichte der Kaiserin Sisi rezitiert.[1050]

Wenngleich Wien in einer tabellarischen Auflistung „kultureller Bilder" verschiedener Städte unter dem „imageprägenden Kulturbereich" der Musik erscheint,[1051] muss

---

1046 Sagmeister, Mozart2006, S. 107ff.
1047 railtour, Österreich. Schmankerln für die Sinne, 1. April 2013–1. April 2014, S. 16f.
1048 Sisi-Strasse: www.sisi-strasse.info/de (in jetzt geänderter Form letztmals abgefragt am 23. 1. 2016).
1049 Vgl. den Prospekt der Regio Augsburg Tourismus GmbH, 2013/14, sowie http://www.augsburg-tourismus.de/ (abgefragt 29. 3. 2015).
1050 Charles E. Ritterband, Eine Bahnfahrt wie zu Kaisers Zeiten. NZZ Nr. 123, 30. Mai 2014.
1051 Vgl. Sagmeister, Mozart2006, S. 38.

ihre Bedeutung natürlich breiter gefasst werden. Wien sei „eine Kulturstadt" und die „zweitbeliebteste Kongressstadt der Welt nach Paris", stellte der Kultursprecher der SPÖ anlässlich der Wiener SommerWerkstadt 1998 fest, und ihr Kulturangebot sei verglichen mit demjenigen anderer Metropolen überdurchschnittlich groß.[1052]

Im Kontext der vorliegenden Studie gilt vor allem, dass Wien ohne Habsburg weit weniger massenwirksam wäre. Fast das gesamte habsburgische Wien sei erhalten, und in kaum einer anderen europäischen Stadt sei die Vergangenheit so präsent wie in der ehemaligen Hauptstadt des Kaiserreiches, sagt Anton Holzer in der Einleitung zu seinem auf sieben Tage angelegten faszinierend-instruktiven „Zeitreiseführer in die k.u.k. Monarchie".[1053] Die Habsburger stehen denn auch klar im Zentrum des Massenzustroms und werden gekonnt eingesetzt. 2008 wurde das Konzept „Welt der Habsburger" entwickelt, das Besuchsmagneten wie Schönbrunn bewirtschaften sollte; gleichzeitig wurde gefordert, die Mittel im Tourismusbereich generell anzuheben.[1054] Anderthalb Jahre später wurde daraus die Online-Ausstellung „Welt der Habsburger", die „per Mausklick und ohne Zuckerguss [...] mehr als 600 Jahre Geschichte neu erlebbar machen" will.[1055]

Freilich könnte Wien für die aussterbende Spezies kulturbewusster Einzelreisender auch ohne Habsburger attraktiv sein. Doch sind letztere im Gesamt-Kunstbereich nicht zu vermeiden und nicht zu übersehen, wie die großen kaiserlichen Museen zeigen, insbesondere das Kunsthistorische, das unter Franz Joseph für die imperialen Sammlungen erbaut wurde. Selbst das viel spätere MuseumsQuartier mit dem Leopoldmuseum und der Sammlung Ludwig, „der größte Kulturbau dieser Republik",[1056] entstand in den 1990er Jahren in den ehemaligen kaiserlichen Hofstallungen. Und wo immer Einzelreisende sich hinbewegen, werden sie von Gruppen bedrängt. Scharen von Asiatinnen füllen jeweils den Goldenen Musikvereinssaal, jedenfalls wenn die Wiener Philharmoniker auftreten, während halbwegs gute Einzelkarten nahezu nicht erhältlich sind.

Die folgenden Betrachtungen beschränken sich im Wesentlichen auf Wien und heben einige touristische Hauptattraktionen der einstigen kaiserlichen Haupt- und Residenzstadt heraus, ohne eine systematische Präsentation anzustreben.

Laut Adalbert Stifter eine „kleine Stadt",[1057] blieb die Hofburg als kaiserliche Winterresidenz Jahrhunderte lang ein Epochen verschränkender „Pasticcio", der erst zu

---

1052 Ernst Woller, Wien als Kulturstadt – Traditionelles bewahren und Zeitgenössisches fördern, in: Michael Häupl, Kilian Franer (Hg.), Das Neue und die Stadt. Urbane Identitäten, Wien 2000, S. 149.
1053 Holzer, Ganz Wien in 7 Tagen, S. 6.
1054 Vgl. Der Standard, 20. November 2008, S. 7.
1055 Der Standard, 19. Februar 2010, S. 28. Vgl. www.habsburg.net (letztmals abefragt 23. 1. 2016).
1056 Woller, Wien als Kulturstadt, S. 150.
1057 Holzer, Ganz Wien in 7 Tagen, S. 31.

6. Erinnerung, Nostalgie, Vermarktung

Ende der Monarchie mit der „Idee eines Kaiserforums" ein „einheitliches Erscheinungsbild" bekommen sollte und bekanntlich unvollendet blieb.[1058] Auf ihre durch sieben Jahrhunderte laufende komplexe Planungs- und Baugeschichte kann nicht eingegangen werden; ebenso wenig auf die baulichen Änderungen und Erweiterungen der Regierungszeit Franz Josephs, auch nicht auf die Neue Burg und die Hofmuseen als Teil des von Gottfried Semper geplanten nie vollendeten Kaiserforums (dessen Pläne auf Adolf Hitlers Vorliebe stießen),[1059] als die Residenz mit den Ringstraßen-Neubauten von Adel und Großbürgertum konkurrieren musste,[1060] und schließlich nicht auf das vielschichtige Interaktionsfeld am Hof, wo 1909 in den verschiedensten Funktionen 2111 Personen hierarchisch streng abgestuft arbeiteten.[1061] Es sollen lediglich einige für die touristische Erschließung der Hofburg relevante Aspekte Erwähnung finden. Seit einigen Jahren ist sie deutlich Sisi-zentriert, mit einer eigenen Ausstellung in einzelnen Räumen der Kaiserappartements, wo sich unter anderem die Totenmaske der Kaiserin und die Feile finden, mit der sie umgebracht wurde, sowie ein Speiseplan und ihre Körperwaage. In den Appartements sind auch ihr Turnzimmer mit ihrer Sprossenwand und ihr Badezimmer mit einer Wanne aus verzinktem Kupferblech zu sehen. Ihr Salon-Eisenbahnwagen befindet sich original im Technischen Museum. Weil die Hofburg mit dem Bundespräsidenten, der Nationalbibliothek und dem Generalsekretariat der OSZE (OSCE) ins „heutige" Österreich einbezogen ist, hält sich der touristische Andrang außer in den Kaiserappartements und in der kaiserlichen Schatzkammer mit der Krone des Heiligen Römischen Reiches und der österreichischen Kaiserkrone einigermaßen in Grenzen.

Zur Hofburg gehört St. Augustin, die zweitgrößte mittelalterliche Kirche Wiens nach dem Stephansdom und einstige Trauungskirche der Habsburger, die mit den Herzen der verstorbenen Habsburger und neuerdings mit dem Seitenaltar zu Ehren des seligen Ex-Kaisers Karl weiter im Dienst der habsburgischen Memoria steht. Besonders bekannt ist St. Augustin durch die Kirchenmusik, denn an allen Sonn- und Feiertagen zelebrieren die Chorherren ein konzertantes Hochamt. 1872 wurde hier die f-moll-

---

1058 Vgl. Peter Parenzan, Was blieb vom Hause Österreich an Kunst und Kultur?, in: Clemens Aigner et al.(Hg.), Das Habsburger-Trauma. Das schwierige Verhältnis der Republik Österreich zu ihrer Geschichte, Wien – Köln – Weimar 2014, S. 63f.
1059 Baldur von Schirachs 1940 nach Wien berufener und bis Frühjahr 1942 wirkender Baureferent Hanns Dustmann plante eine Schließung des Heldenplatzes als Vollendung des Kaiserforums; vgl. Ingrid Holzschuh, Wiener Stadtplanung im Nationalsozialismus von 1938 bis 1942. Das Neugestaltungsprojekt von Architekt Hanns Dustmann, Wien – Köln – Weimar 2011, S. 95–98.
1060 Vgl. Werner Telesko (Hg.), Die Wiener Hofburg 1835–1918. Der Ausbau der Residenz vom Vormärz bis zum Ende des „Kaiserforums", Wien 2012 (Band 4 der Veröffentlichungen zur Bau- und Funktionsgeschichte der Wiener Hofburg), S. 12 u. 16.
1061 Telesko, Hofburg 1835–1918, S. 21 u. 23.

Messe von Anton Bruckner uraufgeführt. Zahlreiche andere Uraufführungen folgten, zuletzt 2002 die Messe für St. Augustin von Herwig Reiter.

Von besonderem Interesse ist im Hofburg-Komplex aber das verschiedentlich erwogene und je nach musealer Konjunkturlage konkreter oder weniger konkret angegangene Projekt „Haus der Geschichte", zwischenzeitlich auch „Haus der Geschichte der Republik", das zeitweilig mit der Idee verknüpft war, das sogenannte Kaiserforum (gegenüber der Neuen Burg mit dem Hitler-Altan) als Forum der Republik zu vollenden.[1062] Aus Kostengründen ist man rasch wieder davon abgerückt[1063] und wollte das Projekt als „Haus der Geschichte Österreichs seit 1848" zeitlich weiter gefasst direkt in die Hofburg integrieren. Dagegen erhoben sich ebenfalls kritische Stimmen, weil das neue „Weltmuseum" und die alte Instrumentensammlung davon betroffen waren.[1064] Mittlerweile ist jedoch klar, dass das „Weltmuseum" neugestaltet, aber redimensioniert in die Neue Burg zurückkehren wird,[1065] wo inzwischen auch die Realisierung des „Haus der Geschichte Österreich" gesichert ist und dafür seit September 2015 eine Umsetzungsstrategie vorliegt.[1066]

Bezeichnend ist so oder so, dass die ‚große' Hitlerrede vom 15. März 1938 vor den jubelnden Wienern touristisch gesehen bis anhin nicht existierte. Allein schon deswegen scheint sinnvoll, dass das Haus-der-Geschichte-Projekt auf die Hofburg zentriert ist. Immerhin wurde am 8. Mai 2013 auf dem Heldenplatz erstmals statt des bisher üblichen „Totengedenkens" rechtsextremer Burschenschaften eine große Gedenkfeier zum Ende des Zweiten Weltkriegs durchgeführt, anlässlich welcher Bundeskanzler Werner Faymann, Vizekanzler Michael Spindelegger und die Chefin der Grünen Eva Glawischnig zu rund 10.000 Versammelten sprachen und die Wiener Symphoniker ein Gedenkkonzert gaben.[1067] Demgegenüber scheint – laut einer Notiz im „Standard" – ein für den Heldenplatz geplantes Mahnmal zum Hitler-Einmarsch aus Geldmangel

---

1062 Vgl. Der Standard, 8./9. November 2008. Vgl. zur Musealisierung der österreichischen Zeitgeschichte oder der Musealisierung von Zeitgeschichte in Österreich den Sammelband Zeitgeschichte ausstellen.

1063 Vgl. Dirk Rupnow, Nation ohne Museum? Diskussion, Konzepte und Projekte, in: Zeitgeschichte ausstellen, S. 417–463, hier S. 417.

1064 Vgl. Peter Mayr, Imperialer Ort für die jüngere Geschichte, Der Standard, 23. Februar 2015, S. 7, oder Daniel Ender, Lasst sie nicht verstummen! In Wien könnten Teile der historischen Instrumentensammlung im Depot landen – ein Aufschrei, NZZ Nr. 70, 25. März 2015.

1065 Vgl. Weltmuseum Wien, e-News, 30. März 2015.

1066 Nach verschiedenen mit Oliver Rathkolb, Vorsitzender des wissenschaftlichen Beirats, 2015 geführten Gesprächen. S. insbesondere auch den Bericht von Andrea Brait zur Wiener Tagung vom 12. Oktober 2015 Braucht Österreich eine neues historisches Museum („Haus der Geschichte") und, wenn ja, was für eines? <http://hsozkult.geschichte.hu-berlin.de/tagungsberichte/id=6237>.

1067 Vgl. NZZ Nr. 106, 10. Mai 2013.

geplatzt zu sein.[1068] Die Hofburg war im Übrigen stark ins nationalsozialistische Wien einbezogen. So fand im Juni 1943 darin der Kongress der Union nationaler Journalistenverbände statt, an dem Knut Hamsun, der norwegische Literaturnobelpreisträger, als Ehrengast teilnahm und eine von ihm verfasste antibritische Brandrede verlesen wurde; zwei Tage später wurde er von Hitler auf dem Obersalzberg empfangen, der das Gespräch allerdings abrupt beendete, als Hamsun die Abberufung von Reichskommissar Terboven aus Norwegen verlangte.[1069]

Die Idee zu einem „Haus der Geschichte" ist als solche schon fast jubiläumsreif, denn sie wurde bereits 1919 von Karl Neisser, Staats-Archivar der Nationalversammlung, entwickelt und hätte im rückwärtigen Trakt des Reichsratsgebäudes realisiert werden sollen.[1070] Karl Renner griff 1945/46 auch in diesem Kontext auf seine Erfahrungen als Staatskanzler 1918/19 zurück und lancierte die Idee zur Schaffung „historischer Schauräume" zur Propagierung einer österreichischen Identität nunmehr in der Hofburg erneut.[1071] Die Umsetzung der Idee scheint indessen viele Diskussionen und große Probleme verursacht zu haben, und es wird nicht ganz klar, welche Teile des Museums wirklich fertig gestellt und der Öffentlichkeit zugänglich gemacht wurden; offensichtlich blieb es ein Torso.[1072] Seine Bestände wurden 1969 der Ludwig-Boltzmann-Gesellschaft zur Förderung der wissenschaftlichen Forschung übergeben, aber in den Ausstellungsräumen im zweiten Stock des Leopoldinischen Traktes der Hofburg belassen; 1987 kam die Sammlung dann nach Eisenstadt (in das dorthin überführte Museum Österreichischer Kultur, MÖK)[1073] und 1995 ins Bundesdepot Siegendorf im Burgenland; von hier kehrte sie 1998 nach Wien zurück, ins Heeresgeschichtliche Museum, und wurde dort großenteils in die Dauerausstellung „Republik und Diktatur" integriert. So wurde in der Optik des damaligen Direktors Manfried Rauchensteiner sein Museum zum Ersatz für ein nicht existierendes Nationalmuseum der österreichischen Zeitgeschichte von 1918 bis 1945.[1074]

1068 Der Standard, 16./17. Februar 2013, S. 27.
1069 Vgl. Aldo Keel, Der nordische Anti-Jude. Wie Hitler auf dem Obersalzberg den norwegischen Literaturnobelpreisträger Knut Hamsun empfing, NZZ Nr. 36, 13. Februar 2015.
1070 Vgl. Gertrude Enderle-Burcel, „Haus der Geschichte" – eine Idee wird 90 Jahre alt. Meldungen: Österreichisches Staatsarchiv, http://www.oesta.gv.at/site/cob__33092/5164/default.aspx (abgefragt 9. Juni 2009).
1071 Vgl. Richard Hufschmied, „Ohne Rücksicht auf Parteizugehörigkeit und sonstige Bestrittenheit oder Unbestrittenheit". Die (un)endliche Geschichte von Karl Renners Museum der Ersten und Zweiten Republik (1946–1998), in: Zeitgeschichte ausstellen, S. 45–86, hier S. 46ff. u. 85.
1072 Vgl. Hufschmied, Karl Renners Museum, passim u. S. 85f.
1073 Vgl. zum MÖK Rupnow, Nation ohne Museum?, S. 424–434.
1074 Hufschmied, Karl Renners Museum, S. 78-84 u. 86. Zu Rauchensteiners Aspirationen für sein Museum s. auch Rupnow, Nation ohne Museum?, S. 442f.

Der Zerfall Österreich-Ungarns hatte für die damalige Hofbibliothek, die heutige Nationalbibliothek in der Neuen Burg, eine Phase der Unsicherheit zur Folge, da die habsburgischen Sammlungen zu herrenlosem Gut geworden waren. In der Tat verlangten die Nachfolgestaaten und insbesondere Italien die Herausgabe wertvoller Bestände, die nach dem Staatvertrag von St. Germain vereinzelt zurückgegeben wurden. Mit dem 6. August 1920 wurde die Hofbibliothek in Staatsbesitz überführt und in „Nationalbibliothek" umbenannt. Schon vorher war die Verwaltung vom ehemaligen Oberhofmeisteramt an das Staatsamt für Unterricht übergegangen.[1075] Ihr 1723–1726 erbauter barocker Prunksaal ist schon für sich ein Ort der Geschichte par excellence und wird immer wieder für repräsentative Ausstellungen benützt, so Ende 2004/Anfang 2005 für eine solche zu den „Geraubten Büchern" der NS-Zeit, indem nach jahrelangen Recherchen über 25.000 solcher Bücher und Sammlungsgegenstände zutage gefördert und ihre Rückstellung in die Wege geleitet werden konnte. So Ende 2008 als Auftakt zum Haydnjahr 2009 auch für eine Ausstellung über das wechselvolle Schicksal von Haydns berühmtem „Kaiserlied",[1076] das nach dem Ersten Weltkrieg bis 1929 durch eine neue Hymne mit Text von Karl Renner und 1947 definitiv durch das jetzige „Land der Berge, Land am Strome" abgelöst wurde. Und so 2011 für die Ausstellung über die Menschen, Länder und Völker der Habsburgermonarchie.[1077] Immer wieder zeigt sich ein (selbst)kritischer Umgang mit der jüngsten Vergangenheit, so in der Ausstellung „Nacht über Österreich" im Frühjahr 2013 aus Anlass der 75-jährigen Wiederkehr des „Anschlusses" an Hitlerdeutschland.[1078] Laut einem NZZ-Artikel war die Nationalbibliothek dafür nur insofern der richtige Ort, als das fehlende Haus der Geschichte der richtigere wäre; allein dieses wäre für eine Dauerausstellung geeignet, während der Prunksaal ihr nur anderthalb Monate Raum bieten konnte.[1079]

Die Spanische Hofreitschule zur Pferdezucht und Pflege der Reitkunst wurde erstmals 1572 (nach neuesten Erkenntnissen 1565) urkundlich erwähnt. Vorführungen wurden jeweils an Hof-Festen und seit 1735 in der barocken Winterreitschule durchgeführt; nach 1918 waren sie öffentlich. Die Zucht der Lipizzaner-Pferde erfolgte bis

---

1075 Vgl. Gabriele Mauthe, „Das Große hat Begleiterscheinungen." Die Hofbibliothek Wien in den Wirren des Ersten Weltkriegs, in: Manfried Rauchensteiner (Hg.), An meine Völker! Der Erste Weltkrieg 1914-1918, Wien (Österreichische Nationalbibliothek) 1914, S. 72–75, v. a. S. 73f. Vgl. dazu oben Kap. 5.1.
1076 Vgl. ÖNB Newsletter Nr. 4, November 2008. S. dazu unten Kap. 9.1.
1077 Vgl. den Katalog von Hans Petschar, Altösterreich. Menschen, Länder und Völker der Habsburgermonarchie, Wien 2011.
1078 Vgl. ÖNB Magazin, Nr. 2, November 2012.
1079 Georg Renöckl, Richtige Ausstellung, falscher Ort. Eine Wiener Schau über den „Anschluss" von 1938 zeigt Mängel in Österreichs Erinnerungskultur auf; NZZ Nr. 76 (internationale Ausgabe), 3. April 2013.

6. Erinnerung, Nostalgie, Vermarktung   269

1918 im slowenischen Lipica, seither in der Steiermark. Die Kreuzung von Berbern/ Arabern mit spanischen und italienischen Pferden war für die höfische Dressur offenbar besonders gut geeignet. Bei Ende des Zweiten Weltkriegs wurden die Pferde aus Böhmen, wohin sie 1941 ausgelagert worden waren, mit Unterstützung von US-General Patton gerettet. Ihre Vorführungen sind – außer vielleicht für echte Pferdenarren – vornehmlich touristische Renner und neben Sisi/Sissi emblematisch für einen kitschanfälligen Umgang mit der habsburgischen Vergangenheit. Neuerdings wird ein Sommerball für die Lipizzaner im Reitsaal der Spanischen Hofreitschule veranstaltet, der ein „sommerliches Pendant" zum Opernball etablieren und den „Hauch von ‚guter alter Zeit'" verbreiten soll.[1080] Im Zuge ihrer zunehmenden Kommerzialisierung, als deren Folge 2011 erstmals ein kleiner Gewinn erwirtschaftet wurde, ist die Hofreitschule in die Kritik von Experten geraten, wonach die Qualität von Reitkunst und Ausbildung im Niedergang begriffen sei.[1081]

Die „gute alte Zeit" wird – neben anderen – auch im nahen Café Central zelebriert. Im von 1856–1860 vom Architekten der Votivkirche erbauten Palais Ferstel begrüßt den Eintretenden neben dem Eingang ein plastisches Abbild von Peter Altenberg als Vertreter der mittlerweile verschwundenen Stammgäste, Literaten und Künstler, während von der Rückwand das noch junge Kaiserpaar Franz Joseph und Elisabeth den Touristenrummel, der das Betreten des Lokals inzwischen nahezu unmöglich macht, eher indigniert beobachtet.

Was demgegenüber die machtvolle Gegenwart der Geschichte anbelangt, sind in jüngster Zeit historisch belastete Straßennamen in die Diskussion geraten, nach dem Dr.-Karl-Lueger-Ring, der 2012 zum Universitätsring wurde, nunmehr wegen antisemitischer Äußerungen seines Namengebers auch der Dr.-Karl-Renner-Ring, der gemäß einem Vorstoß der ÖVP zum Parlamentsring werden soll.[1082] Freilich hat Renner einen anderen historischen Stellenwert als Lueger, und die Umbenennung „seines" Rings dürfte als Retourkutsche für die von der rot-grünen Stadtregierung beschlossene Entthronung Luegers, von rechts als „Gesinnungsterror" beurteilt, kaum Chancen haben, es sei denn, Wiens politische Großwetterlage würde sich fundamental ändern.

1080 Ein Sommerball für die Lipizzaner. Festliches Grossereignis in Wien, NZZ (internationale Ausgabe), 9. Juli 2011.
1081 Meret Baumann, Streit um das Lippizaner-Ballett. Die Spanische Hofreitschule in Wien feiert ihr 450-jähriges Bestehen, NZZ Nr. 144, 25. Juni 2015.
1082 Vgl. Meret Baumann, Debatte über historisch belastete Strassennamen in Wien. Streit um die Umbenennung des „Dr.-Karl-Renner-Rings" wegen neuer Erkenntnisse über die sozialdemokratische Legende, NZZ Nr. 88, 17. April 2013. Zu den früheren Namenswechseln des jetzigen Universitätsrings von Franzensring über Ring des 12. November (1919) zu Dr.-Karl-Lueger-Ring (1934) vgl. Klaus Taschwer, Der Standard Album A 3, 6. Juni 2015.

Bis vor einem knappen Jahrzehnt, als es die Straßenbahn-Rundkurse auf der Ringstraße noch gab, waren diese eine Touristenattraktion sondergleichen. Zum Vorteil der äußeren Bezirke biegen mittlerweile die Tramlinien 1 und 2 vom Ring ab, während das gelbe Nostalgietram, das den Ring für die Fremden umzuckelt, als leicht trauriger Ersatz dient. Dennoch bleibt die Ringstraße in jeder Beziehung ein Magnet und machte das biedermeierliche Wien auf unnachahmliche Weise zur modernen Metropole. Ihre vorzeitige Eröffnung durch das junge Kaiserpaar am 1. Mai 1865 (es fehlten insbesondere noch die öffentlichen Prachtbauten) wurde 150 Jahre später, 2015, mit verschiedenen instruktiven Ausstellungen, so im Wien Museum, im Prunksaal der Nationalbibliothek und im Jüdischen Museum gefeiert.[1083]

Am Ring finden sich, angesichts seiner Entstehungs- und Baugeschichte nicht erstaunlich, die meist zwischen 1870 und 1890 entstandenen wichtigsten Monumentalbauten der ausgehenden Habsburgerzeit; deren Abschluss bildete sinnigerweise das kurz vor dem Ersten Weltkrieg 1909–1913 erbaute k.u.k. Kriegsministerium.

Das Kunsthistorische Museum wurde Mitte Oktober 1891 durch Kaiser Franz Joseph eröffnet und feiert 2016 sein 125-Jahr-Jubiläum. Der Besucherandrang ist jahraus, jahrein riesig und wird bei spektakulären Ausstellungen wie derjenigen zu Velázquez Ende 2014/Anfang 2015 womöglich noch größer. Hier ist der Effekt einer geschichtskundigen Vermarktung mit Händen greifbar und kontrastiert die Leere anderer Wiener Museen,[1084] vielleicht mit Ausnahme der ihrerseits posthabsburgischen Albertina, die ebenfalls mit Spektakel-Ausstellungen aufwartet wie derjenigen zu Miró Ende 2014, oder des Leopold Museums.

Das Habsburg-Erbe und der Bezug zum Haus Habsburg ist im Kunsthistorischen Museum besonders sichtbar, weil es der Ort der über Jahrhunderte entstandenen habsburgischen Sammlungen ist, die sich durchaus als Nationalmuseum wie das British Museum, der Louvre oder der Prado verstanden,[1085] auch wenn es eine zugehörige Nation nicht gab, aber vor allem weil die Habsburger gleichsam persönlich präsent sind, so in der Serie wunderschöner Infantinnenbilder von Velázquez, welche die Infantin Margarita 1654, 1656 und 1659 (eines der letzten eigenhändigen Werke des Malers)

1083 Vgl. Andreas Nierhaus (Hg.), Der Ring. Pionierjahre einer Prachtstrasse, Wien 2015 (Sonderausstellung des Wien Museum, 11. 6.–4. 10. 2015), sowie Michaela Pfundner (Hg.), Wien wird Weltstadt. Die Ringstrasse und ihre Zeit, Wien 2015 (anlässlich der Ausstellung im Prunksaal der ÖNB, 21. 5. –1. 11. 2015). S. dazu Andreas Breitenstein, Die Entfesselung Wiens. Vor 150 Jahren wurde in der Donaumetropole mit der Ringstrasse das Tor zur Moderne aufgestossen, NZZ Nr. 140, 20. Juni 2012.
1084 Vgl. Samuel Herzog, Puppenfurz und Nonnenpo. Die Kunststadt Wien quillt über – und ist für ihre Besucher ein luxuriöses Erlebnis, NZZ Nr. 292, 16. Dezember 2014.
1085 Vgl. Rupnow, Nation ohne Museum?, S. 420f.

sowie 1661 (von der Hand eines Schülers) darstellen. Die Infantin Margarita ist auch die zentrale Figur von Las Meninas im Prado, einem Hauptwerk des spanischen Barock, um die sich in raffinierten Spiegelungen und Gegenüberstellungen alles dreht. Margarita wurde in der Folge mit Kaiser Leopold I. verheiratet, weshalb sich ihre Portraits in Wien befinden, verstarb aber schon 1673 im Alter von nur 22 Jahren.

In dieses Habsburg-Ambiente passt, dass zwischen den beiden im Auftrag Franz Josephs erbauten ehemaligen Hofmuseen, dem Kunst- und dem fast spiegelbildlich gegenüberstehenden Naturhistorischen Museum, das mit seinen die thronende Hauptperson umgebenden Feldherren (zu) monumental geratene 1888 enthüllte Denkmal für Maria Theresia, die „kaiserliche Mutterfigur der Habsburger", steht.[1086]

Das in der frühesten Forumsplanung Gottfried Sempers als Teil des geplanten Kaiserforums[1087] vorgesehene Burgtheater (k.k. Hofburgtheater) wurde 1888 eröffnet. Wie die Hofoper wurde es am 18. November 1918 durch den Staatsrat verstaatlicht und somit zum Staatstheater.[1088] Laut Hermann Bahr, der 1918/19 kurze Zeit erster Dramaturg war, war die „Burg" von besonderer Bedeutung für die Konstruktion eines Österreich-Mythos, während sie im sogenannten Ständestaat mit Historiendramen und Figuren aus dem Kaiserhaus politisch instrumentalisiert wurde.[1089] Eine fruchtbare, wenngleich nicht unumstrittene Intendanz war in jüngerer Zeit jene von Claus Peymann 1986–1999, des Thomas-Bernhard-Regisseurs schlechthin, der schon vor seiner „Burg"-Zeit die meisten von Bernhards Stücken zur Uraufführung brachte. Besonders skandalträchtig war 1988 diejenige von „Heldenplatz", das im Auftrag Peymanns zum 100. Jahrestag des Burgtheaters an der Ringstraße und andererseits als Bernhards Beitrag zum „Bedenkjahr" 1988, dem 50. Jahrestag des „Anschlusses", entstand.[1090] Der im Vorfeld und im Nachgang zu dieser Uraufführung ablaufende ungeheuerliche Theater- oder „Heldenplatzskandal" lässt sich nur verstehen, wenn das zeitgeschichtliche Umfeld und insbesondere die Auseinandersetzung um Kurt Waldheim als Bundespräsident mit all ihren Begleiterscheinungen berücksichtigt wird. Von besonderem Interesse ist gerade in diesem Zusammenhang, dass Bernhard, was ein zweifellos hoch

---

1086 Holzer, Ganz Wien in 7 Tagen, S. 44.
1087 Vgl. Telesko, Hofburg 1835–1918, S. 27.
1088 Vgl. Julia Danielczyk, Birgit Peter, Zufluchtsort Theater. Theaterstadt Wien 1918 bis 1920, in: Helmut Konrad, Wolfgang Maderthaner (Hg.), Das Werden der Ersten Republik. ... der Rest ist Österreich, Band II, Wien 2008, S. 197–216, hier S. 205f.
1089 Vgl. Danielczyk/Peter, Zufluchtsort Theater, S. 211f.
1090 Vgl. Martin Huber, „Die theatralische Bruchbude auf dem Ring". Thomas Bernhard und das Burgtheater, in: „Österreich selbst ist nichts als eine Bühne". Thomas Bernhard und das Theater, hg. v. Manfred Mittermayer und Martin Huber, Wien 2009 (Begleitbuch zur gleichnamigen Ausstellung im Österreichischen Theatermuseum, Wien, 5. November 2009 bis 4. Juli 2010), S. 30–46, hier S. 40.

interessantes Experiment geworden wäre, zehn Jahre vor Peymann (1976) selber fast Nachfolger von Gerhard Klingenberg als Burgtheaterdirektor geworden wäre.[1091]

Das fast zwanzig Jahre früher (1869) mit Mozarts „Don Giovanni" eröffnete Hof-Opentheater hieß seit Gründung der Republik im November 1918 Opentheater und seit 1938 Staatsoper. 1919 bis 1924 war Richard Strauss (zusammen mit Franz Schalk) dessen Direktor, während es 1897 bis 1907 Gustav Mahler gewesen war, durch dessen Bemühungen die Wiener Oper „das erste Opernhaus der Welt" wurde, wie der apologisierende Max Graf 1949 schrieb.[1092] Von Bedeutung war insbesondere Mahlers Zusammenarbeit mit Alfred Roller als Leiter des Ausstattungswesens mit dem Ziel einer Reform der Bühne im Zeichen eines stark prägenden Erneuerungswillens.[1093] In der Staatsoper ist das Weiterleben der großen musikalischen Vergangenheit der Habsburgerzeit in gesellschaftlicher Hinsicht vielleicht am augenfälligsten, selbst wenn der Opernball nur noch ein Abklatsch früherer Ereignisse sein dürfte.

Musikverein und Konzerthaus sind dagegen nichtstaatliche Institutionen. Das Gebäude des Musikvereins mit dem legendären Goldenen Saal wurde 1870 eröffnet und wird noch immer von der Gesellschaft der Musikfreunde in Wien betrieben; die Wiener Philharmoniker sind, wie alle anderen Benutzer, eingemietet. Das Konzerthaus auf der anderen Seite des Schwarzenbergplatzes wurde 1913 im Beisein von Franz Joseph eröffnet. Es war vom Büro Fellner & Helmer (Ferdinand Fellner und Hermann Helmer) entworfen worden, welches Dutzende Theaterbauten in der gesamten Monarchie und über sie hinaus (so das Opernhaus Zürich) entwarf. Die Wiener Konzerthausgesellschaft muss ihre Mission als gemeinnütziger Verein ohne strukturelle Hilfe von Bund oder Stadt Wien erfüllen, was eine gewisse betriebswirtschaftliche Unsicherheit zur Folge hat.[1094] Vornehmlich diese beiden Häuser und die Staatsoper bedienen den Topos der Musikstadt Wien. In einem UNESCO-Welterbe-Buch wird Wien denn auch als die weltweit anerkannte „musikalische Hauptstadt Europas" angepriesen.[1095]

Das überaus repräsentative Parlamentsgebäude wurde 1871–1883 vom in Kopenhagen geborenen und seit 1846 in Wien u. a. als Architekt des Musikvereins wirkenden Theophil Hansen (1813–1891) für den Reichsrat der Habsburgermonarchie in griechischen Formen errichtet. Die auf eine Parlamentarisierung des Reichs gerichteten

---

1091 Vgl. Huber, „Die theatralische Bruchbude auf dem Ring", S. 31ff.
1092 Max Graf, Legende einer Musikstadt, Wien 1949, S. 316.
1093 Vgl. Gustav Klimt und die Kunstschau 1908, hg. v. Agnes Husslein-Arco u. Alfred Weidinger, München etc. 2008 (Katalog zur Ausstellung Gustav Klimt und die Kunstschau 1908, Belvedere Wien, 1. 10. 2008–18. 1. 2009), S. 228f., 246ff., 256f.
1094 Vgl. Mitgliederbrief des Intendanten vom 27. Februar 2015.
1095 Ernst Wrba, Edda und Michael Neumann-Adrian, Annette Rose, Welterbe. Deutschland. Österreich. Schweiz. Eine Reise zu allen UNESCO-Stätten, München 2014, S. 158.

6. Erinnerung, Nostalgie, Vermarktung 273

Bemühungen der Habsburger erscheinen nicht sonderlich glorreich, wenn man die schleppende Ausweitung des Wahlrechts bedenkt; allerdings wurde im cisleithanischen Reichsteil – im Gegensatz zum ungarischen – wenigstens das allgemeine (Männer-) Wahlrecht bis 1907 erreicht. Wenig ruhmvoll war dann das parlamentarische Leben der Monarchiezeit selber, insbesondere nach der späten Wiedereinberufung des Reichsrats 1917. Eine führende Rolle spielten Parlament und Parlamentsgebäude dagegen beim Ende der Monarchie und mit der Ausrufung der Republik auf der Rampe am 12. November 1918. 2008 wurde in diesem Gebäude im Sinn einer Aufarbeitung der Geschichte im Kontext von Jubiläen eine große Ausstellung zu 90 Jahren Republik veranstaltet, welche die Brüche dieser Jahrzehnte indessen weitgehend ausblendete, so insbesondere den Umstand, dass die Republik zwischen 1938 und 1945 nicht mehr existierte und das Parlamentsgebäude als Sitz der Reichsgauverwaltung Wien diente.[1096]

In der Folge werden noch einige zugkräftige Attraktionen jenseits des Rings angesprochen, zunächst – als freilich andere Publikumsmagnete als die bisher erwähnten – zwei wichtige Spitalbauten. Das alte Allgemeine Krankenhaus (altes AKH) in der Spitalgasse am Alsergrund (9. Bezirk) mit seinen in mehreren Phasen zwischen Ende des 17. und Ende des 18. Jahrhunderts bis zur Neueröffnung 1784 unter Joseph II. entstandenen Höfen, die in der Folge sukzessive erweitert wurden, bildet seit 1998 den attraktiven und sehr belebten Campus der Universität Wien, unweit des am „Universitätsring" gelegenen 1884 eröffneten monumentalen Hauptgebäudes von Heinrich Ferstel. Es illustriert mit seinen geistes-, kultur- und sozialwissenschaftlichen Instituten zwar nur indirekt, aber dennoch eindrücklich das Weiterleben der Monarchie in einem phantastischen Gebäudekomplex, der im besten Sinne des Wortes den nachfolgenden Generationen dient, nicht zuletzt gerade mit dem hier angesiedelten Institut für Zeitgeschichte.[1097]

Ein Nachleben ganz anderer Art bezeugt dagegen die psychiatrische Klinik „Am Steinhof" (heute Heil- und Pflegeanstalt, ursprünglich Niederösterreichische Landes-Nervenheilanstalt) im Erholungsgebiet Steinhofgründe im 14. Bezirk. Die Klinik wurde 1905–07 nach Plänen von Otto Wagner errichtet und war damals eine internationale Sensation. Die Anlage beeindruckt noch immer durch ihre Schönheit; ihre Krönung ist die auf dem höchsten Punkt gelegene Secessions-Kirche zum Hl. Leopold von Otto Wagner, mit Ausgestaltung der Glasfenster von Koloman Moser.[1098] Traurige

---

1096 Vgl. Rupnow, Nation ohne Museum?, S. 455–457.
1097 Vgl. für die Entwicklung Wiens zur Wissenschaftsstadt nach dem Zweiten Weltkrieg den aus Anlass des 650-Jahr-Jubiläums der Universität erschienenen Sammelband Wissens- und Universitätsstadt Wien. Eine Entwicklungsgeschichte seit 1945, hg. v. Hubert Christian Ehalt und Oliver Ratkolb, Wien 2015 (Zeitgeschichte im Kontext, 10).
1098 Kolo Mosers Entwürfe für die Glasfenster wurden auch an der großen Kunstschau von 1908 gezeigt;

Berühmtheit erlangte die Anstalt mit den 1940/41 erfolgten Abtransporten von über 3200 Insassen ins Schloss Hartheim bei Linz und mit ihrer ab 1941 direkt betriebenen anstaltsinternen Euthanasie, der über 3500 Patientinnen und Patienten zum Opfer fielen. Ein seit 2002 vom Dokumentationsarchiv des österreichischen Widerstandes (DÖW) betreuter ständiger Ausstellungsraum zum „Krieg gegen die Minderwertigen" ist in einem Pavillon des Spitals untergebracht.[1099]

Bei den ‚eigentlichen' Tourismus-Magneten außerhalb des Stadtzentrums ist insbesondere die Gesamtanlage von Schloss Belvedere zu nennen. Erbaut in den ersten zwei Jahrzehnten des 18. Jahrhunderts vom Türkensieger Prinzen Eugen,[1100] diente das Untere Belvedere als Wohnschloss und das Obere als Galerie und zur Repräsentation. Mitte des 18. Jahrhunderts wurde es vom kaiserlichen Hof erworben. 1894 bis 1914 lebte der Thronfolger Franz Ferdinand mit seiner Familie darin, und im Kustodentrakt 1895/96 auch Hoforganist Anton Bruckner, der hier verstarb.

Seit der Ermordung Franz Ferdinands und seiner Frau dient das Belvedere als Museum. Im Oberen Belvedere ist die Österreichische Galerie angesiedelt, die ihren Klimt-Adele-Bloch-Bauer-Skandal verkraftet hat, obwohl das Verhalten der maßgebenden Instanzen noch im Rückblick schwer verständlich erscheint. Befremdlich, wenngleich nachvollziehbar, ist freilich auch die sofortige Versteigerung des Gemäldes durch die Erben. Zeithistorisch bedeutsam wurde der Marmorsaal im Oberen Belvedere wegen der Unterzeichnung des Staatsvertrags vom 15. Mai 1955 durch die Außenminister von Frankreich, Großbritannien, der Sowjetunion, der USA und Österreichs. Zu dessen Feier wurde 2005 eine breit angelegte und nicht unkritische Ausstellung veranstaltet.[1101]

Im Unteren Belvedere waren ursprünglich die barocke und in der Orangerie die mittelalterliche Kunst untergebracht. Neuerdings werden interessante Wechsel-Ausstellungen durchgeführt, so zum jungen Kokoschka, zu Klimt und der Kunstschau von 1908, wie erwähnt auch zum Prinzen Eugen u. a. m. Freilich ist hier die räumliche Enge besonders groß, wenn ganze Gruppen, für die die Räume kaum geeignet sind, durchgeschleust werden.

Das Arsenal, heute Heeresgeschichtliches Museum, entstand nach 1848 auf der Anhöhe oberhalb von Schloss Belvedere, um im Ernstfall die Stadt mit Artilleriefeuer

---

vgl. Gustav Klimt und die Kunstschau 1908, S. 216–221.
1099 Vgl. <http://www.doew.at/erkennen/ausstellung/gedenkstaette-steinhof>, abgefragt 26. 6. 2015.
1100 Vgl. den Katalog zur Ausstellung von 2010 im Unteren Belvedere und in der Orangerie Prinz Eugen. Feldherr, Philosoph und Kunstfreund, hg. v. Agnes Husslein-Arco u. Marie-Louise von Plessen, Wien 2010.
1101 Vgl. Das Neue Österreich. Die Ausstellung zum Staatsvertragsjubiläum 1955/2005. Oberes Belvedere, 16. Mai bis 1. November 2005, Wien 2005.

6. Erinnerung, Nostalgie, Vermarktung   275

bestreichen und Vorfälle wie die Plünderung des Wiener Zeughauses vom 7. Oktober 1848 vermeiden zu können. Nach seiner Vollendung 1856 wurden die historischen Sammlungen des alten Zeughauses darin untergebracht. 1891 wurde hier das k.u.k. Heeresmuseum im Beisein Kaiser Franz Josephs eingeweiht.[1102] Seither ist nebst vielem anderen das Auto dazu gekommen, in welchem Franz Ferdinand und seine Gemahlin am 28. Juni 1914 in Sarajewo ermordet wurden, ebenso die blutdurchtränkte Uniformjacke des Thronfolgers. US-Luftangriffe verwandelten das Museum im September 1944 in eine Ruine, während der „Schlacht um Wien" wurde es zu einem Hauptkampfgebiet und anschließend u. a. von Rotarmisten geplündert.[1103] 1955 wurde es wiedereröffnet und, mit reichlicher Verspätung, im Sinne einer „neuen" Militärgeschichte modernisiert. Letzteres zeigt insbesondere die 1998 eröffnete permanente Ausstellung „Republik und Diktatur: Österreich 1918 bis 1945", die erste Dauerausstellung zu diesem defizitär behandelten Thema.[1104] Im Gedenkjahr 2014 wurde die Schau zum Ersten Weltkrieg neu gestaltet.

Gemäß einer schon angesprochenen Tourismus-Diplomarbeit waren Mitte der 1990er Jahre die herausragendsten Attraktionen Österreichs neben der Festung Hohensalzburg die Schlossräume von Schönbrunn; darauf folgten mit deutlichem Abstand der Tiergarten Schönbrunn, das Kunsthistorische Museum und die Schatzkammer.[1105] Es ist kaum anzunehmen, dass sich diese Rangliste in den letzten 20 Jahren fundamental veränderte.

Auch in Schönbrunn, der 1700 fertig gestellten und Mitte des 18. Jahrhunderts unter Maria Theresia weiter ausgebauten kaiserlichen Sommerresidenz, stehen bei der Besichtigung der repräsentativen Schauräume im ersten Stock das Kaiserpaar Elisabeth und Franz Joseph im Zentrum. Eindrücklich ist vor allem das schlichte Schreibzimmer des Kaisers sowie sein Schlaf- und Sterbezimmer mit dem einfachen Soldatenbett. Hier wird der Massenandrang geradezu physisch unangenehm, nicht zuletzt wegen des Geschnatters der Reiseführer, die sich gegenseitig übertönen, alles umso bedrückender, als die Anlage als solche atemberaubend schön ist. In der Wagenburg im Seitentrakt beim Kammergarten finden sich noch Sisis Kutschen und einige Kultobjekte, so der einzige von ihr erhaltene Sattel oder ein Prachtkleid mit meterlanger Schleppe.

Der Park ist dagegen auch bei großem Andrang ausgesprochen wohltuend, schon wegen seines Umfangs von rund 2 km² und der großzügigen Barockanlage. Der hier

---

1102 Vgl. Hannes Leidinger, Verena Moritz, Die Last der Historie. Das Heeresgeschichtliche Museum in Wien und die Darstellung der Geschichte bis 1945, in: Zeitgeschichte ausstellen, S. 15–44, hier S. 15–18.
1103 Leidinger/Moritz, Die Last der Historie, S. 29
1104 Vgl. Leidinger/Moritz, Die Last der Historie, S. 44.
1105 Sammer, Tourismus in Österreich, S. 157.

angesiedelte Tiergarten aus der Mitte des 18. Jahrhunderts ist eine der weltweit ältesten Anlagen dieser Art; er geht zurück auf die Menagerie Franz I. von 1752. Die Architektur der Monarchiezeit ist noch sehr präsent, so im 1759 zur Beobachtung der Raubtierkäfige für die Kaiserfamilie eingeweihten oktogonalen Frühstückspavillon. Die Mischung der k.k. Bauten mit Neubauten für die modernen tiergerechten Zoo-Erfordernisse wirkt allerdings nur teilweise gelungen. Obwohl als Hauptattraktion fungierend, haben die Pandas nichts mit Habsburg zu tun, was ihnen aber nicht schadet.

Seit Ostern 2014 wird in Schönbrunn im Obergeschoß des Osttrakts auf 167 Quadratmetern eine exklusive Hotelsuite mit zwei Schlafzimmern, Salon und Wohnzimmer, einer Kitchenette und zwei Bädern angeboten; der Gast soll das Gefühl haben, als wohne er im Schloss. Über die Preisgestaltung hätten sich die Beteiligten anlässlich des Starts der Umbauarbeiten in „nobles Schweigen" gehüllt, aber man könne – wie der Standard süffisant anmerkte – „getrost annehmen, dass das Entgelt zumindest ein fürstliches sein" werde.[1106]

Im Posthabsburg-Kontext ist das oberösterreichischen Bad Ischl von besonderer Bedeutung. Hier erreichte Kaiser Franz Joseph die Nachricht von Sarajewo, und hier unterzeichnete er am 28. Juli 1914 die Kriegserklärung an Serbien und das Manifest „An Meine Völker", mit dem er ihnen den Krieg ankündigte. Die Kaiservilla, in deren Arbeitszimmer Franz Joseph jeweils die Sommermonate verbrachte, gehört weiterhin der Familie Habsburg-Lothringen und konnte damals wie heute besichtigt werden. Der gegenwärtige Bürgermeister Hannes Heide nutzt das Image als „Kaiserstadt" durchaus, möchte aber von den verklärenden Sisi-Klischees wegkommen, was nicht einfach sein dürfte, weil Franz Joseph die spätere Kaiserin ausgerechnet in Bad Ischl kennenlernte.[1107]

Wie dieses Beispiel illustriert, beschränkt sich der Nostalgie-Tourismus natürlich keineswegs auf Wien. Regelmäßige Beobachtung der Reisen-und-Freizeit-Beilage der NZZ zeigt nicht nur, wie zugkräftig die Reiseziele der alten Monarchie weiter sind, sondern dass immer neue Destinationen dazu kommen, die „damals" keine solchen waren, natürlich Lemberg (Lwow, Lwiw), aber auch etwa der Karpatenbogen, wo Reitferien angeboten werden, Bären beobachtet werden können und einstmals deutsche Städte wie Hermannstadt, Kronstadt usw. zu besuchen sind.[1108] Wie in Kapitel 6.2 gesagt, hat

---

[1106] Roman David-Freihsl, Übernachten, wo der Kaiser wohnte. Ab Ostern 2014 wird in Schloss Schönbrunn eine exklusive Hotelsuite angeboten; Der Standard, 25. November 2013.

[1107] Vgl. Meret Baumann, Die Kriegserklärung aus der Sommerfrische. Im oberösterreichischen Kurort Bad Ischl entfesselte Kaiser Franz Joseph den Ersten Weltkrieg, NZZ (internationale Ausgabe) Nr. 172, 28. Juli 2014.

[1108] Vgl. Adrian Krebs, Eine Reise in die Vergangenheit unserer Kulturlandschaft. Ausreiten, Dörfer besichtigen und Wildtiere beobachten auf einem Hof im rumänischen Siebenbürgen, NZZ Nr. 169, 24. Juli 2009.

der Schweizer Kanton Aargau inzwischen die Habsburger an ihrem Stammsitz (wieder) entdeckt und zu seiner Bestimmung als Herkunftsland der Habsburger zurückgefunden.

Auffallend bleibt ein Jahrhundert nach dem Ende des Habsburgerreichs die im touristischen Alltag weiter anhaltende Fixierung auf die Herrscherfiguren und ihre Angehörigen, was zur Folge hat, dass im sozialen Gefüge alles, was unterhalb dieser Ebene anzusiedeln ist, weitgehend ausgeblendet wird, außer seitens bewusst alternativ gehaltener ‚oppositioneller' Zugriffe, wie ihn der vom Verlag für Gesellschaftskritik in den frühen 1980er Jahren herausgegebene Stadtführer „Wien wirklich" präsentierte.[1109] Das Vorwort trägt den schon für sich allein sprechenden Titel „Die Monumente von hinten, die Hinterhöfe von vorne".[1110] Ebenso auffällig ist, dass auch in der Zeitachse unterbelichtet bleibt, was später kommt. Dass der Karl-Marx-Hof als „längstes Wohnhaus der Welt und Ikone des ‚Roten Wien'" ein „Fixpunkt jeder Wien-Reise" sei, „die mehr bieten will als Sisi und Lipizzaner", wie 2014 in der Neuen Zürcher Zeitung zu lesen war, dürfte leicht beschönigend sein.[1111]

Außer dem Denkmal der Republik von 1928 am Dr.-Karl-Renner-Ring mit den Büsten der Sozialdemokraten Victor Adler, Jakob Reumann und Ferdinand Hanusch zur Erinnerung an ihre Gründung finden sich kaum Denkmäler zur Ersten Republik,[1112] und die Hitlerjahre werden ohnehin so gut wie möglich verdrängt. Eine bemerkenswerte Ausnahme ist allerdings die erwähnte Dauerausstellung „Republik und Diktatur" im Wiener Heeresgeschichtlichen Museum, die unterbelichtete Aspekte der österreichischen Zeitgeschichte wie den Bürgerkrieg (1934), den autoritären Ständestaat (1934–1938), den Nationalsozialismus und den Holocaust museal beispielhaft präsentiert.[1113] Ab und zu blitzen im Wiener Stadtbild mit den drei von Zwangsarbeitern 1943/44 erbauten monströs unzerstörbaren Flakturm-Paaren des Architekten Friedrich Tamms nicht übersehbare, aber dennoch auf seltsame Weise unpräsente, weil unkommentierte Erinnerungsbruchstücke auf, die einzig in der Flakturmausstellung „Erinnern im Innern" im Haus des Meeres, dem einstigen Feu-

---

1109 Wien wirklich. Ein Stadtführer durch den Alltag und seine Geschichte, koordiniert von Peter Lachner, Wien 1983. Ich habe dieses Buch seinerzeit von Edith Saurer erhalten, wofür ich noch immer dankbar bin.
1110 Wien wirklich, S. 1.
1111 Georg Renöckl, Die rote Festung steht noch. Der Karl-Marx-Hof, der berühmteste Baukomplex des linken Wien, trotzt der Zeit, doch die Utopie ist ihm abhandengekommen, NZZ Nr. 125 (internationale Ausgabe), 2. Juni 2014, S. 23.
1112 Vgl. Robert Kriechbaumer, Die grossen Erzählungen der Politik: politische Kultur und Parteien in Österreich von der Jahrhundertwende bis 1945, Wien – Köln – Weimar 2001, Kap. 3.1.
1113 Vgl. die Rezension von Cornelius Lehnguth zu Zeitgeschichte ausstellen, in: H-Soz-Kult, 6. 6. 2012, <http://www.hsozkult.de/publicationreview/id/rezbuecher-15225>.

erleitturm am heutigen Fritz-Grünbaum-Platz, in zwei Museumsräumen historisch verortet werden.[1114] Zum Gefechtsturm im Innenhof der Stiftskaserne der Gendarmerie, der als Untersuchungsgefängnis dient, kann man nicht vordringen, während derjenige im Arenbergpark dem MAK als Depot dient und irgendwann zum Ausstellungs-Ort werden soll. So bleibt als weltweit singuläres architektonisches Zeugnis für die Machtrepräsentation des Nationalsozialismus (wie Heidemarie Uhl 2010 feststellte) nur der seit 1945 ungenutzte und deshalb im Innern weitgehend intakte Leitturm im Arenbergpark, dessen Bewahrung als Erinnerungs-Ort deshalb höchste Priorität haben sollte.[1115] Hitler selber wollte offenbar nach dem „Endsieg" den Turm im Hof der Stiftskaserne, der sich an der Achse der Hofburg orientiert, als Denkmal für den Krieg nutzen.[1116]

Mit Absicht präsenter sind dagegen Erinnerungen an die ermordeten Juden. Ab und zu nennen Tafeln oder Inschriften an Häusern (so am Karl-Marx-Hof: „Kündigungsgrund Nichtarier") Zahlen der vertriebenen jüdischen Familien und Namen der Ermordeten, ebenso das 2008 enthüllte Gedenksymbol „Schlüssel gegen das Vergessen" vor der Servitenkirche im Alsergrund (9. Bezirk).[1117] Besonders eindrücklich, aber unabsichtlich, erinnert der vollkommen verwahrloste jüdische Teil des Zentralfriedhofs daran, dass es nahezu keine Wiener Juden mehr gibt, welche die Gräber ihrer in den Jahren oder Jahrzehnten vor dem Massenmord verstorbenen Verwandten pflegen könnten. Die nach dem „Anschluss" fast vollständig ausgelöschte jüdische Gemeinde kann dem religiösen Gebot der immerwährenden Erhaltung ihrer Friedhöfe und Grabstätten unmöglich mehr selber nachkommen.[1118]

Im ‚eigentlichen' Erinnerungskontext hat das 1988 aufgestellte Mahnmal von Alfred

---

1114 Vgl. den Prospekt Historische Flakturmausstellung „Erinnern im Innern" im Haus des Meeres. Für den Ausbau Wiens zur „Luftschutzfestung" 1943/44 vgl. Ingrid Holzschuh, Verlorene Stadtgeschichten. Hitlers Blick auf Wien, in: „Wien. Die Perle des Reiches". Planen für Hitler, hg. v. Ingrid Holzschuh u. Monika Platzer, Wien – Zürich 2015 (Ausstellung im Architekturmuseum Wien, 19. 3. 2015–17. 8. 2015), S. 42ff.; im Bildteil finden sich Illustrationen zum Totalen Krieg, S. 178–183.

1115 Heidemarie Uhl, Den Flakturm vor Datensammlern schützen, Der Standard, 26. Februar 2010, S. 35.

1116 Vgl. Holzschuh, Verlorene Stadtgeschichten, S. 40.

1117 Vgl. Barbara Sauer, Michael Landesmann, Barbara Kintaert, Projekt „Servitengasse 1938", in: Spurensuche 18/1–4, 2009, S. 154–162, hier S. 156ff.

1118 Die Iraelitische Kultusgemeinde Wien zählt derzeit rund 7000 Mitglieder gegenüber rund 185.000 in der Vorkriegszeit und hätte als Rechtsnachfolgerin aller zerstörten jüdischen Gemeinden in Wien, Niederösterreich und dem Burgenland seit 1945 mehr als 40 Friedhöfe und über 350.000 Grabstellen zu versorgen; vgl. Tina Walzer, Der jüdische Friedhof Währing in Wien. Historische Entwicklung, Zerstörungen der NS-Zeit, Status quo, Wien – Köln – Weimar 2011, S. 9 u. 101.

Hrdlicka gegen Krieg und Faschismus auf dem Albertina-Platz eine Präsentation des Antisemitismus eher verpasst, was 2015 durch eine (zeitlich limitierte) Installation von Ruth Beckermann mit dem Titel „The Missing Image" vorübergehend korrigiert wurde.[1119] Eindeutig wirkt dagegen das Holocaust-Mahnmal der 1963 geborenen Britin Rachel Whiteread von 1999 für die 65.000 jüdischen Opfer in Österreich auf dem Judenplatz vor der seit 2000 bestehenden „Außenstelle" des (im Kontext der Waldheim-Affäre 1990 wiedereröffneten) Jüdischen Museums an der Dorotheergasse[1120] und gegenüber dem 1981 auf demselben Platz neu aufgestellten Lessing-Denkmal von Siegfried Charoux (1896–1967); ebenso eindeutig auch das Opfergedenken in der noch in den 1940er Jahren errichteten und 1949 unter ungünstigen Vorzeichen eröffneten größten Gedenkstätte Österreichs im mittlerweile stark besuchten einstigen Konzentrationslager Mauthausen.[1121] Wiederholte Schmierereien an der Gedenkstätte erinnern allerdings daran, dass Oberösterreich, der „Heimatgau des Führers" mit seinem Geburtshaus im Zentrum von Braunau, im landesweiten Vergleich eine Hochburg der rechtsextremen Szene ist.[1122]

Andererseits ist in Wien insbesondere mit dem Dokumentationsarchiv des österreichischen Widerstandes (DÖW)[1123] im Alten Rathaus auch die Widerstandsszene auf der Basis eines nunmehr breit gefassten Widerstandsbegriffs, der sich auf die NS-Opfer ausweiten lässt, durchaus präsent. Sie wird in der Dauerausstellung des DÖW, die inzwischen zeitgemäß konzeptualisiert ist, breit repräsentiert.[1124] Wolfgang Benz umschrieb das Archiv 2003, zur Zeit der früheren (2005 ersetzten) Dau-

---

1119 Joëlle Stolz, Lettre de Vienne. L'image manquante de l'Autriche sous le Reich, Le Monde, 9 avril 2015, p. 17.
1120 Vgl. Gerald Lamprecht, Die österreichischen jüdischen Museen im zeitgeschichtlichen Kontext, in: Zeitgeschichte ausstellen, S. 213–235, hier S. 219ff.
1121 Vgl. Bertrand Perz, Die KZ-Gedenkstätte Mauthausen: Nachnutzungen eines Konzentrationslagers im historischen Rückblick, in: Boguslaw Dybas et al. (Hg.), Gedenkstätten für die Opfer des Nationalsozialismus in Polen und Österreich. Bestandsaufnahme und Entwicklungsperspektiven, Frankfurt a. M. 2013, S. 117–133, v. a. S. 120ff., sowie Christian Dürr, Robert Vorberg, Die Neugestaltung der KZ-Gedenkstätte Mauthausen. Voraussetzungen, Konzeption und Umsetzungsschritte, in: Gedenkstätten in Polen und Österreich, S. 221–240.
1122 Vgl. Meret Baumann, Braune Flecken in Oberösterreich. Die Ursachen für das Erstarken der rechtsextremen Szene liegen auch in der Politik, NZZ Nr. 117 (internationale Ausgabe), 24. Mai 2013. S. auch Jahrbuch der KZ-Gedenkstätte Mauthausen 8 (2014), in: H-Soz-Kult, 21. 5. 2015, <http://www.hsozkult.de/journal/id/zeitschriftenausgaben-8955>
1123 Vgl. die Startseite < http://www.doew.at/> sowie Brigitte Bailer, Unverzichtbar für die Erinnerung. Das Dokumentationsarchiv des österreichischen Widerstandes (DÖW), in: Spurensuche 18/1–4, 2009, S. 42–51.
1124 Vgl. Peter Larndorfer, Das Dokumentationsarchiv des österreichischen Widerstandes und seine Ausstellungen, in: Zeitgeschichte ausstellen, S. 117–149.

er-Ausstellung zum Österreichischen Freiheitskampf 1934–1945, als „Gegenwelt des Opernballs".[1125]

***

Natürlich lassen sich Nostalgien auch problemlos ironisieren, und ein Nostalgiewert kann umgedreht und auf (scheinbar) obsolet gewordene Vorstellungen oder Verhaltensweisen übertragen werden. Beispielsweise erscheint die 1955 eingeführte Neutralität jenen Politikern, die sie abgeschafft haben möchten, als alter Hut; so 2001 dem damaligen Bundeskanzler Wolfgang Schüssel, der sie mit den „alten Schablonen" Lipizzaner und Mozartkugeln gleichsetzte, die in der komplexen Wirklichkeit des 21. Jahrhunderts obsolet geworden seien. Und im Jahr darauf äußerte der damalige ÖVP-Klubobmann Andreas Khol im Zusammenhang mit der Eurofighter-Diskussion, sie habe ausgedient und solle wie die Kaiserkrone in der Schatzkammer verstaut werden.[1126]

Erfrischend ist demgegenüber der „unverzichtbare Wien-Führer", so der Untertitel des kleinen Buches von Clemens Haipl, das ganz und gar nichts mehr mit dem Vermarkten des Habsburger Erbes am Hut hat. Wenn es sporadisch auftaucht, macht sich der Verfasser darüber lustig, so über Schönbrunn, das Cinderella-Kitschschloss, worin Maria Antonia, mit Künstlernamen Marie Antoinette aufwuchs, oder über den Tiergarten Schönbrunn, der für sonnige Tage das ist, was das Haus des Meeres für verregnete. Zwar steht Haipl auf das Kuriose, leicht Kaiserlich-Königliche, wie er im Naturhistorischen Museum festhält, aber in der Regel präferiert er viele von (Kultur-) Touristen gerade nicht frequentierte Cafés und sonstige Lokale, in welchen er für sich selber einen üppigen, aber sympathischen Bier- und Weinkonsum bezeugt. Und, wie er im Hundertwasserhaus (fast) abschließend festhält: Wenn man gerne Touristen sehen wolle, finde man dort ziemlich sicher welche.[1127]

1125 Zit. Larndorfer, Dokumentationsarchiv, S. 127.
1126 Charles E. Ritterband, Neutralitätsdebatte in Wien. Nebenschauplatz des Streits um Wehrpflicht und Berufsheer, NZZ, 25. Februar 2011.
1127 Clemens Haipl, Der Wiener takes it all. Der unverzichtbare Wien-Führer, Wien 2014, S. 90, 123f., 129, 143, 152.

3. Teil: Varianten eines Kultur-Wegs

Dieser Teil der Studie ist gleichsam ihr Mythosteil, in dem gezeigt werden soll, wie ein oft idealisierendes und in manchem verklärendes Bild von Österreich-Ungarn und seinem Kulturleben den Ausgang von dem nehmen wollte (oder sich daran zu orientieren versuchte), was in den Jahrzehnten und Jahren vor dem Untergang produziert wurde, aber nach dem Ende nur gebrochen weitergeführt werden konnte. So ließe sich neben den ‚klassischen' Wiener Walzer beispielsweise Maurice Ravels „La Valse" von 1919 stellen, oder es könnte an die musikalische Entwicklung von den großen Nachfahren der Wiener Klassik wie Anton Bruckner und Gustav Mahler zu Arnold Schönberg und seinen Schülern und zu weiteren ‚Schulen' Neuer Musik gedacht werden.

Der ‚eigentliche' Bruch kam allerdings nicht mit dem Ende der Monarchie, sondern zwanzig Jahre später mit dem „Anschluss", der einen beispiellosen kulturellen und wissenschaftlichen Exodus auslöste, von dem sich nicht nur Österreich, sondern der ganze ost-südosteuropäische Raum und vielleicht Europa insgesamt nicht mehr wirklich erholen sollten.[1128] Dies ändert nichts daran, dass sich der Kulturbereich weniger durch scharfe Abgrenzung, als durch vielschichtige Überlappung und gegenseitige Befruchtung auszeichnet. So bleiben die Gemeinsamkeiten des „fin de siècle" in der späten Habsburgermonarchie über ihr Ende hinaus von Bedeutung. Gerald Stourzh hat dies in einem seiner vielen schönen Aufsätze folgendermaßen ausgedrückt: „Die Österreicher [gemeint der Zweiten Republik] finden immer wieder in Krakau oder Lemberg oder Czernowitz oder Budapest oder Prag oder Laibach oder Triest kulturelle Bezüge oder Affinitäten, die sie in Basel oder Hamburg oder Berlin [gemeint trotz gemeinsamer Sprachkultur] nicht finden können."[1129]

Im folgenden 7. Kapitel wird mit Hilfe lockerer Reminiszenzen an zahlreiche Besuche im Wiener Leopold Museum[1130] auf einige Aspekte des Kultur-Themas verwiesen,

---

1128 Vgl. Peter Weibel, Friedrich Stadler (Hrsg.), Vertreibung der Vernunft. The Cultural Exodus from Austria, Wien 1993.

1129 Gerald Stourzh, Vom Reich zur Republik, in: Gerhard Botz, Gerald Sprengnagel (Hg.), Kontroversen um Österreichs Zeitgeschichte. Verdrängte Vergangenheit, Österreich-Identität, Waldheim und die Historiker, 2. erweiterte Auflage, Frankfurt/Main 2008, S. 287–324, hier S. 314.

1130 Leider (für den Chronisten, weniger für den Besucher) werden die Exponate der zwei obersten Etagen des Leopold Museums zum Thema Wien um 1900 (4. Etage) und zur Zwischenkriegszeit (3. Etage) immer wieder ausgewechselt, weshalb es nicht einfach ist, sie – die man gerne als Teile

die in den anschließenden Kapiteln vertieft werden, literarisch im 8. Kapitel insbesondere mit Joseph Roth und Robert Musil und musikalisch im 9. Kapitel unter anderen mit Arnold Schönberg.

7. „Wien um 1900"

7.1 Panorama einiger Probleme

Wien um 1900 (hier verwendet als Chiffre für die rund zwei Jahrzehnte vor dem Ersten Weltkrieg) war bei allem äußeren Glanz extrem widersprüchlich, ja eine Stadt größter Kontraste. Die Innenstadt samt dem nach Schleifung der Basteien 1865 durch Kaiser Franz Joseph eröffneten „potemkinschen Dorf" (Adolf Loos) der noch unfertigen Ringstraße und ihrem „Malerfürsten", dem opulenten Gründerzeit-Starkünstler Hans Makart,[1131] sowie mit den in der zweiten Hälfte des 19. Jahrhunderts entstandenen Monumentalbauten – einschließlich der „monströsen" Neuen Burg als Werk einer „toten Architektur" (wie es in kritischen Berichterstattungen zur 1906 erfolgten Einsetzung von Franz Ferdinand als Bauherr des Palastes hieß)[1132] – war etwas ganz Anderes als die durch den Ring von ihr abgetrennten Außenbezirke. Aber selbst dort gab es Unterschiede: Während innerhalb des Rings der alte Adel und das neue Großbürgertum und jenseits davon, in den inneren Vorstädten, Beamte, Kaufleute und Kleinbürger lebten, waren die äußeren Vorstädte außerhalb des Gürtels dominant proletarisch, und an den Randzonen herrschte das „nackte Elend".[1133] Durch räumliche Enge und Nähe

---

einer Dauerausstellung verstünde – adäquat zu kommentieren. Bei meinem (bisher) letzten von zahlreichen Besuchen war im Frühsommer 2015 die Zwischenkriegszeit aus dem 3. Stockwerk zugunsten der Ausstellung „Wally Neuzil. Ihr Leben mit Egon Schiele" und eines Teils der großen Schiele-Sammlung des Museums verschwunden. Insofern entspringt das meiste, was in den Teilkapiteln 7.1 und 7.2 gesagt wird, mehr einem imaginären als einem realen Rundgang durch das Museum.

1131 Vgl. zur Makart-Doppelausstellung im Wien-Museum und im Unteren Belvedere von 2011 Andreas Breitenstein, Mit allen Sinnen gewaschen. Zwei grosse Wiener Ausstellungen würdigen Hans Makart als umtriebigen und innovativen Starkünstler der Ringstraßen-Epoche, Neue Zürcher Zeitung Nr. 159 (internationale Ausgabe), 11. Juli 2011.

1132 Vgl. Andreas Nierhaus, Das „Monstergebäude". Die Rezeption des Hofburgbaus in den Wiener Zeitungen im Jahr 1906, in: Werner Telesko (Hg.), Die Wiener Hofburg 1835–1918. Der Ausbau der Residenz vom Vormärz bis zum Ende des „Kaiserforums" Wien 2012 (Band 4 der Veröffentlichungen zur Bau- und Funktionsgeschichte der Wiener Hofburg), S. 487–491, hier S. 488 u. 490.

1133 Helmut Konrad, Das Rote Wien. Ein Konzept für eine moderne Großstadt?, in: Helmut Konrad, Wolfgang Maderthaner, Das Werden der Ersten Republik ... der Rest ist Österreich, Band I, Wien 2008, S. 223-240, hier S. 224. S. auch das interessante Bemühen, Wien um 1900 „von seinen Rän-

gleichsam potenziert zeigten sich in den Vorstädten sämtliche Nationalitätenprobleme der Monarchie *in nuce* und – nebst ihren emblematischen antisemitischen Weiterungen – auch die Spannungen zwischen Deutschen und Nichtdeutschen. Die Dokumentarserie „Durch die Wiener Quartiere des Elends und Verbrechens" von Hermann Drawe (1867–1925), von der sich eine Zeitlang Beispiele im Leopold Museum fanden,[1134] illustriert die extremen sozialen Widersprüche. Drawe war Richter (seit 1903 Gerichtsvorsteher, seit 1913 Landesgerichtsrat) und Amateurphotograph. Er besuchte 1904 zusammen mit dem Feuilletonisten und Gerichtsberichterstatter Emil Kläger die Elendsquartiere und Massenunterkünfte des Wiener Subproletariats und gab dazu 1908 ein Buch mit der für damalige Verhältnisse hohen Erstauflage von 10.000 Exemplaren heraus, das als bedeutende Sozialdokumentation gilt.[1135] Wenige Jahre vorher, am 11. August 1901, hatte der Sozialschriftsteller Max Winter (1870–1937) in einer seiner zahlreichen Elends- und Sozialreportagen in der Arbeiter-Zeitung von „Höhlenbewohnern in Wien" geschrieben, die zu sechst in zwei Bretterverschlägen schliefen, im größeren Vater und Mutter, im kleineren drei Kinder, und das vierte auf dem Erdboden, wo sich die beiden Ältesten abwechselten, obwohl dieses Lager nicht härter war als die Betten, die statt Matratzen und Strohsäcken Bretter als Unterlagen hatten, mit einer Binsenmatte und „altem Gelump" drauf. Und vom Leben des Proletariers hieß es, dass er am Abend, nach härtester Arbeit für wenig Geld, in seine Hütte krieche, sich von dem Speck, der tagsüber als Fliegenfalle über seinem Bett hänge, ein Stück abschneide, dazu einen Brotkeil und ein Fläschchen Schnaps esse und dann hinüber schlafe „ins Land der Träume", wenn er sich nicht von Hunderten Flöhen und Wanzen geplagt auf seinem Lager wälze.[1136] Victor Adler, Armenarzt und Obmann der Sozialdemokratischen Partei, hatte schon etliche Jahre früher, im Dezember 1888, mit einer Serie von Artikeln in seiner Wochenschrift „Gleichheit" das elende Schicksal der von der Wienerberger Ziegelfabrik- und Baugesellschaft systematisch ausgebeuteten „Ziegelsklaven" und die Miserabilität ihrer Lebensverhältnisse in den vom Werk aufoktroyierten „Schlafhöhlen" angeprangert, die er erkundet hatte, indem er sich in die Ziegelwerke

---

dem her zu thematisieren", in Wolfgang Maderthaner, Lutz Musner, Die Anarchie der Vorstadt. Das andere Wien um 1900, 2. Aufl., Frankfurt a. M. 2000 (1. Aufl. 1999), S. 11, 51 u. passim.

1134 Leopold Museum, 4. Stock, mit Verweis auf Imagno, Sammlung Christian Brandstätter, Wien.

1135 Emil Kläger, Durch die Wiener Quartiere des Elends und Verbrechens. Ein Wanderbuch aus dem Jenseits, Wien 1908 (mit Photographien von Hermann Drawe). Vgl. Maderthaner/Musner, Die Anarchie der Vorstadt, S. 72ff.

1136 Zit. Conrad Seidl, Die Partei des pragmatischen Sozialismus, Der Standard, 29./30. November 2014, S. 4. Vgl. zu Max Winter auch Maderthaner/Musner, Die Anarchie der Vorstadt, u.a. S. 71f., 82f., 139–142.

einschlich.[1137] Sein Einsatz in dieser Frage erstreckte sich über mehrere Jahre und gipfelte 1901 in einer im Niederösterreichischen Landtag eingebrachten Interpellation.[1138]

So fiel die Hungerrevolte vom 17. September 1911 im Proletarierviertel Ottakring keineswegs überraschend vom Himmel, sondern war ein „breites Aufbegehren marginalisierter vorstädtischer Massen", verstärkt durch vornehmlich aus dem ländlichen Böhmen und Mähren zugewanderte Migrantinnen und Migranten, mit dem Resultat einer „wutentbrannten Zerstörung" ausgerechnet von Schulhäusern als „Monumente[n] einer Moderne, die von den Revoltierenden beinahe ausschließlich als Disziplinierungs- und Kontrollinstanz erfahren wurde".[1139] Nicht erstaunlich, dass die Bewohner der Vorstädte umgekehrt als das gefährliche, sozial gänzlich Andere geradezu pathologisiert werden konnten,[1140] auf diese Weise aber das „nackte Elend", in dem sie lebten, ausgeblendet wurde. Vor dem Ersten Weltkrieg betrug der Anteil von Kleinstwohnungen in den Außenbezirken 85 Prozent, und es konnten für die elendesten Quartiere in Kellern, Hintergebäuden und Dachböden Mieten verlangt werden, die selbst die Quadratmeterquote der Ringstraßenhäuser übertrafen. Folge davon waren Überbelegungen, Bettgehertum und Untermieten; demgegenüber hatten gerade vier Prozent der Bewohner Ottakrings einen Raum für sich.[1141]

Eindrücklich präsentierte der mit verschiedenen Plakaten (unter ihnen ein nicht verwerteter Entwurf von Oskar Kokoschka) und zahlreichen Postkarten angekündigte und von einer halben Million Zuschauern bejubelte Kaiserjubiläums-Huldigungsfestzug vom 12. Juni 1908 auf der Wiener Ringstraße mit den anlässlich seines 60. Thron-Jubiläums (das nächste hätte zehn Jahre später vielleicht Robert Musils „Parallelaktion" umgesetzt) vor Franz Joseph I. vorbeiziehenden Abteilungen der bewaffneten Macht und den Repräsentanten der verschiedenen Völker die bedeutende Geschichte seines Reiches von Rudolf I. bis zum siegreichen Radetzky und vor allem dessen enorme Vielfalt, aber ohne Tschechen und Ungarn, die ihre Teilnahme verweigerten.[1142] Unliebsames wurde allerdings weggelassen, so die Revolution von 1848 und alle gesellschaftlichen Wider-

---

1137 Victor Adler, Die Lage der Ziegelarbeiter, in: Victor Adlers Aufsätze, Reden und Briefe, hg. vom Parteivorstand der Sozialdemokratischen Arbeiterpartei Deutschösterreichs, Viertes Heft: Victor Adler über Arbeiterschutz und Sozialreform, Wien 1925, S. 11–26, v. a. S. 11–16. S. auch Maderthaner/Musner, Die Anarchie der Vorstadt, S. 142f.
1138 Vgl. Adler, Aufsätze, Reden und Briefe, Viertes Heft, S. 34f.
1139 Maderthaner/Musner, Die Anarchie der Vorstadt, S. 14f. u. 32f.
1140 Vgl. Maderthaner/Musner, Die Anarchie der Vorstadt, S. 89ff.
1141 Maderthaner/Musner, Die Anarchie der Vorstadt, S. 67.
1142 Vgl. Hans Bisanz, Der Kaiserjubiläums-Huldigungsfestzug 1908, in: Gustav Klimt und die Kunstschau 1908, hg. v. Agnes Husslein-Arco u. Alfred Weidinger, München etc. 2008 (Katalog zur Ausstellung Gustav Klimt und die Kunstschau 1908, Belvedere Wien, 1. 10. 2008 bis 18. 1. 2009), S. 27–39.

sprüche zwischen ‚oben' und ‚unten' sowie die markanten Gegensätze zwischen dem noch vorherrschenden, von oben geförderten traditionell-konservativ-historistischen Kunstverständnis, welches sich an Hans Makarts Renaissance-Huldigungsfestzug zur silbernen Hochzeit des Kaiserpaars von 1879 orientierte, und einem ‚neuen', vornehmlich bürgerlich-modernen, das sich um die 1897 gegründete und 1898 mit einer ersten Ausstellung im eigenen Gebäude eröffnete Secession gruppierte, in welcher und gegen die sich weitere Richtungskämpfe einstellten und ins Panoptikum von Musils großem Romanfragment eingehen konnten. Das Junge Wien mit Schriftstellern wie Hermann Bahr, Hugo von Hofmannsthal, Arthur Schnitzler, und die Secession mit dem Gründungspräsidenten Gustav Klimt sowie mit Koloman Moser, Josef Hoffmann, Carl Moll u. a. wurden von Karl Kraus in der ab 1899 erscheinenden „Fackel" sowie von Adolf Loos („Ornament und Verbrechen", verfasst 1908) und Arnold Schönberg kritisiert: alle drei seien „eines Sinnes" als „Feinde des Ornaments" und „des Behagens am unverpflichtend Ästhetischen" gewesen, sagte Theodor W. Adorno in einem NDR-Vortrag 1960 treffend, und ihre Polemik habe „dem Schmock aller Bereiche" gegolten.[1143]

1905 verließ die Gruppe um Klimt ihrerseits die Secession im Streit und präsentierte 1908, anlässlich des erwähnten sechzigsten Thron-Jubiläums Franz Josephs, auf dem für das Konzerthaus und Akademietheater vorgesehenen Baugelände die zur Legende gewordene gesamtkunstwerkhafte, wenngleich kommerziell gescheiterte „Ausstellung der Klimt-Gruppe", an der sich der Kaiser nicht blicken ließ, während sie hundert Jahre später im Rahmen einer eindrücklichen Gedenkausstellung als „Quintessenz der frühen Wiener Moderne" so gut wie möglich rekonstruiert wurde.[1144] Andererseits stellten sich die Expressionisten Rudolf Gerstl schon ab 1905, ab 1909 auch der anfänglich von Klimt protegierte Oskar Kokoschka, dessen medial empört kommentiertes Plakat die Kunstschau von 1908 noch beworben hatte,[1145] und ab 1910 Egon Schiele gegen alle und in einem „Befreiungsschlag" auch gegen den „Schönheitskult der Secession".[1146]

1143 Theodor W. Adorno, Wien, in: Theodor W. Adorno, Musikalische Schriften I–III, Frankfurt a. M. 1978 (Theodor W. Adorno, Gesammelte Schriften, 16), S. 435. Vgl. Schönberg auch über Loos in Arnold Schönberg, „Stile herrschen, Gedanken siegen". Ausgewählte Schriften, hg. v. Anna Maria Morazzoni, Mainz 2007, S. 505–509.
1144 Vgl. Gustav Klimt und die Kunstschau 1908, passim, sowie die Einführung von Agnes Husslein-Arco, S. 9ff., und zur Entstehung Alfred Weidinger, S. 18.
1145 Vgl. Gutav Klimt und die Kunstschau von 1908, S. 130f. u. 147.
1146 Klaus Albrecht Schröder, Egon Schiele. Ausstellung in der Albertina, Wien vom 6. Dezember 2005 bis 19. März 2006, Wien etc. 2005, S. 33. Markantes Beispiel ist der Sitzende männliche Akt (Selbstportrait) von 1910 im Leopold Museum; vgl. dazu Jane Kallir, Expressionistischer Durchbruch (1910–1911), in: Egon Schiele. Selbstportraits und Portraits, hg. v. Agnes Husslein-Arco u. Jane Kallir, Wien 2011 (Katalog der Ausstellung Egon Schiele. Selbstportraits und Portraits, Belvedere Wien, 17. Februar bis 13. Juni 2011), S. 86 u. 93.

„Ich bin durch Klimt gegangen bis März. Heute glaub ich bin ich der ganz andere", schrieb Schiele 1910 in einem Brief,[1147] während sich Gerstl – gemäß Rudolf Leopold „der einzige ‚Neue Wilde' von echter Genialität"[1148] – buchstäblich gegen Schönberg wandte, mit dessen Frau er im Sommer 1908 durchbrannte. Mathilde Schönberg, die Schwester Alexander von Zemlinskys, kehrte allerdings unter dem Druck der familiären und gesellschaftlichen Zwänge wenige Tage später nach Hause zurück, scheint in der Folge aber zunehmend verstummt zu sein und starb 1923, während sich Richard Gerstl, dessen schönes Ölgemälde „Familie Schönberg" von 1907 sich in der Stiftung Ludwig (MUMOK) findet, einige Wochen nach der unseligen Flucht, in der Nacht vom 4. zum 5. November 1908, umbrachte.[1149]

Wenige Jahre später (1913/14) bezeugte Oskar Kokoschkas „Windsbraut", seit 1939 im Kunstmuseum Basel, eine fast ebenso dramatische Beziehungsgeschichte dieses Künstlers zur Witwe Gustav Mahlers, Alma geb. Schindler, verh. und verw. Mahler, später verh. Gropius, zuletzt verh. und seit 1945 verw. Werfel, die er 1912 bei ihrem Stiefvater, dem Secessionisten Carl Moll, kennen gelernt hatte und 1915 an den Berliner Architekten Walter Gropius verlor, in eine Ehe, die von Gropius' Eifersucht auf Kokoschka stark belastet war und schließlich zugunsten von Franz Werfel geschieden wurde. Im Gegensatz zu Gerstl zerbrach Kokoschka an der leidenschaftlichen Beziehung zu dieser *femme fatale* der mitteleuropäischen Kunstszene allerdings nicht, obwohl sie ihn hart hernahm und in den Weltkrieg flüchten ließ, wo er schwer verwundet zum Gegner eines Krieges wurde, der die Werte der Französischen Revolution pervertierte, wie er 1918 in seiner in den Trikolore-Farben gehaltenen Lithographie „Das Prinzip (Liberté. Egalité. Fratricide)" mit einem abgeschlagenen Kopf und blutrotem Mund anprangerte.[1150] Ein geradezu monströses Zeugnis für seinen Alma-Liebesrausch

---

1147 Der Lyriker Egon Schiele. Briefe und Gedichte 1910–1912 aus der Sammlung Leopold, München etc. 1908, S. 55ff.

1148 Harald Szemann, Interview mit Rudof Leopold, in: Egon Schiele und seine Zeit. Österreichische Malerei und Zeichnung von 1900 bis 1930. Aus der Sammlung Leopold. Katalog der gleichnamigen Ausstellung im Kunsthaus Zürich, 25. 11. 1988 bis 19. 2. 1989, München 1988, S. 9–14, hier S. 10.

1149 Vgl. Gerda Haller, Richard Gerstl, Mathilde und Arnold Schönberg am Traunsee, in: Zeitschrift der Gesellschaft der Musikfreunde in Wien, Februar 2009, S. 26–29. Gerstls Ölgemälde „Familie Schönberg" war einige Jahre auch im Leopold Museum zu sehen. Gegenwärtig (Frühsommer 2015) ist Richard Gerstl, der in der Sammlung Leopold markant vertreten ist, ein ganzer Eckraum der vierten Museums-Etage eingeräumt. Interessanterweise äußerte Rudolf Leopold nicht lange vor seinem Ableben, es wäre für die österreichische Kunstgeschichte besser gewesen, Anton Webern hätte sich nicht derart bemüht, Mathilde Schönberg zu bewegen, zu ihren Kindern zurückzukehren: Mathilde Schönberg hätte besser ihren Mann verlassen! Interview von Diethard Leopold mit seinem Vater Professor Rudolf Leopold, in: Wien 1900. Sammlung Leopold Wien, Wien – München 2009, S. 198.

1150 Vgl. Österreich im Umbruch. Malerei der Zwischenkriegszeit aus der Sammlung Leopold, Wien.

war eine lebensgroße Puppe von Alma Mahler, die er noch Jahre später, 1918, bei der Münchner Puppenmacherin Hermine Moos bestellte und drei Jahre bei sich behielt, bis er sich entschloss, den fürchterlichen Fetisch zu enthaupten und wegzuwerfen.[1151]

Von hohem Interesse ist ein Zeugnis von Arnold Schönbergs Tochter Nuria Schoenberg Nono über die Lebensphase Alma Mahlers im kalifornischen Exil, wonach das emigrierte Ehepaar Werfel zu den engsten Freunden Schönbergs und seiner zweiten Frau Gertrud Kolisch gehörte: „When Alma Mahler and her husband Franz Werfel came to the States, they were very close friends and my father and mother visited them often at their house in Beverly Hills. Alma had an incredible charisma, and she was Mother's closest friend."[1152] Spontan empfindet man etwas Mühe, sich den Umgang des strengen und (jedenfalls musikalisch) ungemein konsequenten, auch wenn gemäß dem Zeugnis seiner Tochter durchaus lebenslustigen Schönberg mit dieser mittlerweile verblühten Lebedame vorzustellen, die in gewisser Weise den frühen Tod des von Schönberg verehrten Mahler mitverschuldet und ihn zu Sigmund Freud getrieben haben könnte.[1153] Im abstoßenden Portrait, das Elias Canetti von der „strotzenden Witwe" von 1933 und ihren „Trophäen" (der Partitur von Mahlers unvollendeter Zehnten und einem Kokoschka-Bild, das sie als Lucrezia Borgia zeigt) entwirft, erscheint sie als „Mörderin des Komponisten".[1154] Demgegenüber lässt sich allerdings eine andere Alma Mahler sehen: so die lebenslange Briefpartnerin und langjährige Mäzenin Schönbergs in seinen bis in die 1920er Jahre drückenden Finanzsorgen; sie hatten sich schon anlässlich zahlreicher Besuche im Hause Mahler kennen gelernt, und ihr erstaunlich offener Briefwechsel bezeugt eine über fast ein halbes Jahrhundert bis zu Schönbergs Tod sich erstreckende vertrauensvolle Beziehung und spätere Freundschaft.[1155] Sodann

---

Ernst Barlach Haus. Stiftung Hermann F. Reemtsma, Hamburg, 13. Mai bis 19. August 2007, S. 86f.

1151 Vgl. die Ausstellung zum jungen Kokoschka „Oskar Kokoschka. Träumender Knabe – Enfant terrible" vom 24. Januar bis 12. Mai 2008 im Unteren Belvedere. Ihrerseits hatte die Frankfurter Städtische Galerie im Städel 1992 eine Ausstellung zum Thema „Oskar Kokoschka und Alma Mahler. Die Puppe: Epilog einer Passion" organisiert; vgl. NZZ Nr. 186, 13. August 1992, sowie Die Zeit Nr. 34, 14. August 1992.

1152 Nuria Schoenberg Nono, Gertrud Bertha Kolisch Schoenberg. A collection of memories about my mother. An Interview with Anna Maria Morazzoni, in: Schoenberg & Nono. A Birthday Offering to Nuria on May 7, 2002, a cura di Anna Maria Morazzoni, Venezia 2002, S. 153.

1153 Alma Mahlers Affäre mit dem jungen Walter Gropius soll Mahler ein Jahr vor seinem Tod in eine „nachtschwarze Krise seiner Existenz" gestürzt haben; vgl. Joachim Reiber, Der Welt abhanden gekommen. Gustav Mahler und die Kunst des Abschieds, in: Musikfreunde, Dezember 2011, S. 15.

1154 Elias Canetti, Das Augenspiel. Lebensgeschichte 1931–1937, München 1985, S. 59–64.

1155 Alma Mahler – Arnold Schönberg. „Ich möchte so lange leben, als ich Ihnen dankbar sein kann." Der Briefwechsel, hg. v. Haide Tenner, St. Pölten – Salzburg – Wien 2012. Eine schöne Würdigung liefert Friedrich Torbergs Nachruf auf Alma Mahler-Werfel (Torberg gehörte zum Freundeskreis Mahler-Werfel im amerikanischen Exil): Alma Mahler-Werfel. Ein Denkmal ihrer selbst (1964), in:

ist auch die Pianistin und Komponistin Alma Mahler zu sehen, die 1910, 1915 und 1924 eigene Lieder veröffentlichte und nicht nur mit Schönberg, sondern mit Alban Berg und anderen Musikern korrespondierte. Anlässlich ihres 50. Todestages veranstaltete die Wiener Universität für Musik und darstellende Kunst am 12. Dezember 2014 einen Vortrag mit Kommentar und Liedgesang zur Komponistin Alma Mahler-Werfel, anlässlich dessen gefragt werden sollte, weshalb um 1900 so wenige junge Frauen aus ihrem Klavierspiel einen Beruf machten und nur wenige Komponistinnen wurden. Die als „femme fatale" in die Musik-Gesellschafts-Geschichte eingegangene Alma Mahler-Werfel sei – wie der Flyer zum Vortrag sagte – eine solche Pianistin und Komponistin gewesen, „deren musikalische Begabung wenig professionelle Zukunft hatte. Sie wurde Muse – Gattin – Witwe. Hätte es eine andere Option gegeben?"[1156] Wohl nur, wenn sie Gustav Mahler nicht geheiratet hätte, der „ein eigenthümliches Rivalitätsverhältnis" fürchtete und auf dessen Verlangen sie das Komponieren aufgab, weil es „lächerlich und später herabziehend vor uns selbst" werden müsse.[1157] In einer feministischen Optik ließe sich dies als Angstreaktion eines in der sexuellen Entwicklung Gehemmten deuten.[1158]

Es dürfte klar sein, dass mit diesen wenigen Hinweisen auf soziale Abgründe und auf das Massenelend an der großstädtischen Peripherie, auf gesellschaftliche Ungleichheiten und auf bürgerliche Geschlechts-Rollen-Vorstellungen sowie auf heftige künstlerische Richtungskämpfe das Spektrum der Wiener Probleme vor dem Ersten Weltkrieg bei weitem nicht erschöpft ist. Es sollten lediglich einige Stichworte zu Themen geliefert werden, die als Folie für das dienen, was Harald Szemann als ‚Gesamtkunstwerk Wien' bezeichnete, welches vom Makart-Festzug von 1879 über Klimt, Mahler, Victor Adler, Freud, Hofmannsthal, Schönberg, Kolo Moser, Loos, Kokoschka, Schiele, Musil, Kraus, Wittgenstein und viele andere bis zum Roten Wien reicht.[1159] Zu dieser Gesamtkunstwerk-Kontinuitäts-Feststellung passt eine Äußerung von Hermann Bahr aus dem Jahr 1900 im Sinne einer „rückwärtsgewandten" Moderne, wonach das Klimt-Gemälde „Schubert am Klavier" von 1899 das „schönste Bild" sei, „das jemals ein Öster-

---

Friedrich Torberg, Die Erben der Tante Jolesch, dtv-Ausgabe, München 1981, S. 242–245.
1156 Flyer zur Veranstaltung der Universität für Musik und Darstellende Kunst Wien vom 12. Dezember 2014. S. auch <https://www.mdw.ac.at/gender/?h=12.12.2014&PageId=4130> (abgefragt 22. 7. 2015).
1157 Gustav Mahler an Alma Schindler, 19. Dezember 1901, zit. Melanie Unseld, Schlussakkord oder Auftakt? Musik zwischen 1900 und 1910, in: Kulturgeschichte des 20. Jahrhunderts. Das Erste Jahrzehnt, hg. v. Werner Faulstich, München 2006, S. 142.
1158 Vgl. Eva Rieger, Frau, Musik und Männergesellschaft. Zum Ausschluss der Frau aus der deutschen Musikpädagogik, Musikwissenschaft und Musikausübung, Frankfurt a. M. – Berlin – Wien 1981, S. 205f.
1159 Harald Szemann, Bildende Kunst im ‚Gesamtkunstwerk Wien', in: Egon Schiele und seine Zeit, S. 15.

reicher gemalt" habe: „Diese Stille, diese Milde, dieser Glanz auf einer bürgerlichen Bescheidenheit – das ist unser österreichisches Wesen!"[1160] Das Gemälde verbrannte mit über einem Dutzend anderen Klimt-Werken in den letzten Kriegstagen 1945 beim Rückzug deutscher Truppen aus Schloss Immendorf im Weinviertel.

7.2 „Bilder einer Ausstellung"

Vieles vom bisher Erwähnten wird von der im Sommer 2008 neu eingerichteten und seither mehrmals variierten Präsentation „Wien 1900" im obersten Stockwerk des Leopold Museum illustriert, die ich in den vergangenen Jahren oft aufsuchte und zu der ich im folgenden einige Betrachtungen und Überlegungen anstelle.[1161]

Das 2001 eröffnete Museum ist in jeder Hinsicht eindrücklich und – im Bestreben, die Besucher in schnörkelloser Umgebung an den vom Stifter-Ehepaar zusammengetragenen wertvollen Objekten teilhaben zu lassen – sehr verdienstvoll. Ein Schatten bleibt die bedauerliche (mittlerweile weitgehend korrigierte) Fragwürdigkeit im Verhalten der Sammler gegenüber der Raubkunstfrage, fragwürdig deshalb, weil es nicht ausreicht, sich auf den reinen Rechtsstandpunkt und den Umstand zurückzuziehen, dass das nach der in New York erfolgten Beschlagnahme zweier Schiele-Bilder aus der Leopold-Sammlung zustande gekommene österreichische Restitutionsgesetz (Kunstrückgabegesetz) vom Dezember 1998 auf privatrechtlich verfasste Stiftungen und Privatpersonen nicht anwendbar ist.[1162] Nicht zufällig wurde anlässlich des 70. Jahrestages des Novemberpogroms vom 9. November 1938 von der Israelitischen Kultusgemeinde Wien eine Protestaktion „Tatort Raubkunst" als symbolische Sperrung des Museums durchgeführt.[1163]

1160 Hermann Bahr, Secession, Wien 1900, S. 122, zit. Oliver Rathkolb, Kultur und Nationalitätenkonflikt in Österreich 1918: davor/danach, in: Nation, Nationalitäten und Nationalismus im östlichen Europa. Festschrift für Arnold Suppan zum 65. Geburtstag, hg. v. Marija Wakounig, Wolfgang Mueller, Michael Portmann, Wien 2010, S. 133.

1161 Vgl. vorweg Wien 1900. Sammlung Leopold, Wien, hg. v. Diethard Leopold u. Peter Weinhäupl, Wien – München 2009.

1162 Vgl. zum Problem der Kunstrestitution Claire Fritsch, Überblick Kunstrestitution in Österreich, in: Handbuch Kunstrecht, hg. v. Alexandra Pfeffer u. Roman Alexander Rauter, Wien 2014, S. 243–263, sowie Sabine Loitfellner, NS-Kunstraub und Restitution in Österreich. Institutionen – Akteure – Nutznießer, in: Verena Pawlowsky, Harald Wendelin (Hg.), Enteignete Kunst. Raub und Rückgabe. Österreich von 1938 bis heute, [Wien] 2006, S. 13–25. Zum seinerzeit sehr polemisch vertretenen Standpunkt der Stifterfamilie vgl. Diethard Leopold, Rudolf Leopold. Kunstsammler, Wien 2003, S. 257–279.

1163 Vgl. auf der von der Israelitischen Kultusgemeinde Wien betriebenen Internetseite <http://raubkunst.at/index.html> den Abschnitt „Bisherige Kampagnen" (letztmals abgefragt am 13. Juni 2015).

Indessen hat sich nach dem Ableben Rudolf Leopolds im Juli 2010 das Verhältnis der Stiftung zum Raubkunst-Problem entschärft, auch wenn die Israelitische Kultusgemeinde im Februar 2015, nach einer befremdlichen Äußerung von Diethard Leopold, Sohn des Stifter-Paars, im Zusammenhang mit dem Verkauf von Kunstwerken zur Refinanzierung der Einigungen mit Erben betreffend die Bilder „Wally Neuzil" und „Häuser am Meer", die Auflösung des Museums in seiner jetzigen Form wegen „Verhöhnung der Opfer des Nationalsozialismus" verlangte.[1164] Immerhin hängt das seinerzeit (anfangs Januar 1998) in New York richterlich beschlagnahmte, nach einem jahrelangen Rechtsstreit an die Erben restituierte und in der Folge (zurück)gekaufte Portrait Schieles von Wally Neuzil (1912) seit August 2010 neben seinem Gegenstück, dem Selbstbildnis mit Lampionfrüchten (ebenfalls 1912), im Moment der Niederschrift dieses Kapitels (Frühsommer 2015) anlässlich der zu Wally Neuzil und ihrem Leben mit Egon Schiele ausgerichteten Ausstellung im 3. Stockwerk des Museums, begleitet von einem mit den Erben ausgemachten ausführlichen Erklärungstext. Dasselbe gilt für das gleichfalls umstrittene Ölbild „Die Häuser am Meer" („Häuserreihe") von 1914, für welches nach jahrelangem Streit mit den Erben nach Jenny Steiner 2011/12 eine Lösung durch Zahlung einer Vergleichssumme gefunden wurde; auch dieses Bild wird jetzt von einer mit den Erben abgesprochenen Erklärung begleitet.[1165]

Den von der anfangs 1911 erst 16-jährigen Wally (Walburga) Neuzil bis zum Frühjahr 1915 mit Schiele geteilten bisweilen wilden, künstlerisch und menschlich aber zentralen vier Lebensjahren wurde in der erwähnten Ausstellung so akribisch wie möglich nachgegangen.[1166] Zweieinhalb Jahre nach dem Bruch mit Schiele starb die 23-jährige Wally Neuzil im Dezember 1917 als Kriegskrankenschwester im Hinterland von Split an Scharlach, ein knappes Jahr vor dem Ende Oktober 1918 an der Spanischen Grippe verstorbenen Schiele.

Dass es sich beim Restitutionsthema, das gemäß einer Notiz im Standard für das Leopold Museum noch lange nicht ausgestanden sein dürfte,[1167] keineswegs um ein Leopold-Spezifikum, sondern um ein weltweit weiter aktuelles und letztlich kaum vollständig lösbares Problem handelt, dürfte klar sein und wird von einer Unzahl an-

---

1164 Vgl. Der Standard, 18. Februar 2015, S. 30, sowie Der Standard, 23. Februar 2015, S. 22.
1165 Vgl. Fritsch, Kunstrestitution, S. 257ff. Für die Finanzierung der Restitutions-Arrangements vgl. Olga Kronsteiner, Wallys Erbschaft. Zur Finanzierung einer Restitutionseinigung trennt sich das Leopold-Museum von drei Schiele-Arbeiten, NZZ (internationale Ausgabe) Nr. 299, 22. Dezember 2012.
1166 Vgl. Olga Kronsteiner, Leopolds Gespür für Wally. Das Leopold-Museum folgt den Spuren Wally Neuzils, der Gefährtin Egon Schieles, Der Standard, 27. Februar 2015, S. 26, sowie <http://www.leopoldmuseum.org/de/ausstellungen/65/wally-neuzil> (abgefragt 6. März 2015).
1167 Streit um Schiele-Werke, Der Standard, 5. Juni 2015, S. 25.

derer Fälle illustriert, die – um nur die spektakulärsten Beispiele der letzten Jahre in Österreich zu erwähnen – von Gustav Klimts für die 14. Secessionsausstellung 1902 entstandenem monumentalen Beethoven-Fries bis zur ersten „Adele Bloch-Bauer" von 1907 aus seiner Goldenen Periode im Oberen Belvedere reicht. Während „Adele Bloch-Bauer" nach langen Rechtsperipetien zuletzt restituiert und anschließend seitens der von einem Enkel Arnold Schönbergs (Randol Schoenberg) vertretenen Erben um Adele Bloch-Bauers Nichte Maria Altmann in den USA verkauft wurde,[1168] scheint nach neuesten Entwicklungen eine solche im Fall des Beethoven-Frieses ausgeschlossen zu sein.[1169] Dies weil der Fries seit seinem Ankauf 1972 Eigentum der Republik ist und von ihr umfassend restauriert sowie der Secession zur permanenten Präsentation zur Verfügung gestellt wurde, weshalb er sich seit 1986 am Ort befindet, für den er von Gustav Klimt geschaffen wurde.[1170]

Diese und unzählige andere Beispiele illustrieren nicht nur die Vielschichtigkeit der Raubkunst- und Restitutionsproblematik, sondern letztlich die schiere Unmöglichkeit der Rückgängigmachung von geschehenem Unrecht, mag es noch so schreiend gewesen sein. Dem steht schon der Umstand entgegen, dass die direkt Beraubten, wenn sie nicht im NS-System ermordet wurden oder im Exil verstarben, mittlerweile nicht mehr am Leben sind.

In der Leopold-Präsentation „Wien 1900" wird mit dem Vergils *Aeneis* entnommenen Motto von Sigmund Freuds bewusst auf das Epochenjahr 1900 vordatierter „Traumdeutung" von 1899 („Flectere si nequeo superos, Acheronta movebo") die Psychoanalyse und damit der Einbruch des Verborgenen und Verdeckten in die scheinbar rationalistisch-technische Welt der Moderne eingeführt und darauf hingewiesen, dass schon Ferdinand Lassalle 40 Jahre vorher dasselbe Motto in seiner Schrift „Der italienische Krieg und die Aufgabe Preußens" von 1859 verwendete. Bezeichnenderweise sollte es indessen in erster Linie Bismarck sein, der die Vergil-Stelle nicht nur seinerseits bisweilen zitierte, sondern die Mächte der Unterwelt tatsächlich mehrmals in Bewegung setzte. Damit erfüllte er zwar, was Lassalle Preußen als Mission auftrug, aber kaum wie der 1864 als Folge einer Duellverletzung verstorbene Sozialistenführer es sich

---

1168 Der jahrelange Kampf um die Restitution wurde 2014 unter dem Titel „Woman in Gold" von Simon Curtis mit der eindrücklichen Helen Mirren als Maria Altmann und Ryan Reynolds als ihr Anwalt Randol Schoenberg verfilmt.

1169 Vgl. Meret Baumann, Der Beethoven-Fries bleibt in Wien. Keine Restitution des Bilderzyklus durch die Republik Österreich, NZZ Nr. 55, 7. März 2015. S. auch den persönlichen Kommentar des seinerzeitigen Sekretärs von Bruno Kreisky Thomas Nowotny, Der Klimt-Fries ist kein Raubgut, Der Standard, 27. Februar 2015, S. 31.

1170 Vgl. die Stellungnahme der Secession vom 13. November 2013 auf <http://secession.at/beethovenfries/index.html> (letztmals abgefragt am 13. Juni 2015).

vorgestellt haben dürfte. In Bezug auf die Habsburgermonarchie sollte ausgerechnet von hier das spätere Verhängnis seinen Ausgang nehmen, weil sie mit der Niederlage bei Königgrätz 1866 aus Deutschland katapultiert wurde, sich im negativ folgenreichen „Ausgleich" von 1867 mit Ungarn arrangierte, dann sich Richtung Balkan in Bewegung setzte und zu guter Letzt den Ausbruch des Weltkriegs betrieb, worauf die Hölle erst recht losbrach.

Was Freud direkt anbelangt, war die Beziehung dieser zentralen, wenngleich akademisch damals wenig etablierten Figur zu Wien durchaus ambivalent, so wie er selber in einem widersprüchlichen Milieu aus Antisemitismus und Aufbruch, Deklassierung und Aufstieg lebte.[1171] Schon die Lokalität seiner Praxis- und Wohnräume im Miethaus an der Berggasse 19 im 9. Bezirk, der Adresse, an der Victor Adler wenige Jahre vorher (1881–1889) gewohnt und praktiziert hatte, wo Freud von 1891 bis zur Vertreibung 1938 lebte und arbeitete (und wo seit 1971 die Sigmund-Freud-Privatstiftung mit dem Sigmund-Freud-Museum einen sukzessive erweiterten Erinnerungs-Ort betreibt, zu dem Freuds Wartezimmer gehört sowie ein Studienzentrum mit Bibliothek und Archiv zur Geschichte der Psychoanalyse), illustriert die Zwischenzone sehr schön, in der er sich bewegte.[1172] Es war nicht die Welt des Adels und der Großbourgeoisie und nicht diejenige des Kleinbürgertums und des klassenkämpferischen Proletariats, sondern jene des in den letzten Jahrzehnten der Monarchie im Aufstieg begriffenen Bürgertums, das sozial gesehen von allen betroffenen Schichten am meisten für das Ende der Monarchie ‚zahlen' musste. In dieser Schicht machte sich der deutschnationale Rassen-Antisemitismus eines Georg von Schönerer am rabiatesten breit, während der traditionellere des Christlichsozialen Karl Lueger eher ‚unten' in der Gesellschaft Anklang fand. Freud verstarb 1939 im Londoner Exil und vier seiner fünf Schwestern wurden 1942/43 deportiert und ermordet. Dagegen ist sein Enkel, der britische Maler Lucian Freud (aber erst, nachdem er 2011 gestorben war) 2013 mit einer großen Ausstellung von schonungslos realistischen Aktbildern, darunter einem ganzfigurigen Selbstbildnis des Siebzigjährigen, nach Wien ins Kunsthistorische Museum ‚zurück'gekehrt.[1173] Ob Thomas Bernhard die Ambivalenzen der Wien-Freud-Beziehungen in „Wittgensteins Neffe" adäquat eingefangen hat, wenn er ausführt, die Wiener hätten

---

1171 Vgl. Paul Jandl, Träume und Manifeste. Spuren eines Jubilars – Sigmund Freud in Wien, NZZ Nr. 101, 3. Mai 2006.

1172 Vgl. zum Haus Berggasse 19 Lydia Marinelli (Hg.), Freuds verschwundene Nachbarn (Ausstellung Sigmund-Freud-Museum Wien, 26. 3. bis 28. 9. 2003), Wien 2004 (2. Aufl.).

1173 Andrea Winklbauer, Alte Meister. Lucian Freud im Kunsthistorischen Museum Wien, NZZ Nr. 262, 11. November 2013. Vgl. auch Joëlle Stolz, Vienne rend hommage à l'autre Freud, Lucian. En parallèle à la rétrospective du peintre londonien, la capitale autrichienne redécouvre ses artistes juifs, Le Monde, 27 décembre 2013, p. 13.

„heute noch nicht einmal den Sigmund Freud anerkannt, ja nicht einmal richtig zur Kenntnis genommen, das ist die Tatsache, weil sie dazu viel zu perfid sind"?[1174]

Der Große Krieg sollte jedenfalls alle Widersprüche verschärfen und neben zahllosen Einzelschicksalen die von Stefan Zweig stark geschönte „Welt von Gestern" und das alte Europa insgesamt zerbrechen, nicht nur politisch, sondern ebenso wirtschaftlich und gesellschaftlich, selbst wenn anlässlich der Bildung der deutschösterreichischen Republik eine Revolution im Stil der bolschewistischen oder der ungarischen vermieden wurde. So oder so handelte es sich um eine wenig „fröhliche Apokalypse" (Hermann Broch).

Georg Trakl (1887–1914), der expressionistische Lyriker, der in Wien Pharmazie studiert hatte, wurde bei Kriegsausbruch als Militärapotheker mit einer Sanitätskolonne nach Galizien verlegt, wo er nach der Schlacht bei Grodek (8.–11. September 1914), anlässlich welcher er in einer Scheune ohne ärztliche Assistenz neunzig Schwerverwundete betreuen musste, psychisch zusammenbrach und sich anfangs November 1914 im Garnisonsspital Krakau mit einer Überdosis Kokain vermutlich das Leben nahm.[1175] Die Schlacht, mit der die Rückeroberung des wenige Tage vorher (nicht zuletzt wegen des chaotischen Eisenbahnaufmarsches des k.u.k. Heeres) verlorenen Lemberg misslang, hat nicht nur zahlreiche Leben ausgelöscht und bei einzelnen Überlebenden existentielle Weichen gestellt, sondern ist mit Trakl in die Weltliteratur eingegangen. Von den in dieser Studie erwähnten Protagonisten geriet der Leutnant der Reserve Otto Bauer in russische Kriegsgefangenschaft, aus der er 1917 entlassen wurde, und der Leutnant der Reserve Fritz Kreisler wurde durch den Hufschlag eines Kosakenpferdes schwer verwundet, weshalb der Krieg für den Geigenvirtuosen jetzt zu Ende war.[1176]

In seiner Lyrik hat Trakl den Schrecken von Kriegen unnachahmlich ‚eingefangen', den Großen Krieg prophetisch (ähnlich wie der deutsche Expressionist Georg Heym mit „Der Krieg") in „De Profundis" vorweggenommen und in „Im Osten" sowie vor allem in „Grodek" direkt beschrieben. „Grodek" ist vermutlich sein letztes Gedicht:

  Am Abend tönen die herbstlichen Wälder
  Von tötlichen Waffen, die goldnen Ebenen
  Und blauen Seen, darüber die Sonne
  Düster hinrollt; umfängt die Nacht

1174 Thomas Bernhard, Wittgensteins Neffe. Eine Freundschaft, Frankfurt a. M. 1982, S. 105.
1175 Ein Hinweis auf Trakl fand und findet sich weiter in der vierten Etage des Leopold Museums.
1176 Vgl. zu Kreisler seinen 1915 auf englisch und erst 100 Jahre später in deutscher Übersetzung erschienenen Bericht: Fritz Kreisler, Trotz des Tosens der Kanone. Frontbericht eines Virtuosen, hg. v. Clemens Hellsberg u. Oliver Rathkolb, Wien 2015, S. 90.

Sterbende Krieger, die wilde Klage
Ihrer zerbrochenen Münder.
Doch stille sammelt im Weidengrund
Rotes Gewölk, darin ein zürnender Gott wohnt,
Das vergossne Blut sich, mondne Kühle;
Alle Straßen münden in schwarze Verwesung.
Unter goldnem Gezweig der Nacht und Sternen
Es schwankt der Schwester Schatten durch den schweigenden Hain,
Zu grüßen die Geister der Helden, die blutenden Häupter;
Und leise tönen im Rohr die dunkeln Flöten des Herbstes.
O stolzere Trauer! ihr ehernen Altäre,
Die heiße Flamme des Geistes nährt heute ein gewaltiger Schmerz,
Die ungebornen Enkel.[1177]

Damit hinterließ Trakl eine gewaltige Vision des chaotisch Ungeheuerlichen, das nur in gebrochenen Sätzen ausgedrückt werden konnte; und mit den „ungebornen Enkeln" lieferte er darüber hinaus eine apokalyptische Chiffre für die existentiellen Langzeitfolgen der „Urkatastrophe" des 20. Jahrhunderts.

Kurz vor und bei Ende dieser Katastrophe starben 1918 nacheinander Gustav Klimt (am 6. Februar, nach einem Schlaganfall, den er am 11. Januar erlitt), der Jugendstilarchitekt Otto Wagner (11. April), Kolo Moser (18. Oktober) und schließlich (am 31. Oktober) Egon Schiele, fast genau mit Kriegsende und nur drei Tage nach seiner Frau Edith, nachdem er die Sterbende am Tag vorher (27. Oktober) noch gezeichnet hatte, beide an der Spanischen Grippe. Mit ihnen allen wurde die Monarchie in ihrer gleichsam ‚progressivsten' Form, die vom konservativen Kaiserhaus (wenig erstaunlich) abgelehnt wurde, zu Grabe getragen. Schiele hatte auch den Kopf des toten Klimt gezeichnet (bartlos, weil er für das Wasserbett, in das man ihn in den letzten Tagen legte, rasiert worden war), dessen Erbschaft er im Kontext der Secession für die kurze ihm noch verbliebene Zeitspanne antrat. Die von ihm im März 1918 organisierte 49. Secessions-Ausstellung, für die er das Plakat einer Tafelrunde mit einem freien Stuhl für den verstorbenen Klimt ausführte, wurde zu seinem ersten (und zu Lebzeiten letzten) durchschlagenden Erfolg.[1178] Für Klimt, den Schiele vermutlich 1907 kennenlernte,

---

[1177] Georg Trakl, Sämtliche Werke und Briefwechsel. Innsbrucker Ausgabe, Band IV.2, Dichtungen Winter 1913/14 bis Herbst 1914, hg. v. Hermann Zwerschina in Zusammenarbeit mit Eberhard Sauermann, Frankfurt a.M. – Basel 2000, S. 338 (Textstufe 2d).

[1178] All dies und das folgende seinerzeit (2008/9) im Schiele gewidmeten Erdgeschoß des Leopold Museums; bei Bereinigung dieses Textes (Frühsommer 2015) das meiste dagegen im 3. Stockwerk.

"den idealen Vaterersatz", wie Diethard Leopold die Beziehung zu diesem Mentor und Förderer umschreibt,[1179] empfand er Bewunderung, Verehrung und Verbundenheit, wie die Doppelfigur des "Eremit" von 1912 zu belegen scheint, wo die vordere Figur Schiele selber ist (man vergleiche sein Selbstbildnis mit gesenktem Kopf von 1912), während die hintere Klimt sein könnte.[1180] Schieles Ölbild Kardinal und Nonne ("Liebkosung") von 1912 ließe sich als leicht ironisierende Paraphrase von Klimts weltberühmtem "Kuss" von 1907/8 sehen; vor allem zeigt sich hier aber – wie ein kleiner Kommentar neben dem Schiele-Bild eine Zeitlang festhielt – die Weiterentwicklung vom Jugendstil zum Expressionismus, ein Aspekt, der mittlerweile (2015) von den Leopold-Kuratoren bewusst verstärkt worden zu sein scheint, indem ein ganzer Saal mit Kokoscha, Schiele und der von ihm 1909 gegründeten Neukunstgruppe mit Anton Faistauer, Hans Böhler und Anton Kolig explizit dem Expressionismus in Wien gewidmet wurde.

Ein interessanter Tagebucheintrag des Galeristen Wolfgang Georg Fischer zum Besuch von Alberto Giacometti in der von Fischer 1964 organisierten ersten englischen Schiele-Ausstellung in London ist geeignet, komparatistisch das eine oder andere in eine vielleicht adäquatere Perspektive zu rücken. Giacometti habe, wie Fischer am 15. Oktober 1964 notierte, darauf gedrängt zur Ausstellung zu gehen, weil er Schiele mit Klimt, dessen Zeichnungen er kannte, verwechselt habe; der Irrtum sei schnell aufgeklärt worden, Fischer habe ihm die frühen Schiele-Zeichnungen gezeigt und vom Lehrer-Schüler-Verhältnis zwischen Klimt und Schiele gesprochen. Dann seien Giacometti aus Wien eingetroffene, ungerahmte Klimt-Blätter vorgelegt worden; dieser habe sich "gleichsam schnüffelnd" über sie gebeugt und gesagt: "Seltsam, verglichen mit Paris zwischen 1900 und 1918, war das konservativ, fast reaktionär, nicht nur Klimt, auch der frühe Schiele, diese stilisierte Unterschrift, heute kommt alles zurück, die Räder drehen sich anders."[1181] Eine Illustration der leicht rätselhaften Schlussbemerkung

---

1179 Diethard Leopold, Der verzweifelte Erotiker. Psychologische Streiflichter auf Gustav Klimt, in: Klimt persönlich. Bilder – Briefe – Einblicke, hg. v. Tobias G. Natter et al., Wien 2012 (Katalog der Jubiläumsausstellung zum 150. Geburtstag von Gustav Klimt, Leopold Museum, 24. 2. 2012 bis 27. 8. 2012), S. 126ff.

1180 Vgl. u.a. Egon Schiele und seine Zeit, Abb. 25, oder Schröder, Egon Schiele, S. 62, oder Vienne 1900. Klimt. Schiele. Moser. Kokoschka. Album de l'exposition. Galeries nationales du Grand Palais, 3. 10. 2005–23. 1. 2006, Paris 2005, S. 10f. Diethard Leopold neigt einer anderen Interpretation zu; vgl. Leopold, Der verzweifelte Erotiker, S. 128. S. auch Franz Smola, Zitate und Bilder, in: Klimt persönlich, S. 299f.

1181 Wolfgang Georg Fischer, Giacometti und Bacon in der ersten Schiele-Ausstellung in England, London 1964. Aus den Tagebüchern, Tagebuch Nr. 17, 1964/65, in: Alberto Giacometti. Pionier der Moderne, Ausstellung Leopold Museum, Wien, 17. Oktober 2014 bis 26. Januar 2015, Wien 2014, S. 32.

ist das Vorwort zu einer 2005/6 in Paris gezeigten Ausstellung über Wien um 1900, das Giacomettis Wertung nicht gerade umdreht, aber relativiert: „Regarder Gustav Klimt, Egon Schiele, Koloman Moser et Oskar Kokoschka, c'est découvrir l'originalité de la peinture de quatre artistes majeurs actifs dans la capitale de l'empire austro-hongrois aux alentours de 1900."[1182]

Eine gewisse thematische Nähe zwischen Klimt und Schiele ist so oder so unverkennbar, man denke an Klimts großes Ölgemälde „Tod und Leben" (1910/11, überarbeitet 1915) mit dem Tod links und dem davon geschiedenen traumhaften (aber schönen) Leben rechts, oder schon an „Die Hoffnung I" von 1903/4 mit einer nackten Hochschwangeren im Zentrum und dem blau bekleideten Tod dahinter.[1183] Bei Schiele scheint der Zusammenhang enger: Tod und Leben sind ineinander verschlungen. Sein Gedicht „Tannenwald" von 1910 endet mit der bezeichnenden Äußerung „Alles ist lebend tot".[1184] Vergehen und Tod gehören zweifellos zu Schieles wichtigsten Themen, so schon in der relativ frühen unvergleichlichen „Versinkenden Sonne" (1913) und den noch früheren „Tote Mutter I" von 1910 (eine expressive Steigerung von Klimts „Mutter mit Kindern", 1909/10)[1185], „Selbstseher" II („Tod und Mann") von 1911 oder „Tote Stadt III" (ebenfalls 1911) sowie im besonders eindrücklichen „Haus mit Schindeldach" von 1915. Aus diesem Jahr ist auch die „Hauswand am Fluss", wo nur die Wäsche Farbe (,Leben') in das Bild von Verfall bringt.[1186] Ausgesprochen sinnig erscheint schließlich die Gegenüberstellung von Schieles großformatiger „Entschwebung" („Die Blinden" II) von 1915 mit Klimts im gleichen Jahr überarbeiteten „Tod und Leben" anlässlich der Wiener Kunstschau in der Berliner Secession am Kurfürstendamm im Januar/Februar 1916.[1187] „[...] dieses sein größtes Bild wird meiner ,Entschwebung' gegenüber hängen", schrieb Schiele am 16. Dezember 1915 an den Schwager Anton Peschka.[1188] In der Rückschau erscheint dies fast als Vorwegnahme des eigenen und eines umfassenderen Endes.

So ist in Schieles gesamter rund zehnjähriger Schaffenszeit der Tod stets präsent, was besonders bemerkenswert wird, wenn man bedenkt, dass er mit 28 Jahren verstarb. Die

---

1182 Vienne 1900, S. 5.
1183 Vgl. Smola, Zitate und Bilder, S. 210f.
1184 Der Lyriker Egon Schiele, S. 35.
1185 Vgl. Patrick Werkner, Körpersprache und Gedankenbild, in: Egon Schiele und seine Zeit, S. 37.
1186 Alles seinerzeit (Nov./Dez. 2008 und – in anderer Anordnung – Juni 2009) im Erdgeschoß des Leopold Museum, im Frühsommer 2015 dagegen das meiste im 3. Stockwerk. Für Abbildungen vgl. u. a. den Katalog zur eindrücklichen Ausstellung Egon Schiele – Jenny Saville im Kunsthaus Zürich, 1. Oktober 2014 bis 25. Januar 2015, Zürich 2014.
1187 Vgl. Smola, Zitate und Bilder, S. 279–283.
1188 Zit. Smola, Zitate und Bilder, S. 279.

jung verstorbenen großen Meister scheinen wie Mozart und Schubert Markenzeichen von Habsburgs Kulturleben gewesen zu sein, und offensichtlich sind sie es – wie der 27-jährige Trakl – zu Ende der ‚alten' Monarchie wieder geworden. Nicht auszudenken, was aus Schiele ohne den sinnlosen frühen Tod und allgemein ohne den Krieg hätte werden können – ziemlich sicher ein sehr gefragter Portraitmaler.[1189] Der Krieg erfasste ihn Mitte 1915 und hielt auch ihn, wie viele andere, vom selbstbestimmten eigenen Arbeiten ab, wenngleich ihm offensichtlich, jedenfalls 1917/18, recht viel Freiheit blieb. So ist selbst seine Kriegsproduktion eindrücklich ausgefallen, wie die wenigen im Leopold Museum sporadisch ausgestellten Zeichnungen jeweils bezeugten, so „Schreibtisch im Gefangenenlager Mühling" (1916) oder „Filiale Brixlegg der k.u.k. Konsumanstalt" (1917). Dasselbe gilt von den Portraits eines Einjährig freiwilligen Gefreiten und eines russischen Kriegsgefangenen (beide 1916) sowie des Leutnants in der Reserve Heinrich Wagner mit den gefalteten Händen im Heeresgeschichtlichen Museum.[1190]

Die im 100. Kriegsausbruch-Jahr 2014 vom Leopold Museum veranstaltete Ausstellung zu Österreich 1914–1918 vermittelte (vielleicht erstmals) eine Ahnung vom Umfang und von der Bedeutung von Schieles aus über 500 Zeichnungen bestehender Kriegsproduktion: neben Zeichnungen von Konsumanstalten und einem Weinkeller waren es anstelle weiblicher Modelle jetzt insbesondere Portraits von vorgesetzten Offizieren und Kameraden und von russischen Kriegsgefangenen.[1191] In gewisser Weise handelte es sich um die militärische Fortsetzung des zivilen Umstands, dass – während Frauen in Schieles privaten Aquarellen und Zeichnungen dominierten – seine Auftragsportraits fast ausschließlich Männer betrafen.[1192]

Nachdem Schiele 1915 anlässlich seiner dritten Einberufung als tauglich erklärt worden war und die Grundausbildung in Prag absolviert hatte, war er als Bewachungssoldat südlich von Wien stationiert, wurde im Frühling 1916 als Schreiber in das Kriegsgefangenenlager Mühling in Niederösterreich abkommandiert und im Januar 1917 in ein Versorgungsdepot nach Wien versetzt, von wo er im Frühjahr 1918 ins

---

1189 Vgl. Jane Kallir, Späte Portraits (1916–1918), in: Egon Schiele. Selbstportraits und Portraits, S. 170.
1190 Die vier Kriegszeichnungen und zwei Kriegsportraits, die im Nov./Dez. 2008 im Erdgeschoß des Leopold Museums zu sehen waren, wurden schon wenige Monate später leider nicht mehr gezeigt.
1191 Vgl. Sonja Niederacher, Egon Schiele als „Kanzleisoldat" im Ersten Weltkrieg, in: Trotzdem Kunst! Österreich 1914–1918, hg. v. Elisabeth Leopold, Peter Weinhäupl, Ivan Ristic, Stefan Kutzenberger, Wien 2014 (Katalog zur Ausstellung im Leopold Museum, 9. Mai bis 15. September 2014), S. 28–36. S. auch Stephan Pumberger, Lagern und Administrieren: Egon Schiele als Zeichner abseits der Frontlinien; ebd., S. 128f., sowie die zugehörigen Abbildungen, S. 130–141. Zwei Portraits russischer Kriegsgefangener, darunter der eindrückliche „Kranke Russe" von 1915 aus dem Leopold Museum, finden sich in Egon Schiele. Selbstportraits und Portraits, S. 172f.
1192 Vgl. Stephanie Auer, Egon Schieles Frauenbild: zwischen Heiliger und Hure?, in: Egon Schiele. Selbstportraits und Portraits, S. 52.

k.u.k. Heeresmuseum gelangte. „Dort hatte er viel übrige Zeit und konnte sich wieder seinen künstlerischen Aufgaben widmen", schrieb der Schiele-Freund und Sammler Heinrich Benesch 1943 in einem Erinnerungstext.[1193] So konnte er im März 1918 die für ihn triumphale Sezessionsausstellung jenes Jahres organisieren. Doch schon in Mühling scheint er gewisse Freiräume gehabt zu haben, die er zu nutzen verstand, wie die Kontakte zum Kunsthaus Zürich für Ausstellungsprojekte zeigen, so ein Brief vom 14. September 1916 aus Mühling an den Kunsthaus-Direktor Wilhelm Wartmann, in dem er schrieb, er sei gegenwärtig Soldat und habe leider zu wenig Zeit „um nur halbwegs meinen [sic] wirklichen Beruf nachkommen zu können", bekomme aber in den nächsten Tagen auf einige Tage Urlaub.[1194] Aus der nach verschiedenen Rückschlägen für die Zeit nach Kriegsende erwogenen Zürcher Ausstellung konnte begreiflicherweise nichts mehr werden.[1195]

Trotz der sinnlosen Todesfälle und des zerbrechenden Reiches wurde nach dem Ersten Weltkrieg weitergeführt, was an ‚modernen' Ansätzen in der Vorkriegs- und Kriegszeit vorbereitet und angelegt war. Dies gilt zweifellos für die 1920er Jahre, die nach dem Schock von Niederlage und „Gewaltfrieden" und entgegen der postulierten Lebensunfähigkeit der Republik in manchem als Aufbruch-Zeit zu sehen sind, auch wenn sie über die Krise der Dreißigerjahre und den „Ständestaat" zuletzt in die Katastrophe des ‚Dritten Reiches' mündeten. Seltsamerweise hat die Kulturproduktion der Ersten Republik aber nicht dasselbe Interesse gefunden wie jene der Weimarer Republik, vielleicht weil sie – im Gegensatz zu Weimar – vornehmlich vom Ende her gesehen wird. Josef Hoffmann, Architekt der legendären Kunstschau von 1908 und ihr bahnbrechender Designer,[1196] der 1903 neben Kolo Moser und dem Industriellen Fritz Waerndorfer die Wiener Werkstätte gegründet hatte – die im Leopold Museum mit den von ihm entworfenen Möbeln für Klimts Atelier in der Josefstädter Straße 21 und dem genialen, wenngleich von Klimt kaum benützten Malkästchen (1903)[1197] oder mit der phänomenalen „Sitzmaschine" (1906)[1198] gut dokumentiert ist – begrüßte 1938 den „Anschluss" Österreichs und diente Baldur von Schirach ab 1941 als „Sonderbeauftragter

---

1193 Heinrich Benesch, Mein Weg mit Egon Schiele (1943), in: Schröder, Egon Schiele, S. 379–391, hier S. 389.
1194 Katalog zur Zürcher Ausstellung Egon Schiele-Jenny Saville, S. 106.
1195 Vgl. Oliver Wick, „Wie der Krieg aus ist, fahren wir nach Zürich". Egon Schiele und das Kunsthaus Zürich, in: Katalog zur Zürcher Ausstellung Egon Schiele-Jenny Saville, S. 107–117.
1196 Vgl. Markus Kristan, „Sie herrscht, indem sie dient." Die Architektur der Kunstschau Wien 1908, in: Gustav Klimt und die Kunstschau 1908, S. 40–68. Für die auf der Kunstschau 1908 omnipräsente Wiener Werkstätte ist auf die komplementären Beiträge von Ernst Ploil und Elisabeth Schmuttermeier in Gustav Klimt und die Kunstschau 1908, S. 428–441, zu verweisen.
1197 Vgl. Ernst Ploil, Die Ateliers des Gustav Klimt, in: Klimt persönlich, S. 98-107.
1198 Josef Hoffmann, Liegesessel mit verstellbarer Rückenlehne, in: Wien 1900, S. 132.

des Kulturamtes für die künstlerische Neubildung des Wiener Kunsthandwerks".[1199] Als Architekt war er öffentlichen Aufträgen seitens der Nationalsozialisten nicht abgeneigt. So adaptierte er 1938 das Palais Lobkowitz zu einem „Haus der Mode", und 1940 wurde das Gebäude der Deutschen Botschaft an der Metternichgasse im 3. Bezirk nach seinen Plänen als „Haus der Wehrmacht" und Offiziersheim umgebaut.[1200] Und was soll man zum schon fast paradigmatisch ‚angepassten' Lebenslauf eines Carl Moll sagen, der nach langen avantgardistischen Anfängen und zahlreichen Jahren als Galerieleiter dem „Ständestaat" zuneigte, mit dem „Anschluss" sympathisierte und zuletzt, beim Einzug der Roten Armee in Wien, in der Nacht vom 12. auf den 13. April 1945 gemeinsam mit Tochter und Schwiegersohn freiwillig aus dem Leben schied?[1201] Mag sein, dass sich hier die auffallende „Ambivalenz der Moderne" mit ihren Kontinuitäten durch alle politischen Regime, „vom Roten Wien über den Ständestaat, den Nationalsozialismus und wieder zurück zum Roten Wien der Nachkriegszeit bis heute",[1202] besonders gut fassen lässt. Bekanntlich wollen Architekten bauen und Künstler ihre Werke verkaufen, und von da wird der Anpassungsdruck – ob man ihn wahrhaben will oder nicht – gefährlich groß. Eine andere Frage ist freilich, wie man mit ihm umgeht: Vielleicht am besten, indem man der von Albert Speer *ex post* vorexerzierten Doktrin folgt, Architekten seien politisch völlig desinteressiert?[1203]

Zum Kunstbetrieb der Ersten Republik sind auf meinem durch Synthetisierung zahlreicher Besuche mehr imaginär als real gewordenen Rundgang durch das Leopold Museum eine Reihe von Künstlern zu nennen, deren Werke, wenn ihnen nicht eine Sonder-Ausstellung in die Quere kam, jeweils im 3. Stockwerk präsentiert wurden.[1204]

1199 Vgl. Albert Kirchengast, Wien oder die Neuordnung des Ostens. Die Donaumetropole zur Zeit der Nationalsozialisten in einer Ausstellung des Architekturzentrums Wien, NZZ Nr. 131, 10. Juni 2015, sowie Birgit Knauer, Oswald Haerdtl. Ein „deutscher" Designer mit Wiener Note, in: „Wien. Die Perle des Reiches". Planen für Hitler, hg. v. Ingrid Holzschuh u. Monika Platzer (Ausstellung im Architekturmuseum Wien, 19. 3. 2015 bis 17. 8. 2015), Wien – Zürich 2015, S. 87.
1200 Vgl. Knauer, Oswald Haerdtl, S. 90f.
1201 Vgl. G. Tobias Natter, Carl Moll – Stationen eines bewegten Lebens, in: G. Tobias Natter, Gerbert Frodl, Carl Moll (1861–1945). Österreichische Galerie Belvedere, Wien [Oberes Belvedere, 10. September bis 22. November 1998], Salzburg [1998], S. 36–39.
1202 Dietmar Steiner, Vorwort, in: „Wien. Die Perle des Reiches", S. 6.
1203 Vgl. Monika Platzer, Schatten der Vergangenheit. Wien nach 1945. Eine zweite Fassung der „Perle", in: „Wien. Die Perle des Reiches", S. 47–66, hier S. 51. Beispielhaft bruchlos gelangte Oswald Haerdtl (1899–1959), 1922–1939 zunächst Mitarbeiter, dann Partner im Büro von Josef Hoffmann, von der Vor-NS- über die NS- in die Nach-NS-Zeit; vgl. Knauer, Oswald Haerdtl, v. a. S. 86, 91, 97 u. 101f.
1204 S. den Sammelband von Christoph Bertsch, Markus Neuwirth (Hg.), Die ungewisse Hoffnung. Österreichische Malerei und Graphik zwischen 1918 und 1938, hg. von der Österreichischen Galerie, Wien 1993, aber vor allem die Ausstellung von 2007/8 im Leopold Museum zum Thema „Zwischen

Es sind im Wesentlichen jene gemäßigten Expressionisten, die ihre bei Kriegsende verstorbenen Vorgänger Klimt, Schiele, Kolo Moser und den nach Dresden entschwundenen Kokoschka fortsetzten und die österreichische Zwischenkriegszeit prägten.[1205] Freilich waren diese Jahre auch in Österreich Teil der europäischen Moderne und insofern erheblich vielschichtiger und widersprüchlicher, als dass sie sich auf eine einzige Richtung reduzieren ließen.[1206] Aber vor allem sind sie – dies eine Hauptthese des vorliegenden Buches – durchaus als Fortsetzung und Weiterentwicklung von „Wien um 1900", das heißt der Wiener Jahrhundertwende-Moderne zu sehen, die erst mit dem „Anschluss" endete. Davor bestanden frühere Beziehungsnetze weiter und überwogen Kontinuitäten, allerdings durch den verlorenen Krieg und die politischen und wirtschaftlichen Krisen der Republik gleichsam verdüstert. Auch verlagerte sich die Kunst-Szene teilweise aus Wien weg in die Bundesländer, nach Salzburg, Graz und Linz, und in die „Provinz", so mit Rudolf Wacker in die Bodenseegegend oder mit Anton Kolig nach Nötsch im Gailtal.[1207]

Zunächst und vor allem ist Albin Egger-Lienz (1868–1926) zu erwähnen, der nahezu seriell produzierende Maler des Totentanzes, von der frühen ersten Version („Der Totentanz von Anno Neun", 1908) über den in der Folge immer wieder abgewandelten, aber weiter am Tiroler Aufstand von 1809 orientierten „Totentanz" (so die IV. Version von 1915) bis zur letzten Version „Letzter Totentanz 1809" von 1921, zugleich aber der Schöpfer der ihrerseits mehrmals variierten „Namenlosen" und des fürchterlichen „Finale" von 1918 (2015 im Leopold Museum durch den Totentanz von 1915 ersetzt) sowie der in Trauer erstarrten „Kriegsfrauen" (1918–1922). Egger-Lienz gehört noch der Klimt-Generation an und ist insofern geradezu ein Paradebeispiel für die Kontinuitäten, die sich künstlerisch über den Krieg hinweg fortsetzten. Kurz vor Italiens Kriegseintritt meldete er sich 1915 als 47-Jähriger freiwillig zu den Tiroler Standschützen, um einen Einsatz in Galizien zu vermeiden, wurde aber aus gesundheitlichen Gründen bald vom Dienst an der Südfront beurlaubt und in die Kunstgruppe des k.u.k. Kriegspressequartiers berufen.[1208] Mit seinen Zeugnissen ist gerade dieser

---

den Kriegen" sowie den diesbezüglichen Katalog: Zwischen den Kriegen. Österreichische Künstler 1918–1938, Leopold Museum, Wien, 21. September 2007 bis 28. Januar 2008.

1205 Vgl. Berthold Ecker, Zwischenzeiten. Zur österreichischen Malerei von 1918 bis 1938, in: Österreich im Umbruch, S. 14f.

1206 Vgl. Cornelia Cabuk, Zwischen Vernetzung und Isolation. Österreichs Moderne und die internationale Entwicklung, in: Zwischen den Kriegen, S. 24–37. Die Vielseitigkeit der österreichischen Zwischenkriegszeit illustriert dieser Katalog generell besonders eindrücklich.

1207 Vgl. Edwin Lachnit, Künstlerkollektive der Zwischenkriegszeit in der Provinz, in: Zwischen den Kriegen, S. 44–49.

1208 Vgl. Franz Smola, Österreichische Künstler im Ersten Weltkrieg. Einführung in die Thematik, in: Trotzdem Kunst!, S. 22f., sowie Carl Kraus, Albin Egger-Lienz: Den Namenlosen; ebd., S. 38–48.

Kriegsmaler, zweifellos entgegen den Vorstellungen des Kriegspressequartiers, zu einem der eindrücklichsten Ankläger gegen den Krieg geworden. Im Leopold Museum ist er sehr präsent, vor allem mit seiner ländlich-bäuerlichen Produktion der früheren 1920er Jahre, so mit „Die Schnitter" (auch „Die Bergmäher bei aufsteigendem Gewitter") von 1922, die vor einem düsteren braun-schwarzen Gewitterhintergrund dramatisch agieren, sich von den leuchtenden früheren Schnitter-Bildern absetzen (so von den „Bergmähern", I. Fassung, 1907) und die grau-braun mähenden Soldaten variieren („Den Namenlosen" von 1914 im Heeresgeschichtlichen Museum); ebenso mit dem Wasser trinkenden Hirtenknaben von „Die Quelle" (1. Fassung, 1923) und in der wegen ihrer Mantegna-Perspektive besonders eindrücklichen „Pietà" von 1926. Egger-Lienz war schon vor und wurde im Krieg erst recht ein Maler der Schwere und der Trauer, man denke an „Mittagessen" („Die Suppe", II. Fassung) von 1910 oder „Die Tochter des Künstlers (IIa) im Kinderbettchen" von 1916.[1209]

Die Polemiken um seine Fresken im Inneren der Lienzer Kriegergedächtniskapelle („Die Namenlosen", „Toter Held", „Sämann und Teufel" und „Der Auferstandene") führten wegen der besonders umstrittenen Auferstandenen-Darstellung zu einem Skandal und hatten 1926 ein Interdikt des Vatikans zur Folge, das die Abhaltung von Gottesdiensten in der Kapelle untersagte.[1210] Dieses erlosch erst 1983, worauf die Kapelle 1987 neu eingeweiht wurde. Auf eigenen Wunsch war Egger-Lienz hier beigesetzt worden.[1211]

Anton Kolig (1886–1950) war im Ersten Weltkrieg, von dessen Ausbruch er in Südfrankreich überrascht wurde, zunächst inoffizieller Kriegsmaler an der Isonzofront, dann seit Mitte 1917 im Kriegspressequartier, und lehrte später, von 1928 bis 1943 (!), an der Akademie in Stuttgart. Er trat besonders mit Portraits von Offizieren und Kriegsgefangenen und immer wieder mit männlichen Akten hervor, so mit „Sitzender Jüngling am Morgen" mit gesenktem und „Am Abend" mit erhobenem Kopf (1919) und mit „Sehnsucht" (1922) oder dem „Spiegelakt" (1926), aber auch mit dem selbstbewusst posierenden „Selbstbildnis in blauer Jacke" (ebenfalls 1926).[1212] Im Kontext

---

S. auch Ivan Ristic, Die Choreographie des Sterbens: Albin Egger-Lienz; ebd., S. 94f., sowie die zugehörigen Abbildungen S. 96–107. Vgl. allgemein zur Bedeutung der Kunstgruppe im Kriegspressequartier Ivan Ristic, Repräsentation und Täuschung: Die Kunstgruppe des Kriegs-Pressequartiers, ebd., S. 112f., sowie die zugehörigen Abbildungen S. 114–127.

1209 Außer den „Namenlosen" und den „Kriegsfrauen" alle in der Sammlung Leopold.
1210 Oswald Überegger, Erinnerungskriege. Der Erste Weltkrieg, Österreich und die Tiroler Kriegserinnerung in der Zwischenkriegszeit, Innsbruck 2011, S. 139.
1211 Vgl. Österreich im Umbruch, S. 66.
1212 Vgl. Anton Kolig 1886–1950. Das malerische Werk. Ausstellungskatalog Graz 1981, sowie Stefan Kutzenberger, Zwischen Pose und Momentaufnahme: Anton Kolig als Kriegsmaler, in: Trotzdem Kunst!, S. 202f., und die zugehörigen Abbildungen, S. 205–218. S. auch Zwischen den Kriegen, S. 47 u. 94f.

der Kriegsmalerei ist 2015 im 4. Stockwerk des Leopold Museums und im Nachgang zur Ausstellung „Trotzdem Kunst!" vom Vorjahr Koligs im Museum stets präsentes schönes und zugleich trauriges Portrait des „Hauptmann Boleslavski" (1916) mit einem russischen Kriegsgefangenen („Gefangenentyp II – Russe", um 1916) kontrastiert worden; daneben erschien mit der Lithografie „Anno 1914" auch die Mittelfigur aus „Den Namenlosen" von Albin Egger-Lienz. Gleichzeitig wurde auf die von Josef Hoffmann im neutralen Schweden organisierte Stockholmer Kunstausstellung hingewiesen, die Österreich im September 1917 mit einem groß angelegten Querschnitt durch seine Gegenwartskunst (mit Klimt, Schiele, Egger-Lienz, Kokoschka, Anton Hanak, Anton Faistauer) als friedliebende Kulturnation präsentieren wollte.[1213] Die Friedens-Botschaft dürfte allerdings angesichts der gleichzeitig ablaufenden 11. Isonzoschlacht und dem einen Monat später erfolgten spektakulären Durchbruch von Caporetto kaum wirklich herübergekommen sein.

Der Bregenzer Zeichner und Maler Rudolf Wacker (1893–1939), von Egger-Lienz in Weimar ausgebildet, geriet im Oktober 1915 in Wolhynien in russische Kriegsgefangenschaft und kam nach Sibirien, von wo er erst 1920 zurückkehrte.[1214] Eine verstörende Bleistiftzeichnung („Selbstbildnis als Gefangener", 1917) zeugt davon,[1215] und noch 1924 eine Kreide-Arbeit „Selbst, sitzend im Zimmer", auf der er sich mutlos, melancholisch und mit einer Art Narrenkappe darstellt.[1216] In einer „entzauberten" Welt (Max Weber) bewegte er sich in den mittleren 1920er Jahren vom Expressionismus zur Neuen Sachlichkeit, während das Stillleben zu seinem bevorzugten Genre wurde. Seine Bewerbung um eine Professur an der Wiener Akademie blieb im „Ständestaat" bezeichnenderweise erfolglos, und nach dem „Anschluss" starb er als Opfer politischer Repression schon 1939.[1217] Im Leopold Museum zeigte er sich eine Zeitlang im 3. Stockwerk mit dem überaus originellen „Naturalistischen Klebebild (Frau Klimesch)" von 1924 und mit der „Puppe mit Fixativflasche" von 1929. Puppen, die er sammelte, erscheinen in seinem Werk symbolhaft für die Vereinzelung des Menschen, so die schwarze Kreidezeichnung „Puppe im Kopfstand" (1931, Sammlung Leopold) oder das Ölbild „Schäfchen mit Puppe", wo der daneben stehende Kaktus die Leblosigkeit

---

1213 Vgl. Stefan Kutzenberger, Kunstausstellung im neutralen Ausland: Beispiel Stockholm 1917, in: Trotzdem Kunst!, S. 160, sowie die zugehörigen Illustrationen, S. 161–173.
1214 Vgl. Meinrad Pichler, Wackere Soldaten. Quellenkritische Anmerkungen am Beispiel der Kriegsaufzeichnungen (1914–1920) der Brüder Franz, Romedius und Rudolf Wacker, in: Jahrbuch Vorarlberger Landesmuseumsverein. Freunde der Landeskunde, 133/1989, S. 183–191, hier S. 188.
1215 Vgl. Trotzdem Kunst!, S. 95 und 111.
1216 Vgl. Österreich im Umbruch, S. 110f.
1217 Vgl. Ecker, Zwischenzeiten, S. 23f.

der Szene noch unterstreicht (1924, Österreichische Nationalbank).[1218] Unübertroffen in seiner Beziehungslosigkeit ist das „Stillleben mit zwei Köpfen" von 1934 im Oberen Belvedere mit einem alten Hutmacher-Haubenstock mit abgeschlagener Nase und abgeblätterter Farbe sowie einer traurigen Kinderzeichnung neben einer Blumenvase mit Kunstblume und – als einzige Schein-Bewegung – einem gelben Kunst-Wellensittich.

Nicht zuletzt biographisch eindrücklich sind aus der Zwischenkriegszeit Robert Kohl (1891–1944, gestorben in einem KZ in Polen) mit seiner städtischen „Straßenszene" von 1920[1219] sowie Egon Schieles früher Freund Max Oppenheimer, „Mopp" (1885–1954, gestorben in New York), mit „Die Philharmoniker" (1935–1952, Oberes Belvedere).[1220] Wenn man weiß, wie die Philharmoniker nach dem „Anschluss" mit ihren jüdischen Kollegen umgesprungen sind (dazu unten Kapitel 9.1 und 9.2), wirkt ihre künstlerische Glorifizierung durch einen jüdischen Maler, der sich 1938 über die Schweiz in die USA retten musste, grotesk und unverdient. Neben Portraits (u. a. von Thomas und Heinrich Mann oder Arthur Schnitzler) und späteren Stillleben scheinen Musik und Darstellungen von Musikern, so Schönberg oder Webern, zu den Hauptthemen seines Werks zu gehören. Der Dirigent seiner „Philharmoniker" ist unverkennbar Gustav Mahler, und in der Tat findet man das Gemälde auch unter dem Titel „Gustav Mahler dirigiert die Philharmoniker". Hochinteressant und durch die Kaffeehaus-Attribute eminent wienerisch ist Oppenheimers Ölbild „Die Schachpartie" (um 1925/30, Österreichische Nationalbank), das ein Schachbrett auf einem Kaffeehaustisch zeigt, und von den beiden Spielern nur die Hände.[1221] Unvermittelt entsinnt man sich der „Schachnovelle", des letzten Werks von Stefan Zweig, das er unmittelbar vor seinem Freitod an den Verleger schickte, und stellt einmal mehr fest, dass nicht der Zusammenbruch der Monarchie, sondern der erzwungene, aber mental sofort vollzogene „Anschluss" an Hitlers ‚Drittes Reich' das ‚wahre' Ende von Habsburgs Welt gebracht hat. Oskar Kokoschka hat die erschreckende Blindheit diesem Geschehen gegenüber in einem emblematischen Gemälde „Anschluss – Alice in Wonderland" von 1942 (Wiener Städtische Versicherung) unübertrefflich eingefangen: In absteigender Diagonale zeigt es die naiv-glückliche Alice in ihrem Wunderland hinter Stacheldraht, einen fassungslos staunenden Nazi zwischen dem nichts hörenden großmauligen Franzosen und dem nichts sehenden Briten neben einer starr blickenden Frau mit Kind in Gasmaske vor dem Hintergrund einer Stadt (Wien) in Flammen.

1218 Österreich im Umbruch, S. 114–117. S. auch Birgit Laback, Neue Sachlichkeit und Österreich, in: Zwischen den Kriegen, S. 56–63, hier S. 58f.; vgl. ebd. S. 179 u. 218–223.
1219 Vgl. Zwischen den Kriegen, S. 243.
1220 Vgl. zu Schieles Oppenheimer-Portraits von 1910 Schröder, Egon Schiele, S. 91ff.
1221 Vgl. Österreich im Umbruch, S. 102f.

7.3 Das „Rote Wien" als Kontrapunkt

Mit seiner Sozialpolitik, seiner Bildungsreform und einem ambitiösen Bauprogramm, das mit großen Wohnhausanlagen eine „Ringstraße des Proletariats" gegen die Prachtbauten des imperialen Wien stellte,[1222] setzte das „Rote Wien" – im Gegenspiel zur in die katholisch-ständestaatliche Richtung abdriftenden Republik – als Stadt und Bundesland einen klaren Kontrapunkt. Insofern als das sozialdemokratische Wien die Fin-de-siècle-Moderne auf anderer Ebene und mit anderen Mitteln fortsetzte, kann es durchaus als Kontinuitätsmoment gesehen werden. Nur darum geht es in diesem Teilkapitel, keineswegs um eine erschöpfende Behandlung seines umfassenden Reformprogramms, die den Rahmen der vorliegenden Studie sprengen würde.

Während die Habsburgermonarchie schon unter der Ersten Republik in teilweise verklärtem Licht zu erscheinen begann (selbst bei jenen, die von ihr nicht nur keine Förderung, sondern massive Ablehnung erfahren hatten wie Arnold Schönberg, der auch in der Republik noch vehement bekämpft wurde), zeigte sich eine anders konnotierte Ambivalenz etwa in der nachträglichen Bewertung Karl Luegers, des umstrittenen Wiener Bürgermeisters der Jahrhundertwende, der dieses Amt von 1897 bis zu seinem Ableben 1910 versah. Luegers antimoderner Antisemitismus fiel zwar mittlerweile auf einen noch fruchtbareren Boden, auf dem sich die mörderische Dimension von „Hitlers Wien" (Brigitte Hamann) abzuzeichnen begann, aber seine im Infrastrukturbereich modernen Urbanisierungsanläufe wurden demgegenüber – allerdings eine soziale Stufe tiefer – weiterentwickelt. Insofern bot das „Rote Wien" der 1920er Jahre durchaus eine Fortentwicklung des elitäreren „Wien um 1900" und war in seiner Art ebenfalls ein umfassendes „Gesamtkunstwerk". Obwohl das „Fin de Siècle" gegenüber dem „Roten Wien" früher anzusetzen ist und mehr auf das Stadt-Zentrum fixiert war, während Letzteres nunmehr die Vorstädte und die „Masse der arbeitenden Menschen" einbezog, sind auch hier Überlappungen und Kontinuitäten auszumachen. Ohne die Hochblüte der Jahrhundertwende wäre das „Rote Wien" nicht denkbar gewesen; und in vielem war es durchaus ihr Erbe.[1223] Dies zeigt sich etwa daran, dass es um das Weiterführen dieser Erbschaft im Sinne einer Demokratisierung der Kunst mit Arbeitersymphoniekonzerten, Volksbibliotheken und populären Vorträgen ging. „Man wollte, dass die Arbeiter Wiens stolz seien auf die Prachtbauten der Stadt, auf die Museen

---

1222 Andreas Nierhaus, Eine kritische Moderne. Bauen und Wohnen in Wien um 1930, in: Kampf um die Stadt, hg. v. Wolfgang Kos, Wien Museum im Künstlerhaus, 19. November 2009–28. März 2010, S. 244–251, hier S. 247.
1223 Helmut Konrad, Das Rote Wien. Ein Konzept für eine moderne Großstadt?, in: Das Werden der Ersten Republik, Band I, S. 223–240, hier S. 223.

und die Theater."¹²²⁴ Gleichzeitig sollte es um eine „umfassende Gegenkultur" gehen, um eine „Gesamtalternative zur hegemonialen, meist bürgerlichen Kultur",¹²²⁵ deren Stellenwert in Anbetracht der schwierigen Zeitläufte mit ihrer weiterhin großen sozialen Not und angesichts der divergierenden Interessen des ‚übrigen' Österreich aber nur ein relativer sein konnte. Die Differenz zum übrigen Österreich erwies sich in der stark mobilisierbaren jüdischen Komponente besonders ausgeprägt, die das „Rote Wien" ähnlich auszeichnete wie das Wiener „Fin de Siécle". Vom Drittel der Bevölkerung Österreichs, welches in Wien lebte, war mit rund 200.000 ein Zehntel jüdisch.¹²²⁶

Das nach den ersten Gemeinderatswahlen der Ersten Republik vom 4. Mai 1919 mit 54 Prozent der Stimmen sozialdemokratisch gewordene „Rote Wien" war weltweit eine Premiere unter den Millionenstädten. Es realisierte in einem repräsentativen kommunalsozialistischen Wohnungs-, Fürsorge- und Bildungsexperiment eine eigentliche Sozialutopie. Zwischen 1923 und 1934 wurden gegen 65.000 Sozialwohnungen gebaut und menschenunwürdige Wohnverhältnisse behoben. Rund ein Siebtel der Einwohner war direkt betroffen, indem die Wohnungen den wirklich Bedürftigen nach einem sozialen Punktesystem fast zum Nulltarif überlassen wurden. Architektonische Markenzeichen waren die großen Höfe wie der legendäre Karl-Marx-Hof mit seinen Grünräumen und den Gemeinschaftseinrichtungen Bäder, Sportanlagen, Büchereien und Kindergärten.¹²²⁷ Diese in den ausgehenden 1920er Jahren gebaute „Ikone des Roten Wien", um die im Bürgerkrieg vom Februar 1934 wie um andere solche Siedlungsanlagen (so den Reumannhof, den Goethehof, den Schlingerhof in Floridsdorf) erbittert gekämpft wurde, bot auf weniger als 20 Prozent seiner Gesamtfläche Raum für rund 1400 Wohnungen. Weil die Verbauungsdichte gegenüber Grundstücken mit alten Zinshäusern stark gesenkt wurde, waren die mit Wasser und WC versehenen Wohnungen auch gesünder und heller.¹²²⁸

Weil Wien seit der Bundesverfassung vom November 1920 ein eigenes Bundesland war und unter Bürgermeister Karl Seitz bis zu den Februarkämpfen 1934 „rot" blieb, konnte in diesen Jahren hier, im Gegensatz zur Bundesebene, Otto Glöckels Schulreform trotz dem im Oktober 1920 erfolgten Ende seiner Tätigkeit als Unterrichtsminister und dem Ausscheiden der Sozialdemokraten aus der Regierungskoalition durch den von ihm als geschäftsführender zweiter Präsident und faktischer Chef geführten Stadtschulrat konsequent umgesetzt werden. Auf diese Weise wurde Wien (wie Jean

---

1224 Konrad, Das Rote Wien, S. 236.
1225 Konrad, Das Rote Wien, S. 238.
1226 Vgl. Malachi Haim Hacohen, Kosmopoliten in einer ethnonationalen Zeit. Juden und Österreicher in der Ersten Republik, in: Das Werden der Ersten Republik, Band I, S. 281–316, hier S. 286–292.
1227 Vgl. TagesAnzeiger Magazin Nr. 18, 5. Mai 1979, S. 6–13.
1228 Vgl. Konrad, Das Rote Wien, S. 232f.

Briner am 26. Juli 1935 als Vertreter des damals ebenfalls „Roten" Zürich anlässlich der Einäscherung Otto Glöckels im städtischen Krematorium auf dem Wiener Zentralfriedhof ausführte) zum „pädagogischen Mekka", wohin „Tausende von Lehrern und Pädagogen aus der ganzen Welt" hinpilgerten.[1229] Ähnlich konnte auch der nach dem Zerbrechen der Koalition 1920 aus der Bundespolitik ausgeschiedene Julius Tandler als Stadtrat für das Wohlfahrtswesen seine umfassende Wohlfahrtspolitik in Wien fortführen, wo Fürsorge im Sinne der Prophylaxe als Eingreifen vor dem Eintreten von Notfällen betrieben wurde.[1230]

Demgegenüber hielt sich die mit dem Zerbrechen der Koalition 1920 „bürgerlich" gewordene Republik anlässlich des am 15. Juli 1927 erfolgten Justizpalastbrandes unter Führung des „Prälaten ohne Milde" Seipel mit Polizeireitern und Gewehrbewaffnung und unter Zurücklassung von 89 Toten und mindestens 177 Schwerverletzten.[1231] In den 1930er Jahren geriet sie mehr und mehr in den Sog des italienischen Faschismus und entwickelte in dessen Schlepptau mit einem ersten Höhepunkt im Bürgerkriegsjahr 1934 einen eigenen autoritären Weg zur halbfaschistischen („austrofaschistischen") Kanzlerdiktatur im sogenannten Ständestaat,[1232] dem angesichts des rabiaten Hitler'schen Expansionismus keine Zukunftschance gegeben war. Der einzige Verantwortungsträger, der sich 1938 dem erzwungenen „Anschluss" halbherzig widersetzen

---

[1229] Otto Glöckel. Selbstbiographie. Sein Lebenswerk: Die Wiener Schulreform, Zürich 1939, S. 223. Das heterogene Buch, das zum kleineren Teil von Glöckel selber stammt, ist im Zürcher Antifaschisten-Verlag Oprecht erschienen und trägt in vielem die Handschrift des damaligen sozialdemokratischen Zürcher Schulvorstands, Stadtrats und Nationalrats Jean Briner. Für Glöckels Arbeit in der Wiener Schulverwaltung ist insbesondere auf S. 96–114 zu verweisen. Vgl. zur Reformpädagogik Glöckels auch Detlef Garz, Otto und Leopoldine Glöckel und die österreichische Reformpädagogik, in: Gunther Grasshoff et al., Reformpädagogik trifft Erziehungswissenschaft, Mainz 2007, S. 143–159.

[1230] Vgl. Andreas Weigl, Kommunale Daseinsvorsorge. Zur Genesis des „Fürsorgekomplexes", in: Alfred Pfoser, Andreas Weigl (Hg.), Im Epizentrum des Zusammenbruchs. Wien im Ersten Weltkrieg, Wien 2013, S. 336–347, hier S. 346f.

[1231] Gerhard Botz, Gewaltkonjunkturen, Arbeitslosigkeit und gesellschaftliche Krisen. Formen politischer Gewalt und Gewaltstrategien in der Ersten Republik, in: Das Werden der Ersten Republik, Band I, S. 339–362, hier S. 340 u. 351.

[1232] Vgl. zu meiner Auseinandersetzung mit dem Faschismus-Begriff meine Rezensionen zu Roger Griffin, Werner Loh, Andreas Umland (Hg.), Fascism Past and Present, West and East. An International Debate on Concepts and Cases in the Comparative Study of the Extreme Right, (Soviet and Postsoviet Politics and Society, 35), Stuttgart, 2006, in: traverse. Zeitschrift für Geschichte, 2007/1, S. 169–171, sowie zu Robert O. Paxton, Anatomie des Faschismus, München 2006, NZZ Nr. 147, 28. Juni 2006. S. auch mein Buch zur Rassenpolitik des italienischen Faschismus: Ausgrenzung, Internierung, Deportation. Antisemitismus und Gewalt im späten italienischen Faschismus (1938–1945), Zürich 2004.

wollte, war Bundespräsident Wilhelm Miklas aus dem christlichsozialen Lager, der nach Schuschniggs Rücktritt versuchte, die Ernennung von Arthur Seyss-Inquart zum Bundeskanzler zu vermeiden und am 13. März der Unterzeichung des Anschluss-Gesetzes durch seinen Rücktritt entging; dies weniger als Habsburg-Nostalgiker, der er war, denn aus rechtsstaatlichen Bedenken. Zwanzig Jahre früher hatte er als einziger gegen das Gesetz vom 12. November 1918 über die Staats- und Regierungsform Deutschösterreichs und damit gegen den in Artikel 2 proklamierten „Anschluss" an das Deutsche Reich gestimmt, während er 1934 als Bundespräsident und gewissenhafter Katholik gegen die juristischen Unternehmungen des Regimes um einen vertraulichen Rat des Papstes nachsuchte.[1233] Trotzdem verfügte Hitler nach vollzogenem „Anschluss", Miklas seien alle Bezüge, eine Dienstwohnung und ein Dienstwagen zu belassen.[1234] Für den nach dem „Anschluss" nach England geflohenen damals 18-jährigen Wiener Juden Georg Klaar (George Clare) blieb der „ehemalige Landschuldirektor" Miklas „der unbesungene Held in der Geschichte der ersten österreichischen Republik", der 1928 zum Bundespräsidenten gewählt wurde, weil er der einzige Kandidat gewesen sei, auf den sich die politischen Parteien einigen konnten, „ein überzeugter Anhänger der parlamentarischen Demokratie und ein wahrer Patriot".[1235]

Dagegen waren zum Zeitpunkt des „Anschlusses" die Sozialdemokraten, die seinerzeit ein neues Österreich hatten bauen wollen, entweder im Exil wie Otto Bauer und Julius Deutsch (seit 1934) und Wilhelm Ellenbogen (erst seit 1939), oder sie waren wie Otto Glöckel als Folge einer dreivierteljährigen Internierung 1935 vorzeitig gestorben oder 1934 sofort ausrangiert worden wie Karl Seitz, oder sie versuchten sich wie Karl Renner zu arrangieren. Alle waren, nachdem sie sich aus dem System der Ersten Republik ausgeklinkt hatten, politisch gnadenlos ausmanövriert worden.

Mit dem „Anschluss" wurden die ‚produktiven' Geister jeder Art ins Exil getrieben oder als „entartet" buchstäblich ausgemerzt. Die hellhörigeren oder vermögenderen von ihnen hatten Österreich schon unter dem „Ständestaat" verlassen, so Stefan Zweig. Auch wenn viele erst während des Exils Bedeutung erlangten, wirkte sich dieser erzwun-

---

1233 Vgl. Ludwig Adamovich, Das autoritäre System 1933–1938 zwischen Rechtsbruch und Gewissensentscheidung, in: Journal für Rechtspolitik, 23/2, 2015, S. 126–146, hier S. 136.

1234 Vgl. Gerald Stourzh, Vom Reich zur Republik, in: Gerhard Botz, Gerald Sprengnagel (Hg.), Kontroversen um Österreichs Zeitgeschichte. Verdrängte Vergangenheit, Österreich-Identität, Waldheim und die Historiker, 2. erweiterte Auflage, Frankfurt a. M. 2008, S. 287–324, hier S. 300. S. zu Miklas Stimmverhalten von 1918 Manfried Rauchensteiner, L'Autriche entre confiance et résignation 1918–1920, in: Stéphane Audoin-Rouzeau et al. (Hg.), Sortir de la Grande Guerre. Le monde et l'après-1918, Paris 2008, S. 165–185, hier S. 168.

1235 George Clare, Das waren die Klaars. Spuren einer Familie, Frankfurt a. M. – Berlin 1980, S. 160. Mehr zu George Clare unten Kap. 8.2.

gene Aderlass dergestalt aus, dass sich das Kultur-, Kunst- und Wissenschaftsleben, das vor dem Ersten Weltkrieg zur Vollblüte aufgelaufen war und unter der Ersten Republik im „Roten Wien" noch eine Nachlese feiern konnte, nie mehr wirklich erholte.

***

Nach dem Zweiten Weltkrieg schien die Zeit der Monarchie in eine nahezu sagenhafte Vorgeschichts-Ferne entrückt. Ihre Mythisierer aus der Zwischenkriegszeit wie Joseph Roth und Robert Musil waren ihrerseits zu Mythen geworden, und es kam zu jener doppelten Brechung, an deren Anfang ein zum Klassiker gewordenes Buch des Triestiner Germanisten Claudio Magris stand.[1236] Gleichzeitig kam es mit Sissi, den Lippizanern und den Mozartkugeln zur Verkitschung dieser untergegangenen Welt, von der im 6. Kapitel die Rede war, und damit zur ärgerlichen aber gewinnträchtigen Verniedlichung eines ‚großen' Phänomens, das Besseres verdient hätte.

Der (positive) Erfolg, den der Publikumsandrang etwa zu Egon Schiele im Leopold Museum bezeugt, sowie der gleichfalls beachtliche Zulauf zu „Wien 1900" im 4. Stockwerk dieses Museums, nicht zu reden von der (Negativ-)Geschichte von Gustav Klimts „Adele Bloch-Bauer" aus dem Oberen Belvedere: alles zeigt, wie sehr die Kunstproduktion des ausgehenden Habsburgerreiches zu einem zentralen und bestens vermarkteten Faszinosum des Wiener Ausstellungs- und Museumsbetriebs geworden ist. Ob sich dahinter – mehr als bloß äußerlicher Kultur-Rummel – ein an ihren Hervorbringungen ‚echt' interessiertes Weiterleben der Monarchie verbirgt, soll als generalisierende Aussage offen und auf die individualisierende Perspektive des Autors dieses Buches beschränkt bleiben. So oder so hat sich die aktuelle Kunstvermarktung stark von den Entstehungskontexten und Entstehungsbedingungen der Produkte, Artefakte und Exponate gelöst und scheint eine vornehmlich ökonomische Größe, aber nicht unbedingt ein Wert in sich selber geworden zu sein, ein Umstand, an dem die Konservatoren der großen Sammlungen und die Kuratoren der jeweiligen Ausstellungen mit ihrem zumeist löblichen ausstellungspädagogischen Bemühen leider nicht viel zu ändern vermögen.

1236 Claudio Magris, Il mito absburgico nella letteratura austriaca moderna, Torino 1963, Neuausgabe 1988; dt. Uebersetzung: Caudio Magris, Der habsburgische Mythos in der österreichischen Literatur, Salzburg 1966, Neuausgabe Wien 2000; vgl. dazu unten Kap. 8.2.

8. Literarische Erinnerung

Angesichts der Vielfalt und Dichte des kulturellen Bemühens in der ausgehenden Habsburgermonarchie erstaunt nicht, dass ihr Ende seinerseits zu einem Thema geworden ist. In diesem Zusammenhang ist die Frage nicht unwesentlich, ob man dieses Ende als Tragödie oder als Neuanfang empfand, oder – anders gedreht – inwiefern im Rückblick eher Kontinuitäten oder Brüche wahrgenommen wurden. Weitere Fragen sind, ob Realitäten im Rahmen ihrer literarischen Aufarbeitung überformt wurden, ob ein ‚wahres' Bild oder ein fiktionales des Vergangenen intendiert war und inwieweit ein Autor eigene Betroffenheit vermitteln wollte. So geht es letztlich um den Stellenwert des literarischen Umgangs mit der untergegangenen Monarchie: Handelte es sich um einen beliebigen Stoff, lieferte sie eine Vorlage von Bedeutung oder war, wer schrieb, existentiell involviert?

Die folgenden Betrachtungen gehen zum einen (Kapitel 8.1) von gleichsam ‚klassischen' Zeugen der Monarchie aus, die ihr Ende wie Franz Grillparzer und Adalbert Stifter nicht oder wie Franz Kafka mehr am Rand erlebt haben. Daran schließen sich einige Zeitgenossen an, die sich wie Stefan Zweig autobiographisch oder Karl Kraus als vehementer Kritiker mit ihrem Untergang auseinandersetzten; auch der nicht ganz unproblematische Friedrich Torberg wird hier erwähnt. Zum andern präsentiert Kapitel 8.2 einen Mythisierer und verschiedene Desillusionierer der Monarchie: Joseph Roth auf der einen und, neben anderen, Thomas Bernhard und Martin Pollack auf der Gegenseite. Zuletzt wird in Kapitel 8.3 etwas ausführlicher auf Robert Musils „Der Mann ohne Eigenschaften" eingegangen.

Auch dieses Kapitel ist – wie der ganze dritte Teil der Studie – in seinen Präferenzen subjektiv geprägt.

8.1 Zeitzeugen

Hofrat Franz Grillparzer (1791–1872) wird als großer Dramatiker erinnert, führte vordergründig aber vornehmlich eine Beamtenexistenz, zuletzt von 1832 bis 1856 als Direktor des Hofkammerarchivs. Als Staatsdiener, „beamteter Poet" und resignierter Nach-1848er wurde er fast zur Leitfigur einer sensibel-melancholischen und leicht misanthropen Spielart des Österreichers. Wichtig erscheint im Kontext der vorliegenden Studie neben dem integrierend gedachten, aber reaktionär wirkenden Huldigungsgedicht an Feldmarschall Radetzky („In deinem Lager ist Österreich") von Anfang Juni 1848, als der Sieg in Italien noch keineswegs feststand, das über Jahre bearbeitete und dank der Anstellung im Hofkammerarchiv quellengesättigte Trauerspiel „Ein Bruderzwist in

Habsburg", das im gleichen Jahr 1848 einigermaßen abgeschlossen, aber erst 1872, nach 20-jährigem öffentlichen Schweigen des offensichtlich resignierten Dichters, aus dem Nachlass veröffentlicht wurde. Es bringt eine eindrückliche Charakterdarstellung von Kaiser Rudolf II., dem ältesten Sohn Maximilians II., der von seinem Bruder Matthias in einem jahrelang andauernden hochkomplizierten Konflikt[1237] sukzessive vom Thron verdrängt wurde: 1608 musste er auf Österreich, Ungarn und Mähren verzichten, 1611 auch auf Böhmen. Der gängige Vorwurf der schwermütigen Untätigkeit trifft in Grillparzers Optik nur bedingt, denn es ging – wie der subtil psychologisierende Dichter schön herausarbeitet – zum einen um bewusstes Nicht-handeln-Wollen eines Kaisers, „der sein Reich retten will, indem er die Geschichte anzuhalten versucht",[1238] zum andern um den Vorrang künstlerischer und wissenschaftlicher Interessen, so der Verbindungen zu Tycho de Brahe und Kepler. Rudolf starb 1612 in Prag, worauf sein Bruder Matthias, der Antipode, nunmehr bis 1619 auch im Reich auf ihn folgte. Schon in der Exposition sagt Rudolf klarsichtig von ihm (Verse 446ff.): „Wir beide haben / Von unserm Vater Tatkraft nicht geerbt, / – Allein ich weiß es, und er weiß es nicht." Und im vierten Akt (Verse 2345–2349), anlässlich von dessen Eroberung Prags und dem in eins damit gesetzten Tod des Kaisers: „Matthias herrsche denn. Er lerne fühlen, / Dass Tadeln leicht und Besserwissen trüglich, / Da es mit bunten Möglichkeiten spielt; / Doch Handeln schwer, als eine Wirklichkeit, / Die stimmen soll zum Kreis der Wirklichkeiten."

Grillparzers „Bruderzwist" liefert – und hier liegt vielleicht seine ‚wahre' geschichtliche Relevanz – gleichsam die Vorgeschichte zur Zerstörung der starken Position Böhmens in der Habsburgermonarchie als Folge der Schlacht am Weißen Berg von 1620, als Ferdinand II. und die katholische Liga den böhmischen „Winterkönig" Kurfürst Friedrich von der Pfalz besiegten und den böhmischen Aufstand beendeten. Der in Grillparzers Trauerspiel weniger tolerant als einsichtig agierende Rudolf hatte 1609 die Majestätsbriefe für Böhmen und Schlesien ausgestellt, welche den Protestanten die Religionsfreiheit brachten und woran sich 1618 der 30-jährige Krieg entzündete. Dessen Ausbruch kündigt sich im letzten Akt des Trauerspiels beim Eintreffen der Nachricht von Rudolfs Tod in Wien an. Als eindrücklicher „Held des Nichthandelns"[1239] hätte er den Krieg, so müsste man Grillparzer vielleicht weiterdenken, gerade durch sein

---

1237 Vgl. Tagungsbericht: Ein Bruderzwist im Hause Habsburg (1608–1611), 13. 10. 2008–15. 10. 2008 Český Krumlov (Böhmisch Krumau), in: H-Soz-Kult, 23. 12. 2008, <http://www.hsozkult.de/conferencereport/id/tagungsberichte-2431>.

1238 Klaus Zeyringer, Helmut Gollner, Eine Literaturgeschichte: Österreich seit 1650, Innsbruck 2012, S. 238.

1239 Ulrich Greiner, Der Tod des Nachsommers. Über das „Österreichische" in der österreichischen Literatur, in: Ders., Der Tod des Nachsommers. Aufsätze, Porträts, Kritiken zur österreichischen Gegenwartsliteratur, München – Wien 1979, S. 11–57, hier S. 32.

(vermeintliches) Nichthandeln nicht nur verzögern, sondern verhindern wollen, womit dem rätselhaften, aber durch Klarsicht beeindruckenden Grübler für die spätere Entwicklung der Monarchie eine herausragende Bedeutung zugekommen wäre, die ihn auf Augenhöhe zu seinem Großonkel Karl V. geführt hätte.

Am oberösterreichischen Schulrat Adalbert Stifter (1805–1868) und seinem Entwicklungsroman „Der Nachsommer" (1857), dem „bedeutendsten Roman der österreichischen Literatur" und „Hohelied des schönen Nichthandelns" (Ulrich Greiner)[1240] oder „Gesetzbuch des schönen Lebens", wie ihn der konservative Zürcher Germanist Emil Staiger seinerzeit einstufte,[1241] und dem Gegenteil von Stifters eigener „Unglücksbiographie",[1242] erscheinen neben der schönen Liebesgeschichte von Natalie und Heinrich und der nachsommerlich mit ihr verschränkten Altersliebe zwischen Mathilde und Risach vor allem das Landschaftliche und die Naturschilderungen sowie insbesondere der erzählerische Duktus von Bedeutung: endlos lange Rhythmen – „Stifter hat beim Erzählen unendlich viel Zeit; die Welt muss ja nicht mehr erschaffen werden, sondern nur mehr beschrieben. Sie ist schön, wie sie ist"[1243] (jedenfalls wie Stifter sie für sich verklärt) –, die seinen Verleger Gustav Heckenast posthum zu Kürzungen von „Umständlichkeit u[nd] Weitschweifigkeit" verführten, wie er Peter Rosegger schrieb.[1244] Thomas Mann, der 1940 intensiv im „Nachsommer" las, fand „dessen Langweiligkeit enorm und faszinierend" und das „in seiner Art großartige und dabei lächerliche Werk kompliziert und sonderlich".[1245] Am 10. Oktober notierte er: „Große Reinheit, absolut konservativ, pedantisch, den Dingen ergeben, das Geistige naiv umschrieben, das Leidenschaftliche sehr fromm und sauber. Goethe ins Österreichische übertragen".[1246] Und am 8. Dezember 1940 qualifizierte er das Werk nochmals ambivalent und einigermaßen abschließend als „kuriosestes Werk der Goethe-Nachfolge, faszinierend-lächerlich vor Reinheit".[1247]

1240 Greiner, Der Tod des Nachsommers, S. 12 u. 15.
1241 Emil Staiger, Meisterwerke deutscher Sprache aus dem neunzehnten Jahrhundert, Zürich 1961 (vierte Auflage), S. 188. Durch eine umstrittene Zürcher Preisrede von 1966 ist Staigers Ruf nachhaltig beschädigt worden. Für ihn spricht andererseits u. a. sein Einsatz für die Berufung Paul Hindemiths nach Zürich; vgl. Andreas Tönnesmann, Alte Erde, neues Exil? Thomas Mann, Paul Hindemith, Carl Zuckmayer zurück in der Schweiz, Frankfurt a. M. 2010 (Thomas-Mann-Studien, 41), S. 177f.
1242 Vgl. Zeyringer/Gollner, Literaturgeschichte, S. 328f.
1243 Zeyringer/Gollner, Literaturgeschichte, S. 335.
1244 Zit. Karl Wagner, Die Litanei der Phänomene. Zum 200. Geburtstag ist seine Ästhetik keineswegs veraltet – Adalbert Stifters andere Art zu erzählen, NZZ Nr. 247, 22./23. Oktober 2005.
1245 Thomas Mann, Tagebücher 1940–1943, hg. v. Peter de Mendelssohn, Frankfurt a. M. 1982, S. 162 u. 189 (Einträge vom 9. Oktober u. 6. Dezember 1940).
1246 Mann, Tagebücher 1940–1943, S. 163.
1247 Mann, Tagebücher 1940–1943, S. 190.

Stifters Langsamkeit, die durchaus innere Spannungen und plötzliche Steigerungen kennt, gemahnt an die groß angelegten Orchestercrescendi von Bruckner-Symphonien. Stifter und der seelenverwandte Anton Bruckner gelten als „große Söhne" Oberösterreichs: Stifter, in Süd-Böhmen geboren (im für ihn wichtigen Böhmerwald, aus dem die deutsche Bevölkerung mittlerweile vertrieben wurde), studierte u. a. in Wien und lebte ab 1848 in Linz. Bruckner (1824–1896) war ‚echter' Oberösterreicher, lebte bis 1868 fast immer in Linz, dann als Professor am Konservatorium und Hoforganist in Wien; seine letzten Jahre verbrachte er auf Einladung des Kaisers im Nebengebäude des Oberen Belvedere, wo er starb. Beide Oberösterreicher stießen zu Lebzeiten und darüber hinaus auf viel Ablehnung, so Bruckner u. a. bei Brahms und dessen Anhängern, und Stifters Werk, insbesondere der „Nachsommer", war in alle wichtigen literaturtheoretischen Kontroversen des 20. Jahrhunderts verwickelt, ja hat solche geradezu provoziert.[1248] Thomas Mann erwähnte 1949 den oft hervorgekehrten Gegensatz zwischen „Stifters blutig-selbstmörderischem Ende und der edlen Sanftmut seines Dichtertums", während seltener beobachtet werde, „dass hinter der stillen, innigen Genauigkeit gerade seiner Naturbetrachtungen eine Neigung zum Exzessiven, Elementar-Katastrophalen, Pathologischen wirksam" sei, mit Hagelschlag, Feuersbrunst, Blitzen oder im „gewaltigen Dauer-Schneefall im Bayerischen Wald", und beurteilte ihn als „einen der merkwürdigsten, hintergründigsten, heimlich kühnsten und wunderlich packendsten Erzähler der Weltliteratur".[1249] Ernst Bertram hatte er Jahrzehnte früher, am 6. August 1918, von Stifters Schilderungen extremer Naturereignisse wie Schnee- und Eiskatastrophen und Gewitter geschrieben, sie seien „geradezu phänomenal" und würde einem „himmelangst" davor, „wenn nicht die humanen Tröstungen seines guten, zärtlichen, goethischen Wortes wären".[1250] Andererseits zeigt die Formel vom „Tod des Nachsommers" in Ulrich Greiners gleichnamiger Studie von 1979,[1251] wie sehr gerade der „Nachsommer" zum Inbegriff (alt)österreichischer Literatur geworden ist. Zugleich wächst ihm als „Sommer nach dem Sommer", wenn das Leben „dem Leben nach dem Leben" gleicht, worin das „immer Gleiche" sich immer wieder wiederholt,[1252] nahezu symbolische Bedeutung zu.

1248 Vgl. Wagner, Die Litanei der Phänomene.
1249 Thomas Mann, Die Entstehung des Doktor Faustus. Roman eines Romans (1949), in: Thomas Mann, Rede und Antwort. Gesammelte Werke in Einzelbänden, Frankfurter Ausgabe, hg. v. Peter de Mendelssohn, Frankfurt a.M. 1984, S. 223f.
1250 Thomas Mann an Ernst Bertram. Briefe aus den Jahren 1910-1955, Pfullingen 1960, S. 72.
1251 Greiner, Der Tod des Nachsommers, v.a. S. 52.
1252 Greiner, Der Tod des Nachsommers, S. 24ff., wo von metaphorischer Bedeutung des Titels die Rede ist.

8. Literarische Erinnerung

Der Versicherungsbeamte Franz Kafka (1883–1924) hat Juristen und Bürokraten und das Beamtentum schlechthin zum Thema seiner Literatur gemacht,[1253] allerdings alptraumhaft verzerrt. Biographisch und kulturell steht er für das verschwundene deutsche Prag, während die absurde Geschichte seines Nachlasses alle Peripetien des untergegangenen Habsburgerreiches und seiner Nachfolgestaaten bis zur Apokalypse im mörderischen NS-Rassenwahn spiegelt. Mittlerweile liegen dessen letzte noch nicht zugänglichen Reste, um die zwischen den Töchtern der Sekretärin von Kafkas Freund und Nachlassverwalter Max Brod und der Hebräischen Nationalbibliothek weiter gestritten wird, in einem Zürcher Banksafe – einer von vielen nach wie vor heiklen Bezugspunkten der noch immer unbewältigten Nachbereitung des Holocaust.[1254]

Das Ende des Habsburgerreiches traf Kafka persönlich direkt, weniger weil eine Auszeichnung nicht zustande kam, für die er wegen seiner Mitarbeit an der Einrichtung einer Heilanstalt für traumatisierte Kriegsheimkehrer, die „Kriegszitterer", vorgeschlagen worden war, sondern vor allem, weil mit dem Entstehen der tschechoslowakischen Republik auch die Arbeiter-Unfallversicherung, für die er arbeitete, tschechisiert wurde.[1255] In seinem Werk spiegelt sich das Ende Habsburgs als solches nicht direkt. Die Spur einer Vorahnung könnte sich aber im 1915 als einzigem von Kafka aus dem „Prozess" selber veröffentlichten kurzen Text „Vor dem Gesetz" (oder „Türhüterlegende") niedergeschlagen haben: In der Absurdität eines lebenslangen Wartens auf Einlass in die scheinbar offene Welt von etwas Unfasslichem, zu dem alle hinstreben, das sich aber jedem Versuch des Eindringens immer entzieht; am Schluss stirbt der Protagonist, „ein Mann vom Lande", ohne den „Glanz" erreicht zu haben, „der unverlöschlich aus der Türe des Gesetzes bricht"; darauf wird der Eingang, der nur für ihn bestimmt war, geschlossen. Deutlicher als ihr Ende dürfte diese Parabel vom Irrealen des Realen die altösterreichische Welt allgemein spiegeln, die in den unvollendeten und posthum veröffentlichten Romanen „Der Prozess" (entstanden 1914/15) und „Das Schloss" (entstanden 1922) fassbar wird. Nichts ist klar, nichts eindeutig, alles ambivalent, widersprüchlich, undurchsichtig; Masken verbergen sich hinter Masken, und die

---

1253 Vgl. Joseph P. Strelka, Die sozialgeschichtliche Entwicklung und die kulturmorphologische Funktion des Beamten in der österreichischen Literatur, in: Im Takte des Radetzkymarschs ... Der Beamte und der Offizier in der österreichischen Literatur, hg. v. Joseph P. Strelka, Bern 1994, S. 24.

1254 Vgl. Andreas Kilcher, Die Akte Kafka. Der Zürcher Banksafe birgt keine Manuskript-Geheimnisse, wohl aber zahlreiche neue Erkenntnisse, NZZ (internationale Ausgabe) Nr. 174, 30. Juli 2010.

1255 Vgl. Andeas Kilcher, Freiheit, Liebe und Krankheit zum Tod. Franz Kafkas bewegende Briefe und Aufzeichnungen der Jahre 1918 bis 1920 in neuen Ausgaben, NZZ (internationale Ausgabe) Nr. 213, 14. September 2013.

,Helden' sind tragische Opfer anonymer Mächte und willkürlicher Mechanismen.[1256] Niemals sei das Gericht von der Überzeugung der Schuld des Angeklagten abzubringen, sagt der Gerichtsmaler Titorelli zu Josef K. im 7. Kapitel des „Prozess": „Wenn ich hier alle Richter nebeneinander auf eine Leinwand male und Sie werden sich vor dieser Leinwand verteidigen, so werden Sie mehr Erfolg haben als vor dem wirklichen Gericht." Auf einen scheinbaren Freispruch folge eine neue Verhaftung, dem zweiten Freispruch folge die dritte Verhaftung, dem dritten Freispruch die vierte Verhaftung „und so fort".[1257] Im 9. Kapitel („Im Dom") erzählt der „Gefängniskaplan" Josef K. das schon erwähnte Gleichnis vom Türhüter, worauf sich verschiedene Interpretationen anschließen, so eine der Täuschung des Mannes vom Land durch den Türhüter, eine andere, wonach der Türhüter selber der Getäuschte sei, der über Aussehen und Bedeutung des Inneren nichts wisse, und schließlich jene, dass diese Geschichte niemandem ein Recht gebe, über den Türhüter zu urteilen, denn er sei „doch ein Diener des Gesetzes, also zum Gesetz gehörig, also dem menschlichen Urteil entrückt": „Durch seinen Dienst auch nur an den Eingang des Gesetzes gebunden zu sein, ist unvergleichlich mehr als frei in der Welt zu leben."[1258] Die Schuld des Angeklagten steht von Anfang an fest, und das Urteil wird am Schluss des „Prozess" vollstreckt. Aber welche Schuld? Und nach welchem Gesetz? Während der Niederschrift des Romanfragments brach der Weltkrieg aus. Ob es ein Abglanz dieser Weltschuld war?

Karl Kraus (1874–1936) wird in der „Fackel", der 1899 von ihm gegründeten und bis 1936 in 922 Ausgaben und 415 Heften mit 22.500 Seiten redigierten Zeitschrift, als bissiger Kritiker der Habsburgermonarchie und ihrer Folgezeit fassbar. In Nr. 404 vom 5. Dezember 1914 findet sich sein Aufsatz „In dieser großen Zeit" gegen den Krieg, und in den Nrn. 501–507 vom 25. Januar 1919 der unsagbar bittere „Nachruf" auf die Monarchie. Besonders wichtig im Kriegs- und Untergangskontext ist die Tragödie in 5 Akten mit Vorspiel und Epilog betitelt „Die letzten Tage der Menschheit", entstanden zwischen 1915 und 1917, und 1921/22 überarbeitet. Sie ist mit ihren über 200 Szenen nicht einfach eine Reaktion auf den Krieg, sondern das gewaltige Zeugnis einer Apokalypse aus Unmenschlichkeit und Absurdität, eine „monumentale Schurkengalerie jener Herrschaften, die die Menschen leichtfertig in den Tod schickten und ihnen das üble Lob vom ,Heldentod' nachwarfen", und ein „Gericht über Österreichs Eliten, die den Krieg vom Zaun gebrochen hatten und sich bei dessen Ende aus der Verantwortung

---

1256 Vgl. Peter V. Zima, Hasek und Kafka: Ambivalenz, Kritik und Krise, in: Im Takte des Radetzkymarschs, S. 155–167.
1257 Franz Kafka, Der Prozess. Roman, Fischer TB 676, Frankfurt a.M. 1960, S. 110 u. 117.
1258 Kafka, Der Prozess, S. 160.

8. Literarische Erinnerung

stehlen wollten".[1259] Auch die Offiziere retten sich vor Kraus' vernichtendem Urteil nicht; vielmehr kann sein Weltkriegsdrama als „die wohl negativste Darstellung österreichischer Offiziere" überhaupt qualifiziert werden.[1260]

Insofern sind „Die letzten Tage" und die „Fackel" parallel laufende und verschränkte Auseinandersetzungen mit der totalen Sinnlosigkeit des Weltkriegs. Mit dessen Ende war Karl Kraus' Kampf aber keineswegs vorbei: „[...] das Ende, bis zu dem wir durchhielten, war unentrinnbar, und statt des Mutes, es durch Niederlagen zu beschleunigen, hatten wir die Dummheit, es durch Siege aufzuhalten. Das Ende davon ist ein solches Ende, dass wir nicht nur bis zum Ende, sondern noch darüber hinaus durchhalten müssen."[1261] Obwohl „eindeutig ihr energischster Verteidiger",[1262] ging Kraus auch gegen die Republik und die in der Republik weiter vorhandenen „Gespenster" vor, die in Form einer schlechten und/oder dummen Presse die „Verschmutzung, Entsittlichung und Verdummung des öffentlichen Lebens" betrieben. Im Sommer 1919 brachte die „Fackel" den Brief des Präsidenten der Konstituierenden Nationalversammlung Karl Seitz an Kraus vom 1. Mai 1919, anlässlich des 20-jährigen Erscheinens der Zeitschrift, und seine gewaltige fast 70-seitige Antwort, die in der bissigen Äußerung gipfelte: „Es ist schmerzlich, vor dem Präsidenten der Republik bekennen zu müssen, dass die Leute hierzulande nie dümmer waren, als seitdem es eine Republik gibt. Die Dummheit wird der Republik die Schuld geben. [...] Etwa so: Die Monarchie hat uns den Krieg gebracht, der Krieg den Ruin, der Ruin die Republik. Nein, sie gewahrt nur die Gleichzeitigkeit von Republik und Ruin: die Republik hat uns den Ruin gebracht. [...] Denn die Republik ist an allem schuld, auch an der Dummheit, und es hat sich gleich an ihrem ersten Tag herausgestellt, dass sie nicht imstande ist, die Schulden der Monarchie zu bezahlen, die Toten der Monarchie zu erwecken, den Krieg der Monarchie ungeschehen zu machen."[1263]

In der „Dritten Walpurgisnacht" (entstanden 1933, aber erst 1952 veröffentlicht) sah Kraus allerdings in einer Art Quantensprung bei Dollfuß den „heiligen Verteidigungskrieg" gegen die NS-Bedrohung und rechtfertigte diesen Positionsbezug mit der zentralen Aussage: „Ich denke an nichts als an Alles nur nicht Hitler."[1264] Ein

---

1259 Alfred Pfoser, Was nun? Was tun? Zehn Blitzlichter zur literarischen Szene der Jahre 1918 bis 1920, in: Helmut Konrad, Wolfgang Maderthaner (Hg.), Das Werden der Ersten Republik. ... der Rest ist Österreich, Band II, Wien 2008, S. 173–196, hier S. 185.
1260 Josef Strelka, Der Offizier in der österreichischen Literatur. Drei Hauptaspekte und ihre breite Skala, in: Im Takte des Radetzkymarschs, S. 171–191, hier S. 187.
1261 Karl Kraus, Nachruf, in: Die Fackel Nr. 501–507, 25. Januar 1919, S. 9f. (DVD-Volltextausgabe).
1262 Pfoser, Was nun?, S. 187.
1263 Karl Kraus, Gespenster, in: Die Fackel Nr. 514–518, August 1919, S. 22ff. (DVD-Volltextausgabe).
1264 Zit. Ulrich Weinzierl, Zur nationalen Frage – Literatur und Politik im österreichischen Exil, in: Ös-

spätes, aber bezeichnendes Echo auf Kraus findet sich in einer Inszenierung „Letzte Tage. Ein Vorabend" von Christoph Marthaler, die Mitte Mai 2013 anlässlich der Wiener Festwochen viermal im Wiener Parlament gegeben wurde; darin wurde u. a. eine antisemitische Rede verlesen, die Karl Lueger 1894 im gleichen Saal gehalten hatte, und mit Kompositionen verfolgter jüdischer Komponisten kontrastiert, die teilweise in Theresienstadt entstanden.[1265]

Stefan Zweigs „Die Welt von Gestern. Erinnerungen eines Europäers" wurde als Lebensbilanz wenige Monate vor dem gemeinsam mit seiner zweiten Frau Lotte Ende Februar 1942 angesichts der Selbstvernichtung Europas im brasilianischen Exil gesuchten Selbstmord abgeschlossen. Ihr Autor begriff das Werk nicht nur als Zeitzeugnis,[1266] sondern als „Abgesang jener österreichisch-jüdisch-bürgerlichen Kultur, die in Mahler, Hofmannsthal, Schnitzler, Freud kulminierte".[1267]

Die Zeit der Monarchie erscheint als „goldenes Zeitalter der Sicherheit"[1268] stark verklärt. Das Wien jener Zeit ist das seiner Eliten, während das Elend an der Peripherie ausgeblendet wird. Als starker Kontrast steht ihm nach dem Krieg das Elend des neuen Österreich gegenüber, und dann die Katastrophe der unmittelbaren Gegenwart, die Zweig 1934 ins zunächst europäische, dann amerikanische Exil und zuletzt aus Verzweiflung in den Tod trieb. Eine Ausstellung von 2014 im Wiener Theatermuseum („Wir brauchen einen ganz anderen Mut. Stefan Zweig – Abschied von Europa"), die 2015 vom Münchner Literaturhaus übernommen wurde, rückte diesen Abschied von Europa ins Zentrum und illustrierte die Bedeutung der von Zweig noch am Tag vor dem Selbstmord zur Post gebrachten „Schachnovelle", die den NS-Terror anprangert.[1269]

---

terreich und die deutsche Frage im 19. und 20. Jahrhundert. Probleme der politisch-staatlichen und soziokulturellen Differenzierung im deutschen Mitteleuropa, hg. von Heinrich Lutz und Helmut Rumpler, Wien 1982 (Wiener Beiträge zur Geschichte der Neuzeit, Band 9/1982), S. 318–341, hier S. 324.

1265 Vgl. Joëlle Stolz, La musique des morts ressuscitée. Christoph Marthaler monte, au Parlement de Vienne, une pièce dédiée aux victimes des nazis, Le Monde, 25 mai 2013, p. 15.

1266 Vgl. Martin Scherrer, Stefan Zweigs Die Welt von Gestern. Essay als Leistungsnachweis im Rahmen der MA-Vorlesung Das zweite Leben Österreich-Ungarns, Universität Fribourg, Frühlingssemester 2011.

1267 Stefan Zweig an Felix Braun, 20. Juni 1939, zit. Mark H. Gelber, Die Welt von Gestern als Exilliteratur, in: Stefan Zweig. Exil und Suche nach dem Weltfrieden, hg. v. Mark H. Gelber u. Klaus Zelewitz, Riverside 1995, S. 148.

1268 Stefan Zweig, Die Welt von Gestern. Erinnerungen eines Europäers (1944), Fischer Taschenbuch, Frankfurt a. M. 1970, S. 14.

1269 Vgl. <http://www.theatermuseum.at/vor-dem-vorhang/ausstellungen/stefan-zweig/> (abgefragt 19.3.2015) sowie Judith Leister, Grand-Hotel Abgrund. Eine Ausstellung im Münchner Literaturhaus zu Stefan Zweig, NZZ Nr. 59, 12. März 2015.

Ganz anders die Erinnerung an den alten Kontinent und an das untergegangene Habsburgerreich. Allerdings wurde Zweig im Ersten Weltkrieg, an dessen Möglichkeit er wie die meisten seiner Zeitgenossen nicht ernstlich geglaubt hatte, trotz bequemer Verwendung im Kriegspressequartier und später im Wiener Kriegsarchiv durchaus mit dem Kriegselend konfrontiert, so mit dem in Galizien nach der Rückeroberung des Kronlandes anlässlich der Durchbruchschlacht von Tarnow im Frühjahr 1915 angetroffenen Elend oder während der Reisen in Lazarettzügen an der Ostfront.[1270] Ihnen voraus geht die Beschreibung der versöhnlichen Begegnung mit einem Gefangenentransport russischer Soldaten, die mit den bewachenden und ebenso abgerissenen und verwahrlosten Tiroler Landsturmsoldaten fraternisierten, weil sie offenbar „den Krieg viel richtiger empfanden als unsere Universitätsprofessoren und Dichter: nämlich als ein Unglück, das über sie gekommen war und für das sie nichts konnten, und dass eben jeder, der in dieses Malheur geraten war, eine Art Bruder sei".[1271] Dies erinnert nicht zuletzt an Egon Schieles tief menschliche Portraits russischer Kriegsgefangener. In solchen Erfahrungen dürfte Zweigs Pazifismus gegründet haben, der ihn das Drama „Jeremias" schreiben ließ. Es wurde Ende Februar 1918 in Zürich uraufgeführt und hatte ihm im Jahr vorher die Ausreise in die neutrale Schweiz ermöglicht.

Zweigs Urteile über den ermordeten Franz Ferdinand und den exilierten Kaiser Karl sind an anderer Stelle erwähnt worden (Kapitel 4 und 5). Verglichen mit der Bedeutung, die der eine ungewollt für den Kriegsausbruch und der andere weitgehend ungewollt für das verschleppte Ende gehabt haben, weswegen Zweigs goldene Zeit zerbrach, sind die Beschreibungen der beiden Protagonisten eher flach geraten. Die einzigen echten Kritikpunkte an der verklärten Welt seiner Jugend unter der Monarchie waren die heuchlerische und verklemmte Sexualmoral im Kapitel „Eros Matutinus" und das verknöcherte und lebensferne Schulsystem im Kapitel „Die Schule im vorigen Jahrhundert". Im verzweifelten Rückblick aus dem Exil erschien ihm die eigene Jugend dann freilich kurzsichtig: er und seine Zeitgenossen hätten die Zeichen an der Wand nicht gesehen und wie König Belsazar unbesorgt weiter getafelt.[1272]

Zweigs nachträgliche Verklärung der Monarchie war vor allem (jüdisch-assimiliert-) kulturell und zielte auf „die Welt der Literaten, in welcher er Ruhm erworben hatte und Bildung", wie Hannah Arendt in ihrer kämpferischen und bissig-dankbaren Besprechung des Buches schrieb; und sie sei „alles andere als die Welt von gestern" gewesen, denn ihr Autor habe „nicht eigentlich in der Welt, sondern nur an ihrem Rande" gelebt: „Die sehr vergoldeten Gitterstäbe dieses eigenartigen Naturschutzparks waren

---

1270 Zweig, Die Welt von Gestern, S. 283ff. u. 286ff.
1271 Zweig, Die Welt von Gestern, S. 285.
1272 Zweig, Die Welt von Gestern, S. 84.

sehr dicht und benahmen den Insassen jeden Blick und jede Einsicht, die ihrem Erleben und Genießen hätte störend werden können." Gleichwohl fand Hannah Arendt bewundernswert, dass es noch einen Menschen gegeben habe, „dessen Ignoranz groß und dessen Gewissen daher rein genug war, um die Vorkriegszeit mit den Augen des Vorkriegs, den Ersten Weltkrieg mit dem ohnmächtigen und leeren Pazifismus von Genf und die trügerische Ruhe vor dem Sturm zwischen 1924 und 1933 als die Rückkehr zur Normalität zu sehen".[1273] Wenn nicht ein Anflug von Sympathie durchschimmerte, wäre die Kritik vernichtend.

Friedrich Torberg (Friedrich Ephraim Kantor, 1908–1979), ein „Überzeugungskakanier",[1274] habe mit seinem 1975 erschienenen Bestseller „Die Tante Jolesch" dem „kakanischen Humor ein [...] Denkmal gesetzt", hieß es in der NZZ anlässlich einer Ausstellung zu seinem 100. Geburtstag im Wiener jüdischen Museum.[1275] In seiner Anekdotensammlung um die erfundene Tante Jolesch (zu der drei Jahre später ein Fortsetzungsband „Die Erben der Tante Jolesch" erschien) erinnert sich Torberg markant an Arnold Schönberg, den „genialen Zeitgenossen", den er – als selber aus Prag über die Schweiz, Frankreich, Spanien und Portugal 1940 in die USA exilierter Jude – im befreundeten Hause Mahler-Werfel in Hollywood kennen, bewundern, ja verehren gelernt hatte.[1276] Der entscheidende Eindruck, der dieser Verehrung zugrunde lag, war Schönbergs „grandiose, [...] metallisch unzerstörbare Kompromisslosigkeit", von der er trotz seiner materiellen Notlage nie abgerückt sei, wie Torberg mit einer Anekdote dokumentiert.[1277] In der komplexen Entstehungsgeschichte des Textes zu Schönbergs Kantate „A Survivor from Warsaw" spielte Torberg eine Rolle durch seine 1943 in Los Angeles erschienene Novelle „Mein ist die Rache", die er Schönberg zum 69. Geburtstag am 13. September 1943 zusandte und worin er aus der Perspektive eines Überlebenden des KZ Heidenburg die Qualen internierter Juden schildert. Besonders eindrücklich

---

1273 Hannah Arendt, Juden in der Welt von gestern. Anlässlich Stefan Zweigs The World of Yesterday, an Autobiography (1943), in: Dies., Die verborgene Tradition. Essays, Frankfurt a. M. 1976, S. 81 u. 83f.

1274 Oliver Pfohlmann, Der Letzte der Wiener Moderne. Vor hundert Jahren wurde der österreichische Schriftsteller Friedrich Torberg geboren, NZZ Nr. 216, 16. September 2008.

1275 Paul Jandl, Hellsichtigkeit und Verblendung. Wer war Friedrich Torberg? – Eine Ausstellung im Wiener Jüdischen Museum, NZZ Nr. 297, 19. Dezember 2008. Vgl. aber v. a. Die „Gefahren der Vielseitigkeit". Friedrich Torberg 1908–1979, hg. v. Marcel Atze und Marcus G. Patka, Wien 2008 (Begleitpublikation zur Ausstellung im Jüdischen Museum Wien, 17. September 2008 bis 1. Februar 2009).

1276 Friedrich Torberg, Die Tante Jolesch oder Der Untergang des Abendlandes in Anekdoten, dtv-Ausgabe, München 1977, S. 250ff. Vgl. zu Torbergs Exil Oliver Matuschek, „Hals über sowieso". Friedrich Torberg im Exil (1938–1951), in: Die „Gefahren der Vielseitigkeit", S. 79–101.

1277 Torberg, Die Tante Jolesch, S. 251.

ist in der Novelle der Umstand, dass ausgerechnet der Rabbinatskandidat, der seinen Leidensgefährten Erdulden und Ergebung predigt (mein ist die Rache, sage der Herr), zuletzt den sadistischen Peiniger und Folterer erschießt. Schönberg dankte Torberg am 21. September 1943 und beschrieb den ungemein starken Eindruck („it impressed me tremenduously"), den das Buch auf ihn gemacht habe, weswegen er sich tagelang gefühlt habe, wie wenn er das Beschriebene selber erlebt hätte: „I wished every anti-Nazi could read your book – then we need not be affraid that Germans might escape their punishment."[1278] Vielleicht vermag diese bemerkenswerte Episode und noch mehr die überaus eindrückliche Novelle selber, die ihr zugrunde lag,[1279] nebst einigem anderen, so eine unter dem Titel „Qualen eines Hellhörigen" ihrerseits hellhörige Kritik zu Peter Handke von 1974,[1280] den eher unangenehmen Eindruck auszubalancieren, den Torbergs Nachkriegs-Rolle als Chefredaktor (1954–1965) eines letztlich über die CIA finanzierten Monatsblatts und militanter Kalter Krieger hinterlässt, der maßgeblich am zwischen 1953 und 1962/1963 in Österreich durchgeführten „Brecht-Boykott" beteiligt war.[1281]

8.2 Mythisierer und Desillusionierer

Viele Mythisierer der Habsburgermonarchie waren jüdisch geprägt, weil Kaiser Franz Joseph in besonderer Weise „ihr" Kaiser war und sein übernationales Reich für sie ein „Reich der Gnade" – in deutlichem Gegensatz zu den Pogromen jenseits der russischen Grenze. Als „die einzigen bedingungslosen Österreicher" (Joseph Bloch, 1917)

1278 Zit. in Therese Muxeneder, „I saw it in my imagination." Zur Textwerdung von Arnold Schönbergs *A Survivor from Warsaw*, in: Arnold Schönberg in seinen Schriften. Verzeichnis – Fragen – Editorisches, hg. v. Hartmut Krones, Wien – Köln – Weimar 2011 (Schriften des Wissenschaftszentrums Arnold Schönberg, 3), S. 239–259, hier S. 243f. Mehr zu Schönberg unten Kap. 9.3.

1279 Im Nachwort zur dtv-Ausgabe Friedrich Torberg, Mein ist die Rache. Novelle, München 2008, sagt der Herausgeber Marcel Atze, dieser herausragende Text, mit dem der Emigrant Torberg 1943 hervortrat, stelle „alles, was je von ihm erschien, in den Schatten" (S. 83). Vgl. auch Marcel Atze, „Was von einem ganzen Lebenswerke bleibt". Friedrich Torbergs Prosatexte zwischen Produktion und Rezeption, in: Die „Gefahren der Vielseitigkeit", S. 39-43.

1280 Vgl. Michael Hansel, „... ein Lackerl Geifer zu erzeugen". Friedrich Torberg als Vermittler und Verhinderer von Literatur, in: Die „Gefahren der Vielseitigkeit", 138f.

1281 Vgl. Matuschek, „Hals über sowieso", S. 91ff., und Hansel, „... ein Lackerl Geifer zu erzeugen", S. 130–133, sowie v.a. Anne-Marie Corbin, „Das Forum ist mein Kind". Friedrich Torberg als Herausgeber einer publizistischen Speerspitze des Kalten Krieges, in: Die „Gefahren der Vielseitigkeit", S. 201–221.

zeigten zahlreiche Juden gegenüber der späten Monarchie eine besondere Loyalität.[1282] Die Zeit Franz Josephs erscheint bei jüdischen Schriftstellern denn auch als goldenes Zeitalter, wobei es neben der bekannten Nostalgie der Roth, Werfel und Zweig auch eine überraschende Nostalgie zionistischer hebräischer Schriftsteller gegenüber dem Kaiserreich gab, so beim Ostgalizier Asher Barash.[1283] Weniger erstaunt die Nostalgie jüdischer Offiziere nach dem Untergang des Reiches, weil ihr Anteil überdurchschnittlich hoch gewesen war. So beschreibt der jüdische Lyriker und Wiener Reserveoffizier Uriel Birnbaum in seinem Gedichtband „In Gottes Krieg" von 1921, wie er als einziger von sechzig Offizieren der Forderung einer Abordnung des Soldatenrates, „von Reich und Kaiser abzurücken", ein ergrimmtes Nein entgegen schleuderte: „Ich wagte es, ergrimmt mein Nein / Dem roten Aufruhr ins Gesicht zu schrei'n. / Nur ich. Nur ich. Nur ich. Nur ich allein."[1284]

Als einstmals linker Autor, dann anerkannter Exponent des sozialkritischen Feuilletons und Verfasser von Reiseberichten und zuletzt als monarchistisch und (vielleicht vorübergehend legitimistisch) empfindender Erfolgsschriftsteller wurde (Moses) Joseph Roth (1894–1939) mit einigen seiner Werke zum unvergleichlichen Habsburg-Mythisierer, ja zum ‚eigentlichen' Stifter eines weit über die eigene Zeit hinaus in die Breite wirkenden Mythos.

Der nahe der russischen Grenze in Brody geborene und aufgewachsene Sohn galizischer Juden, der in Lemberg und 1914–1916 in Wien studierte und nach Militärdienst (1916–1918) und Krieg als hochbezahlter Journalist aus Wien und Berlin für verschiedene Zeitungen (1923 bis Ende 1932 insbesondere für die Frankfurter Zeitung) und in den 30er Jahren als zunehmend berühmter Autor (1930 erschien der „Hiob", 1932 der „Radetzkymarsch") ständig unterwegs fast immer in Hotels lebte, fuhr zufällig genau am 30. Januar 1933 von Berlin nach Paris, in die „Hauptstadt der Welt", wie er sie 1925 in einem Brief bezeichnet hatte, wo er als stolz-antifaschistischer „Vertriebener" exiliert blieb und 1939 vorzeitig verstarb, nachdem er sich als schwerer Alkoholiker in den Tod getrunken hatte.[1285]

1282 Malachi Haim Hacohen, Kosmopoliten in einer ethnonationalen Zeit. Juden und Österreicher in der Ersten Republik, in: Das Werden der Ersten Republik, Band I, S. 281–316, hier S. 282ff.
1283 Hacohen, Kosmopoliten, S. 310 u. 312.
1284 Strelka, Der Offizier in der österreichischen Literatur, S. 177f.
1285 Vgl. zu Roths Exiljahren Heinz Lunzer, in Zusammenarbeit mit Victoria Lunzer-Talos, Joseph Roth im Exil in Paris 1933 bis 1939, Wien 2008 (Begleitbuch zur gleichnamigen Ausstellung der Dokumentationsstelle für neuere österreichische Literatur im Literaturhaus Wien in den Jahren 2008 und 2009); für Roths kompromisslose Haltung gegenüber dem Nationalsozialismus ebd., S. 111–123. Für das Biographische allgemein ist Heinz Lunzer, Victoria Lunzer-Talos, Joseph Roth, Leben und Werk in Bildern, Köln 1994, beizuziehen; Paris als „Hauptstadt der Welt" findet sich in Roths Brief vom 16. Mai 1925 an Benno Reifenberg, Lunzer/Lunzer-Talos, Roth, Leben und Werk, S. 134.

Bekanntlich änderte Roth seine Lebensgeschichte laufend und erfand sich selber immer wieder neu; offenbar machte es ihm Spaß, seine Zuhörer in die Irre zu führen.[1286] Ein kleines Beispiel dürfte sein Vorwort zum Vorabdruck des „Radetzkymarsch" in der Frankfurter Zeitung sein, wonach er mit seiner Marschkompanie eine Woche nach dem Tod Franz Josephs vom Wiener Nordbahnhof zum Schlachtfeld geführt wurde, in der „funkelnagelneuen Felduniform", in der sie bei seinem Begräbnis vor der Kapuzinergruft Spalier gebildet hätten: „Und es war, als schickte uns noch der tote Kaiser in den Tod."[1287] Insofern macht es wenig Sinn, in seinen Werken nach biographischen Aufhängern suchen zu wollen. Aber auch ohne solche ist sein Roman „Radetzkymarsch" von 1932 für die vorliegende Studie im Sinne des Fortlebens der Habsburgermonarchie recht eigentlich emblematisch. Er fand drei Jahrzehnte später (1964) in der zweiteiligen Schwarz-Weiß-Verfilmung von Michael Kehlmann für das österreichische Fernsehen eine adäquat visualisierte Nachlese. Sie arbeitet die Niedergangs-Szenarien und die Untergangsstimmung des Romans heraus und kann als Gegenentwurf zur (fast) heilen Welt der Sissi-Filme aus den 1950er Jahren gelesen werden.[1288]

Der „Radetzkymarsch" bietet eine formal glänzende, inhaltlich traurige Dreigenerationen-Geschichte mit von Generation zu Generation zunehmender Präsenz der Protagonisten, aber abnehmender Lebenskraft (wer denkt nicht an Thomas Manns „Buddenbrooks", trotz Roths Aversion ihm gegenüber). Die Geschichte dreht sich um Joseph Trotta, den Helden von Solferino, der als junger slowenischer Infanterieleutnant dem jungen Kaiser Franz Joseph das Leben rettet und befördert und geadelt wird; um seinen Sohn Baron Franz von Trotta und Sipolje, der als Bezirkshauptmann in Mähren (unter dessen Balkon die Platzkonzerte der Militärkapelle mit dem Radetzkymarsch beginnen) den geregelten Lauf einer Welt spiegelt, die sogar für ihn zunehmend brüchig wird (tschechische Arbeiter versammeln sich, Sozialdemokraten deutscher Zunge machen sich bemerkbar: „die ungehorsamen Teile der Bevölkerung");[1289] schließlich vor allem um den sensiblen Enkel Carl Joseph von Trotta, der unter dem schweren Schatten des übermächtigen Großvaters („Man war ein Enkel des Helden von Solferino, der einzige Enkel. Man fühlte den dunklen, rätselhaften Blick des Großvaters ständig im Nacken!", S. 79) als junger Leutnant, „empfindlicher als seine Kameraden, trauriger

---

1286 Vgl. Lunzer, Roth im Exil in Paris, S. 11.
1287 Lunzer/Lunzer-Talos, Roth, Leben und Werk, S. 197.
1288 Vgl. Martin Zimmermann, Am leichtesten stirbt es sich beim Radetzkymarsch. Der Untergang Österreich-Ungarns in der Verfilmung des Romans "Radetzkymarsch". Essay als Leistungsnachweis im Rahmen der MA-Vorlesung Das zweite Leben Österreich-Ungarns, Universität Fribourg, Frühlingssemester 2011, S. 10.
1289 Joseph Roth, Radetzkymarsch. Roman (1932), dtv-Taschenbuch, München 1981, S. 170f. Im folgenden werden die Seitenzahlen nach dem jeweiligen Zitat in Klammern angemerkt.

als sie" (S. 165), daran zerbricht, dass es nichts mehr zu verteidigen gibt als Kaiserbilder in Bordellen oder den ermordeten Franz Ferdinand gegen betrunkene ungarische Dragoneroffizieren (S. 364f.), und in den ersten Wochen des Kriegs an der russischen Grenze fällt, absurder- und vielleicht ironischerweise nicht im Kampf, sondern beim Wasserholen für seine Soldaten (S. 391).

Es ist ein Roman über das Ende der Habsburgermonarchie, der nicht zufällig seinen Ausgang von einer Niederlage nimmt (Solferino besiegelte 1859 den Verlust der Lombardei), und er präsentiert ihre besten, aber erstarrten Seiten im Bezirkshauptmann und im Kaiser, vor allem im Kaiser, „der [in der Optik des jungen Kavalleriekadetten Carl Joseph] gütig war und groß, erhaben und gerecht, unendlich fern und sehr nahe und den Offizieren der Armee besonders zugetan" (S. 32), dann plötzlich alt erscheint und eingeschlossen „in seiner eisigen und ewigen, silbernen und schrecklichen Greisenhaftigkeit [...] wie in einem Panzer aus ehrfurchtgebietendem Kristall" (S. 86), seit Jahren und Jahrzehnten anstehende Probleme nicht löst, sondern aus der Welt schafft, indem er sie entweder ignoriert oder weginterpretiert (so wird Kapturak, der Betreiber des für Carl Joseph verhängnisvollen Spielsaals, durch „erhabenen Wink" über die Grenze abgeschoben und der Spielsaal geschlossen, S. 345) oder im besten Fall ad personam des Enkels des Helden von Solferino „günstig erledigt" (S. 261, auch S. 343). Der Kaiser ist ein alter Mann, „der älteste Kaiser der Welt", der seine Augen „mit künstlicher Güte" füllt und die Sonne (anders als seinerzeit Karl V.) in seinem Reich untergehen sieht (aber nichts dazu sagt, S. 261 f.). Sein *alter ego*, der Bezirkshauptmann, der „alle Menschen, die den Kaiser gesehen haben, an Franz Joseph" erinnert (S. 336), ihm wie ein Bruder gleicht (S. 341f.) (in ‚Wahrheit' aber rund 30 Jahre jünger sein müsste) und ihn nur um drei Tage überlebt (S. 403), nimmt das Aufbrechen der Nationalitätenfrage wahr, mit Missfallen, kann oder will aber nichts dagegen unternehmen, „denn ‚nationale Minoritäten' waren für seine Begriffe nichts anderes als größere Gemeinschaften ‚revolutionärer Individuen'" (S. 278), also eine Art *quantité négligeable*. Den Dienst vollzieht er nur noch mechanisch, gleich „einem Virtuosen, in dem das Feuer erloschen, in dessen Seele es taub und leer geworden ist und dessen Finger nur noch in kalter, seit Jahren erworbener Dienstfertigkeit [...] richtige Klänge erzeugen" (S. 296). Bezeichnend für den Zustand der Monarchie ist, dass das Ulanenregiment, in dem der Enkel zunächst Dienst tut, in Mähren liegt, aber nicht aus Tschechen besteht, „wie man hätte glauben mögen", sondern aus Ukrainern und Rumänen (S. 73). Vor allem bezeichnend ist aber, dass Auflösung und Ende der Monarchie vornehmlich in der Armee dargestellt werden, die trinkt („es gab niemals im Lauf des langweiligen Tages eine Gelegenheit, keinen Schnaps zu trinken", S. 202), spielt, sich duelliert, in Befolgung eines Ehrenkodex, der nichts Zeitgemäßes mehr hat, und natürlich den Krieg verliert, nachdem der alte Kaiser dahingegangen sein wird. All dies wird mit großer Wehmut und kritischer

Sachlichkeit beschrieben, so in einer Nebenbemerkung im Vorfeld des Duells, anlässlich dessen der Regimentsarzt Demandt zugleich mit seinem Gegner fallen wird und sich Todesahnungen einstellen: „Der Tod schwebte über ihnen [den Offizieren], und er war ihnen keineswegs vertraut. Im Frieden waren sie geboren und in friedlichen Manövern und Exerzierübungen Offiziere geworden. Damals wussten sie noch nicht, dass jeder von ihnen, ohne Ausnahme, ein paar Jahre später mit dem Tod zusammentreffen sollte" (S. 111). Vor allem aber in der ungeheuerlichen, wenngleich durchaus möglichen Szene des Eintreffens der Nachricht vom Sarajewo-Attentat an der russischen Grenze, in der „Verderbnis dieses Landes, über das bereits der große Atem des großen feindlichen Zarenreiches strich" (S. 159), als ein ungarischer Graf als Quintessenz einer längeren Unterhaltung unter den ungarischen Offizieren den nichtungarischen Kollegen mitteilt, „meine Landsleute und ich" seien übereingekommen, „dass wir froh sein können, wann das Schwein hin ist!" (S. 363).

In Fortsetzung dessen, was der 1939 geborene Triestiner Germanist Claudio Magris beschreibt, der in einem legendär gewordenen frühen Buch zum habsburgischen Mythos in der österreichischen Literatur – dem Buch seines Lebens, wie er 2003 in einem Interview von seiner 1963 in Turin erschienenen Dissertation sagte[1290] – seinen Ausgang im Biedermeier bei Raimund und Nestroy und vor allem bei Grillparzer nimmt und im Wesentlichen mit Roth und Musil endet,[1291] erscheint gerade Joseph Roth mit Blick auf das Nachleben der Monarchie als der ‚wahre' Schöpfer eines oft missverstandenen, weil scheinbar beschönigenden allgemeinen Habsburg-Mythos. Wie man sich Kaiserin Elisabeth als Romy Schneider vorstellt, so den Kaiser und sein Reich im Sinne des „Radetzkymarsch". Freilich kehrte Roth die ‚wahren' Verhältnisse auf bezeichnende Weise um: „Das Schicksal hat aus unserem Geschlecht von Grenzbauern Österreicher gemacht. Wir wollen es bleiben", schreibt der Bezirkshauptmann seinem Sohn, der sich zur Infanterie in die Heimat des großväterlichen Helden nach Slowenien versetzen lassen will. Da ihm die südliche Grenze aber verschlossen bleibt, gelangt er in ein Jägerbataillon, das „nicht weiter als zwei Meilen von der russischen Grenze stationiert war" (S. 152), in den endlosen östlichen Sümpfen beim „letzten aller Bahnhöfe der Monarchie" (S. 157). In „Die Kapuzinergruft", der weniger geglückten Fortsetzungsgeschichte des „Radetzkymarsch" bis zum März 1938 (sie erschien noch Ende

---

1290 „Ma sicuramente penso che *Il mito absburgico* sia il libro della mia vita, che ha deciso tante cose della mia vita e da cui sono nati molti altri libri." Luigi Reitani, „Non posso non dirmi ancora absburgico". Magris quarant'anni dopo racconta come scoprì il mito dell'Austria-Ungheria, Corriere della Sera, 29 maggio 2003, p. 37.

1291 Claudio Magris, Il mito absburgico nella letteratura austriaca moderna, Torino 1963 (Neuausgabe 1988); deutsche Übersetzung: Caudio Magris, Der habsburgische Mythos in der österreichischen Literatur, Salzburg 1966 (Neuausgabe Wien 2000).

jenes Jahres in einem kleinen holländischen Verlag), wird erst recht deutlich gemacht, das Wesen Österreichs sei nicht Zentrum, sondern Peripherie,[1292] während der letzte Trotta ausführt, „die bunte Heiterkeit der Reichs-, Haupt- und Residenzstadt" nähre sich „von der tragischen Liebe der Kronländer zu Österreich: der tragischen, weil ewig unerwiderten":

> „Die Zigeuner der Pußta, die subkarpatischen Huzulen, die jüdischen Fiaker von Galizien, meine eigenen Verwandten, die slowenischen Maronibrater von Sipolje, die schwäbischen Tabakpflanzer aus der Bacska, die Pferdezüchter der Steppe, die osmanischen Sibersna, jene von Bosnien und Herzegowina, die Pferdehändler aus der Hanakei in Mähren, die Weber aus dem Erzgebirge, die Müller und Korallenhändler aus Podolien: sie alle waren die großmütigen Nährer Österreichs: je ärmer, desto großmütiger [...], damit das Zentrum der Monarchie in der Welt gelte als die Heimat der Grazie, des Frohsinns und der Genialität."[1293]

Hier wird ein Paradoxon präsentiert: die Paradoxie einer (scheinbar) verkehrten Welt. Um sie noch augenfälliger zu machen, ereignet sich im „Radetzkymarsch" die ‚wirkliche' Heldentat des „Helden von Solferino" nicht *in*, sondern Jahre *nach* der Schlacht, als er sich nach einer Audienz beim Kaiser als „Ritter der Wahrheit" (S. 15) aus den Schulbüchern und damit aus der Geschichte wegstreichen lässt und um Entlassung aus der Armee nachsucht.[1294] Wie Irmgard Wirtz in ihrer Berner Dissertation in Anlehnung an Hayden White sagt, müssen wir bei Roths Erzählen „von Fiktion(en) des Faktischen ausgehen".[1295] So wird der fiktive Held als Brechung in der Brechung vom Erfinder aus der Fiktion entlassen. Und das Reich, dem sich drei Generationen von Trottas, jede auf ihre Art, verschrieben haben, erscheint – in der zynischen Optik eines der reichsten polnischen Grundbesitzer Galiziens, des Grafen und Reichsratsabgeordneten Chojnicki – als die dem Untergang geweihte Karikatur dessen, was es (vielleicht) einmal war:

> „Der Balkan wird mächtiger sein als wir. Alle Völker werden ihre dreckigen, kleinen Staaten errichten, und sogar die Juden werden einen König in Palästina ausrufen. In Wien stinkt schon der Schweiß der Demokraten, ich kann's auf der Ringstraße nicht mehr aushalten. Die

---

1292 Joseph Roth, Die Kapuzinergruft. Roman (1938), Amsterdam – Köln 1972, S. 17.
1293 Roth, Die Kapuzinergruft, S. 72f.
1294 Vgl. Irmgard M. Wirtz, Habsburgischer Mythos und mitteleuropäische Realitäten, NZZ Nr. 123, 30./31. Mai 1998.
1295 Irmgard Wirtz, Fiktionen des Faktischen. Das Feuilleton der zwanziger Jahre und „Die Geschichte von der 1002. Nacht" im historischen Kontext, Berlin 1997, S. 114f. (hier der Verweis auf Hayden White, Auch Klio dichtet oder die Fiktion des Faktischen. Studien zur Tropologie des historischen Diskurses, Stuttgart 1991).

Arbeiter haben rote Fahnen und wollen nicht mehr arbeiten. [...] Die Pfaffen gehn schon mit dem Volk, man predigt tschechisch in den Kirchen. Im Burgtheater spielt man jüdische Saustücke, und jede Woche wird ein ungarischer Klosettfabrikant Baron." (S. 164f.).

Ernsthafter und verzweifelter, gleichfalls aus dem Mund des polnischen Grafen und insofern ausgesprochen ambivalent, eine Untergangsprophezeiung, die sich selber erfüllt:

„Die Zeit will uns nicht mehr! Die Zeit will sich erst selbständige Nationalstaaten schaffen! Man glaubt nicht mehr an Gott. Die neue Religion ist der Nationalismus. [...] Die Monarchie, unsere Monarchie, ist gegründet auf der Frömmigkeit: auf dem Glauben, dass Gott die Habsburger erwählt hat, über so und so viel christliche Völker zu regieren. [...] Der Kaiser von Österreich-Ungarn darf nicht von Gott verlassen werden. Nun aber hat ihn Gott verlassen!" (S. 196)

Das Zerbrechen des Reiches und die Auflösung der herrschenden Ordnung war jedenfalls *das* große Thema Joseph Roths, das sich in seinen Geschichten auf die eine oder andere Weise einstellt, stets durchtränkt von Wehmut über ein solches Ende, über das er doppelt gebrochen nicht hinweg kam: einmal wegen des Verschwindens des Reiches als solches, vor allem aber wegen des Abhandenkommens dessen, was von seiner Lebenswelt blieb und dem brutalen Zugriff des Nationalsozialismus anheimfiel. Die Folge war neben dem verzweifelten Dagegen-Anschreiben das Sich-zu-Tode-Trinken im Exil.

Beispielhaft für die Verklärung der untergegangenen Monarchie und die Trauer um sie ist die 1934 auf Französisch und 1935 im deutschsprachigen „Pariser Tageblatt" erschienene Erzählung „Die Büste des Kaisers". Sie handelt von einer Sandstein-Büste Franz Josephs, die anlässlich eines Besuchs des Kaisers in einem Grenzdorf Galiziens aufgestellt wurde und auf Befehl der neuen polnischen Herren nach dem Krieg weggeräumt werden musste, aber vom Besitzer wie ein Mensch in der Erde bestattet wird. Dass sie nicht verwesen kann, verweist auf eine Art höhere Unsterblichkeit von Kaiser und Reich, die in den Köpfen der Menschen weiterleben.[1296]

Von da erstaunt nicht, sondern wirkt im Gegenteil folgerichtig, dass Roth sich ab 1933 und vor allem nach dem „Anschluss" zur Monarchie bekannte und Beziehungen zum Kaiserhaus oder jedenfalls zum Thronprätendenten Otto unterhielt.[1297] Ein sehr

---

1296 Vgl. Lisa Bollinger, „Die Büste des Kaisers" von Joseph Roth, Essay als Leistungsnachweis im Rahmen der MA-Vorlesung Das zweite Leben Österreich-Ungarns, Universität Fribourg, Frühlingssemester 2011.
1297 Vgl. zu Roths Bekenntnissen zur Monarchie Lunzer, Roth im Exil in Paris, S. 140–155, sowie Lunzer/Lunzer-Talos, Roth, Leben und Werk, S. 258–263.

formell gehaltenes Schreiben von Franz Graf Trautmansdorff teilte ihm am 20. August 1938 aus Steenockerzeel „im Allerhöchsten Auftrage" mit, „Seine Majestät der Kaiser" habe ihn beauftragt, „Ihnen [Roth] für Ihre erneute Versicherung der Treue und Anhänglichkeit ebenso wie für die Übersendung Ihres Essays über Grillparzer Allerhöchstseinen besten Dank auszusprechen. Seine Majestät haben Ihre Ausführungen, in welchen Sie gleichzeitig den Typus des österreichischen Menschen gezeichnet haben, mit Interesse gelesen."[1298] Anlässlich von Roths Begräbnis am 30. Mai 1939 legte derselbe Graf einen Kranz mit der Aufschrift „Otto" auf schwarzgelber Schleife nieder und hielt zum Missfallen vieler Anwesenden eine Ansprache.[1299]

Ein Brief an Stefan Zweig vom Sommer 1935 zeigt, dass Roth an eine Wiederkehr der Habsburger glaubte,[1300] und in einem Zeitungsartikel schrieb er Ende Mai 1935 nach einem Besuch in der Kapuzinergruft (an Franz Joseph gerichtet): „Alle österreichischen Kaiser liebe ich: jenen, der Dir gefolgt ist, und alle, die Dir noch folgen werden. Aber Dich, mein Kaiser Franz Joseph, suche ich auf, weil Du meine Kindheit und meine Jugend bist. Ich grüße Dich, Kaiser meiner Kinderzeit! Ich habe Dich begraben: für mich bist Du niemals gestorben!"[1301]

Einer von Roths Pariser Bekannten, der österreichische Diplomat Martin Fuchs, sagte in einem Interview 1961, der Thronprätendent Otto sei für Roth „als Träger des Gedankens der Monarchie" zur „symbolischen Gegenfigur gegen Hitler" geworden. Die andere Wurzel der Hinneigung zur Monarchie sei „eine Art Heimweh um das alte Österreich" gewesen. In der „Abwehr gegen den Nazismus" habe Roth die Monarchie „seiner Kindheit und Heimat" wiederbeleben und stärken wollen; persönliche Begegnungen mit Otto, der oft in Paris gewesen sei, habe es aber nur eine oder zwei gegeben.[1302] So erweist sich, dass für Roth kaum der junge Thronprätendent das Primäre gewesen sein dürfte, sondern die Abwehr Hitlers. Vor der laut dem Legitimisten Klaus Dohrn einzigen Begegnung Roths mit Otto, als sein Verständnis für den Gesprächspartner größer gewesen sei als umgekehrt, habe er allerdings aus Erregung, weil er zu „meinem Kaiser" ging, besonders viel getrunken.[1303] Gemäß diesem Brief Dohrns an Senta Zeidler von 1954 sei Roths Wendung zum Legitimismus schon mit

---

1298 Zit. Lunzer/Lunzer-Talos, Roth, Leben und Werk, S. 261.
1299 Vgl. Lunzer/Lunzer-Talos, Roth, Leben und Werk, S. 273.
1300 24. Juli 1935, Lunzer, Roth im Exil in Paris, S. 142f.
1301 Joseph Roth. In der Kapuzinergruft, Wiener Sonn- und Montags-Zeitung, 27. Mai 1935, in: Lunzer/Lunzer-Talos, Roth, Leben und Werk, S. 259.
1302 Interview von David Bronsen mit Martin Fuchs, Wien 18. 7. 1961 (Fuchs war 1962–1969 österreichischer Botschafter in Paris, wo er schon 1926–1936 als Vertragsangestellter an der Botschaft und 1937/1938 als Presseattaché tätig gewesen war), in: Lunzer, Roth im Exil in Paris, S. 140f.
1303 Klaus Dohrn an Senta Zeidler, 23. Juni 1954, Lunzer, Roth im Exil in Paris, S. 152.

der Arbeit am „Radetzkymarsch" erfolgt, während er den Legitimistenführer Friedrich von Wiesner aus der Zeit des Kriegspressequartiers gekannt und geschätzt habe.[1304] Auf der Rückreise von einer Vortragsreise nach Polen scheint er neben Freunden, Verwandten, Journalisten, Verlegern und Autoren Ende März 1937 in Wien auch Dohrn und Wiesner getroffen zu haben.[1305] In den letzten Lebensmonaten soll er sich aber über die Legitimisten und den Thronprätendenten geärgert haben,[1306] nachdem er Ende Februar 1938 noch zu jenen gehört hatte, die Schuschnigg zur Machtübergabe an Otto von Habsburg bewegen wollten.[1307] Allerdings ist schlecht vorstellbar, dass der hochintelligente Roth dem jungen und eher unbedarft wirkenden Thronprätendenten viel zugetraut haben mag. Indessen ändert dies nichts an seiner Grundüberzeugung, die er gegenüber dem ostjüdischen Freund Joseph Gottfarstein äußerte, den er 1934–1939 in Paris fast täglich (besser: nächtens) sah, dass es die Juden nie so gut wie unter der Habsburgermonarchie gehabt hätten; es sei „eine goldene Zeit" gewesen.[1308] Doch dies galt dem mythisch überhöhten alten Kaiser, bei dessen Ableben „wir alle, seine Soldaten [wussten], dass unser letzter Kaiser dahingegangen war und mit ihm unsere Heimat, unsere Jugend und unsere Welt".[1309]

Mit Hitlers Machtergreifung sah Roth die ganz große Katastrophe unabänderlich kommen, hatte aber den italienischen Faschismus wie den Nationalsozialismus schon von Anfang an abgelehnt. Umgekehrt schrieb er Stefan Zweig am 28. Juni 1933: „Ich liebe Österreich. Ich halte es für feige, jetzt nicht zu sagen, dass es Zeit ist, sich nach den Habsburgern zu sehnen."[1310] Insofern mag vielleicht zutreffen, dass er sich wie Heimito von Doderer ins Idyll der Vergangenheit zurückzog,[1311] aber anders als der heiter-ironische Doderer in „Die erleuchteten Fenster" zwei Jahrzehnte später tat er es aus blanker Verzweiflung und grenzte die unvollkommene, aber liebenswerte Ordnung der Monarchie radikal von der in jeder Hinsicht nur negativen NS-Zeit ab. Der „Anschluss" war für ihn der zweite und schlimmere Untergang Österreichs, wie es der

---

1304 Lunzer, Roth im Exil in Paris, S. 151f. Vgl. zu Wiesner oben Kap. 5.2.
1305 Vgl. Lunzer/Lunzer-Talos, Roth, Leben und Werk, S. 257.
1306 Vgl. Lunzer, Roth im Exil in Paris, S. 171.
1307 Vgl. Lunzer/Lunzer-Talos, Roth, Leben und Werk, S. 258.
1308 Lunzer, Roth im Exil in Paris, S. 182.
1309 Vorwort zum Vorabdruck des „Radetzkymarsch" in der Frankfurter Zeitung, zit. Lunzer/Lunzer-Talos, Roth, Leben und Werk, S. 197.
1310 Zit. Hans-Albrecht Koch, Die Nabelschnur der Freundschaft. Der Briefwechsel von Joseph Roth und Stefan Zweig zeugt von tiefer Verbundenheit in schwieriger Zeit, NZZ (internationale Ausgabe) Nr. 77, 31. März 2012.
1311 Vgl. Kerstin Schwob-Kordovsky, Die Menschwerdung des österreichischen Beamten – ein literarisches Motiv bei Joseph Roth und Heimito von Doderer, in: Im Takte des Radetzkymarschs, S. 125–128.

Folgeroman des „Radetzkymarsch" in der „Anschluss"-Nacht vor der Kapuzinergruft, der Begräbnisstätte der Habsburger, andeutet, wo der verzweifelte letzte Satz lautet: „Wohin soll ich jetzt, ein Trotta? ...".[1312]

Joseph Roth starb am 27. Mai 1939 in einem Pariser Spital.[1313] Seine Frau Friederike (Friedl), die er 1922 geheiratet hatte, lebte seit 1930 wegen ihrer 1928 ausgebrochenen Schizophrenie in verschiedenen Sanatorien, zeitweilig auch in der „Niederösterreichischen Landes-Heil- und Pflegeanstalt für Nerven- und Geisteskranke Am Steinhof" in Wien, und wurde am 3. Juli 1940 in die Heil- und Pflegeanstalt Linz-Niedernhart verlegt; von dort kam sie am 15. Juli 1940 ins „Mordschloss" Hartheim und sogleich in die Gaskammer.[1314] Joseph Gottfarstein, der Roth in Paris regelmäßig traf, sagte 1961 in einem eindrücklichen Interview mit dem Roth-Biographen David Bronsen: „He [Roth] was very sad during the whole time and verzweifelt bis zum Grunde wegen seiner Frau. Er sprach ständig über sie."[1315]

Die Reihe meiner Desillusionierer beginnt mit Hermann Broch (1886–1951) und seiner Studie „Hofmannsthal und seine Zeit" von 1947/48. Ihr I. Kapitel handelt vom „Wert-Vakuum", das auch in Wien die Jahre 1870 bis 1890 beherrscht habe, aber nicht wie in Deutschland als Gründer-, sondern als Backhendlzeit, denn obwohl sich Wien als „Kunststadt par excellence" fühle, habe der Heimgang Stifters und Grillparzers, die „den einzigen gewichtigen Beitrag Österreichs zur deutschen und damit zur Weltliteratur" geliefert hätten, fast niemanden berührt.[1316] Wien sei zum „Museum seiner selbst" geworden; das „Museale" sei Wien vorbehalten gewesen, „und zwar als Verfallszeichen, als österreichisches Verfallszeichen" (S. 148). Zugleich sei Wien das „Zentrum des europäischen Wert-Vakuums" (S. 153) und „was vom österreichischen Staat noch bestand" das „gespenstige Gerippe einer Theorie, an die niemand mehr glaubte", gewesen (S. 162). In dieser „Endblütezeit Wiens" (S. 170) war das Bürgertum „in erster Linie" Publikum der Hoftheater, der Hofmuseen und der „vom Hof protegierten Konzerte und Kunstausstellungen" (S. 173). „Walzerhaftigkeit" und „Operetten-Weisheit" wurden „unter dem Schatten des nahenden Unterganges" geisterhaft „zu Wiens fröhlicher

---

1312 Roth, Die Kapuzinergruft, S. 189.
1313 Vgl. Lunzer, Roth im Exil in Paris, S. 202ff.
1314 Andreas Hutter, Kein sanfter Tod für eine Schüchterne. Frieda Roth, die Frau des österreichischen Dichters Joseph Roth, starb in der Gaskammer von Schloss Hartheim, NZZ (internationale Ausgabe) Nr. 55, 7. März 2011.
1315 Lunzer, Roth im Exil in Paris, S. 178.
1316 Hermann Broch, Hofmannsthal und seine Zeit. Eine Studie, in: Hermann Broch, Schriften zur Literatur, 1. Kritik, Frankfurt a. M. 1975 (Hermann Broch, Kommentierte Werkausgabe, hg. v. Paul Michael Lützeler, Band 9/1), S. 145ff. Im Folgenden werden die entsprechenden Seitenzahlen den Zitaten beigefügt.

8. Literarische Erinnerung

Apokalypse" und Wien als „Metropole des Kitsches" zur Metropole des „Wert-Vakuums der Epoche" (S. 174f.).

In diesem Kontext folgt im II. Kapitel Brochs Wendung gegen Hofmannsthal, dessen Assimilationsaufgabe auf ein „Traum-Österreich" gerichtet gewesen sei, wobei er von Anfang an gewusst habe, „dass er sich letztlich an das Vakuum selber assimilierte", denn es sei allzu genau sichtbar gewesen, „dass er allüberall auf verlorenem Posten stand" (S. 210 u. 220). Sein Leben sei Symbol gewesen, „edles Symbol eines verschwindenden Österreichs, eines verschwindenden Adels, eines verschwindenden Theaters –, Symbol im Vakuum, doch nicht des Vakuums" (S. 221). Nach dem Ersten Weltkrieg sei man, wie das III. Kapitel ausführt, nirgendwo „dem Neuen weniger gewachsen" gewesen als in Wien, und weniger als „sonst irgendjemand" Hofmannsthal, dessen Konservativismus sich mit dem „Neuerungs-Hass des Kaisers" berührt habe (S. 222 u. 231). Notwendigerweise habe „die Absolut-Satire dort erstmalig voll in Erscheinung" treten müssen, wo das „Maximum des europäischen Wert-Vakuums" erreicht worden sei, in Österreich, und so habe Karl Kraus, Hofmannsthals Altersgenosse, es auf sich genommen, das „Unheilsgeflecht" von „Verlogenheiten" und von „Kitsch-Haltungen und Kitschhandlungen" aufzulösen und „das Böse darin nachzuweisen" (S. 271f.). Mit seiner „Unduldsamkeit" habe er „die vielen getroffen, welche [...] meinten, guten Willens zu sein oder – wie Hofmannsthal – es sogar waren", mit dem einzigen Ziel der „schlichten Anständigkeit" (S. 273).

Trotz diesem Verdikt war das Ende des Kriegs für Hofmannsthal nicht zur Zäsur geworden, sondern – wie die Salzburger Festspiele zeigen, die von ihm als Idee 1917 lanciert wurden – ein noch deutlicherer Auftrag, „an der historischen kulturellen Mission Österreichs festzuhalten".[1317] Und fast noch mehr ging es um die Rekonstruktion einer „transzendenten österreichischen Kulturidentität".[1318] Ob dies mit dem „Jedermann", der die Festspiele am 22. August 1920 unter der Regie von Max Reinhardt eröffnete und seither immer wieder gegeben wird, gelingen konnte (und kann), soll offen bleiben. Für Kraus war Hofmannsthal schon während des Kriegs eine Zielscheibe gewesen und wurde es nachher noch mehr.

Ein im Rückblick vielleicht reuevoller gewichtender Anti-Habsburger von weltliterarischem Rang war Ivo Andrić (1892–1975), der seit dem Literatur-Nobelpreis von 1961 als serbokroatischer (!) Preisträger geführt wird, aber einer katholisch-kroatischen Familie entstammte. Er wurde 1892 im mittelbosnischen Travnik geboren, verbrachte seine Kindheit in Visegrad mit Blick auf die berühmte Stein-Brücke über die Drina, wuchs in

---

1317 Vgl. Pfoser, Was nun?, S. 180f.
1318 Julia Danielczyk, Birgit Peter, Zufluchtsort Theater. Theaterstadt Wien 1918 bis 1920, in: Das Werden der Ersten Republik, Band II, S. 197–216, hier S. 214.

Sarajewo auf, wo er noch in habsburgischer Zeit das Gymnasium besuchte und mit dem nachmaligen Attentäter Gavrilo Princip vertraut war. In der Zwischenkriegszeit absolvierte er im neuen Südslawenstaat eine Diplomatenkarriere, die ihn 1939–1941 auf einen von ihrem Ende her traurigen Höhepunkt als jugoslawischer Botschafter nach Berlin führte. Seine Bücher schrieb er in der Folge hauptsächlich in Belgrad und verstand sich als Jugoslawe. Der im Zweiten Weltkrieg verfasste Roman „Die Brücke über die Drina. Eine Wischegrader Chronik" evoziert diese multikulturelle Stadt Ostbosniens wie sie in ihrer damaligen Heterogenität heute nicht mehr existiert. Im Bosnienkrieg wurde sie 1992–1995 besonders brutal „ethnisch gesäubert" und ist seither fast ausschließlich serbisch.[1319]

Der faszinierende, wenngleich partienweise – so in der Szene der Pfählung eines bei der Sabotage am Brückenbau erwischten Bauern – fast unerträglich brutale Roman spielt an der Grenze zu Serbien und stellt die 1571 fertig gebaute Brücke über die Drina ins Zentrum. In weit zurückliegender Geschichtszeit trennte die Drina das Weströmische vom Oströmischen Reich (und damit die katholische von der orthodoxen Welt) und zuletzt die Habsburgermonarchie von Serbien. Das Schicksal ihrer 180 Meter langen Brücke mit den elf Bögen wird auf kunstvolle Weise aus wechselnden Perspektiven gesehen, wobei die türkische bzw. „mohammedanische" entsprechend der Länge dieser Herrschaft dominiert. Die Serben beschießen die Brücke bei Kriegsbeginn 1914, während die Österreicher sie vorher unterminiert haben; sie dürften jene sein, die sie am Ende des Romans zerstören, indem sie sie teilweise in die Luft sprengen. Indessen könnten auch serbische Kanonen die Sprengladung getroffen haben. So bleibt die Verantwortung für die Zerstörung im Roman bezeichnenderweise offen, der ansonsten das Schicksal der fast ein Jahrhundert später grausam aus der Stadt vertriebenen Muslime fast traumwandlerisch vorwegnimmt. Umso peinlicher wirkt Andrićs Vereinnahmung durch serbische Nationalisten um den im Bosnienkrieg mit den bosnischen Serben sympathisierenden Sarajewoer Filmemacher muslimischer Herkunft Emir Kusturica, die Andrić in den letzten Jahren in Sichtdistanz zur Brücke an der Drina eine Retortenstadt mit dem Namen Andrićgrad errichtet haben.[1320]

Der NZZ-Feuilletonredaktor Andreas Breitenstein stellt Andrić in eine Reihe mit Joseph Roth, Robert Musil, Jaroslav Hašek und anderen.[1321] Holm Sundhaussen weist

---

1319 Vgl. Ksenija Cvetkovic und Martin Sander, Liebe, Hass und Literatur. In Bosnien und Serbien streitet man sich fünfzig Jahre nach dem Nobelpreis noch immer um das Werk von Ivo Andrić, NZZ Nr. 286, 7. Dezember 2011.
1320 Vgl. Thomas Fuster, Themenpark für einen Schriftsteller. Serbische Nationalisten bauen eine Phantasiestadt für Jugoslawiens Nobelpreisträger Ivo Andrić, NZZ Nr. 115, 20. Mai 2014.
1321 Andreas Breitenstein, Chronik in Stein. „Die Brücke über die Drina" – Ivo Andrićs Meisterwerk in sanft renovierter Übersetzung, NZZ Nr. 120, 24. Mai 2011. Selber habe ich noch Ivo Andrić, Die Brücke über die Drina. Eine Wischegrader Chronik. Roman (suhrkamp taschenbuch 3460) 2003, benützt.

8. Literarische Erinnerung

andererseits bei Andrić, der während des Ersten Weltkriegs in verschiedenen k.u.k. Gefängnissen einsaß, weil er mit den Zielen der Attentäter von 1914 sympathisierte, darauf hin, dass kontrovers diskutiert werde, ob er ein bosnisch-kroatischer oder bosnisch-serbischer Schriftsteller sei, während er für bosniakisch-muslimische Kritiker seit dem Bosnienkrieg als Bosniaken-Hasser und als islamophob gelte. Seine 1924 an der Universität Graz verteidigte und zu Lebzeiten ungedruckte Dissertation zeichne jedenfalls ein durch und durch negatives Bild der „Türkenherrschaft" in Bosnien.[1322] Gleichzeitig zitiert Sundhaussen zum Abschluss seiner Stadtgeschichte von Sarajewo Andrić aber auch als literarischen Brückenbauer.[1323] Von da erhält die Zerstörung der Brücke über die Drina von 1914 jedenfalls ihre tiefste Bedeutung, indem alles Neben-, Mit- und Gegeneinander, das sich in Jahrhunderten auf ihr abspielte, zum Auftakt des beginnenden Kriegs brutal abbricht, was als eindrückliches Bild für die „Urkatastrophe" gesehen werden kann, die mit dem Ersten Weltkrieg über die Menschen hereinbrach. Andrić, der Chronist dieser Brückengeschichte, folgerte im Rückblick – anlässlich ihrer Niederschrift im Zweiten Weltkrieg und entgegen seiner Opposition von 1914 – über den Staat, „der uns vorerst okkupierte und daraufhin annektierte", und über die nach den Soldaten eingetroffenen Beamten und ihren Verwaltungsapparat: „Es war die beste und gerechteste Verwaltung, es war die Zeit des höchsten Wohlstandes, die wir in der Chronik dieser Kasaba [Kleinstadt] an der Brücke über die Drina verzeichnen können."[1324]

Einer nachfolgenden Generation gehört der hochkomplexe „Übertreibungskünstler"[1325] Thomas Bernhard (1931–1989) an, in dessen Werken fast immer jemand spricht oder erzählt oder monologisiert und jemand zuhören muss.[1326] Dazu passt, dass Bernhard gleichsam ständig einen einzigen Text weiterschrieb; in einem Interview äußerte er, es sei „im Grunde [...] immer die eine gleiche Prosa und die eine Art, für die Bühne zu schreiben".[1327] Wenige Jahre früher hatte er in einem anderen Interview über sein allererstes gedrucktes Gedicht gesagt, es habe geheißen „Mein Weltenstück" und habe so angefangen: „Viel tausend Mal dasselbe blickt durchs Fenster in mein

---

1322 Holm Sundhaussen, Sarajevo. Die Geschichte einer Stadt, Wien – Köln – Weimar 2014, S. 14ff.
1323 Sundhaussen, Sarajevo, S. 363.
1324 Zit. Zoran Konstantinovic, Ivo Andrić: „... und dann kamen die österreichischen Beamten", in: Im Takte des Radetzkymarschs, S. 92.
1325 Murau in der „Auslöschung": „Meine Übertreibungskunst habe ich so weit geschult, dass ich mich ohne weiteres den größten Übertreibungskünstler, der mir bekannt ist, nennen kann."; Thomas Bernhard, Auslöschung. Ein Zerfall, Frankfurt a. M. 1986, S. 611.
1326 In Anlehnung an Claus Peymann im Gespräch mit Brigitte Salino, Le Monde, 14 janvier 2012, Culture & Idées, p. 4.
1327 Erich Böhme, Hellmuth Karasek, Ich könnte auf dem Papier jemand umbringen (Der Spiegel, 23.6.1980), in: Sepp Dreissinger (Hg.), Von einer Katastrophe in die andere. 13 Gespräche mit Thomas Bernhard, Weitra 1992, S. 77.

Weltenstück' ... also das war irgendwie thematisch schon da, dass es immer das gleiche ist und sich halt nichts ändert. Das ist eigentlich bis heute so ..."[1328]

Bernhards „Hassliebe" zu Österreich ist legendär geworden und schlug sich durchaus konsequent im unerbittlich bitteren (aber lediglich während zehn Jahren respektierten) Testament nieder, worin er eine nahezu ungeheuerliche „nationale Zugehörigkeitsverweigerung"[1329] aussprach. Sie nährte sich aus der Nazi-Vergangenheit des Landes und ihrem Nachleben sowie aus dem auf der Opferthese basierenden verlogenen Umgang mit ihr. 50 Jahre nach dem „Anschluss" wurde in „Heldenplatz" (1988) besonders hart und im Kontext der Waldheim-Affäre entsprechend skandalträchtig damit abgerechnet. Aber die Verweigerung betraf auch Altösterreich, ja dieses in gewisser Weise erst recht, wie Bernhard 1983 in einem Interview mit einer Bemerkung zum „Gewicht der Geschichte", das man nicht vergessen dürfe, festhielt: „Die Vergangenheit des Habsburgerreichs prägt uns. Bei mir ist das vielleicht sichtbarer als bei den anderen. Es manifestiert sich in einer Art echter Hassliebe zu Österreich, sie ist letztlich der Schlüssel zu allem, was ich schreibe."[1330] Und hier kann durchaus Ulrich Greiners These ins Spiel kommen, wonach Bernhard gegenüber Stifter „das gleiche in totaler Umkehrung" schildere.[1331] Seine Tiraden gegen das Katholische und das Nationalsozialistische an Österreich, welches nichts anderes sei als „ein Kunsthistorisches Museum, ein katholisch-nationalsozialistisches, fürchterliches",[1332] liquidieren im Rückblick auch den habsburgischen Mythos: „Habsburgische Verlogenheit, habsburgischer Schwachsinn, habsburgische Glaubensperversität hängt an allen diesen Wänden, das ist die Wahrheit, so Reger."[1333] „Zorn und Verzweiflung" seien – so Bernhard direkt – seine „einzigen Antriebe", und er habe „das Glück, in Österreich den idealen Ort dafür gefunden zu haben".[1334]

1328 Thomas Bernhard, Peter Hamm, „Sind Sie gern böse?" Ein Nachtgespräch zwischen Thomas Bernhard und Peter Hamm im Hause Bernhard in Ohlsdorf 1977, Berlin 2011, S. 31.

1329 Tim Reuter, „Vaterland, *Unsinn*". Thomas Bernhards (ent-)nationalisierte Genieästhetik zwischen Österreich-Gebundenheit und Österreich-Entbundenheit, Würzburg 2013, S. 75, wobei – wie weiter gesagt wird – gerade in dieser Identitätsverweigerung auch „ein Moment nationaler Zugehörigkeit" erkennbar sei, „da es sich hierbei um ein wichtiges Thema in der österreichischen Kultur nach 1945 handelt".

1330 Jean-Louis de Rambures, Alle Menschen sind Monster, sobald sie ihren Panzer lüften (Interview in Le Monde vom 7. 1. 1983), in: Dreissinger, 13 Gespräche mit Thomas Bernhard, S. 112. Vgl. zu Österreichs Anti-Heimatliteratur und zu Bernhard als Anti-Heimatdichter Reuter, „Vaterland, *Unsinn*", S. 76–92.

1331 Greiner, Der Tod des Nachsommers, S. 19. Vgl. auch Reuter, „Vaterland, *Unsinn*", S. 85.

1332 Thomas Bernhard, Alte Meister. Komödie, Frankfurt a. M. 1985, S. 307.

1333 Bernhard, Alte Meister, S. 306.

1334 Jean-Louis de Rambures, Ich bin kein Skandalautor (Interview in Le Monde vom 2. 2. 1985), in: Dreissinger, 13 Gespräche mit Thomas Bernhard, S.122f.

8. Literarische Erinnerung   333

Der in Zürich lehrende Wiener Germanist Karl Wagner erwähnt Bernhards Gespaltenheit gegenüber Stifter, von dem er einerseits sage, Wittgenstein sei „die Reinheit Stifters, Klarheit Kants in einem und seit (und mit ihm) Stifter der Größte", während er den derart Verehrten andererseits als „Kitschmeister", „Philister" und „muffigen Kleinbürger" lästere (was Wagner als „exemplarischen Fall von erbitterter Verehrung" qualifiziert).[1335] In einem 2010 im Rahmen der Wiener Vorlesungen im Rathaus gehaltenen Vortrag verweist Wagner auf Bernhards auffallende Vorliebe für aristokratischen Habitus und einen entsprechenden Wohn- und Lebensstil.[1336] Eine ähnliche Gegenwelt zur eigenen Herkunft ist diejenige Stifters, dessen Figuren sich als Erben „ansehnlicher materieller Güter" der „Vervollkommnung ihrer Landsitze und Schlösser" hingeben,[1337] freilich mit dem Unterschied, dass Stifter nicht wie Bernhard dem Kleinbürgerlichen und Provinziellen Verachtung entgegenbringt, sondern es einfach ausblendet. Bernhards „erbitterte Verehrung" für Stifter zeigt sich in „Alte Meister" (1985) allerdings mehr als Abrechnung denn als Verehrung. Er sei ein „unerträglicher Schwätzer", der „langweiligste und verlogenste Autor" in der deutschen Literatur und ein „verkrampft lebender Philister".[1338] Indessen geht dies weniger prototypisch gegen Stifter als allgemein gegen den Kunstbetrieb, so gegen den anderen Oberösterreicher Bruckner, dessen Musik „konfus und genauso unklar und genauso stümperhaft wie die Prosa von Stifter" sei,[1339] und ebenso gegen die „Musikindustrie" insgesamt und gegen Mahler im Besonderen, mit dem „die österreichische Musik ihren absoluten Tiefstand erreicht" habe,[1340] aber natürlich auch gegen das Kunsthistorische Museum, welches nur „eine geistfeindliche habsburgisch-katholische Staatskunst" präsentiert und für ganz Österreich steht, das – wie bereits zitiert – nichts anderes sei als ein katholisch-nationalsozialistisches Kunsthistorisches Museum.[1341]

Bernhards „Auslöschung" (1986), sein „Opus magnum",[1342] bringt – neben dem „Heldenplatz" – den Höhepunkt seiner Angriffe gegen das Katholisch-Nationalsozialistische an Österreich, dem Österreich der Waldheim-Affäre und damit einer „spezi-

---

1335 Wagner, Die Litanei der Phänomene (s. Anm. 1244).
1336 Karl Wagner, „Er war sicher der Begabteste von uns allen." Bernhard, Handke und die österreichische Literatur, Wiener Vorlesungen im Rathaus, 150, Wien 2010, S. 22f.
1337 Greiner, Der Tod des Nachsommers, S. 20.
1338 Bernhard, Alte Meister, S. 74f.
1339 Bernhard, Alte Meister, S. 76.
1340 Bernhard, Alte Meister, S. 279 u. 225.
1341 Vgl. Alte Meister, S. 304–307. S. zu „Alte Meister" u. a. Charles W. Martin, The Nihilism of Thomas Bernhard. The portrayal of existential and social problems in his prose works, Amsterdam 1995, S. 183-188.
1342 Wagner, Bernhard, Handke und die österreichische Literatur, S. 25.

fisch österreichischen Vergangenheit, die nicht vergehen will" (Ulrich Weinzierl),[1343] hier hauptsächlich repräsentiert durch Muraus (des Erzählers) überzeugte, ja fanatische Nazi-Eltern, die es nach dem Ende der Nazizeit geblieben sind, und exemplifiziert am Schweigen der Österreicher über die damals begangenen Verbrechen.[1344] Durch die Verbindung von Nationalsozialismus mit Katholizismus erhält Muraus Brandrede einen weiten historischen Hintergrund, den des katholischen und habsburgischen Jahrtausends: „Der Katholizismus und die Habsburger hatten in diesem Jahrtausend eine vernichtende Wirkung auf den Kopf unseres Volkes gehabt, eine tödliche. [...] Er hat in diesem Jahrtausend, kann gesagt werden, das Denken in unserem Volke ausgeschaltet gehabt und die Musik, als die ungefährlichste aller Künste, zum Aufblühen gebracht. [...] immerhin verdanken wir diesem Umstand Mozart, Haydn, Schubert, sagte ich [Murau]. Aber in meinem Sinne ist es durchaus nicht, [...] dass wir zwar Mozart, aber keinen eigenen Kopf mehr haben, Haydn, aber das Denken verlernt und beinahe zur Gänze aufgegeben haben, Schubert, aber alles in allem doch stumpfsinnig geworden sind."[1345] Dass Wolfsegg, Muraus Erbe, am Ende der Israelitischen Kultusgemeinde Wien vermacht wird, ist nicht nur eine Abgeltung für das unsägliche Leid an den jüdischen Opfern des NS-Massenmordes, sondern eine Abrechnung mit dem ‚Haus Österreich', als dessen Sinnbild man Wolfsegg gerne versteht, und mit allen nachfolgenden „Auslöschern" und „Umbringern", die die Städte und Landschaften umbringen und auslöschen.[1346]

Die These von Thomas Bernhards (heimlichem) Patriotismus, die auf eine nostalgische Thematisierung der habsburgischen Vergangenheit in seinem Werk abhebe, wird von Tim Reuter wohl zu Recht kritisiert; sie gehöre zum Standardrepertoire eines selbstreferentiellen Nationaldiskurses und zeichne sich im Sinne von Oliver Rathkolb durch Vereinnahmung und Verharmlosung politisch provokativer Literatur aus.[1347] Zwar hat Bernhard 1987 in einem Interview gesagt, er liebe Österreich, das könne man doch nicht verleugnen, um aber sofort hinzuzufügen, „die Konstruktion von Staat und Kirche" sei „so scheußlich, dass man sie nur hassen kann".[1348] Fünf Jahre früher hatte er gegenüber einer italienischen Journalistin geäußert, nach dem Ende der Monarchie

---

1343 Zit. Martin, The Nihilism of Thomas Bernhard, S. 197.
1344 Vgl. zur „Auslöschung" u.a. Martin, The Nihilism of Thomas Bernhard, S. 188–204, v. a. S. 192–198.
1345 Thomas Bernhard, Auslöschung. Ein Zerfall, Frankfurt a. M. 1986, S. 144f.
1346 Vgl. Uwe Schütte, Thomas Bernhard, Köln – Weimar – Wien 2010, S. 80ff.
1347 Reuter, „Vaterland, *Unsinn*", S. 168. Vgl. Oliver Rathkolb, Die paradoxe Republik. Österreich 1945 bis 2005, Wien 2005, S. 334 u. 425f.
1348 Asta Scheib, Von einer Katastrophe in die andere (Süddeutsche Zeitung, 17. 1. 1987), in: Dreissinger, 13 Gespräche mit Thomas Bernhard, S. 143.

sei „der österreichische Geist, der lange unterdrückt war, aufgelebt, aber nur für kurze Zeit"; die Habsburger seien „Musik-Mäzene zum Nachteil der Hirntätigkeit" gewesen, denn das Denken erlauben könne gefährlich sein.[1349] So dürfte sich Bernhard auch als verkappter Habsburg- und Österreich-Apologet nicht retten lassen – oder dann höchstens im Sinne von Friedrich Heer „in den Traditionen der Einsamen und Schwierigen zwischen Grillparzer und heute".[1350] Dagegen ist er als „Österreichwerbung" (Heiner Müller) zweifellos unübertroffen: Er schreibe, als ob er vom österreichischen Staat angestellt wäre, um gegen Österreich zu schreiben; Österreichbeschimpfung sei seine Funktion. Ohne ihn gäbe es Österreich gar nicht.[1351]

Allerdings äußert sich bei Bernhard immer auch eine fundamentale Ambivalenz, die alles bei ihm auszeichnet, so nach dem „künstlerischen Abendessen" und den zugehörigen Verlogenheiten am Ende des extrem provozierenden „Holzfällen" (1984), während der Ich-Erzähler (in diesem Schlüsselroman wohl tatsächlich Bernhard) wie in einem Alptraum durch die Gassen schneller und schneller in die Innere Stadt hineinläuft und während des Laufens dachte, „dass diese Stadt, durch die ich laufe, so entsetzlich ich sie immer empfinde, immer empfunden habe, für mich doch die beste Stadt ist, dieses verhasste, mir immer verhasst gewesene Wien, mir aufeinmal jetzt wieder doch das beste, mein bestes Wien ist und dass diese Menschen, die ich immer gehasst habe und die ich hasse und die ich immer hassen werde, doch die besten Menschen sind, [...] und ich dachte, während ich schon durch die Innere Stadt lief, dass diese Stadt doch meine Stadt ist und immer meine Stadt sein wird und dass diese Menschen meine Menschen sind und immer meine Menschen sein werden [...]."[1352]

Die gleiche Ambivalenz zeigt sich in „Alte Meister", wenn Reger sagt, er müsse zu den Alten Meistern gehen, um weiter existieren zu können, „denn nichts ist mir im Grunde mehr verhasst als diese sogenannten Alten Meister hier im Kunsthistorischen Museum und die Alten Meister überhaupt, alle Alten Meister, sie mögen heißen, wie sie wollen, sie mögen gemalt haben, wie sie wollen, sagte Reger, und doch sind sie es, die mich am Leben halten".[1353]

1349 Rita Cirio, Austriacus Infelix, L'Espresso, 7. 11. 1982, in: Dreissinger, 13 Gespräche mit Thomas Bernhard, S. 99.
1350 Zit. Bernhard Judex, Auf dem Weg zu *Heldenplatz*. Anmerkungen zur Politik in Thomas Bernhards Theaterstücken, in: „Österreich selbst ist nichts als eine Bühne". Thomas Bernhard und das Theater, hg. v. Manfred Mittermayer und Martin Huber, Wien 2009 (Begleitbuch zur gleichnamigen Ausstellung im Österreichischen Theatermuseum, Wien, 5. November 2009 bis 4. Juli 2010), S. 58–61, hier S. 60.
1351 Heiner Müller, Interview zum Heldenplatzskandal, zit. Reuter, „Vaterland, *Unsinn*", S. 171f.
1352 Thomas Bernhard, Holzfällen. Eine Erregung, Frankfurt a. M. 1984, S. 320f. Vgl. zu „Holzfällen" u. a. Martin, The Nihilism of Thomas Bernhard, S. 176–182.
1353 Bernhard, Alte Meister, S. 208f.

Dies ist – um die oben eingesetzte Formel nochmals aufzugreifen – nicht einfach Hassliebe oder negative Liebe zu Österreich. Vielleicht muss man hier an eine Äußerung Peter Handkes von 1992 denken, als er sagte: „Nach jeweils zehn nihilistischen, auch lustig nihilistischen Sätzen gibt er [Bernhard] uns nämlich zu verstehen, im Grunde sei alles doch nicht so bös, im Grunde liebe er sogar Österreich oder die Natur. Es war ein großer Trick. Ich verstand nur nicht, dass jemand darauf hereinfallen konnte."[1354] Wie auch immer: Wenngleich 1979 verfasst, gilt Greiners Konklusion, wonach Thomas Bernhards Werk „eine einzige Anstrengung" sei, den habsburgischen Mythos „zu liquidieren", weiter: „Seine Position ist ebenso extrem wie exemplarisch. Er vollzieht paradigmatisch den Tod des Nachsommers."[1355]

George Clare, 1920 als Georg Klaar in Wien geboren, 2009 in London verstorben, breitet in einem englisch geschriebenen Erinnerungsbuch, das 1981 in London erschien und im Jahr vorher in deutscher Übersetzung herauskam,[1356] seine auf die Erste Republik zentrierte Familiengeschichte aus, die er aus der zweiten Nachkriegszeit episodisch in den Blick nimmt, aber – und dies erscheint im Rückblick entscheidend – von Anfang an auf ihr mörderisches Ende hin anlegt. Die Jahrhundertgeschichte beginnt 1842 in der Bukowina, spielt ab 1868 in Wien und führt ihren Verfasser 1938 aus dieser Stadt ins englische Exil, seine Eltern dagegen auf Umwegen nach Frankreich und als Folge der Kollaboration des Vichy-Regimes mit den deutschen Besatzern 1942 in den Untergang nach Auschwitz, ein Schicksal ähnlich jenem der meisten Angehörigen dieser mehrheitlich voll assimilierten großbürgerlich-jüdischen Familie. Am Ende einer jahrzehntelangen antisemitischen Entwicklungslinie, die das Erinnerungsbuch immer wieder aufgreift und deutlich benennt und in deren Verlauf der rassische Antisemitismus die „Endlösung" dachte, lange bevor Hitler sie ausführte, erscheint dieser sinistre Österreicher selber, nicht als „originator", sondern als „merely the terrible executor of other men's hatreds, which he made his own".[1357] An anderer Stelle zitiert Clare Alfred Polgar, der gesagt habe, die Deutschen seien „first-class Nazis, but lousy anti-semites", die Österreicher dagegen „lousy Nazis, but by God what first-class anti-semites they are!"[1358]

Dass vom „Anschluss" und erst recht von der „Endlösung" auf die Zeit der Monarchie und selbst auf Kaiser Franz Joseph, der noch 1936 in Bad Ischl aus den Regen-

---

[1354] Zit. Wagner, Bernhard, Handke und die österreichische Literatur, S. 41.
[1355] Greiner, Der Tod des Nachsommers, S. 52.
[1356] George Clare, Last Waltz in Vienna. The destruction of a family 1842–1942, London 1981; George Clare, Das waren die Klaars. Spuren einer Familie, Frankfurt a. M. – Berlin 1980. Eine französische Übersetzung erschien vier Jahre später: George Clare, Dernière valse à Vienne. La destruction d'une famille 1842–1942, Paris 1984.
[1357] Clare, Last Waltz in Vienna, S. 255, auch Clare, Das waren die Klaars, S. 309.
[1358] Clare, Last Waltz in Vienna, S. 188, auch Clare, Das waren die Klaars, S. 222.

wolken wohlwollend auf seine Untertanen, ob jüdisch oder nicht, herabsah,[1359] ein fahles Licht zurückfällt, erstaunt nicht. Unübertrefflich ist denn auch die Beschreibung von Hitlers Einfahrt in Wien am Tag, bevor er vom Altan der Hofburg herab das Ende des alten Österreich zelebrierte: „The whole city behaved like an aroused woman, vibrating, writhing, moaning and sighing lustfully for orgasm and release. This [...] is an exact description of what Vienna was and felt on Monday, 14 march 1938, as Hitler entered her." („Kann man von einer ganzen Stadt sagen, dass sie sich verhält wie eine sexuell erregte Frau: zitternd, stöhnend und lüstern seufzend dem Orgasmus, der Befriedigung entgegenfiebert?")[1360] Zu recht konnte 2009 in der „Welt" im Nekrolog auf Clare geschrieben werden, der Verstorbene (der in der Verlagsbranche zum Hauptvertreter des Axel Springer Verlags in Großbritannien aufgestiegen war) habe „seine Lebensgeschichte [...] wie das Ehrenkleid einer großen Zeugenschaft getragen".[1361] Ja, die Zeugenschaft für das Ende des Judentums in Österreich und zugleich für das sehr persönliche Gefühl der Schuld, selber überlebt und das Schicksal der Eltern und seines Volkes nicht geteilt zu haben.[1362]

Ein sehr kritischer Umgang mit der Habsburgermonarchie findet sich beim 1944 geborenen Martin Pollack in seiner 2011 mit dem Preis der Leipziger Buchmesse zur europäischen Verständigung ausgezeichneten Geschichte vom „Kaiser von Amerika" über das Problem der mehr als zur Hälfte jüdischen Massenflucht aus Galizien nach Amerika in den letzten Jahrzehnten vor dem Ersten Weltkrieg.[1363] Dieses Buch zum Exodus aus dem Armenhaus der Monarchie, dessen Elend geradezu sprichwörtlich war, ist von emblematischer Bedeutung, denn es „kratzt" – wie eine Rezensentin in der FAZ schrieb – deutlich am „kakanischen Zuckerguss".[1364] Die übelste Begleiterscheinung war der Mädchenhandel von Bordell zu Bordell, bei dem das Kronland Galizien als Herkunftsland vieler Mädchen und der meisten Händler eine mehr als düstere Rolle spielte; nach vorsichtigen Schätzungen seien im späten 19. und frühen 20. Jahrhundert pro Jahr etwa 10.000 Mädchen aus Galizien allein nach Südamerika gebracht worden.[1365]

1359 Clare, Last Waltz in Vienna, S. 144f., auch Clare, Dernière valse à Vienne, S. 237. Die Bemerkung findet sich im deutschen Text nicht.
1360 Clare, Last Waltz in Vienna, S. 195, sowie Clare, Das waren die Klaars, S. 231.
1361 Thomas Kielinger, George Clare, Zeitzeuge und Verlagsmensch, Die Welt, 31. März 2009, <http://www.welt.de/welt_print/article3475136/George-Clare-Zeitzeuge-und-Verlagsmensch.html>, abgefragt 25. 8. 2015.
1362 Vgl. Clare, Last Waltz in Vienna, S. 254, sowie Clare, Das waren die Klars, S. 308
1363 Martin Pollack, Kaiser von Amerika. Die große Flucht aus Galizien, Wien 2010.
1364 Marta Kijowska, Martin Pollack: Kaiser von Amerika. Kratzen am kakanischen Zuckerguss, Frankfurter Allgemeine Zeitung, 26. November 2010.
1365 Vgl. Pollack, Kaiser von Amerika, S. 50f. u. 57 sowie das ganze Kapitel Handel mit delikatem Fleisch.

Eine stark habsburgische Dimension fällt der von Auswanderungsagenten für Brasilien bei den Ruthenen in Umlauf gesetzten Geschichte vom Kronprinzen Rudolf zu, der keineswegs mit der schönen Mary Vetsera in Mayerling ums Leben gekommen, sondern nach Brasilien gefahren sei, „um dort ein großes Reich zu gründen, das er mit seinen geliebten Ruthenen besiedeln wolle"; sein Vater, der Kaiser in Wien, habe versprochen, ihm zu helfen, die neuen Untertanen übers Meer zu schaffen.[1366] In Wahrheit erwartete viele von ihnen in Brasilien ein Elend, das jenes in Galizien übertraf. Das gleiche galt in New York, wo die Verhältnisse „keinen Deut besser als im Schtetl" waren, außer dass es keine Verfolgungen gab.[1367] Der tote Kronprinz Rudolf spielte 1898 anlässlich solcher antijüdischer Ausschreitungen im westlichen Galizien eine noch unglücklichere Rolle, weil herumerzählt wurde, er habe vor einem Angriff der Juden gegen den Kaiser gewarnt und die Exzesse, „sozusagen eine gerechte Strafmaßnahme", gut geheißen; darauf nahm die jüdische Auswanderung sprunghaft zu.[1368]

Das Armenhaus Galizien, diese rückständige Peripherie des Reiches, ist der Schlüssel zu Martin Pollacks Beurteilung der Habsburgermonarchie, denn es erscheint bei ihm in eigenartig faszinierender Ambivalenz im Sinne des Mythos einer multiethnischen Gesellschaft, in der verschiedene Nationalitäten und Religionen gleichberechtigt nebeneinander lebten, als ein „nicht zu Ende geträumter Traum".[1369] Im Vorwort zu seinem ursprünglich imaginären Reisebuch „durch die verschwundene Welt Ostgaliziens und der Bukowina" (dies der Untertitel) sagt Pollack, zwar seien Galizien und die Bukowina 1918 realpolitisch von der Landkarte verschwunden, aber die endgültige Zerstörung dieser multikulturellen Gebiete habe erst der Zweite Weltkrieg mit dem NS-Völkermord gebracht. Kein anderer Teil Europas sei im zwanzigsten Jahrhundert von der Geschichte schlimmer heimgesucht worden als Galizien. Dennoch strahle dieses Land, in dem so viel gestorben wurde, eine ungewöhnliche Anziehungskraft aus, die ihm noch heute anhafte. Ungeachtet allen Elends sei Galizien ein „kulturell ungemein reiches Land" und vor allem literarisch „ein fruchtbarer Boden" gewesen. Heute, da diese Gebiete wieder frei zugänglich seien, erinnere vieles „an die kakanische Vergangenheit […], die man längst vergessen und verschüttet glaubte".[1370]

1366 Pollack, Kaiser von Amerika, S. 217.
1367 Pollack, Kaiser von Amerika, S. 220 u. 248.
1368 Pollack, Kaiser von Amerika, S. 252. Eine weitere dem verblichenen Rudolf zugewiesene sinistre Rolle findet sich S. 269.
1369 Vgl. Georg Renöckl, Kurze Geschichte, langer Nachhall. Keine 150 Jahre existierte das österreichische Kronland Galizien – es lebt als Mythos weiter, NZZ Nr. 97, 28. April 2015.
1370 Martin Pollack, Galizien. Eine Reise durch die verschwundene Welt Ostgaliziens und der Bukowina, Frankfurt a. M. – Leipzig 2001, S. 10ff. Ursprünglich imaginär war dieses Buch insofern, als anlässlich der Ausgabe von 1984 die damals sowjetischen Gebiete nicht bereist werden konnten.

In einem eindrücklichen Vortrag „Bilder aus Galizien – erschreckende und schöne" von 2013 wird auch die fürchterliche Kehrseite des galizischen Traums vom „vielstimmigen Völker-, Kulturen- und Sprachengemisch" präsentiert, so die besondere Brutalität, die sich in den sinnlosen Hinrichtungen von Zehntausenden Ruthenen als Spionen oder Deserteuren im Ersten Weltkrieg zeigte. Sie wurden zumeist ohne ordentliches Gerichtsverfahren oder Urteil in anonymen Massengräbern verscharrt, die ihre Landschaft durch den Verlust der Unschuld kontaminieren wie viele andere Landschaften in Europa und auf der Welt.[1371] Darüber hinaus ist Galizien für Pollack auch zur persönlichen Metapher für den Ersten Weltkrieg geworden, weil sein Stiefvater dort diente und von dieser Zeit „nur bruchstückhaft und wenn, dann in Bildern des Elends und Schreckens" berichtete. Es war für ihn „eine von Gott verlassene, nein, verdammte Gegend, ein einziges Schlachtfeld, auf dem viele Freunde gefallen waren".[1372]

2014 sprach Pollack in Krakau zur Eröffnung der Ausstellung „Der Mythos Galizien". Hier ging er von Karl Emil Franzos und der seltsamen Zwischenwelt aus, die er Halb-Asien nannte und – obwohl selber aus Ostgalizien – als unzivilisiert, abstoßend, öde und unwirtlich, trostlos und unglaublich schmutzig schilderte. Im Ersten Weltkrieg seien zu solchen Vorurteilen Front-Erfahrungen gekommen und Galizien damit „eine Chiffre für den großen Krieg und das große Sterben" geworden. Dem stehe in der Rückschau der verklärende Blick auf die „familiäre Idylle einer vermeintlichen kakanischen Völkereintracht" gegenüber, die in Wahrheit von Misstrauen und Konflikten geprägt gewesen sei. Als Hunderttausende aus dem Armenhaus auf der Suche nach einer besseren Zukunft emigrierten, sei das Experiment Galizien gescheitert und durch die folgenden Kriege und Totalitarismen vollends zerstört worden. Vom Experiment sei nur der Mythos Galizien geblieben.[1373]

Wenn Martin Pollack über seinen Stiefvater, der als Leutnant der Reserve in einer Sappeurkompanie des Infanterieregiments Nr. 14 von 1916 bis Dezember 1917 in Galizien diente und von Hunger, Schmutz, Morast und gefährlichen Krankheiten berichtete,[1374] einen Bezug zum Ersten Weltkrieg hat, so über seinen leiblichen Vater

---

1371 Zu den kontaminierten Landschaften, worunter Landschaften zu verstehen sind, „die Orte massenhaften Tötens waren, das jedoch im Verborgenen verübt wurde, den Blicken der Umwelt entzogen, oft unter strenger Geheimhaltung", vgl. Martin Pollack, Kontaminierte Landschaften, St. Pölten – Salzburg – Wien 2014, S. 20. S. dazu oben Kap. 3.3.
1372 Das Typoskript des in Krakau gehaltenen Vortrags wurde mir von Martin Pollack freundlicherweise überlassen; jetzt in: Martin Pollack, Topografie der Erinnerung, Salzburg – Wien 2016, S. 135–143.
1373 Martin Pollack, Galizien. Mythos mit vielen Gesichtern, Rede anlässlich der Eröffnung der Ausstellung „Der Mythos Galizien", Krakau 10. Oktober 2014; freundlicherweise mir überlassenes Manuskript, jetzt in: Pollack, Topografie der Erinnerung, S. 144–149.
1374 Vgl. Martin Pollack, Galizien, das ist ein fernes, fremdes Land, in: Mythos Galizien, Katalog zur Ausstellung im Wien Museum, 26. März bis 30. August 2015, Wien 2015, S. 191f.

einen sehr direkten zum Zweiten.[1375] Dr. Gerhard Bast, sein Vater, der in Österreich schon vor und vor allem nach dem „Anschluss" eine bemerkenswerte SS-Karriere hinlegte und Anfang 1943 Gestapochef in Linz und ab Sommer 1944 Chef des Sonderkommandos 7a in der Einsatzgruppe B (später H) in Polen und der Slowakei wurde, starb im März 1947, knapp zwei Jahre nach Kriegsende, als Opfer eines Raubmords am Brenner, kurz bevor er unter falscher Identität zusammen mit seiner Frau und dem dreijährigen Sohn nach Paraguay ausreisen konnte.[1376] Diesem gewaltsamen Ende als Abschluss eines Gewaltlebens, für welches Bast als Kriegsverbrecher gesucht wurde, nähert sich Pollack mit „Der Tote im Bunker" in einer eigentümlichen Mischung von Akribie, Abscheu und Pietät.[1377] In der Stuttgarter Dissertation von Matthias Gafke über Heydrichs „Ostmärker" dient Gerhard Bast zur Illustration einer gewissen Diasporamentalität als Erbschaft der k.u.k Monarchie, wonach die Deutschösterreicher sich von ihrem Herrscherhaus im Stich gelassen und von den anderen Ethnien an die Wand gedrückt gefühlt hätten. In Basts Elternhaus hätten die Habsburger als Verräter gegolten, die um die Gunst der Slawen buhlten; demgegenüber habe in der guten Stube der deutsche Kaiser anstelle des österreichischen von der Wand geblickt.[1378] Von da zum Diensttantritt bei der Gestapo und zur Aufnahme in den SD nach dem „Anschluss" war der Schritt trotzdem groß und hatte zur Folge, nunmehr Teil eines Terrorregimes zu sein und zur allein Himmler und Hitler verantwortlichen „Elite innerhalb der Elite" zu gehören.[1379] Vor allem bedeutete er aber, dem in der Familie „zur Selbstverständlichkeit gewordenen, gleichsam verinnerlichten Judenhass, der keiner weiteren Erklärung bedurfte",[1380] Folge geben zu können. So war der Großvater („mein geliebter Großvater, ein rabiater Deutschnationaler und Nationalsozialist")[1381] als Rechtsanwalt an Arisierungen beteiligt, während der Vater an Deportationen von Juden, an Hinrichtungen polnischer Zwangsarbeiter und, als Leiter von Sonderkommandos in Einsatzgruppen mit „Freibrief für jeden Massenmord", an „Völkischen Flurbereinigungen" sowie an Geiselexekutionen und Erschießungen von Partisanen und Häftlingen mitwirkte.[1382]

1375 Martin Pollack, Der Tote im Bunker. Bericht über meinen Vater, Wien 2004.
1376 Vgl. Matthias Gafke, Heydrichs „Ostmärker". Das österreichische Führungspersonal von Sicherheitspolizei und SD, Darmstadt 2015, S. 202–225. Den Ausweis hat sich Bast vermutlich selber ausgestellt, wie sein Sohn schreibt, und von Paraguay ist in dessen Buch nicht die Rede, sondern von „Übersee" oder allenfalls Kanada; Pollack, Der Tote im Bunker, S. 231, 246, 249.
1377 Pollack, Der Tote im Bunker, S. 5.
1378 Gafke, Heydrichs „Ostmärker", S. 264. Vgl. Pollack, Der Tote im Bunker, S. 30.
1379 Pollack, Der Tote im Bunker, S. 102ff.
1380 Pollack, Der Tote im Bunker, S. 112.
1381 Pollack, Kontaminierte Landschaften, S. 37.
1382 Pollack, Der Tote im Bunker, S. 113ff., 143–147, 151ff., 160, 204f. u. 217ff.

***

Literarische Erzählungen, Mythen und Gegenmythen zur Habsburgermonarchie mögen so ‚richtig' wie ‚falsch' oder so treffend wie abwegig sein, (fast) immer spiegeln sie eine untergehende und in der Folge real verschwundene Vorkriegswelt in der ersten und/oder zweiten Nachkriegszeit. Eine Welt des Übergangs und einer fundamentalen Modernisierungskrise, die sich in einem sinnlosen Krieg selber ad absurdum führte, wird gesehen aus Nachkriegswelten, die wiederum Keime nächster Kriege in sich trugen. So reflektieren sich komplexe Ambivalenzen in ihrerseits komplexen Ambivalenzen.

Darüber hinaus wurden große Teile der Vorkriegs-Eliten – der mehr oder weniger alte Adel und das vor dem Krieg aufsteigende und nachher krisengeschüttelte Bürgertum sowie die Avantgarde mit ihrer widerspruchsvollen „Moderne" – in der Phase fundamentaler Unsicherheit nach dem Großen Krieg von Resignation und Orientierungslosigkeit erfasst, die für allerlei Faschismen anfällig machten, in Österreich zeitlich neben und nach dem mussolinisch-ständestaatlichen nicht zufällig ausgerechnet für das nationalsozialistische Muster, das die Vorkriegs-Welt endgültig zertrümmern sollte.

All dies ändert nichts am Umstand, dass die Wiener Elitekultur vor dem Großen Krieg über alle mentalen Grenzen hinweg eine „hohe Kommunikationsintensität" aufwies, wie Wolfgang Maderthaner im Zusammenhang mit Friedrich (Fritz) Adlers „Machismus", das heißt mit seiner Beschäftigung mit der Mach'schen Physik, die er in der Untersuchungshaft nach dem Attentat auf den Grafen Stürgkh vom 21. Oktober 1916 vollenden wollte, gerade an Ernst Mach verdeutlichte, dessen Vorlesungen auch von Hofmannsthal und Broch besucht wurden, während Schnitzler mit ihm befreundet war und Musil über ihn dissertierte.[1383] Nicht zuletzt dieses erstaunliche Phänomen dürfte es sein, das der Vorkriegswelt jene Faszination verleiht, die einen immer wieder dazu treibt, sich mit ihr auseinander setzen zu wollen.

8.3. „Der Mann ohne Eigenschaften"

Gegenüber Joseph Roth und seiner existentiellen Verzweiflung repräsentiert Robert Musil, messerscharf sezierend wie Karl Kraus, eine andere, gleichsam ‚höhere', weil abstraktere Spielart von Mythisierung, die die Auflösung der alten Ordnung mit glaskla-

---

[1383] Wolfgang Maderthaner, Friedrich Adler und Graf Stürgkh – Zur Psychopathologie eines Attentats, in: Michaela Maier, Wolfgang Maderthaner (Hg.), Physik und Revolution. Friedrich Adler – Albert Einstein. Briefe – Dokumente – Stellungnahmen, Wien 2006, S. 37ff.

rem Intellekt analysiert. Auch in dieser Hinsicht erscheint sein monumental unvollendetes Meisterwerk „Der Mann ohne Eigenschaften" auf emblematische Weise zentral.

Robert Musil (1880–1942) wurde in Klagenfurt geboren. Sein Vater war Ingenieur und später Hochschulprofessor für Maschinenkunde. Selber besuchte er militärische Bildungsinstitute im Burgenland und in Mähren und begann anschließend eine Ausbildung zum Artillerieoffizier in Wien, die er abbrach und zum Maschinenbaustudium nach Brünn, der Universität seines Vaters, wechselte. 1902/3 war er Assistent an der Technischen Hochschule Stuttgart. Ab 1903 studierte er Philosophie, Psychologie und als Nebenfächer Mathematik und Physik in Berlin und wurde 1908 mit einer philosophischen Dissertation (Beitrag zur Beurteilung der Lehren Machs) promoviert.

1906 erschien sein aufsehenerregender erster Roman „Die Verwirrungen des Zöglings Törleß" (laut Hermann Broch sein „autobiographischer ‚Werther'")[1384] zu den Erfahrungen eines Internatsschülers in einer Militärerziehungsanstalt; 1965 wurde Musils Vorlage von Volker Schlöndorff adäquat verfilmt.

Im Ersten Weltkrieg diente Musil als Reserveoffizier an der Südfront gegen Italien, zuletzt als Landsturmhauptmann; seine diesbezüglichen Erfahrungen flossen in Erzählungen und unvollendete Dramen ein, auch ins Tagebuch.[1385] Während des Kriegs wurde sein Vater mit dem erblichen Adelstitel Edler von Musil ausgezeichnet; beide Eltern starben 1924.

Nach dem Krieg arbeitete Musil als Theaterkritiker, Essayist und Schriftsteller vornehmlich in Wien, zum Teil in Berlin. 1924 erschien der Novellenzyklus „Drei Frauen". Ab 1925 arbeitete er am „Mann ohne Eigenschaften"; 1930 erschienen die beiden ersten Teile (Erstes Buch), 1932 ein Teil des dritten Teils, das heißt der erste Teil des Zweiten Buches.

Nach dem „Anschluss" emigrierte das Ehepaar Musil über Italien nach Zürich; seine Ehefrau, die Malerin Martha geborene Heimann, verwitwete Alexander, geschiedene Marcovaldi, die Musil 1911 geheiratet hatte, war jüdisch. Ab 1939 lebten die Musils in der Nähe von Genf in desolaten Verhältnissen und unter Schwierigkeiten mit der Fremdenpolizei; Unterstützung erfuhren sie durch das schweizerische Hilfswerk für deutsche Gelehrte.

Musil starb am 15. April 1942 als Folge eines Hirnschlags, vielleicht ausgelöst durch die Drangsalierungen, die ihm und vielen anderen Kriegsexilanten von Behördenseite in der Schweiz widerfuhren. Seine Frau (gestorben 1949 in Rom) veröffentlichte 1943

1384 Hermann Broch, Nachruf auf Robert Musil (1942), in: Broch, Schriften zur Literatur 1, S. 98.
1385 Vgl. Karl Corino, Draufgänger und Tachinierer. Robert Musil kämpfte im Ersten Weltkrieg in Südtirol gegen die Italiener – ein Bildfund gibt Aufschluss über diese Zeit, NZZ (Internationale Ausg.) Nr. 45, 24. Februar 2014.

den Schluss des dritten und den vierten Teil des unvollendeten Romans als provisorisch gedachten dritten Band aus dem von ihr geretteten Nachlass ihres Mannes. 1952 erschien eine leserfreundliche Neuausgabe im Rahmen der von Adolf Frisé herausgegebenen Gesammelten Werke in Einzelausgaben; 1978 gab Frisé eine stark erweiterte Neuauflage mit textkritischen Ansätzen in zwei Bänden heraus.[1386] Als Konsequenz der Komplexität von Musils Nachlass und der damit zusammenhängenden Fragwürdigkeit der bisherigen Editionen wird seit Jahren am 1994 gegründeten Robert Musil-Institut der Universität Klagenfurt an einer digitalen historisch-kritischen Musil-Ausgabe, der „Klagenfurter Ausgabe", gearbeitet.[1387] Das Update der Klagenfurter DVD-Version von 2009 wurde mittlerweile zwar abgebrochen, ist aber als USB-Stick (leider nur in einer Windows-Version) beim Robert-Musil-Institut weiter erhältlich;[1388] dessen Open-Access-Portal „Musil Online" ist für Herbst 2016 angekündigt.[1389] Ein wichtiges Ziel der Herausgeber ist darüber hinaus eine 20-bändige Buchausgabe.[1390] – Die hier nur angedeutete schwierige Entstehungs- und Editionsgeschichte des Romans spiegelt neben der Komplexität die wegen seiner enormen Reichhaltigkeit riesigen Probleme im Umgang mit Musils Nachlass.[1391]

Mit rund 1000 zu Lebzeiten des Verfassers gedruckten oder von seiner Witwe herausgegebenen und über 1000 weiteren aus dem Nachlass bisher im Druck erschienenen Seiten[1392] ist „Der Mann ohne Eigenschaften" mit seiner komplizierten Entstehungsgeschichte und obwohl unvollendet ein Jahrhundertroman ähnlich dem „Ulysses" von James Joyce oder „A la recherche du temps perdu" von Marcel Proust und den eben-

---

1386 Robert Musil, Der Mann ohne Eigenschaften. Roman, 2 Bände, hg. v. Adolf Frisé, Neuausgabe, Hamburg 1978; diese Ausgabe wird in der Folge zitiert. Vgl. zur Musil-Editionsgeschichte Walter Fanta, Klaus Amann, Karl Corino (Hg.), Beiheft. Robert Musil. Klagenfurter Ausgabe, Klagenfurt 2009, S. 12–18.
1387 Vgl. Beiheft Klagenfurter Ausgabe, S. 19–22.
1388 Robert Musil, Klagenfurter Ausgabe. Kommentierte Edition sämtlicher Werke, Briefe und nachgelassener Schriften. Mit Transkriptionen und Faksimiles aller Handschriften. Herausgegeben von Walter Fanta, unter Mitwirkung von Rosmarie Zeller, Klagenfurt (Robert Musil-Institut der Alpen-Adria Universität), Update 2015.
1389 Vgl. <http://wwwg.uni-klu.ac.at/musiledition/> (abgefragt 27. 9. 2015).
1390 Beiheft Klagenfurter Ausgabe, S. 41.
1391 Als Musil 1942 starb, hinterließ er in ca. 40 Heften und 60 Mappen mehr als zehntausend Manuskript-Seiten, von denen etwa zwei Drittel zum „Mann ohne Eigenschaften" gehören. Diese Materialien sind gleicherweise als „literarisches Experimentierfeld" und „philosophisches Laboratorium" zu sehen, wo „die Kategorie ‚fertiger Text' nicht existierte"; Beiheft Klagenfurter Ausgabe, S. 8 u. 10.
1392 Dies gilt für die Anm. 1386 erwähnte Frisé-Ausgabe von 1978. Dessen bewusst leserfreundlich gehaltene Ausgabe von 1952 präsentierte über 1500 Seiten Text, wobei die 128 Kapitel des Zweiten Buches vorher zum größeren Teil unveröffentlicht waren und von ihm selber mit Titeln versehen wurden.

falls bisweilen erwähnten Werken Kafkas oder Thomas Manns. Vielleicht wird „Der Mann ohne Eigenschaften", wenn dereinst editorisch mehr oder weniger vollständig erschlossen, alle anderen in den Schatten stellen. In einer Skizze „Robert Musil und das Exil" schrieb Hermann Broch 1939, Musil gehöre zu den „absoluten Epikern von Weltformat", dessen *comédie humaine* „eine Welttotalität" umfasse; und dass er sie im Bild Vorkriegsösterreichs eingefangen habe, erhöhe ihre Gültigkeit, denn jenes Österreich sei „eine Kulturganzheit" gewesen.[1393] Mit ihr verschrieb sich Musil der „Herkulesaufgabe, im ‚babylonischen Narrenhaus' der Jahre vor 1914 ein wenig Ordnung zu machen" und „Figuren für die verschiedenen Wirkkräfte und Ursachen zu erschaffen", die den Krieg herbeiführten; dies in der Zeit nach einem Krieg, die für ihn (leider zu Recht) die Zeichen einer Zeit vor dem nächsten Krieg trug.[1394]

Konkret sollte „Der Mann ohne Eigenschaften" im letzten Friedensjahr vor dem Ersten Weltkrieg bis August 1914 spielen und setzt dementsprechend im August 1913 ein. Aufhänger ist die sogenannte Parallelaktion, das meint die Vorbereitungen zu dem am 2. Dezember 1918 fälligen 70. Thronjubiläum Franz Josephs, das dem 30. Thronjubiläum Wilhelm II. vom 15. Juni entgegengestellt werden sollte, aber „da der 2.XII. natürlich durch nichts vor den 15. VI. gerückt werden könnte", sei man „auf den glücklichen Gedanken verfallen, das ganze Jahr 1918 zu einem Jubiläumsjahr unseres Friedenskaisers auszugestalten".[1395] Schon da wird die hochironische Grundeinstellung des Autors manifest. Bekanntlich war Ende 1918 Franz Joseph, der Friedenskaiser (!), seit dem 21. November 1916 nicht mehr am Leben und Wilhelm II. seit dem 9. November 1918 nicht mehr auf dem Thron; beide Reiche waren militärisch besiegt und wie das habsburgische untergegangen oder wie das hohenzollersche mit der kommenden Friedensordnung territorial reduziert.

Das Besondere am „Mann ohne Eigenschaften" ist, dass er (alles andere als ein beliebiger historischer Roman) ein geniales Kompendium der Auflösung des alten Europa und ein Schlüsselroman für das „kurze" (Eric Hobsbawm) 20. Jahrhundert ist. In einem gewaltigen Panorama und mit einem enzyklopädischen Zugriff kommen aus der ironischen Perspektive einer Nachkriegszeit auf die untergegangene Vorkriegswelt alle geistigen Strömungen, Diskussionen, Wissenschaften, politischen Grundpositionen, sozialen Schichten und Institutionen (selbst die Armee mit einem rundlichen Generalmajor Stumm von Bordwehr als Untergebener des Feldmarschall-Leutnants Frost von Aufbruch), auch die Kirche, die Diplomatie und die Verwaltung vor dem Ersten Weltkrieg zur Sprache.

1393 Broch, Schriften zur Literatur 1. S. 96.
1394 Pfoser, Was nun?, S. 195f. Das „babylonische Narrenhaus" stammt aus Musils Text „Das hilflose Europa oder Reise vom Hundertsten ins Tausendste" von 1922.
1395 Musil, Der Mann ohne Eigenschaften, Kap. 19, S. 79. (Klagenfurter Ausgabe, Band 1, S. 123).

8. Literarische Erinnerung

Dies alles in atemberaubender Verschränkung der Haupthandlung mit unzähligen Nebenhandlungen, gruppiert um den Mann ohne Eigenschaften Ulrich, Ehrensekretär der Parallelaktion und in manchem ein hochkomplexes Selbstportrait des Autors, und um sein vielschichtiges und weitmaschiges Beziehungsnetz, das auch aus zahlreichen Frauen besteht, von welchen Ulrichs primär vergessener attraktiver Schwester Agathe ab dem dritten Teil eine zentrale Bedeutung zukommt und der Ehrensekretär mit ihr eine mehr oder weniger inzestuöse Beziehung eingeht. Vor allem kommt immer wieder der Kosmos Kakanien zur Sprache, und nicht nur als Wirklichkeit, sondern immer zugleich als Möglichkeit, wie überhaupt der Möglichkeitssinn für Musil zentral war, man denke an die Kapitel 4 „Wenn es Wirklichkeitssinn gibt, muss es auch Möglichkeitssinn geben" oder 83 „Seinesgleichen geschieht oder warum erfindet man nicht Geschichte?", was ihn möglicherweise, nebst den zusätzlich zu reflektierenden Entwicklungen der Zeit, in der er lebte, und seiner Art zu schreiben, die „förmlich auf Unabgeschlossenheit gerichtet" gewesen sein muss,[1396] mehr und mehr an der Fertigstellung des Werks hinderte.

Neben allem anderen ist „Der Mann ohne Eigenschaften" ein wichtiges Zeugnis für das Leben der Habsburgermonarchie am Vorabend ihres Endes.[1397] Diesbezüglich denke man nur schon an Kapitel 8 mit dem weltberühmt gewordenen „Kakanien", wo sich „die Abneigung jedes Menschen gegen die Bestrebungen jedes anderen Menschen [...] schon früh [...] zu einem sublimierten Zeremoniell ausgebildet" hatte, „das noch große Folgen hätte haben können, wenn seine Entwicklung nicht durch eine Katastrophe vor der Zeit unterbrochen worden wäre",[1398] oder an das eben erwähnte Kapitel 83 („Das Gesetz der Weltgeschichte [...] ist nichts anderes als der Staatsgrundsatz des ‚Fortwursteln' im alten Kakanien. Kakanien war ein ungeheuer kluger Staat")[1399] oder an das unübertreffliche Kapitel 98 „Aus einem Staat, der an einem Sprachfehler zugrunde gegangen ist", in dem die beiden Teile Ungarn und Österreich zueinander passten „wie eine rot-weiß-grüne Jacke zu einer schwarz-gelben Hose",[1400] oder an die Kapitel 107 „Graf Leinsdorf erzielt einen unerwarteten politischen Erfolg" mit seinen verbündeten und verbrüderten Reichsdeutschen, die man „nicht ausstehen konnte",[1401] und 108 „Die unerlösten Nationen und General Stumms Gedanken über die Wortgruppe Erlösen" – sie alle bei Frisé im I. Band.

Im II. Band finden sich zahllose weitere in der Nachlassform gehaltene Kakanien-Überlegungen, so jene von Kakaniens „weiser Mäßigung", welche „von einem in

---

1396 Beiheft Klagenfurter Ausgabe, S. 9.
1397 S. dazu auch oben Kap. 2.1.
1398 Musil, Der Mann ohne Eigenschaften, Kap. 8, S. 34 (Klagenfurter Ausgabe, Band 1, S. 49f.).
1399 Musil, Der Mann ohne Eigenschaften, Kap. 83, S. 361 (Klagenfurter Ausgabe, Band 1, S. 576).
1400 Musil, Der Mann ohne Eigenschaften, Kap. 98, S. 451 (Klagenfurter Ausgabe, Band 1, S. 720).
1401 Musil, Der Mann ohne Eigenschaften, S. 514 (Klagenfurter Ausgabe, Band 1, S. 821).

großen historischen Erfahrungen erworbenen Misstrauen gegen alles Entweder-Oder beseelt" gewesen sei und immer eine Ahnung davon hatte, „dass es noch viel mehr Gegensätze in der Welt gebe, als die, an denen es schließlich zugrunde gegangen ist"; deswegen sei sein Regierungsgrundsatz „das Sowohl-als-auch oder noch lieber mit weisester Mäßigung das Weder-noch" gewesen.[1402] Und im Zusammenhang mit dem großdeutsch fühlenden Hans Sepp fällt die Feststellung, fast jeder Deutsche in Kakanien habe das „natürliche Gefühl" gehabt, „mit den Deutschen im Reich zusammenzugehören", während jeder Nichtdeutsche erst recht ein solches gegen Kakanien gerichtetes Gefühl gehabt habe; Patriotismus sei in Kakanien, „wenn er sich nicht auf Hoflieferanten beschränkte, ausgesprochen eine Oppositionserscheinung" gewesen.[1403]

Vom „Herd des Weltkriegs" wird des Weiteren gesagt, er sei kein gewöhnlicher Herd gewesen, „denn er stand an mehreren Orten gleichzeitig"; ältere Leute würden dabei wohl an Sarajewo denken, doch würden sie selber fühlen, „dass diese kleine bosnische Stadt bloß das Ofenloch gewesen sein kann, durch das der Wind einfuhr"; insofern könne man ebenso gut Herd wie Ursache wie Schuld des Krieges sagen, müsse dann aber wohl „die ganze Betrachtungsweise durch eine andere ergänzen".[1404] Hier dürfte – wenn man so sagen darf – vielleicht die Quintessenz von Musils riesigem Bemühen sichtbar werden, nämlich scheinbar einfache lineare Entwicklungslinien durch andere, komplexere Betrachtungsweisen, ja durch ganze Netzwerke von anderen Betrachtungsweisen zu ergänzen. Zu diesen gehören – wie mir scheint – die vielen unglaublichen Imponderabilien Kakaniens, etwa wenn im schönen Kapitel 42 vom „österreichisch-ungarischen Staatsgefühl" gesagt wird, „dass die Geheimnisse des Dualismus (so lautete der Fachausdruck) mindestens ebenso schwer einzusehen waren wie die der Trinität";[1405] und dem entsprechend waren sie ebenso gut mystifizierbar. Zu ihnen gehören weiter die Zeichen, die auf das Ende vorausweisen: „,Erlaucht', sagte er [Ulrich zu Graf Leinsdorf im Kapitel 116 „Die beiden Bäume des Lebens und die Forderung eines Generalsekretariats der Genauigkeit und Seele"], es gibt nur eine einzige Aufgabe für die Parallelaktion: den Anfang einer geistigen Generalinventur zu bilden! Wir müssen ungefähr das tun, was notwendig wäre, wenn ins Jahr 1918 der Jüngste Tag

---

1402 Musil, Der Mann ohne Eigenschaften, S. 1444f. Vgl. Klagenfurter Ausgabe, Band 3, Fortsetzungsreihen 1932–1936, zweite Fortsetzungsreihe, Kapitelkomplex „Parallelaktion", Beschreibung einer kakanischen Stadt.
1403 Musil, Der Mann ohne Eigenschaften, S. 1598. Vgl. Klagenfurter Ausgabe, Band 4, VII. Kapitelgruppe, Hans Sepp als Rekrut.
1404 Musil, Der Mann ohne Eigenschaften, S. 1436 u. 1438. Vgl. Klagenfurter Ausgabe, Transkriptionen & Faksimiles, Nachlass Mappen, Mappengruppe II, Mappe II/8/98 Studienblatt, sowie Mappengruppe VII, Mappe VII/14/1 Eine Einschaltung über Kakanien.
1405 Musil, Der Mann ohne Eigenschaften, Kap. 42, S. 170 (Klagenfurter Ausgabe, Band 1, S. 269).

8. Literarische Erinnerung

fiele, der alte Geist abgeschlossen werden und ein höherer beginnen sollte. Gründen Sie im Namen Seiner Majestät ein Erdensekretariat der Genauigkeit und Seele; alle andern Aufgaben sind vorher unlösbar oder nur Scheinaufgaben!'"[1406] Graf Leinsdorf entgegnete darauf etwas für ihn überraschend Einsichtiges, indem er darauf hinwies, dass die Menschen früher in die Verhältnisse, die sie vorgefunden hätten, hineinwuchsen, „aber heute, bei der Durcheinanderschüttelung, wo alles von Grund und Boden gelöst wird, müsste man schon sozusagen auch bei der Erzeugung der Seele die Überlieferung des Handwerks durch die Intelligenz der Fabrik ersetzen'".[1407] Damit spielte er – für einen grundherrschaftlich ausgerichteten Adligen bemerkenswert – auf den industriellen Wandel an, der auch den Agrarstaat Kakanien erfasst hatte und bei der „Erzeugung einer Seele" zu berücksichtigen war. Natürlich endete auch diese Ziel-Diskussion zur Parallelaktion ergebnislos, was indessen nichts daran ändert, dass der Jüngste Tag für Kakanien in der Tat ins Jahr 1918 fiel.

Zwar hätte Musils auch so schon riesenhafter Roman mit dem Ausbrechen des Weltkriegs im August 1914 enden sollen, und dies vielleicht auch, weil Kakaniens Schicksal mit dem Kriegsausbruch früher oder später ohnehin besiegelt war (wie man mittlerweile weiß eher später, als man damals erwarten musste). Indessen dürfte das Roman-Ende vor allem aus inhaltlichen Gründen beim Kriegsausbruch geplant gewesen sein: „Dass Krieg wurde, werden musste, ist die Summe all der widerstrebenden Strömungen und Einflüsse und Bewegungen, die ich zeige", sagte Musil 1926 in einem Interview zum damals noch als „Die Zwillingsschwester" geplanten Roman,[1408] wobei der Ausbruch bei den immer neuen Umarbeitungen von Geschriebenem und Erweiterungen von Erwogenem, das der Autor mit akribischer Leidenschaft betrieb, immer weiter in die Ferne rückte und vielleicht nie erreicht worden wäre. In diesem Sinne war Musil – wie er selber von Ulrich sagt – wohl ein perfekter Österreicher: „[Walter, Ulrichs Jugendfreund] rief aus: ‚Weißt du, was du da sagst? Fortwursteln! Du bist einfach ein Österreicher. Du lehrst die österreichische Staatsphilosophie des Fortwurstelns!' ‚Das ist vielleicht nicht so übel, wie du denkst' gab Ulrich zur Antwort. ‚Man kann aus einem leidenschaftlichen Bedürfnis nach Schärfe und Genauigkeit oder Schönheit dahin kommen, dass einem Forstwursteln besser gefällt als alle Anstrengungen in neuem Geiste! Ich wünsche dir dazu Glück, dass du Österreichs Weltsendung entdeckt hast.'"[1409]

1406 Musil, Der Mann ohne Eigenschaften, Kap. 116, S. 596f. (Klagenfurter Ausgabe, Band 1, S. 956).
1407 Musil, Der Mann ohne Eigenschaften, Kap. 116, S. 597. (Klagenfurter Ausgabe, Band 1, S. 957).
1408 Was arbeiten Sie? Gespräch mit Robert Musil [1926], in: Robert Musil, Essays. Reden. Kritiken, hg. v. Anne Gabrisch, Berlin 1984, S. 406.
1409 Musil, Der Mann ohne Eigenschaften, Kap. 54, S. 216 (Klagenfurter Ausgabe, Band 1, S. 343f.).

Auch wenn es um einen Staat geht, „der an einem Sprachfehler zugrunde gegangen ist", wie er im bereits erwähnten, allüberall zitierten glänzenden Kapitel im Ersten Buch unter diesem Titel beschrieben wird, wo sich die Kakanier mit dem „panischen Schreck von Gliedern [betrachteten], die einander mit vereinten Kräften hindern, etwas zu sein", und obwohl seit Bestehen der Erde noch kein Wesen an einem Sprachfehler gestorben ist, widerfuhr es „der österreichischen und ungarischen österreichisch-ungarischen Doppelmonarchie" trotzdem, „dass sie an ihrer Unaussprechlichkeit zugrunde gegangen ist".[1410] Indessen ging es Musil nie um eine zwangsläufige, gleichsam eschatologische Entwicklung auf ein Ende hin, das kommen musste. Vielmehr hatte er schon 1926 im zitierten Interview zur geplanten „Zwillingsschwester" auf die Äußerung des Interviewers, dass er, obwohl der Roman „seinen Personen nur den Kopfsprung in die Mobilisierung als Ausweg" lasse, er ihn „nicht als pessimistisch ansprechen zu sollen" glaube, geantwortet: „Da haben Sie recht. Im Gegenteil. Ich mache mich darin über alle Abendlandsuntergänge und ihre Propheten lustig. Urträume der Menschheit werden in unseren Tagen verwirklicht. Dass sie bei der Verwirklichung nicht mehr ganz das Gesicht der Urträume bewahrt haben – ist das ein Malheur? Wir brauchen auch dafür eine neue Moral. Mit unserer alten kommen wir nicht aus. Mein Roman möchte Material zu einer solchen neuen Moral geben. [...] Wo ich meinen Roman einordne? Ich möchte Beiträge zur geistigen Bewältigung der Welt geben. Auch durch den Roman. [...] Stil ist für mich exakte Herausarbeitung eines Gedankens. Ich meine den Gedanken, auch in der schönsten Form, die mir erreichbar ist."[1411]

Wie weit das von Musil ausgebreitete gewaltige Material für eine neue Moral ausreichte oder noch immer ausreicht, muss dahingestellt bleiben, aber dass er großartige „Beiträge zur geistigen Bewältigung der Welt" zu liefern vermochte, wird kaum jemand bestreiten wollen. Gerade darum müsste er entschieden mehr gelesen werden.

9. Zum musikalischen Nachleben der Monarchie

In diesem Kapitel werden verschiedene Impressionen referiert, die eine Vorstellung vermitteln wollen von dem, was ich als musikalisches Nachleben der Habsburger Monarchie verstanden wissen möchte. Die dazu eingesetzten Materialien sind heterogen und von ungleichem Gewicht; neben sporadisch beigezogenen Archivalien und einiger Literatur geht es in erster Linie um Eindrücke, die ich in Konzerten in Wien, Zürich und Dijon gewonnen habe und für die ich auf die Programmhefte verweise. Insofern

---

1410 Musil, Der Mann ohne Eigenschaften, Kap. 98, S. 451 (Klagenfurter Ausgabe, Band 1, S. 721).
1411 Was arbeiten Sie? Gespräch mit Robert Musil, S. 406f.

als die Auswahl der Musikbeispiele vornehmlich auf Konzertbesuchen basiert, ist dieses Kapitel vielleicht das persönlichste im ohnehin persönlich gehaltenen dritten Teil des vorliegenden Buches.

Zunächst ist die Rede von Gedenkfeiern im Zusammenhang mit Geburts- oder Todesjahren von Komponisten, dann von der Strahlkraft der Musik der Habsburgerzeit und zuletzt von einem Komponisten und einem Werk, die ich in ihrer Art für ebenso repräsentativ halte wie Musil und den „Mann ohne Eigenschaften" im vorausgehenden Kapitel, nämlich von Arnold Schönberg und seiner Kantate „A Survivor from Warsaw".

9.1 Gedenkfeiern

Für das Nachleben der Habsburgermonarchie sind die aus gegebenem Anlass zu runden Geburts- oder Todestagen von Komponisten jeweils veranstalteten Gedenkfeiern eine Kategorie für sich. Schon in den letzten Jahrzehnten der Monarchie wuchs ihnen von den Liberalen über die Christlichsozialen zu den Sozialdemokraten vermehrt eine politische Dimension zu,[1412] und nachher erst recht. Besonders problematisch wurden solche Feiern – angesichts der Zeitumstände nicht erstaunlich – in den 1930er Jahren, so die für den 31. März 1932 vorgesehene Zweihundertjahrfeier von Haydns Geburtstag, die mit der Jahrhundertfeier von Goethes Tod am 22. März 1832 lose gekoppelt werden sollte. Eine Vorbesprechung am 25. September 1929 bei Generaldirektor Schneiderhan in der Bundestheaterverwaltung sah für Haydn eine festliche Gedenkfeier mit glanzvollen Aufführungen einiger seiner Werke und eine Sonderausstellung im Rahmen einer Internationalen Musik- und Theaterausstellung vor. Für Goethe wurde eine Woche „Faust in der Musik" geplant, mit Schumanns Faust-Szenen, Liszts Faust-Symphonie, Berlioz' Faust-Verdammung, Mahlers 8. Symphonie, Gounods Faust und Boitos Mefistofele.[1413] Gegen diese Pläne legte sich die burgenländische Landesregierung quer, die ihrerseits – vielleicht in Erinnerung an den provozierenden Auftritt von Wiens Bürgermeister Lueger anlässlich von Haydns 100. Todestag 1909 an dessen Grab in Eisenstadt („in fremdländischer Erde", wie Lue-

---

[1412] Zu denken ist an die Jubiläumsfeiern zum 100. Geburtstag Beethovens 1870, zum 100. Todestag Mozarts 1891, zum 100. Geburtstag Schuberts 1897, zum 150. Geburtstag Mozarts 1906 und vor allem zum 100. Todestag Haydns 1909, als Bürgermeister Lueger mit einer antiungarischen Rede im Wiener Rathaus und einem Auftritt in Eisenstadt für einen Eklat sorgte; vgl. Martina Nussbaumer, Musikstadt Wien. Die Konstruktion eines Images, Freiburg – Berlin – Wien 2007, S. 166–215. Den Hinweis auf dieses materialreiche Buch verdanke ich Fritz Trümpi.

[1413] ÖStA, AdR, NPA, Karton 396, Umschlag 33/65, N. 39.

ger sagte)¹⁴¹⁴ – mit der großen Kelle anrichten wollte und im wenige Jahre vorher (1925) Landeshauptstadt gewordenen Eisenstadt, wo Haydn rund vierzig Jahre am Hof der Esterházy als fürstlicher Kapellmeister gewirkt hatte,¹⁴¹⁵ ein Haydn-Liszt-Museum im Haydnhaus, ein Haydn-Denkmal „nach Art des Münchner Kriegerdenkmals"(!) und ein Haydn-Stiftungshaus als Kulturmittelpunkt plante, weil dem Burgenland als Folge des Verlusts von Ödenburg alle ähnlichen Einrichtungen genommen worden seien.¹⁴¹⁶ Da die Landesregierung vor allem in Deutschland Geld sammeln wollte, musste sich das Bundeskanzleramt (BKA, Auswärtige Angelegenheiten) ebenfalls mit der Sache beschäftigen, die offensichtlich unangenehm war.¹⁴¹⁷ Schwierigkeiten ergaben sich unter anderem wegen des Ehrenvorsitzes, für den sowohl der deutsche Reichskanzler (Brüning) wie der österreichische Bundeskanzler (Dr. Buresch) und der Vizekanzler (Dr. Schober) vorgesehen waren. Im Zuge der inzwischen ausgebrochenen und in der Folge sich verschärfenden Wirtschaftskrise blieb alles ergebnislos, auch die bei dieser Gelegenheit angedachte Fortsetzung der Haydn-Gesamtausgabe.¹⁴¹⁸ Nicht einmal der Ankauf des Haydnhauses gelang; weniger als ein Viertel der benötigten Summe war zusammengekommen.¹⁴¹⁹

Wegen der nach Beginn des Jahres 1932 seitens der deutschen Brahms-Gesellschaft und der Wiener Gesellschaft der Musikfreunde für den Mai 1933 unter der musikalischen Leitung von Wilhelm Furtwängler in Wien geplanten Feier zu Johannes Brahms 100. Geburtstag kam es erneut zu Auseinandersetzungen, weil für das Ehrenprotektorat Bundespräsident Miklas und der deutsche Reichspräsident Hindenburg gleicherweise vorgesehen waren.¹⁴²⁰ Der Wahlwiener Brahms wurde zwar 1833 in Hamburg geboren, lebte aber ab Mitte der 1860er Jahre zeitweilig und seit 1872 endgültig in Wien, wo er 1897 verstarb. Seine im Frühsommer 1877 am Wörthersee begonnene und von den Wiener Philharmonikern am 30. Dezember jenes Jahres unter Hans Richter uraufgeführte 2. Symphonie (D-Dur, op. 73) ließe sich angesichts der Beinamen „Symphonie Viennoise" oder „Pastorale", unter denen sie bisweilen geführt wird, und wenn man die Abfolge von der kämpferischen und schwermütigen „Ersten" zur zauberhaft-idyllisch lichten „Zweiten" mit der

---

1414 Nussbaumer, Musikstadt Wien, S. 207–212.
1415 Für Haydn in Eisenstadt vgl. Gerhard J. Winkler, Das „Esterhazysche Feenreich"... Musik und Theater am Esterhazyschen Hof, in: Die Fürsten Esterhazy. Magnaten, Diplomaten & Mäzene, Ausstellungskatalog, Eisenstadt 1995, S. 133-139.
1416 29. Januar 1931 an das Bundesministerium für Unterricht, NPA, Karton 396, Umschlag 33/65, N. 47.
1417 Vgl. NPA, Karton 396, Umschlag 33/65, u.a. N. 63.
1418 Vgl. NPA, Karton 396, Umschlag 33/65, N. 121, 124, 125, 134, 135, 136, 133, 143, 152, 155.
1419 Burgenländische Landesregierung an BKA (AA), 25. Oktober 1933, NPA, Karton 396, Umschlag 33/65, N. 291.
1420 Vgl. NPA, Karton 396, Liasse 33/69, N. 365, 371, 372, 374.

Polarität zwischen Beethovens Fünfter („Schicksalskampf", „Schicksalssymphonie") und seiner Sechsten („Pastorale") parallelisiert,[1421] geradezu als besonders „österreichisch" propagieren. Zwar fand das Brahms-Fest 1933 vom 16. bis 21. Mai tatsächlich statt,[1422] aber von den Ehrenprotektoraten scheint nicht mehr die Rede gewesen zu sein; mittlerweile hatte sich auf einer anderen Bühne Hitlers Machtergreifung abgespielt.

Die Stadt Linz organisierte und organisiert weiter Brucknerfeste zu Ehren von Oberösterreichs großem Sohn Anton Bruckner, mittlerweile im 1969–1973 nach Plänen des finnischen Architekten Heikki Siren erbauten Brucknerhaus. 1935 gab es eine Veranstaltung „Kunst und Kultur im Brucknerland" unter Mitwirkung der Wiener Philharmoniker mit Bruno Walter, die vom 24. bis 28. Juli dauerte und neben Bruckners Requiem im Neuen Dom die d-moll-Messe an der Stätte ihrer 70 Jahre früher erfolgten Uraufführung im Alten Dom vorsah; außerdem dirigierte Walter die Philharmoniker in der IV. und IX. Sinfonie, während die Regimentskapellen Linz und Wels in einem Monsterkonzert den 2. Satz der VII. Sinfonie und Bruckners Militärmärsche spielten.[1423] Die Stadt Linz legte, wie der Landeshauptmann von Oberösterreich im Zusammenhang mit dem Brucknerfest 1936 festhielt, Wert darauf, dass es nicht nur um die Interessen des Fremdenverkehrs gehen sollte, sondern auch um Kulturpropaganda.[1424]

Bruckners ‚große' Zeit kam allerdings nach dem „Anschluss" im Zug von Hitlers Ausbauplänen für Linz als „Kulturhauptstadt des Führers", als er stark aufgewertet wurde und das 1942 gegründete Reichs-Bruckner-Orchester im Jahr darauf – zusammen mit dem Gewandhausorchester Leipzig, dem Orchester des deutschen Opernhauses Berlin, dem Orchester der Hamburger Staatsoper und der Staatskapelle Dresden – in die Kategorie der Orchester mit Sonderstatus aufgenommen wurde und in die gleiche „Sonderklasse" wie das Berliner Philharmonische Orchester, die Preußische Staatskapelle, die Wiener Philharmoniker und (auf persönliche Anordnung Hitlers) das Orchester der Bayrischen Staatsoper aufstieg.[1425] Im Gegensatz zu Richard Wagner

---

1421 Vgl. Hartmut Krones im Programmheft der Gesellschaft der Musikfreunde in Wien zum Konzert der Wiener Philharmoniker vom 19. Juni 2009 unter Daniel Harding.
1422 Vgl. Gabriele Johanna Eder, Wiener Musikfeste zwischen 1918 und 1938. Ein Beitrag zur Vergangenheitsbewältigung, Wien – Salzburg 1991 (Veröffentlichungen zur Zeitgeschichte, 6), S. 324–338.
1423 NPA, Karton 396, Liasse 33/72, N. 493. Das Programm findet sich in BKA allgem., Sig. 15/3, N. 346347; es wurde am 14. Juli 1935 von der Bundes-Polizeidirektion Linz der Generaldirektion für öffentliche Sicherheit in Wien und der Sicherheitsdirektion für Oberösterreich zugestellt.
1424 An Bundeskanzler Schuschnigg, 25. Februar 1936, NPA, Karton 396, Liasse 33/72, N. 503.
1425 Vgl. Fritz Trümpi, Politisierte Orchester. Die Wiener Philharmoniker und das Berliner Philharmonische Orchester im Nationalsozialismus, Wien – Köln – Weimar 2011, S. 158f. Vgl. für Bruckner und das Reichs-Bruckner-Orchester im Linz der NS-Zeit Regina Thumser, Klänge der Macht. Musik und Theater im Reichsgau Oberdonau, in: „Kulturhauptstadt des Führers". Kunst und Nationalsozialismus in Linz und Oberösterreich, Ausstellungskatalog, hg. v. Birgt Kirchmayr, Linz 2008, S. 223–239.

scheint Bruckner, der Wagner verehrte und den 2. Satz seiner 7. Symphonie in Gedanken an den todkranken Freund konzipierte bzw. die letzten 35 Takte des Satzes mit den Wagnertuben unter dem Eindruck von dessen Todesnachricht komponierte,[1426] diese Aufwertung nach Ende des 1000-jährigen Spuks nicht geschadet zu haben; er hat freilich die antisemitischen Entgleisungen Wagners nicht vorgezeigt, wobei letzterer trotz dem Pamphlet „Das Judentum in der Musik" auch jüdische Rezipienten bis hin zum begeisterten Wagnerianer Theodor Herzl anzusprechen vermochte.[1427]

Für das musikalische Weiterleben der Habsburgermonarchie ist Bruckner von herausragender Bedeutung. Als Organist der Hofkapelle war er mit der Monarchie und dem Monarchen direkt verbunden, denn Franz Joseph war, wenn überhaupt, neben der Militärmusik nur an Kirchenmusik interessiert.[1428] Die schon unter Albrecht I. bestehende Hofkapelle war unter Maximilian I. 1498 neu organisiert worden. Der aus ihr hervorgegangenen Hofmusikkapelle verblieb nach Gründung der Gesellschaft der Musikfreunde 1812 nur noch die Pflege der Kirchenmusik mit den Sängerknaben und Mitgliedern der Philharmoniker.[1429] Durch Verfügung des Kaisers verbrachte Bruckner seine letzten Lebensjahre nicht direkt im Oberen Belvedere, wo der Thronfolger mit seiner Familie bis zum Attentat von Sarajewo lebte, aber in einem ebenerdigen Nebengebäude, dem „Kustodenstöckl", wo er 1896 über seiner fast vollendeten 9. Symphonie verstarb, die er dem lieben Gott zueignen wollte, sofern ihm ihre Vollendung beschieden gewesen wäre.[1430] Obwohl der liebe Gott Bruckners Bitte um genügend Zeit nicht ganz entsprach, erweist die Neunte in gewisser Weise doch eine „überirdische" Komponente der musikalischen Spätzeit der Monarchie, in der bisweilen aufblitzenden Atonalität aber auch ihr Weiterwirken über das Ende des Kaiserreiches hinaus in die Zweite Wiener Schule.

1935 und 1936 ging es vergleichsweise allerdings weniger um Bruckner, als um Franz Liszt (1811–1886) und um die Konkurrenz zwischen dem Burgenland (Liszt wurde in Raiding geboren, als es noch ungarisch war) und Westungarn. Beide beanspruchten Liszt für sich, was zum Anlass heftiger Polemiken wurde, die damit endeten, dass am

---

1426 Vgl. Hartmut Krones im Programmheft des Musikvereins vom 6. Juni 2015 (City of Birmingham Symphony Orchestra unter Andris Nelsons) sowie Antonio Baldassare im Programmheft des Tonhalle-Orchesters Zürich vom 12. Juni 2008 (unter Stanislaw Skrowaczewski).
1427 Vgl. Daniel Jütte, „Mendele Lohengrin" und der koschere Wagner. Unorthodoxes zur jüdischen Rezeption eines Antisemiten, NZZ Nr. 134 (internationale Ausgabe), 13./14. Juni 2009.
1428 Vgl. Max Graf, Legende einer Musikstadt, Wien 1949, S. 137.
1429 Vgl. das Programmheft des Musikvereins vom 21. März 2014.
1430 Vgl. Hans-Joachim Hinrichsen, Kunst, keine Zeugnisse visionärer Frömmigkeit. Über vierzig war Anton Bruckner, als er seine erste Sinfonie schrieb. Doch dann fand er seine Berufung, NZZ, Sonderbeilage Lucerne Festival, 9. August 2012, S. 9.

31. Juli 1936 in Raiding eine Feier durchgeführt werden sollte, zu der als „sonntägige Wallfahrt" eine Delegation aus Sopron (Ödenburg) hätte kommen wollen. Eine ‚rechtzeitig' in Sopron und Umgebung ausgebrochene Kinderlähmungsepidemie hatte zur Folge, dass die Feier offiziell abgesagt wurde. Am 2. August trafen freilich gemäß Bericht eines nach Raiding entsandten burgenländischen Konzeptsbeamten doch zehn Delegierte u. a. des Komitates Sopron als „Pilger" in Privatautos in Raiding ein und deponierten in Liszts Geburtshaus zwei Kränze.[1431] Demgegenüber lehnte die Hauptversammlung der Wiener Philharmoniker am 17. April 1936 eine Einladung nach Eisenstadt zu einem Konzert zugunsten des Liszt-Denkmals ab;[1432] dies wohl aus Gründen eines zu vollen Terminkalenders, aber vielleicht auch, weil sich die Philharmoniker zu diesem Zeitpunkt noch gegen Vereinnahmungen, anders als nach dem „Anschluss", als dies nicht mehr ratsam war, wehrten. Dass Gedenkfeiern eine Nationalitätenkomponente haben konnten, erstaunt indessen nicht; vielmehr zeigte sich eine solche schon zu Lebzeiten der Monarchie bei der Internationalen Ausstellung für Musik und Theaterwesen im Wiener Prater anlässlich von Mozarts 100. Todestag 1892, die von über einer Million Menschen besucht wurde. Sie betonte die deutsche Kulturnation, während sie die andern „Volksstämme" des Kaiserreichs eher ausblendete. Auch wenn sie mit Smetana dem böhmischen Musiktheater ebenfalls Raum gab, dominierten die „deutschen" Mozart, Beethoven, Weber, Schumann, Mendelssohn-Bartholdy und Liszt.[1433] So war die Ausstellung durchaus emblematisch für die Nationalitätenkonflikte, die sich auch im Musikleben spiegelten. Bezeichnend dafür ist die von Alma Mahler überlieferte Klage Gustav Mahlers, er sei geradezu „dreifach heimatlos: als Böhme unter den Österreichern, als Österreicher unter den Deutschen" und „als Jude in der ganzen Welt".[1434]

Zum einen zeigt sich hier eine immer brisante Mischung von Kultur, Politik, Kommerz und Tourismus, zum andern die Sprengkraft, die potentiell jedem Kulturerbe innewohnen kann, weil es nicht nur beliebig einsetzbar, sondern von allen möglichen Seiten einforder- und instrumentalisierbar ist. Man muss nicht gerade an Dimitrij Schostakowitsch unter Stalin denken, etwa an seine vom System verfemte Oper „Lady Macbeth von Minsk" oder an die drei Kriegssymphonien sieben bis neun, die sich mit den Schrecken des Kriegs und auf einer Metaebene mit der politischen Verfolgung auseinandersetzten,[1435] dessen Brief vom 20. September 1968 an die Österreichisch-Sow-

---

1431 Vgl. NPA, Karton 396, Liasse 33/75, N. 532, 540, 584, 588, 597, 605, 606.
1432 Vgl. Trümpi, Politisierte Orchester, S. 122, Anm. 471.
1433 Vgl. Oliver Rathkolb, Kultur und Nationalitätenkonflikt in Österreich 1918: davor/danach, in: Nation, Nationalitäten und Nationalismus im östlichen Europa. Festschrift für Arnold Suppan zum 65. Geburtstag, hg. v. Marija Wakounig, Wolfgang Mueller, Michael Portmann, Wien 2010, S. 131f.
1434 Zit. Rathkolb, Kultur und Nationalitätenkonflikt, S. 134.
1435 Vgl. Hanspeter Krellmann, Dimitrij Schostakowitsch. Seine Leiden, seine Trauer, in: Zeitschrift der

jetische Gesellschaft allerdings zeigt, dass er mit dem im Monat vorher erfolgten Einmarsch der Sowjets in Prag durchaus einverstanden war.[1436] Als Beispiel einer gleichsam ‚normalen' Instrumentalisierung genüge hier das wechselhafte Schicksal von Haydns unvergleichlicher Kaiserhymne „Gott erhalte" von 1797. Ihr Text wurde jeweils von Kaiser zu Kaiser adaptiert, während sich die Erste Republik 1918, wie von allen Symbolen der Monarchie, gänzlich von ihr löste. Staatskanzler Renner schrieb den Text zu einer neuen Hymne, die von Wilhelm Kienzl vertont wurde, doch griff man 1929 (bis zum „Anschluss") wieder auf Haydns Hymne zurück und versah sie mit einem neuen Text. Nach dem Zweiten Weltkrieg wurde in einem Preisausschreiben 1947 die neue Hymne „Land der Berge, Land am Strome" ermittelt, während die Bundesrepublik Deutschland sinnigerweise bei Haydn und dem 1841 von August Heinrich Hoffmann von Fallersleben verfassten „Deutschlandlied" blieb.[1437]

Wenn bei Schostakowitsch vielleicht von einem Spezialfall gesprochen werden kann, weil die Instrumentalisierung mehr oder weniger seine gesamte aktive Lebenszeit mit allen Ambivalenzen betraf, war die Instrumentalisierung des Wiener Musiklebens durch den Nationalsozialismus zwar auf wenige Jahre zugespitzt, aber mitnichten weniger extrem. In diesem Zusammenhang ist die unrühmliche Rolle der Wiener Philharmoniker im ‚Dritten Reich' zu erwähnen, die im bemerkenswerten Buch von Fritz Trümpi untersucht wurde, das auch den problematischen Umgang des Orchesters mit seiner NS-Vergangenheit in einer sich (allzu)lange hinziehenden Nachkriegszeit anspricht.[1438] Fast scheint es sich hier – mit Blick auf dasselbe Problem bei der Österreichischen Akademie der Wissenschaften – um eine spezifisch Wienerische Eigenheit zu handeln; Herbert Matis äußert in diesem Zusammenhang jedenfalls die Meinung, der Umgang der ÖAW mit der NS-Vergangenheit sei in der Nachkriegszeit beinahe „noch problematischer als die NS-Zeit selbst" gewesen.[1439] Bei den Philharmonikern löste die Auseinandersetzung mit großer Verspätung (und vielleicht gerade wegen der zu lange betriebenen Blockadepolitik) doch noch eine selbstkritische Zuwendung zur eigenen Geschichte aus. Sie schlug sich darin nieder, dass ein Dreierteam (Oliver Rathkolb,

---

Gesellschaft der Musikfreunde in Wien, Februar 2009, S. 36–39, sowie Habakuk Traber im Programmheft des Tonhalle-Orchesters Zürich vom 10., 11., 12. Oktober 2012, S. 17.
1436 Vgl. Hartmut Krones, In den Fängen der Politik. Schostakowitsch (und andere), in: Musikfreunde, April 2010, S. 12–15.
1437 Vgl. die Ausstellung Joseph Haydn – Gott erhalte. Schicksal einer Hymne in der Österreichischen Nationalbibliothek, 28. November 2008 bis 1. Februar 2009, sowie den Newsletter der Österreichischen Nationalbibliothek, Nr. 4, November 2008, S. 3–5.
1438 Vgl. Trümpi, Politisierte Orchester, passim.
1439 Vgl. Tagungsbericht: Die Akademie der Wissenschaften in Wien 1938 bis 1945, 11. 3. 2013 Wien, in: H-Soz-Kult, 27. 5. 2013, <http://www.hsozkult.de/conferencereport/id/tagungsberichte-4831>.

9. Zum musikalischen Nachleben der Monarchie 355

Fritz Trümpi, Bernadette Mayrhofer) beauftragt wurde, die neuesten Forschungsergebnisse ins Netz zu stellen.[1440] Dabei ging es auch um die Verfolgung der jüdischen und jüdisch versippten Orchestermitglieder, die von den Philharmonikern, die fast zur Hälfte Parteimitglieder waren (gegenüber weniger als zehn Prozent in der Gesamtbevölkerung),[1441] größtenteils weg„gesäubert" wurden; fünf Philharmoniker wurden von den Nationalsozialisten ermordet, zwei starben vor der Deportation in Wien.[1442]

Anlässlich der Wiener „Mozart-Woche des Deutschen Reiches" Ende November/Anfang Dezember 1941 als Höhepunkt eines ganzen Mozartjahres zu dessen 150. Todestag, das man im gesamten NS-Reich sowie in den besetzten Gebieten und weit darüber hinaus bis ins japanische Kaiserreich Mandschukuo feierte, wurde vom Regime mit der größten Selbstverständlichkeit auf diese Ikone des Wiener Musiklebens zugegriffen, so in Goebbels Festrede vom 4. Dezember in der Wiener Staatsoper, der mit massiv überhöhendem Anspruch äußerte, eine Nation (die deutsche!), die ihre großen Söhne vergesse, die „mit ihrem völkischen Schöpfertum über ihr eigenes Volkstum hinauswachsen", verdiene nicht mehr solche zu besitzen.[1443] Derart intensiv dachte man an diesen „durch und durch ‚deutschen Musiker'", der auf der ganzen Welt und auch bei den kämpfenden Soldaten als Sendbote der deutschen Seele wirke, sowie an seine Mitkomponisten der Gründungstrias der ‚Wiener Klassik' Haydn und Beethoven,

---

1440 Vgl. <http://www.wienerphilharmoniker.at/language/de-AT/Homepage/Orchester/Geschichte/Nationalsozialismus> (letztmals abgefragt 29. 10. 2015). S. dazu Fritz Trümpi, Das braune Orchester, NZZ am Sonntag, 17. März 2013.

1441 Heidemarie Uhl erwähnt für 1942 8,2 Prozent der Gesamtbevölkerung als Mitglieder der NSDAP; Heidemarie Uhl, Das „erste Opfer" – Das österreichische Gedächtnis und seine Transformationen in der Zweiten Republik, in: Eleonore Lappin, Bernhard Schneider (Hrsg.), Die Lebendigkeit der Geschichte. (Dis-)Kontinuitäten in Diskursen über den Nationalsozialismus, St. Ingbert 2001, S. 30–46, hier S. 35f.

1442 Vgl. Trümpi, Politisierte Orchester, S. 141f., sowie Bernadette Mayrhofer, Fritz Trümpi, Orchestrierte Vertreibung. Unerwünschte Wiener Philharmoniker. Verfolgung, Ermordung und Exil, Wien 2014. S. auch Hans-Werner Boresch, Rezension zu: Bernadette Mayrhofer, Fritz Trümpi, Orchestrierte Vertreibung. Unerwünschte Wiener Philharmoniker. Verfolgung, Ermordung und Exil, Wien 2014, in: H-Soz-Kult, 22. 4. 2015, <http://hsozkult.geschichte.hu-berlin.de/rezensionen/2015-2-050>.

1443 Zit. Fritz Trümpi, Komponisten der ‚Wiener Klassik' als politische Repräsentationsfiguren. Gründungen von Wiener Musikergedenkstätten im Nationalsozialismus, in: Juri Giannini, Maximilian Haas, Erwin Strouhal (Hg.), Eine Institution zwischen Repräsentation und Macht. Die Universität für Musik und darstellende Kunst Wien im Kulturleben des Nationalsozialismus, Wien 2014 (Reihe Musikkontext, 7), S. 220–237, hier S. 223. Vgl. auch Marie-Hélène Benoit-Otis, Eine Wiener Feier für den „deutschen Mozart". Nationale Fragen bei der „Mozart-Woche des Deutschen Reiches" 1941, in: Sabine Mecking, Yvonne Wasserloos (Hg.), Inklusion und Exklusion, ‚Deutsche' Musik in Europa und Nordamerika 1848–1945, S. 253–270. Den Hinweis und die Zugriffsmöglichkeit auf diesen noch nicht erschienenen Aufsatz verdanke ich Fritz Trümpi; er illustriert am Beispiel der Wiener Mozart-Woche insbesondere die kulturpolitischen Divergenzen zwischen Goebbels und Schirach.

dass man jedem der drei eine ambitionierte neue Gedenkstätte in Wien widmete, die dem Protektorat des Wiener Gauleiters und Reichsstatthalters Baldur von Schirach unterstanden und den Topos der Musikstadt Wien gegen das kulturhegemoniale Goebbels'sche Berlin propagieren sollten.[1444]

In Bezug auf die Vermarktung von Jubiläen dürfte aber vor allem das Mozart-Jubiläum von 2006 in Salzburg und Wien beispiellos gewesen sein, wobei sich – kaum erstaunlich – wenig Kritik artikulierte. Eine sehr prägnante kam freilich vom Autor und Filmemacher Kurt Palm in einem Vortrag anlässlich einer Salzburger Veranstaltungs-Reihe zum Titel „Sustainable Mozart", die von Februar bis Juni 2006 von Peter Huemer im Marionettentheater moderiert wurde. Palm wies darauf hin, dass man den Komponisten Mozart zwar gern „als Aufhänger für zahllose Events ohne Tiefgang" verwende, sich aber mit Händen und Füssen gegen einen „wirklich substanziellen Diskurs" wehre. Besonders bissig kritisierte er die gemeinsame Website, „das gemeinsame ‚Mozart-Sales-Manual'", der Tourismusorganisationen von Stadt und Land Salzburg, des „Vienna Tourist Board" und des „Austrian National Tourist Office", die den Besucher mit dem Satz „Wolfgang Amadeus Mozart is the most famous Austrian of all time" begrüßte, worin sich nicht weniger als drei Fehler fänden, von denen der leidigste sei, dass der „bekannteste Österreicher" nicht Mozart, sondern Hitler heiße.[1445]

2009 waren dagegen Veranstaltungen mit Haydn-Werken weltweit Legion. Herausragend dürfte u. a. die Reihe der Musiciens du Louvre (Grenoble) unter Marc Minkowski gewesen sein, die an vier Abenden Haydns zwischen 1791 und 1795 entstandene zwölf Londoner Symphonien spielten, zu welchen „Die Uhr", die „Militär-Symphonie", die „Glocken-Symphonie" und vor allem die Symphonie „Mit dem Paukenschlag" gehören. Die Reihe wurde nicht zufällig vom 2. bis 6. Juni 2009 auch im Wiener Konzerthaus präsentiert, wo sie Teil einer Serie von insgesamt elf Konzerten mit Haydn-Werken war, die auch als Sonderabonnement „Haydn zur Wahl" besucht werden konnten.[1446] In einem Newsletter mit Hinweisen auf die sofort buchbaren Abonnements 2015/16 kündigte der Musikverein Ende März 2015 seinerseits ein neues Projekt „Haydn 2032" an, das „kühn in die Zukunft gespannt" schon jetzt das Jahr 2032 mit Haydns 300. Geburtstag „im Visier" habe; im Hinblick darauf werde seine „zukunftsträchtige Musik" in einer eigenen Reihe zu hören sein.[1447] So soll Giovanni Antonini in Basel und in Wien (im Musikverein) bis 2032 sämtliche Symphonien Haydns zur Aufführung

---

1444 Vgl. Trümpi, Wiener Musikergedenkstätten, S. 223ff. u. passim.
1445 Kurt Palm, Mozart, Markt und Diskurskultur, in: Sustainable Mozart. Kunst, Kultur und Nachhaltigkeit, Salzburg 2007, S. 99–111, hier S. 99 u. 110f.
1446 Vgl. Rundmail Wiener Konzerthaus „Haydn zur Wahl" vom 12. Januar 2009.
1447 Musikverein – Newsletter – Abonnements 2015/16 vom 20. März 2015, S. 1.

bringen; dies in der Absicht, „einem der genialsten Komponisten der Musikgeschichte" jene breite Anerkennung zu verschaffen, wie sie um 1790 herrschte.[1448] In der Tat sei das Haydn-Bild daran, vom „Firnis des 19. Jahrhunderts befreit zu werden", schrieb Alfred Brendel nach seinem Rückzug vom Podium im Rückblick auf sechs Jahrzehnte Musikpflege: es weiche der Wahrnehmung des „Entdeckers und Abenteurers, des Großmeisters der Überraschung, des Schöpfers eines eigenen musikalischen Universums, der das Komische in die absolute Musik einführte".[1449]

Nachdem 2006 im burgenländischen Raiding neben Liszts Geburtshaus, dem ehemaligen Verwaltungsgebäude der Esterházy-Schäfereien, das seit 1951 als Museum dient, ein Lisztzentrum mit einem Konzertsaal geschaffen worden war, worin jährlich ein Liszt Festival durchgeführt wird,[1450] spielten zum Auftakt des Liszt-Jahres 2011 die Wiener Philharmoniker anlässlich ihres Neujahrskonzerts unter Franz Welser-Möst, damals Generalmusikdirektor der Wiener Staatsoper, neben (wie immer) Werken der Strauss-Dynastie, den „Zigeunertanz" von Joseph Hellmesberger und den „Mephisto-Walzer Nr. 1" von Franz Liszt. In der Zeitschrift der Gesellschaft der Musikfreunde in Wien wurde Liszt in diesem Jahr als „Weltenbürger aus Österreich" betitelt, und es wurde darauf hingewiesen, dass er „einer der wenigen unter den ganz großen Komponisten aus Klassik und Romantik" sei, „die auf dem Boden des heutigen Österreich geboren wurden: Haydn, Mozart, Schubert, Liszt – und dann die Großen des 20. Jahrhunderts". Seine Eltern seien keine Zugereisten gewesen wie jene Schuberts oder wie Mozarts Vater, sondern entstammten niederösterreichischen Familien, „also dem oft so bezeichneten Kernland Österreichs", und obwohl er in Westungarn geboren wurde, sprach er kein Ungarisch und habe sich auch nie als Ungar bezeichnet.[1451] Keine geringere als Nike Wagner, eine Urenkelin Richard Wagners, nannte Liszt 2011 ebenfalls einen „Weltbürger", der – als „Indiz von Modernität" – ständig quer durch alle Gattungen experimentiert habe; im Gegensatz zu ihm sei sein Freund und Schwiegersohn Wagner ein „großer Vollender" und Repräsentant einer betont deutschen Kultur gewesen.[1452] Seine mehrmals revidierte Faust-Sinfonie kann denn auch als „Work in

---

1448 Wolfgang Fuhrmann, „Sein Fach sey gränzenlos". Joseph Haydn als Symphoniker, in: Musikfreunde, November 2015, S. 12–15.
1449 Alfred Brendel, Musik und ihr unablässiger Wandel. Ein Blick auf sechs Jahrzehnte Musikpflege, NZZ Nr. 305 (internationale Ausgabe), 31. Dezember 2010.
1450 Vgl. die Broschüre liszt festival raiding 2015 sowie <www.lisztfestival.at>.
1451 Otto Biba, Ein Weltenbürger aus Österreich. Franz Liszt, in: Musikfreunde, November 2011, S. 57 u. 59.
1452 Nike Wagner, Liszt, Wagner und wir. Zum 200. Geburtstag des Komponisten, Pianisten und Weltbürgers Franz Liszt, NZZ Nr. 247 (internationale Ausgabe), 22. Oktober 2011.

Progress" bezeichnet werden, weil ihr Schöpfer „stets weiterdachte".[1453] Dasselbe gilt vom Klavierkonzert Nr. 2 A-Dur, das 1830–1839 entstand und 1849, 1853, 1857 und 1861 revidiert wurde.[1454]

2011 war mit dem 100. Todestag am 18. Mai auch das Jahr Gustav Mahlers. Das Wiener Konzerthaus widmete ihm u. a. eine Filminstallation „Mahler-Portraits", worin 25 Dirigenten (Daniel Barenboim, Pierre Boulez, Esa-Pekka Salonen, Franz Welser-Möst, Lorin Maazel, Zubin Mehta und andere) jeweils eine Stunde vor Konzertbeginn über ihre persönliche Beziehung zu Mahlers Musik sprachen.[1455] Im Musikverein wurde das Jahr, wie der Zeitschrift der Gesellschaft der Musikfreunde vom Dezember 2011 entnommen werden kann, mit Mahlers Rückert-Lied „Ich bin der Welt abhanden gekommen" beschlossen.[1456] In diesem Zusammenhang muss daran erinnert werden, dass Mahlers große Zeit wie jene Bruckners nicht sofort kam, sondern in seinem Fall erst nach dem Ende des NS-Rassenwahns. Demgegenüber erscheint die Mahler-Rezeption zur Zeit des „Austrofaschismus" und vor allem 1935/36 aus Anlass seines 25. Todestages überaus bemerkenswert: Gegen Hitlers „Drittes Reich", das in Österreich über zahlreiche Sympathisanten verfügte, konnte in Wien ein jüdischer Komponist ins Streben nach einem kulturellen Kontrapunkt eingespannt und zwischen 1934 und 1938 geradezu „eine staatstragende Größe" werden.[1457] Inzwischen riskiert der zur Ikone gewordene Mahler[1458] als „neuer Kulturfetisch" vermarktet zu werden, wie der deutsche Komponist Helmut Lachenmann 1975 monierte.[1459] Er dürfte mittlerweile zum meistaufgeführten Symphoniker geworden sein.

9.2 Die Strahlkraft der Musik der Habsburgerzeit

Relevanter als punktuell zelebrierte und letztlich ephemere (weil mit dem jeweiligen Jahr endende), obwohl immer mehr überbordende Jubiläums- und Gedenkfeiern ist das, was ‚wirklich' als Habsburgs musikalisches Weiterleben zu interpretieren ist, das

---

1453 Tonhalle-Orchester Zürich, Programm vom 23. Mai 2008 (Thomas Meyer).
1454 Tonhalle-Orchester Zürich, Programm vom 7. Dezember 2007 (Regula Puskas).
1455 Vgl. Konzerthaus-Nachrichten, Mai/Juni 2011, S. 20.
1456 Vgl. Joachim Reiber, Der Welt abhanden gekommen. Gustav Mahler und die Kunst des Abschieds, in: Musikfreunde, Dezember 2011, S. 12–15.
1457 Gerhard Scheit, Wilhelm Svoboda, Feindbild Gustav Mahler. Zur antisemitischen Abwehr der Moderne in Österreich, Wien 2002, S. 45, zit. Trümpi, Politisierte Orchester, S. 243.
1458 Vgl. Mahleriana. Vom Werden einer Ikone, hg. v. Reinhold Kubik u. Erich Wolfgang Partsch, Wien 2005 (Ausstellung Jüdisches Museum Wien, 21. 9. 2005–8. 1. 2006).
1459 Vgl. Marco Frei, Ist seine Zeit gekommen? Gustav Mahler und der lange Weg seiner Wiederentdeckung nach 1960, NZZ Nr. 112, 14. Mai 2011.

heißt die nachhaltige Präsenz seines Erbes in der Musikwelt: in den Kompositionen wie in der Praxis der Veranstaltungen.

Vorweg ist im Sinne der Spannweite (und auch als kleine Relativierung) des Diskurses, um den es hier geht, festzuhalten, was der Musikkritiker Max Graf, ein Apologet des immer gut einsetzbaren Topos der „Musikstadt Wien", 1949 am musikalisch bereits überholten und seither nahezu vergessenen jüdischen Opernkomponisten Carl Goldmark (1830–1915) festmachte, der bis zum „Anschluss" mit seiner 1875 geschriebenen Oper „Die Königin von Saba" Triumphe feierte, nämlich dass Goldmark einer der künstlerischen Repräsentanten des fransisko-josefinischen Zeitalters gewesen sei, eines Zeitalters, in dem es zum letzten Mal in der Geschichte Österreichs gelungen sei, „die geistigen und künstlerischen Kräfte der deutschen, slawischen und ungarischen Völker des Donauraumes zu sammeln und sie zu einer höheren allgemeinen Kultur zusammenzufassen". So habe Goldmark geradezu den Geist der österreichischen Kultur unter Franz Joseph verkörpert, ihren „künstlerischen Reichtum, die Feinheit des Geschmacks, die Vorliebe für sinnlichen Genuss, die Neigung zu dekorativem Luxus", und all dies gehöre „zur Begabung der alten europäischen Hauptstadt Wien".[1460] Hier zeigt sich das Stil-Ideal, das diesem Verfasser vorschwebte, sehr klar: das des Historismus à la Makart. Dazu passt, dass Graf etwa über Arnold Schönberg fast nichts sagt außer dass er „die klassische Harmonielehre umgedreht und auf den Kopf gestellt" habe, womit „das Zeitalter der klassischen Harmonien, das in Wien begonnen", auch in Wien sein Ende gefunden habe.[1461]

Gewichtiger erscheint dagegen eine Betrachtung von William M. Johnston zur Wiener Klassik in Anlehnung an den Musiktheoretiker Viktor Zuckerkandl (1896–1965), wonach Österreich erstens als Schauplatz des Musizierens, zweitens als Quelle der Volksmusik und drittens als Schöpfungsplatz der Meisterwerke fungiert habe, und durch diese drei Aspekte werde die Art des Österreichischen Menschen als Musiker bestimmt.[1462] Damit wurde, entgegen der üblichen Skepsis gegenüber solchen Pauschalisierungen, etwas Wesentliches formuliert, das in den Kern des Nachlebens des Habsburger Reiches führt, wobei Zuckerkandl interessanterweise mit Nachdruck äußerte, dass ausgerechnet Beethoven, der Titan aus dem Rheinland, einen Gegensatz zum Österreichischen verkörpere, denn als Gast habe er Österreichs Geist in Wien nie

---

[1460] Graf, Legende, S. 216. Ich verdanke den Hinweis auf diese Stelle einem Referat von Cornelia Szabo-Knotik anlässlich der Wiener Tagung vom 29. November 2014 zu Carl Goldmark. Vgl. für eine kritische Auseinandersetzung mit dem Musikstadt-Topos Nussbaumer, Musikstadt Wien, passim, v.a. den Hauptteil Inszenierungen der ‚Musikstadt': Musikjubiläen und Musikfeste.

[1461] Graf, Legende, S. 328f.

[1462] William M. Johnston, Visionen der langen Dauer Österreichs, Wiener Vorlesungen im Rathaus, Band 140, Wien 2009, S. 37.

so repräsentiert wie dies Haydn, Mozart, Schubert und Bruckner getan hätten; insofern fehle beim großen Einsamen aus Bonn der Wiener Grundton von milder Trauer und eines „mondigen sanften Schimmers" fast gänzlich.[1463]

Fast noch bedeutsamer ist indessen die Feststellung von Oliver Rathkolb in Bezug auf Österreichs aktuelle Kulturwirtschaft, wonach Kultur nach wie vor ein wichtiger Faktor der Außenrepräsentation des Landes sei, das im konkreten Musik-Kulturkonsum aber ein Kulturimportland geworden sei. Mozart und Johann Strauss oder die Wiener Philharmoniker und die Staatsoper seien nach wie vor wichtige Codes für Österreichs Selbstverständnis als Kulturnation, Codes, die weit ins 19. Jahrhundert zurückreichten. Doch während immer weniger Österreicherinnen und Österreicher ein Musikinstrument lernten oder in Chören sängen, reduziere sich die Größe des Musiklandes Österreich im Alltag auf das passive Konsumieren.[1464]

Für die Präsenz des Habsburger Erbes in der Musikwelt ist die Zusammenstellung von Fritz Trümpi zu den Anteilen der kanonisierten deutschen und österreichischen Komponisten in den Programmen der Wiener und Berliner Philharmoniker von Ende des Ersten bis Ende des Zweiten Weltkriegs von besonderem Interesse.[1465] Bei den Wiener Klassikern (Haydn, Mozart, Beethoven, Schubert) zeigt sich, dass die Berliner Philharmoniker zwischen 1938 und 1945 wesentlich öfter Haydn-Werke in ihren Abonnementkonzerten gaben als die Wiener, während der Anteil Mozarts bei den Wienern stets höher war als bei den Berlinern. Beethoven steigerte sich unter dem Nationalsozialismus gegenüber der Weimarer Republik und wurde von den Berlinern generell mehr gespielt als von den Wienern. Dagegen spielten diese deutlich mehr Schubert. Das ‚richtig' Wienerische überwog ohnehin bei den Wienern, während die Berliner gemäß Goebbels Zielsetzungen die repräsentativen Träger der deutschen Musik sein sollten. Ähnliches erweist sich bei den Romantikern: Schumann wurde in Wien äußerst selten gegeben, während er in Berlin oft auftaucht. Wagner nahm bei beiden Orchestern ab 1938 schlagartig zu, zum einen wegen seines 125. Geburts- und 55. Todestags, zum andern wegen einer gewissen Wiener Anschluss-Euphorie, worin sich ein klares politisches Bekenntnis äußerte. Brahms' Anteil war in beiden Orchestern stets hoch, während Bruckner in Wien mehr gespielt wurde, was sich während des Kriegs noch steigerte. Von den zeitgenössischen Komponisten hatte nur Richard Strauss einen kontinuierlich bedeutenden Anteil am Repertoire beider Orchester. Von November 1933 bis Juli 1935 war dieser „gestandene Antidemokrat" als

---

1463 Johnston, Visionen der langen Dauer, S. 38f.
1464 Oliver Rathkolb, Die paradoxe Republik. Österreich 1945 bis 2005, Wien 2005, S. 426f.
1465 Vgl. für den ganzen folgenden Abschnitt Trümpi, Politisierte Orchester, S. 233ff., sowie insbesondere den Anhang: Repertoire. Grafiken und Kommentare, S. 315–329 (wobei vornehmlich Trümpis Erhebungen zur NS-Zeit berücksichtigt werden).

einer von Hitlers Lieblingskomponisten Präsident der Reichsmusikkammer,[1466] und allein schon der mehr als triumphale C-Dur-Anfang seines „Zarathustra" von 1896 mag die Begeisterung erklären, die ihm großräumig denkende Nationalsozialisten entgegenbrachten. In der NS-Zeit hielt auch Hans Pfitzner in beiden Orchestern einen gewissen Anteil, worin sich sein Antimodernismus und Antisemitismus spiegelt.

Der kleine Überblick erweist auch von dieser Seite – allerdings angesichts der Zeitläufte deutlicher als die Jubiläumsveranstaltungen – die Zeit- und ‚Umwelt'-Einflüsse auf die Repertoire- und Programmgestaltung, bei der eine politische Dimension immer mitbedacht werden muss. Besonders krass zeigte sich das Spezifische und für die direkt Betroffenen Existentielle des zeitgeschichtlichen Kontexts unter der NS-Herrschaft aber – wie erwähnt – im Umgang beider Starorchester mit ihren jüdischen Mitgliedern. Dagegen war die musikalische Moderne vor der NS-Zeit in Wien und Berlin unterschiedlich präsent gewesen. Während die Berliner offener waren und zu Anfang der 1920er Jahre sogar ein kurzfristiges Engagement für eine avantgardistische Reihe zeigten und sich der Gegenwart, bis 1933 auch der Wiener Schule und vor allem Schönberg, verpflichtet fühlten, war in der Zwischenkriegszeit die Moderne aus Wien verschwunden: statt einer Avantgarde habe es hier nur ein reaktionär-beharrendes Wien/Habsburg, das heißt eine ausgeprägte Glorifizierung der Monarchie und Hinwendung zur Provinz gegeben.[1467] Auf diese Weise setzte sich die ihrerseits rückwärtsgewandte Musikrezeption der späten Monarchie nicht nur fort, sondern verstärkte sich noch.[1468] Während die Wiener Philharmoniker Zeitgenössisches in ihren Programmen nahezu nicht berücksichtigten, wurde die ‚leichte' Musik mit Aufführungen von Werken der Strauss-Dynastie seit Mitte der 1920er Jahre aufgewertet. Am 31. Dezember 1939 wurde ein Silvesterkonzert ausschließlich mit Strauss-Werken geboten, woraus sich in der Folge das Ritual der Neujahrskonzerte im Musikverein entwickelte. Strauss-Walzer waren im Wien der „Ostmark" besonders geeignet, um Alt-Wien- und Musikstadt-Topoi zu bedienen.[1469] Dazu musste freilich ihr durchaus vorhandener ‚revolutionärer' Charakter ausgeblendet werden. Johann Strauss Vater war nicht nur der Komponist des Radetzky-Marsches, sondern zitierte am Schluss seines Paris Walzer von 1838 – mitten im Vormärz – auch die „Marseillaise", den Revolutions-Song *par excellence*.[1470] Ebenso ausgeblendet werden musste die jüdische Her-

---

1466 Gerhard Splitt, Richard Strauss und die Reichsmusikkammer – im Zeichen der Begrenzung von Kunst?, in: Albrecht Riethmüller, Michael Custodis (Hg.), Die Reichsmusikkammer. Kunst im Bann der Nazi-Diktatur, Köln – Weimar – Wien 2015, S. 15–31.
1467 Trümpi, Politisierte Orchester, S. 27f. (in Anlehnung an Theodor W. Adorno und Sigrid Schmid-Bortenschlager).
1468 Vgl. Trümpi, Politisierte Orchester, S. 99.
1469 Vgl. Trümpi, Politisierte Orchester, S. 240f., 255f. u. 258f.
1470 Dieser Walzer wurde 2008 erstmals in einem Neujahrskonzert der Philharmoniker gegeben, bezeich-

kunft der Strauss-Familie, ganz im Sinne eines Tagebucheintrags von Goebbels, dass „ein Oberschlauberger" herausgefunden habe, Johann Strauss (II) sei „Achteljude", weshalb der Reichsminister für Volksaufklärung verbot, dies „an die Öffentlichkeit zu bringen".[1471]

Was jenseits aller Trends und jeder Instrumentalisierung Bestand hat, sind die Werke selber, die zwar Zeit und Entstehungskontext spiegeln, aber auch nachfolgende Bemühungen zu befruchten vermögen, weshalb sich neben vielen Brüchen immer wieder erstaunliche Kontinuitäten einstellen. Darin zeigt sich die Wirkkraft des musikalischen Erbes der Habsburgermonarchie und ihrer Schulen besonders deutlich. Interessant sind jeweils Bezüge, die in Programmheften von Konzerten explizit hergestellt werden, um Hörerinnen und Hörer auf solche Zusammenhänge aufmerksam zu machen, so ein Bezug Schubert – Webern (mit Schuberts von Webern für Streichorchester bearbeiteten Deutschen Tänzen und Weberns für Streichorchester transkribierten Fünf Sätzen für Streichquartett, op. 5)[1472] oder ein solcher Beethoven – Brahms – Schönberg/Webern[1473] oder ein anderer zwischen Beethovens „Pastorale" mit der „Szene am Bach" und Hector Berlioz gleichfalls fünfteiliger „Symphonie fantastique" mit der „Scène aux Champs"[1474] sowie zwischen Beethovens Fünfter und Camille Saint-Saëns „Orgelsinfonie".[1475] Ein besonders faszinierender Bezug ergab sich zwischen „The Unanswered Question" des Amerikaners Charles Ives von 1908 (überarbeitet 1930–35) und Beethovens ein Jahrhundert früher entstandener Fünfter im Oktober 2015 in einem Konzert des Zürcher Tonhalle-Orchesters unter Tomas Netopil, der diese Werke wie unbeantwortete Frage und schicksalhafte Antwort aneinanderfügte.[1476] Interessant ist auch die Anknüpfung von Anton Weberns Passacaglia für Orchester (d-moll), sein 1908 unter Schönbergs Augen komponiertes Opus 1, an die Passacaglia im Finalsatz der 4. Symphonie von Brahms,[1477] die Schönberg wegen ihrer subtilen Komplexität bewunderte,[1478] und von fern die Passacaglia Immaginaria (1995/2010) des 1923 im damals polnischen Lemberg geborenen Stanislaw Skrowaczewski, die ihrerseits an das Finale von Brahms Vierter oder an Weberns Passacaglia op. 1 gemahnt.[1479] Fast noch

---

nenderweise unter Georges Prêtre.
1471 Tagebucheintrag Goebbels vom 5. Juni 1938, zit. Sandra Föger, Drohende Entthronung. Der Walzerkönig in dunkler Zeit, in: Musikfreunde, Jänner 2010, S. 43.
1472 Auditorium Dijon, Programm vom 16. März 2014.
1473 Zu Brahms 1. Symphonie, Wiener Konzerthaus, Programm vom 19. u. 20. März 2014.
1474 Vgl. Wiener Konzerthaus, Programm vom 25. u. 26. März 2014 (San Francisco Symphony unter Michael Tilson Thomas) sowie vom 7. November 2015 (Orchestre de Paris unter Paavo Järvi).
1475 Tonhalle-Orchester Zürich, Programm vom 26., 27., 28. Februar 2014.
1476 Tonhalle-Orchester Zürich, Programm vom 22. u. 23. Oktober 2015, S. 14–17 (Ulrike Thiele).
1477 Tonhalle-Orchester Zürich, 8. Dezember 2005, sowie Konzerthaus Wien, 7. Juni 2015.
1478 Auditorium Dijon, 11. Juni 2015 (la fabrique d'absolu N° 8, Mai–Juni 2015, S. 72).
1479 Tonhalle-Orchester Zürich, Programm vom 23., 24., 25. Mai 2012, S. 22 (Thomas Meyer).

9. Zum musikalischen Nachleben der Monarchie

spannender wirkt der Bezug zwischen Samuel Barber, 77 Jahre jünger als Brahms, und dessen Repertoire an Gattungen, „wie es in dieser Art noch ein Brahms gepflegt hatte"; im gleichen Programm stellte sich mit einem anderen Amerikaner aber der völlige Bruch ein: mit Gunther Schuller, der sich „weitestgehend von der traditionellen musikalischen Grammatik entfernt" und in die Nähe zur Neuen Musik rückt.[1480]

Beim Veranstalten von Aufführungen vermochte nicht nur das private Mäzenatentum etwa der Esterházy gegenüber Haydn, sondern vor allem das wache Interesse und die Begeisterungsfähigkeit einer breiteren Öffentlichkeit das Musikleben zu beflügeln. Zeugnis für Letzteres ist insbesondere die Geschichte des Wiener Musikvereins, jenes 1870 eröffneten Gebäudes mit seinem zur Ikone gewordenen Goldenen Saal, dessen Trägerin, die Gesellschaft der Musikfreunde in Wien, 1812 gegründet wurde,[1481] ohne die das Wiener Musikleben nahezu unvorstellbar wäre, und ebenso sehr die Erfolgsgeschichte der 1842 als lose Gesellschaft von Mitgliedern der Hofoper zur Pflege der symphonischen Werke Mozarts und Beethovens entstandenen und konsequent selbst verwalteten Wiener Philharmoniker.[1482]

Zum Wiener Konzertleben gehört auch der 1899/1900 für breitere Schichten, also ‚populäre' Orchesterkonzerte, Volkskonzerte oder Arbeiter-Symphoniekonzerte sowie für Ur- und Erstaufführungen zeitgenössischer Werke entstandene Concertverein (seit 1910 Wiener Konzerthausgesellschaft), mit dem Orchester des Concertvereins (ab 1921 Wiener Sinfonie-Orchester, seit 1933 Wiener Symphoniker) zumeist im 1912/13 erbauten Konzerthaus, das neben einem Gegenprojekt zum Musikverein im Sinne der Popularisierung symphonischer Musik und der Demokratisierung des Konzertlebens vielleicht auch eine ‚nationalere' Ergänzung sein wollte, weil die internationalistischeren Philharmoniker bis zum Ende der Monarchie mit populäreren Veranstaltungsformen kaum in Kontakt kamen.[1483] Wegen der besonderen Eigenheit der Wiener Philharmoniker als Mitglieder der Staatsoper bestritten und bestreiten die Symphoniker den größten Teil des symphonischen Musiklebens in Wien. Zahlreiche heute etablierte Werke wie Bruckners Neunte, Schönbergs Gurre-Lieder oder Ravels Konzert für die linke Hand wurden von ihnen uraufgeführt.[1484]

1480 Tonhalle-Orchester Zürich, Kammermusik-Lunchkonzert vom 3. April 2014.
1481 Vgl. Daniel Ender, „Dilettantenverein" von Weltruf. 200 Jahre Gesellschaft der Musikfreunde in Wien, NZZ Nr. 275 (internationale Ausgabe), 24. November 2012.
1482 Vgl. für die Anfänge der Wiener Philharmoniker Trümpi, Politisierte Orchester, Kap. 2.2, passim.
1483 Vgl. Trümpi, Politisierte Orchester, S. 49f., sowie Robert Lackner, Hugo Botstiber und das Wiener Konzerthaus. Leben und Wirken eines Kulturmanagers vom Fin de Siècle bis zum Anschluss, Wien-Köln-Weimar 2016, S. 51–62, v. a. S. 53.
1484 Vgl. Wiener Konzerthaus, Programm vom 26. u. 27. Februar 2015.

Nichts legt beredteres Zeugnis für Kontinuitäten ab als der Umstand, dass die Wiener Philharmoniker anlässlich ihrer Neujahrkonzerte als „Encores" nach dem Walzer „An der schönen, blauen Donau" (1867, Johann Strauss II) als letzte Zugabe und unter rhythmischer Beteiligung des begeisterten Publikums jeweils den Radetzky-Marsch (1848, Johann Strauss I) spielen und auf diese Weise gleich an zwei Schlüsseljahre der Monarchie erinnern. Gerade diese Konzerte, mittlerweile durch ihre Übertragung im Fernsehen zum Weltspektakel geworden („Si le concert du 1er janvier reste pour certains un comble du kitsch, son audience est planétaire", giftelte Le Monde vor einigen Jahren),[1485] lassen sich besonders gut in Huldigungs- und Vermarktungsarrangements einbeziehen, so 2009 ins Haydn-Jahr, das die Philharmoniker mit einer kleinen Hommage anlässlich des Neujahrskonzerts unter Daniel Barenboim einläuteten, und zwar mit dem originellen Finale von Haydns Abschieds-Symphonie (das vor die traditionellen „encores" und den eingeschobenen Neujahrsgruß des Dirigenten platziert wurde) mit der Anweisung an das Orchester, das Podium nach und nach zu verlassen.[1486] Gegenüber den Neujahrskonzerten der Philharmoniker im Musikverein sind Silvesterkonzerte zu einer Tradition der Symphoniker im Konzerthaus geworden. Die Eröffnung des Hauses hatte 1913 „unter dem Allerhöchsten Protektorate Seiner k.u.k. Apostolischen Majestät" mit Beethovens Neunter stattgefunden; seit 1975 wird diese jeweils zum Jahreswechsel an den Abenden des 30. und 31. Dezember sowie des 1. Januar zelebriert.[1487]

Zur Einstimmung in das große Thema des kompositorischen Nachlebens der Habsburgerzeit diene eine kleine persönliche Reminiszenz. Am 16. November 2008 hörte ich im Wiener Großen Musikvereinssaal die Wiener Symphoniker unter Vladimir Fedosejev, einem in St. Petersburg geborenen Russen aus Nordossetien mit starken Beziehungen nach Wien (1997–2004 war er Chefdirigent der Symphoniker), und einer interessanten Programm-Mischung aus der Ouvertüre zu Shakespeares „Sommernachtstraum" von Felix Mendelssohn Bartholdy, dem Orchesterwerk „(K)ein Sommernachtstraum" von Alfred Schnittke und der 1943 vollendeten 8. Symphonie von Dimitrij Schostakowitsch, die in der Sowjetunion auch „Stalingrader Symphonie" genannt wurde.[1488] Besonders bemerkenswert erschien mir im Kontext der Thematik der vorliegenden Studie der aus der wolgadeutschen Sowjetrepublik stammende Alfred Schnittke (1934–1998), der zwischen 1946 und 1948 als 12- bis 15-Jähriger mit seinen Eltern in Wien lebte

---

[1485] Marie-Aude Roux, Georges Prêtre, baguette viennoise. Le chef d'orchestre dirigera, le 1er janvier, le concert du Nouvel An au Muzikverein [sic], Le Monde, 31 décembre 2009.
[1486] Joseph Haydn, Symphonie Nr. 45, Fis-Moll, „Abschieds-Symphonie", 4. Satz Finale; vgl. die DECCA-CD des Neujahrskonzerts 2009.
[1487] Vgl. Wiener Konzerthaus, Konzerthaus Nachrichten, Dezember 2015.
[1488] Vgl. dazu und zum folgenden das Programmheft zu den Konzerten vom 14. und 16. November 2008 im Großen Musikvereinssaal.

und daselbst – wie er selber bezeugt – mit dem ersten Musik- und Klavierunterricht sein Musikstudium begann und wichtige Eindrücke erhielt, sowohl musikalische (Beethovens Neunte unter Joseph Krips, Bruckners Achte unter Otto Klemperer und Die Entführung aus dem Serail unter Hans Knappertsbusch) als auch allgemeinere etwa über Wochenschau-Ausschnitte zu den „Jedermann"-Inszenierungen in Salzburg, die er in den drei Jahren mitverfolgte. Davon sei ihm als musikalischer Grundton ein „gewisser Mozart-Schubert-Sound" in Erinnerung geblieben, den er jahrzehntelang mit sich getragen habe und der sich 30 Jahre später bei seinem nächsten Österreich-Aufenthalt als Gastprofessor an der Wiener Hochschule für Musik und darstellende Kunst bestätigte. Damals provozierte er mit seinen für Gidon Kremer komponierten Kadenzen zu Beethovens Violinkonzert anlässlich der Salzburger Festspiele 1977 einen heftigen Presseskandal und 1978 einen weiteren wegen einer „kulturschänderischen" Bearbeitung von „Stille Nacht". In den frühen 1980er Jahren entstand das Werk, von dem hier die Rede ist,[1489] das mit dem etwas irreführenden Titel „(K)ein Sommernachtstraum" für die Salzburger Festspiele 1984 gedacht war, aber wegen einer Erkrankung des Komponisten erst am 12. August 1985 in einem Konzert mit Shakespeare-Vertonungen gespielt wurde und erheblich mehr darstellt als nur ein – wie Schnittke es ironisch definiert – „Mozart-Schubert-bezogenes Rondo". Zwar beginnt und endet es als Rondo (wobei „alle Antiquitäten in diesem Stück" von Schnittke „nicht gestohlen, sondern gefälscht" seien, wie er ausführt), ist ansonsten aber eine mehrfach gebrochene und gesteigerte ausgesprochen witzige Auseinandersetzung mit dieser musikalischen Vorlage. Der Mozart-Schubert-Sound hat hier zu einer gewaltigen Auftürmung gefunden und illustriert eindrücklich, wie das klassisch-romantische Wien assoziativ in die Musik des Nach-Auschwitz-Zeitalters eingeführt werden kann. Anders als der eine Generation ältere 1975 verstorbene Schostakowitsch scheint Schnittke allerdings nicht zu einem ebenso ironisierenden Umgang mit der tristen Sowjetrealität in der Lage gewesen zu sein. Vielmehr scheint er ihr gegenüber – wie im Klavierquintett aus den früheren 1970er Jahren – eher alptraumhaft zerrissen und gepeinigt gewesen zu sein.[1490] Die ironisch verfremdete Wiener Klassik wirkt vor diesem düsteren Hintergrund wie ein ferner, gebrochener Abglanz einer verlorenen Glückszeit.

Der Beispiele für das ‚eigentliche' Nachleben der Wiener Klassik und Romantik und insofern für das musikalische Habsburg-Erbe sind Legion. Von unzähligen möglichen erwähne ich nur einige wenige, die ich selber gehört habe und mich beeindruck-

---

1489 Alfred Schnittke, (K)ein Sommernachtstraum für großes Orchester, 1985; vgl. den Begleittext zur BIS-CD 437 von 1989.
1490 Vgl. Tonhalle-Orchester Zürich, Programmheft zum Kammermusik-Lunchkonzert vom 5. Februar 2015 (Jens-Peter Schütte).

ten. So Béla Bartóks wenige Jahre vor seinem Tod im amerikanischen Exil entstandenes Konzert für Orchester von 1943/1944, das mit seiner Ländlichkeit in der Nachfolge von Beethovens „Pastorale" steht,[1491] wie über ein halbes Jahrhundert vorher schon Brahms (oben erwähnte) 1877 in Pörtschach am Wörther See entstandene 2. Symphonie[1492] und nicht viel später Antonín Dvořáks Streichquartett Nr. 12 F-Dur von 1893, das „amerikanische", das vom „Erwachen heiterer Gefühle bei der Ankunft auf dem Lande" bestimmt war, als der Komponist aus dem hektischen New York, dessen Konservatorium er 1892–1895 leitete, zum Sommerurlaub in ein von tschechischen Einwanderern bewohntes Dorf im menschenleeren Iowa auswich.[1493] Im gleichen Jahr entstand seine erfolgreichste (9.) Symphonie „Aus der Neuen Welt", die gleichfalls weniger „amerikanisch" (wenngleich Dvořák sich nach eigenem Bekunden bemühte, „im Geiste der volkstümlichen amerikanischen Melodien zu schreiben")[1494] als – vielleicht im Erinnern Prags – nostalgisch anmutet.[1495] Béla Bartók gilt im Übrigen ähnlich wie Zoltán Kodály, der Sammler und Feldforscher,[1496] als Entdecker der ungarischen Volksmusik, der sie vom Land direkt und unverstellt in die Konzertsäle führte. Neben bzw. zeitlich nach Bartók ließe sich ein weiterer Ungar nennen, György Kurtág, der „ein sehr entspanntes Verhältnis zur Tradition" gehabt haben soll, vielleicht weil er als ungarischer Staatsbürger nach dem Zweiten Weltkrieg jahrzehntelang vom westlichen Musikleben abgeschnitten war und erst mit dem Fall des Eisernen Vorhangs seinen Durchbruch im Westen erlebte.[1497] Sein Selbstempfinden erinnert, vielleicht als Folge einer gescheiterten Flucht nach der Niederschlagung des Volksaufstands von 1956, an Franz Kafka, wenn er sich „in einem regenwurmartigen Ungezieferzustand mit einem gänzlich reduzierten Menschsein" fühlte; insofern erscheinen seine Kafka-Fragmente von besonderer Bedeutung.[1498]

1491 Beide Werke wurden am 5. Oktober 2008 vom Concertgebouw Amsterdam unter Daniele Gatti in Dijon gegeben; Bartóks Konzert für Orchester auch schon am 3. April 2005 vom Orchestre National de France, ebenfalls unter Daniele Gatti.
1492 Opéra de Dijon, 2. April 2015 mit Les Dissonances; vgl. Programmheft April 2015 (la fabrique d'absolu, N° 7), S. 50f.
1493 Wiener Konzerthaus, 27. Februar 2015, Artemis Quartett (Heinz Becker/Rudolf Klein).
1494 Tonhalle-Orchester Zürich, Programme vom 24. April 2009 und vom 21. Februar 2014.
1495 Vgl. Opéra de Dijon, Programmheft März 2015 (la fabrique d'absolu, N° 6), S. 52, Konzert vom 18. März 2015 mit der Anima Eterna Brugge unter Jos van Immerseel.
1496 Tonhalle-Orchester Zürich, Kammermusik-Lunchkonzert vom 10. Dezember 2009 (Jens-Peter Schütte).
1497 Vgl. die Ankündigung des Klavierabends von Marino Formenti „Kurtág's Ghosts" vom 17. Februar 2009 im Mozart-Saal des Wiener Konzerthauses. Zu diesen „Ghosts" gehören gemäß Programm u. a. Béla Bartók und Robert Schumann; Rundmail der Wiener Konzerthausgesellschaft vom 4. Februar 2009.
1498 Vgl. Walter Weidringer, Bruchstücke von K. und K. György Kurtágs „Kafka-Fragmente", in: Mu-

Was ein gebrochenes, aber dennoch eindrückliches Nachleben der Monarchie in der tschechischen Musik anbelangt, ist an Leoš Janáček (1854–1928) zu denken, freilich weniger an das russophile im Ersten Weltkrieg entstandene, 1921 in Brünn uraufgeführte und „Unserer Armee" gewidmete blutrünstige Kosaken-Epos „Taras Bulba",[1499] als an die ungetrübte Freude über die neue Tschechoslowakei, wie sie sich in der originellen Suite für Bläsersextett „Mladi" (Jugend) von 1924 äußert; ihr stehen das Entsetzen und die Verzweiflung des in Paris lebenden Bohuslav Martinů (1890–1959) angesichts der sich anbahnenden europäischen Konflagration und insbesondere angesichts der Sudetenkrise und der Münchner Konferenz gegenüber, wie sie sich im komplexen Doppelkonzert für zwei Streichorchester, Klavier und Pauken von 1938 ausdrücken.[1500] 1941 wich Martinů nach Armerika aus.

Ein Nachfahre und gleichermaßen ein Opfer der Monarchie war der Pianist Paul Wittgenstein (1887–1961), Bruder des Philosophen Ludwig W., dem an der russischen Front in den ersten Kriegstagen des August 1914 der rechte Arm als Folge einer Schussverletzung amputiert werden musste,[1501] weshalb er nach der Rückkehr aus russischer Kriegsgefangenschaft Ende 1915 seine Pianistenlaufbahn linkshändig fortzusetzen versuchte und, nach Ende des Kriegs, Kompositionsaufträge zu Werken für die linke Hand vergab. Auf diese Weise wurde er der erste einhändige Pianist, der weltweit konzertierte und mit seinen Kompositionsaufträgen an Paul Hindemith, Maurice Ravel, Benjamin Britten, Richard Strauss, Sergej Prokofjew und andere zu einer zentralen, im Gegensatz zu den meisten seiner Auftragskomponisten aber musikalisch konservativ ausgerichteten Musikerfigur des 20. Jahrhunderts.[1502] Ravels einsätziges Klavierkonzert Nr. 2 D-Dur „für die linke Hand" entstand 1929–1931 und wurde 1932 vom Wiener Symphonieorchester im Großen Musikvereinssaal mit Wittgenstein als Solist uraufgeführt, wobei dieser zum Entsetzen Ravels, der nicht dabei war, im Klavierpart Änderungen vorgenommen hatte.[1503] Die Konzerte von Hindemith und Prokofjew wollte

---

sikfreunde, Dezember 2009, S. 30–33, sowie Marie Theres Fögen, Das Lied vom Gesetz, München 2007, S. 131.

1499 Leoš Janáček, „Taras Bulba". Rhapsodie für Orchester nach Nikolaj Gogol, Tonhalle-Orchester Zürich, Programm vom 23. Oktober 2015, S. 8–11 (Ulrike Thiele).

1500 Opéra de Dijon, Programmheft Mai-Juni 1915 (la fabrique d'absolu, N° 8), S. 57–60: Konzert vom 30. Mai 2015 mit dem Chamber Orchestra of Europe unter Vladimir Jurowski.

1501 Vgl. Irene Suchy, Sein Werk – Die Musik des Produzenten-Musikers Paul Wittgenstein, in: Irene Suchy et al., Empty Sleeve. Der Musiker und Mäzen Paul Wittgenstein, Innsbruck 2006, S. 13–36, hier S. 29.

1502 Vgl. Albert Sassmann, „.... alles, was nur möglich ist, aufzufinden und auszugraben." Paul Wittgenstein und die Klavier-Sololiteratur für die linke Hand allein, in: Empty Sleeve, S. 103–132, hier S. 103 u. 117.

1503 Vgl. Wiener Konzerthaus, Programm vom 2. Juni 2015 mit Pierre-Laurent Aimard und dem Philhar-

Wittgenstein öffentlich nie spielen; das von Prokofjew (sein viertes von fünf) wurde erst 1956 uraufgeführt, jenes von Hindemith sogar erst 2004.[1504]

Anders als die bisherigen Beispiele, aber nicht weniger eindrücklich und häufiger gespielt ist Maurice Ravels großartig düsterer Abgesang auf den Wiener Walzer in seiner früh (1919/20) unter dem übermächtigen Eindruck des Ersten Weltkriegs komponierten „La Valse". Von Sergej Diaghilew beim krankheitsbedingt aus der französischen Armee entlassenen Ravel als Ballett bestellt, wurde es 1920 in der Orchesterfassung uraufgeführt, als Ballett dagegen erst 1929. Von Ravel war es gedacht als „Apotheose des Wiener Walzers" und als Hommage an Österreich. In Wahrheit ist es eher der Epilog einer untergegangenen Welt: ein eigentlicher Abgesang durch fortwährendes Entstehen und Verschwinden von Walzerfragmenten, in verschiedenen (dreimaligen) Steigerungen mit unerwartetem, unvermitteltem Abbrechen: eine gewaltige Bewegung auf das Ende einer Welt hin, die sich selber in ihren End-Krieg führte und doch musikalisch weiterlebt. Eine außergewöhnliche Parallelisierung, aber ebenso gebrochene Form von Weiterleben habe ich zwischen dem Ungarn Bartók und dem Franzosen Ravel mit Frank Peter Zimmermann in Zürich erlebt, der das 1. Violinkonzert Bartóks (1907/08 entstanden, aber erst 1958 uraufgeführt) und Ravels „Tzigane" (entstanden 1922–1924 und in zwei Versionen, kammermusikalisch und orchestriert, sofort aufgeführt) auf eigenen Wunsch nacheinander spielte und triumphal applaudiert wurde.[1505] Was das Nachleben des Wiener Walzers anbelangt, greift die Orchesterphantasie Dreamwaltzes (1986) des 1949 in Kansas USA geborenen Steven Stucky auf zwei Walzer von Brahms und einen Ausschnitt aus dem Rosenkavalier von Richard Strauss zurück, „évoquant la valse de façon parfois très fugitive et allusive".[1506]

Am besten lässt sich die Strahlkraft des musikalischen Erbes der Habsburgermonarchie vielleicht daran ermessen, dass mittlerweile – unabhängig vom Problem der Begriffsbildung um „Wiener Klassik" und „Wiener Schule"[1507] – von mehreren solchen Schulen gesprochen werden kann (wofür auch das 1988 initiierte Festival „Wien modern" stehen mag), so im Zusammenhang mit einem Konzert der Jungen Deutschen Philharmonie in der Zürcher Tonhalle im Herbst 2010, das unter dem bezeichnenden

---

monia Orchestra unter Esa-Pekka Salonen. S. auch Georg A. Predota, Badgering the Creative Genius: Paul Wittgenstein and the Prerogative of Musical Patronage, in: Empty Sleeve, v. a. S. 81–92.
1504 Vgl. Giselher Schubert, Hindemiths Klaviermusik mit Orchester für Paul Wittgenstein, in: Empty Sleeve, S. 171–180, hier S. 173 u. 175.
1505 Tonhalle-Orchester Zürich, Programm vom 8. und 9. Mai 2014.
1506 Opéra de Dijon, Programm-Broschüre vom 1. Juni 2012.
1507 Vgl. Helmut Loos, Zur Rezeption von „Wiener Klassik" und „Wiener Schule" als Schule, in: Mozart und Schönberg. Wiener Klassik und Wiener Schule, hg. v. Hartmut Krones u. Christian Meyer, Wien –Köln – Weimar 2012 (Schriften des Wissenschaftszentrums Arnold Schönberg, 7), S. 17–28.

Motto „Impulse: Wien" stand. Es präsentierte am Anfang die Sinfonietta op. 23 von Alexander von Zemlinsky, der als Lehrer Schönbergs zur zweiten Wiener Schule zählt, dessen „Verklärte Nacht" in der Orchesterfassung dagegen das Konzert beschloss. In der Mitte des Programms fanden sich der Klassiker Mozart mit dem Klavierkonzert in c-moll und, als Repräsentant einer dritten Generation, der Schweizer Komponist Beat Furrer mit seiner Orchesterkomposition „Phaos".[1508] Eine ebenso interessante Fernwirkung ist im in den USA (Salem, Mass.) im Mai 2013 uraufgeführten und Mitte Oktober 2014 in Zürich als europäische Erstaufführung gehörten Werk für großes Orchester, Solovioline und vier Solocelli des in Massachusetts aufgewachsenen sagenhaft jungen (geboren 1990) Komponisten Matthew Aucoin „This Same Light" zu sehen, das sich vom Bach-Choral „Es ist genug! Herr, wenn es Dir gefällt, so spanne mich doch aus!" und dem darauf fußenden Violinkonzert von Alban Berg inspirieren ließ.[1509] Bergs spätes Violinkonzert entstand 1935 unter dem Eindruck des Ablebens der noch nicht neunzehnjährigen Manon Gropius, Tochter Alma Mahlers und Walter Gropius', und erhielt die Widmung „Dem Andenken eines Engels".[1510]

Sofern von „Schulen" gesprochen wird, muss bedacht werden, dass sich die „zweite" insofern wesentlich von der „ersten" unterschied, als Haydn, Mozart und Beethoven zwar durchaus Schüler hatten, die Beziehungen zwischen ihnen aber nie die Bedeutung des Unterrichts der Schule um Schönberg und um seine Schüler erreichten, die selber als Lehrer tätig waren.[1511] Wie problemlos dennoch von einer „dritten Generation" Neuer Musik gesprochen wird, zeigt sich etwa im Zusammenhang mit „Memoria" für Bläserquintett (2003) des finnischen Komponisten und Dirigenten Esa-Pekka Salonen (geb. 1958), geschrieben als Gedächtniskomposition für Luciano Berio (1925–2003) in dessen Todesjahr. Darin wird versucht, Fäden zur Tradition zu knüpfen, damit die Neue Musik wieder als Teil der Musikgeschichte vor 1918 erscheine und nicht als Gegensatz dazu, wie bei Berio, der einer zweiten Generation von Komponisten Neuer Musik angehörte.[1512] Fast noch bemerkenswerter, wenngleich sich hier das musikalische Erbe der Habsburgermonarchie vornehmlich in mehr oder weniger luftige An-

---

1508 Thomas Schacher, Die drei Wiener Schulen. Konzert der Jungen Deutschen Philharmonie in der Tonhalle Zürich, NZZ Nr. 232, 6. Oktober 2010.
1509 Vgl. Tonhalle-Orchester Zürich, Programm vom 17. Oktober 2014.
1510 Großer Musikvereinsaal, 4. März 2006, Wiener Symphoniker unter Fabio Luisi mit Viktoria Mullova sowie Tonhalle-Orchester Zürich, 12. April 2013, unter Christoph von Dohnanyi mit Christian Tetzlaff.
1511 Vgl. Nikolaus Urbanek, „Man kann nicht mehr wie Beethoven komponieren, aber man muss so *denken* wie er komponierte." Beethoven in der Kompositionslehre der Wiener Schule, in: Mozart und Schönberg, S. 261–288, hier S. 261–266.
1512 Tonhalle-Orchester Zürich, Kammermusik-Lunchkonzert vom 30. Oktober 2014 (Jens-Peter Schütte).

spielungen auflöst, ist der Umstand, dass sich Pop-Musiker immer wieder von klassischen Einflüssen inspirieren lassen, auch wenn sie sich häufig jenseits der Grenzen des Plagiats bewegen, indem sich ihnen „Klassik" einfach „als Gemischtwarenladen" präsentiert.[1513] Freilich dürfte dabei kaum mehr jemand an eine untergegangene und musikalisch wieder auferstandene Habsburgermonarchie denken.

Sehr direkt in einem Zusammenhang mit ihr steht dagegen die Vermarktung der Wiener Klassik etwa durch den Philharmoniker Classicmusicshop, so die CD „Classical Hits from Austria", auf der sich ein Querschnitt durch das publikumswirksamste Angebot findet, von Mozarts Kleiner Nachtmusik über Haydns Trompetenkonzert und Schuberts Forellenquintett zu Strauss Seniors Radetzky-Marsch und Strauss Juniors An der schönen blauen Donau.[1514] Ein weiter ausgebautes Angebot findet sich in der Box „Austrian Souvenirs – Famous Austrian Composers", die fünf CDs enthält, je eine mit Walzern und Polkas der Straussfamilie und Werken Mozarts und Schuberts sowie zur Wiener Klassik von Beethoven bis Albrechtsberger und zur österreichischen Romantik und Moderne von Brahms bis Berg und Schönberg.[1515] Nicht vergessen darf man die Vermarktung der Neujahrskonzerte, wozu als Höhepunkt das Angebot von 75 Jahren Neujahrskonzerten in einer Jubiläums-Box mit 23 CDs von 2015 zählt.[1516]

Eine angesichts der Zeitläufte wenig erstaunliche Fernwirkung übte das Wiener Musikleben auf die amerikanische Filmmusik aus, in der eine Reihe großer Namen des musikalischen Hollywood – wie viele andere im Zuge des vom Nationalsozialismus bewirkten großen Exodus – aus Österreich stammte, so der unglaublich produktive Max Steiner, der u. a. die Musik zu Kultfilmen wie „Gone with the Wind" oder „Casablanca" schrieb, aber auch Erich Wolfgang Korngold oder der als Sohn eines Österreichers in Leipzig geborene Schönberg-Schüler Hanns Eisler. Schönberg selber wurde im Exil von Metro-Goldwyn-Mayer für eine Pearl-S.-Buck-Verfilmung kontaktiert, zog sich aber zurück, weil die Garantie, die Komposition absolut unverändert zu lassen, nicht gegeben werden konnte.[1517] Esa-Pekka Salonen stellte in einem NZZ-Interview

---

1513 Ueli Bernays, Vorwärts zu Beethoven. Pop-Musiker lassen sich wieder vermehrt von klassischen Klängen inspirieren, NZZ Nr. 11, 14. Januar 2011.

1514 http://philharmoniker.classicmusicshop.at/index2.pl?language=de&id=1067&nextsite=detail_prod&previous_kat=52 (abgefragt 4.4.2011). Mittlerweile ist die CD nur noch über Amazon.de erhältlich; vgl. <http://www.amazon.de/Classical-Hits-Austria-Wildner/dp/B000050VMQ> (abgefragt 29. 10. 2015).

1515 http://philharmoniker.classicmusicshop.at/index2.pl?language=de&id=1068&nextsite=detail_prod&previous_kat=52 (abgefragt 4. 4. 2011). Die CD findet sich jetzt unter <http://www.naxos.com/catalogue/item.asp?item_code=C49370> (abgefragt 29. 10. 2015)

1516 The New Year's Concert Jubilee Edition; vgl. Newsletter des Philharmoniker – Classicmusicshops vom 7. November 2015.

1517 Vgl. für den ganzen Abschnitt Rudolf Ulrich, Österreichische Filmkomponisten in Hollywood. Pi-

bezüglich Schönberg und Amerika vielleicht nicht ganz treffend fest, es gebe zwei Arten von Komponisten, die einen, „die gegenüber ihrer Umgebung immun" seien wie Schönberg in Los Angeles, und auf der anderen Seite jene wie Strawinsky, dessen Musik sich „merklich veränderte", sobald er in die USA kam.[1518] In unserem Kontext dürfte dies ein zu apodiktisches Urteil sein, denn ein Werk wie Schönbergs Kantate „A Survivor from Warsaw" wäre ohne die jüdischen Einflüsse im amerikanischen Exil kaum geschrieben worden. Außerdem scheint Schönberg in den letzten Lebensjahren die amerikanische Musikszene durchaus beeinflusst zu haben, so das 1950 entstandene Klavierquartett von Aaron Copland (1900–1990), das sich in einer sehr nachdenklichen Art an Schönbergs Zwölftontechnik orientiert und in den europäischen 1920er Jahren hätte komponiert werden können, als Copland drei Jahre (1921–1924) bei Nadine Boulanger in Paris studierte.[1519]

9.3 Arnold Schönberg und „A Survivor from Warsaw"

Zu den trotz seiner Kürze von rund acht Minuten gewaltigsten musikalischen Zeugnissen des „Auschwitz"-Zeitalters im weitesten Sinn gehört – und damit sind wir thematisch endgültig im Nach-Kakanien-Kontext angelangt, weil Kakanien (wie auch Joseph Roth meinte) mit dem „Anschluss" sein definitives Ende fand – Arnold Schönbergs Survivor-Werk von 1947, das ich wie vieles andere in Wien gehört habe, mit einem großartigen Maximilian Schell als Sprecher.[1520] Gemäß Luigi Nono, Schönbergs Schwiegersohn, ist es „das ästhetische musikalische Manifest unserer Epoche" nach dem Zivilisationsbruch durch Auschwitz.[1521]

---

oniere und Hitlers Vertriebene, in: Kulturführer Mitteleuropa 2009, Sonderheft 2009 von Info Europa. Informationen über den Donauraum und Mitteleuropa, S. 13–18.

1518 Thomas Schacher, Ein Star, aber keiner wie die anderen. Im Gespräch mit dem Komponisten und Dirigenten Esa-Pekka Salonen, Creative Chair beim Tonhalle-Orchester, NZZ Nr. 25, 31. Januar 2015.

1519 Tonhalle-Orchester Zürich, Kammermusik-Lunchkonzert vom 20. Februar 2014 (Jens-Peter Schütte). Schönberg scheint allerdings Copland kontrovers beurteilt zu haben; vgl. Apropos Doktor Faustus. Briefwechsel Arnold Schönberg – Thomas Mann, Tagebücher und Aufsätze 1930–1951, hg. v. E. Randol Schoenberg, Wien 2009, S. 104 u. 221.

1520 11. Dezember 2008 im Großen Musikvereinssaal, Wiener Symphoniker unter Fabio Luisi. Ein Jahrzehnt früher habe ich die Kantate schon in Zürich mit Klaus Maria Brandauer als Sprecher gehört; Tonhalle-Orchester Zürich, Programm vom 7. Mai 1999.

1521 Zit. Therese Muxeneder, Lebens(werk)geschichte in Begegnungen. Vorgespräche zu Arnold Schönbergs „A Survivor from Warsaw, op. 46", in: Schoenberg & Nono. A Birthday Offering to Nuria on May 7, 2002, a cura di Anna Maria Morazzoni, Venezia 2002 (Fondazione Giorgio Cini), S. 97. S.

Generell war, so erstaunlich das vielleicht erscheinen mag, die Bedeutung der Habsburgermonarchie für den 1874 in der Leopoldstadt (Wien, 2. Bezirk) geborenen und 1951 in Los Angeles verstorbenen Schönberg ausgesprochen hoch,[1522] wenngleich immer wieder ironisch gebrochen. Selber qualifizierte er sich gern als Monarchist, was u. a. der zweite Sohn von Gertrude Greissle-Schönberg (1902–1947), Schönbergs Tochter aus der ersten Ehe mit Mathilde Zemlinsky, in seinen ansonsten eher nichtssagenden Erinnerungen bezeugt.[1523] Europa verließ Schönberg schon 1933, nach Hitlers Machtergreifung, da er als Jude in Berlin, wo er seit 1925 als Leiter der Meisterklasse für Komposition an der Preußischen Akademie der Künste tätig war, nicht mehr wirken konnte und in Wien, „seiner" Stadt, nicht (mehr) willkommen war. Neben großen Erfolgen wie mit den gewaltigen Gurre-Liedern, die dort am 23. Februar 1913 im Großen Musikvereinssaal uraufgeführt wurden, hatte er immer wieder ebenso große und nicht zuletzt antisemitisch gefärbte Anfeindungen erlebt, am dramatischsten einen Monat nach dem Erfolg der Gurre-Lieder im „Skandalkonzert" vom 31. März 1913, gleichfalls im Großen Saal des Musikvereins, wo er Werke von Anton Webern (Sechs Orchesterstücke), Alexander Zemlinsky (Vier Orchesterlieder), Schönberg (Kammersymphonie Nr. 1 für 15 Solo-Instrumente), Alban Berg (Orchesterlieder nach Ansichtskarten-Texten von Peter Altenberg) und Gustav Mahler dirigierte oder dirigieren wollte, denn ausgerechnet Mahlers Kindertotenlied Nr. 1 konnte nicht mehr gespielt werden, weil der Saal (in einem solchen Ambiente eher selten) durch die Polizei geräumt werden musste.[1524] Zwar scheint die pessimistische Prognose des mit ihm befreundeten Adolf Loos von 1924, wonach „vielleicht jahrhunderte vergehen müssen, bis die menschen sich darüber wundern werden, womit sich die zeitgenossen Arnold Schönbergs den kopf zerbrochen haben",[1525] etwas zu kurz gegriffen zu haben, denn Jahrhunderte haben nicht vergehen müssen, was nichts daran ändert, dass die Musik Schönbergs und seiner

---

auch Therese Muxeneder, „I saw it in my imagination." Zur Textwerdung von Arnold Schönbergs *A Survivor from Warsaw*, in: Arnold Schönberg in seinen Schriften. Verzeichnis – Fragen – Editorisches, hg. v. Hartmut Krones, Wien – Köln – Weimar 2011 (Schriften des Wissenschaftszentrums Arnold Schönberg, 3), S. 239–259, hier S. 259.

1522 Vgl. für Schönbergs Biographie <http://www.schoenberg.at/index.php/de/schoenberg/biographie> (letztmals abgefragt 17. 10. 2015).

1523 Vgl. Arnold Greissle-Schönberg, Arnold Schönberg und sein Wiener Kreis. Erinnerungen seines Enkels, Wien – Köln – Weimar 1998, S. 159 u. 255.

1524 Vgl. Hartmut Krones, 31. März 1913. Wiens größtes „Skandalkonzert", in: Musikfreunde, April 2013, S. 8–11. Das „Skandalkonzert" wurde 100 Jahre später, am 5. April 2013, im Großen Musikvereinssaal durch das ORF Radio-Symphonieorchester unter Cornelius Meister wiederholt.

1525 Adolf Loos, Arnold Schönberg und seine Zeitgenossen (1924), in: Adolf Loos, Trotzdem. 1900–1930. Unveränderter Neudruck der Erstausgabe 1931, hg. v. Adolf Opel, Wien 1982 (Neuauflage 1997), S. 182; die Kleinschreibung der Substantive entspricht der Vorlage.

9. Zum musikalischen Nachleben der Monarchie

Schüler in der Zeit der „großen musikalischen Revolution" (Theodor W. Adorno) ausgesprochen marginal war, entgegen ihrer später überragenden Wirkungsmacht.[1526] Insofern kann man Schönbergs bittere Klage in seinem am 11. Oktober 1937 in Denver gehaltenen Vortrag „How one becomes lonely" gut nachvollziehen,[1527] und ebenso die einleitende Feststellung zur eigenen Situation im Rundfunk-Vortrag von 1931 über die Variationen für Orchester op. 31, eine Situation, die er wie die eines Höhlenforschers sah, der an einen engen Gang kommt, wo nur einer durchkann, und folgerte, dass er sich in einer Minderheit nicht nur gegenüber den Freunden leichter Musik, sondern auch bei den Freunden ernster Musik befinde.[1528] Demgegenüber präsentiert eine neuere französische Studie zwar Schönbergs Werk als „mal aimée" und „assez peu jouée", während der Komponist als „héros du grand récit sur la ‚dissolution de la tonalité'" den „canon musical du XXe siècle" dominiere; so gesehen gleiche Schönberg anderen Grossen der Musikgeschichte wie Bach und Beethoven, womit der „Fall Schönberg" (der post mortem andauert) in seiner Komplexität und Widersprüchlichkeit adäquat umschrieben erscheint.[1529]

Arnold Schönberg ist nie mehr nach Europa zurückgekehrt, sondern verstarb 1951 in seinem Exilland. Vielleicht etwas überraschend ist, dass er in Kalifornien auch engen, fast familiären Kontakt zu einem Traditionalisten wie Erich Wolfgang Korngold (1897–1957), dem Sohn des führenden Wiener Musikkritikers, Mahler-Freundes und Schönberg-Hassers Julius Korngold, pflegte,[1530] was ein schönes Zeichen von Toleranz oder jedenfalls von Emigranten-Solidarität sein könnte. Erich Korngold war im „Ständestaat" noch durchaus genehm, als seine Oper „Die tote Stadt" auf Weisung von Hans Pertner, Staatssekretär im Bundesministerium für Unterricht, im Januar 1936 wieder in den Spielplan der Wiener Staatsoper aufgenommen und im Mai aufgeführt wurde.

1526 Vgl. Dominik Schweiger, „Einsamkeit als Stil". Neue Musik in Wien 1918 bis 1921, in: Helmut Konrad, Wolfgang Maderthaner (Hg.), Das Werden der Ersten Republik. ... der Rest ist Österreich, Band II, Wien 2008, S. 263–278, hier S. 264 u. 266f.

1527 Arnold Schönberg, How one becomes lonely (1937), in: Style and Idea. Selected writings of Arnold Schoenberg, ed. by Leonard Stein, London 1975, S. 30–53.

1528 Arnold Schönberg, Vortrag über op. 31, in: Arnold Schönberg, Stil und Gedanke. Aufsätze zur Musik (Gesammelte Schriften, 1), hg. v. Ivan Vojtech, Nördlingen 1976, S. 255–271, hier S. 255. Vgl. auch Mathias Hansen, Kunst und Politik – zum Beispiel Schönberg, in: Musik und Gesellschaft (Berlin-Ost), 3/87, S. 132.

1529 Esteban Buch, Le cas Schönberg. Naissance de l'avant-garde musicale, Paris 2006, S. 7f. u. 276. Die Studie behandelt im wesentlichen den jüngeren Schönberg bis zum „Skandalkonzert" von 1913.

1530 Vgl. Rolf Urs Ringger, „Überschwengliches Gesprudel". Neuerscheinungen zum Komponisten Erich Wolfgang Korngold, NZZ Nr. 172, 28. Juli 2009. S. auch den Ausstellungskatalog des Jüdischen Museums Wien: die korngolds. klischee, kritik und komposition, hg. v. Michaela Feurstein-Prasser und Michael Haas, Wien 2007.

Dagegen kam die für die Spielzeit 1937/38 geplante Erstaufführung seiner Oper „Die Kathrin" nicht mehr infrage; der Komponist war inzwischen nach Hollywood geflüchtet.[1531] Los Angeles war generell ein wichtiger österreichisch-jüdischer Exil-Ort. So fand sich dort neben dem Ehepaar Mahler-Werfel (seit 1942) und vielen anderen auch der aus einer jüdischen Familie stammende 1892 in Wien geborene und an der Technischen Universität ausgebildete Architekt Richard Neutra, der von Adolf Loos geprägt worden war. Neutra hatte im Ersten Weltkrieg als Leutnant im österreichischen Heer gedient und gelangte 1919 zur Genesung von einer Erkrankung an den Zürichsee; 1925 kam er nach Los Angeles, wo seine internationale Karriere ihren Ausgang nahm. Nach Europa kehrte er erst nach dem Zweiten Weltkrieg zurück.[1532]

Von Schönbergs Schülern war der kongeniale Alban Berg schon im Dezember 1935 verstorben, kurz nach Vollendung seines Violinkonzerts und ohne die Orchestrierung des dritten Akts seiner zweiten Oper „Lulu" abschließen zu können (sie wurde 1962–1978 von Friedrich Cerha „hergestellt"),[1533] während Anton von Webern sich auf etwas ambivalente Weise mit dem ‚Dritten Reich' arrangierte und bis zum Ende in Wien blieb, weil „um der lieben Ordnung willen eine jede Obrigkeit respektiert werden müsse", wie er mitten im Krieg zum bayrischen Komponisten Karl Amadeus Hartmann sagte.[1534] Letzterer komponierte im Herbst 1939 das eindrückliche Concerto funebre für Solovioline und Streichorchester als Reaktion auf den deutschen Überfall auf Polen, weshalb er mit Weberns Äußerung kaum einverstanden gewesen sein dürfte.[1535] Webern wurde kurz nach dem Krieg am 15. September 1945 von einem amerikanischen Soldaten unter paradoxen Umständen irrtümlich erschossen.

Dass Richard Strauss 1919 bis 1924 (neben Franz Schalk) die Wiener Staatsoper leitete, während 1920 die Salzburger Festspiele gegründet wurden, zeigt, dass die Erste Republik durchaus an die große musikalische Vergangenheit der Monarchie anzuknüpfen versuchte.[1536] Was Schönbergs Nähe zur Monarchie betrifft, formuliert

---

1531 Tamara Ehs, Spielpläne der Politik. Die Wiener Staatsoper und ihr Umgang mit dem Regime der 1930er Jahre; NZZ (internationale Ausgabe) Nr. 86, 12. April 2014.
1532 Vgl. Hubertus Adam, Baukünstlerisch überhöhte Landschaften. Der kalifornische Architekt Richard Neutra und die Schweiz, NZZ (internationale Ausgabe), Nr. 181, 7. August 2010.
1533 Vgl. Claus-Henning Bachmann, Herstellung des dritten Aktes – Gespräch mit Friedrich Cerha, in: Lulu, Oper von Alban Berg, Opernhaus Zürich, Programmheft 8. September 1979.
1534 Gerald Stourzh, Vom Reich zur Republik, in: Gerhard Botz, Gerald Sprengnagel (Hg.), Kontroversen um Österreichs Zeitgeschichte. Verdrängte Vergangenheit, Österreich-Identität, Waldheim und die Historiker, 2. erweiterte Auflage, Frankfurt a. M. 2008, S. 287–324, hier S. 300f.
1535 Ich habe dieses Konzert am 25. und 26. September 2014 (zweimal) mit der phänomenalen Patricia Kopatchinskaja in der Zürcher Tonhalle gehört, und es war auf ergreifende Weise spürbar, wie sehr sich die Interpretin mit diesem außergewöhnlichen Werk identifizierte.
1536 Vgl. Thomas Leibnitz, Die Musen schwiegen nicht. Zur Rolle der Musik in Österreich während des

der Musikwissenschaftler Dominik Schweiger im Zusammenhang mit dem Umstand, dass Schönberg, Webern und Berg deren Ende – ungeachtet einer gewissen Nähe zur Sozialdemokratie – als Unglück empfanden, eine interessante These, wonach sie ihre Ansprüche in Bezug auf das Musikleben redimensioniert hätten, weil sie sich mit dem Verschwinden des Vielvölker-Reiches arrangieren mussten. Da man nicht mit Richard Strauss um das Opernheater und ebenso wenig mit den Salzburger Festspielen konkurrieren konnte, sei durch den Mitte 1918 bis Ende 1921 von Schönberg und seinem Kreis betriebenen musikgeschichtlich überaus bemerkenswerten „Verein für musikalische Privataufführungen" und dem Ziel, „Künstlern und Kunstfreunden eine wirkliche und genaue Kenntnis moderner Musik zu verschaffen", versucht worden, den eigenen kleinen Markt international verstärkt zu vernetzen. So wurde Neue Musik von Reger, Debussy, Bartók, Ravel, Strawinsky, Skrjabin, Busoni, Szymanowski, Suk und anderen aus dem zuvor teilweise noch feindlichen Ausland importiert und in weit über 100 Konzerten einer kleinen Wiener Gegenöffentlichkeit neben ‚eigenen' Werken von Schönberg, Mahler, Webern, Berg, Strauss und Zemlinsky zugänglich gemacht. In diesem Sinn hätten Schönberg und seine Schüler aus dem Ende der Monarchie nicht nur das Bestmögliche zu machen versucht, sondern die Sache der Neuen Musik sehr förderlich vertreten.[1537] In einem „Viennoiseries" betitelten interessanten Teil der Saison 2012/2013 der Opéra von Dijon wurde neben verschiedenen Konzerten mit Werken von Haydn, Mozart, Beethoven und Schubert ein erstaunlich starkes Gewicht auf Schönberg, Berg und Webern gelegt, von denen anlässlich des „Concert du Nouvel An" anfangs Januar 2013 auch Bearbeitungen von Strauss-Walzern gegeben wurden, die für den Verein für musikalische Privataufführungen entstanden waren.[1538]

Im Gegensatz zu Schönberg als Person ist wenigstens sein Nachlass – allerdings erst 1997/1998 – aus Los Angeles nach Wien „zurück" gelangt, weil die Erben nach einem Rechtsstreit mit der University of Southern California, an der Schönberg unterrichtet hatte, bevor er 1936 Professor an der University of California (UCLA) wurde, und die seinen Nachlass seit 1973 im Arnold Schoenberg Institute verwaltete, der Meinung waren, Schönbergs Argument sei hinfällig geworden, das er 1946 gegenüber dem Wiener Bürgermeister Theodor Körner einsetzte, der ihn zur Rückkehr aufgefordert hatte: er würde es tun, „wenn die Umstände besser wären". In der Tat hat Wien in einer Art Wiedergutmachungsgeste der 1997 von der Gemeinde Wien und der Internationalen

---

Ersten Weltkriegs, in: Manfried Rauchensteiner (Hg.), An meine Völker! Der Erste Weltkrieg 1914–1918, Wien 1914 (Ausstellung im Prunksaal der Österreichischen Nationalbibliothek), S. 62–67, hier S. 67.
1537 Vgl. Schweiger, Neue Musik, S. 273–278, v.a. S. 273f. u. 277f.
1538 Vgl. Saison-Programm der Opéra de Dijon 2012/13, S. 80, sowie die separate Broschüre „Viennoiserie" in der gleichen Saison.

Schönberg Gesellschaft gegründeten Arnold Schönberg Center Privatstiftung die ganze Belle Etage des Palais Fanto am Schwarzenbergplatz angemietet und dem Arnold Schönberg Center (ASC) zur Verfügung gestellt, das sie mit einem jährlichen Beitrag unterstützt.[1539] Die riesige Sammlung des ASC umfasst etwa 9000 Seiten Musikmanuskripte, 6000 Seiten Textmanuskripte, 3500 historische Fotografien sowie persönliche Dokumente, Tagebücher, Briefe, Konzertprogramme und Schönbergs gesamte Bibliothek.[1540]

Im Herbst 2008 hat mich ein junger Archivar des ASC großzügig in der Bibliothek arbeiten lassen, bestimmte bezüglich des Archivmaterials zum Problem Habsburg, wonach ich gefragt hatte, aber selber, was er mir aushändigen wollte. Auf diese Weise bin ich zu drei Kopien interessanter Schönberg-Texte von 1923 („Gedanken zur Geschichte der Habsburger, insbesondere: der Tod des Kronprinzen Rudolf, das Verschwinden Johann Orths, und vieler ähnlicher Vorkommnisse"), 1932 („Politik") und 1950 („My attitude toward [sic] politics") gelangt, leider ohne eine Ahnung von ihrer Kollokation im Gesamtgefüge des Nachlasses und ohne Kenntnis von anderen Texten, die allenfalls von Interesse hätten gewesen sein können. Eine Erklärung für dieses nicht ganz archivgerechte Verhalten dürfte sein, dass das ASC, das an einer auf 24 Bände angelegten kritischen Gesamtausgabe der Schriften Arnold Schönbergs arbeitet, Außenstehende damals nicht an die Papiere lassen wollte. Mittlerweile ist 2011 ein sehr nützliches Verzeichnis von Schönbergs Schriften erschienen,[1541] und im Rahmen der Vorarbeiten zur Gesamtausgabe werden Roh-Transkriptionen der Schriften über eine Datenbank zur Verfügung gestellt.[1542]

Die drei mir ausgehändigten Texte erweisen Schönbergs Monarchismus nur bedingt. Der erste von 1923 präsentiert eine abenteuerliche Theorie zu Mayerling (sie wurde in Kapitel 4.2 schon erwähnt) und gibt einen Ausblick in eine Wiederkehr der Habsburger: Sie würden erst Könige von Polen und Ungarn und dann, ungefähr an der Stelle des alten Reiches, ein neues, größeres gründen.[1543] Der zweite Text von 1932 („Poli-

---

1539 Vgl. Gabriele Eder, Ein Akt musikalischer Wiedergutmachung. Arnold Schönberg, sein Nachlass und Wien, NZZ Nr. 37, 14./15. Februar 1998. S. auch Christian Meyer, Fünf Jahre Arnold Schönberg Center Privatstiftung, in: Schoenberg & Nono, S. 355–364.
1540 Vgl. http://www.schoenberg.at/6_archiv/information_3.htm (abgefragt am 1. 11. 2008). Die Seite ist leider nicht mehr vorhanden; vgl. jetzt <http://www.schoenberg.at/index.php/de/arnoldschoenbergcenter/lageplaene> sowie <http://www.schoenberg.at/index.php/de/archiv/informationen> und <http://www.schoenberg.at/index.php/de/texte> (alle letztmals abgefragt am 17. 10. 2015).
1541 Arnold Schönberg in seinen Schriften, zit. Anm. 1521.
1542 Vgl. <http://www.schoenberg.at/index.php/de/schoenberg/schriften> (letztmals abgefragt 17. 10. 2015).
1543 ASC, Typoskript T33.01, datiert Mödling, 22. Mai 1923. Vgl. Arnold Schönberg in seinen Schriften, S. 509, Nr. 5.3.3.1: Gedanken zur Geschichte der Habsburger, insbesondere der Tod des Kronprinzen Rudolf, das Verschwinden Johann Orths, und vieler ähnlicher Vorkommnisse (1923); im Verzeichnis „Kleine Manuskripte" geführt als „Habsburger".

tik": „In einer politischen Rede, aus dem Rundfunk") gehört zwar ins Umfeld „wie ich die Habsburger retten wollte", handelt aber neben einer scharfen Polemik gegen den antisemitischen Vorwurf des jüdischen Spekulantentums (wogegen „unser Volk" in mehr als zweitausend Jahren den Beweis erbracht habe, dass seine Angehörigen, „wenn sie in Not geraten (also kein Geld zu Geschäften besitzen!) Hilfe – außer von ihrem Gott – nur von ihrer Arbeit erwarten") vor allem von einer Idee, wie man im Moment des militärischen Zusammenbruchs eine Revolution hätte vermeiden können, nämlich durch Bildung von Kompanien oder Bataillonen aus Offizieren und länger dienenden Unteroffizieren, die „Dienst wie sonst Mannschaftspersonen" zu tun gehabt hätten; der spätere Mann seiner Cousine Olga, Major Carl von Pascotini, sei von der Idee begeistert gewesen und sofort ins Kriegsministerium geeilt, ohne etwas zu erreichen. Weiter habe sich Schönberg, „als der Friede über uns hereinbrach", gegen die Erwartungen der Umstürzler von einer neuen Regierung ausgesprochen, denn sie hätten den Krieg verloren und würden bezahlen müssen; insbesondere war er der Meinung, die Arbeitszeiten könnten in dieser Situation nicht verkürzt, sondern müssten verlängert und das Auszahlen von Arbeitslosenunterstützung müsse vermieden werden, denn im Krieg habe man verlernt zu arbeiten.[1544] Wie man auf diese Weise die Monarchie nach dem verlorenen Krieg hätte retten können, bleibt freilich rätselhaft.

Der dritte Text von Februar 1950 ist im Zusammenhang mit dem mittlerweile ausgebrochenen Kalten Krieg zu sehen und betont weniger, dass Schönberg Monarchist gewesen sei, als dass er kein Kommunist war. In jungen Jahren habe er marxistische Freunde gehabt und starke Sympathien für die Ziele der Sozialdemokraten empfunden. Bevor er 25 war, habe er herausgefunden, „that I was a bourgeois", sich aller politischen Kontakte enthalten und seiner Entwicklung als Komponist gewidmet. Als der Erste Weltkrieg begann, sei er stolz gewesen „to be called to the arms and as a soldier I did all my duty enthusiastically as a true believer in the house of Habsburg". In dieser Zeit und viele Jahre nach dem „unfortunate ending of this war" habe er sich für einen Monarchisten gehalten, als „a quiet believer in this form of government", obwohl „the chance for a restoration were at zero". Seit er nach Amerika gekommen sei, sei er dankbar „for having found a refuge" und habe sich nicht in die Politik gemischt: „I had to stand by and to be still. This, I have always considered the rule of my life. But I was never a communist."[1545]

[1544] ASC, Manuskript T33.24, datiert 10. IX. 1932. Vgl. Arnold Schönberg in seinen Schriften, S. 513, Nr. 5.3.3.29: Politik (1932); im Verzeichnis „Kleine Manuskripte" geführt als „Politik (Wie ich die Habsburger retten wollte)". Nicht ganz vollständig transkribiert unter <http://www.schoenberg.at/writings/edit_view/transcription_view.php?id=496&word_list=In%20einer%20politischen%20 Rede%20aus%20dem%20Rundfunk> (abgefragt 17. 10. 2015).

[1545] ASC, Typoskript T64.10 MY ATTITUDE TOWARD [sic] POLITICS, datiert February 16, 1950.

Aus der Anfangszeit des Ersten Weltkriegs finden sich in Schönbergs Briefwechsel mit Alma Mahler eher befremdliche Äußerungen zu den „herrlichen Siegen" der Deutschen gegen Franzosen, Engländer und Belgier – „nichts anderes, als der Kampf der Griechen gegen die Perser" – und zu seiner Sehnsucht, sich in dieser großen Zeit „in Reih und Glied zu stellen und wirkliche Kämpfe mit tausend andern zusammen zu leisten"; der Rausch scheint indessen auch bei ihm rasch verflogen zu sein, und es blieb nur das Streben, vom Militärdienst dauernd befreit zu werden.[1546] Zwar war er im Dezember 1915 einberufen und März bis Mai 1916 in der Reserveoffiziersschule Bruck a. d. Leitha ausgebildet worden, doch schon im Oktober 1916 (und endgültig im Dezember 1917) wurde er freigestellt.[1547]

Zur Wiener Klassik und zur musikalischen Tradition, von der er ausging und die er weiterentwickeln wollte, bekannte sich Schönberg explizit. Im undatierten, aber wohl 1935 entstandenen, polemischen Manuskript „Fascism is No Article for Exportation" gegen den italienschen Komponisten und Pianisten Alfredo Casella (1883–1947) bezeichnete er sich als „Nachfolger der Klassiker".[1548] Und in einem Denver-Vortrag betonte er 1937, er habe immer gesagt, „that the new music was merely a logical development of musical resources". Selber sei er „in the Brahmsian culture" aufgewachsen; „far from ignoring the works of the classic masters, I paid them profound respect and knew and understood the masterworks at least as well as my enemies".[1549] Wie Dominik Schweiger ausführt, bemühten sich die Komponisten der zweiten Wiener Schule „so intensiv wie nur möglich darum, ideale Meisterwerke zu kreieren, nämlich Werke, die in sich ganz und gar stimmig sind, losgelöst von jedem außermusikalischen Verwendungszusammenhang vollkommen autonom für sich bestehen und die volle und ungeteilte Aufmerksamkeit der sie Ausführenden wie der sie Hörenden erheischen".[1550] Dies zeigt sich vielleicht besonders schön am anfangs 1907 für gemischten Chor a cappella komponierten und, weil damalige Chöre damit überfordert waren, 1911 mit einer Instrumentalbegleitung versehen und jetzt uraufgeführten Choral „Friede auf Erden" nach dem gleichnamigen Gedicht des politisch konservativen, aber in seiner

---

Vgl. Arnold Schönberg in seinen Schriften, S. 524, Nr. 5.3.6.20: My attitude towards Politics (1950). Der Text findet sich u.a. gedruckt in Style and Idea, S. 505f.

1546 Vgl. Schönbergs Briefe an Alma Mahler vom 18. und 28. August 1914, 20. September 1914 und 26. Oktober 1914 sowie vom 14. Juli 1917, in: Alma Mahler – Arnold Schönberg. „Ich möchte so lange leben, als ich Ihnen dankbar sein kann." Der Briefwechsel, hg. v. Haide Tenner, St. Pölten – Salzburg – Wien 2012, S. 81–91 u. 138f.

1547 Vgl. Hartmut Krones, Arnold Schönberg. Werk und Leben, Wien 2005, Zeittafel, S. 242

1548 Arnold Schönberg, Faschismus ist kein Exportartikel, in: Schönberg, Stil und Gedanke, S. 317.

1549 Schönberg, How one becomes lonely (1937), in: Style and Idea, S. 50.

1550 Schweiger, Neue Musik, S. 269.

symbolistischen Lyrik ‚modernen' Zürcher Dichters Conrad Ferdinand Meyer, dessen Zuversicht auf ein künftiges Reich des Friedens Schönberg stark angesprochen haben muss; Meyers Gedicht war 1886/87 auf dem Hintergrund von Bertha von Suttners Friedensbewegung entstanden.[1551] Laut Programmheft des Wiener Musikvereins, wo ich das Werk am 1. Dezember 2014 gehört habe, ist es das chronologisch letzte vor dem 2. Streichquartett, worin Schönberg erstmals die tonalen Verankerungen aufgegeben habe, und steht damit gleichsam am Ende der dem Geist der Spätromantik verpflichteten früheren Phase. Anlass war ein Preisausschreiben in Graz, dessen Ausschuss dem Komponisten aber mitteilte, dass er für das Werk „keinen Preis" erhalte; anlässlich der Uraufführung im Großen Musikvereinssaal muss es ein traditionell eingestelltes Publikum denn auch zutiefst geschockt haben.[1552] Ein anderes Beispiel für das angestrebte „ideale Meisterwerk" ist im in Amerika entstandenen und 1935/36 abgeschlossenen Violinkonzert zu sehen, das Schönberg „gewissermaßen als Summe seiner musikalischen Intention" verstand; darin sei – wie in den „Musikfreunden" zu lesen war – die traditionelle Konzertgestalt nur äußerlich gewahrt, und die Inhalte würden nur „allusioniert": eine Walzergestik im Kopfsatz, eine an Beethoven gemahnende, aber verstörte Art Adagio-Versenkung im Mittelsatz und schließlich ein in die Hitler-Zeit fortgeschriebenes mahlersches Marsch-Vokabular.[1553]

Für Schönbergs Beziehung zur Tradition ist an seine (nicht nur frühe) Verehrung für Brahms zu denken: In seiner Jugend, als er Alexander von Zemlinsky kennen lernte, sei er Brahmsianer gewesen, sagte er im November 1949 in einer „Lecture" an der University of California, transkribiert unter dem Titel „My Evolution".[1554] Aber noch 1937 erfolgte die Orchestrierung von Brahms Klavierquartett in g-moll, op. 25, weil es immer „schlecht gespielt" werde und er „einmal alles hören wollte";[1555] sie wurde 1938 unter Otto Klemperer in Los Angeles uraufgeführt. Und selbst im späten Klavierkonzert op. 42 (1942) lassen sich Einflüsse Brahms in der Gegenüberstellung von Soloins-

---

[1551] Vgl. Conrad Ferdinand Meyer, Sämtliche Werke. Historisch-kritische Ausgabe hg. v. Hans Zeller u. Alfred Zäch, 1. Band (Gedichte), Bern 1963, S. 263f., sowie 4. Band (Gedichte: Apparat zu den Abteilungen V, VI, VII), Bern 1975, S. 354f.

[1552] Vgl. Hartmut Krones, Programmheft Musikverein Wien, 1. Dezember 2014. A cappella habe ich das Werk mit dem Schweizer Kammerchor unter Fritz Näf am 6. November 1998 in der Tonhalle Zürich gehört.

[1553] Georg-Albrecht Eckle, Einlösung und Erlösung. Schönberg in seinem Violinkonzert, in: Musikfreunde, Februar 2012, S. 42–45.

[1554] http://www.schoenberg.at/1_as/bio/evolution.htm (abgefragt 1. 11. 2008). Die Seite findet sich nicht mehr; vgl. jetzt <http://www.schoenberg.at/index.php/en/archiv-2/schoenberg-spricht> (letztmals abgefragt 17. 10. 2015).

[1555] Zit. Margit Klusch, Programmheft Tonhalle Orchester Zürich, 1.,2.,3. März 2005.

trument und Orchester und in der technischen Behandlung des Klaviers feststellen.[1556] Schönbergs im Jahr von Brahms 100. Geburtstag (und Wagners 50. Todestag) auf Veranlassung Hans Rosbauds, damals Musikdirektor von Radio Frankfurt, am 12. Februar 1933 gehaltener Radiovortrag (sein letzter öffentlicher Auftritt in Deutschland) wurde 1950 völlig umgearbeitet und auf Englisch in „Style and Idea" unter dem Titel „Brahms the Progressive" veröffentlicht; das Thema des fortschrittlichen Brahms hatte Schönberg 1933 selber vorgeschlagen, um ihn explizit als „modern" zu retten.[1557] Umgekehrt weist das Hauptmotiv in Brahms erstem Satz seiner 4. Symphonie (1884/85) in gewisser Weise auf Schönbergs Reihentechnik voraus.[1558] Der langjährige Tonhalle-Chefdirigent David Zinman erwähnte 2010 in einem Interview denn auch, Schönberg habe das Moderne an Brahms, das Kompositionsprinzip der fortschreitenden Variation oder der Metamorphose des thematischen Materials, übernommen.[1559] Wie im Adorno-Handbuch ausgeführt wird, ist das Konzept der „entwickelnden Variation" das eigentliche Zentrum der Schönberg'schen Formenlehre und eine genuin moderne Idee.[1560] Adorno selber bezeichnete Schönberg anlässlich seiner „Worte des Gedenkens" 1951 als großen Komponisten, „einer der größten, ebenbürtig der Tradition von Bach, Mozart, Beethoven und Brahms, der er sich zurechnete".[1561] Und 1960 äußerte er in einem Vortrag, Schönbergs Produktion habe, solange er lebte, auf das „integrale Komponieren" auf der Linie von Beethoven und Brahms tendiert, und am Ende habe er sich als „Vollstrecker ihres objektiven Willens" erwiesen,[1562] während er drei Jahre später schrieb, Schönberg sei in der „Verfahrungsweise" von allen Komponisten Brahms „am tiefsten verpflichtet" gewesen.[1563] Aber schon im 1940/41 entstandenen Schönberg-Teil seiner 1949 erstmals erschienenen „Philosophie der neuen Musik" hatte er

---

1556 Vgl. Krones, Arnold Schönberg, S. 112f.
1557 Vgl. Thomas McGeary, Schoenberg's Brahms Lecture of 1933, in: Journal of the Arnold Schoenberg Institute, XV/2, November 1992, S. 5–21, hier S. 5–8 u. 15f. Schönbergs damaliger Vortragstext findet sich unter dem Titel „Vortrag, zu halten in Frankfurt am Main am 12. II. 1933" ebd., S. 22–99.
1558 Tonhalle-Orchester Zürich, Programm vom 12. u. 13. März 2014 (Werner Pfister).
1559 Tonhalle-Orchester Zürich, Magazin, April/Mai 2010, S. 7.
1560 Ludwig Holtmeier und Cosima Linke, Schönberg und die Folgen, in: Adorno-Handbuch. Leben – Werk – Wirkung, hg. v. Richard Klein et al., Stuttgart 2011, S. 119–139, hier S. 132.
1561 Theodor W. Adorno, Arnold Schönberg. Worte des Gedenkens zum 13. September 1951, in: Theodor W. Adorno, Musikalische Schriften V (= Gesammelte Schriften, 18), Frankfurt a. M. 1984, S. 623.
1562 Theodor W. Adorno, Wien, in: Theodor W. Adorno, Musikalische Schriften I–III (= Gesammelte Schriften, 16) Frankfurt a. M. 1978, S. 436f. Vgl. auch Theodor W. Adorno, Zum Verständnis Schönbergs (1955/1967), in: Musikalische Schriften V, S. 437, wo Schönberg ebenfalls als „Vollstrecker der Beethoven-Brahmsischen Tradition" bezeichnet wird.
1563 Theodor W. Adorno, Über einige Arbeiten Arnold Schönbergs (1963), in: Theodor W. Adorno, Musikalische Schriften IV (= Gesammelte Schriften, 17), Frankfurt a. M. 1982, S. 338.

festgestellt, Brahms antizipiere Schönberg in allen Fragen der Konstruktion, die übers Akkordmaterial hinausgehen.[1564]

Darüber hinaus ist hier auch Schönbergs Verehrung für Gustav Mahler zu erwähnen, den er gegen Kritik verteidigte und dem er 1911, wenige Monate nach dessen Ableben, das ihn stark erschütterte, die erste Auflage seiner „Harmonielehre" als dem „Märtyrer", dem „Heiligen" und als einem „Ganz-Großen" widmete.[1565] Die Verehrung des Jüngeren für den Älteren spricht auch sehr klar aus dem Berliner Vortrag vom 13. Oktober 1912, als er ausdrücklich bekannte, dass er Mahler gegenüber vom Saulus zum Paulus geworden sei.[1566] Seinerseits hatte Mahler großes Interesse an Schönberg und nahm wiederholt für ihn Partei, insbesondere anlässlich verschiedener „Skandalkonzerte" von 1907, denen er beiwohnte.[1567] Schönbergs Verehrung kann auch musikalisch nicht wirklich erstaunen, wenn man die Entwicklung der Mahler-Symphonien von der Ersten über die dritte (die Schönberg als künstlerische Erweckung erlebte) zur expressionistischen Neunten bedenkt, die für seine Verehrer eine gewaltige Herausforderung dargestellt haben muss.[1568] Was die Einspielung seiner Zehnten in der Version von Clinton A. Carpenter im neuen Mahler-Zyklus des Tonhalle-Orchesters unter David Zinman anbelangt, wo der „Schlüsselmoment" des Neuntonakkords gegen Ende des Kopfsatzes nicht so sehr als „autobiographisch motivierter ‚Aufschrei', sondern als Kulminationspunkt der tonalitätssprengenden Kräfte dieser Sinfonie" empfunden werde (so eine Besprechung), führt „von diesem schneidend dissonanten Klanggaggregat ein direkter Weg zu den kompositorischen Aufbrüchen Arnold Schönbergs und seiner Schüler"; dies sei „in der schlanken, transparenten Widergabe" des Tonhalle-Orchesters in „seltener Deutlichkeit" zu hören.[1569] Zinman selber äußerte in einem Interview,

---

1564 Theodor W. Adorno, Philosophie der neuen Musik (= Gesammelte Schriften, 12), Frankfurt a.M. 1975, S. 73f.
1565 Zit. in: Arnold Schönberg, „Stile herrschen, Gedanken siegen". Ausgewählte Schriften, hg. v. Anna Maria Morazzoni, Mainz 2007, S. 365.
1566 Arnold Schönberg, Vortrag über Gustav Mahler, in: Schönberg, Ausgewählte Schriften, S. 73–98, hier S. 77.
1567 Vgl. den subtilen Beitrag von Therese Muxeneder, Gustav Mahler war ein Heiliger. Arnold Schönberg und Gustav Mahler, in: „leider bleibe ich ein eingefleischter Wiener". Gustav Mahler und Wien, hg. v. Reinhold Kubik u. Thomas Trabitsch, Wien 2010 (Ausstellung zu Mahlers 150. Geburtstag im Österreichischen Theatermuseum, Wien), S. 220–230. S. auch Melanie Unseld, Schlussakkord oder Auftakt? Musik zwischen 1900 und 1910, in: Kulturgeschichte des 20. Jahrhunderts. Das Erste Jahrzehnt, hg. v. Werner Faulstich, München 2006, S. 138.
1568 Vgl. Marco Frei, „Etwas täppisch und sehr derb". Hundert Jahre neunte Sinfonie von Gustav Mahler, NZZ (internationale Ausgabe) Nr. 204, 4. September 2009.
1569 Felix Meyer, Der Wegbereiter der Moderne. Abschluss des Mahler-Aufnahmezyklus mit David Zinman und dem Tonhalle-Orchester Zürich, NZZ Nr. 5, 7. Januar 2011.

das Eingangs-Adagio der Zehnten („ein Aufschrei, ein dissonanter Akkord, entstanden durch die Schichtung von Terzen") enthalte den modernsten Moment in Mahlers Musik.[1570]

Hanns Eisler, der während etwa vier Jahren Schönbergs Schüler in Mödling gewesen war, schrieb zu dessen 50. Geburtstag am 13. September 1924 in einem Sonderheft der „Musikblätter des Anbruch", die musikalische Welt müsse umlernen und Schönberg nicht mehr als Zerstörer und Umstürzler, sondern als Meister betrachten; er habe sich ein neues Material geschaffen, um „in der Fülle und Geschlossenheit der Klassiker zu musizieren"; er sei der „wahre Konservative: er schuf sich sogar eine Revolution, um Reaktionär sein zu können".[1571] Fünfundzwanzig Jahre später, zu Schönbergs 75. Geburtstag am 13. September 1949, schrieb er (außer der Kritik, dass sein Lehrer politisch „spießbürgerlich" sei), er habe von ihm „ein echtes Verständnis der klassischen Musik" gelernt, und diese Lehre sei „die Basis meiner ganzen musikalischen Arbeit gewesen"; alles, was er gut gemacht habe, verdanke er dieser Anweisung.[1572] Im Dezember 1954 kam dann von Eisler in einem Vortrag in der Deutschen Akademie der Künste anlässlich von Schönbergs 80. Geburtstag eine auf marxistischer Basis gehaltene beeindruckende und sehr differenzierte Würdigung des Komponisten, Lehrers und Theoretikers Schönberg, „eines der größten Komponisten nicht nur des 20. Jahrhunderts", der auch als Lehrer und Theoretiker nicht weniger bedeutend gewesen sei.[1573] Politisch wurde *en passant* erwähnt, dass er sich wenig Gedanken über die Klassenstruktur der bürgerlichen Gesellschaft gemacht habe, während am Ende des Vortrags aber doch festgestellt wurde, er habe die gesellschaftliche Ordnung, in die er hineingeboren war, nicht verklärt und nicht beschönigt und habe seiner Zeit und seiner Klasse einen Spiegel vorgehalten: „Es war gar nicht schön, was man da sah. Aber es war die Wahrheit."[1574] Musikalisch wurde Verschiedenes gewürdigt, so die „auf das strengste gewahrte" Variationenform im dritten Satz des zweiten Streichquartetts, welche „an die höchstentwickelte Technik der Diabelli-Variationen von Beethoven und der Händel- und Haydn-Variationen von Brahms anknüpfe; und auch in diesem kühnen Stück sei Schönberg „ein Fortsetzer des

---

1570 Thomas Meyer, Mahlers persönlichstes Werk. David Zinman über Mahlers zehnte Sinfonie, Tonhalle-Orchester Zürich, Magazin, Dezember 2009/Januar 2010, S. 10f.
1571 Hanns Eisler, Arnold Schönberg, der musikalische Reaktionär (1924), in: Hanns Eisler, Musik und Politik. Schriften 1924–1948. Textkritische Ausgabe von Günter Mayer, Leipzig 1973, S. 15. Vgl. zum Problem der Simultaneität von Progressivem und Reaktionärem bei Schönberg, der die musikalische Tradition fortsetzen und zugleich Neues sagen wollte, J. Peter Burkholder, Schoenberg the Reactionary, in: Schoenberg and His World, ed. by Walter Frisch, Princeton 1999, S. 162–191.
1572 Hanns Eisler, Mein Lehrer Arnold Schönberg (1949), in: Hanns Eisler, Musik und Politik. Schriften 1948-1962. Textkritische Ausgabe von Günter Mayer, Leipzig 1982, S. 73f.
1573 Hanns Eisler, Arnold Schönberg (1954), in: Schriften 1948–1962, S. 320–332, hier S. 320 u. 328.
1574 Eisler, Arnold Schönberg, S. 323 u. 329.

klassischen Erbes".[1575] Bei den Vokalwerken habe Schönberg (im Sinne eines zu Anfang des Vortrags festgestellten typischen Widerspruchs zwischen Form und Inhalt)[1576] mit den Texten fast immer Pech gehabt, außer im großartigen Chor „Friede auf Erden" auf das schöne Gedicht von C. F. Meyer und in „Ein Überlebender aus Warschau", dessen Text er selber schrieb.[1577] Zur auf Eisler zurückgehenden Formel von Schönberg als „konservativem Revolutionär" (Willi Reich, 1968) schreibt Hartmut Krones, Schönberg habe ein „ungebrochenes Verhältnis [...] zur ‚handwerklichen Tradition'" gehabt, eine „Art von weiterführendem Klassizismus, der das Alte amalgamiert, weiterführt und erhöht, um Neues, zumindest aber Anderes zu schaffen".[1578]

Robert Musils Äußerung in Kapitel 101 des „Mann ohne Eigenschaften" („Dennoch ahnte ihr [Diotima] dabei etwas von der Möglichkeit, diesen Mann [Ulrich] zu lieben; es kam ihr so vor, wie ihrer Ansicht nach die moderne Musik war, ganz unbefriedigend, aber voll einer aufregenden Andersartigkeit.")[1579] könnte sich durchaus auf Schönberg bezogen haben. Dagegen steht im Hintergrund von Thomas Manns 1947 erschienenem „Doktor Faustus. Das Leben des deutschen Tonsetzers Adrian Leverkühn, erzählt von einem Freunde" im Zusammenhang mit der Zwölftonmusik indirekt zwar klar Schönberg, direkt aber Manns musikalischer Berater Theodor W. Adorno, für den Schönberg trotz einer komplizierten persönlichen Beziehung „der Inbegriff des modernen Komponisten" war.[1580] Trotzdem ist es zwischen Mann und Schönberg wegen des „Dr. Faustus" (der zwischen Schönberg und Adorno zum „finalen Bruch" führte)[1581] zu einem 1948/49 mit Verzögerung auch öffentlich ausgetragenen Zerwürfnis gekommen und erst in einigem zeitlichen Abstand zu einer wenigstens privaten Versöhnung, indem Schönberg im Januar 1950 dem Dichter vorschlug, die „Streitaxt" zu begraben. Das Zerwürfnis rührte davon her, dass Schönbergs Name bei der im 22. Kapitel von Manns Roman erklärten Zwölftontechnik nicht erscheint und erst in späteren Ausgaben in einer Nachbemerkung nachgeschoben wurde, nachdem Schönberg sich beschwert hatte.[1582] Dieser scheint sich in dem Streitfall als zu empfindlich erwiesen zu

---

1575 Eisler, Arnold Schönberg, S. 322.
1576 Eisler, Arnold Schönberg, S. 321. Vgl. in diesem Zusammenhang auch den von Esteban Buch erwähnten Anachronismus, dass das musikalische Oeuvre Schönbergs zur Gänze für Instrumente gedacht sei, die im wesentlichen im 17. Jahrhundert oder wenig später entwickelt wurden; Buch, Le cas Schönberg, S. 287.
1577 Eisler, Arnold Schönberg, S. 328.
1578 Krones, Arnold Schönberg, S. 158.
1579 Robert Musil, Der Mann ohne Eigenschaften. Roman, Hamburg 1978, S. 477.
1580 Holtmeier/Linke, Schönberg und die Folgen, S. 119.
1581 Holtmeier/Linke, Schönberg und die Folgen, S. 120.
1582 Vgl. in erster Linie Apropos Doktor Faustus, passim, aber auch Thomas Manns Briefe an Schönberg vom 17. Februar 1948 und 19. Dezember 1949, in: Thomas Mann, Selbstkommentare: ‚Doktor

haben, zumal er in Manns Nach-Roman „Die Entstehung des Dr. Faustus. Roman eines Romans" von 1949 mehrmals, wenngleich eher distanziert, erwähnt wird und insofern auch jetzt kaum zu seiner Freude; immerhin wurde auf das Zerwürfnis nicht angespielt.[1583] E. Randol Schoenberg, ein Enkel Schönbergs, weist im Vorwort zur von ihm herausgegebenen Dokumentation der Auseinandersetzung allerdings nicht zu Unrecht darauf hin, dass es Schönberg tief verletzen musste, „dass sein fundamentales Werk [gemeint die Zwölftonmethode] dem gottlosen Pakt eines syphilitischen Wahnsinnigen mit dem Teufel zugeschrieben wurde".[1584] Die Sache wird nicht besser, wenn einem lange vor der Vollendung des Romans geschriebenen Brief Thomas Manns die Ahnung entnommen werden kann, dass die Reihentechnik als „Teufelswerk" Schönberg treffen werde.[1585] Im Übrigen bekundete er nicht nur an Schönberg, sondern auch an andern Komponisten der Moderne Interesse, so an Paul Hindemith.[1586] An der am 24. Mai 1938 anlässlich der Reichsmusiktage in Düsseldorf eröffneten Ausstellung „Entartete Musik" war Schönberg und Hindemith eine gemeinsame Tafel gewidmet worden, wonach in diesen „Schrittmachern der atonalen Bewegung" die „gefährlichsten Zerstörer unseres volks- und rassenmäßigen Instinkts für das Klare, das Reine, das Echte und organisch Gewachsene" zu sehen sei; „von der höchsten Warte des Volkstums aus" seien sie „als internationale, wurzellose Scharlatane" zu bekämpfen.[1587]

A Survivor from Warsaw für Sprechstimme, Männerchor und Orchester mit einem von Schönberg englisch-deutsch verfassten Text und einem hebräischen Gebet wurde 1947 unter dem Eindruck von Berichten über das Warschauer Ghetto und andere Lager sowie über jüdischen Widerstand im besetzten Europa und generell über den NS-Genozid an den Juden komponiert.[1588] Schönberg sah sich schon 1916 im öster-

---

Faustus' und ‚Die Entstehung des Doktor Faustus', hg. v. Hans Wysling, Frankfurt a. M. 1992, S. 166ff. u. 292f., sowie Thomas Manns Briefe an Theodor W. Adorno vom 12. Dezember 1948, 9. Januar 1950 und 19. April 1952, in: Theodor W. Adorno. Thomas Mann. Briefwechsel 1943–1955, hg. v. Christoph Gödde u. Thomas Sprecher, Frankfurt a. M. (Fischer TB) 2003, S. 39–42, 55–58 u. 107f. S. auch die hübsch-imaginäre Schachpartie „Rache in Santa Monica" im Standard vom 29. August 2009, Album A 8.

1583 Vgl. Thomas Mann, Die Entstehung des Doktor Faustus. Roman eines Romans (1949), in: Thomas Mann, Rede und Antwort. Gesammelte Werke in Einzelbänden, Frankfurter Ausgabe, hg. v. Peter de Mendelssohn, Frankfurt a. M. 1984, S. 148, 152f., 159, 163f., 199 u. 277.

1584 Apropos Doktor Faustus, S. 20.

1585 Thomas Mann an Agnes Meyer, 28. September 1944, Apropos Doktor Faustus, S. 71.

1586 Vgl. Andreas Tönnesmann, Alte Erde, neues Exil? Thomas Mann, Paul Hindemith, Carl Zuckmayer zurück in der Schweiz, Frankfurt a. M. 2010 (Thomas-Mann-Studien, 41), S. 179ff.

1587 Wolfgang Stähr, „Was willst du? Gerufen hat dich niemand." Die Kunst und die Politik: Paul Hindemiths Oper „Mathis der Maler", 1938 in Zürich uraufgeführt, erzählt beispielhaft von der Einsamkeit des Künstlers, NZZ, Sonderbeilage Zürcher Festspiele 2012, 14. Juni 2012, S. 5.

1588 Vgl. Muxeneder, Lebens(werk)geschichte in Begegnungen, S. 97–113, v. a. S. 105–113.

reichischen Militär und wieder 1921 in der Sommerfrische im salzburgischen Mattsee (wo er lernen musste, „dass ich [...] kein Deutscher, kein Europäer, ja vielleicht kaum ein Mensch [...] sondern, dass ich Jude bin")[1589] und vor allem in der Berliner Zeit an der Akademie der Künste 1925–1933 mit Antisemitismus konfrontiert und begann in diesen Jahren „die Unhaltbarkeit der Assimilationsversuche" (wie er 1934 schrieb) zu erkennen und sich nicht nur musikalisch mit dem Judentum auseinander zu setzen.[1590] Die Auseinandersetzung gipfelte vorläufig in der mit zwei Akten unvollendet gebliebenen sakralen Oper „Moses und Aron" mit einem sprechenden Moses gegenüber dem singenden Aron beim Auszug des erwählten jüdischen Volkes aus Ägypten nach dem 2. Buch Mose, an der Schönberg 1928 und 1930 bis 1932 und mit Entwürfen zum dritten Akt fast bis ans Lebensende arbeitete.[1591] Zur Frage, weshalb Schönberg den dritten Akt nicht komponiert habe, äußerte sich seine Witwe Gertrud Kolisch anlässlich der ersten szenischen Produktion der Oper im Stadttheater Zürich 1957 unter Hans Rosbaud prägnant: Wie häufig bei Schönberg verbiete sich auch hier eine eindeutige Antwort; es genüge, „das Werk in der vorliegenden Fassung zu verstehen und zu erleben. Wie es ist, so hat es sein sollen".[1592] Hartmut Krones vermutet, dass Schönberg gespürt haben könnte, dass der Schluss des 2. Akts musikalisch und inhaltlich so stark ist, dass es den dritten gar nicht brauchte, weshalb er die Oper als „vollendetes Fragment" belassen habe.[1593] Vielleicht dürfte auch das jüdische Bilderverbot, um welches der Text kreist, eine Rolle gespielt haben, wie Adorno meint.[1594] Während die Oper anfänglich wegen der als „unsingbar" gelten-

---

1589 Zit. Gottfried Wagner, „Entartete Musik" als Protest gegen die NS-Vergangenheit: Zur Situation der musikalischen Identität nach 1945 – Versuch einer Bestandsaufnahme, in: Lappin/Schneider, Die Lebendigkeit der Geschichte, S. 488–501, hier S. 495. Die Äußerung stammt aus Schönbergs Brief an Kandinsky vom 19. April 1923, in: Schönberg, Ausgewählte Schriften, S. 267. Vgl. auch Harald Waitzbauer, Arnold Schönberg und das Mattsee-Ereignis, in: Arnold Schönberg und sein Gott, Bericht zum Symposium 26.–29. Juni 2002, in: Journal of the Arnold Schönberg Center, 5/2003, S. 14–26.
1590 Vgl. Muxeneder, „I saw it in my imagination.", S. 239, sowie Wolfgang Stähr, Ende der Vorstellung. Die Oper des Propheten – „Moses und Aron" von Arnold Schönberg, NZZ Nr. 112, 14. Mai 2011.
1591 Die szenische Uraufführung fand erst im Juni 1957 im Stadttheater Zürich unter Hans Rosbaud statt; eine konzertante Aufführung hatte es im März 1954 unter Rosbaud in Hamburg gegeben; vgl. Nuria Schoenberg Nono, Gertrud Bertha Kolisch Schoenberg. A collection of memories about my mother. An Interview with Anna Maria Morazzoni, in: Schoenberg & Nono. S. 160, sowie Stähr, Ende der Vorstellung.
1592 Zit. Giovanni Morelli, „Wie es ist, so hat es sein sollen" Un „motto" [1980] per Gertrud Kolisch Schoenberg, in: Schoenberg & Nono, S. 190.
1593 Krones, Arnold Schönberg, S. 107.
1594 Vgl. Theodor W. Adorno, Sakrales Fragment. Über Schönbergs Moses und Aron (1963), in: Adorno, Musikalische Schriften I–III, S. 458 u. 470.

den Chorpartien unaufführbar schien, weshalb die erste Aufführung in Zürich als Groß-Tat in die Operngeschichte einging, ist sie mittlerweile als Schlüsselwerk des 20. Jahrhunderts im Repertoire verankert.[1595]

So oder so kann man bei Schönberg ab 1932/33 von einem politisch-jüdischen und antifaschistischen Engagement reden, allerdings nur „insoweit, als es sich in Musik vergegenständlicht".[1596] Für ein solches spricht die 1942 komponierte und Ende 1944 in New York mit einigem Erfolg uraufgeführte „Ode to Napoleon Buonaparte" für Sprechstimme, Streichquartett und Klavier: ein „antifaschistisches Manifest" (Hans Heinz Stuckenschmidt), worin Napoleon für Hitler steht; den Text entnahm Schönberg einer Ode Lord Byrons von 1814, die er – vielleicht irrtümlich – für eine Hass-Ode gegen Napoleon hielt, dem Byron George Washington als Lichtgestalt entgegen stellte.[1597] Wenige Monate nach Pearl Harbor hielt er es für „the moral duty of intelligencia to take a stand against tyranny".[1598] Was das spezifisch Jüdische anbelangt, ist an zwei 1933/34 in Brookline und New York gehaltene Vorträge zur „Jewish Situation" zu erinnern und an die darin formulierte Forderung nach einer „nationalen jüdischen Musik", die „eine heilige Aufgabe" sei und für Juden besonders interessant, die „in großer Zahl sowohl früher als auch in unseren Tage dazu beigetragen haben, dass die arische Musik so vollkommen wurde, wie sie heute ist, denn wir können unsere geistige Überlegenheit zeigen, indem wir diese neue jüdische Musik schaffen".[1599] Vor allem

---

1595 Vgl. Christian Wildhagen, Doktor Freud und der Glaubenskrieg. Die Komische Oper Berlin gewinnt mit Arnold Schönbergs Bibeloper „Moses und Aron" auf ganzer Linie, NZZ Nr. 92, 22. April 2015. Selber habe ich sie am 8. Februar 1977 in der Mailänder Scala gesehen, dirigiert von Christoph von Dohnanyi, Regie von Götz Friedrich

1596 Vgl. zu letzterem Hanns-Werner Heister, Musikalische Reaktion und politisches Engagement. Über drei Werke A. Schönbergs, in: Beiträge zur Musikwissenschaft, hg. v. Verband der Komponisten und Musikwissenschaftler der DDR, 16, 1974/4, S. 261–276, hier S. 261.

1597 Vgl. Hanns-Werner Heister, Musik, in: Handbuch der deutschsprachigen Emigration 1933–1945, hg. v. Claus-Dieter Krohn et al., Darmstadt 1998, Spalte 1043, sowie Marko Deisinger, Die Zweite Wiener Schule im Schatten der nationalsozialistischen Kulturpolitik. Arnold Schönberg und seine Meisterschüler Alban Berg und Anton Webern im Spannungsfeld zwischen Kunst und Politik, Diplomarbeit Universität für Bildungswissenschaften Klagenfurt, Klagenfurt 2001, S. 109ff. In seinem Aufsatz von 1974 hat Heister anmerkungsweise die Hypothese formuliert, ob nicht die Ode eine Art Gegenkonzeption Schönbergs zur Eisler-Brecht-Linie antifaschistischer Musik darstellen sollte; Heister, Musikalische Reaktion, S. 274, Anm. 31. S. auch Dirk Buhrmann, Arnold Schönbergs „Ode to Napoleon Buonaparte" op. 41, in: Arnold Schönberg in America, Bericht zum Symposium 2.–4. Mai 2001, Journal of the Arnold Schönberg Center, 4/2002, S. 60–68.

1598 Arnold Schönberg, How I came to compose the *Ode to Napoleon*, in: Journal of the Arnold Schoenberg Institute, II/1, October 1977, S. 55. Vgl. dazu Leonard Stein, A Note on the Genesis oft the *Ode to Napoleon*, ebd., S. 52ff.

1599 Arnold Schönberg, Sieben kurze Vorträge, in: Schönberg, Stil und Gedanke, S. 329.

ist hier aber an den umfangreichen, luziden, damals jedoch unveröffentlichten Text „Ein Vier-Punkte-Programm für das Judentum" vom Oktober 1938 zu denken, worin Schönberg sich für die Gründung einer jüdischen Partei und die Errichtung eines unabhängigen jüdischen Staates aussprach und auf der ersten Seite geradezu den Massenmord an den Juden voraussahnte: „Gibt es Raum in der Welt für nahezu 7.000.000 Menschen? Sind sie zur Verdammnis verurteilt? Werden sie ausgelöscht werden? Ausgehungert? Geschlachtet?"[1600]

Die Emigration, die den Rahmen der zwei letzten Lebensjahrzehnte Schönbergs bildet, war ein unvergleichlicher Bruch in seiner Biographie, auch wenn sie eine Erfahrung war, die er mit (allzu) vielen teilen musste, wie auch viele unter diesen Umständen ihr Judentum wieder entdeckten, so – um ein Beispiel aus dem gleichen Umfeld zu nennen – der wenig jüngere und ebenfalls (aber erheblich später) in den USA verstorbene Gründer einer ‚anderen' (rechtstheoretischen) Wiener Schule Hans Kelsen, der 1905 zum römisch-katholischen Glauben übergetreten war und sich spätestens ab 1940 wieder als Jude sah.[1601] Schönberg selber war 1898 zum protestantischen (evangelischen) Glauben übergetreten und im Juli 1933 in Paris, drei Monate vor der Überfahrt in die USA, zur jüdischen Glaubensgemeinschaft rekonvertiert. Dass das Leben trotz des harten Bruchs des Exils weiterging, scheint Schönbergs unmittelbar nach der Napoleon-Ode komponiertes und Anfangs 1944 (ebenfalls in New York) uraufgeführtes Klavierkonzert op. 42 zu bekunden, dem er in den vier „attacca" verbundenen Sätzen zu Beginn der Arbeit Überschriften gab: „Life was so easy" (assoziiert in Walzermanier die Jugend in der Monarchiezeit), „Suddenly hatred broke out" (hier dominiert ein scharfer Marschrhythmus), „A grave situation was created" (die Düsternis der NS-Machtergreifung), „But life goes on" (das Leben im Exil).[1602]

„A Survivor from Warsaw", Schönbergs politisches Hauptwerk,[1603] vor allem aber das wohl „erschütterndste Musikwerk, das die nationalsozialistischen Greueltaten einfängt",[1604] wird bisweilen anstelle des nicht ausgearbeiteten 3. Akts zu „Moses und

---

1600 Arnold Schönberg, Ein Vier-Punkte-Programm für das Judentum, in: Apropos Doktor Faustus, S. 291–313, hier S. 291. Das englische Original A Four-Point Program for Jewry findet sich in Schönberg, Ausgewählte Schriften, S. 302–323.
1601 Vgl. Clemes Jabloner, Kelsen und die Wiener Moderne, in: Weltanschauungen des Wiener Fin de Siècle 1900/2000. Festgabe für Kurt Rudolf Fischer zum achtzigsten Geburtstag, hg. v. Gertraud Diem-Wille, Ludwig Nagl, Friedrich Stadler, Frankfurt am Main etc. 2002, S. 61–77, hier S. 62.
1602 Vgl. Deisinger, Die Zweite Wiener Schule im Schatten der nationalsozialistischen Kulturpolitik, S. 111–114, sowie Krones, Arnold Schönberg, S. 113f.
1603 Heister, Musikalische Reaktion, S. 269.
1604 Krones, Arnold Schönberg, S. 114.

Aron" gespielt, was kaum im Sinne der oben zitierten Aussage von Schönbergs Witwe Gertrud Kolisch sein dürfte, sehr wohl dagegen in demjenigen von Luigi Nono, der 1962 den „Survivor" als den ‚wahren' dritten Akt der Oper bezeichnete.[1605] Dasselbe ergibt sich aus einer möglicherweise auf 1997/98 zu datierenden Analyse von „Moses und Aron", wo Nono ausführt, „la ‚non-soluzione', cioè l'opera ‚incompiuta', può esser intesa come ‚soluzione sofferta'. E si può intenderne la drammatica continuità ne ‚il sopravissuto di Varsavia' [...]: nuovo momento di schiavitù e di barbarie subita dal popolo ebraico [...]."[1606] Der Regisseur Götz Friedrich, der die Oper 1999 in Berlin inszenierte, äußerte anlässlich einer Round-Table im Jahr 2000 seinerseits ebenso prägnant, es sei, als ob der „Survivor" für Schönberg an die Stelle des nicht-komponierten dritten Aktes von „Moses und Aron" getreten sei.[1607] Dagegen folgte im Dezember 2008 der eingangs dieses Teilkapitels erwähnten Wiener Aufführung nahtlos angeschlossen die vergleichsweise endlose Beethoven-Messe in C-Dur: eine leicht absurde Programmgestaltung der Symphoniker unter Fabio Luisi und – wie einem scheint – eine etwas schiefe Herstellung von Kontinuitäten, wo keine bestehen.

Wie auch immer: Schönbergs in jeder Beziehung eindrückliche Kantate bleibt nicht nur ein spätes Werk des Komponisten, sondern ist ein politisches Vermächtnis und eine religiöse Offenbarung.[1608] Dies wegen der vielschichtigen Entstehungsgeschichte des Textes[1609] und der Mischung von englischer Erzählung mit brutalen deutschen Befehlen und dem am Schluss *una voce* vom Männerchor gesungenen hebräischen Gebet („Höre Israel"), aber vor allem wegen der mehrfach gebrochen erzählten Geschichte selber, die aus (vielleicht) zum Abtransport in die Vernichtung versammelten passiven Opfern durch Überwindung ihrer Angst aktive Subjekte von Widerstand macht.[1610] Wie Adorno in seiner vielleicht ‚schönsten' Würdigung Schönbergs schrieb, ist diese Kantate „neben Picassos Guernica wohl das einzige Kunstwerk der Epoche, das ihrem äußersten Entsetzen ins Auge zu sehen vermochte und doch ästhetisch verbindlich geriet". Noch in einer Situation, „in der die Möglichkeit von Kunst selbst bis ins In-

---

1605 Vgl. Veniero Rizzardi, Nono e la ‚presenza storica' di Schönberg. Appunti per una ricerca, in: Schoenberg & Nono, S. 244.
1606 Rizzardi, Nono e la ‚presenza storica' di Schönberg, S. 247f.
1607 Vgl. Arnold Schönberg in Berlin, Bericht zum Symposium 28.–30. September 2000, in: Journal of the Arnold Schönberg Center, 3/2001, S. 31.
1608 Vgl. zu letzterem Beat A. Föllmi, „The old prayer they had neglected for so many years." Schönbergs „Survivor from Warsaw" als religiöses Bekenntnis, in: Arnold Schönberg und sein Gott, S. 247–256.
1609 Vgl. Muxeneder, „I saw it in my imagination", passim, sowie oben Kap. 8.2.
1610 Vgl. Heister, Musikalische Reaktion, S. 269f. Vielleicht ergibt sich von hier eine Linie zur 50 Jahre späteren Sinfonie Nr. 9 für Gemischten Chor und Orchester von Hans Werner Henze, die sich an den 1942 erschienenen Roman „Das siebte Kreuz" von Anna Seghers anlehnt; vgl. Tonhalle-Orchester Zürich, Programm vom 28. Mai 2010, Orchestre de la Suisse Romande unter Marek Janowski.

nerste fragwürdig wurde", habe Schönberg Musik geschaffen, „die nicht angesichts der Realität ohnmächtig und eitel dünkt".[1611]

So beschließt „A Survivor from Warsaw" das Nachleben der Habsburger Monarchie, die im ‚Dritten Reich' endgültig unterging, mit einem besonders starken Akzent und einem stolzen jüdischen Bekenntnis.

1611 Adorno, Zum Verständnis Schönbergs (1955/1967), in: Musikalische Schriften V, S. 445.

Schlussbetrachtung

Dass ausgerechnet ein Konglomerat von Völkern, welches mit seinen zahlreichen Nationalitäten nicht ernsthaft mit kompakteren Nationalstaaten und mächtigeren Kolonialimperien konkurrieren konnte, einen Weltkrieg auszulösen vermochte, erscheint nach wie vor rätselhaft, zumal sich dieser in der unmittelbaren Nach-Sarajewo-Konstellation durchaus hätte vermeiden lassen. Allerdings hätte dafür eine andere Politik betrieben werden müssen, die nach dem Doppelmord-Attentat auf einer Welle von Sympathie eine erfolgreich-maßvolle Abrechnung mit Serbien hätte praktizieren können, wenn sie das allzu zugkräftige „Serbien muss sterbien"-Programm vermieden hätte. Eine solcherart ‚alternative' Betrachtung der Juli-Krise von 1914 hätte faszinierend sein und als Resultat ein ‚echtes' Weiterleben der Habsburger Monarchie generieren können. Leider ist passiert, was passiert ist, weshalb kein kontrafaktisches Habsburgbuch entstehen, sondern nur eine sublimierte Form des Weiterlebens der Monarchie *post mortem* in den Blick genommen werden konnte.

Fern von irgendwelchen Habsburg-Nostalgismen wollte die vorliegende Studie allen Äußerungen, Betrachtungen, Lebensbekundungen, Aktionsebenen und Themenfeldern, bei denen in irgendeiner Weise von einem Fortleben der Habsburgermonarchie die Rede sein kann, kritisch nachgehen. Es mag sein, dass eine solche Herangehensweise zu heterogen und der Habsburgbezug bisweilen zu forciert erscheinen könnte. Dennoch hoffte und hoffe ich auf Leserinnen und Leser, die mir auf meinen verschlungenen Wegen folgen wollen. Vielleicht darf ich davon ausgehen, dass jene, die bis zu diesen Schlussbetrachtungen vorgedrungen sind, zu jenen gehören, die gewillt waren, es zu tun.

Ausgangspunkt der Studie waren reale Auseinandersetzungen um Grenzen mit den damit verknüpften Konflikten. Insofern ging es um Faktisches und dessen gegebene oder nicht gegebene Veränderbarkeit im Sinn von Friedrich Schillers Feststellung, dass die Welt eng ist und das Gehirn weit und die Gedanken leicht beieinander wohnen, während sich die Sachen hart im Raume stoßen.[1612] Sie bedeutet, dass man vieles zugleich denken, aber schwerlich gleichzeitig realisieren kann, weshalb sich gerade beim auf die militärische Niederlage folgenden Ende der Habsburger Monarchie der Eindruck einstellt, dass sich vielleicht die ‚falschen' Leute mit den ‚fal-

---

1612 Friedrich Schiller, Wallensteins Tod, 2. Aufzug, 2. Auftritt.

schen' Gedanken durchgesetzt haben könnten, weil sie gerade ‚richtig' standen, jene die nationalstaatlich und nicht übernational dachten. Als Beispiel für die anderen, die wie Karl Renner für eine weiterführende (über-)nationale Linie innerhalb der Monarchie eingetreten waren, aber anders als Renner nach dem Ende in der Versenkung verschwanden, habe ich den Staats- und Völkerrechtler Heinrich Lammasch genannt, der in der Untergangsphase der Monarchie vom 28. Oktober bis zum 11. November 1918 als letzter cisleithanischer Ministerpräsident amtete und in diesen zwei Wochen die Transition halbwegs kontrolliert zu bewerkstelligen und die Ausstiege aus der Monarchie im Wesentlichen ohne Blutvergießen zu begleiten verstand. Die Entente-Mächte schätzten ihn als Spezialisten für Fragen des Völkerrechts sowie wegen der Teilnahme an den Haager Konferenzen von 1899 und 1907 und seiner im Herrenhaus 1917 und 1918 gehaltenen Friedensreden.[1613] Dennoch konnte er als Sachverständiger in der österreichischen Friedensdelegation in St. Germain keinen prägenden Einfluss auf die Ereignisse nehmen und schied schon vor ihrem Ende aus der Delegation aus.

Weil sich Spuren der untergegangenen Monarchie und Zeichen ihres Weiterlebens in allen Lebensbereichen und zu allen Zeiten und – trotz manifesten Abgrenzungsbemühungen – sofort auch mit Untertönen des Bedauerns finden, wurde im **ersten Teil** auf einer komplexen Spurensuche entlang mehr oder weniger ‚traditioneller' politischer Schienen zunächst (Kapitel 1) im Kontext der Anfänge Deutschösterreichs und auf der Basis von Materialien aus dem Archiv der Republik auf verschiedene Probleme um den Staatsvertrag von St. Germain und die Rolle des Sozialdemokraten Otto Bauer näher eingegangen. Dabei sollte aufgezeigt werden, wie die untergegangene Monarchie argumentativ eingesetzt wurde, und es wurde versucht, die Leistung von Otto Bauer in den wenigen Monaten seiner Zeit als Staatssekretär für Äußeres neu zu beurteilen und ein Licht auf die Möglichkeiten zu werfen, die sich der Republik geboten hätten, wenn es gelungen wäre, die Nachkriegs-Koalition weiter zu führen.

Das zweite Kapitel schließt Überlegungen im Bereich der Rechtsverhältnisse an. Gesucht wurde nach Kontinuitäten über das Ende der Monarchie hinaus bis zur auf das Kriegswirtschaftliche Ermächtigungsgesetz von 1917 abgestützten Dollfuß-Schuschnigg-Diktatur. In diesem Kontext scheint es auf den ersten Blick angesichts der vielen Wechselfälle der österreichisch-ungarischen und österreichischen Geschichte nicht leicht, von Kontinuitäten zu reden. Doch musste gerade in einer Studie, die dem Weiterleben der Habsburgermonarchie nachgehen will, versucht werden, solche aufzuspüren. Dies wurde in einem ersten Schritt auf dem Feld eines praktisch-pragmatischen

---

[1613] Zu denken ist an die Reden vom 28. Juni 1917, 27. Oktober 1917 und 28. Februar 1918, in: Heinrich Lammasch, Europas elfte Stunde, München 1919, S. 135-172.

Schlussbetrachtung

Weiterdauerns und in einem zweiten, systematisierteren bei den Staatsgrundgesetzen von 1867 und beim Eherecht unternommen.

Das dritte Kapitel verfolgt territoriale und ethnische (Folge-)Konflikte bis in und über die 1990er Jahre hinaus. In diesem Kontext wurde auf Grenzprobleme und diesbezügliche Entwicklungen eingegangen. So ging es um „Grenzen in Köpfen" und um ihre Konkretisierung in der topographischen Realität sowie um die Frage, wie weit solche Vorgänge identitätsstiftend sein können, Vorgänge, die im Kontext der Habsburgermonarchie erheblich komplexer waren als die *nation building*-Prozesse in Frankreich, Italien oder Deutschland.[1614] In der Monarchie zeigte sich dies schon auf der obersten Ebene des „Reichs", indem die Strukturen Österreichs und Ungarns im Bereich des Nationalitäten- und Sprachenrechts verschieden waren. Während sich die (künftigen) Sieger des Ersten Weltkriegs relativ spät für eine Aufteilung der Monarchie entschieden, deren neue Grenzlinien anlässlich der Friedenskonferenzen von St. Germain und Trianon fixiert wurden, vermutet Manfried Rauchensteiner, dass nichts die alten Bande der einstigen Monarchie so sehr zerrissen habe, wie die zahlreichen Konflikte, die wegen der Ziehung ihrer Grenzen zwischen den Nachfolgestaaten entstanden.[1615]

Der **zweite Teil** der Studie erhellt die breite Schnittfläche zwischen den Interpretationsschienen der politischen Themen im ersten und der Kulturthemen im dritten Teil. Als dynastischer Kern ihres Reiches und zentraler Kristallisationspunkt seines Nachlebens standen hier die Habsburger im Rampenlicht. Insbesondere ging es um ihren (bescheidenen) *impact* auf die Nachwelt sowie um ihre *memoria* und eine diesbezügliche Erinnerungspolitik. Insofern handelt der Mittelteil von Habsburg-Nostalgismen der ‚echten' und ‚falschen' Art: von den letzten Angehörigen des Kaiserhauses und ihrer Vertreibung über die monarchistischen Umtriebe unter der Ersten Republik bis zur Vermarktung des Habsburger Erbes in der Gegenwart.

Natürlich konnte im vierten Kapitel keine Geschichte des Hauses Habsburg aufgerollt werden. Es wurde lediglich überblicksmäßig auf die zwei letzten Kaiser und den nachfolgenden Thronprätendenten Otto, sodann auf die beiden Thronfolger Kronprinz Rudolf und Erzherzog Franz Ferdinand und schließlich auf die zwei letzten Kaiserinnen eingegangen. Hier wäre anzumerken, dass es angesichts der Flut von Veröf-

---

[1614] Vgl. Heidemarie Uhl, Zwischen „Habsburgischem Mythos" und (Post-)Kolonialismus. Zentraleuropa als Paradigma für Identitätskonstruktionen in der (Post-)Moderne, in: Johannes Feichtinger, Ursula Prutsch, Moritz Csáky (Hrsg.), Habsburg postcolonial. Machtstrukturen und kollektives Gedächtnis, Innsbruck etc. 2003, S. 47.

[1615] Manfried Rauchensteiner, L'Autriche entre confiance et résignation 1918–1920, in: Stéphane Audoin-Rouzeau et al. (Hg.), Sortir de la Grande Guerre. Le monde et l'après-1918, Paris 2008, S. 165–185, hier S. 179.

fentlichungen über gekrönte Häupter und Fürstenhäuser und über die Habsburger im Besonderen in der Tat erstaunt, dass im Jahrhundertwerk „Die Habsburgermonarchie 1948–1918" ein eigener Band über das Haus Habsburg fehlt.[1616]

Das fünfte Kapitel geht auf das Habsburgergesetz und die Probleme der Landesverweisung sowie der Ablösungen und Konfiskationen ein, sodann – vielleicht zu breit, weil ich der Vielfalt der vorhandenen Quellen nicht widerstehen konnte – auf die legitimistischen Umtriebe unter der Ersten Republik und die diesbezüglichen Polizeiobservanten-Berichte, die im Archiv der Republik systematisch gesichtet wurden.

Dem Problem von Erinnerung und ihrer Verwertung ist das sechste Kapitel gewidmet. Hier wurden die Totenkultstätten der Habsburger von der Kapuzinergruft über Artstetten und das Kloster Muri bis nach Funchal erwähnt, und es kamen neben den gescheiterten Restaurationsversuchen von König Karl in Ungarn zwei beispielhafte Nostalgismen im einstigen habsburgischen Machtbereich zur Sprache, im heutigen Schweizer Kanton Aargau und in Nord-Italien. Weiter galt das Augenmerk der touristischen Ausschlachtung und historischen Vermarktung des Habsburg-Erbes.

Der letzte Teil des Buches folgt der Weiterentwicklung der Geschichtswissenschaft in Richtung des Kulturalistischen. Dieser Teil ist gleichsam der Mythos-Teil der Studie, wo gezeigt wurde, wie ein idealisiertes oder verklärtes Bild der Doppelmonarchie den Ausgang vom Besten nahm, was vor dem Untergang produziert wurde, aber nach dem Ende nur gebrochen weitergeführt werden konnte. Den ‚wirklichen' Bruch brachte allerdings nicht das Ende der Monarchie, sondern zwanzig Jahre später der „Anschluss", der einen beispiellosen kulturellen und wissenschaftlichen Exodus zur Folge hatte, von dem sich der ost-südosteuropäische Raum nie ganz erholen sollte.

Im siebten Kapitel kamen vornehmlich Bilder und Ausstellungsobjekte im Wiener Leopold Museum zur ‚Sprache', um das Nachwirken von „Wien um 1900" in die Zwischenkriegszeit zu illustrieren. Mit Hilfe lockerer Reminiszenzen an zahlreiche Besuche in diesem Museum wurde auf einige zentrale Aspekte des Kultur-Themas hingewiesen.

Das achte Kapitel dreht sich um literarische Erinnerungstexte. Angesichts der Vielfalt des kulturellen Bemühens in der ausgehenden Monarchie erstaunt nicht, dass ihr Ende seinerseits zu einem literarischen Thema wurde. Die Betrachtungen dieses Kapitels gingen zum einen von ‚klassischen' Zeugen aus, die das Ende der Monarchie wie Grillparzer und Stifter nicht oder wie Kafka eher am Rand erlebten; an sie schlossen sich einige Zeitzeugen an, die sich wie Stefan Zweig autobiographisch oder Karl Kraus kritisch mit dem Untergang auseinandersetzten. Vor allem wurden aber ausgewählte Mythisierer und Antimythisierer präsentiert, insbesondere Joseph Roth auf der einen

---

1616 Vgl. Matthias Stickler, „Die Habsburgermonarchie 1848–1918" – Ein Jahrhundertwerk auf der Zielgeraden, Historische Zeitschrift, 295/3, Dezember 2012, S. 718f.

und Thomas Bernhard auf der anderen Seite, während abschließend auf Robert Musils „Der Mann ohne Eigenschaften" eingegangen wurde.

Das neunte Kapitel reflektiert das musikalische Nachleben der Monarchie. Dabei wurde an verschiedene Gedenkfeiern (Haydn, Mozart, Brahms, Bruckner, Liszt, Mahler) angeknüpft und die Strahlkraft des musikalischen Erbes der Monarchie anhand zahlreicher Konzertbesuche illustriert. Den Schluss macht Arnold Schönberg mit seiner Rückkehr zum Judentum. Sie gipfelte in der Kantate „A survivor from Warsaw" von 1947, die trotz ihrer Kürze zu den eindrücklichsten musikalischen Zeugnissen des Auschwitz-Zeitalters gehört und die schrecklichste Erbschaft der Habsburger Monarchie andeutet, weil sie nicht nur im ‚Dritten' Reich ihr ‚wirkliches' Ende, sondern die in ihr auch angelegten Brutalitäten hier ihre letzte Ausformung fanden.

Wie immer man das Ende des Habsburger Reiches interpretieren will, ob selbstverschuldet oder nicht, ob jahrelang vorbereitet oder als Resultat eines militärischen Zusammenbruchs, zentral erscheint die Frage, weshalb sich dieses heterogene Gebilde lange vor 1914 ausgerechnet an die Seite des martialischen Deutschen Reiches stellen konnte und bis zum Ende dort blieb. Bezeichnenderweise wollte der junge kakanische Untertan Adolf Hitler dieses Ende schon, als er 1913 von Wien nach München zog und den ‚Großen Krieg' in einem bayrischen Regiment mitmachte. Die Habsburger Monarchie widersprach allem, was er anstrebte, insbesondere seinem rassenimperialistischen Wahn. Dennoch war sein Wort im Moment des „Anschlusses", als er unter frenetischem Beifall vor dem überfüllten Heldenplatz den „Eintritt meiner Heimat in das Deutsche Reich" feierte, nicht ‚falsch', denn Wien war tatsächlich (auch) sein Wien.[1617] Hier war der junge Hitler mit dem völkisch-großdeutschen Nationalismus und mit dem aus Osteuropa überschwappenden Antisemitismus, der Ausrottung anstelle von Assimilation wollte, in Kontakt gekommen. Von besonderer Tragik dürfte sein, dass er für zahlreiche Deutschösterreicher repräsentativ wurde: als Österreicher, der sich nicht als solcher fühlte, sondern als von der Reichsgründung ausgeschlossener Deutscher.[1618] So gesehen war er der Anti-Österreicher schlechthin, auch wenn es im Sinne Robert Musils den Österreicher nicht gab: „Der Österreicher kam nur in Ungarn vor, und dort als Abneigung; daheim nannte er sich einen Staatsangehörigen der im Reichsrate vertretenen Königreiche und Länder der österreichisch-ungarischen Monarchie, was das gleiche bedeutet wie einen Österreicher mehr einem Ungarn weniger diesen Ungarn,

---

1617 „Naja, also mir san alle ... i waaß no ... am Ring und am Heldenplatz g'standen ... unübersehbar warn mir ... man hat g'fühlt, ma is unter sich ... es war wia bein Heirigen ... es war wia a riesiger Heiriger ...! Aber feierlich. Ein Taumel." Der Herr Karl (1961), in: Helmut Qualtinger, Werkausgabe, Band 1, Wien 1995, S. 173.
1618 Vgl. Sebastian Haffner, Anmerkungen zu Hitler, München 1978, S. 16f.

und er tat das nicht etwa mit Begeisterung, sondern einer Idee zuliebe, die ihm zuwider war, denn er konnte die Ungarn ebenso wenig leiden, wie die Ungarn ihn, wodurch der Zusammenhang noch verwickelter wurde."[1619]

Wie auch immer dieser ‚verwickelte Zusammenhang' gewesen sein mag: dem Urteil von Brigitte Mazohl in ihrem Beitrag zur von Thomas Winkelbauer unlängst herausgegebenen Geschichte Österreichs ist jedenfalls zuzustimmen, wonach das von der nationalen Propaganda rund um den Ersten Weltkrieg „als ‚Völkerkerker' verunglimpfte" und „von wohlmeinenden Zeitgenossen als ‚lebender Anachronismus' bezeichnete Länderkonglomerat" zugleich jener Staat war, der „als Modell für ein einigermaßen friedliches Mit- und Nebeneinander unterschiedlicher Volksgruppen und Nationen in einem größeren gemeinsamen politischen Verbund" gesehen werden kann.[1620]

Meinerseits hoffe ich, mit meinem Sammelsurium von Betrachtungen und Impressionen unterschiedlichster Art aus den Wiener Archiven, Konzertsälen, Museen und der Nationalbibliothek – wenngleich vielleicht nur *ex negativo* – eine kleine Illustration zu diesem schönen Urteil geliefert zu haben.

1619 Robert Musil, Der Mann ohne Eigenschaften, Reinbek 1978, Kap. 42, S. 170.
1620 Brigitte Mazohl, Die Habsburgermonarchie 1848–1918, in: Geschichte Österreichs, hg. v. Thomas Winkelbauer, Stuttgart 2015, S. 391.

Personenregister

Das Register verzeichnet auch die in den Anmerkungen genannten Personen. Bei diesen steht die Seitenzahl in Klammern.

Ableitinger, Alfred 28, (62), (97)
Adam, Hubertus (374)
Adamovich, Ludwig (55), 98, (118), (307)
Adelheid, Erzherzogin 229
Adler, Alfred (115)
Adler, Friedrich (Fritz) 36, 67, 169, 208, 217, 341
Adler, Viktor (53), 78, 168, (189), 191, 277, 283, (284), 288, 292
Ador, Janos 147
Adorno, Theodor W. 285, 373, 380, (381), 383, (384), 385, 388, (389)
Aimard, Pierre-Laurent (367)
Albrecht I., röm.-dt. König 250, 251, 352
Albrechtsberger, Johann Georg 370
Alexander I., jugosl. König 261
Alfons XIII., span. König 244
Alioth, Gabrielle (248)
Allgäuer, Robert (83)
Allizé, Henry 65
Altenberg, Peter 269, 372
Altmann, Maria 291
Amann, Klaus (343)
Ambrosi, Andrea 171
Andrassy, Julius 20, 92
Andrić, Ivo 138, 143, 329–331
Antel, Franz 163
Antonini, Giovanni 356
Arendt, Hanna 317, 318

Aschwanden, Erich (250), (251)
Assmann, Aleida (10), (147)
Atze, Marcel (318), (319)
Aucoin, Matthew 369
Auer, Leopold (199)
Auer, Stephanie (297)
Auersperg, Franz K. 238

Babuna, Aydin (84), (88), (89)
Bach, Johann Sebastian 373, 380
Bachmann, Claus-Henning (374)
Baden, Max von 53
Badinter, Robert 140
Bahr, Hermann 271, 285, 288, (289)
Bailer, Brigitte (279)
Bakunin, Michail 141
Baldassare, Antonio (352)
Baltz-Balzberg, Hugo (118)
Baltzarek, Franz (83)
Barash, Asher 320
Barber, Samuel 363
Barenboim, Daniel 358, 364
Barta, Ilsebill (179)
Bartók, Béla 366, 368, 375
Bast, Gerhard 340
Battisti, Cesare 200
Bauer, Otto 15, 16, 20–24, 26, (27), 29, 35, 37, 43–54, 56–76, 80, 85, 86, 90, 91, 94, 96, 97, 110, 113, 135, 168, 189, 191,

193, 194, 199, 213, 215, 234–236, 239, 293, 307, 392
Baumann, Meret (84), (146), (147), (269), (276), (279), (291)
Baumgartner, Stefanie (121)
Beck, Max Wladimir (22)
Becker, Heinz (366)
Beckermann, Ruth 279
Beer, Siegfried (118)
Beethoven, Ludwig van 247, 291, (349), 351, 353, 355, 359, 360, 362–366, 369, 373, 375, 379, 380, 382, 388
Benesch, Eduard 19, 36, 62, 63, 135, 136, (201), 222
Benesch, Heinrich 298
Bennemann, Nils (127)
Benoit-Otis, Marie-Hélène (355)
Benz, Wolfgang 279
Berchtold, Leopold 36, 58, 66
Berg, Alban 288, 369, 370, 372, 374, 375, (386)
Berg, Paul 232
Berger, Peter (236)
Berio, Luciano 369
Berlioz, Hector 349, 362
Berlusconi, Silvio 145
Bernasconi, Sara 17, (86), 87, 88
Bernatzik, Edmund (78), 102
Bernays, Ueli (370)
Bernhard, Thomas 117, 253, 254, 271, 292, (293), 309, 331–336, 395
Bertram, Ernst 312
Bertsch, Christoph (299)
Biba, Otto (357)
Bils, Karl (226)
Binder, Dieter A. (30), (118), (236)
Birnbaum, Uriel 320
Birrer, Bénédict (127)

Bisanz, Heinz (284)
Bismarck, Otto v. 291
Bitschnau, Wolfram (186), (194), (206)
Blasi, Walter (118)
Bled, Jean-Paul (246)
Bloch, Joseph (319)
Bloch-Bauer, Adele 274, 291, 308
Blöchl, Andrea Gerlinde (161), 162)
Blumauer, Sebastian 231, 232
Böhler, Hans 295
Böhm, Karlheinz 184
Böhme, Erich (331)
Böhmer, Peter (202–205), 206
Boito, Arrigo 349
Bollinger, Lisa (325)
Boresch, Hans-Werner (355)
Borgia, Lucrezia 287
Bossi Fedrigotti, Anton 253
Bossi Fedrigotti, Isabella 253
Botstiber, Hugo (363)
Botz, Gerhard (45), (72), (119), 224, (306)
Boulanger, Nadine 371
Boulez, Pierre 358
Bourbon, Blanka v. 197
Bourcart, Charles Daniel 49, 93
Bourdieu, Pierre 196
Boym, Svetlana (248)
Bracher, Karl Dietrich (72)
de Brahe, Tycho 310
Brahms, Johannes 248, 312, 350, 351, 360, 362, 363, 366, 368, 370, 378–382, 395
Brait, Andrea (266)
Brandauer, Klaus Maria 371
Brandstätter, Christian (283)
Braun, Felix (316)
Braun, Rudolf 196
Brauneder, Wilhelm 40
Brecht, Bertold 319, (386)

Brehm, Alfred 177
Breitenstein, Andreas (143), (270), (282), 330
Brendel, Alfred 357
Bresci, Gaetano 185
Briand, Aristide 260
Briner, Jean 306
Britten, Benjamin 367
Broch, Hermann 293, 328, 329, 342, 344
Brod, Max 313
Bronsen, David (326), 327
Broucek, Peter (110), (171)
Bruckner, Anton 16, 161, 266, 274, 281, 312, 333, 351, 352, 358, 360, 363, 365, 395
Brügel, Ludwig (64)
Brühlmann, Josef (243)
Brüning, Heinrich 350
Buch, Esteban (373), (383)
Bürckel, Josef 205
Bugge, Peter (120), 135, (136)
Buhrmann, Dirk (386)
Burckhardt, Carl Jacob 193, (194)
Buresch, Karl 35, 350
Burkholder, J. Peter (382)
Burz, Ulfried (58), (200)
Busek, Erhard 17, (84), 97, (145), 237
Busoni, Ferruccio 375
Byron, George Gordon 386

Cabuk, Cornelia (300)
Calic, Marie-Janine 140
Campbell, Patrick (72)
Canetti, Elias 287
Capotondi, Cristiana 185
Carpenter, Clinton A. 381
Casella, Alfredo 378
Cattaruzza, Marina (135), (136), (142)

Cazzullo, Aldo (253)
Ceausescu, Nicolae 128
Celan, Paul 10
Cerha, Friedrich 374
Charoux, Siegfried 279
Chopin, Frédéric 183
Churchill, Winston S. 144, 237
Cirio, Rita (335)
Clam-Martinic, Heinrich 24, 215
Clare, George (Georg Klaar) 110, 307, 336, 337
Clemenceau, Georges 30, (38), 39, 75, 76, 77, 170, 177
Cnobloch, Johann Alois Alfred 68, 94
Cole, Laurence (162)
Collenberg, Adolf (171), (186), (192)
Conrad, Christoph (120)
Copland, Aaron 371
Corbin, Anne-Marie (319)
Corino, Karl (342), (343)
Csáky, Emerich 77
Csáky, Eva-Marie (77)
Csáky, Moritz (10)
Cunningham (Montgomery-Cuninghame), Thomas Andrew Alexander 193
Curtis, Simon (291)
Cvetkovic, Ksenija (330)
Czernin, Ottokar 36, 167, (168), 170

Dalos, György (155), (258)
Danielczyk, Julia (95), (271), (330)
Danneberg, Robert (51)
d'Avernas, Karl 226
David-Freihsl, Roman (276)
Deak, John (163)
Debussy, Claude 375
Decrais, Albert 176
de Faria, Teodoro 244

De Gasperi, Alcide 239
Deisinger, Marko (386), (387)
Demblin, August v. 170
Demmerle, Eva (172)
Dérens, Jean-Arnault (138)
Deutsch, Julius 26, 27, (45), 50, (51), (54), (74), 110–112, (117), 119, 186, 194, 209, 211, 212, 307
Diaghilew, Sergej 368
Diaz, Armando 254
Dietz (Titz?), Konrad 233, 234
Dinghofer, Franz 39, 219
Dipper, Christoph 124, (126)
Doderer, Heimito v. 327
Dohnanyi, Christoph v. (369), (386)
Dohrn, Klaus 326, 327
Dollfuß, Engelbert 15, 51, (72), 108, 109, 111, 112, 116-119, 173, 203, 207, (224), 225, 227, 230, 237, 315, 392
Dorer, Johanna 17
Downs, Robert M. 120
Drawe, Hermann (283)
Dreidemy, Lucile (174)
Dreissinger, Sepp (331)
Drummond, James Eric 42
Dürr, Christian (279)
Dürrenmatt, Friedrich 121
Durakovic, Ferida 149
Dustmann, Hanns (265)
Dvořák, Antonín 366
Dvořák, Vaclav 36
Dzaja, Srecko M. (84)

Ebert, Friedrich 28
Ebner, Anton 212
Ecker, Berthold (300), (302)
Eckle, Georg-Albrecht (379)
Eder, Gabriele Johanna (351), (376)

Egger-Lienz, Albin 300–302
Ehalt, Hubert Christian 274
Ehs, Tamara (374)
Eichhoff, Johann Andreas 16, (23), (38), 41, 42, 55, (66), 90, 94, (95), 129, 165, 66, (167), 174, 175, 180, 181, 201, 238–240, 256
Eisler, Arnold 210
Eisler, Hanns 370, 382, 383, (386)
Eldersch, Matthias 115, 196
Elisabeth (Sisi, Sissi), österr. Kaiserin 15, 162, 163, 178, 179, 183, 184-188, 217, 242, 245, 252, 263, 265, 269, 270, 275, 276, 285, 308, 321, 323, 393
Ellenbogen, Wilhelm 51, 69, 74, (78), 212, 307
Ender, Daniel (266), (363)
Ender, Stefan (184)
Enderle-Burcel, Gertrude (17), (94), (108), (189), 214, (267)
Engel-Janosi, Friedrich 167, (175), (177)
Engelbrecht, Felix 229
Erdmann, Karl Dietrich (144)
Ernst, Andreas 139, (148), (155)
Erzberger, Matthias 217
Essen, Gesa v. (128)
Eugen, Erzherzog 227, 229
Eugen, Prinz von Savoyen 238, 274

Faber, Ronald (202–205), 206
Faistauer, Anton 295, 302
Fallend, Karl (172)
Fanta, Walter (343)
Faymann, Werner 266
Fazekas, Istvan (199)
Federn, Paul 172
Fedosejev, Vladimir 364
Fellner, Ferdinand 272

Fellner, Fritz 22, (23), (29), (73), (82)
Ferdinand I., röm.-dt. Kaiser 159, 243
Ferdinand II., röm.-dt. Kaiser 310
Ferdinand Maximilian, Erzherzog, Kaiser von Mexiko 242, 246
Ferstel, Heinrich 246, 269, 273
Feurstein-Prasser, Michaela (373)
Fiala, Bartholomäus 218–220
Fini, Gianfranco 254
Fink, Jodok 24, 35, 49
Fischer, Heinz 138
Fischer, Kurt Rudolf (116), (387)
Fischer, Wolfgang Georg 295
Fischhof, Adolf 248
Fleischer, Georg 119
Flotow, Ludwig v. 20, 92, 93, 167, (224)
Foch, Ferdinand 71
Fögen, Marie Theres (367)
Föger, Sandra (362)
Föllmi, Beat A. (388)
Follner, Michaela (94), (108), (214)
Fonovich, Fabian (177)
Forgach, Johann (Janos) 58, 66
Fragner, Bert (85)
Franco, Francisco (72)
Franz II. (I.), röm.-dt. bzw. österr. Kaiser 202
Franz Ferdinand, Thronfolger (55), 58, 163, 164, 166, 174, 177, 179–183, 243, 246, 274, 275, 282, 317, 322, 323, 352, 393
Franz, Georg (180), (181)
Franz Joseph I., österr. Kaiser 14, 113, (143), 160–163, 167, 174, 178, 183, 184, 188, 217, 235, 237, 242, 246, 247, 259, 263–265, 269–272, 275, 276, 282, 284, 285, 312, 319–327, 337, 338, 344, 352, 359, 364, 393
Franz, Otto 48, 49

Franz Stephan v. Lothringen 202, 242, 276
Franzos, Karl Emil 128, 339
Frei, Marco (358), (381)
Freud, Lucian 292
Freud, Sigmund 172, 287, 288, 291–293, 316
Fried, Alfred Hermann 22
Friedländer, Ottilie 21, 28, 43, (44), (75), (76)
Friedrich, Götz (386), 388
Friedrich von der Pfalz, Kurfürst 310
Frisé, Adolf 343, 345
Fritsch, Claire (289), (290)
Fröschl, Thomas 17
Fuchs, Martin 326
Fuhrmann, Wolfgang (357)
Furrer, Beat 369
Furtwängler, Wilhelm 350
Fuster, Thomas (140), (141), (330)

Gafke, Matthias (241), 340
Garamvölgyi, Judit 49
Garibaldi, Giuseppe 253
Garz, Detlef (306)
Gasparri, Pietro, Kardinal 71
Gatti, Daniele (366)
Gauß, Karl-Markus (128)
Gelber, Mark H. (316)
Georg I., griech. König 247
Georg, Erzherzog 229
Gerstl, Rudolf 285, 286
Giacometti, Alberto 295
Glawischnig, Eva 266
Glöckel, Otto 33, (34), 95, 115, 305–307
Goebbels, Joseph 355, 356, 360, 361
Goethe, Johann Wolfgang 311, 312, 349
Goldmark, Carl 359
Gollner, Helmut (310), (311)

Gooss, Roderich 58-60
Gordon, David Webster 244
Gottfarstein, Joseph 327, 328
Gounod, Charles 349
Gousseff, Catherine (138)
Graf, Georg 207
Graf, Max 162, 272, 352, 359
Graf, Wolfgang (241)
Greiner, Ulrich (310), 311, 312, 332, (333), 336
Greissle-Schönberg, Arnold (372)
Greissle-Schönberg, Gertrude 372
Griesser-Pecar, Tamara (170)
Griffin, Roger (306)
Grillparzer, Franz 25, 309, 310, 323, 326, 328, 335, 394
Groebner, Valentin (262)
Groener, Wilhelm 28
Gropius, Manon 369
Gropius, Walter 286, (287), 369
Gruber, Karl 239
Grzonka, Patricia (134)
Gürtler, Alfred 30

Haas, Franz (246)
Haas, Hanns (17), 49, 56, 164, (165)
Haas, Michael (373)
Habacher, Maria (171), (218)
Habicht, Theo (224)
Habsburg-Lothringen, Heinrich 173
Habsburg-Lothringen, Karl 97
Habsburg-Lothringen, Leopold 196
Habsburg-Lothringen, Regina 174, 243
Habsburg-Lothringen, Rudolph 243
Hackl, Peter (72), (117), (118)
Hacohen, Malachi Haim (305), (320)
Hämmerle, Christa (162)
Haerdtl, Oswald (299)

Haffner, Sebastian (395)
Haider, Jörg 145, 152, 153
Hainz, Christa (83)
Haipl, Clemens 280
Haller, Gerda (286)
Hamann, Brigitte (20), 177, (178–180), (188), 304
Hamm, Peter (332)
Hammermann, Gabriele 241
Hamsun, Knut 267
Hanak, Anton 302
Handke, Peter 253, 319, (333), 336
Hanisch, Ernst (45), (47), 49, (50), (59), 91, 117
Hansel, Michael (319)
Hansen, Mathias (373)
Hansen, Theophil 272
Hansert, Andreas (159)
Hantsch, Hugo 72, (73), 82
Hanusch, Ferdinand (69), 210, 277
Harding, Daniel (351)
Harley, John Brian 124
Harmat, Ulrike 113, (114), (115), (116)
Hartmann, Karl Amadeus 374
Hartmann, Ludo Moritz 63, 64, (198)
Hašek, Jaroslav 330
Hasiba, Gernot D. (214)
Haslinger, Ingrid (202)
Haslinger, Peter 120, (125), 132, (133), (255), (256)
Hassell, Ulrich v. 259
Haupt, Stephan 63, 70
Hauser, Johann Nepomuk 30
Haushofer, Karl 125
Hautmann, Hans (69)
Hawlik-van de Water, Magdalena (242)
Haydn, Joseph 268, 334, 349, 350, 354–357, 360, 363, 364, 369, 370, 375, 395

Hecht, Robert 107–109, 111, 112
Heckenast, Gustav 311
Heer, Friedrich 335
Heide, Hannes 276
Heinen, Armin (138)
Heinrich Ferdinand, Erzherzog 196
Heister, Hanns-Werner (386), (387), (388)
Heller, Lynne (160–163), (171), (174), (176), (182), (242), (243)
Hellmesberger, Joseph 357
Helmer, Hermann 272
Henderson, Artur 189
Henggeler, Vera (31)
Henze, Hans Werner (388)
Hermann, Rudolf (129), (133), (138), (148), (252)
Herzig, Max 162
Herzl, Theodor 352
Herzog, Samuel (270)
Heydrich, Reinhard (241), 340
Heym, Georg 293
Hiatt (Hyatt?), amerikan. Journalist 191
Hillebrand Oswald 65
Himmler, Heinrich 205, 222, 223, (241), 340
Hindemith, Paul (311), 367, 368, 384
Hindenburg, Paul v. 350
Hinrichsen, Hans-Joachim (352)
Hitchins, Keith (182)
Hitler, Adolf 9, 14, 15, 20, 46, (72), 82, (126), 146, 147, 157, 174, 204, 205, 222–224, 230, 234, 237, 241, 258, (259), 265–268, 277–279, 303, 304, 306, 307, 315, 326, 327, 336, 337, 340, 351, 356, 358, 360, 371, 372, 379, 386, 395
Hobsbawm, Eric 344
Hochedlinger, Michael 162
Hochenbichler, Eduard (214)

Höbelt, Lothar 142, (143)
Hösch, Edgar (128)
Hötzendorf, Franz Conrad v. 180, 210
Hoffinger, Maximilian 71, 90
Hoffmann, Josef 133, (134), 285, 298, 299, 302
Hoffmann von Fallersleben, August 354
Hofmannsthal, Hugo v. 95, 254, 285, 288, 316, 328, 329, 341
Hohenberg, Sophie v. 180, 183, 243, 246, 247, 274, 275
Holenstein, René (123), (142), (149)
Holtmeier, Ludwig (380), (383)
Holzer, Anton (200), (240), (247), 264, (271)
Holzschuh, Ingrid (265), (278)
Horn, Gyula 148
Horthy, Miklós (72), (126), 147, (171), 233, 237, 255, 257–260
Horvath, Franz Sz. (125)
Hrdlicka, Alfred 278
Huber, Martin (271), (272)
Hubert Salvator, Erzherzog 216
Huemer, Peter 107, 108, (109), 111, 356
Hufschmied, Richard (267)
Hugo, Victor 177
Hummelberger, Walter (62)
Hundertwasser, Friedensreich 280
Hupka, Josef (109)
Husslein-Arco, Agnes (272), (274), (285)
Hutter, Andreas (328)

Immerseel, Jos van (366)
Ita von Lothringen 243
Iveljic, Iskra (261)
Ives, Charles 362

Jabloner, Clemens 116, 119, 387

Järvi, Paavo (362)
Jahr, Christoph (240)
Janáček, Leoš 367
Jandl, Paul (292), (318)
Janowski, Marek (388)
Jansa, Alfred 46
Jedlicka, Ludwig (29), (109)
Jelinek, Elfriede 253
Jelinek, Gerhard (188)
Jellačić, Joseph 260
Jeřábek, Rudolf 17
Johann, Erzherzog 222
Johanna von Kastilien („die Wahnsinnige") 159
Johannes Paul II., Papst 171
Johnston, William M. 359, (360)
Jordan, Peter (124), (125), (142)
Josef Ferdinand, Erzherzog 196
Joseph II., röm.-dt. Kaiser 113, 218, 221, 242, 273
Joyce, James 343
Judex, Bernhard (335)
Judson, Peter M. 143
Jütte, Daniel (352)
Jung, Willi (152)
Jureit, Ulrike (120)
Jurowski, Vladimir (367)

Kafka, Franz 309, 313, 314, 344, 366, 394
Kallay, Benjamin 87, 96
Kallir, Jane (285), (297)
Kaltenbrunner, Ernst (204)
Kamusella, Thomasz (126)
Kandinsky, Wassily (385)
Kant, Immanuel 333
Karasek, Hellmuth (331)
Karl I., österr. (Ex-)Kaiser 14, 21, 71, 73, 80, 92, 137, 160–162, 164–172, 174, 183, 186–188, 190–196, 202, 209, 213, 214, 216–221, 225, 228–230, 232–234, 236, 237, 240, 242–245, 255–260, 265, 317, 393, 394
Karl V., röm.-dt. Kaiser 160, 311, 322
Karl, Erzherzog 238
Károlyi, Michael 170
Kautsky, Karl (51), 54, 59
Keel, Aldo (267)
Kehlmann, Michael 321
Kelsen, Hans 43, 91, 100, 116, 117, 119, 387
Keményfi, Robert (125), 132
Kepler, Johannes 310
Kertész, Imre 147
Khol, Andreas 280
Kielinger, Thomas (337)
Kienzler, Wilhelm 354
Kijowska, Marta (337)
Kilcher, Andreas (313)
Kirchengast, Albert (134), (299)
Kläger, Emil 283
Klarissen, Theo (40)
Klausinger, Hansjörg (74)
Klein, Franz 21, 22, 28, 43, 44, (48), 57, 58, 75, (76), 82, (83)
Klein, Rudolf (366)
Klemperer, Klemens v. 26–29, 42, (74), 80, 81, 97, (98), 165, (171), (190)
Klemperer, Otto 365, 379
Klestil, Thomas 173
Klimburg, Otto 85, 86
Klimt, Gustav (272), 274, (284), 285, 286, 288, 289, 291, 294–296, 298, 300, 302, 308
Klingenberg, Gerhard 272
Klingenstein, Grete (72)
Kluge, Ulrich (118)

Klusch, Margit (379)
Knappertsbusch, Hans 365
Knauer, Birgit (299)
Knoll, August M. 118
Koch, Hans-Albrecht (327)
Koch, Herbert (168)
Kodály, Zoltán 366
Koerber, Ernest v. (22)
Körner, Theodor 212, 375
Kohl, Robert 303
Kokoschka, Oskar 274, 284–288, 295, 296, 300, 302, 303
Kolig, Anton 295, 300–302
Kolisch Schoenberg, Gertrud 287, 385, 388
Koller, Christian (32)
Komjáthy, Miklós (27), (78)
Komlosy, Andrea (130), (131)
Konrad, Helmut (17), (115), (282), (304), (305)
Konstantinovic, Zoran (331)
Kopatchinskaja, Patricia (374)
Korngold, Erich Wolfgang 370, 373, 374
Korngold, Julius 373
Korom, Philipp 195, (196)
Kotte, Judit (125), 126
Kovacic, Stefanie 18
Kraus, Carl (300)
Kraus, Karl 5, 22, 182, 246, 285, 288, 309, 314–316, 329, 341, 394
Krebs, Adrian (276)
Kreisky, Bruno 153, 186, (291)
Kreisler, Fritz 163, 293
Krellmann, Hanspeter (353)
Kremer, Gidon 365
Kriechbaumer, Robert (277)
Krips, Joseph 365
Krisch, Andras (136)
Kristan, Markus (298)

Krleža, Miroslav 261
Kroner, Dieter (173)
Krones, Hartmut (351), (352), (354), (372), (378), (379), (380), 383, 385, (387)
Kronsteiner, Olga (290)
Krzeminski, Adam 9
Kubitsch, Reinhold (358)
Kun, Béla 68, 213, 219
Kunschak, Leopold 39
Kurtág, György 366
Kusturica, Emir 137, (138), 330
Kutzenberger, Stefan (301), (302)

Laback, Birgit (303)
Lachenmann, Helmut 358
Lachner, Peter (277)
Lachnit, Edwin (300)
Lackner, Robert (363)
Laczó, Ferenc (258)
La Fauci, Nunzio (151)
Laidlaw, Zoe (125)
Lammasch, Heinrich 20–22, 27–29, 80, 81, 165, 189, 218, 236, 392
Lamprecht, Gerald (279)
Larisch, Marie 178
Larndorfer, Peter (279), (280)
Lassalle, Ferdinand 291
Laun, Rudolf Franz Anton 129
Lehngut, Cornelius (9), (277)
Leibnitz, Thomas (374)
Leidinger, Hannes (54), (160), (275)
Leister, Judith (316)
Lendvai, Paul 147
Lenin, Wladimir Iljitsch 76
Leopold I., röm.-dt. Kaiser 271
Leopold, Diethard (286), (289), 290, 295
Leopold, Elisabeth 289, 290, (297)
Leopold, Rudolf 286, 289, 290

Leopold Salvator, Erzherzog 197
Leser, Norbert (35), (45), 51, 235
Lessing, Gotthold Ephraim 279
Leuthner, Karl 39
Liechtenstein, Alois 211
Liechtenstein, Johann 216
Liechtenstein, Hans Adam II. 83
Linke, Cosima (380), (383)
Liszt, Franz 349, 350, 352, 353, 357, 395
Lloyd George, David 77
Loewenfeld-Russ, Hans (47)
Logothetti, Rudolf (172)
Loitfellner, Sabine (289)
Longuet, Jean 189
Loos, Adolf 133, (134), 282, 285, 288, 372, 374
Loos, Helmut (368)
Louis XIV, frz. König 145
Lucheni, Luigi 184
Ludendorff, Erich 36
Lueger, Karl 211, 218, 237, 247, 269, 292, 304, 316, 349
Luisi, Fabio (369), 371, 388
Lunzer, Heinz (320), (321), (325–328)
Lunzer-Talos, Victoria (320), (321), (325–327)

Maazel, Lorin 358
Mach, Ernst 341, 342
Mackenthun, Gerald (115)
Mader, Mia-Barbara (149)
Maderthaner, Wolfgang (17), 27, 53, (169), (283), (284), 341
Mähner, Peter (17), 134
Magris, Claudio (150), 253, 254, 308, 323
Mahler, Gustav 16, 272, 281, 286–288, 303, 316, 333, 349, 353, 358, 372, 373, 375, 379, 381, 382, 395

Mahler-Werfel, Alma 286-288, 353, 369, 374, 378
Makart, Hans 162, 282, 285, 288, 359
Malfèr, Stefan (255)
Mann, Heinrich 303
Mann, Thomas 303, 311, 312, 321, 344, (371), 383, 384
Mantegna, Andrea 301
Marek, Ferdinand 256
Margarita, Infantin 270, 271
Marge, Pierre (86)
Maria Immakulata, Erzherzogin 197
Maria Theresia, Erzherzogin, Königin 159, 238, 242, 253, 271, 275
Maria von Burgund 159
Marie Antoinette, frz. Königin 159, 280
Marie Louise, frz. Kaiserin 242
Marinelli, Lydia (292)
Marischka, Ernst 184
Marschik, Matthias 17, 254
Marthaler, Christoph 316
Martin, Charles W. (333), (334), (335)
Martinů, Bohuslav 367
Masaryk, Thomas G. 19, 106, 222
Maschl, Heidrun (22)
Mataja, Heinrich 94, 237
Matis, Herbert 73, 354
Matsch, Erwin (92), (93), (194), (224)
Matthias, röm.-dt. Kaiser 310
Matuschek, Oliver (318), (319)
Mauthe, Gabriele (268)
Maximilian I., röm.-dt. Kaiser 159, 352
Maximilian II., röm.-dt. Kaiser 310
Mayr, Angelika (176), (178)
Mayr, Michael (40), 42, 50
Mayr, Peter (266)
Mayrhofer, Bernadette 355
Mazohl, Brigitte 396

Mazzini, Giuseppe 142, 143
McGeary, Thomas (380)
Mechtler, Paul (57), (69)
Medinger, Wilhelm 61, 63
Mehta, Zubin 358
Meier, Bruno (243), (249), 250
Meister, Cornelius (372)
Melichar, Peter (24), (219), 240
Mendelssohn-Bartholdy, Felix 353, 364
Mendonça, Duarte (164), (245)
Merki, Martin (250)
Mesic, Stjepan (141)
Meyer, Agnes (384)
Meyer, Christian (376)
Meyer, Conrad Ferdinand 156, 379, 383
Meyer, Felix (381)
Meyer, Thomas (358), (362), (382)
Miklas, Wilhelm 33, 119, 194, 236, 237, 307, 350
Mikoletzky, Lorenz (198), (200)
Mikrut, Jan (171)
Millerand, Alexandre 71
Minkowski, Marc 356
Miró, Joan 270
Mirren, Helen (291)
Mlynarik, Jan 136
Mock, Alois 148
Moddelmog, Claudia (252)
Mokre, Jan (127)
Moll, Carl 285, 286, 299
Mommsen, Hans 78
Moos, Carlo (11), (150), (156), (180), (306)
Moos, Giancarlo 18
Moos, Hermine 287
Moos, Leonora 18
Moos, Regula 18
Morazzoni, Anna Maria (287), (381), (385)
Morelli, Giovanni (385)

Moritsch, Andreas (19), (144)
Moritz, Verena (54), (275)
Moser, Koloman 273, 285, 288, 294, (295), 296, 298, 300
Mosser, Ingrid (203), (204), 207, (217), (224–227), (233), (236), (237)
Mozart, Wolfgang Amadeus 248, 262, 263, 272, 297, 308, 334, (349), 353, 355–357, 360, 363, 365, (368), 369, 370, 375, 380, 395
Mühlberger, Hermann 238
Müller, Heiner 335
Müller, Michael (262)
Müller-Funk, Wolfgang (11), (85)
Muigg, Mario (118)
Mullowa, Viktoria 369
Musil, Martha 342, 343
Musil, Robert 15, 16, 65, 78, 79, 81, 162, 251, 253, 254, 282, 284, 285, 288, 308, 309, 323, 330, 341-349, 383, 395, (396)
Musner, Lutz (283), (284)
Mussolini, Benito 15, (72), 114, (126), 150, 177, 203, 210, 212, 226, 241
Musulin, Alexander 58, 59, 66
Muxeneder, Therese (319), (371), (372), (381), (384), (385), (388)

Näf, Fritz (379)
Napoleon I. 242, 245, 386
Napolitano, Giorgio 254
Natter, G. Tobias (299)
Nautz, Jürgen (48), (76)
Neck, Rudolf (23), (45), (49), (200)
Neisser, Heinrich (113)
Neisser, Karl 25, 267
Nelsons, Andris (352)
Nepotil, Tomas 362
Nestroy, Johann 323

Neugebauer, Wolfgang (172)
Neumann, Malvine 228
Neutra, Richard 374
Neuwirth, Markus (299)
Neuzil, Wally (Walburga) (282), 290
Newlekowsky, Gerhard (84)
Newton, Isaac 143
Niederacher, Sonja (297)
Niederstätter, Alois (249)
Niemeyer, Oscar 245
Nierhaus, Andreas (270), (282), (304)
Noll, Alfred J. 98
Nono, Luigi 371, 388
Nowotny, Thomas (291)
Nussbaumer, Martina (349), (350), (359)

Ophüls, Max 179
Oplatka, Andreas (133), (146), (148)
Oppenheimer, Max 303
Orban, Viktor 146, 147, 259
Otto Habsburg, Thronfolger 14, 109, 160, 172–175, 186, 187, 203, 204, 206, 218, 220-222, 224–229, 231–234, 237, 239, 240, 242, 243, 258, 260, 325–327, 393

Palm, Kurt 356
Parenzan, Peter (265)
Partsch, Erich Wolfgang (358)
Pascotini, Carl v. 377
Patka, Marcus G. (318)
Patton, George S. 269
Patzelt, Herbert (171), (257)
Pavelić, Ante 15, 123, 149
Paxton, Robert O. (306)
Pelinka, Anton (45), (157)
Pergher, Roberta (151)
Persic, Milena (142)
Pertner, Hans 373

Perz, Bertrand (279)
Peschka, Anton 296
Peter, Birgit (95), (271), (330)
Petschar, Hans (268)
Peymann, Claus 271, 272, (331)
Pfister, Werner (380)
Pfitzner, Hans 361
Pflügl, Egon 63, 129
Pfohlmann, Oliver (318)
Pfoser, Alfred (56), (315), (330), (344)
Pfundner, Michaela 270
Philipp der Schöne 159
Picasso, Pablo 388
Pichler, Meinrad (302)
Piffl, Friedrich Gustav, Kardinal 28, 210
Pilgrim, Urs (243)
Pilsudski, Jozef (72)
Pius IX., Papst 113
Placz, Heinz 17
Platzer, Monika (299)
Plessen, Marie-Louise (274)
Plichta, Martin (146)
Ploil, Ernst (298)
Pogacnik, Josip (90)
Poggiolini, Gianni (261)
Poincaré, Raymond 76, (77)
Polgar, Alfred 336
Pollack, Martin 9, (128), 156, 309, 337–340
Poltzer-Hoditz, Arthur 224
Potiorek, Oskar 179
Predota, Georg A. (368)
Prêtre, Georges (362), (364)
Princip, Gavrilo 138, 330
Prokofiew, Sergej 367, 368
Proust, Marcel 343
Prutsch, Ursula (11), (85)
Pumberger, Stephan (297)

Puskas, Regula (358)

Qualtinger, Helmut 5, (395)
Queriol de Vasconcellos Porto, Nuno Alberto 245

Radbot, Graf von Habsburg 243
Radetzky, Josef Wenzel 25, 249, 253, 260, 284, 309
Radić, Stefan (Stjepan) 260, 261
Raimund, Ferdinand 323
Rainer, Erzherzog 196
Rambures, Jean-Louis de (332)
Rampolla, Mariano, Kardinal 176
Ramus, Pierre 235
Rappaport, Alfred 129, 130
Raski, Béla (137), (255), 260
Rathenau, Walther 217
Rathkolb, Oliver 17, 95, (161), (166), (266), (274), (289), 334, (353), 354, 360
Rauchensteiner, Manfried (22), 122, (169), (184), 267, (307), 393
Rauscher, Walter (20), (29), (40), (44), (45), 69, (90), (191), (203)
Ravel, Maurice 16, 281, 363, 367, 368, 375
Read, Christoph 36
Redlich, Josef 21, 27, 81, 165, 183, (184), 236
Redlich, Oswald 199, 200
Reger, Max 375
Reiber, Joachim (287), (358)
Reich, Willi 383
Reichel, Walter (131)
Reifenberg, Benno (320)
Reinhardt, Max 95, 329
Reinhold-Weisz, Eva 17
Reitani, Luigi (323)
Reiter, Herwig 266
Renk, Dolores 18

Renner, Karl 20, (24), 27, 29, 32, 35, 36, 38–47, (48), 49–52, 60–67, 69, 73–75, 80, 81, 94, 95, 114, 119, 164, 189–191, 193–195, 209, 213, (224), 235, 247, 254, 255, 267–269, 277, 307, 354, 392
Renöckl, Georg (84), (268), (277), (338)
Ress, Imre (198)
Reumann, Jakob 277
Reuter, Tim (332), 334
Reynolds, Ryan (291)
Richter, Franz 228
Richter, Hans 350
Riedl, Richard (52), 65
Rieger, Eduard 215
Rieger, Eva (288)
Ringger, Rolf Urs (373)
Ristic, Ivan (301)
Ritterband, Charles E. (128), (153), (184), (263), (281)
Rizzardi, Veniero (388)
Rocca, Enrico (150)
Rocha Machado, Luis 244
Roller, Alfred 272
Roller, Julius 113
Romsics, Ignac (125)
Ronai, Andras (125)
Roosevelt, Franklin D. 126
Rosbaud, Hans 380, 385
Rosegger, Peter 311
Roth, Friederike 328
Roth, Joseph 15, 16, 183, 253, 254, 282, 308, 309, 320-328, 330, 341, 371, 394
Rousseau, Jean-Jacques 100
Roux, Marie-Aude (364)
Rudolf I., röm.-dt. König 284
Rudolf II., röm.-dt. Kaiser 310, 311
Rudolf, Kronprinz 163, 175–180, 182, 185, 188, 242, 338, 375, 393

Rumpler, Helmut (58), (73), (82), (97), (121), 124
Rupnow, Dirk (242), (266), (267), (270), (273)

Sagmeister, Diana (262), (263)
Saint-Saëns, Camille 362
Sakmyster, Thomas (255)
Salino, Brigitte (331)
Salonen, Esa-Pekka 358, 368–370, (371)
Sammer, Friederike (262), (275)
Sander, Martin (330)
Sassmann, Albert (367)
Sauer, Barbara (278)
Saurer, Edith (277)
Saville, Jenny (296), (297)
Schacher, Thomas 369, 371
Schärer, Andrea 127
Schager-Eckartsau, Albin 202, 211
Schagerl, Brigitte (59), (60), (203), (224), (226)
Schalk, Franz 272, 374
Schausberger, Norbert (31), (70), (74)
Scheib, Asta (334)
Scheit, Gerhard (358)
Schell, Maximilian 371
Schenk, Frithjof Benjamin (120), (124)
Scherrer, Martin (316)
Schiele, Edith 294
Schiele, Egon (282), 285, 286, 288–290, 294–297, 300–303, 308, 317
Schiller, Friedrich 19, 391
Schirach, Baldur v. 157, (265), 298, (355), 356
Schlie, Ulrich (174)
Schlögel, Karl (124)
Schlöndorff, Volker 342
Schmidt, Guido 46

Schmitz, Georg (24), (43), (48), 49, (64), (67), (69), (74)
Schmuttermeier, Elisabeth (298)
Schneider, Romy (184), 323
Schneiderhan, Franz 349
Schnittke, Alfred 364, 365
Schnitzler, Arthur 95, 248, 285, 303, 316, 341
Schober, Johannes 73, 117, 118, 192, 196, 197, (208–211), 212–216, (217), 218, (219), (220), 235, 256, 350
Schönberg, Arnold 16, 176, 248, 281, 282, 285–288, 291, 303, 304, 318, 319, 349, 359, 361–363, (368), 369–389, 395
Schoenberg, E. Randol 291, (371), 384
Schoenberg Nono, Nuria 287, (385)
Schönborn, Christoph, Kardinal 174
Schönerer, Georg v. 292
Schostakowitsch, Dimitrij 353, 354, 364, 365
Schröder, Klaus Albrecht (285), 295, (303)
Schubert, Franz 248, 297, 334, 357, 360, 362, 365, 370, 375
Schubert, Giselher (368)
Schüller, Richard (23), 29, 43, 44, (48), 50, 55, 68, 70, 71, (73), 74, 75, (76), 95, 258, (259)
Schüssel, Wolfgang 280
Schütte, Jens-Peter (365), (366), (369), (371)
Schütte, Uwe (334)
Schuller, Gunther 363
Schultz, Hans-Dietrich (124), 132
Schulz, Tom 10
Schumann, Robert 349, 353, 360, (366)
Schumpeter, Joseph Alois 73, 74
Schuschnigg, Kurt 15, (72), 108, 116, 118, 119, 172, 187, 203, 204, 207, 227, 230-233, 237, 307, 327, (351), 392

Schwara, Desanka (132)
Schwarzenberg, Karel 251
Schweiger, Dominik (373), 375, 378
Schwob-Kordovsky, Kerstin (327)
Seger, Martin (121)
Seghers, Anna (388)
Segre, Roberto 200, 201
Seidl, Conrad (283)
Seidler, Ernst 166
Seipel, Ignaz 24, 27–29, 50, 51, 73, 74, 80, 81, 97, (98), (108), 117, 165, 171, 190, 203, 210, 212, 218, 227, 230, 236, 237, 247, 258, 259, 306
Seitz, Karl 37, 38, (51), 68, 115, 191, 211, 215, 232, 234, 257, 305, 307, 315
Semper, Gottfried 265, 271
Sever, Albert 114, 115, 197, 210
Seyss-Inquart, Arthur 204, 307
Shakespeare, William 364, 365
Shedel, James 118, 119, 177
Simkowitsch, Martin 234
Siren, Heikki 351
Sittinger, Michael (168)
Sixtus von Bourbon-Parma 67, 168, 169, 170, 187, 259
Skrjabin, Alexander 375
Skrowaczewski, Stanislaw (352), 362
Slapnicka, Helmut 105, 106, (107)
Smetana, Friedrich 353
Smola, Franz (295), (296), (300)
Snyder, Timothy (161)
Solyom, Laszlo 145
Sonnino, Sidney 77, 169
Sottopietra, Doris 254
Spaho, Fehim 87, 88
Spaho, Hasan 87, 88
Spaho, Mehmed 88
Spaho, Mustafa 88

Speer, Albert 299
Spindelegger, Michael 266
Spitzer, Leo 151, 152
Splitt, Gerhard (361)
Sprenger, Peter (83)
Sprengnagel, Gerald (45)
Sprung, Rainer (57)
Stadler, Friedrich (281)
Stähr, Wolfgang (384), (385)
Staiger, Emil 311
Stalin, Josef W. 45, 237, 353
Starhemberg, Ernst Rüdiger 215, 223
Staudinger, Anton (108), (109), (111), (112)
Stea, David 120
Stein, Leonard (373), (386)
Steinböck, Erwin (110), (152)
Steiner, Dietmar (299)
Steiner, Jenny 290
Steiner, Max 370
Steininger, Rolf (150)
Stercken, Martina (120), (124), (188)
Stickler, Matthias (11), (82), (160), (394)
Stieger, Cyrill (141), (146), (148), (149), (153), (261)
Stifter, Adalbert 264, 309, 311, 312, 328, 332, 333, 394
Stöger, Robert (69)
Stöger-Steiner, Rudolf 27
Stolper, Gustav 55
Stolz, Joëlle (85), (146), (259), (279), (292), (316)
Stourzh, Gerald 17, (34), (45), (55), 79, (80), 82, 98, 99, 100, 107, 113, 116, (118), (119), 121, 177, (235), (239), 281, (307), (374)
Strauss, Johann (I,II) 179, 248, 262, 360–362, 364, 370, 375

Strauss, Richard 272, 360, (361), 367, 368, 374, 375, 375
Strawinsky, Igor 371, 375
Strebel, Hans Martin (243)
Streeruwitz, Marlene 117
Strelka, Joseph P. (313), (315), (320)
Strossmayer, Joseph (Jossip) 176
Struck, Bernhard 123, (124)
Stuckenschmidt, Hans Heinz 386
Stucky, Steven 368
Stürgkh, Karl 169, 217, 341
Suchy, Irene (367)
Suk, Josef 375
Sundhaussen, Holm (19), (59), 85, (87), (88), 89, (96), 122, (123), (134), (140), (141), (144), (159), 330, 331
Supilo, Frano 19
Suppan, Arnold 76, (95), (152), (241), (289), (353)
Suppanz, Werner (117)
Suter, Bruno (93)
Suttner, Bertha v. 379
Svoboda, Wilhelm (358)
Sylvester, Julius 95
Szabo, Ervin 155
Szabo-Knotik, Cornelia (359)
Szemann, Harald (286), 288
Szinai, Miklos 68, (258)
Szücs, Laszlo (258)
Szymanowski, Karol 375

Tálos, Emmerich (72)
Tamms, Friedrich 277
Tandler, Julius 306
Tanner, Marie (160)
Taschwer, Klaus (109), (151), (152), (269)
Teleki, Paul (Pal) 125–127, 137
Telesko, Werner (265), (271)

Templ, Stephan (144)
Tenner, Heide (287), (378)
Terboven, Josef 267
Tetzlaff, Christian (369)
Teufel, Oskar 53, 190
Teuscher, Simon (252)
Tezner, Friedrich 99, 100, (101), (102), 103, (104), (105)
Thaler, Johannes (227), (231), (237)
Theodor Salvator, Erzherzog 216
Thiele, Ulrike (362), (367)
Thomas, Albert 189
Thumser, Regina (351)
Tilson Thomas, Michael (362)
Timmermann, Brigitte (242)
Tito, Josip Broz 15, 123
Todorova, Maria (120), 139, (140)
Tönnesmann, Andreas (311), (384)
Tönsmeyer, Tatjana (94)
Tolomei, Ettore 150
Torberg, Friedrich 248, (287), (288), 309, 318, 319
Traber, Habakuk (354)
Trakl, Georg 293, 294, 297
Traun, Josef v. 228
Trauner, Karl-Reinhart (171), (257), (258)
Trautmannsdorff, Franz 326
Tritremmel, Markus (206)
Trümpi, Fritz 17, (349), (351), (353), 354, 355, (356), (358), 360, (361), (363)
Trumbić, Ante 19, 63
Trumler, Gerhard (202)

Überegger, Oswald (108), (110), (247), (301)
Uhl, Heidemarie (34), (121), (173), (242), 278, (355), (393)
Ulrich, Rudolf (370)

Umberto I, ital. König 185
Unseld, Melanie (288), (381)
Urbanek, Nikolaus (369)
Ursprung, Daniel (128), (129)

Vaida, Alexander 181, (182)
Valiani, Leo (19)
Vaugoin, Carl 107–109, 111, 112, 211–213, 227, 234
Velázquez, Diego 270
Verosta, Stephan (165)
Vetsera, Mary 176, 338
Vidojković, Dario (123)
Visconti, Luchino 184
Vittorio Emanuele III, ital. König 259
Vocelka, Karl (160–163), (171), (174), (176), (182), (242), (243)
Vojtech, Ivan (373)
Vorberg, Robert (279)

Wacker, Rudolf 300, 302
Waerndorfer, Fritz 298
Wagner, Gottfried (385)
Wagner, Heinrich 297
Wagner, Karl (311), (312), 333, (336)
Wagner, Nike 357
Wagner, Otto 133, 273, 294
Wagner, Richard 351, 352, 357, 360, 380
Wagnerova, Alena (135)
Waitz, Sigismund 229
Waitzbauer, Harald (385)
Waldheim, Kurt 9, (45), 148, 247, 271, 279, (281), 332, 333, (374)
Walter, Bruno 351
Walzer, Tina (278)
Wandruszka, Adam 214
Waringer, Bettina 18
Wartmann, Wilhelm 298

Washington, George 386
Weber, Carl Maria v. 353
Weber, Fritz (73)
Weber, Max 302
Webern, Anton (286), 303, 362, 372, 374, 375, (386)
Wedel, Botho v. 213
Weibel, Peter (281)
Weichlein, Siegfried 120
Weidinger, Alfred (272)
Weidringer, Walter (366)
Weigl, Andreas (56), (306)
Weinhäupl, Peter (289)
Weinmann, Ute (152), (153), (164)
Weinzierl, Erika (27), (34), 94, (108)
Weinzierl, Ulrich (246), (315), 334
Welan, Manfried 96, 97, (168)
Welser-Möst, Franz 357, 358
Werfel, Franz 286, 287, 320, 374
Werkmann, Karl 220, 221, 228
Werkner, Patrick (296)
Werlen, Nestor (257)
Wertheimer, Johannes 208
White, Hayden 324
Whiteread, Rachel 279
Wick, Oliver (298)
Wiesner, Friedrich v. 59, 60, (203), 224–229, 231, 233, 327
Wildhagen, Christian (386)
Wilhelm II., dt. Kaiser 53, 61, 168, 179, 190, 193, 344
Wille, Herbert (83)
Wilson, Woodrow 14, 20, 23, 32, 75, 122, 168
Winder, Ludwig (246)
Windischgrätz, Alfred 260
Winkelbauer, Thomas 396
Winklbauer, Andrea (292)

Winkler, Gerhard J. (350)
Winkler, Günther 100
Winkler, Wilhelm 26
Winter, Ernst Karl 118
Winter, Max 283
Wippermann, Wolfgang 261
Wirtz, Irmgard 324
Wittek, Heinrich 57
Wittgenstein, Ludwig 288, 333, 367
Wittgenstein, Paul 367, 368
Wörsdörfer, Rolf (134)
Woker, Martin (139)
Wolf, Karl Herrmann 53
Wolf, Richard 232
Wolff, Gustav 211, 217–222, 225, 226, 231, 233–235, 238, 239
Woller, Ernst (264)
Wolter, Christine 252, (253)
Wotruba, Fritz 248
Wrba, Ernst (272)
Wullschleger, Marion 17, (187), 252

Xenia, Erzherzogin 243

Zeidler, Senta 326
Zekanovic, Zoran 17
Zeller, Hans (379)
Zeller, Rosmarie (343)
Zeman, Milos 251
Zemlinsky, Alexander v. 286, 369, 372, 375, 379
Zemlinsky Schönberg, Mathilde 286, 372
Zessner- Spitzenberg, Hans Karl 227, 228, 232
Zeyringer, Klaus (310), (311)
Zima, Peter V. (314)
Zimmermann, Frank Peter 368
Zimmermann, Martin (321)

Zinman, David 380–382
Zita, österr. (Ex-)Kaiserin 14, (163), 169, 174, 176, 186–188, 216, 220, 226, 228, 233, 240, 242–245, 256–259, 393
Zolger, Ivan 55
Zuckerkandl, Viktor 359
Zweig, Stefan 150, 182, (183), 192, 293, 303, 307, 309, 316–318, 320, 326, 327, 394

JOHANNES FEICHTINGER,
HEIDEMARIE UHL (HG.)

HABSBURG NEU DENKEN

VIELFALT UND AMBIVALENZ
IN ZENTRALEUROPA. 30 KULTURWISSEN-
SCHAFTLICHE STICHWORTE

Was heißt es heute Habsburg neu zu denken? In 30 Stichworten beleuchten renommierte Kulturwissenschaftler/innen die Vielfalt und Ambivalenz der zentraleuropäischen Region in Vergangenheit und Gegenwart.
Auswanderungen – Barock – Christliches Abendland – Demokrat|inn|en – Erinnerungskonkurrenzen – Feindschaften – Geschichtsbilder – Halb-Asien – Helden – Integration – Josephinismus – Judentum und Antisemitismus – Kakanien – Kulinarik – Literatur-Konstellationen – Mehrsprachigkeit – Migration – Nationalism and Indifference – Orientalismus – Österreichislam – Plurikulturalität – Postkolonialismus – Revolution versus Restauration – Schorskes Wien – Theatermacher – (Kulturelle) Übersetzung – Ungarische Tänze – Vielfalt – Wiener Schmäh – Zerfall

2016. 261 S. 30 S/W-ABB. GB. MIT SU. 135 X 210 MM | ISBN 978-3-205-20306-3

BÖHLAU VERLAG, WIESINGERSTRASSE 1, A-1010 WIEN, T:+43 1 330 24 27-0
INFO@BOEHLAU-VERLAG.COM, WWW.BOEHLAU-VERLAG.COM | WIEN KÖLN WEIMAR

CLEMENS AIGNER,
GERHARD FRITZ,
CONSTANTIN STAUS-RAUSCH (HG.)
DAS HABSBURGER-TRAUMA
DAS SCHWIERIGE VERHÄLTNIS
DER REPUBLIK ÖSTERREICH ZU IHRER
GESCHICHTE

Auch fast hundert Jahre nach dem Ende der Monarchie ist das Verhältnis der Republik zu den Habsburgern ein zwiespältiges: Einerseits sind Monarchen wie Maria Theresia oder Franz Joseph unentbehrlicher Teil der Identität des heutigen Österreich, andererseits weiß das offizielle Österreich nicht, wie es mit den lebenden Mitgliedern der Familie umgehen soll – die Habsburger-Gesetze, der „Fall Otto" in den 1960er-Jahren und die in jüngster Zeit geführte Debatte über eine mögliche Bundespräsidentschaftskandidatur eines Habsburgers belegen dies eindrucksvoll.

Die Beiträger dieses Bandes, Dieter A. Binder, Eva Eleonora Demmerle, Roland Girtler, Karl Habsburg-Lothringen, Gerhard Jelinek, Norbert Leser, Rudolf Logothetti, Peter Parenzan und Manfried Welan stellen provokante Fragen an die Republik Österreich.

2014. 147 S. GB. 155 X 235 MM. | ISBN 978-3-205-78917-8

BÖHLAU VERLAG, WIESINGERSTRASSE 1, A-1010 WIEN, T:+43 1 330 24 27-0
INFO@BOEHLAU-VERLAG.COM, WWW.BOEHLAU-VERLAG.COM | WIEN KÖLN WEIMAR